AI와 메타버스를 활용한

음악수업 프로그램

AI와 메타버스를 활용한

음악수업 프로그램

남상봉 · 박현진

KNOWLEDGE COMMUNITY 공동체

머리말

스마트폰으로 음악을 창작하고 가상공간에서 공연을 즐기는 오늘날의 세대에게 음악은 소통의 언어이자 자기표현의 강력한 매체이다. 기술 혁명과 함께 21세기 교육 현장은 빠르게 재편되고 있으며, 특히 인공지능(AI)과 메타버스 기술의 융합은 인간 창의성을 새롭게 정의하며 혁신적 사고방식을 촉진하고 있다. 이러한 변화는 음악교육에도 큰 도전을 안겨주며, 전통적 방식과 디지털 기술의 접점을 탐구해야 하는 시대적 과제를 제시한다.

이 책은 '디지털 환경에서의 음악적 상상력 구현'을 주제로 삼아, AI와 메타버스 기술이 음악교육에 미치는 가능성과 한계를 심층적으로 탐구한다. AI 음악 생성 도구는 이제 단순한 멜로디 생성을 넘어 학습자의 의도와 감성을 실시간으로 반영하는 협업 파트너로 진화하고 있다. 이는 음악 이론 지식 부족으로 창작에 제약을 느끼던 많은 이들에게 새로운 가능성을 열어주며, 누구나 음악적 상상력을 자유롭게 펼칠 수 있는 기회를 제공한다.

이러한 변화 속에서 우리는 몇 가지 근본적인 질문에 직면한다. AI 시대에 인간 고유의 예술성은 어떻게 재정의될 것인가? 가상공간에서의 음악적 상호작용을 가르칠 때 교육의 목표는 무엇이어야 하는가? 기술 의존도가 심화되는 상황에서 강조해야 할 음악교육의 본질적 가치는 무엇인가? 필자들은 이러한 질문들에 대한 답을 모색하며, 이론적 토대를 구축하고 실제 교육 현장에서의 적용 사례를 체계적으로 분석하고 제시한다.

이 책은 크게 세 가지 축으로 구성된다. 첫째, '디지털 매체 기반 음악교육'에서는 기술 발전이 가져온 인식론적 변화를 심도 있게 탐구한다. 둘째, 'AI 기반 창작 도구의 교육적 활용'에서는 구체적인 플랫폼별 수업 설계 방법을 제시한다. 셋째, '메타버스 공간에서의 음악적 상호작용'에서는 가상현실이 제공하는 협업 학습의 새로운 가능성을 논의한다. 이를 통해 독자들은 음악이라는 예술이 디지털 시대에 어떻게 변화하며, 창작과 감상의 방식이 융합되는 새로운 접근법을 이해할 수 있을 것이다. 또한 각 장에서는 교육 현장에서 즉시 활용 가능한 구체적인 수업 시나리오를 통해 이론과 실천 사이의 간극을 좁히고, 이를 효과적으로 연결할 수 있도록 했다.

이 책이 추구하는 궁극적인 목표는 기술을 단순히 수용하거나 거부하는 이분법을 넘어, 디지털과 인간이 공생하는 시대를 위한 음악교육 철학을 정립하는 데 있다. AI 알고리즘과 메타버스 가상공간이 음악교육에 깊숙이 스며들더라도, 그 중심에는 여전히 인간의 감각과 정서가 자리해야 한다. 본서에서 제시하는 다양한 사례들은 기술이 인간 창의성을 대체하는 것이 아니라 확장하는 도구로 기능할 때 비로소 진정한 교육적 가치가 실현된다는 점을 보여준다. 이 책이 독자들에게 깊은 통찰과 실천적 영감을 제공하며, 디지털 시대 음악교육의 새로운 길을 여는 데 기여하기를 바란다.

2025년 8월

공동저자 남상봉, 박현진

차례

Part 2 AI

Part 3 Metaverse

1 미래교육 이론 탐구

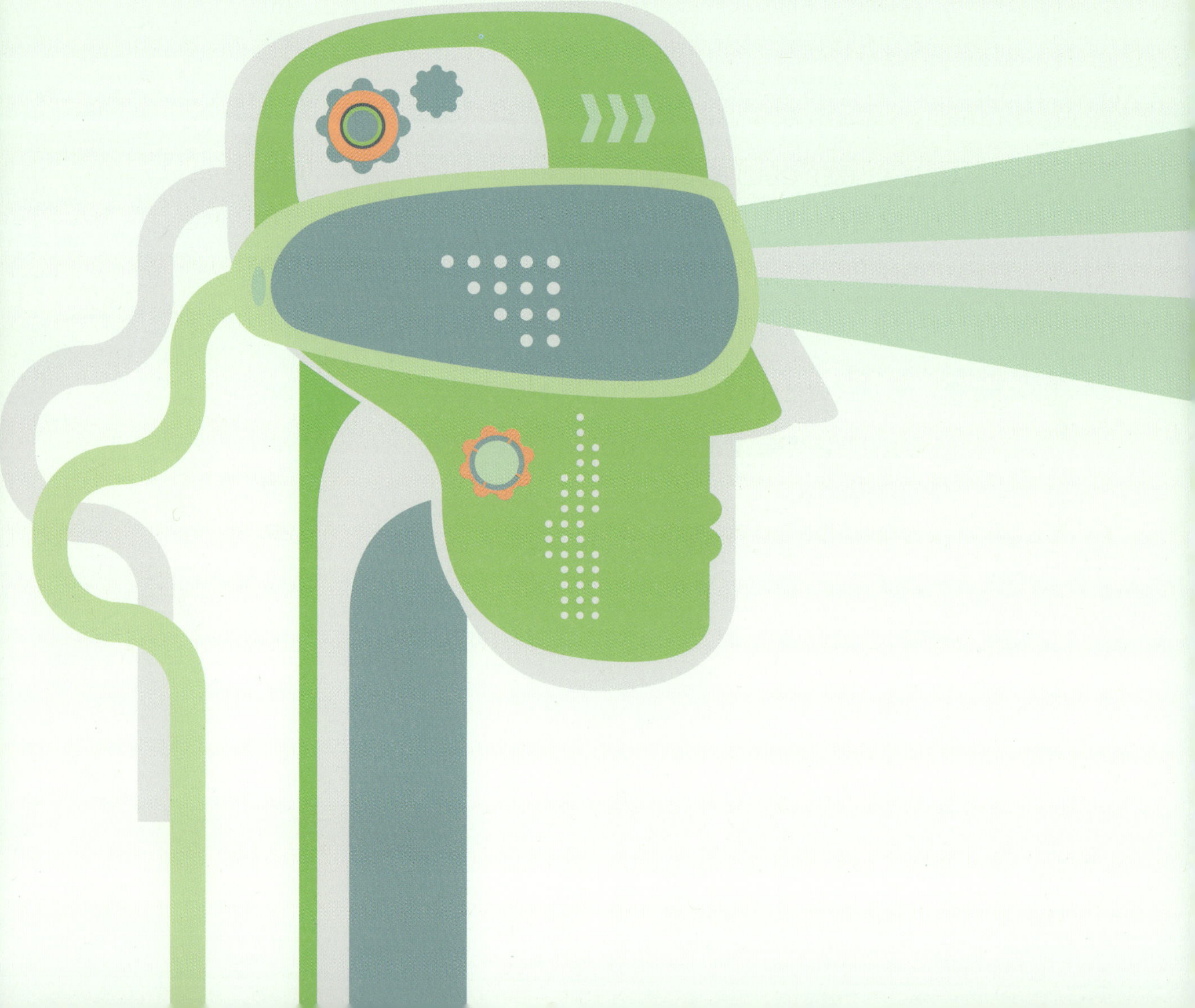

Chapter 1 | 미래교육 이해

CHAPTER 01

미래교육 이해

01 디지털 매체 기반 음악교육

1. 인간의 삶과 음악

예로부터 그리스 신화, 종교 경전을 살펴보면 많은 철학자들이 음악의 가치를 인정하고, 교육적 의미를 높게 평가하였다. 유명한 철학자이자 수학자인 피타고라스는 음악을 '소우주'라 여기며 깊은 가치를 부여하였다. 그가 대장간에서 망치 내리치는 소리를 듣고 음정 비율을 파악하여 음률을 정리한 일화는 널리 알려져 있다. 프랑스 파리에 있는 샤르트르 대성당의 피타고라스를 형상화한 조각상은 그를 수학자가 아닌 음악의 최고 권위자로 묘사하고 있다. 이 외에도 도덕성 함양을 위해 음악교육을 강조했던 플라톤, 음악이 인간의 성격과 습관에 영향을 준다고 본 아리스토텔레스의 철학에서도 음악의 중요성과 고귀한 가치를 확인할 수 있다. 고대 그리스 교육에서는 음악이 대표적인 교육 과목으로 포함되었으며, 정서 발달에 기여하는 중요한 교육으로 여겨졌다.

음악은 개인적·사회적·문화적으로도 중요한 부분을 차지하면서 인간 삶에 영향력을 행사한다. 음악을 통해 개인의 감정을 표현하고, 즐거움을 나누며, 의사소통을 한다. 음악은 인간에게 신체적 반응을 유발할 뿐 아니라 사회적 규범과 통합에도 영향을 미치는 강력한 힘을 지니고 있다. 포트노이(1963)는 음악이 인간에게 미치는 영향력을 강조하며 그 가치를 제시한 바 있다.

인류의 역사 속에서 인간은 소리를 지각하고 이에 반응하며, 언어와 음악이라는 구체적인 형태를 발전시켰다. 소리의 지각은 단순한 청각적 자극을 넘어서, 음향을 의미 있는 것으로 받아들이고 이해하는 과정을 포함한다. 이렇게 지각된 소리는 연주나 노래와 같은 신체적 표현으로 이어지며, 감동이나 충만감과 같은 정서적 반응도 유발한다(이홍수, 1992).

언어로 표현할 수 없는 감정까지 음악에 담아내어, 인간 내면의 세계를 자유롭게 표현하고 타인과 공유하며 공감을 이끌어 내는 소통의 수단이 된다.

정리하자면, 인간의 삶에서 음악은 중요한 역할을 하며, 우리는 일상 속에서 그것을 다양하게 경험하고 향유한다. 이러한 음악이 전달되는 방식은 인간 삶의 진화와 함께 변화해 오고 있다. 과거에는 같은 시간과 공간에서 실시간으로 음악을 나누는 것이 일반적이었지만, 오늘날에는 기술의 발달로 물리적 제약을 뛰어넘어 언제 어디서든 음악을 경험할 수 있게 되었다. 음악은 인공지능(AI : Artificial Intelligence), 메타버스(Metaverse), 디지털 미디어(Digital Media)와 같은 첨단 기술과 결합하면서 새로운 국면을 맞이하고 있으며, 이러한 변화는 단순한 형식의 전환을 넘어 인간과 음악 간의 관계를 새롭게 정의하고 있다.

2. 디지털 시대의 음악교육 변화

디지털 기술이 빠르게 발전함에 따라 인간의 삶에 전환점을 가져오는 제4차 산업혁명 시대가 2010년대 중반부터 진입하였다. 제4차 산업혁명이란 물리적, 디지털, 생물학적 기존 영역 간의 경계를 흐리며 이들 사이의 정교한 통합과 상호작용이 이루어지는 사회를 의미한다(Schwab, 2016). 디지털 매체가 사회 전반에 미치는 영향이 커지고 있으며, 온라인과 오프라인이 공존하는 사회 변화와 디지털 환경 발달은 앞으로 더욱 가속화될 것으로 예상된다.

이러한 시대 변화에 부응하기 위하여 교육부는 디지털 교육 환경 변화에 부합하는 에듀테크(Edutech) 체제를 구축하고자 노력하고 있다. 교육(Education)과 기술(Technology)의 합성어인 '에듀테크'라는 용어에서 알 수 있듯이 디지털 기술은 이제 교육 분야에서 중요한 위치를 차지하게 되었다. 교육부(총론, 2022)는 미래 사회에 필요한 디지털 소양을 갖춘 인재를 양성하기 위해 교사의 에듀테크 역량 함양을 지원하겠다고 밝히며, 이를 위한 국가적 차원의 노력을 기울이고 있다. 모든 교과에서 디지털 소양을 함양하는 디지털 매체 기반의 학습이 이루어져야 함을 명시하였으며, 이는 예술 교과도 포함한다. 교육부(음악과, 2022)는 '디지털 매체를 활용'할 것과 '다양한 매체를 활용한 여러 형태의 창작물을 만들고 표현'할 것을 국가수준의 교육방향을 제시한 문서인 2022 개정 교육과정에 명시하였으며, 이를 운영할 수 있는 교사의 역량이 요구된다.

매체(Media)는 고대 희랍어 사이(Between)의 뜻에서 유래된 언어로 송신자와 수신자 사이 정보 전달 수단을 의미한다(한정선 외, 2009). 동시대 문화적 표현과 의사소통의 주요한 수단으로, 공공생활에 참여하려면 매체를 활용한 교육이 이루어져야 한다(David, 2003).

소리를 담는 매체의 기술이 발전함에 따라 음악 문화 역시 큰 변화를 겪어왔다. 1877년 에디슨의 축음기 발명은 소리의 녹음과 재생을 가능하게 했고, 1906년 크리스마스이브에는 라디오를 통한 최초의 바이올린 연주 방송이 전파를 탔다. 그 후 기술이 점차 발전하면서 레코드, 릴 테이프, 텔레비전, CD 등 매체로 음악을 공유하는 방식도 지속적으로 변화하였다.

최근 컴퓨터와 스마트폰의 발달, 인터넷의 보급으로 인해 가상공간에서 음원을 발표하고 감상하는 시대가 되었다. 나아가 기계가 새로운 음악을 몇 초 내로 생성하고, 실시간으로 공유가 가능한 시대이다. 최신 기술인 인공지능과 메타버스는 정보를 담은 기계와 인간의 감각을 보다 긴밀하게 연결하여 새로운 의식을 형성하는 포스트휴먼(Post-Human) 사회를 형성해 가고 있다.

시대적 변화 속에서 음악 산업 역시 변화하고 있으며, 이에 맞는 음악교육으로 동반 변화가 필요하다. 일상 속에서 사용하는 디지털 기술을 활용하여 학생들이 음악을 향유할 수 있도록 교육이 제공되어야 한다.

기존의 음악교육은 음악 이론을 이해하고 연습과 훈련을 거쳐 연주와 창작으로 이어져 왔다. 그러나 음악이 본질적으로 추상적인 예술이기에 이론을 이해하는 과정은 많은 이들에게 높은 진입장벽으로 작용했으며, 이로 인해 음악을 단순히 감상하는 수준에 머무는 경우가 적지 않았다. 반면 오늘날에는 음악 이론에 대한 깊은 지식이 부족하더라도 인공지능 기술과 디지털 매체의 도움으로 음악을 생성하고 연주하는 새로운 표현이 가능해졌다. 이를 통해 누구나 자신의 아이디어를 창의적으로 표현할 수 있으며(유하양, 2024), 결과적으로 음악의 진입장벽이 낮아져 더 많은 사람들이 음악의 즐거움을 경험할 수 있게 되었다. 이러한 변화 속에서 전문적 지식을 학생에게 전수하는 전통적 도제식 음악교육은 디지털 교육 환경에 맞추어 새로운 방식으로 변화를 모색할 필요가 있다(김경태, 2022).

최근에는 사용자의 아이디어를 바탕으로 인공지능에 텍스트를 입력하여, 새로운 음악을 표현 및 생성할 수 있다. 즉각적인 음악 생성과 감상의 예술적 경험은 음악에 대한 흥미와 주체적 참여를 유도하는 데 효과적이다. 음악교육에서는 학생들에게 음악에 대한 긍정적 선경험을 제공하고, 더 나아가 음악 내용 지식을 연관지어 맥락적으로 음악을 이해하는 단계로 이어질 수 있다. 즉, 전통적 음악교육의 '이론 → 연습 → 표현' 단계의 역방향으로, 먼저 표현과 체험을 통해 흥미와 몰입을 이끌어 내고, 이후 음악 이론과 개념 학습으로 확장하는 '표현 → 이론 → 연습' 방향으로 음악교육 단계가 이루어져야 한다.

오늘날 디지털 기술의 발달은 다양한 음악교육의 가능성을 열어주고 있다. 디지털 매체 하나만 있으면 가상악기를 통해 여러 악기의 소리를 들어보며 작곡할 수 있고, 인공지능 음악 생성기를 활용해 자신만의 감성을 담은 곡을 만들어 볼 수 있으며, 실시간으로 공유할 수 있다. 또한 인공지능 연주 기계와의 협업으로 즉흥연주가 가능하고, 특정의 시각 요소를 소리나 음원으로 즉각 변환하여 시각과 청각을 연결하는 음악교육 활동도 할 수 있다.

교육부(음악과, 2022)는 음악 교과의 교수·학습 방향으로 '온·오프라인에서 음악수업의 연속성을 감안하여 음악 학습을 계획'하고, '디지털 환경을 고려한 지도 전략'과 '디지털 기기와 미디어를 활용하는 방안을 구성'하도록 명시하였다. 또한 '디지털 음악 환경을 구축'하고, '인공지능, 가상악기, 메타버스를 활용한 학습이 실현'되어야 함을 안내하였다. 따라서 교사는 전통적인 교수 방식에 머무르지 않고, 다양한 디지털 기술을 활용하여 온라인과 오프라인을 병행하는 음악수업을 구성해 나가야 할 것이다.

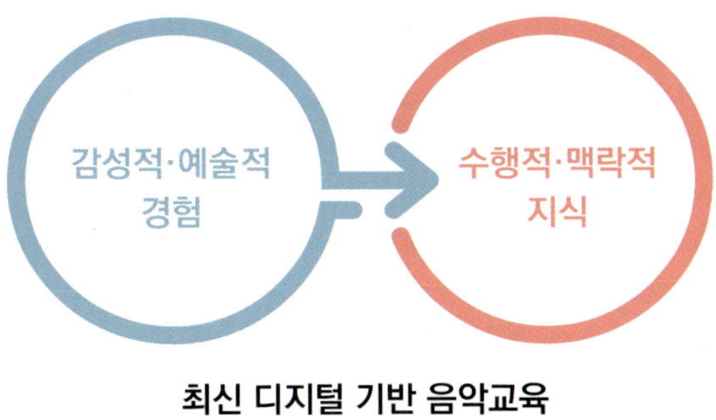

그림 1-1 | 음악적 경험 배열

3. 음악 인공지능 발전

인공지능(AI : Artificial Intelligence)이란 기계가 인간의 지능과 유사한 방식으로 사고하고 문제를 해결하는 능력을 의미한다. 인공지능에 대한 연구는 1950년, 앨런 튜링(Alan Turing)이 『컴퓨팅 기계와 지능(Computing Machinery and Intelligence)』에서 인간 심사관이 인간과 기계를 컴퓨터 대화를 통해 구분 가능한지 실험한 것에서 출발하였다.

이후 1955년, 기계가 인간의 지능처럼 일 처리를 할 수 있는지 탐구하는 회의를 존 메카시(John McCarthy), 마빈 민스키(Marvin Minsky), 네이션 로체스터(Nathan Rochester), 클로드 섀넌(Claude Shannon) 등이 개최하였으며, 제안서[1]에서 Artificial Intelligence라는 용어를 처음 사용하였다. 이를 계기로 인공지능에 대한 체계적인 연구가 본격적으로 시작되었으며, 인간의 자연 지능을 모방한 기계가 일을 처리하는 기술이 발전해 오고 있다.

음악에서 인공지능 시초는 컴퓨터 기술이 출현한 후로 볼 수 있지만, 자동 작곡 기계화에 대한 아이디어는 훨씬 이전인 1600년대부터 존재하였다. 1650년, 아타나시우스 키르허(Athanasius Kircher)는 인간이 직접적 개입 없이도 우연적 조합을 통해 음악이 생성되는 도구의 도움을 받아 작곡하는 자동 작곡 기계[2]를 제시하였다. 1792년, 모차르트(Wolfgang Amadeus Mozart)는 2개의 주사위를 굴려 음악 마디를 선택하는 무작위 주사위 배열 작곡[3] 등을 제시하였다. 이처럼 인간의 사고 없이 음악을 생성하는 개념은 오늘날의 인공지능 음악 생성기와 유사한 원리를 지닌다고 볼 수 있다.

컴퓨터 음악에서 인공지능이 실제로 활용된 초기 사례는 2개의 작품에서 찾아볼 수 있다. 1956년, 컴퓨터 회사 홍보를 위해 제작된 〈푸시버튼 베르타 : PushButton bertha〉와 다른 하나는 확률과 규칙 기반으로 무작위 선정하여 음악을 생성한 〈일리악 조곡 : Illiac suite

1) 「인공지능 다트머스 여름 연구 프로젝트 제안서(A Proposal for the Dartmouth Summer Research Project on Artificial Intelligence)」

2) 『보편 음악론(Musurgia Universalis)』에서 제시한 작곡 장치는 나무토막에 음악 재료를 적어두고, 무작위로 선택하여 작곡. 음악 이론과 작곡에 대한 지식이 없어도 작곡이 가능

3) 〈음악주사위 놀이 : Musikalisches Würfelspiel, k. 516f〉는 2개의 주사기를 굴려서 음악 마디를 선택하여 작곡. 경우의 수는 129,629,238,163,050,258,624,287,932,416

for string quartet〉이다. 〈푸시버튼 베르타〉는 당시로서는 획기적인 시도였지만, 음악 생성 과정에서 인간이 얼마나 개입했는지에 대한 정보가 명확히 제시되지 않았고, 주요한 목적이 컴퓨터 판매를 위한 홍보였다는 점에서 인공지능 음악 작곡 시초라고 보기엔 무리가 있다.

현악 4중주곡인 〈일리아 조곡〉은 일리노이 대학에서 레자렌 힐러(Lejaren Hiller)와 레너드 아이잭슨(Leonard Isaacson)이 슈퍼 컴퓨터 일리악(ILLIAC : Illinois Auto Computer)으로 작곡한 작품이다. 이들은 작곡에 있어 규칙, 확률, 마르코프 연쇄[4] 등을 실험적으로 적용하였다. 이 곡은 음악 인공지능의 시초로 평가되며, 당시 기계가 음악을 창작할 수 있다는 사실은 사람들에게 혼란과 두려움을 안겨주었고, 이에 대한 다양한 연구 논문이 발표되기도 하였다.

이후 1981년, 음악 인공지능 분야에서 또 하나 주목할 만한 음악 도구가 등장하였다. 그것은 미국의 작곡가 데이비드 코프(David Cope)가 개발한 에미(EMI : Experiments in Musical Intelligence) 시스템이다. 코프는 창작을 하다가 어려움을 느낄 때 기계의 도움을 받기 위해 컴퓨터 시스템을 고안하였다. 그는 키르허가 나무토막 재배열 기계로 작곡가의 한계를 극복하고자 했던 목표와 이 에미 시스템이 다르지 않다고 이야기한다. 다만, 다른 점은 컴퓨터 기계의 인공지능 알고리즘을 적용하여 시스템을 개발한 것이다.

당시 코프가 적용한 인공지능 기술은 머신러닝이었다. 머신러닝은 다량의 데이터를 기반으로 스스로 학습하고 규칙을 도출해 새로운 결과물을 생성하는 기술이다. 그는 컴퓨터가 자신의 작곡 자료만으로는 충분히 학습하기 어렵다고 판단하여 바흐, 모차르트 등 유명 작곡가들의 작품을 수집하여 컴퓨터에 학습시켰다. 그 결과 해당 작곡가 스타일을 모방한 곡을 컴퓨터가 생성할 수 있는 에미가 개발되었다.[5]

인공지능 음악 생성기는 규칙 기반에서 머신러닝, 딥러닝[6]으로 점차 발전하였으며, 에미 이후 다양한 음악 생성 플랫폼들이 출시되고 있다. 딥러닝 기반 음악 생성 기술은 RNN (Recurrent Neural Network), GAN(Generative Adversarial Network), Transformer 등으로

4) 과거와 현재 상태가 주어졌을 때 현 상태에만 의존하여 다음 상태로 이동하는 확률

5) 〈Bach by Design : 바흐 바이 디자인〉 앨범 1993년 발매

6) 인간 뇌 구조를 모방한 인공신경망을 이용하여 복잡한 데이터를 학습하는 머신러닝의 발전된 한 분야

발전하고 있다. RNN은 과거 음악 정보를 기억하면서 곡을 생성하는 방식이며, GAN은 생성자 신경망이 만든 음악과 인간이 만든 음악을 판별자 신경망이 구분해 내는 과정을 통해, 두 신경망이 경쟁하면서 더욱 정교하고 자연스러운 음악을 생성해 나가는 구조다. Transformer는 RNN보다 더 멀리 떨어진 패턴까지도 기억할 수 있어, 긴 곡을 더욱 자연스럽고 유기적으로 생성할 수 있다는 점에서 주목받고 있다.

〈표 1-1〉 인공지능 음악 생성기 발전

연 도	연구 기관	AI 음악 생성기	특 징
2010	말라가 대학교	이야무스(Iamus)	진화 알고리즘 기반 음악 생성
2012	쥬크덱	주크덱(JukeDeck)	딥러닝 기반 자동 음악 생성
2015	예일대학교	쿨리타(Kulitta)	악보 데이터 기반 음악 생성
2016	구글	마젠타(Magenta)	딥러닝을 활용한 음악 생성
2016	소니	플로우 머신(Flow Machine)	데이터베이스 음악 스타일 학습 생성
2016	룩셈브루크 음악 AI	아이바(AIVA)	세계 최초 가상 작곡자 인정 (프랑스 음악저작권협회 : SACEM) 클래식 음악 중심 학습 음악 생성
2016	소니	딥바흐(DeepBach)	바흐 스타일의 음악 생성
2016	광주과학기술원	이봄(EvoM)	화성법, 대위법 기반 음악 생성
2017 (2020)	앰퍼뮤직 (현) 셔터스톡 인수	앰퍼 뮤직(Amper Music)	딥러닝을 활용한 음악 생성
2019 2025	아마존 (9월 서비스 종료)	딥 컴포저(DeepComposer)	교육용으로 설계된 기계학습
2019	오픈 에이아이	뮤즈넷(MuseNet)	딥러닝 기반 다양한 스타일 음악 생성
2019	오픈 에이아이	쥬크박스(Jukebox)	보컬이 포함된 오디오 형식 음악 생성
2022	퓨즈 AI	리퓨전(Riffusion)	프롬프트 입력 음악 생성
2023	구글	뮤직엘엠(MusicLM)	프롬프트 입력 음악 생성
2023	마이크로소프트	수노(Suno)	프롬프트 기반 가사가 있는 음악 생성
2024	구글	유디오(Udio)	프롬프트 기반 가사가 있는 음악 생성

출처 : 박현진·남상봉(2025).

이러한 인공지능 음악 생성기의 등장은 우리의 음악 환경에 큰 변화를 가져왔다. 과거의 음악 환경은 전문 지식을 갖춘 음악전문가가 긴 시간을 고민하며 자신의 생각과 감정 등을 담은 곡을 창작하고, 많은 시간을 연습하여 최상의 연주를 선보였으며, 정해진 시간과 공간에서 연주를 감상하는 형태였다. 그러나 인공지능 기술의 발전은 작곡, 연주, 감상 등 음악의 모든 측면에서 혁신을 가져왔으며, 누구나 손쉽게 음악을 창작하고 공유할 수 있는 환경을 제공하게 되었다.

그 결과 음악은 전문가 중심의 닫힌 구조에서 벗어나 누구나 참여할 수 있는 개방적이고 풍부한 음악적 경험의 장으로 확장되고 있다. 음악의 창작과 소비 방식은 디지털 기술과 인공지능 환경 속에서 급속히 변화하고 있으며, 이러한 흐름은 앞으로 더욱 가속화될 전망이다.

4. 인공지능과 음악교육

빠른 속도로 발전하고 있는 인공지능은 인간의 사고와 삶에 깊은 영향을 미치고 있으며, 교육 분야에서도 디지털 기술을 적극적으로 활용할 수 있는 미래 인재 양성을 목표로 교육의 방향을 추진하고 있다. 교육부(2023)는 인공지능 교육 혁신 방침을 마련하여, 사회 변화에 대비하기 위해 인공지능 교육 교사단을 선발하고 연수하는 등의 국가 차원의 노력을 기울이고 있다.

인공지능 교육(AIED : AI in Education)이란 인공지능 원리와 개념, 활용 방법을 이해하고 이를 인간의 삶에서 가치 있게 사용할 수 있도록 지원하는 교육이다. 인공지능 교육 영역은 학자들마다 차이는 있지만, 인공지능 기반 이해교육, 활용교육, 가치교육 등을 포함한다. 이해교육은 인공지능의 개념과 원리, 작동 방식을 학습하는 과정으로, 학생들이 인공지능이 어떻게 동작하는지 기본적인 이해를 갖추도록 돕는다. 활용교육은 인공지능 기술을 실제 문제해결이나 다양한 분야에 적용하는 능력을 기르는 데 중점을 둔다. 마지막으로 가치교육은 인공지능 사용과 관련된 윤리적·사회적 문제를 탐구하며, 책임감 있고 올바른 인공지능 활용 태도를 함양하는 것이다.

정리하자면, 인공지능 교육이란 인공지능에 대한 개념을 이해하고, 생활 장면이나 문제 발생 시 인공지능을 활용하는 능력을 함양하며, 올바른 가치를 가지고 사용할 수 있는 교육을 의미한다. 인공지능을 기반으로 모든 교과를 통합하여 학생의 미래 핵심 역량을 함양하는 융합 교육이 실행되어야 한다(서울특별시 교육청, 2021). 이에 따라 교사들은 학생들이 인공지능의 개념을 이해하고 이를 통해 문제를 해결할 수 있도록, 적절한 교수 전략과 수업 설계 능력을 갖추어야 한다(변순용, 2022).

음악교육에서도 올바른 인공지능 교육이 이루어지기 위해 인공지능 기반 음악에 대한 이해교육, 매체 활용교육, 저작권 및 윤리교육 등의 교육과정이 실행되어야 한다. 특히, 인공지능을 활용한 음악 생성 과정에서 저작권 침해나 윤리적 문제가 발생할 수 있으므로, 이에 대한 가치교육도 반드시 포함되어야 한다. 생성된 결과물에 대한 소유와 책임에 대해 성찰할 수 있도록 음악 인공지능 윤리 역시 중요한 교육 요소이다.

현재 음악 인공지능 플랫폼들이 다양하게 출시되고 있으며, 수업 도구로 사용할 수 있다. 음악 인공지능 도구로 이미지나 소리 인식기능, 음악 생성 도구 등이 있으며, 이 외에 대화형 언어 모델 등도 음악수업에서 활용할 수 있다.

〈표 1-2〉 인공지능 기반 음악교육 매체

분 류	도구 명칭	특 징	교육적 활용
인식 도구	칸딘스키	이미지 인식하여 소리로 변환	미술과 음악 융합 학습
	페인트 위드 뮤직	이미지 인식하여 악기소리로 변환	미술과 음악 융합 학습
	스펙트로그램	소리 인식하여 스펙트로그램 시각화 다양한 악기 소리를 시각화	악기 소리 인식 학습 물질과 소리 과학 융합 수업
	씨잉 뮤직	소리 인식하여 스펙트로그램 시각화 다양한 악기 소리를 시각화 미디파일의 음악을 분석하여 시각화	악기 소리 인식 학습 물질과 소리 과학 융합 수업 미디파일, 시각과 청각 감상
생성 도구	AI 듀엣	사람의 연주에 소통하며 연주	음악과 인공지능 연주 학습
	두들 바흐	바흐 스타일 예측과 편곡	대위법, 바흐 작곡가 학습
	어시스티드 멜로디	바흐, 모차르트, 베토벤 스타일 예측과 편곡	서양음악사 학습

	밴드랩	DAW 기반 인공지능 음악 생성 및 편곡	인공지능 음악 생성 편집 학습
	아이바	스타일 선택하여 음악 생성	상황에 어울리는 음악 생성
	마젠타	음원 길이, 음의 밀도 선택하여 음악 생성	인공지능 작곡 학습
	수노	가사가 있는 음악 생성	가사가 들어간 음악 창작 학습
	유디오	가사가 있는 음악 생성	가사가 들어간 음악 창작 학습
기타	챗지피티	음악방송 대본, 음악지식 검색, 코드진행 등 언어기반 음악 자료 생성	뮤지컬, 방송 프로젝트 학습 진행 도움

출처 : 박현진·남상봉(2025).

교사들은 음악 인공지능 플랫폼을 교육 현장에 적절히 활용하여, 학생들이 보다 풍부하게 음악을 경험하고 향유할 수 있도록 수업을 운영해야 한다. 학생들이 음악 인공지능의 개념을 이해하고, 관련 기술과 도구를 활용하여 소리로 표현하고 상호작용하는 음악의 특성을 체험할 수 있도록 지도해야 한다. 또한 저작권과 관련된 윤리적 가치관을 형성할 수 있는 수업도 포함하여야 한다.

따라서 교사는 인공지능 기반 음악수업을 효과적으로 설계 및 실행할 수 있는 교사전문성을 갖추어야 한다. 음악 인공지능에 대한 이해, 활용, 가치의 내용을 교육과정에 체계적으로 조직하고, 이에 따라 교수·학습을 설계·실행·평가할 수 있는 교수 역량이 필요하다.

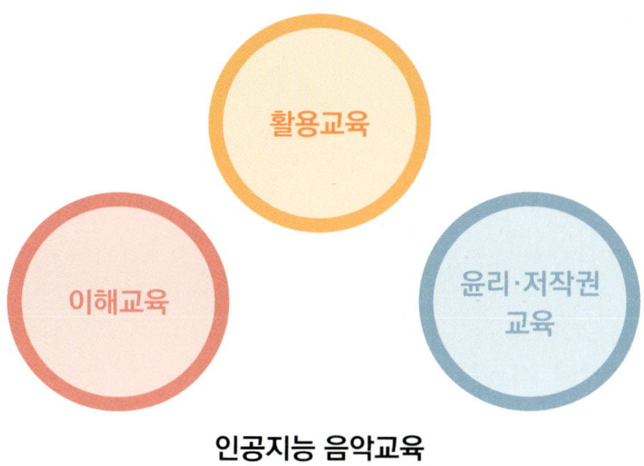

| 그림 1-2 | 인공지능 음악교육 교육과정

5. 메타버스와 음악교육

메타버스(Metaverse)는 초월(Meta)과 우주(Universe)의 합성어로 초월된 가상현실 세계를 의미한다. 물리적인 한계가 있는 현실세계와 시간적·공간적 한계를 넘은 온라인 가상세계가 연결된 세상이다. 컴퓨터, 핸드폰 등 디지털 매개체로 온라인 공간에 접속하여 현실과 닮은 환경에서 다른 사람들과의 자유로운 소통을 하는 세상이다.

교육부(총론, 2022)는 디지털 대전환과 감염병 및 기후·생태환경 변화 등 불확실성에 대비하여야 함을 안내하였다. 세계경제포럼(2022)에서는 앞으로 10년 동안 전 세계적으로 가장 심각한 위험을 조사한 결과 1위 기후 적응 실패, 2위 이상 기후, 6위 전염병, 7위 인간 환경 손상 등으로 나타났다. 이는 지구환경이 불안정한 상태에 있으며 사람들이 물리적으로 대면하지 못하는 날이 또다시 찾아올 수 있다는 것이다. 오늘날 COVID-19와 같은 전염병, 기후변화로 인한 자연재해는 예고 없이 찾아올 수 있으며, 우리는 이에 대한 철저한 대비와 경각심을 가져야 한다. 대면하지 못한 상황에서 소통할 수 있는 가상공간 활용 방안을 교육적으로 대비할 필요가 있다(박현진, 2023).

메타버스 기술은 그 유형에 따라 다양한 방식으로 분류될 수 있으며, 대표적인 기술로는 가상현실(Virtual Reality), 거울 세계(Mirror Worlds), 증강현실(Augmented Reality), 라이프로깅(Lifelogging)이 있다(Acceleration Studies Foundation, 2007).

가상현실(VR)은 사용자가 실제와 유사한 감각을 느낄 수 있도록 하는 기술로, 실제 박물관을 관람하거나 교실 현장에 있는 것과 같은 몰입감을 제공한다. 거울 세계(Mirror Worlds)는 현실 세계를 그대로 복제하여 구축한 가상공간으로, 구글 지도나 음식배달 애플리케이션처럼 현실의 위치와 정보를 반영한 서비스가 이에 해당한다. 증강현실(AR)은 현실 세계 위에 가상의 정보를 덧입혀 보여주는 기술로, 거리 정보를 실시간으로 제공하거나 특정 장소에 가상의 오브젝트를 띄워주는 기능을 한다. 마지막으로 라이프로깅(Lifelogging)은 텍스트, 영상, 음악 등 디지털 자료를 타인과 공유하며 삶의 일부를 기록하고 확장할 수 있는 기술로, 개인의 일상을 디지털화하고 표현하는 공간을 제공한다. 이러한 메타버스 기술들은 우리의 일상 속에서 점차 중요한 위치를 차지하고 있으며, 교육, 사회, 문화 등 여러

분야에 걸쳐 다양한 혜택과 가능성을 제공하고 있다.

오늘날 교육에서는 메타버스를 활용하여 가상의 입학식, 도서관, 박물관, 전시회 등의 형태로 실제와 유사한 경험을 온라인에서 제공하고 있다. 음악교육에서는 학생들이 메타버스 환경 속에서 아바타를 활용하여 가상악기를 선택·연주하고, 음악을 감상하며, 자신이 창작한 곡을 전시하는 등의 활동을 수행할 수 있다. 이를 통해 학생들은 온라인 공간에서 보다 생동감 있는 음악적 경험을 제공받을 수 있으며, 가상공간에서의 상호작용을 기반으로 연주, 감상, 창작, 발표회 등의 새로운 음악활동을 할 수 있다.

이제는 디지털 정보를 읽고 해석하며 활용하는 역량은 삶을 영위하는 데 있어 필수적인 요소가 되었으며, 이에 따라 현실과 유사한 온라인 공간에서 음악 정보를 교류하고 학습할 수 있는 디지털 기반 음악교육의 활성화가 요구된다.

그림 1-3 | 메타버스 아트스텝스 관람실

2 AI

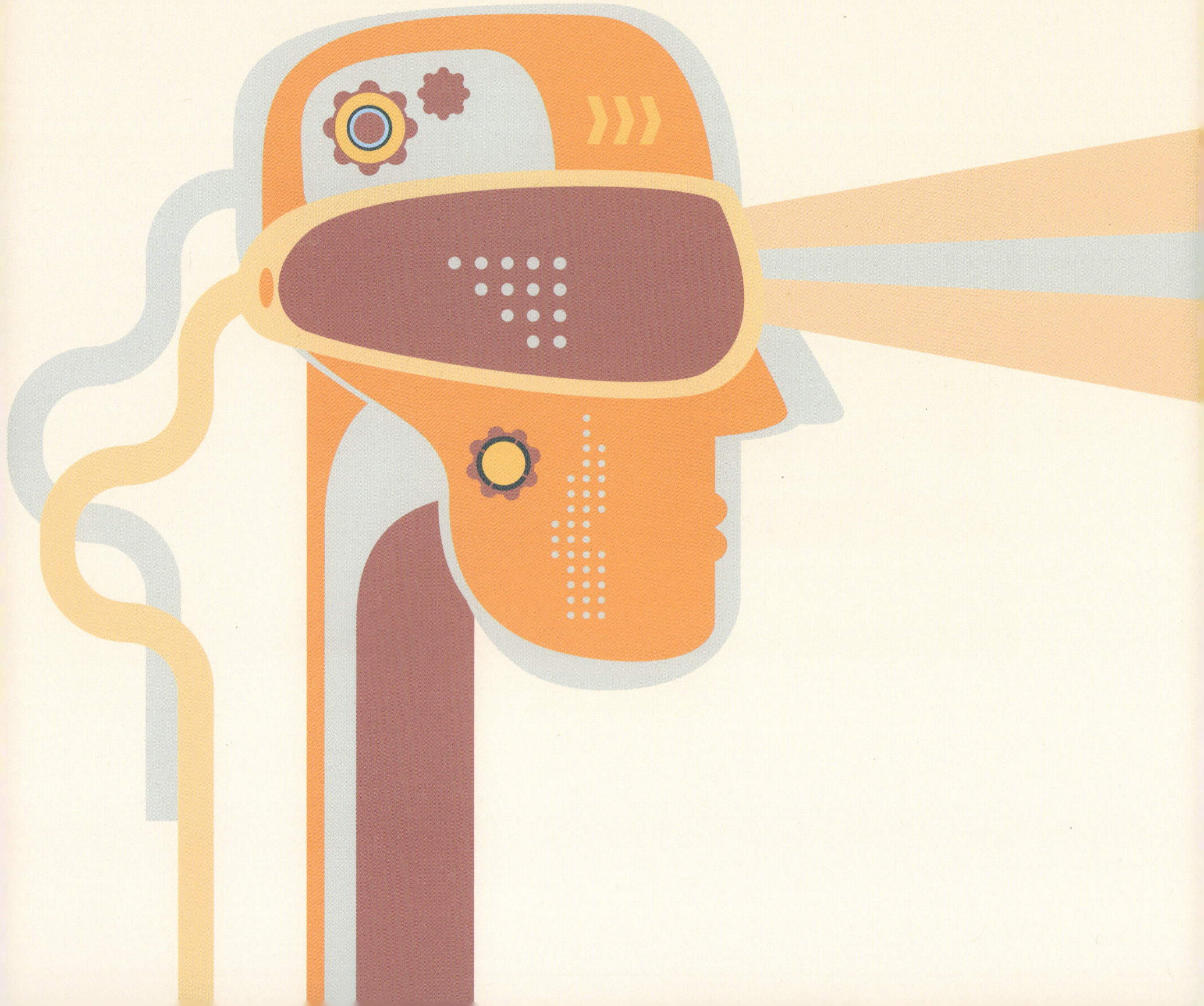

Chapter 2 | 인공지능 음악수업

Chapter 3 | DAW와 인공지능

CHAPTER 02

인공지능 음악수업

01 대화형 인공지능 활용 수업

1. ChatGPT 소개와 대화형 인공지능 툴

챗GPT(ChatGPT : Generative Pre-trained Transformer)는 미국의 오픈AI(OpenAI)에서 개발한 대화형 인공지능(AI) 플랫폼으로 사람과 자연스러운 대화를 수행할 수 있는 고도화된 언어 모델이다. 자연어 처리 기술(NLP : Natural Language Processing)을 기반으로 언어의 구조와 의미를 이해하고, 적절한 텍스트 응답 및 새로운 콘텐츠를 생성하여 다양한 분야에서 활용되고 있다.

자연어 처리 기술은 크게 언어 이해(NLU : Natural Language Understanding), 언어 생성(NLG : Natural Language Generation), 문자열 처리(Text Processing), 감정 분석(Sentiment Analysis), 기계 번역(Machine Translation) 등으로 구분된다.

언어 이해(NLU)는 텍스트의 의미를 파악하고 문맥을 이해하는 과정으로, 사용자의 질문이나 요청을 이해하기 위해 문장 구조, 어휘, 의미를 분석한다. 언어 생성(NLG)은 이해한 정보를 바탕으로 자연스러운 문장 형태의 응답을 생성하여 정보를 효과적으로 전달하는 기술이다. 문자열 처리는 문장 내 단어를 형태소(의미를 가지는 최소 단위)로 분리하거나 어근을 추출하고, 불필요한 단어를 제거하는 과정이다. 감정 분석은 텍스트 내 감정의 표현을 분석하여 긍정, 부정, 중립의 감정 상태를 분류하는 기술이다. 마지막으로 기계 번역은 특정 나라의 언어로 표현된 텍스트를 다른 언어로 자동 번역하는 기능이다.

챗GPT는 이러한 다양한 자연어 처리 기술을 통합적으로 활용하며, 대량의 텍스트 데이터가 사전 훈련되어 있다. 사용자는 대화하듯 프롬프트(Prompt)를 입력할 수 있고, 인공지능은 입력된 프롬프트에 가장 적절한 응답을 생성하기 위해 내부 알고리즘이 작동된다. 대화의 흐름과 문맥을 고려한 상황적 이해를 통해 응답하므로 사용자와 인공지능 간의 연속적인 대화가 가능하다. 사용자의 지시를 따르고 상세한 응답을 제공하도록 설계된 챗GPT는 높은 대화 수준의 상호작용을 보여준다.[1)]

챗GPT를 교육적으로 활용 시 소통 기능, 텍스트 분석 및 요약, 아이디어 생성 보조 도구, 퀴즈 생성, 학습 교정 등을 지원해 줄 수 있다. 학습자의 질문에 답변을 하면서 소통하고, 방대한 자료를 요약하여 핵심을 전달할 수 있다. 음악교육에서 챗GPT는 새로운 음악 가사, 화음 코드, 악기 구성 등의 정보를 전달해 줄 수 있고, 학습자 수준에 맞추어 다양한 퀴즈를 생성하여 음악 이론에 대한 이해 확인을 도울 수 있으며, 연주 방법과 자세 교정 등을 안내할 수 있다.

하지만 챗GPT의 교육적 활용에 대한 문제가 대두되고 있으므로, 한계점을 정확히 알고 교육 장면에서 조심스럽고 올바르게 사용하여야 한다. 논의되는 점으로는 학습자 비판적 사고 능력 저하, 스스로 문제해결 능력 감소, 인간과의 소통이 아닌 기계와의 소통으로 사회적 기술과 정서적 발달에 부정적 영향, 정확한 답이 아닌 경우와 특정 편견을 포함한 편향성 있는 정보 제공 등의 문제점이 있다. 그럼에도 불구하고 챗GPT의 교육적 관심은 여전히 크다. 강혜경 등(2023)은 챗GPT 교육적 활용 연수 참여 희망 여부 조사결과 141명의 교사 중 88.7%가 희망한다고 응답한 연구 결과를 제시하였다. 또한 실제로 이미 많은 학생들이 챗GPT를 사용하고 있고, 과제에도 사용한 경험을 가지고 있다고 보고하였다.

챗GPT와 같은 대화형 인공지능 기술을 기반으로 다양한 특징과 강점을 가진 툴들이 개발·출시되고 있다. 이러한 인공지능 도구들은 사용자가 웹 검색을 통해 쉽게 접근할 수 있으며, 대부분 간단한 이메일 가입 절차만으로 무료 또는 일부 제한된 기능을 활용할 수 있다.

대표적인 툴로, 2023년에 출시된 Claude는 인공지능 안전성과 윤리성에 집중하여 오

1) 챗GPT 홈페이지에서 제공한 Introducing ChatGPT: November 30, 2022 소개한 글을 번역. https://openai.com/index/chatgpt/

픈 AI 출신들이 개발한 툴이다. 챗GPT보다 기억할 수 있는 텍스트의 양이 많으며, 윤리적 고려 사항을 기반으로 보다 길고 복잡한 추론과 지시 사항을 이해한다. Perplexity는 2022년에 출시된 대화형 인공지능으로 실시간 웹 검색을 통해 최신 뉴스 및 정보를 제공하고, 정확한 출처를 안내하여 응답을 생성한다. 이를 통해 학습자나 교사는 보다 신뢰할 수 있는 정보에 기반하여 학습 자료를 구성할 수 있다. 이 외에도 학술적 정보에 특화된 SciSpace는 논문과 연구 보고서 등을 기반으로 전문적인 질의응답을 지원하는 인공지능 도구이며, 연구 중심의 고등교육 환경에서 활용 가능성이 높다.

ChatGPT(https://chatgpt.com)

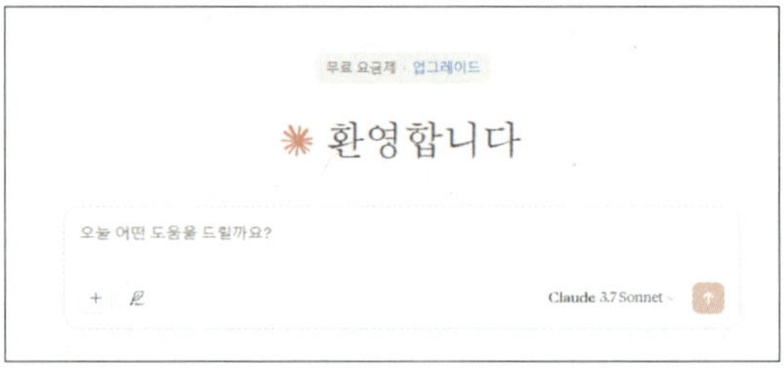

Claude(https://claude.ai)

Perplexity(https://www.perplexity.ai)

SciSpace(https://scispace.com)

그림 2-1 | 대화형 인공지능 툴

〈표 2-1〉 대화형 인공지능 툴 비교

구 분	ChatGPT	Claude	Perplexity	SciSpace
개발사	OpenAI	Anthropic	Perplexity AI	Typeset, Inc.
주요 강점 및 특징	다목적 AI, 다양한 작업 가능	윤리 중심, 긴 문서 처리 특화	검색 기반, 실시간 정보 제공	논문 및 학술 PDF 해석 특화, 논문 요약
인터넷 접속	GPT-5 제한적 기능 (기능 활성 시)	Claude 4 실시간 웹 검색 (필요시 연결)	실시간 검색 가능 (가장 강력)	논문 업로드 기반, 웹/ 논문 검색
출처 표시 여부	없음	없음	출처 명확히 표시	인용 및 논문 구조 분석
추천 사용자	일반 사용자, 교육자, 프로그래머 등	연구자, 분석가, 윤리적 AI 선호자	정보 탐색이 많은 사람, 학생	대학원생, 교수, 연구자
주 소	https://chat.openai.com	https://claude.ai	https://www.perplexity.ai	https://www.scispace.com
로고 이미지			perplexity	SCISPACE

이 외에 구글의 Gemini는 텍스트 외에도 이미지, 영상 등 다양한 형태의 입력을 동시에 처리하는 멀티모달 기능을 제공함으로써, 통합형 디지털 학습 환경을 가능하게 하는 대표적인 인공지능 플랫폼으로 주목받고 있다.

이처럼 다양한 인공지능 기술이 등장하고 있는 현 시점에서, 그 기능과 한계를 정확히 이해하고, 교육적 목적에 맞게 적절하고 올바른 방식으로 활용할 수 있도록 준비하는 것이 중요하다. 이를 통해 미래 교육은 보다 창의적이고 융합적인 방향으로 나아갈 수 있을 것이다.

2. 이미지 생성 툴 : 뤼튼, 구글 AI 스튜디오

인공지능의 자연어 처리 기술은 사용자의 명령어에 대한 응답으로 텍스트 외에 이미지, 영상, 음악 등 다양한 콘텐츠를 생성할 수 있다. 특히 텍스트 기반 명령어를 활용해 이미지를 생성할 수 있는 다양한 인공지능 툴은 수업 자료 제작에 있어 교사들에게 실질적인 도움을 제공하는 도구로 주목받고 있다. 이미지 및 콘텐츠 생성 인공지능 도구들은 교사와 학생 모두의 창의적 표현력 향상, 디지털 수업 자료 제작 시간 단축, 시각적 학습 효과 강화 등 다양한 교육적 이점을 제공한다. 챗GPT에서도 이미지 생성을 제공하고 있으며, 뤼튼(Wrtn)과 구글 AI 스튜디오(Google AI Studio)와 같은 도구들은 이미지 생성 및 콘텐츠 제작을 손쉽게 수행할 수 있도록 지원한다.

뤼튼은 한국어 기반 텍스트 생성에 특화된 인공지능 도구로, 간단한 한글 키워드 또는 문장을 입력하여 이미지 생성을 할 수 있다. 또한 인터넷 정보를 실시간으로 검색하여 답변하거나, 과제 및 업무 작성에 필요한 글쓰기 지원 기능을 제공하는 등 다양한 형태의 인공지능 도구 기능을 갖추고 있다. 사용자는 이메일을 통해 간편하게 가입할 수 있으며, 가입 직후 텍스트 프롬프트 입력으로 기능을 바로 활용할 수 있다는 점에서 접근성과 편의성이 높다.

그림 2-2 뤼튼(https://wrtn.ai)

구글 AI 스튜디오는 구글의 최신 인공지능 모델인 제미니(Gemini)를 기반으로 한 대화형 인공지능 생성 플랫폼이다. 사용자는 텍스트 기반의 프롬프트를 입력하여 텍스트 문서뿐만 아니라 이미지까지 생성할 수 있으며, 직관적인 인터페이스를 통해 다양한 콘텐츠를 손쉽게 제작할 수 있다.

이 도구의 가장 큰 특징은 멀티모달(Multimodal) 기능을 갖춘 인공지능이 정보를 통합해 처리할 수 있다는 점이다. 멀티모달은 서로 다른 형태의 데이터를 동시에 인식하여 보다 풍부한 상호작용을 하는 기술이다. 텍스트와 이미지를 함께 이해하고 처리하여 사용자가 제시한 복잡한 설명이나 상황에 맞는 보다 정교하고 의미 있는 이미지 생성을 가능하게 한다. 예를 들어, 텍스트 입력을 통해 이미지를 생성하고, 생성된 이미지에 대한 추가 요구사항을 반영하여 수정하는 등 모달리티 간의 융합 처리 능력을 바탕으로 특정 상황에 맞는 다양한 형태의 출력 결과를 제공한다.

웹 브라우저 검색창에 구글 AI 스튜디오를 검색하여 공식 홈페이지에 접속할 수 있으며, 구글 계정만 있으면 별도의 비용 없이 무료로 이용이 가능하다. 첫 화면 맨 아래의 Sign up and get started를 클릭하여 가입한다.

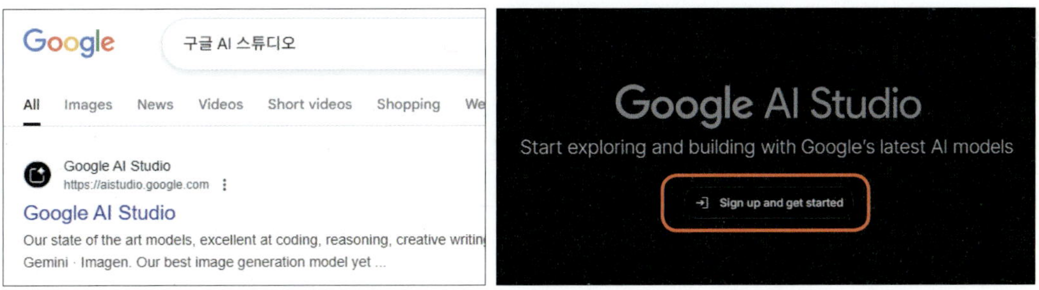

그림 2-3 검색창과 https://aistudio.google.com/ 회원가입

사용자는 서비스 이용 약관을 확인하고 동의해야 하며, 이후 대화형 인터페이스가 시작된다.

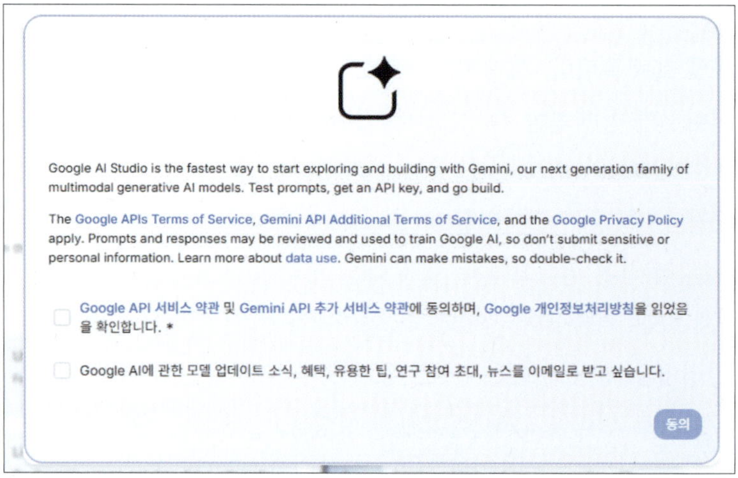

그림 2-4 동의 화면

동의한 후 첫 화면은 텍스트 파일 생성 중심의 프롬프트를 입력할 수 있는 기본화면 창이 나타난다. 이미지를 생성하기 위해서는 오른쪽 설정을 변경해 주어야 한다.

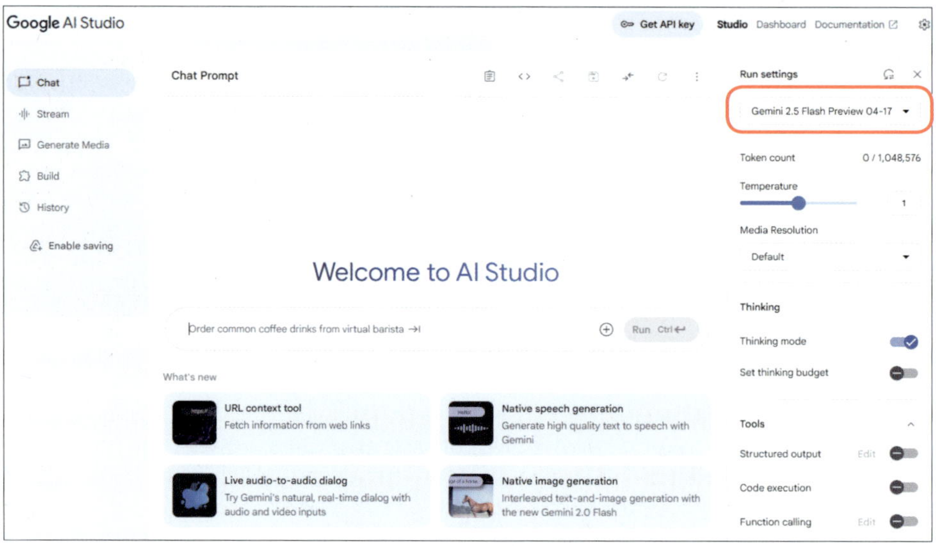

그림 2-5 프롬프트 입력 화면

이미지 생성을 위해 화면 오른쪽 상단 설정 영역의 Run settings에서 Gemini 2.0 Flash Preview Image Generation을 선택하여 설정화면을 변경한다.

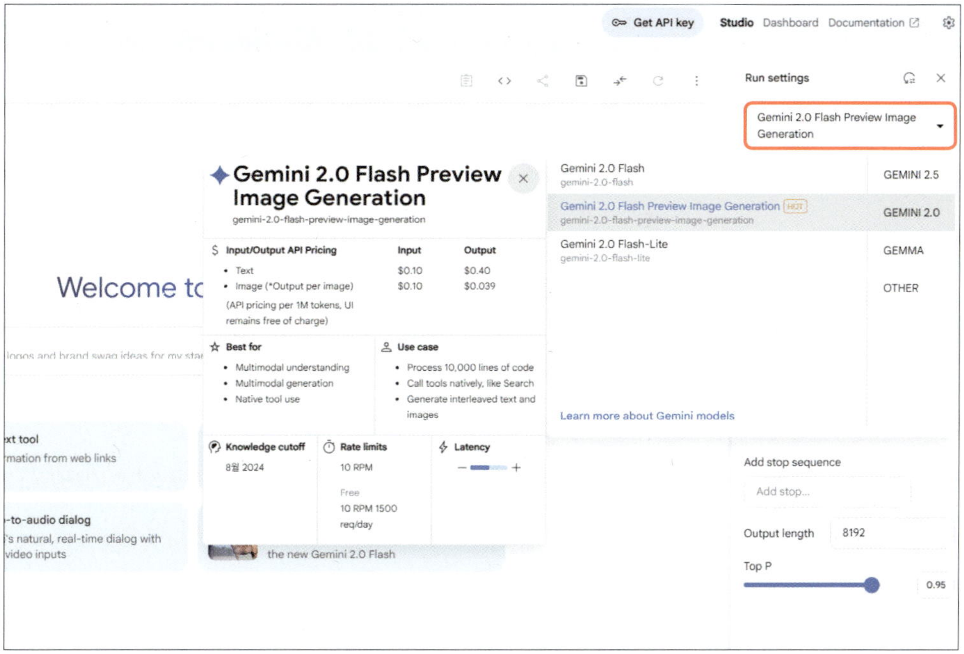

그림 2-6 | Run settings → Image Generation 설정하기

설정화면에서 Token count는 문장을 처리하는 단위 수를 의미한다. 예를 들어, "인공지능에 놀라는 여자아이 그려줘"라고 입력했을 때, 명령어를 이해하고 새 이미지를 생성하는 데 271개의 토큰이 사용되었다.

Temperature는 창의성의 정도를 조절하는 값으로, 숫자가 낮을수록 더 정확하고 일관된 결과를 생성하고, 숫자가 높을수록 더 창의적이고 다양한 이미지를 생성한다.

Advanced settings의 Safety settings는 유해한 콘텐츠를 차단하는 기능으로, 교육용으로 학생들과 수업 시간에 사용할 경우 미리 설정해 두는 것이 좋다. 괴롭힘, 혐오 표현, 성적 노출, 위험한 콘텐츠 등 교육적으로 어긋나는 내용을 미리 차단할 수 있는 기능이다.

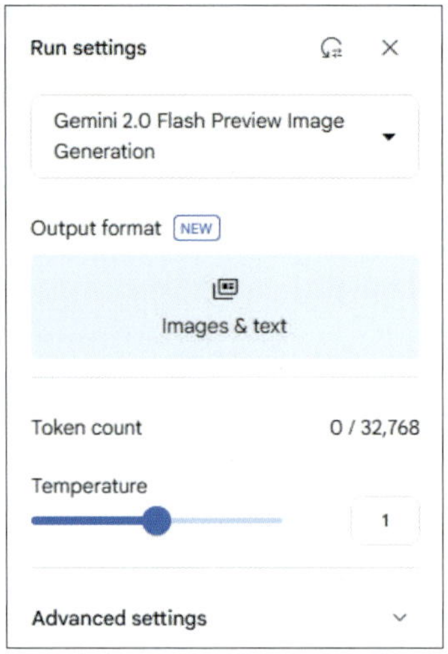

| 그림 2-7 | 설정 화면

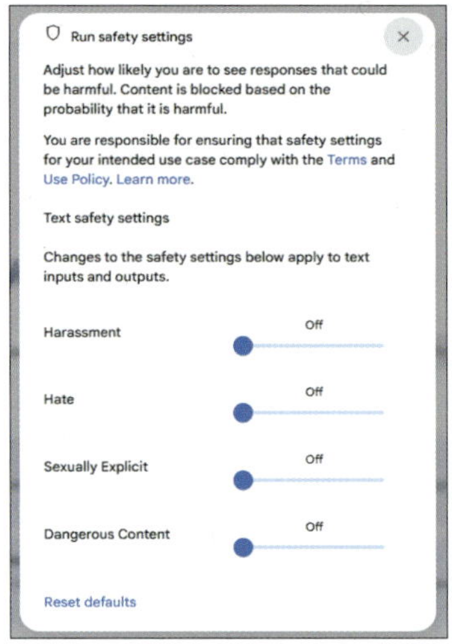

| 그림 2-8 | Safety settings 설정 화면

기본적으로 사용자가 원하는 명령을 입력하면 이미지가 생성된다. 그리고 생성된 그림을 바탕으로 명령을 추가하여 먼저 생성되었던 이미지를 수정할 수 있다.

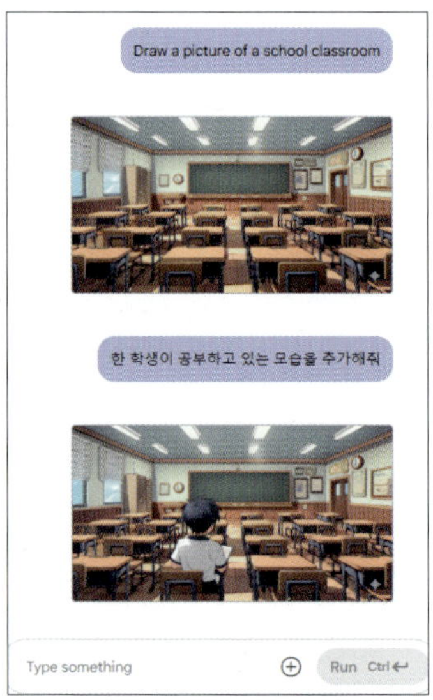

| 그림 2-9 | 그림 생성 화면

그리고 2장의 사진을 바탕으로 새로운 사진도 만들 수 있다. 명령어 입력창 오른쪽 옆에 Upload Image를 클릭하여 2장의 사진을 업로드하고, 두 사진을 조합한 이미지를 요청하면 만들어 준다.

그림 2-10 | Upload Image로 이미지 조합 생성하기

그림 2-11 | 2장의 사진 기반 생성 이미지

3. 수업 (1) 음악방송 만들기

우리 학교 소식과 음악을 전하는 음성 방송반 프로젝트
챗GPT를 활용하여 모둠원 역할, 필요한 자료 등 추천받아 음악방송 대본을 만들고 발표하기

음성 음악방송과 관련된 직업인이 하는 일을 조사하고, 대본을 작성하여 음악방송을 하는 프로젝트 수업이다. 학생들은 음악 관련 직업인들이 어떤 일을 하는지 이해하고 간접 체험하며, 음악의 실생활 활용과 진로에 대한 인식을 넓힌다. 또한 사연에 따른 다양한 감정이나 상황에 적합한 음악을 선택하는 활동을 통해 정서적 공감 능력과 음악적 감수성을 기른다. 프로젝트 과정에서 챗GPT를 수업 도우미로 활용하여 인공지능 리터러시 역량과 자기주도적 학습 능력을 향상시킬 수 있다. 2022 개정 교육과정에서는 느낌과 아이디어를 매체로 표현하고, 삶과 음악을 연결하는 성취기준을 초등 고학년(5~6학년) 창작 영역에 명시하였다(교육부 음악과, 2022). 이에 따라 음악방송 만들기 수업은 초등 고학년부터 중학생을 대상으로 진행할 수 있고, 학생 수준별에 맞추어 설계하여야 한다.

1) 주제 : 학교 음악방송 운영 프로젝트

2) 학습목표

- AI를 활용하여 음악방송을 위한 역할을 이해할 수 있다.
- 음악방송 주제와 자료로 프로그램을 구성할 수 있다.
- 음악방송을 위한 대본을 작성할 수 있다.
- 사연과 상황에 어울리는 음악을 선정할 수 있다.
- 모둠원과 협력하고 소통하며 음악방송을 진행할 수 있다.
- 음악방송 제작을 통해 음악의 사회적 가치에 대한 긍정적 태도를 가질 수 있다.

3) 수업 설계

총 3차시의 수업으로 '수업 준비와 기본조사 → 방송 구성과 대본 작성 → 발표' 단계로 이루어진다. 먼저 챗GPT의 안전한 사용을 위해 미리 부모 동의를 받아 확인하여야 한다.

1차시에는 프로젝트 목적과 챗GPT 기능을 안내하여, 학생들이 자기주도적으로 음악방송 관련 직업과 역할에 대한 조사를 실행할 수 있도록 지도한다. 2차시에는 방송 프로그램의 구성을 위한 절차, 명언, 추천음악, 멘트 등 챗GPT의 추천을 받아 대본을 작성할 수 있도록 모둠별 활동을 안내한다. 3차시에는 모둠별로 방송을 발표한 후, 느낀 점을 서로 공유하며 타인의 생각을 존중하는 태도를 기를 수 있도록 지도한다.

〈표 2-2〉 차시별 계획

차 시	주요 내용	활 동
1차시	음악방송과 프로그램 구성하기	• 음악의 기능과 역할 • 음악방송 관련 직업 조사 • 역할 정하기 • 주제 정하기
2차시	대본 작성과 연습하기	• 주제에 따른 조사 • 멘트, 대본 작성하기 • 역할 나누어 발표 연습
3차시	발표하기 및 피드백	• 전체 학급에서의 모둠별 발표 • 방송에서의 개선 사항 • 방송에 대한 생각과 느낀 점

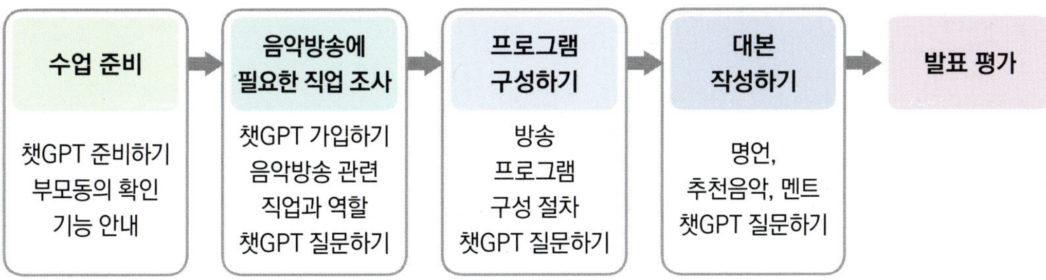

그림 2-12 | 음악방송 프로젝트 챗GPT 사용 안내

(1) 직업 조사 – 챗GPT와 활동지 작성

검색창에서 챗GPT를 검색한 후 회원가입 절차가 필요하다. 만 13세 이상부터 사용 가능하지만, 13~18세는 부모나 보호자의 동의가 필요하고, 감독하에 사용할 수 있다.

검색창에 챗GPT를 검색하고 입장한다.

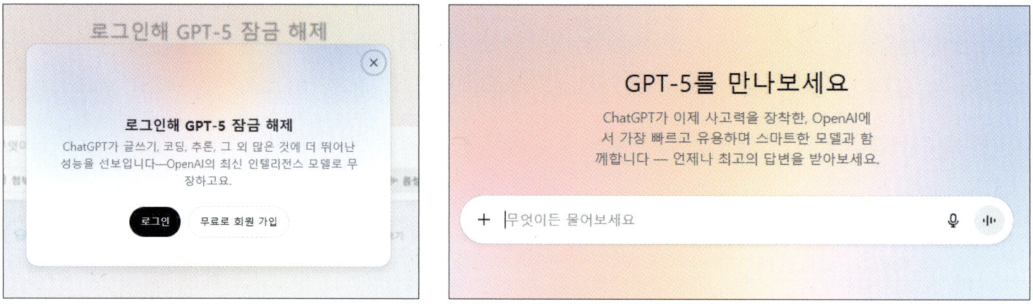

| 그림 2-13 | 챗GPT 시작

학생들은 챗GPT를 활용하여 음악방송과 관련된 직업을 조사하고 정리할 수 있다. 원하는 정보를 얻기 위해서는 구체적이고 자세한 질문을 하는 것이 중요하며, 이를 바탕으로 활동지를 작성하여 조사한 직업을 정리한다.

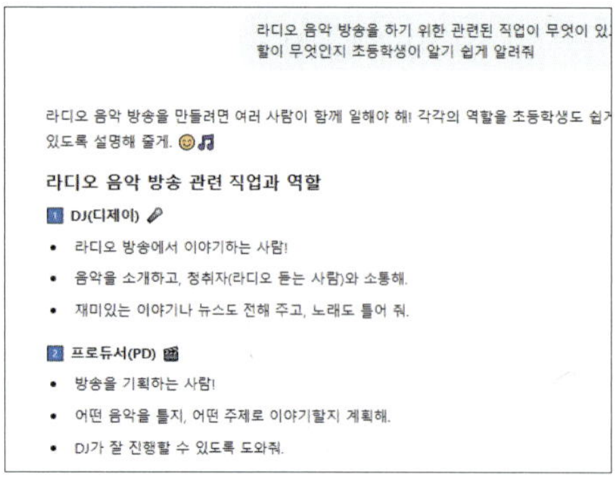

| 그림 2-14 | 챗 GPT 직업 조사

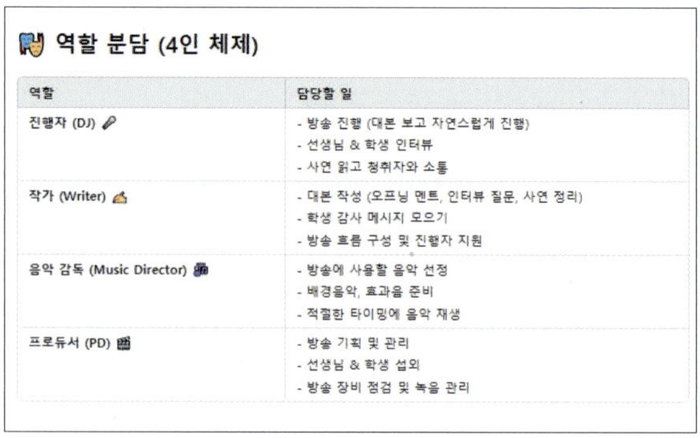

| 그림 2-15 | 챗GPT 역할 분담

〈표 2-3〉 직업 정리하기 활동지 1

활동지 1		음악방송 관련 직업 정리하기
1	진행자	방송을 어울리는 멘트로 진행하는 사람
2	작가	방송 대본을 작성하는 사람
3	음악감독	사연에 어울리는 음악을 선정하고, 정보를 제공하는 사람
4	프로듀서	방송 전체적인 기획과 운영, 책임지는 사람

(2) 프로그램 구성하기 – 챗GPT와 활동지 작성

방송 프로그램의 주제를 정하고, 모둠원 4명은 각자의 역할을 나누어 학습활동을 수행한다. 역할은 분담되어 있지만, 모둠원끼리 협의하며 함께 프로그램을 구성해 나간다.

〈표 2-4〉 프로그램 주제와 구성 활동지 2

활동지 2		프로그램 주제와 구성	
1	오프닝 (1분)	진행자가 오늘의 주제를 설명하는 시간	진행자–오프닝 멘트 작성 음악감독–오프닝 배경음악 선정 프로듀서–시작 사인 보내기
2	학교소식 (5분)	우리 학교 5월 행사 소식 안내와 스승의 날 행사 음악	작가– 행사 소식 안내 대본 쓰기 음악감독–음악 선정 진행자–자연스럽게 읽기
3	학생소식 (8분)	학생이 보낸 선생님과의 추억 관련 내용 안내와 음악 사연 2개	프로듀서와 작가–사연과 속담, 명언 등 포함 위로, 격려 대본 쓰기 음악감독–어울리는 음악 선정 진행자–자연스럽게 읽기
4	클로징 (1분)	오늘의 방송 마무리 멘트	진행자–마무리 인사 멘트 작성 작가–마지막 정리 멘트 작성 음악감독–마무리 배경음악 선정 프로듀서–방송 시작과 마무리 사인 보내기

(3) 대본 작성하기 – 챗GPT와 활동지 작성

멘트 작성과 사연 구성 과정에서 인공지능의 도움을 받을 수 있다. 실제로 사연을 받는 상황이 아니므로, 챗GPT를 활용해 가상의 사연을 생성할 수 있다. 또한 사연에 어울리는 음악을 선곡하는 과정에서도 인공지능의 도움을 받을 수 있으며, 사연에 맞는 위로와 격려의 멘트를 작성하는 데에도 챗GPT를 활용할 수 있다. 학생들은 챗GPT가 제시한 내용을 수정하고 정리하여 활동지에 작성한다.

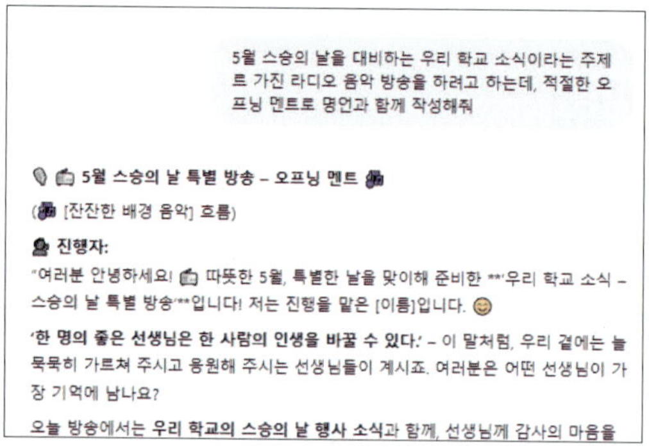

그림 2-16 | 챗GPT 멘트 작성

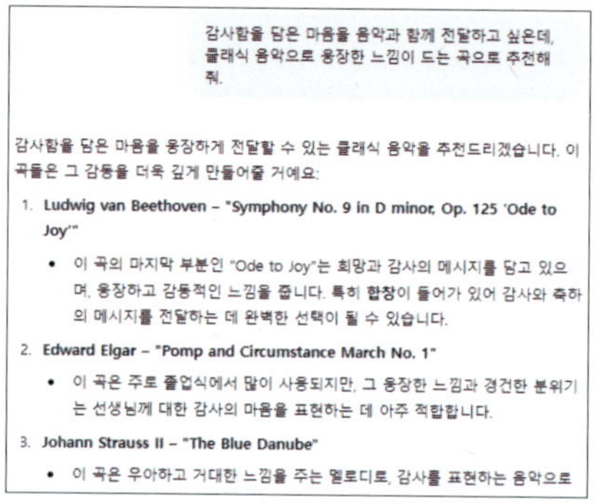

그림 2-17 | 챗GPT 음악 추천

〈표 2-5〉 대본 작성 활동지 3

활동지 3	음악방송 대본
모둠원	재희(진행자), 아리(작가 1), 우현(작가 2), 시후(음악감독)
주 제	스승의 날 : 선생님과의 추억을 되살리며
프로그램 구성	오프닝 → 학교소식과 음악 → 학생소식과 음악 → 클로징
대 본	안녕하세요, 여러분! 우리 학교 이야기와 음악방송 : 서울초 음방에 오신 것을 환영합니다! 저는 여러분과 함께하는 진행자 [김재희]입니다. 어느덧 5월 스승의 날이 다가오고 있습니다. (서서히 시작되는 음악) 5월에는 사랑과 기쁨으로 가득 차 있고, 또 선생님께 감사함이 새삼 느껴집니다. 여러분은 어떤 선생님과의 추억이 떠오르시나요? "선생님의 발자국은 제자의 가슴 속에 영원히 남는다"는 명언이 있습니다. 저 또한 생각나는 감사한 선생님들이 마음속에 계십니다. 스승의 날은 선생님들께 감사를 표현하는 날로, 1963년부터 제정되어 매년 5월 15일을 기념하고 있습니다. 이날은 선생님들께 감사의 인사를 전하고, 마음을 표현하는 의미를 가집니다. 선생님과의 따뜻한 추억을 함께 나누며 감사한 마음을 나누고자 합니다. (음악 변경) 오늘 방송에서는…

4. 수업 (2) 뮤지컬 제작하기

생태 환경 보호를 위한 뮤지컬 공연 개최 프로젝트
생태 환경 보호 중요성, 보호 방법 등을 주제로 챗GPT의 도움을 받아 뮤지컬 대본, 배경음악, 배경화면, 노래 창작, 안무 창작 등을 구성하여 뮤지컬 공연예술 개최하기

예측할 수 없는 전염병, 환경오염, 이상기후 등은 인류가 해결해야 할 중요한 생태 환경 문제로, 이에 대한 인식을 높이는 교육은 중요하다. 학생들은 종합예술인 뮤지컬 프로젝트를 통해 제작, 공연, 감상 활동을 경험하고, 신체 표현 능력과 협력적 소통 능력을 기르며, 생태 환경 보호에 대한 인식을 함양할 수 있다. 또한 뮤지컬 공연으로 타인과 공감하며 사회적 책임의식을 기를 수 있다. 과거에는 뮤지컬 제작이 복잡하고 시간이 오래 걸렸지만, 인공지능 도구를 활용하면 보다 빠른 시간에 효율적으로 제작할 수 있다. 뮤지컬 제작 수업은 초등학교 고학년 음악교과서에 수록되어 있으며, 초등부터 중등에서 수준에 맞게 수업을 구성하여 진행할 수 있다.

1) 주제 : 생태 환경 보호 뮤지컬 공연 프로젝트

2) 학습목표

- 생태 환경 보호를 위한 다양한 방법들을 이해할 수 있다.
- AI를 활용하여 환경 보호 뮤지컬 대본을 작성할 수 있다.
- 어울리는 음악과 배경화면을 연결할 수 있다.
- 뮤지컬 노래와 안무 동작을 창작할 수 있다.
- 뮤지컬 활동을 통해 종합적 표현력과 창의적 사고를 가질 수 있다.
- 뮤지컬 활동을 통해 환경 보호의 중요성과 책임감을 함양할 수 있다.

3) 수업 설계

총 4차시의 수업으로 '문제인식과 주제 선정 → 대본 작성 → 노래와 안무 제작 → 공연 발표' 단계로 이루어진다.

먼저 1차시에는 생태 환경에 대한 문제를 인식하고 보호의 필요성을 이해하는 인지적 영역(Cognitive Domain)의 학습활동을 진행하며, 교사는 뮤지컬 프로젝트의 학습활동에 대한 내용을 자세히 안내한다. 2차시에는 학생들이 챗GPT의 도움을 받아 모둠별로 소통하여 대본을 작성하고, 배경음악과 배경화면 등 시청각 자료를 추천받는다. 3차시에는 노래 가사와 코드 생성, 가사에 어울리는 안무 창작, 분장과 소품 점검 과정 등도 추천받아서 뮤지컬을 제작한다. 2차시와 3차시는 대본 제작부터 리허설까지의 과정으로 심동적 영역(Psychomotor Domain)의 과정이다. 챗GPT 사용 시 학생들이 주체적인 생각을 가지고 구체적으로 질문할 수 있도록 안내하고, 생성된 자료는 활동지에 정리하도록 학습을 지도한다. 마지막 4차시에는 뮤지컬 공연을 열고, 프로젝트 활동을 마무리하면서 느낀 점을 발표 및 성찰글로 표현하여 정의적 영역(Affective Domain)을 함양한다.

〈표 2-6〉 뮤지컬 수업 단계와 챗 GPT

단 계		챗GPT 사용	내 용
1	프로젝트 수업 소개		• 뮤지컬 프로젝트 소개하기 • 생태 환경 문제 인식하기
2	공연 주제 정하기		• 생태 환경 보호를 위한 방법 이해 • 뮤지컬 제작에 필요한 활동 이해
3	대본 제작하기	대본 생성	• 뮤지컬의 전체적인 대본 제작 수정 • 스토리보드 표 제작하기
4	배경음악과 배경화면 연결	음악 추천 이미지 생성	• 장면에 어울리는 배경음악 연결 • 장면 무대 배경화면 인공지능 생성
5	음악과 안무 창작하기	가사, 코드, 안무 생성	• 노래 창작하기 • 안무 창작하기
6	분장, 소품 점검하기	무대 소품 체크	• 장면에 따른 분장, 소품 생각하기
7	연습		• 연습 계획 세우기 및 연습
8	발표		• 뮤지컬 공연과 느낀 점 발표 • 평가-피드백

〈표 2-7〉 생태 환경 뮤지컬 차시별 계획

차 시	주요 내용	활 동
1차시	생태 환경 보호 이해 뮤지컬 공연 프로젝트 이해 공연 주제 선정	• 생태 환경 보호 내용 정리 • 공연예술과 뮤지컬의 특성 이해 • 공연 주제 정하기
2차시	대본 작성 배경음악, 배경화면 선정	• 뮤지컬의 전체적인 대본 피드백 • 스토리보드 정리 피드백 • 배경음악 연결, 배경화면 생성하기
3차시	뮤지컬 노래 제작 안무 생성 분장, 소품 점검 연습과 리허설	• 장면에 어울리는 가사, 코드 생성 • 가사에 어울리는 안무 창작 • 분장과 소품 점검 과정 피드백 • 연습과 리허설 체크 피드백
4차시	뮤지컬 공연 성찰적 사고	• 전체 학급에서의 모둠별 발표 • 프로젝트에 대한 느낀 점 성찰 글쓰기

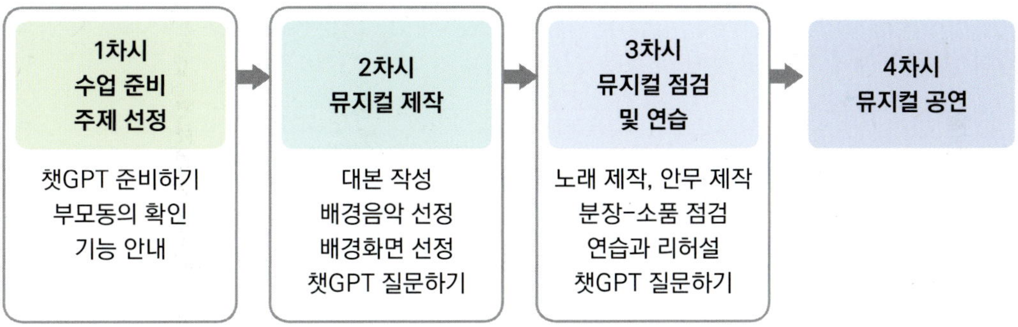

| 그림 2-18 | 생태 환경 뮤지컬 챗GPT 사용 안내

(1) 대본 작성하기 – 챗GPT와 활동지 작성

학생들은 모둠별로 뮤지컬 주제를 상의하고, 챗GPT에 대본 생성에 관련된 프롬프트를 입력한다. 프롬프트에 등장인물, 주제, 내용, 시간 등을 자세하게 입력하여 의도된 대본을 생성한다. 생성된 대본은 모둠원들 간 상의하고 수정하여 완성한다.

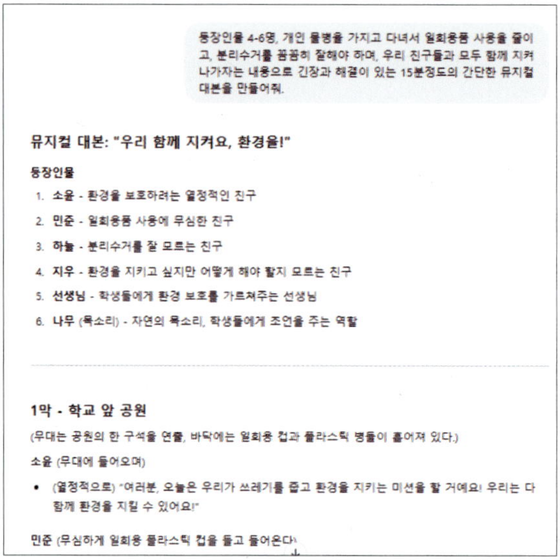

등장인물 4-6명, 개인 물병을 가지고 다녀서 일회용품 사용을 줄이고, 분리수거를 꼼꼼히 잘해야 하며, 우리 친구들과 모두 함께 지켜나가자는 내용으로 긴장과 해결이 있는 15분정도의 간단한 뮤지컬 대본을 만들어줘.

뮤지컬 대본: "우리 함께 지켜요, 환경을!"

등장인물

1. **소윤** - 환경을 보호하려는 열정적인 친구
2. **민준** - 일회용품 사용에 무심한 친구
3. **하늘** - 분리수거를 잘 모르는 친구
4. **지우** - 환경을 지키고 싶지만 어떻게 해야 할지 모르는 친구
5. **선생님** - 학생들에게 환경 보호를 가르쳐주는 선생님
6. **나무** (목소리) - 자연의 목소리, 학생들에게 조언을 주는 역할

1막 - 학교 앞 공원

(무대는 공원의 한 구석을 연출, 바닥에는 일회용 컵과 플라스틱 병들이 흩어져 있다.)

소윤 (무대에 들어오며)

- (열정적으로) "여러분, 오늘은 우리가 쓰레기를 줍고 환경을 지키는 미션을 할 거예요! 우리는 다 함께 환경을 지킬 수 있어요!"

민준 (무심하게 일회용 플라스틱 컵을 들고 들어온다)

| 그림 2-19 | 챗GPT 대본 생성

학생들은 챗GPT가 제공한 내용을 직접 수정하거나, 수정할 부분을 보다 자세히 입력하여 챗GPT에게 다시 요청해도 된다.

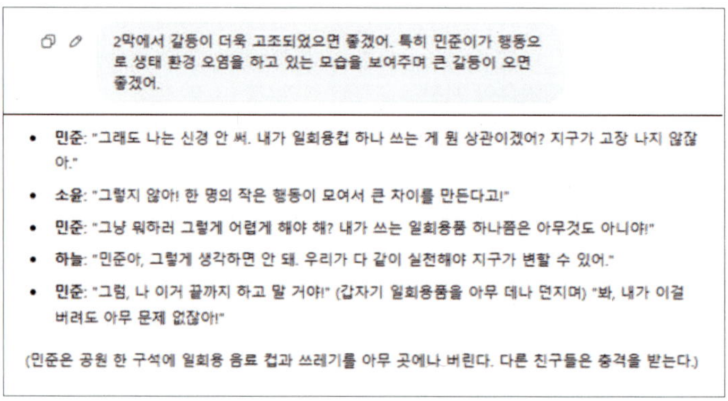

2막에서 갈등이 더욱 고조되었으면 좋겠어. 특히 민준이가 행동으로 생태 환경 오염을 하고 있는 모습을 보여주며 큰 갈등이 오면 좋겠어.

- **민준**: "그래도 나는 신경 안 써. 내가 일회용컵 하나 쓰는 게 뭔 상관이겠어? 지구가 고장 나지 않잖아."
- **소윤**: "그렇지 않아! 한 명의 작은 행동이 모여서 큰 차이를 만든다고!"
- **민준**: "그냥 뭐하러 그렇게 어렵게 해야 해? 내가 쓰는 일회용품 하나쯤은 아무것도 아니야!"
- **하늘**: "민준아, 그렇게 생각하면 안 돼. 우리가 다 같이 실천해야 지구가 변할 수 있어."
- **민준**: "그럼, 나 이거 끝까지 하고 말 거야!" (갑자기 일회용품을 아무 데나 던지며) "봐, 내가 이걸 버려도 아무 문제 없잖아!"

(민준은 공원 한 구석에 일회용 음료 컵과 쓰레기를 아무 곳에나 버린다. 다른 친구들은 충격을 받는다.)

| 그림 2-20 | 챗GPT 대본 수정

제공한 내용을 정리하여 대본 스토리보드 활동지 1 표를 완성한다.

〈표 2-8〉 뮤지컬 대본 스토리보드 활동지 1

	시간	장 면	활동 및 대사 스토리보드
1	3분	학교 앞 공원 (오프닝)	소윤 : 환경을 지키는 건 정말 중요해요! 오늘부터 우리는 물병을 들고 다니면서 일회용품을 줄일 거예요! 민준 : 왜 물병을 사용해야 해? 일회용품도 편한데... 소윤 : 일회용품이 많이 사용되면 환경이 아파져요. 하늘 : 그럼 분리수거는 어떻게 해야 해요?
2	4분	문제 발생 (긴장)	민준 : 하지만 물병은 가지고 다니기가 불편해요. 일회용품이 더 편하잖아요! 소윤 : 물병을 사용하면 매일 쓰레기를 줄일 수 있어요! 환경 보호는 작은 실천에서 시작돼요!
3	5분	해결 (실천)	나무 : 너희의 작은 행동이 지구를 지킬 수 있어. 함께 실천하자.
4	3분	모두 함께! (마무리)	민준 : 이제 작은 실천의 중요성을 알겠어요!

(2) 어울리는 배경음악과 배경화면 연결하기 – 챗GPT 활용

챗GPT에 프롬프트를 입력하여 각 장면에 어울리는 배경음악을 추천받는다. 또한 어울리는 배경화면 제작을 프롬프트로 요청한다. 챗GPT 외에 뤼튼, 구글 AI 스튜디오 등 이미지 생성에 특화된 인공지능 도구를 이용하면 보다 원하는 배경을 제작할 수 있다.

그림 2-21 | 챗GPT 배경음악과 배경화면 연결

(3) 노래와 안무 창작하기 – 챗GPT 활용

챗GPT를 활용하여 노래 가사와 코드 진행을 생성할 수 있다. 음악의 길이, 가사의 주제, 노래의 분위기 등 구체적인 조건을 입력하면 원하는 결과를 얻을 수 있다. 또한 가사가 포함된 음악을 반주까지 생성해 주는 도구인 수노(Suno), 유디오(Udio) 등을 활용하면 더욱 수월하게 작업할 수 있다. 장면에 어울리는 안무는 등장인물의 행동이나 감정 변화를 표현할 수 있도록 프롬프트를 입력하여 동작을 추천받는다. 추천받은 동작은 모둠원들과 상의하고 새롭게 재구성하여 장면에 맞는 안무로 완성한다.

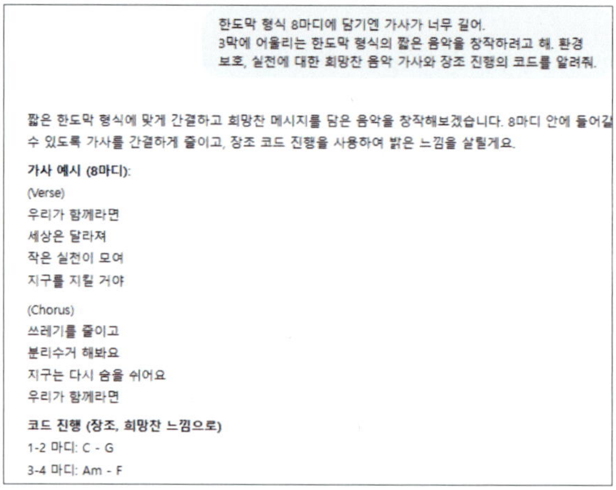

한도막 형식 8마디에 담기엔 가사가 너무 길어.
3막에 어울리는 한도막 형식의 짧은 음악을 창작하려고 해. 환경 보호, 실천에 대한 희망찬 음악 가사와 장조 진행의 코드를 알려줘.

짧은 한도막 형식에 맞게 간결하고 희망찬 메시지를 담은 음악을 창작해보겠습니다. 8마디 안에 들어갈 수 있도록 가사를 간결하게 줄이고, 장조 코드 진행을 사용하여 밝은 느낌을 살릴게요.

가사 예시 (8마디):

(Verse)
우리가 함께라면
세상은 달라져
작은 실천이 모여
지구를 지킬 거야

(Chorus)
쓰레기를 줄이고
분리수거 해봐요
지구는 다시 숨을 쉬어요
우리가 함께라면

코드 진행 (장조, 희망찬 느낌으로)
1-2 마디: C - G
3-4 마디: Am - F

그림 2-22 | 챗GPT 가사와 코드 생성

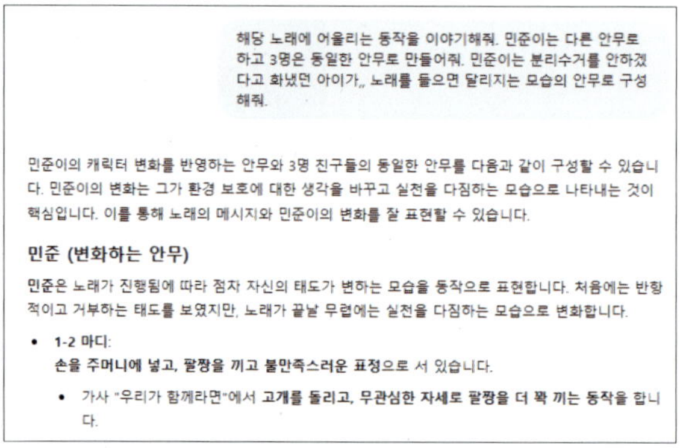

해당 노래에 어울리는 동작을 이야기해줘. 민준이는 다른 안무로 하고 3명은 동일한 안무로 만들어줘. 민준이는 분리수거를 안하겠다고 화냈던 아이가,, 노래를 들으면 달리지는 모습의 안무로 구성해줘.

민준이의 캐릭터 변화를 반영하는 안무와 3명 친구들의 동일한 안무를 다음과 같이 구성할 수 있습니다. 민준이의 변화는 그가 환경 보호에 대한 생각을 바꾸고 실천을 다짐하는 모습으로 나타내는 것이 핵심입니다. 이를 통해 노래의 메시지와 민준이의 변화를 잘 표현할 수 있습니다.

민준 (변화하는 안무)

민준은 노래가 진행됨에 따라 점차 자신의 태도가 변하는 모습을 동작으로 표현합니다. 처음에는 반항적이고 거부하는 태도를 보였지만, 노래가 끝날 무렵에는 실천을 다짐하는 모습으로 변화합니다.

- **1-2 마디:**
  손을 주머니에 넣고, 팔짱을 끼고 불만족스러운 표정으로 서 있습니다.
  - 가사 "우리가 함께라면"에서 **고개를 돌리고, 무관심한 자세로 팔짱을 더 꽉 끼는 동작**을 합니다.

그림 2-23 | 챗GPT 안무 동작 생성

〈표 2-9〉 뮤지컬 노래 제작과 동작 활동지 2

<table>
<tr><th colspan="2">음악 가사를 정리하여 글쓰기</th></tr>
<tr><td colspan="2"><우리가 함께하는 세상>
우리가 함께라면 세상은 달라져
작은 실천이 모여 지구를 지킬 거야

쓰레기를 줄이고 분리수거 실천하자
다시 숨을 쉬는 지구. 함께 지켜가자</td></tr>
<tr><th>안무와 동작 A</th><th>안무와 동작 B</th></tr>
<tr><td>우리가 함께라면(손을 잡고)
세상은 달라져(끄덕이면서 손을 높게!)
작은 실천이 모여(줍는 모습)
…</td><td>우리가 함께라면(뒤돌고 팔짱 낀 모습)
세상은 달라져(고개와 어깨 가로젓기)
작은 실천이 모여(일회용품 던지기)
…</td></tr>
</table>

(4) 분장, 소품 생각하기

각 장면에 어울리는 분장, 소품, 준비물 등에 대해 챗GPT에 질문하여 더욱 빈틈없이 준비할 수 있다. 학생들은 챗GPT를 통해 생성하거나 검색한 내용을 활동지에 작성해 문서화하고 정리하도록 한다.

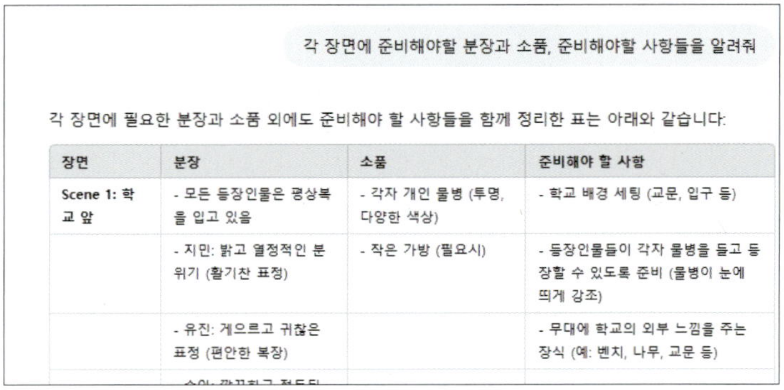

각 장면에 준비해야할 분장과 소품, 준비해야할 사항들을 알려줘

각 장면에 필요한 분장과 소품 외에도 준비해야 할 사항들을 함께 정리한 표는 아래와 같습니다:

장면	분장	소품	준비해야 할 사항
Scene 1: 학교 앞	- 모든 등장인물은 평상복을 입고 있음	- 각자 개인 물병 (투명, 다양한 색상)	- 학교 배경 세팅 (교문, 입구 등)
	- 지민: 밝고 열정적인 분위기 (활기찬 표정)	- 작은 가방 (필요시)	- 등장인물들이 각자 물병을 들고 등장할 수 있도록 준비 (물병이 눈에 띄게 강조)
	- 유진: 게으르고 귀찮은 표정 (편안한 복장)		- 무대에 학교의 외부 느낌을 주는 장식 (예: 벤치, 나무, 교문 등)

그림 2-24 | 챗GPT 뮤지컬 장면 분장, 소품, 준비 사항

〈표 2-10〉 뮤지컬 공연 준비 사항 활동지 3

장면	시간	음 악	배경화면	소품과 분장	준 비
1	3분	모차르트 Eine kleine Nachtmusik		개인 물병, 평상복 준비 민준-일회용 컵	효과음 물병 강조 물병 들고 등장
2	4분	베토벤 Symphony No. 5		민준이의 나쁜마음 표시 분장	나쁜마음 부착
3	5분	우리가 함께하는 세상 (노래 부르기) 드보르자크 New World Symphony		종이쓰레기봉투	반주 준비 음악 변경 그린마음 부착
4	3분	슈베르트 Ave Maria		하늘색 풍선	음향 조절 효과음

02 아이바 활용 수업

1. 아이바 소개

아이바(AIVA : Artificial Intelligence Virtual Artist)는 2016년 룩셈부르크에 설립된 음악 인공지능 회사에서 출시한 음악 생성기(Music Generator)이다. 아이바는 프랑스 음악저작권 협회(SACEM : Society of Authors, Composers and Publishers of Music)로부터 세계 최초로 공식적인 인정을 받은 가상 작곡가로, 이는 인공지능 음악도 조건에 따라 저작권 등록이 가능함을 보여주는 사례이다. 다만, 보호 범위는 국가별로 차이가 있다. 우리나라의 저작권법(저작권법 제2조 제1항)은 인간의 창작을 보호 대상으로 삼기 때문에, 인공지능이 전적으로 생성한 결과물은 보호받지 못한다. 음악저작권이란 음악 저작자가 창작과 동시에 자동으로 발생하는 독점적 법적 권리로, 음악의 복제, 공연, 배포 등 다양한 이용을 통제하고 보호하는 권리를 말한다. 반면, 인공지능이 생성한 음악은 저작권이 인정되지 않으나, 해당 음악을 소유하고 사용할 수 있는 소유권은 가질 수 있다.

아이바를 활용해 생성한 음악의 소유권은 이용 방식에 따라 달라진다. 아이바는 무료 플랜(Free)과 유료 플랜인 표준(Standard), 프로(Pro)로 나뉘어 제공된다. 무료로 생성된 곡은 상업적 용도로 사용할 수 없고, 표준은 유튜브, 트위치, 틱톡, 인스타그램 등에서 일부 사용 가능하지만, 소유권은 아이바에게 귀속된다. 프로 플랜을 이용하면 사용자가 생성한 곡의 소유권은 사용자에게 귀속되고, 상업적으로 사용할 수 있다. 단, 기존 음악을 변형한 2차 창작물에는 일정한 제한이 따른다. 이러한 조건에 따라 사용자는 자신에게 적합한 요금제와 소유권 범위를 선택하여 아이바를 활용할 수 있다. 현재의 금액 정책과 소유권은 |그림 2-25|와 같다.

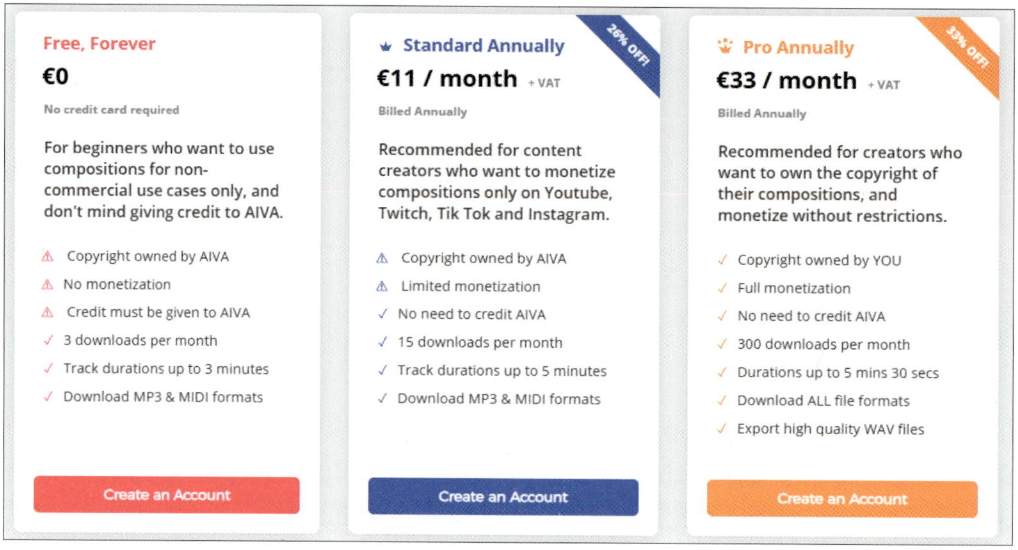

그림 2-25 | 아이바 이용 금액 정책과 소유권(2025. 8. 기준)

아이바는 학교 및 학생들에게 특별 할인을 제공하고 있다. 학교는 연간 요금의 30%, 학생은 15%를 할인받을 수 있으며, 이를 적용받기 위해서는 이용 전에 아이바 측에 문의하여야 한다.

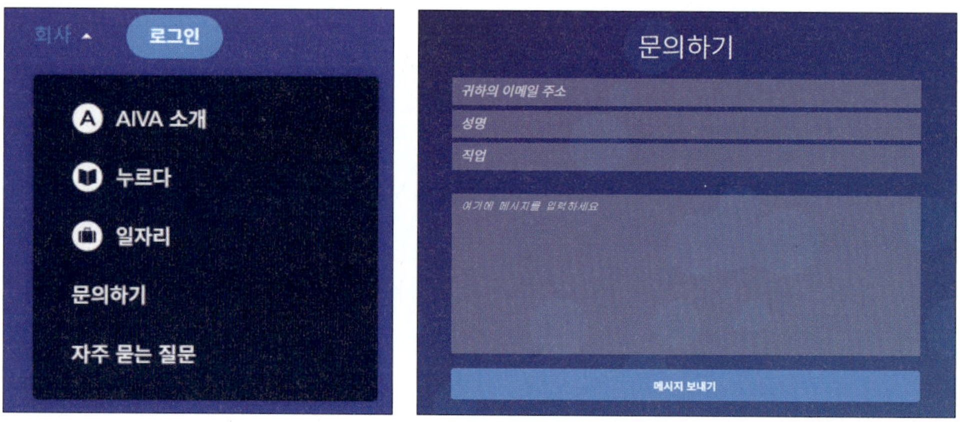

그림 2-26 | 아이바 문의

아이바는 바흐, 베토벤, 모차르트 등 위대한 작곡가들의 스타일을 학습하여 클래식 오케스트라 음악 생성에 강점을 지니고 있으며, 영화음악, 재즈, 팝, 앰비언트, 메탈 등 다양한 장르도 선택하여 음악을 생성할 수 있다. 사용자는 장르뿐 아니라 분위기와 감정에 어울리는 적합한 음악을 설정할 수 있어, 다양한 창작 목적에 맞는 음악을 생성할 수 있다.

또한 아이바는 생성된 음악을 직접 편집할 수 있는 디지털 오디오 워크스테이션(DAW : Digital Audio Workstation) 기능도 제공한다. 이를 통해 사용자는 곡의 세부적인 요소를 조정하거나 자신만의 스타일로 재구성할 수 있다.

아이바는 직관적인 인터페이스로 마우스 클릭만으로도 간단하게 음악을 생성할 수 있어, 일상생활 이야기나 특정 주제에 어울리는 음악을 누구나 쉽게 만들 수 있다. 이를 활용하여 나만의 벨소리를 만들거나, 뮤지컬 공연, 영상 제작 등에 필요한 배경음악을 제작하는 데 유용하다.

또한 사용자는 자신의 기분과 감정, 생각을 음악으로 표현하고 감상함으로써 음악과 삶을 연결하고, 다른 사람들과 공유하며 공감하는 활동을 할 수 있다. 아이바는 창작 도구를 넘어, 창의적 표현과 정서적 교류의 장을 제공하는 교육적 가치를 지니고 있다.

1) 가입하기와 로그인

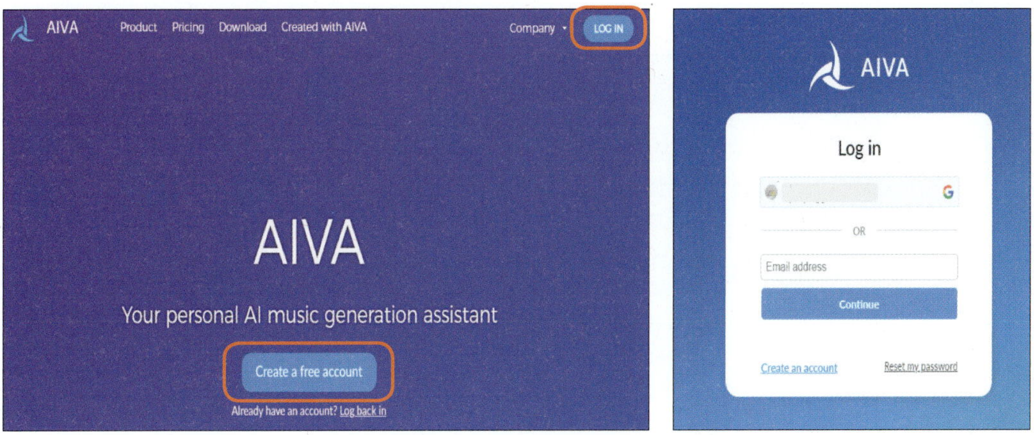

| 그림 2-27 | 아이바 첫 화면과 로그인

구글 검색창에 '아이바'를 검색 후 https://www.aiva.ai에 접속한다. 계정을 만들거나 로그인을 클릭하면 이메일로 가입, 로그인할 수 있는 창이 나타난다. 로그인 후 첫 화면은 |그림 2-28|과 같다.

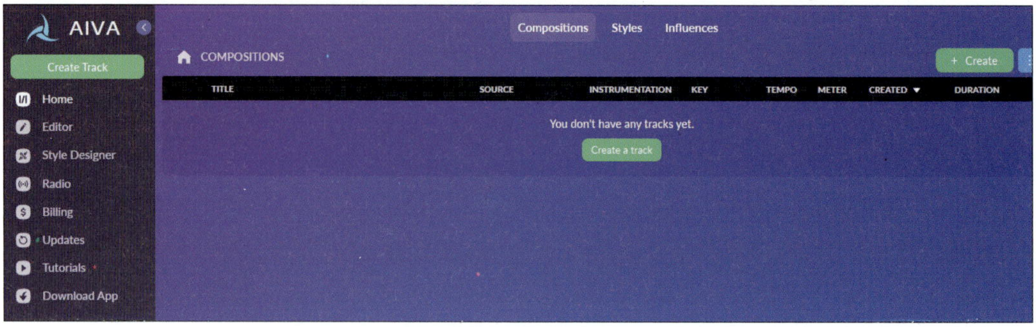

|그림 2-28| 아이바 인터페이스

2) 인터페이스 이해

화면 구성에서 왼쪽의 배너(사이드 메뉴)를 클릭하면 해당 기능을 수행하는 창으로 이동하게 된다. |그림 2-29|는 사이트를 한글로 번역한 구성과 각 메뉴가 연결되는 창의 주요 기능을 보여준다.

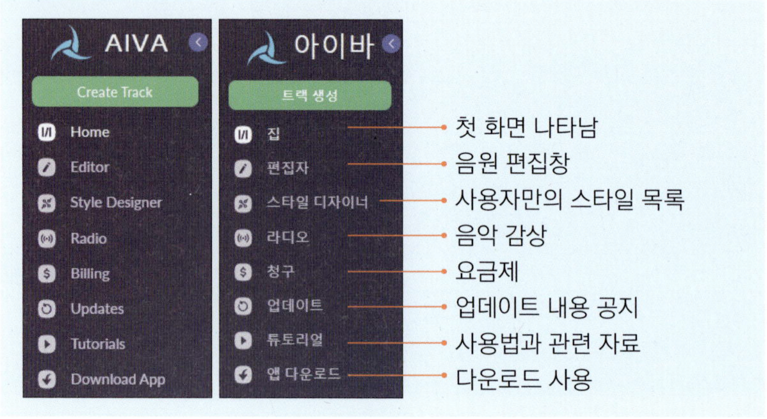

|그림 2-29| 아이바 인터페이스 기능

집(Home)은 첫 화면으로, 지금까지 생성한 작곡 목록이 나타나는 화면이다. 편집자(Editor)는 이전에 작업하던 곡의 편집 화면(DAW)으로 이동하는 기능을 한다. 스타일 디자이너(Style Designer)는 곡의 분위기, 감정, 코드, 템포 등을 설정하여 음악을 생성하고, 지금까지 만든 스타일 목록을 확인할 수 있는 공간이다. 앱 다운로드(Download App)는 음악 편집 기능을 이용하기 위해 전용 앱을 컴퓨터에 설치할 수 있도록 하는 기능이다. 간단한 음악 생성은 홈페이지에서 바로 이용할 수 있지만, DAW 편집 기능을 사용하려면 다운로드하여 설치해야 한다.

3) 녹색 버튼 트랙 생성 

아이바에서는 다양한 방법으로 음악을 생성할 수 있다. 그중 하나는 녹색 버튼인 '트랙 생성(Create Track)'을 클릭하는 것이다. 이 버튼을 누르면 |그림 2-30|과 같은 생성 방식들이 나타난다.

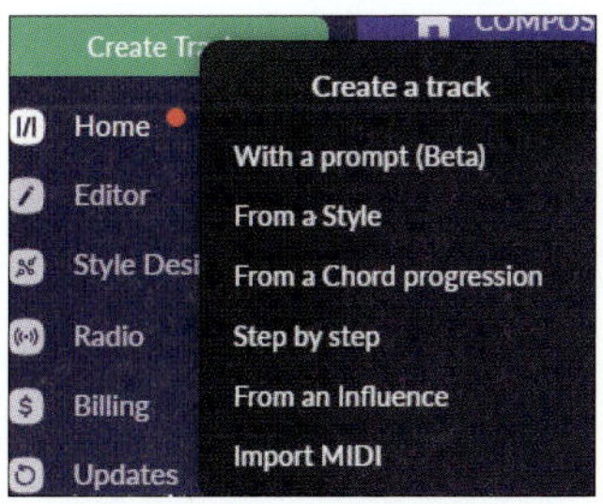

|그림 2-30| Create Track 기능

프롬프트를 사용하여(With a Prompt(Bata))의 Lyra Classical은 모차르트, 베토벤, 바흐 등 클래식 음악과 다양한 스타일로 작곡하도록 훈련된 명령어 기반 모델로 유료 결제 후 이용하여야 한다.

스타일에서(From a Style)는 음악장르, 조성(Key Signature), 길이(Duration), 작곡 수(Number of Composition) 등을 간단하게 선택하여 음악을 생성할 수 있다. 앱 다운로드 없이 홈페이지에서 바로 사용 가능하다.

코드 진행에서(From a Chord progression)는 코드 진행, 템포, 조성 등을 설정하여 선택한 장르의 곡을 만들 수 있다. 이 기능은 앱을 다운로드해야 사용 가능하다.

단계별로(Step by step)는 멜로디, 반주, 타악기 리듬 등 개별적으로 설정하고 편집하는 방식이다. 세밀한 작업이 가능하며 앱 설치가 필요하다.

영향에서(From an Influence)는 미디 또는 오디오 파일을 업로드하면, 그 곡의 스타일을 반영하여 새로운 곡을 생성할 수 있다. 이 기능도 앱을 통해 사용 가능하다.

MIDI 가져오기(Import MIDI)는 MIDI 파일을 업로드하여 DAW에서 편집할 수 있다. 고급 편집이 필요한 경우 유용하며, 앱 사용이 필요하다.

(1) 녹색 버튼과 스타일에서 클릭

트랙 생성(Create Track) 배너의 스타일에서(From a Style)를 클릭하면 오른쪽 창에 스타일 라이브러리(Styles Library)가 나타난다.

(2) 스타일 라이브러리에서 음악 장르 선택

아이바는 음악을 들으며 내가 만들고 싶은 곡의 스타일을 선택할 수 있다. 다양한 음악들이 제공되며, 미리듣기가 가능하다. 파일 용량이 표시된 숫자 부분을 클릭하면 녹색 배너인 +Create로 변경되며, 이를 클릭해 선택할 수 있다. 또한 악기나 장르를 간편하게 검색할 수 있는 검색창과, 장르와 창작자를 선택할 수 있는 필터(Filters) 기능을 통해 원하는 음악을 빠르게 찾을 수 있다.

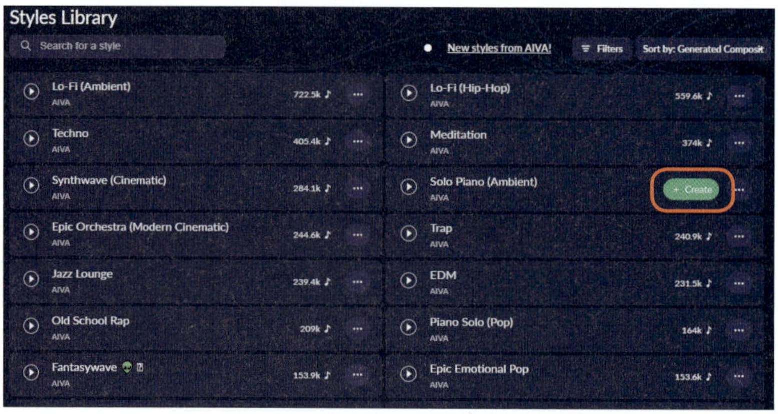

그림 2-31 | 스타일 라이브러리에서 장르 선택

(3) 곡 설정과 생성할 음악의 수 정하기

조표(Key Signature), 길이(Duration), 작곡 수(Number of Compositions)를 선택하고 트랙 생성(Create tracks) 버튼을 클릭하면 새로운 곡이 생성된다. 단, 무료는 3분 이내의 곡만 생성할 수 있다.

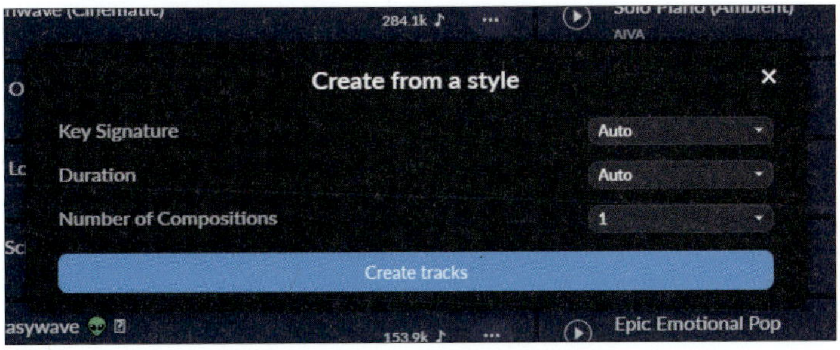

| 그림 2-32 | 트랙 생성 설정

(4) 새로운 곡 생성

사장조(G major), 30초~1분 길이, 2개의 곡 생성으로 설정한 후, 하늘색 트랙 생성(Create tracks) 배너를 클릭하면 2개의 곡이 생성된 것을 확인할 수 있다.

| 그림 2-33 | 트랙 설정

생성된 음악의 오른쪽 …을 클릭하면 다운로드가 가능하며, 공유, 이름 변경, 삭제 등의 기능도 사용할 수 있다. 공유하기 버튼을 누르면 링크가 생성되어 복사하여 이용할 수 있다.

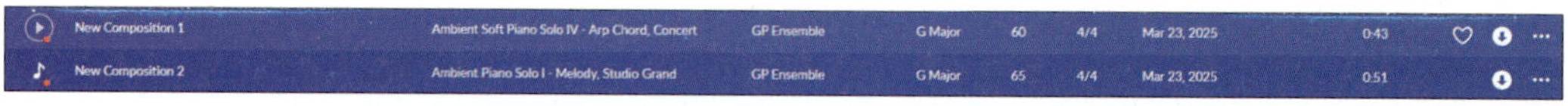

그림 2-34 | 2개의 1분 이하, 사장조 곡 생성

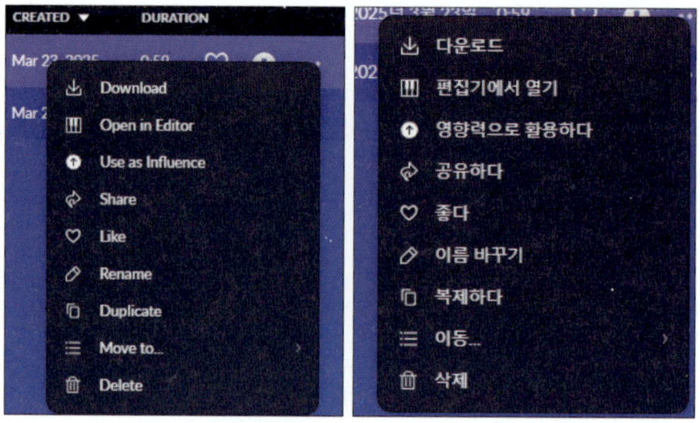

그림 2-35 | 저장, 공유, 삭제 등 영문, 한글 화면

무료 버전은 한 달에 3회 다운로드가 가능하며, 소유권은 아이바에게 있다. 따라서 생성한 작품은 비상업적 용도로만 사용할 수 있다.

4) 스타일 디자이너로 음악 생성하기

스타일 디자이너 배너를 클릭하면, 스타일 설정을 통해 보다 구체적으로 음악을 생성할 수 있다. 음악적 내용 지식이 있는 사용자의 만들고자 하는 의도에 더 가까이 만들 수 있는 특징이 있으며, 음악의 구조와 화성 등 음악 이론을 교육할 수 있다. 스타일 디자이너는 앱 다운로드 없이 홈페이지에서 사용도 가능하지만, 모든 기능을 사용하려면 앱 설치 후 사용하여야 한다.

(1) 스타일 디자이너에서 스타일 클릭

스타일 디자이너(Style Designer)에서 오른쪽 +Create 녹색 배너를 클릭하고, 스타일(Styles)을 클릭한다.

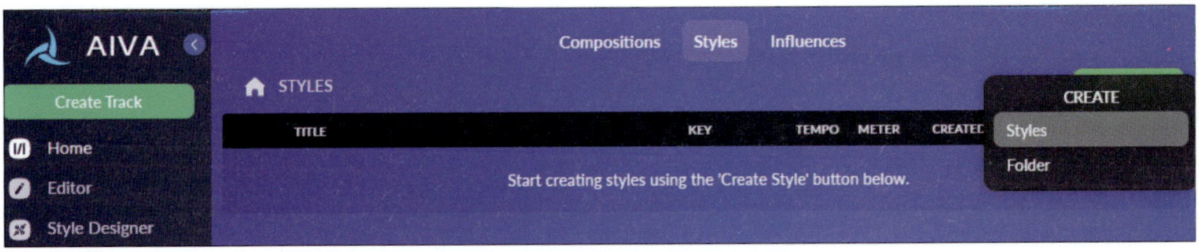

| 그림 2-36 | 스타일 디자이너 입장

(2) 스타일 생성 선택하기

아무런(None), 차분한(Calm), 신난(Excited), 걱정(Fearful), 슬픈(Sad), 긴장한(Tension)에서 선택할 수 있다.

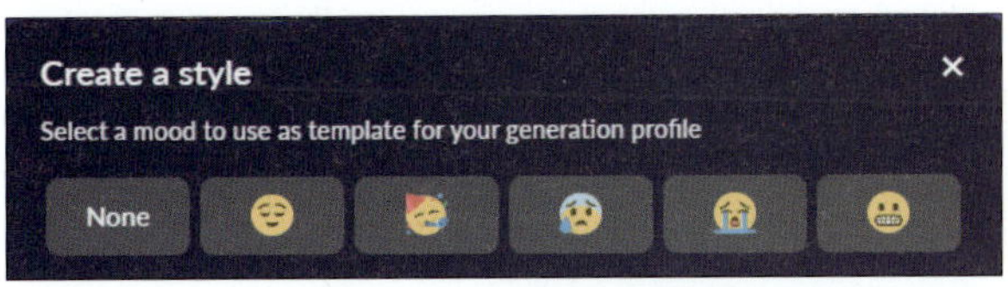

| 그림 2-37 | 스타일 생성 선택

(3) 스타일 세팅하기

음악적 요소를 자세하게 세팅할 수 있다. 총 4개의 섹션으로 구성되어 있다. 세팅(Settings), 화성(Harmony), 화음(Chords), 베이스(Bass)로 되어 있으며, 미리듣기 기능은 앱 다운로드 설치가 되어 있어야 가능하다.

① 세팅(Settings)

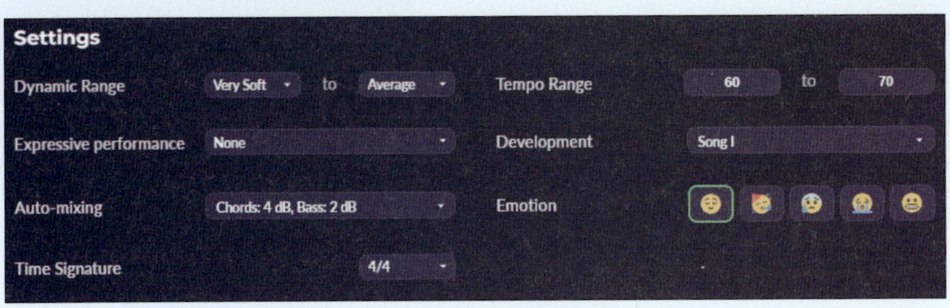

| 그림 2-38 | 세팅 화면

- 다이나믹 범위(Dynamic Range) : 8단계의 다이나믹 선택 가능
- 퍼포먼스 표현(Expressive performance) : 5개의 템포 변화 중 선택
- 자동 믹싱(Auto-mixing) : 코러스, 베이스 믹싱 사용 여부와 데시벨 설정
- 박자표(Time Signature) : 5개의 박자표 중 선택
- 속도 범위(Tempo Range) : 원하는 속도 입력
- 개발(Development) : 개발 유형 선택(노래, 고전, 영화적, 재즈 등 선택)
- 감정(Emotion) : 선택한 감정 수정하여 표현 조절

② 화성(Harmony)

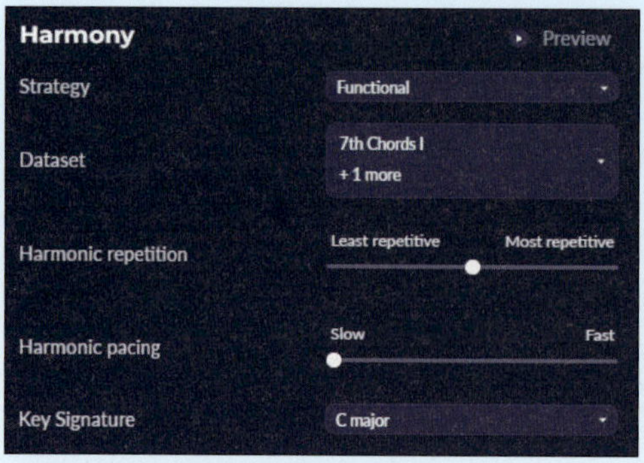

| 그림 2-39 | 화성 화면

- 화성 반복(Harmonic repetition) : 코드 진행 반복(일관성-변화)
- 화성 진행 속도(Harmonic pacing) : 화성 변화의 속도 설정
- 조성(Key Signature) : 원하는 조성 선택

- 전략(Strategy) : 기능, 선법 선택
- 데이터세트(Dateset) : 3화음 진행, 블루스 7화음, 고급 코드 등 선택

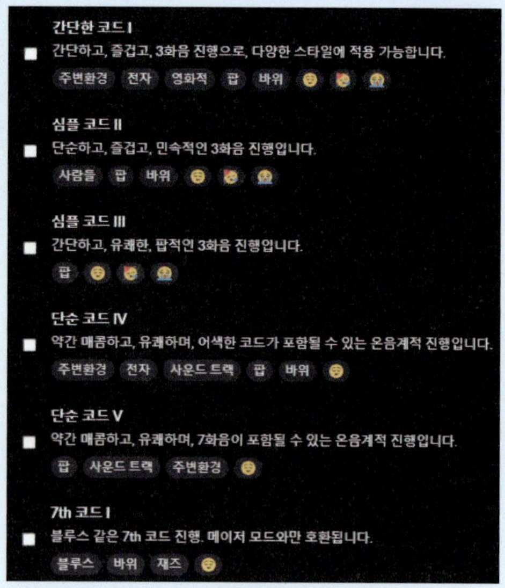

| 그림 2-40 | 데이터세트 선택

③ 화음(Chords)과 베이스(Bass)

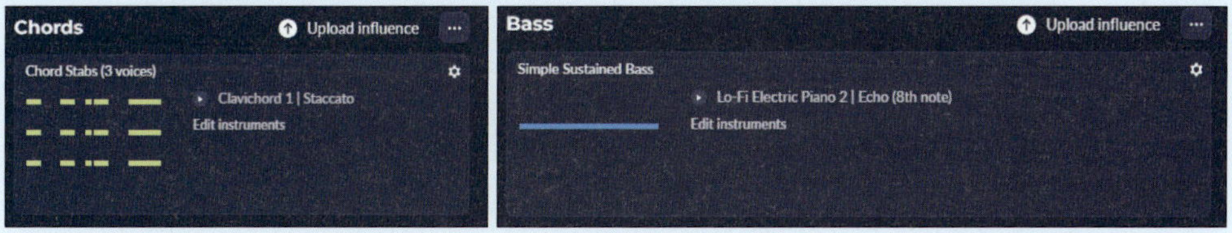

| 그림 2-41 | 화음과 베이스 선택

원하는 스타일의 화음, 베이스 등을 선택, 또는 개인 소장 음원 파일을 업로드하여 사용 가능하다.

(4) 곡 설정과 생성할 음악의 수 정하기

스타일 설정이 완료되면, 화면 오른쪽 상단에 있는 녹색 배너 +Create를 클릭한다. 그러면 조표(Key Signature), 길이(Duration), 작곡 수(Number of Compositions)를 선택할 수 있는 창이 나타난다. 단, 무료 버전에서는 3분 이내의 곡만 생성이 가능하다.

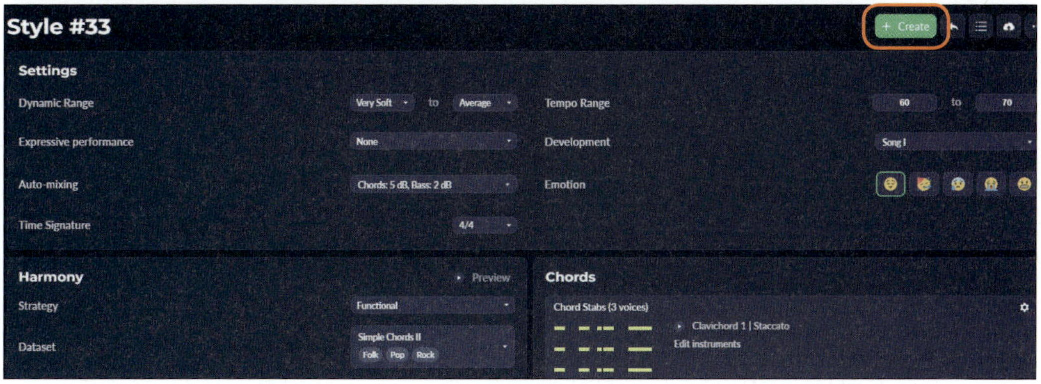

| 그림 2-42 | 스타일 선택 전체 화면

| 그림 2-43 | 스타일 생성 설정

(5) 새로운 곡 생성

신나는 테크노 구성으로 빠른 템포, 반복적 화성 진행으로 변화는 적당하게, 다장조, 스타카토 코러스, 일렉트릭 피아노 등을 |그림 2-44|와 같이 설정하였다.

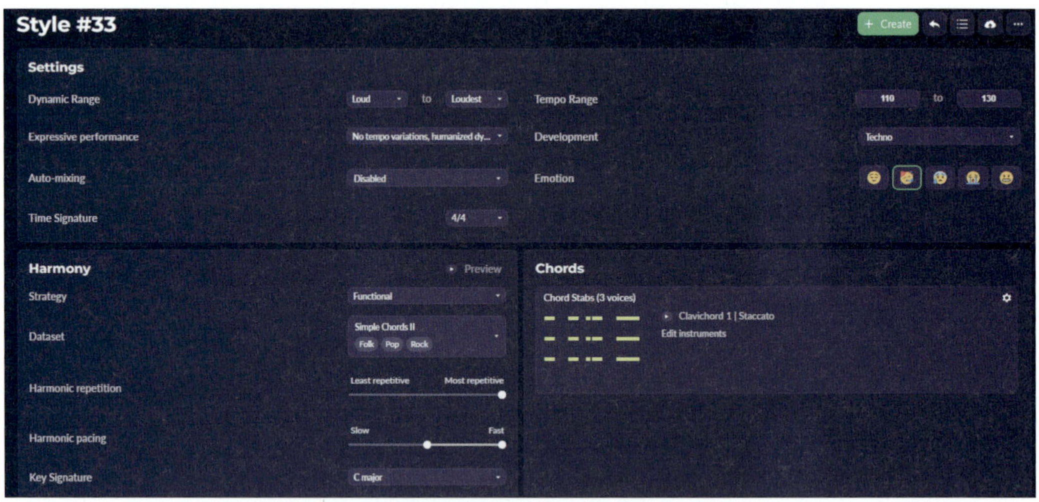

| 그림 2-44 | 스타일 설정 완료 화면

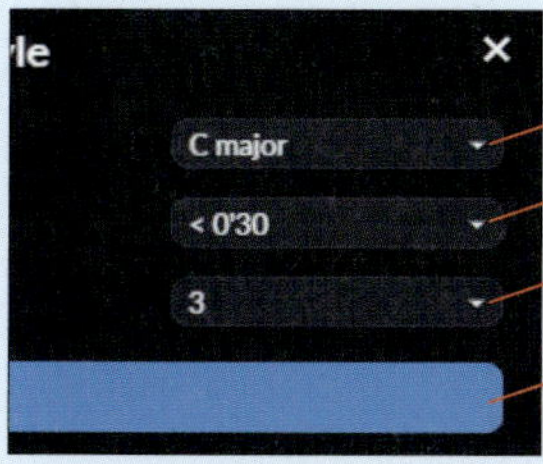

다장조
30초 이하
생성 작곡 수 3개로 설정하고
하늘색의 트랙 생성(Create tracks)으로 선택을 완료하였다.
생성된 곡의 오른쪽 …을 클릭하면 다운, 공유 등이 가능하다.

| 그림 2-45 | 스타일 트랙 생성

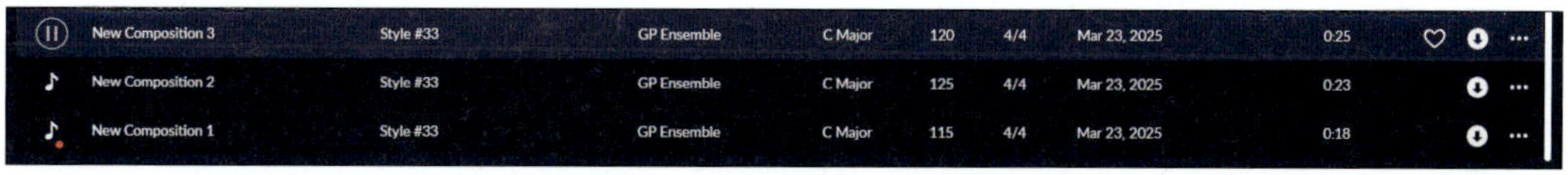

| 그림 2-46 | 3개의 30초 이하, 다장조 곡 생성

2. 수업 (1) 생활 속의 배경음악 창작하기

생활 속 음악을 이해하고, 상황과 음악의 요소를 연결하는 활동
생활 속에서 활용할 수 있는 나만의 배경음악을 창작하기

우리의 삶과 생활 속에서 음악은 중요한 역할을 하며, 일상생활의 특정한 상황에서 정서를 조절하고, 사회적 상호작용으로 공동체 의식을 강화한다. 생활 속의 상황과 음악을 연결하면서 음악의 요소를 이해하고, 음악이 주는 의미와 가치를 탐색하는 교육은 중요하다.

인공지능 음악 생성기를 활용한 학습은 생활 속 장면을 음악적 요소와 연결하여 창작할 수 있는 경험을 제공한다. 이후 나의 느낌과 생각을 더욱 잘 표현하기 위해 조성, 박자, 템포, 악기 구성 등의 음악 이론을 심화 학습하는 단계로 나아갈 수 있다. 아이바는 음악 생성 초기 단계에서 장르와 조성을 선택해야 한다. 이때 학생들은 다양한 곡을 감상하면서 자연스럽게 장르와 장·단조에 대한 이해를 할 수 있다. 또한 3화음 또는 7화음을 선택해 음악을 구성함으로써, 다양한 음색을 비교하고 인식하는 활동도 가능하다. 2022 개정 교육과정에서 초등 고학년은 장음계, 단음계, 주요3화음, 셈여림, 빠르기, 관악기와 현악기 음색 등의 성취기준을 명시하였고, 중학교는 딸림7화음과 종지 등을 명시하였다(교육부 음악과, 2022). 이를 기반으로 하여 초등 고학년에서는 장르, 조성, 현악기와 관악기 등을 중심으로 수업을 구성하고, 중등에서는 학생의 수준을 파악한 후 7화음과 화성진행 등을 이해하는 활동도 추가 구성할 수 있다.

1) 주제 : 생활 속 음악을 이해하고, 상황에 어울리는 AI 배경음악 만들기

2) 학습목표

- 생활 속 어울리는 음악을 탐색하며 음악의 요소를 이해할 수 있다.
- AI 도구를 활용하여 상황에 어울리는 배경음악을 제작할 수 있다.
- AI 생성 음악 창작을 통해 자신의 감정을 표현하고 타인과 공감할 수 있다.
- 창의적인 배경음악을 제작하여 실생활에 적용하여 즐기는 태도를 가질 수 있다.

3) 수업 설계

생활 속에서 음악을 탐색하고, 음악의 요소에 대한 이해를 바탕으로 인공지능을 활용한 배경음악 만들기 수업을 진행한다. 학생들이 생활 속 장면과 음악의 요소를 연결하여 이해하고, 이를 바탕으로 새로운 음악으로 표현할 수 있도록 안내한다.

학생들은 밝은, 경쾌한, 느린, 어두운 등의 음악을 식별하여 음악의 장르와 분위기를 이해하고, 생활 속 장면과 연결할 수 있다. 나아가 장·단조, 화음 등의 내용 지식을 확장하여 배경음악을 생성할 수 있다.

아이바 사용 시 학생들의 편리한 사용을 위해 한글로 번역 설정하여 사용하고, 교사가 시범을 보이면서 수업을 진행한다. 음악을 들으며 창작하는 활동이므로 혼란을 방지하기 위해 헤드셋을 지원하여야 한다.

〈표 2-11〉 아이바 학습지도계획

차 시		주요 내용	교수-학습 활동
도 입		생활 속 음악 이해하기	• 생활 속 소리와 음악 탐색하기 • 영화와 배경음악을 감상하고, 장면 음악 연결 동기 유발 • 생활 속 듣고 싶은 음악 창작 학습 : 목표 제시
전개	활동 1	음악의 요소 이해	• 음악의 요소 이해 : 밝은, 경쾌한, 느린, 어두운 등 • 음악이 주는 의미와 가치에 대한 탐색하기 • 아이바를 활용한 AI 음악 생성 시범
	활동 2	생활 속 장면 글쓰기와 음악적 요소 연결하기	• 생활 속 장면의 상황과 듣고 싶은 음악을 생각하고 글쓰기 ㉠ 아침에 일어났을 때 듣고 싶은 음악의 느낌 글쓰기 (산책할 때, 신나게 뛰어놀 때, 쇼핑할 때) • 글쓰기한 내용을 음악적 특징과 연결하기 ㉠ 아침에 눈을 뜨면서 듣고 싶은 조용하면서도 밝은 음악 스타일 : 피아노 곡, 현악기 곡/ 조성 : 장조
	활동 3	장르의 이해 장단조 이해	아이바 [스타일에서 음악 생성] • 스타일 라이브러리 음악 감상 후 장르 선택하기 (필터 사용 : 피아노, 오케스트라, 휴일 등 클릭) • 장조 선택하여 음악 생성하기 • 단조 선택하여 음악 생성하기 • 장조와 단조 비교 감상 후 느낌 발표하기
		3화음과 7화음 인식하기 (중등)	아이바 [스타일 디자이너에서 음악 생성] Harmony Dataset 선택하기 • 심플코드Ⅰ : 간단한 3화음 선택하여 음악 생성하기 • 7화음Ⅲ : 감성적인 7화음 선택하여 음악 생성하기 • 3화음과 7화음 비교 감상 후 느낌 발표하기
		나의 음악 생성하기	• 활동 2의 활동지와 음악 생성 활동 경험을 바탕으로 최종 생활 속 장면에서 듣고 싶은 나의 음악 생성하기 • 만든 과정에 대한 활동지 작성하기
마무리		감상 피드백	• 공유 및 발표하기 • 감상 및 각 음악의 특징과 느낀 점 성찰하기

(1) 아침에 일어났을 때 듣고 싶은 나만의 음악 트랙 생성하기

녹색 트랙 생성(Create Track) 버튼을 클릭한 후, 스타일에서(From a Style)를 선택한다. 스타일 라이브러리에서 다양한 곡을 감상하며, 아침에 일어났을 때 듣고 싶은 스타일을 고른다(자세한 기능 설명은 앞의 '1. 아이바 소개' 참고). 이 예시에서는 잔잔하고 아름다운 선율이 돋보이는 솔로 피아노 스타일을 선택하였다.

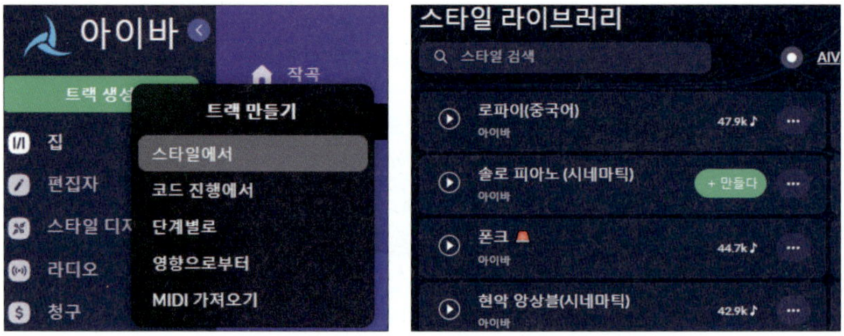

| 그림 2-47 | 트랙 생성과 스타일 라이브러리 선택

(2) 스타일에서 생성하기

바장조(F major), 3분 이하 길이, 5개 곡을 생성하도록 설정하였다.

| 그림 2-48 | 음악 생성 설정

(3) 생성된 곡 듣고 선택하기

생성된 곡을 선택하고 왼쪽 맨 앞에 플레이(▶) 버튼을 눌러서 감상한다. 감상 후 마음에 드는 것은 오른쪽 …을 눌러 다운로드, 공유, 이름 변경 등을 하고, 마음에 들지 않는 곡은 삭제한다. … 앞에 있는 아래 화살표( )를 선택하여도 다운로드가 가능하다.

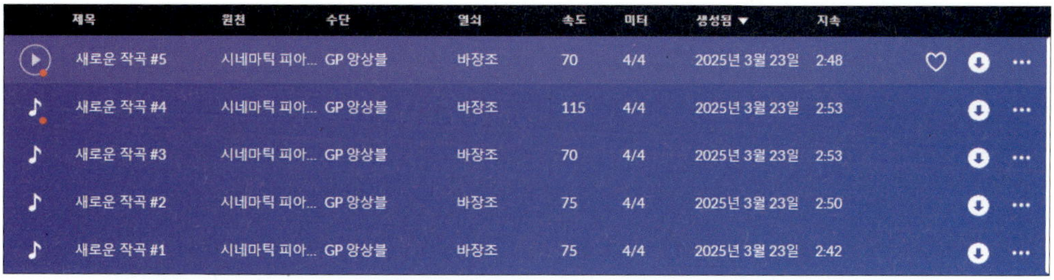

그림 2-49 | 아침에 듣고 싶은 나만의 다섯 가지 버전 생성

(4) 스타일 디자이너에서 생성하기(중등)

왼쪽 인터페이스에서 스타일 디자이너를 클릭하여 음악을 생성한다. 아침에 일어나서 듣고 싶은 곡으로 차분한(Calm) 느낌을 선택하고, 3화음으로 곡을 생성한 뒤, 7화음으로도 곡을 생성하여 두 음악을 감상하고 음색의 차이를 비교한다.

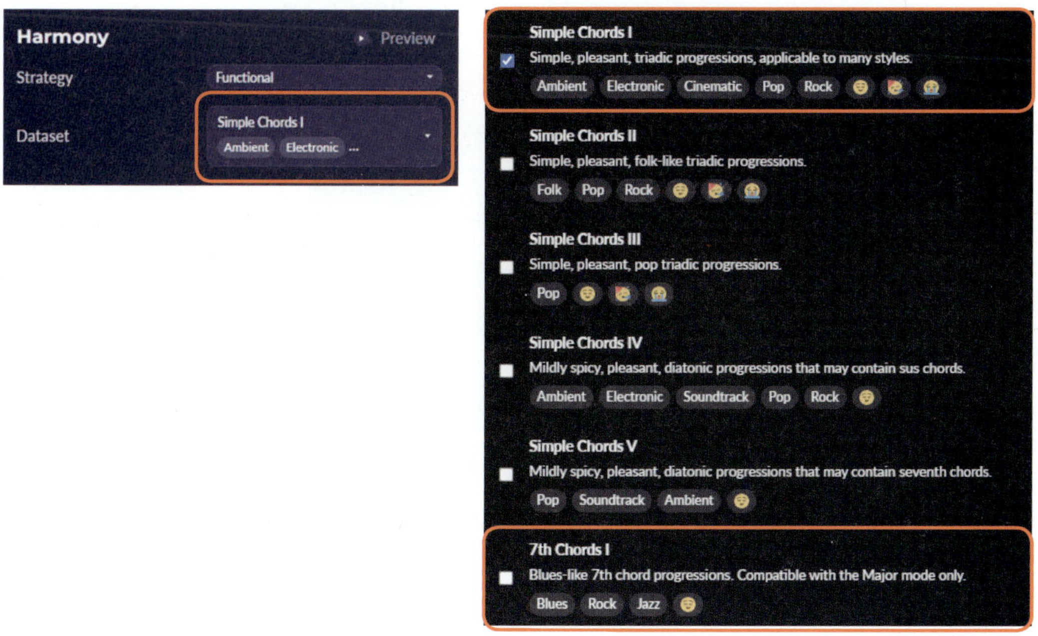

그림 2-50 | 아이바 코드 선택

(5) 공유하기

무료 버전에서 다운로드는 3회 가능하지만, 링크 공유는 자유롭게 이용 가능하다. 공유하기는 오른쪽 …을 눌러 '공유하다'를 클릭하면 링크 공유 주소가 나타난다. 링크 주소를 클릭하면 클립보드에 복사되었다는 문구가 나오면서 주소가 복사된다.

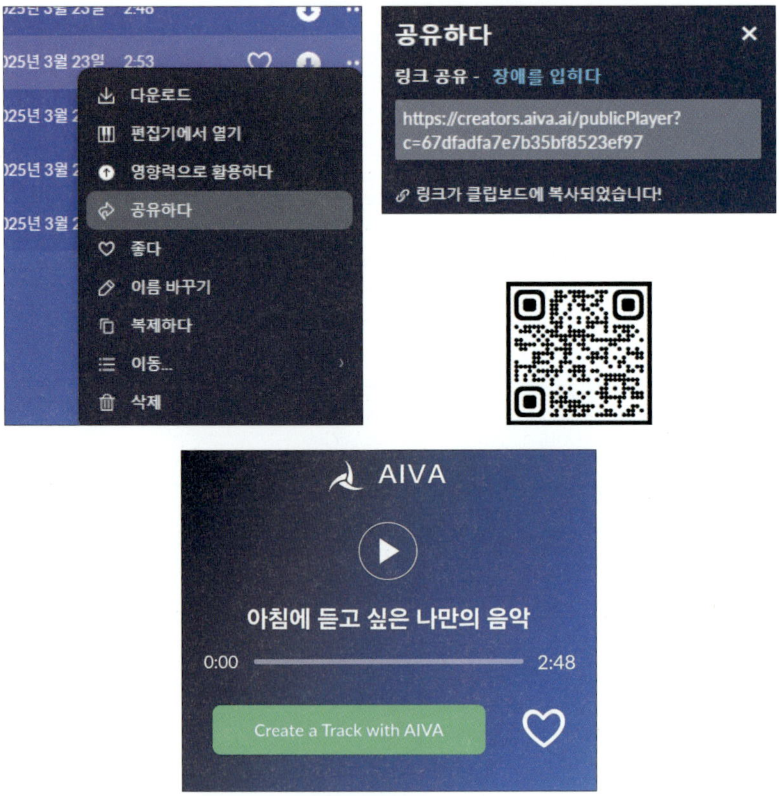

그림 2-51 | 공유하기 화면과 큐알코드, 공유된 모습

3. 수업 (2) 나의 하루일과 소개 영상 제작하기

나의 일상과 관심사를 돌아보고 표현하는 활동
나의 하루일과를 아이바, 브루의 도움을 받아 음악과 영상 제작하기

내가 어떤 경험을 하고 있으며, 그 경험이 어떤 감정을 불러일으키는지를 성찰하는 것은 자아정체성 확립에 중요한 요소이다. 일상적인 자신의 생활을 돌아보고 감정을 음악적으로 연결하여 표현하고 소개함으로써 자기이해와 자기성찰 능력을 함양할 수 있다.

자신의 하루일과에 어울리는 음악을 생성하고, 인공지능 영상 제작 도구를 활용하여 자신을 소개하는 영상을 제작한다. 학생은 영상을 제작하면서 자신의 삶과 감정을 탐색하며 자아정체성을 함양할 수 있다. 또한 제작된 영상자료를 발표하고 감상하는 활동으로 또래 친구의 일상에 공감하는 능력도 증진할 수 있다.

오늘날 디지털 환경에서 영상을 제작하여 소통하는 것은 필요한 디지털 리터러시 요소이다. 인공지능 도구를 활용하여 자신의 이야기를 표현한 음악을 생성하여 영상을 제작하는 것으로 자기이해, 예술적 표현, 디지털 리터러시를 함양하는 수업을 진행할 수 있다.

아이바를 활용한 음악 생성 활동은 매체를 활용한 창작 내용 체계가 고학년에 명시되어 있으므로(교육부 음악과, 2022), 초등 고학년부터 설계하는 것이 적합하다. 반면, 영상 제작 활동은 초등 저학년에서도 설계할 수 있다. 최근에는 쉽게 영상 제작을 할 수 있는 플랫폼이 출시되었으며, 음악 앨범을 제작하는 영상 활동이 초등 저학년(3~4학년) 교과서에도 포함되어 있다. 따라서 저학년은 기존 음악을 활용하여 음악에 어울리는 영상을 만드는 활동을 하고, 고학년과 중등에서는 인공지능 음악을 생성하고 이에 어울리는 영상 제작 활동을 수준별로 설계하는 것이 효과적이다.

1) 주제 : 일상과 관심사를 돌아보고, 느끼는 감정과 음악 연결 생성하기

2) 학습목표

- 나의 하루일과와 관심사를 돌아보고 나의 감정을 말할 수 있다.
- 감정을 연결하여 AI 기반 음악을 생성할 수 있다.
- 나의 하루일과 음악을 바탕으로 AI 기반 영상을 생성할 수 있다.
- 영상을 감상하며 서로의 삶을 이해하고 공감하는 태도를 가질 수 있다.

3) 수업 설계

총 3차시의 수업 시간으로 '스토리보드 작성 → AI 음악과 영상 생성 → 발표' 단계로 이루어진다.

1차시에는 나의 하루일과와 관심사를 소개하는 글을 작성하고, 시간대별로 나누어 각 장면에 어울리는 음악적 요소(느낌, 조성, 템포, 악기 등)를 연결한 스토리보드 작성을 지도한다. 2차시에는 스토리보드에 작성된 음악적 요소를 프롬프트 입력하거나, 마우스로 해당 단어를 클릭하여 인공지능 음악을 생성하고, 학생의 수준에 따라 인공지능 영상 생성기를 활용한 영상 제작 활동까지 확장한다. 이 활동은 청각 중심이므로 혼란을 줄이기 위해 개별 헤드셋을 제공하는 것이 필요하다.

〈표 2-12〉 나의 하루일과 소개 영상 제작 차시별 학습활동

차 시	영 역	활 동	
1차시	지식·이해	스토리보드 작성	• 나의 생활을 돌아보면서 정리하기 • 감정과 음악적 요소 연결하기
2차시	과정·기능	AI 음악과 영상 생성	• AI 도구 사용법 이해하기 • 아이바 음악, 브루 영상 제작하기
3차시	가치·태도	감상과 성찰	• 나의 하루일과 영상 발표하기 • 감정과 음악이 어울리는지 평가하기 • 타인의 삶에 공감하기

〈표 2-13〉 나의 하루일과 영상 제작 차시별 학습지도계획

1차시		주요 내용	교수-학습 활동
도 입		생활 속 음악 이해하기	• 나의 하루일과 이야기하기 • 생활과 음악을 연결하여 감상하기 • 하루일과 소개 예시 영상 감상하기 • 학습목표 제시 : 하루일과와 음악의 요소 연결하여 발표하기
전개	활동 1	나의 하루일과, 관심사 돌아보기	• 나의 하루일과를 소개하는 글, 또는 흥미로운 체험에 대해 3~5가지로 나누어 글을 작성하기
	활동 2	스토리보드 작성	• 스토리보드에 작성할 세 장면 선택하기(하루 3곡 무료 다운로드 가능) • 어울리는 음악적 요소 찾아 연결하기 예 장르 : 올드 팝, 오케스트라 등 장조 : 밝은 느낌, 단조: 긴장감, 어두운 느낌 느린 템포 : 명상의 시간
마무리		공유 및 피드백	• 수정 및 공유하기 • 스토리보드에 어울리는 음악적 요소가 연결되어 있는지 피드백

2차시		주요 내용	교수-학습 활동
도 입		학습목표 안내	• 선생님의 하루일과 예시 영상 감상하기 • 학습목표 제시 : 하루일과에 대한 음악과 영상 생성하기
전개	활동 1	AI 음악 생성	• 아이바 [스타일에서, 스타일 디자이너 활용 음악 생성] • 아이바를 활용한 음악 창작 시범과 연습하기 • 생활 장면에 알맞은 배경음악 생성하기 예 아침 : 조용한 피아노곡, 다장조, 3화음, 템포 60~70 점심시간 : 팝, 바장조, 7화음, 템포 80~90 공부-시험 : 메탈, 가단조, 재즈화음, 템포 100~120
	활동 2	AI 영상 생성	• 브루 [텍스트로 비디오 만들기-AI 영상 제작] • 나의 하루일과 대본 텍스트 입력하기 • 이미지와 비디오 넣어 영상 생성하기 : 배경음악 비활성화 • 아이바에서 생성한 음악을 영상에 입히기
마무리		공유 및 피드백	• 수정 및 공유하기 • 생성한 음악과 영상에 대한 아이디어와 생성과정 정리하기 • 생활 속 감정과 음악을 연결에 대한 평가 피드백

3차시		주요 내용	교수-학습 활동
도 입		관람예절 안내	• 메타버스 공간에서 관람 시 유의할 점(예절, 집중 태도 등)을 안내하기 • 학습목표 제시 : 관람, 느낀 점 발표, 평가하기 안내하기
전개	활동 1	메타버스 전시실 관람	• 지난 차시에 제작한 영상을 교사가 제작한 메타버스 공간에 아바타 입장하여 자유 관람하기(개인 헤드셋 사용) • 활동지를 활용하여 인상 깊은 점, 공감한 내용과 이유, 나와 비슷한 감정 등 작성하며 관람하기
	활동 2	영상 제작하면서 느낀 점 발표	• 제작에 관련하여 느낀 점, 어려웠던 점, 보람 있었던 점 발표하기 • 활동지에 기록한 내용을 발표하며 서로의 하루일과에 공감하기
마무리		자기평가 및 동료평가	• 자신의 강점과 개선점을 돌아보고 자기평가 작성하기 • 각자 친구의 작품에 간단한 한줄평 작성하기 • 감정카드(재미, 감동, 창의 등)를 활용하여 작품을 평가하기

그림 2-52 | 아이바 배경음악과 브루 영상 제작

〈표 2-14〉 하루일과 소개하기 스토리보드 활동지

장 면	음악적 요소
나는 아침에 일어나기가 힘들다. 엄마가 깨워주시면 일어나는데 짜증이 난다. 그럴 때면 마음을 가다듬고, 조용히 앉아서 좋은 생각을 하려고 노력한다.	명상의 시간. 조용한 음악. 느린 박자. 클래식이나 잔잔한 음악
하지만 학교에 도착하면 언제 그랬냐는 듯 나는 너무 즐겁다. 특히나 급식시간은 너무 즐겁다. 친구들이랑 같이 점심 먹으면서 이야기하면 너무 즐겁다.	밝은 느낌. 장조. 적당히 약간 빠른 박자. 통통 튀는 느낌
그러고는 나가서 운동장에서 노는 시간이다. 운동장에서는 정말 즐겁다 못해 신나는 시간이다.	빠른 박자. 장조. 경쾌한 느낌. 락, 디스코 느낌
그런데 이 시간이 지나고 학교가 끝나면 또 힘들어진다. 바로 그건... 학원에서 공부를 해야 한다. 아... 정말로... 나는 왜 이렇게 공부가 싫단 말인가... 그래도 해야 한다. 아... 이 시간은 빨리 지나갔으면 좋겠다. 내가 제일 싫어하는 시간이다.	단조. 슬픈 선율. 미스터리한 느낌 7화음, 반음계적 화음(중등)

(1) 브루 가입하기

아이바에서 배경음악을 생성하는 방법은 앞서 설명이 이루어졌으므로, 여기에서는 브루 영상 제작을 다룬다. 검색창에서 브루를 검색하여 다운로드 후 설치한다. 체험하기도 있지만 '내보내기' 기능을 사용할 수 없으므로, 무료 다운로드 설치 후 이용하여야 한다.

그림 2-53 | 브루 검색 후 다운로드 설치 화면

브루는 무료, 라이트, 스탠다드, 비즈니스 요금제가 있으며, 월별, 연별, 시간별 이용권이 제공된다. 교육적 활용에 있어서는 무료 버전만으로도 충분히 사용이 가능하다. 무료 버전에서는 텍스트로 비디오를 만들 수 있으며, 3천자까지 입력할 수 있고, AI 이미지 자동 삽입 기능을 통해 최대 10장의 이미지를 자동으로 삽입할 수 있다. 또한 자신의 목소리를 훈련시켜 1개의 AI 내 목소리를 활용할 수 있다. 즉, 나만의 목소리를 훈련시켜 비디오에 삽입할 수 있는 기능을 제공한다.

	Free	Light	Standard	Business
	₩0 / 평생	₩114,000 / 년 월 환산 ₩9,500/월	₩191,000 / 년 월 환산 ₩15,917/월	₩379,500 / 년 월 환산 ₩31,625/월 법인/기업/단체/기관에서 사용하기를 원하신다면 이 요금제를 사용해주세요. 더 알아보기
		시작하기	시작하기	시작하기
사용량 제공 기능 ?				
ㄴ 음성 분석	120 분	1.2천 분	6천 분	7.2천 분
ㄴ AI 목소리	1만 자	10만 자	50만 자	60만 자
ㄴ 번역	3만 자	30만 자	150만 자	180만 자
ㄴ AI 이미지	100 크레딧	1천 크레딧	5천 크레딧	6천 크레딧
특별한 기능				
ㄴ 텍스트로 비디오 만들기	3천 자/회	1만 자/회	1만 자/회	1만 자/회
ㄴ AI 이미지 자동 삽입	10 장/회	100 장/회	100 장/회	100 장/회
ㄴ AI 내 목소리	1 개	1 개	5 개	6 개

그림 2-54 | 브루 무료, 라이트 월 요금제와 제공 기능(2025. 8. 기준)

(2) 새로 만들기

상단 메뉴에서 파일을 클릭한 후 새로 만들기를 선택하고, '텍스트로 비디오 만들기'를 클릭한 뒤 비디오의 비율을 선택한다. 기본적으로 유튜브 비율을 선택한 후 '스타일 없이 선택하기'를 클릭한다(참고로 '나만의 비디오 스타일'을 선택하면 인공지능의 도움을 받아 속도감 있는 쇼츠 영상, 잔잔한 말투로 책을 읽어주는 영상, 자신감 넘치는 말투의 영상 등 다양한 스타일을 명령하여 비디오를 제작할 수 있다).

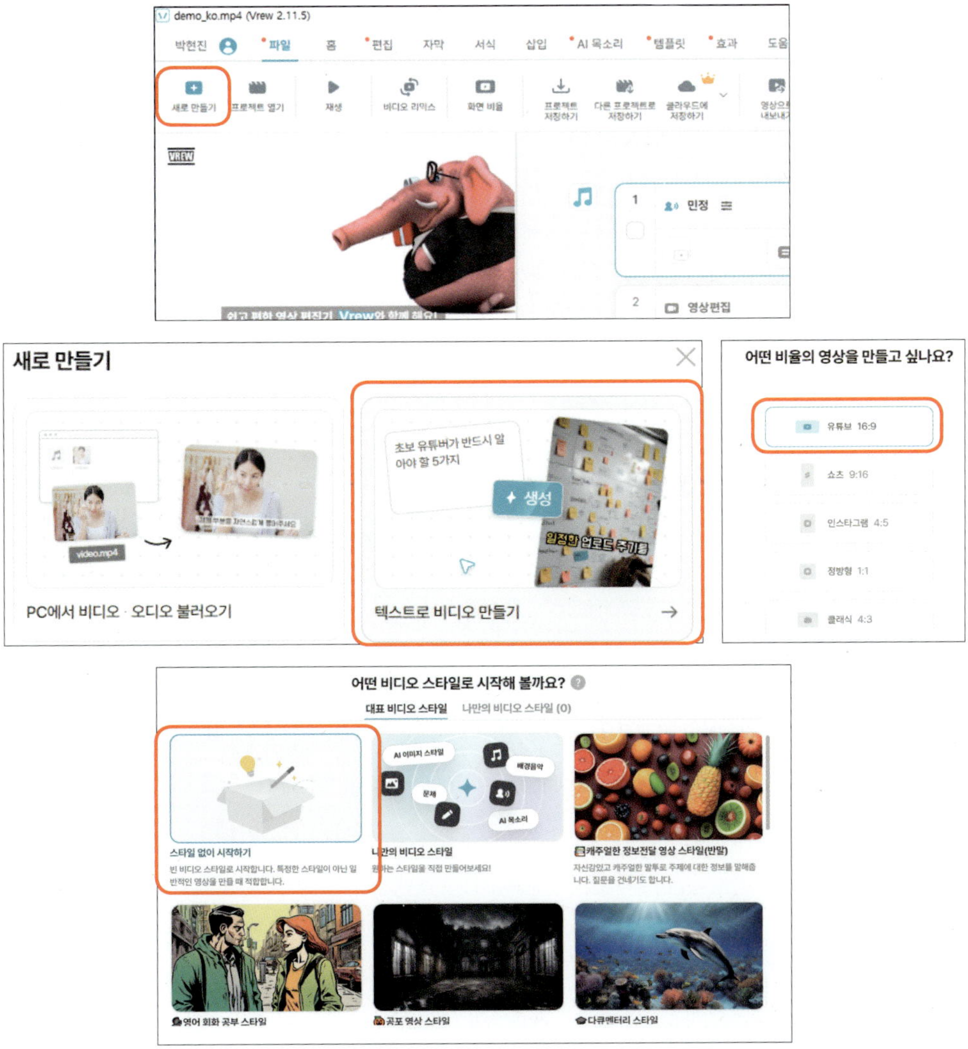

| 그림 2-55 | 새로 만들기

(3) 영상 만들기

영상 만들기 화면이 나타나면, 나의 하루일과에 관한 주제와 글쓰기한 것을 입력한다. 오른쪽을 보면, AI 목소리, 이미지&비디오, 배경음악을 선택할 수 있다.

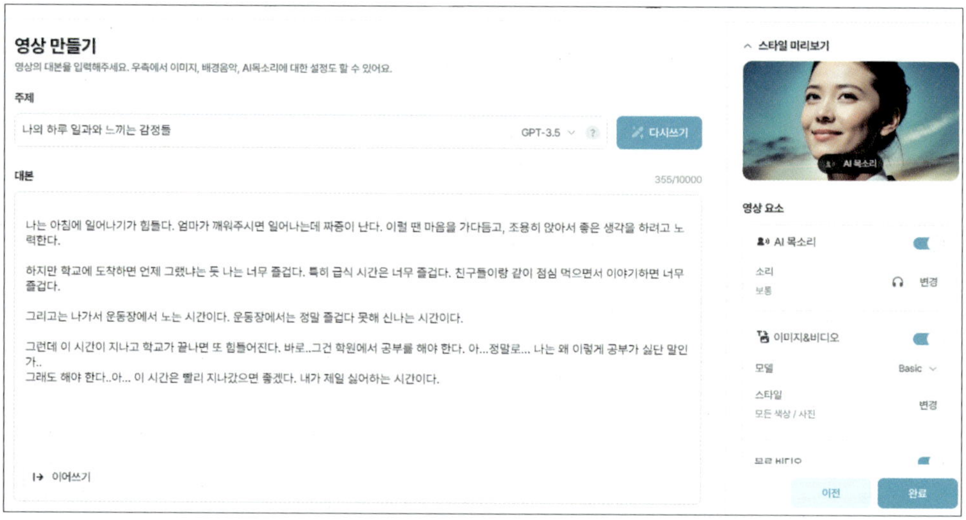

| 그림 2-56 | 영상 만들기 대본 작성

① 목소리 설정하기

먼저 'AI 목소리'를 선택하여 영상에 글을 읽어주도록 설정한다. 헤드셋 아이콘을 클릭하면 미리듣기가 가능하며, 그 옆의 변경 버튼을 클릭하면 다양한 목소리 옵션으로 변경할 수 있다. 여러 가지 AI 목소리를 선택할 수 있으며, 내 목소리를 훈련시켜 사용할 수도 있다. 다만, 무료 버전에서는 AI 내 목소리를 1개만 훈련시킬 수 있다.

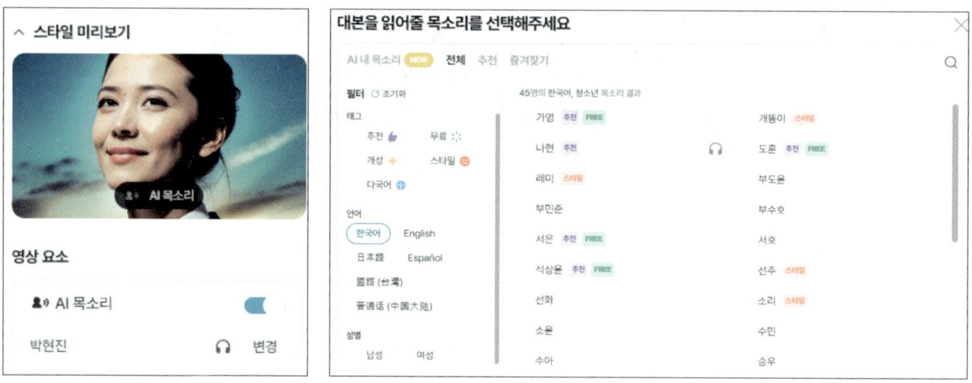

| 그림 2-57 | AI 목소리 선택

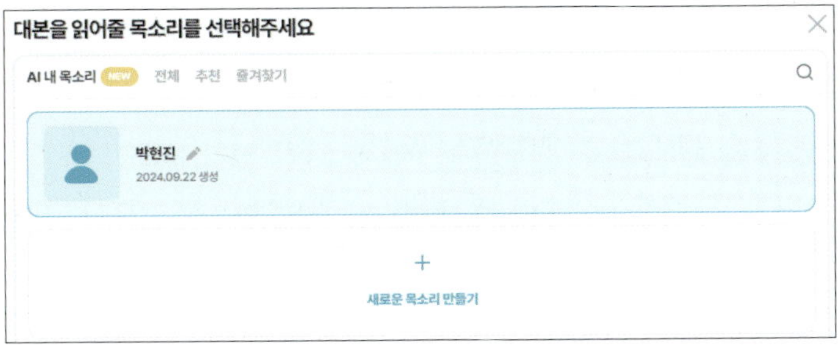

| 그림 2-58 | AI 내 목소리 녹음

② 이미지&비디오 설정과 배경음악 설정

이미지와 비디오는 활성화하고, 배경음악 기능은 비활성화시킨다. 배경음악은 아이바에서 생성한 음악을 넣어야 하기 때문이다. 이미지와 비디오는 색상 톤과 스타일을 선택할 수 있다. 선택 후 완료 버튼을 누른다.

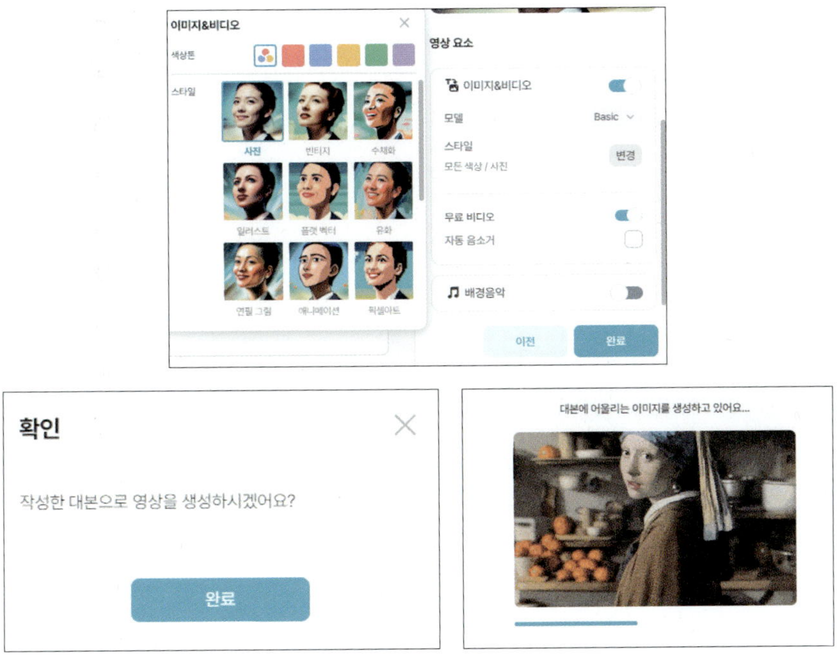

| 그림 2-59 | 이미지, 비디오, 배경음악 설정

③ 아이바로 제작한 배경음악 영상에 넣기

대본에 어울리는 영상이 생성되면 제작된 영상을 편집할 수 있는 창이 생성된다. 텍스트와 이미지, 영상 등을 문장별로 편집할 수 있게 되어 있다. 해당 문장에 맞게 아이바에서 생성한 배경음악을 삽입할 수 있다. 이렇게 각 장면에 맞는 음악을 추가하여, 영상을 더욱 풍성하고 감동적으로 편집한다.

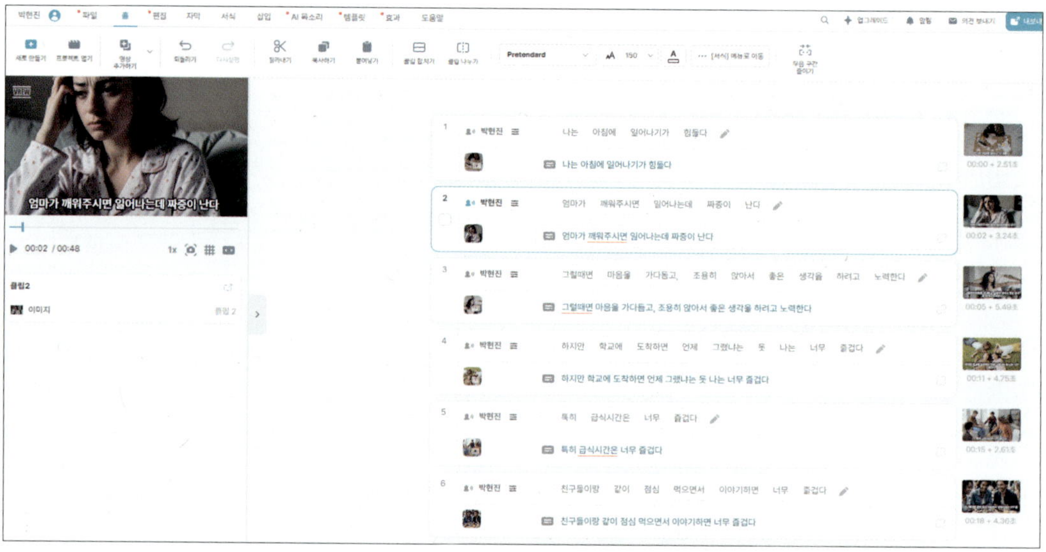

그림 2-60 | 제작된 영상과 편집창

각 문장 앞 숫자 아래의 체크박스를 클릭하면 하늘색으로 변경된다. 상단의 삽입 〉 배경음악을 선택하면 배경음악을 업로드할 수 있는 창이 나타난다. 이 창에서 아이바에서 생성한 음악 파일을 업로드하면, 해당 문장에 맞는 배경음악을 추가할 수 있다. 각 문장에 어울리는 음악을 삽입하여 영상의 분위기와 감정을 더욱 효과적으로 전달할 수 있다.

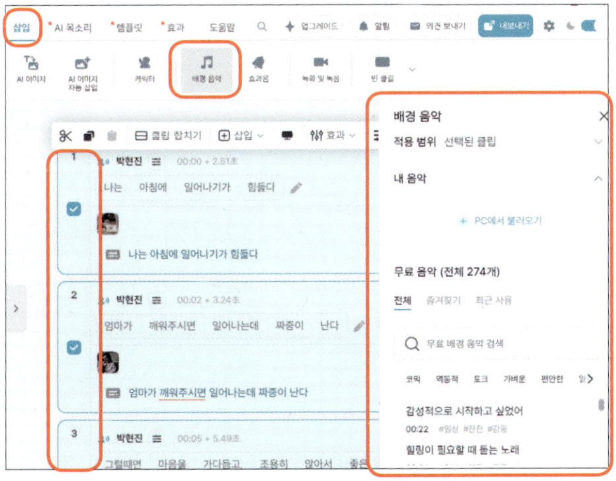

| 그림 2-61 | 배경음악 삽입

'PC에서 불러오기'를 클릭하여 아이바에서 생성한 아침에 일어날 때 어울리는 음악을 업로드한다. 텍스트 문장 앞 번호 1, 2, 3 아래 체크박스를 클릭하고, 삽입 〉 배경음악 〉 PC에서 불러오기를 클릭하면 3개의 클립에 배경음악이 적용된다. 1, 2, 3번 앞에 ♫ 아이콘이 생긴 것을 확인할 수 있다. 아이콘을 클릭하면 볼륨 조절 및 페인드 인-아웃 등 디테일하게 조정하는 기능도 제공한다(아이바는 한 달에 3곡을 다운로드 사용할 수 있으므로 더 소개할 하루일과가 있는 학생들은 다른 인공지능 음악 생성기를 활용하거나, 브루에서 제공하는 무료 음악을 사용한다).

| 그림 2-62 | 아이바에서 제작한 배경음악 적용

(4) 공유하기

브루는 다양한 형태의 '내보내기'를 지원하고 있다. 상단 오른쪽에 '내보내기'를 클릭하여 무료로 영상을 저장할 수 있다. 또한 '프리뷰 공유'로 링크를 공유할 수도 있다.

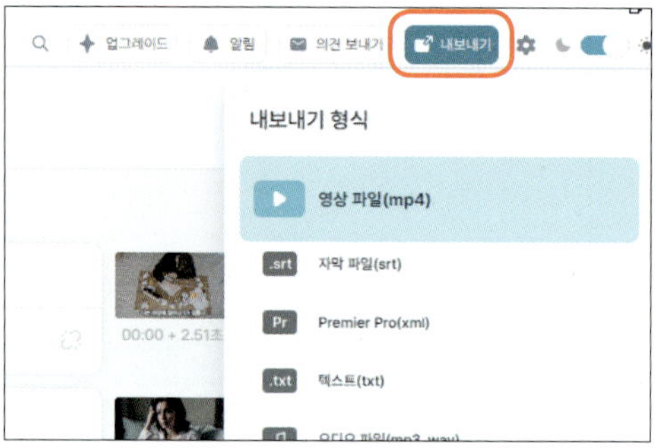

| 그림 2-63 | 내보내기

| 그림 2-64 | 프리뷰 공유

4. 수업 (3) 인공지능 저작권 교육 프로그램

생성형 인공지능이 출시됨에 따라 저작권 쟁점에 대한 다양한 법적 문제가 대두되고 있다. 저작권이란 인간의 생각이나 감정이 표현된 창작물로, 저작물에 대한 권리로서 창작자에게 귀속하는 것을 원칙으로 한다(저작권법 제2조). 저작권법상 타인의 저작물을 무단으로 이용할 경우 저작권 침해 책임을 질 수 있으므로, 바람직한 저작물 이용 방법 교육이 필요하다. 현재 저작권법은 인간의 창작물만 보호 대상으로 하며, 인공지능이 단독으로 생성한 결과물은 원칙적으로 저작권 보호를 받지 못한다. 음악 생성형 인공지능의 활용 범위는 빠르게 확대되고 있으나 저작권 침해 범위나 생성 콘텐츠의 유통 가능 범위에 대한 명확한 법적 기준은 아직 마련되지 않은 상황이다. 최근에는 인공지능 관련 저작권에 대한 다양한 주제들이 활발히 논의되고 있으며, 다음과 같은 견해들이 제시되고 있다.

- 인공지능 창작물만을 별도로 다루는 법률 규정이 존재하지 않으므로, 현재의 법적 구조 개선 필요성이 요구된다.
- 저작권법을 중심으로 쟁점들이 생겨나고 있으므로, 인공지능에게 전자인(Electronic Person)으로서의 별도의 지위를 부여하여, 독립적인 주체로 인정하는 방안을 모색하여야 한다.
- 인공지능은 다량의 저작물을 학습하여 새 저작물을 생산하므로, 이를 '변형적 이용'으로 이해하고, 다량 학습 자료에 대한 허용이 주장되고 있다.
- 인공지능 창작물을 인간 창작물과 동일하게 보호하는 것은 부당하며, 인공지능 생성물은 공공 소유로 하여 문화 발전에 기여해야 한다.
- 인공지능의 활발한 창작 활동은 인간의 사고를 자극하여 더 많은 지식재산을 창출할 것이다.

인공지능 윤리와 저작권 교육은 초등 저학년부터 올바른 인식을 함양하도록 이루어져야 한다. 한 차시 안에 간단한 인공지능 음악 생성 체험 후 저작권 교육을 할 수 있다. 또한 앞서 제시한 아이바 수업 이후에 진행하는 것도 효과적인 방안이 될 수 있다.

1) 주제 : 생성형 AI 음악과 윤리 학습하기

2) 학습목표

- 생성형 음악 AI의 작동 원리와 특징을 이해할 수 있다.
- 생성형 AI의 윤리적 문제와 저작권 개념을 이해할 수 있다.
- 생성형 AI 도구를 활용해 나의 감정에 어울리는 음악을 생성할 수 있다.
- 생성형 AI의 올바른 윤리적 사용 의식과 태도를 함양할 수 있다.

3) 수업 설계

인공지능을 이해하기 위해 인공지능과 사람이 생성한 음악을 비교·감상하여 차이를 찾아보고, 직접 인공지능을 사용하여 음악을 생성한 후 저작권에 대해 탐구한다. 인공지능의 올바른 윤리적 사용 방법에 대하여 생각하고, 올바른 가치를 확립한다.

〈표 2-15〉 1차시 저작권 학습지도계획

<table>
<tr><th colspan="2">1차시</th><th>교수-학습 활동</th></tr>
<tr><td colspan="2">도 입</td><td>• AI와 인간의 창작물 구별하기
• AI의 개념에 대하여 질문하기
• 교사가 수노 AI로 제작한 ‘삼치반 아이들’ 곡 감상 동기 유발

사랑스러운 서현, 밝게 웃어요,
활발한 여훈, 뛰어가요,
귀여운 민성, 손 흔들어요,
친절한 하온, 모두를 도와요!

착한 진오, 모두를 챙겨요,
멋진 우주, 항상 힘이 나요,
용감한 예눅, 꿈을 꾸어요,
밝은 소담, 노래 불러요!

친구들 모여서 함께해요,
서로 도우며 즐겁게!
사랑 가득한 우리의 우정,
언제나 변하지 않아요!</td></tr>
<tr><td rowspan="3">전 개</td><td>활동 1</td><td>• AI 생성기 이해하기
• 아이바 음악 생성 : 오늘의 기분을 음악으로 생성하기
• 교사의 시연에 따라 AI로 음악 생성하기
: 아이바 스타일에서 [장르, 장단조, 곡의 길이 선택]</td></tr>
<tr><td>활동 2</td><td>• 음악과 저작권 이해, AI 저작권 이해하기
- 방금 생성한 음악은 누가 만든 음악인가요?
- AI가 만든 음악에도 저작권이 있나요?
: AI 개발자 또는 관여자가 가질 수 있음
- 저작권이 없는 음악은 아무나 사용해도 될까요?
: 사용 조건을 확인해야 하며, 무료 음악과는 다를 수 있음
- 내가 만든 음악은 어떻게 저작권을 보호받나요?
: 창작물은 자동으로 보호되지만, 등록하면 증명하기 쉬워짐</td></tr>
<tr><td>활동 3</td><td>• 생성형 AI 음악의 윤리적 사용 방법 이해하기
- 출처와 창작자 표시 : AI 도구와 데이터 출처를 밝힘
- 저작권 확인 : 매체마다 약관 확인하기
- 사람 창작 존중 : AI는 보조 도구로 사용
- 데이터 편향을 인지하고 주의하기
- 윤리적 사용법을 이해하고 공유하기
• AI와 인간의 창작 균형을 유지하며 책임감 있게 활용할 것</td></tr>
<tr><td colspan="2">마무리</td><td>• AI 생성형 음악의 올바른 사용 방법 가치 확립
퀴즈) 저작권을 지키는 올바른 행동은 무엇일까요?</td></tr>
</table>

03 수노와 유디오 활용 수업

1. 수노와 유디오 소개

생성형 음악 인공지능 플랫폼 도구는 제너레이터(Generator) 클릭형과 프롬프트(Prompt) 명령어 입력형이 있다. 제너레이터 클릭형은 제공된 틀이나 자료를 탐색하면서 사용자가 원하는 스타일에 맞게 음악을 커스터마이즈(사용자의 기호에 맞게 변경하여 이용)할 수 있는 방식이며, 프롬프트 명령어 입력형은 챗GPT와 유사하게 음악의 분위기, 악기, 템포 등을 명령어로 입력하여 음악을 생성하는 방식이다.

음악 생성 플랫폼인 수노(Suno)와 유디오(Udio)는 간단한 마우스 클릭이나 프롬프트 입력으로 음성을 포함한 음악을 생성할 수 있다. 가사는 사용자가 직접 입력하거나 인공지능의 도움을 받아 생성할 수도 있다.

수노는 2023년 12월에 출시되었으며, 현재 무료로 매일 2~4분가량의 10곡을 생성하고 다운로드할 수 있다. 생성된 곡의 특정 지점부터 새로운 부분을 이어서 만들 수 있는 확장(Extend) 기능으로 곡을 연장할 수 있고, 무료로는 최대 1분으로 제한하고 있다. 무료, 프로, 프리미어 플랜을 월, 연간 결제로 이용하여 사용 가능하며 무료 사용은 상업적인 이용이 금지되어 있다. 사용자가 창작하고 싶은 곡에 대해 200자 이내의 프롬프트를 입력하면 새로운 2개의 곡을 생성할 수 있다.

유디오는 2024년 4월 10일 실험적 베타 버전이 출시되었으며, 수노와 마찬가지로 간단한 프롬프트를 통해 가사와 음성 보이스로 구성된 약 30초 분량의 음악을 생성할 수 있다. 생성된 곡은 확장 기능으로 30초 단위 연장이 가능하다. 매일 10크레딧이 주어지며 32초 한 곡당 1크레딧이 소모되고, 생성된 곡의 확장, 리믹스, 특정 부분 수정 시에도 동일하게

1크레딧이 소모된다. 추가로 매월 100크레딧을 지급하기 때문에 월 30일 기준 400크레딧을 무료로 사용할 수 있다.

이러한 음악 생성형 인공지능은 음악 이론에 대한 지식이 없이도 누구나 쉽게 창작을 시도할 수 있다는 점에서 학습자에게 음악 표현의 기회를 넓혀준다. 음악 이론에 대한 이해가 더해질 경우, 자신이 의도한 음악을 보다 효과적으로 구현할 수 있으며, 창작의 깊이도 함께 확장될 수 있다. 많은 학생들은 음악 이론을 어렵고 추상적으로 느껴 창작 활동에 어려움을 겪는다. 그러나 생성형 인공지능을 활용해 자신의 생각을 담은 곡을 만들고 감상하면서 자연스럽게 이론적 개념을 이해할 수 있다. 따라서 음악 이론의 진입 장벽을 낮추고 학습 동기를 높이는 데 효과적이다. 이처럼 생성형 인공지능은 음악 창작을 돕는 도구이자, 음악교육의 새로운 접근을 가능하게 하는 매개체로 작용할 수 있다.

수노와 유디오는 가사와 멜로디가 함께 포함된 곡을 만들어 내므로, 학생들이 송폼(Song Form) 구조를 직관적으로 학습하는 데 효과적인 도구로 활용될 수 있다. 이를 통해 형식(Form)과 구조(Structure)의 개념을 직관적으로 체험할 수 있고, 절(Verse), 후렴(Chorus), 브릿지(Bridge) 등의 구성 요소를 쉽게 이해할 수 있다. 학생들은 송폼에 대한 이해를 바탕으로 반 응원가, 규칙송, 캠페인 송 등의 다양한 주제의 음악을 창작할 수 있다.

하지만 생성형 인공지능 도구 사용은 만 13~18세로 제한할 것을 권장하고 있으므로, 교사는 교육적 상황에 따라 보호자의 동의를 얻어 주의 깊게 사용해야 한다.

1) 수노(Suno)

(1) 수노 가입하기와 로그인

검색창에 수노를 검색하여 클릭하면 메인 화면이 나타난다. 화면 가운데 Create 배너 또는 오른쪽 상단 위 Sign In을 클릭하여 가입 후 이용한다.

그림 2-65 | 수노 검색, 첫 화면, 회원가입

(2) 수노에서 간단한 음악 생성하기

수노에 입장하면 왼쪽 인터페이스에 Home(처음으로), Create(만들기), Libary(만든 목록), Explore(다양한 음악 스타일 감상), Search(검색), Notifications(알림)을 확인할 수 있다.

인터페이스에서 왼쪽 Create를 클릭하면 Simple 모드에서 간단하게 클릭하여 곡을 생성할 수 있다. Describe your song에 사용자가 원하는 곡에 대한 생각, 아이디어, 정보 등을 입력하거나 Inspiration의 단어를 선택 클릭하여 곡을 생성할 수 있다. 가사가 필요 없는 악기들로만 구성된 곡을 생성하고 싶으면 Instrumental을 체크한다. 곡에 대한 정보 입력 후  배너를 누르면 2분가량의 2곡이 생성된다(최대 4분까지).

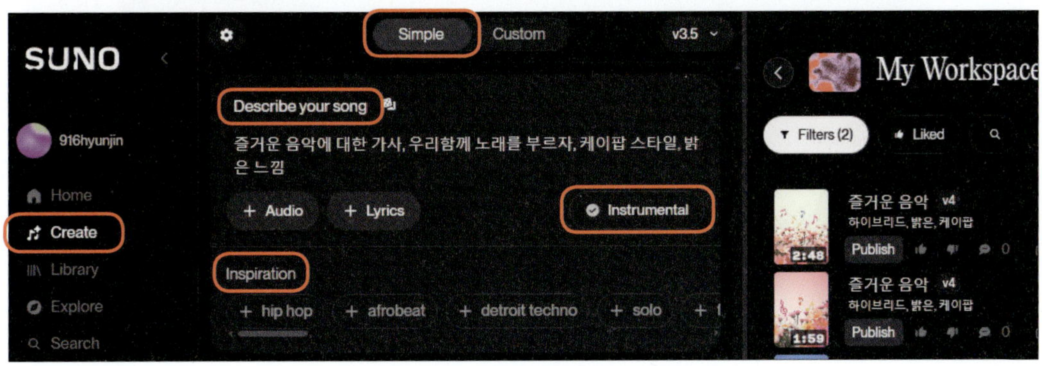

그림 2-66 | 수노에서 간단한 음악 생성

(3) 수노에서 보다 자세한 음악 생성하기

상단에 Custom 버튼을 활성화하면 사용자가 곡에 대해 더 자세한 설정을 입력할 수 있다. +Audio는 오디오 음원 파일을 업로드하거나 녹음할 수 있고 인공지능이 이 음원을 참고해서 곡을 생성한다. +Persona는 특정 곡과 비슷하게 만들어 주는 기능으로 유료이다.

| 그림 2-67 | 수노에서 Custom 활성 음악 생성

- Custom : 사용자 설정 활성화
- Lyrics : 가사 생성
- Song Title : 곡의 제목

(4) 파일 공유와 저장

생성된 곡의 오른쪽 ⋮을 클릭하면 공유(Share), 다운로드(Download) 등을 사용할 수 있다.

그림 2-68 수노 음원 공유와 저장

2) 유디오(Udio)

(1) 유디오 가입하기와 로그인

검색창에 유디오를 검색하여 클릭하면 메인 화면이 나타난다. 화면 가운데 Start Creating 배너 또는 오른쪽 상단 위 Sign In을 클릭하여 가입 후 이용한다.

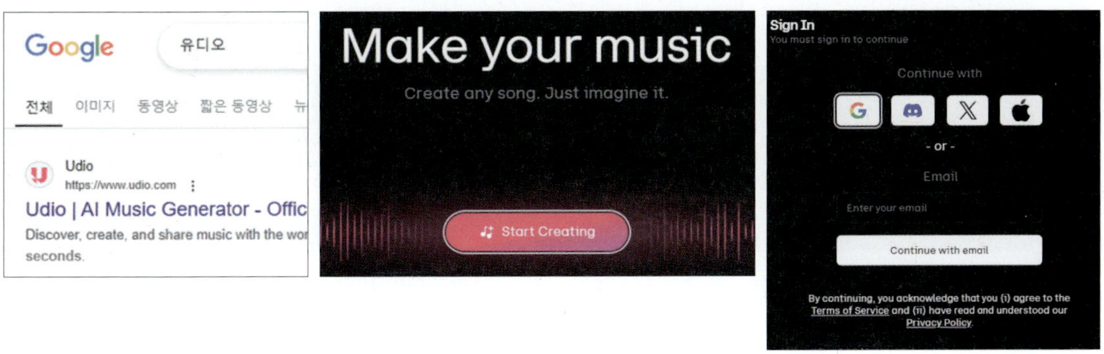

그림 2-69 유디오 검색, 첫 화면, 회원가입

(2) 유디오에서 간단한 음악 생성하기

유디오에 입장하면 왼쪽 인터페이스에 Home(처음으로), Create(만들기), Libary(만든 목록), Following(다른 사용자 팔로우), Updates(업데이트), More(가격 정보 및 저작권 등)가 나타난다.

Create를 클릭하여 음악을 생성할 수 있다. Describe Your Song은 생성하고 싶은 노래에 대해 프롬프트 입력하는 곳이고, 오른쪽 주사위를 선택하여 랜덤으로 사용할 수도 있다. Upload Audio는 업로드한 오디오를 기반으로 음악을 생성하지만 유료 사용자만 가능하다. Write Your Lyrics는 가사를 자동 생성해 주는 Auto-Generate, 가사를 직접 입력하는 Custom 중 선택 가능하다. 악기만 구성하여 배경음악이나 게임음악 등을 생성할 때는 수노와 동일하게 Instrumental을 클릭한다. 모든 설정 완료 후에는 

배너를 클릭하면 32초 길이의 2곡이 생성된다.

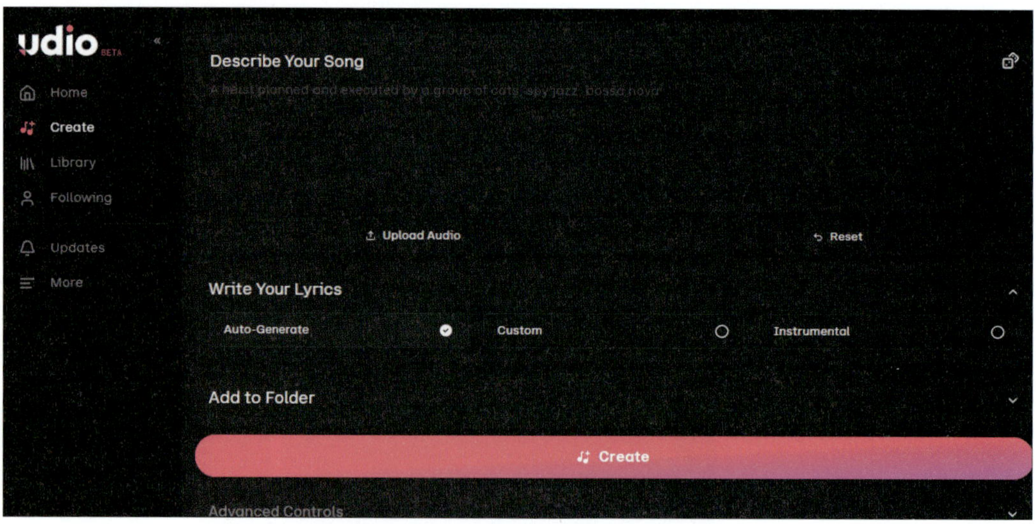

그림 2-70 | Create 클릭 후 Describe Your Song

(3) 유디오에서 보다 자세한 음악 생성하기

유디오 역시 Custom 버튼을 활성화하면 사용자가 보다 더 자세한 설정을 할 수 있다.

Write Your Lyrics에서 Custom을 클릭한다. Instrumental은 보컬이 부를 가사에 대한 유무를 결정하는 버튼이다. 이 기능을 선택하면 악기들로만 구성된 음악을 생성하고, 선택하지 않으면 보컬이 있는 음악이 생성된다. What is your song about? 칸에 만들고 싶은 음악 주제(㉥ 우리반 교실 규칙송 한글로 써줘)에 대한 명령어를 입력하고 Write for Me를 클릭하면 가사가 자동 생성된다. 모든 설정 완료 후에는 분홍색 Create를 클릭하면 32초 길이의 2곡이 생성된다.

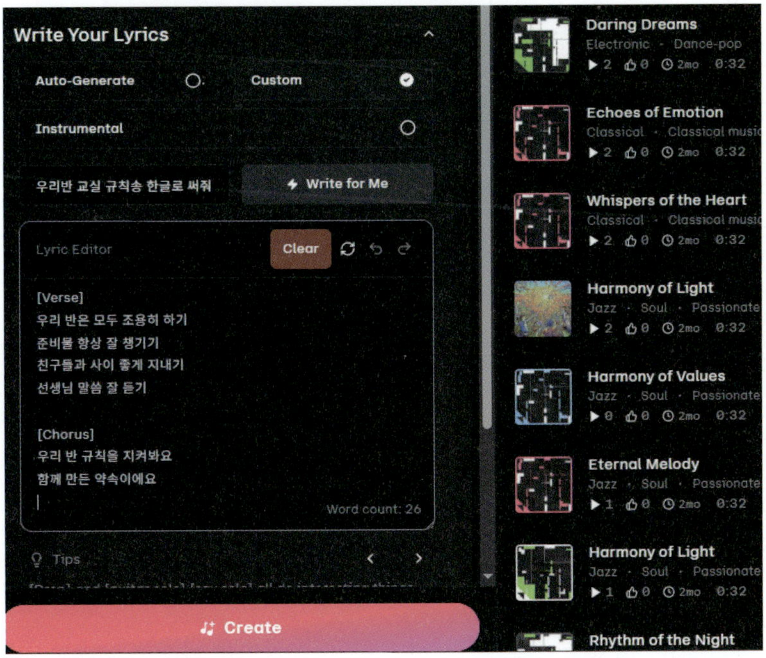

그림 2-71 | 유디오에서 Custom 활성 음악 생성

(4) 파일 공유와 저장

생성된 곡의 오른쪽 ···을 클릭하면 공유, 다운로드 등을 사용할 수 있다.

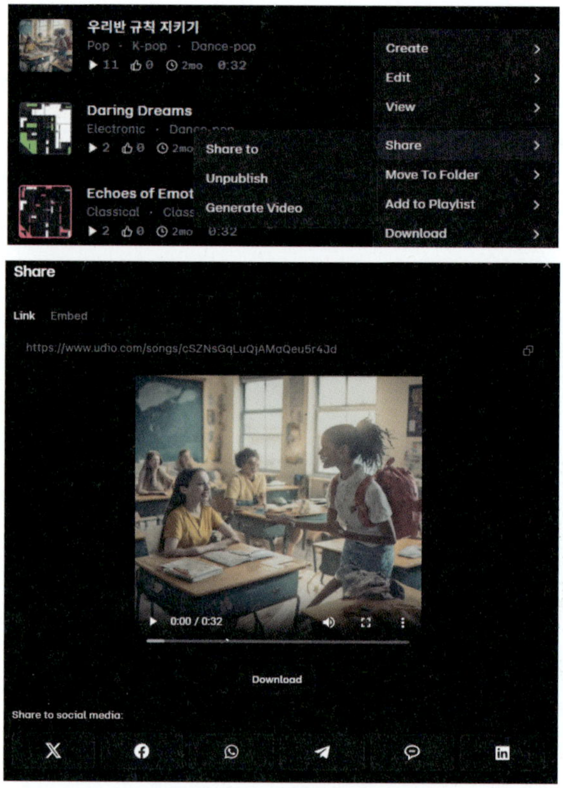

| 그림 2-72 | 유디오 공유와 저장

2. 수업 (1) 우리반 규칙 만들기 프로젝트

학기 초 우리반 규칙송 만들기 프로젝트
우리반 친구들과 1년 동안 지켜야 할 규칙을 정하고, 유절형식을 이해하여 가사를 만들기
수노 또는 유디오의 도움을 받아 노래를 생성하고 가창하기

음악은 의사소통과 사회적 결속을 강화하는 중요한 기능을 가진다. 음악은 사회가 나아가야 할 방향을 제시하거나, 사람들을 그러한 방향으로 이끄는 역할을 한다(Rudolf & Boyle, 1979). 학기 초에 학교와 반에서 지켜야 할 규칙에 대해 학생들과 상의하고, 이를 바탕으로 음악을 생성하여 가창하는 활동을 통해 음악의 기능을 이해하고, 규칙을 효과적으로 전달할 수 있다.

수노와 유디오는 가사를 포함한 음악을 생성할 수 있어, 절과 후렴 등 음악의 형식과 구조에서 나타나는 반복, 변화, 대비를 자연스럽게 이해하는 데 유용하다. 학생들은 송폼의 구조를 기반으로 가사를 작성하고, 생성된 음악을 즉각적으로 감상함으로써 음악 형식과 표현의 관계를 직접 체험할 수 있다. 2022년 개정 교육과정에서 초등 저학년의 내용 체계와 성취기준으로 메기고 받는 형식과 ab 형식, 고학년은 시조 형식, aba, AB 형식, 중학교는 ABA 형식을 명시하였다(교육부 음악과, 2022). 따라서 송폼의 절과 후렴 구조를 이해하고 곡을 만드는 수업을 초등부터 중등 성취기준에 맞게 설계 및 실행하여야 한다.

어린 학생들의 인공지능 음악 생성기 사용에 대한 우려가 있다면, 교사가 학생들이 작사한 가사를 바탕으로 몇 곡을 미리 생성한 후, 학생들이 그 음악을 감상하고 평가하여 선택하는 방식으로 수업을 진행할 수도 있다.

1) 주제 : 학교와 우리반 규칙을 이해하고 AI 기반 규칙 음악 생성하기

2) 학습목표

- 학교생활에 필요한 기본 규칙의 의미를 이해할 수 있다.

- 송폼의 형식과 구조에 맞는 가사를 작성할 수 있다.
- AI를 활용하여 규칙송 음악을 생성할 수 있다.
- 새로운 규칙을 함께 만들며 소속감과 공동체 의식을 함양할 수 있다.
- 규칙송의 메시지를 느끼고, 음악 활동에 즐겁게 참여하려는 태도를 가질 수 있다.

3) 수업 설계

총 4차시의 수업으로 '학교 규칙과 음악의 형식과 구조 이해 → 음악의 전개 원리 이해와 음악 생성 → 음악의 전개 확장과 음악 생성 → 규칙 캠페인 개최' 단계로 이루어진다.

1차시에는 학생들이 학교생활에 필요한 규칙의 의미를 이해하도록 안내하고, 우리반의 규칙을 함께 정하면서, 그것을 지키기 위해 다짐하는 내용의 글쓰기를 지도한다. 이후 작성한 규칙과 다짐을 바탕으로 절과 후렴의 음악 형식을 구별할 수 있도록 교사가 인공지능 도구로 곡을 시범 생성한다. 2차시에는 반복, 변형, 대비 등 음악의 전개 원리를 이해하도록 안내하고, 곡의 흐름을 도식화하여 이에 맞는 가사를 작성하도록 지도한다. 작성한 가사를 바탕으로 인공지능 도구를 활용하여 음악을 생성하도록 명령어 입력하는 방법을 안내한다. 3차시에서는 인트로, 브릿지 등의 음악의 형식을 더하여 곡의 흐름을 도식화하고 확장(Extend) 기능을 활용하거나, 다시 제작하여 곡을 생성하는 심화된 학습을 지도한다. 3차시의 수업 활동은 초등 고학년과 중등 수업으로 적합한 내용 체계이다. 4차시에는 생성된 규칙송을 가창하며 캠페인 활동을 지도한다. 이때 노래에 어울리는 영상을 교사가 제작하여 제공하거나, 학생들과 함께 영상을 제작하는 활동을 할 수 있다.

음악의 형식과 전개 원리를 이해하고 인공지능 도구를 활용하여 규칙송을 만드는 2차시는 학습자 중심의 문제기반학습(PBL : Problem-Based Learning) 모형으로 설계하였다. 문제기반학습은 비구조화된 문제를 학습자 스스로 이해하고 해결방안을 모색하는 모형이다. 필요한 정보와 자료를 탐색하고, 협력과 토론을 하며 해결방안을 도출하는 데 중점을 둔다. 학습단계는 문제제시, 문제이해, 자료수집 및 탐색, 해결방안 모색, 해결책 발표, 성찰 및 평가로 진행한다. 2차시의 규칙송 학습지도계획은 〈표 2-16〉에 제시한다.

〈표 2-16〉 차시별 학습활동

차 시	주요 내용	활 동
1차시	• 학교 규칙 탐색 • 우리반 규칙 글쓰기 • 음악의 형식과 구조 이해	• 학교 규칙을 살펴보고, 문제점 찾기 • 규칙의 필요성과 개선점 팀별 활동하기 • 우리반 규칙 만들기, 지키기 위한 다짐 작성하기 • 음악 형식(Intro-Verse-Chorus-Bridge) 이해 및 차이 구별하기(저학년 : Verse-Chorus, 고학년-중등 : Intro-Verse-Chorus-Bridge) • [Verse], [Chorus] 구조 비교 : 교사 AI 시연
2차시	• 가사 작성하기 • 음악 형식 도식화 • AI 음악 생성하기	• 음악의 전개 원리 이해하기 : 반복(AA), 변형(AA′), 대비(AB) • AA, AA′, AB 등으로 음악 도식화 정리하기 • 규칙정보이해[Verse], 다짐-각오[Chorus] 가사 작성하기 • AI 프롬프트 입력하여 음악 생성하기 • 프롬프트 수정과 재생성하기 • 발표와 평가하기
3차시	• 규칙송 확장하기 • 형식과 음악적 변화 인식하기 (고학년-중등)	• 음악 확장하기 : 주제소개[Intro], 규칙정보이해[Verse1], [Verse2], [Verse3], 다짐-각오[Chorus], 갈등상황[Bridge], 마무리[Outro] 도식화 : AAAB, ABAB, ABBC 등 예 [A 인트로] [B 규칙 1] [B 규칙 2] [C 후렴] • AI 프롬프트 입력하여 음악 생성 후 토론하기 • 형식과 감정 흐름, 변화 등 비교하기 • 발표와 평가하기
4차시	• 규칙 캠페인 개최	• 규칙송 영상 캠페인 제작하기(브루) • 규칙송 가창하기

〈표 2-17〉 2차시 규칙송 학습지도계획

2차시	교수-학습 활동
문제제시	• 1차시에서 글로 작성한 규칙을 읽고, 학생들에게 규칙을 효과적으로 전달할 수 있는 방법에 대해 질문 - 우리가 만든 규칙을 친구들에게 더 쉽게 전달할 수 있는 방법으로는 무엇이 있을까요? S : 칠판에 작성해요, 포스터를 그려요. - 우리가 음악을 만들어 친구들에게 규칙을 재미있게 알려보는 방법은 어떨까요? S : 노래로 만들어서 불러요.
문제이해 (학습목표)	• 음악과 가사를 활용하여 규칙을 효과적으로 전달하는 학습목표 제시 • AI 기반 음악 생성 매체 기능에 대한 안내와 시범 1. 음악의 형식을 이해하고 절과 후렴의 차이를 구별할 수 있다. 2. 작성한 규칙과 다짐을 바탕으로 음악 형식에 맞는 가사를 작성할 수 있다. 3. AI 음악 생성 도구를 사용해 규칙송을 생성할 수 있다. 4. 음악으로 규칙의 의미를 느끼고, 음악 활동에 즐겁게 참여하려는 태도를 가질 수 있다.
자료수집 및 탐색	음악의 구조와 형식(반복, 변화, 대비)을 이해  반복(AA) 변화(AA′) 대비(AB) • 음악의 구조와 형식 도식화 정리하기 - 동일하게 진행 : AA - 변화하며 진행 : AA′ - 대비되는 진행 : AB • 지난 차시 글쓰기한 규칙으로 팀별 가사 작성하기 지도 - [Verse] 규칙 내용의 가사 - [Chorus] 지켜야 한다는 의지, 각오 등에 대한 가사
해결방안 모색	수노 [AI 음악 생성하기] 개별활동과 개인 맞춤형 지도 • 전체적인 음악 분위기 프롬프트 명령어 입력하기 예 응원가처럼 신나는 분위기와 무언가 향해가는 멜로디 • 설계한 음악 형식에 맞추어 준비된 [Verse], [Chorus] 가사 입력하기 • 팀별로 모여 개인이 생성한 음악 비교 감상하기
해결책 발표	• 팀별 규칙송 전체 교실에서 발표와 감상 지도 • 음악 생성 과정 발표하기 지도 • 공유된 링크 주소로 개별 감상 시간(헤드셋)
성찰 및 평가	• 우리반 밴드, 패들렛 등의 공간에 성찰 작성 • AI 음악 생성 활동에 대한 느낀 점 덧글 달기

■ 학습활동지

우리반 규칙송 만들기

이름: ________________ 학습 날짜: ____________________ 오늘의 기분: ☺ 😐 ☹

• 활동 1. 규칙송 글쓰기
- 우리반 정한 규칙들을 네모박스 안에 3~6글자씩 작성해 보아요.

- 지켜야 한다는 다짐과 각오에 대하여 3~6글자씩 작성해 보아요.

• 활동 2. 음악의 형식 절과 후렴 차이 정리하기

절[Verse] 후렴[Chorus]

• 활동 3. 내가 만드는 음악 형식 도식화 만들어보기

예시) 절[Verse] 절[Verse] 후렴[Chorus] : AA′B

• 활동 4. 가사를 정리하고, AI 음악 생성기에 입력할 명령어 만들어 보기

가사정리하기	명령어
㉑ [Verse1] 교실에서 뛰어 다니지 않기 수업시간에는 쉬잇 조용히 하기 교실청소는 매일 다같이 하기 [Chorus] 삼학년 일반 즐거운 교실 삼다수 삼다수 사랑하는 우리반 따뜻한 삼다수 우리반 교실 우리모두 다같이 규칙을 지키자	• 곡의 느낌 : ㉑ 밝은 느낌, emotional, dark, uplifting, dreamy, energetic • 장르 : ㉑ 올드 스쿨 팝, 클래식, pop, hip-hop, rock, ballad, EDM, jazz, acoustic • 보컬 스타일 : ㉑ 소프트한 여자 보컬, powerful male voice, rap • 템포 : ㉑ 중간 템포, fast tempo, upbeat, calm, slow • 목적/용도 : ㉑ 캠페인 송, school rule song 명령어 정리하기 ㉑ 느린 템포의 어쿠스틱 음악 스타일로, 학교 규칙 노래

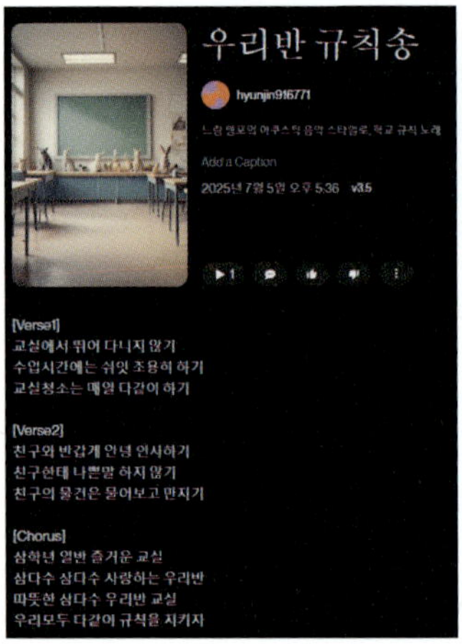

수노

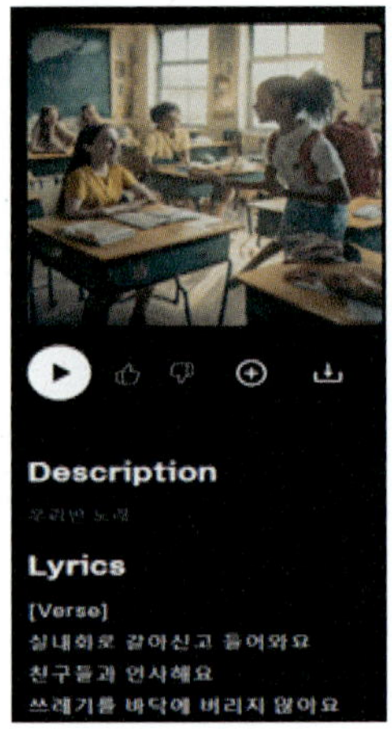

유디오

| 그림 2-73 | 음악 생성기 우리반 규칙 노래 예시

3. 수업 (2) 독도 의식 함양 노래 제작하기

> 10월 25일 독도의 날을 기념하여 독도의식 함양 송 만들기 프로젝트
> AI 기반으로 독도 지킴 캠페인 영상 제작하여 메타버스 전시회 개최하기

우리나라 고유의 영토인 독도에 대한 역사적, 지리적, 법적 중요성을 올바르게 인식하는 교육은 매우 의미 있으며, 이를 음악 활동과 연계하여 학생들이 독도에 대한 이해와 애착을 더욱 자연스럽고 깊이 있게 형성할 수 있다.

학생들은 독도에 대한 정보와 자신의 감정을 가사에 담아 곡을 생성하는 활동으로 독도에 대한 올바른 인식과 태도를 함양할 수 있다. 또한 음악을 생성하면서 음악의 형식도 자연스럽게 이해할 수 있다. 초등 저학년은 절과 후렴의 개념을 이해하고, 고학년부터는 유절형식(Strophic Form)과 통절형식(Through-composed Form)의 특징을 비교·감상하는 수업을 설계할 수 있다.

1) 주제 : AI 기반으로 독도 지킴 캠페인 영상 제작하여 전시회 열기

2) 학습목표

- 독도에 대한 정보와 가치를 이해할 수 있다.
- 유절형식을 이해하고 음악의 전개에 맞는 가사를 작성할 수 있다.
- AI 도구로 독도 음악을 생성할 수 있다.
- AI 도구로 독도 영상 파일을 생성할 수 있다.
- 생성된 작품을 감상하고, 독도의 의미를 느끼며 애정을 가질 수 있다.

3) 수업 설계

총 5차시의 수업으로 '독도 정보와 가치 이해 → 유절형식의 이해와 음악 생성 → 통절형식 음악 식별 → 독도 캠페인 영상 제작 → 독도 작품 전시회' 단계로 이루어진다. 다만, 3차시 유절형식과 통절형식의 차이를 인식하는 수업 내용은 초등 저학년이 이해하는 데 다소 무리가 있으므로 고학년부터 수업을 설계하는 것이 바람직하다.

1차시에는 독도에 대한 정보를 이해하고, 이를 바탕으로 느낀 점을 글로 표현하는 활동을 지도한다. 2차시에는 같은 가락에 다른 가사가 반복적으로 나타나는 유절가곡의 개념을 이해하고, 독도에 대한 정보와 가치를 유절형식으로 가사를 작성하여 곡을 생성하도록 안내한다. 생성된 음악은 링크 주소를 공유하여 학급 온라인 공간에 업로드하고, 감상 지도한다. 3차시에는 유절가곡과 통절가곡의 차이를 식별하는 활동을 중심으로 지도한다. 현재 인공지능 생성형 도구로는 통절가곡을 완벽하게 구현하기 어려우므로, 교사가 사전에 곡을 제작·선별하여 학생들에게 제공한다. 4차시에는 인공지능 도구로 생성한 곡을 바탕으로 브루(Vrew)를 활용해 영상 제작 활동을 지도한다. 5차시에는 학생들이 지금까지 제작한 곡과 영상들을 바탕으로 전시회를 개최하며, 이때 교사는 온라인 전시 공간인 메타버스 전시회를 구성하여 제공한다. 차시별 학습활동은 〈표 2-18〉과 같고, 2차시의 독도 음악 생성 학습지도계획은 〈표 2-19〉에 구체적으로 제시한다.

〈표 2-18〉 차시별 학습활동

차 시	주요 내용	활 동
1차시	독도에 대한 역사, 지리, 법적 정보 이해	• 독도 역사 이야기 이해하기 • 독도 지리적 위치 이해하기 : 구글 지도 활용 • 헌법과 실효적 지배 이해하기 • 독도 정보와 나의 마음에 대한 글쓰기
2차시	유절형식 (Strophic Form) 음악 생성	• 유절형식과 통절형식 개념 이해하기 : 유절형식- 하나의 멜로디를 여러 절 가사로 반복 통절형식- 가사에 따라 다른 멜로디 • 유절형식 곡 감상하기 : 슈베르트 〈들장미〉 • 1차시 글쓰기 정리하여 역사, 지리, 법령, 가치에 대한 가사 작성하기 • AI 프롬프트 입력하여 유절형식 곡 생성하기 • 독도에 대한 3절 가사 작성하기 : 독도 역사[Verse1] 독도 지리[Verse2] 독도 법령[Verse3] 감정, 느낌[Chorus] • 인공지능 작곡 도구로 음악 생성 및 발표하기 Describe) 프롬프트 입력 다음 가사를 사용해 유절형식(Strophic Form) 곡 만들기, 각 절마다 멜로디가 반복하고 후렴으로 마무리
3차시	통절형식 (Through- composed Form) 비교하기 (고학년-중등)	• 통절형식 곡 감상하기 : 슈베르트 〈마왕〉 • AI 프롬프트 입력하여 통절형식 곡 생성하기 Describe) 프롬프트 입력 다음 가사를 사용해 통절형식(Through-composed Form) 곡 만들기, 각 절마다 멜로디가 달라야 하며, 같은 멜로디를 반복하지 않는 곡 • 지난 시간의 유절형식 곡과 비교 감상하기 • 유절형식과 통절형식을 이해하고 AI 음악 생성하기
4차시	독도 의식 함양 캠페인 제작	• 영상 캠페인 제작하기
5차시	감상 및 평가	• 독도 작품 메타버스 전시회 관람하기

〈표 2-19〉 2차시 독도 음악 생성 학습지도계획

<table>
<tr><th colspan="2">2차시</th><th>교수-학습 활동</th></tr>
<tr><td colspan="2">도 입</td><td>• 지난 차시 지식 상기시키고, 오늘의 학습 동기 유발과 소개하기
• 지난 시간에 학습한 내용 퀴즈 풀기
㉵ 독도의 옛 이름들, 독도의 위치, 독도를 구성하는 섬 이름, 독도의 탄생, 독도의 생물들
• '독도의 가을' 시청, 구글 지도 : 아름다운 독도 우리 땅임을 인식
• 오늘의 학습활동 소개 : 유절형식으로 독도 음악 생성하기</td></tr>
<tr><td rowspan="2">전 개</td><td>활동 1</td><td>• 유절형식과 통절형식 개념 이해하기
- 유절형식 : 동일한 음악을 반복하면서 가사만 바뀌는 형식
통절형식 : 곡 전체가 새로운 음악으로 구성되는 형식
• 유절형식 곡 감상 : 슈베르트 〈들장미〉
• 독도 내용 바탕으로 유절형식 3절 가사와 후렴 글쓰기
- [1절] 독도의 역사 : 신라시대 기록
- [2절] 독도의 지리 : 울릉 동남쪽 -불타는 얼음 : 하이드레이트
- [3절] 독도 우리땅 근거
- [후렴] 나의 다짐</td></tr>
<tr><td>활동 2</td><td>• 프롬프트 입력하여 음악 생성하기

Describe) 프롬프트 입력
다음 가사를 사용해 유절형식(Strophic Form) 곡 만들기, 각 절마다 멜로디가 반복하고 후렴으로 마무리

: 독도 정보와 사랑하는 마음을 담아 모둠별로 '독도 지킴 캠페인 전시'를 위하여 필요한 음악 생성하기

[1절]
삼국사기 나와있는 우리나라 신라 지킨땅
세종실록 지리지에 기록된 우리의 땅
[2절]
울릉에서 동남쪽에 동해바다품은 우리땅
깊은수면 우리자원 하이드레이트 품은땅
[3절]
경북울릉 독도리에 우리나라 주소가 있는땅
경비대가 꿋꿋하게 지키는 명확정확한 우리땅
[후렴]
아름다운 생태 경이로운 지형 미래의 자원 멋있는 독도
여름방학에 우리땅 독도에 가서 반드시 두발로 땅을 밟으리라.</td></tr>
<tr><td colspan="2">마무리</td><td>• 생성된 음악 업로드
• 독도에 대한 생각과 감정에 대해 성찰하기</td></tr>
</table>

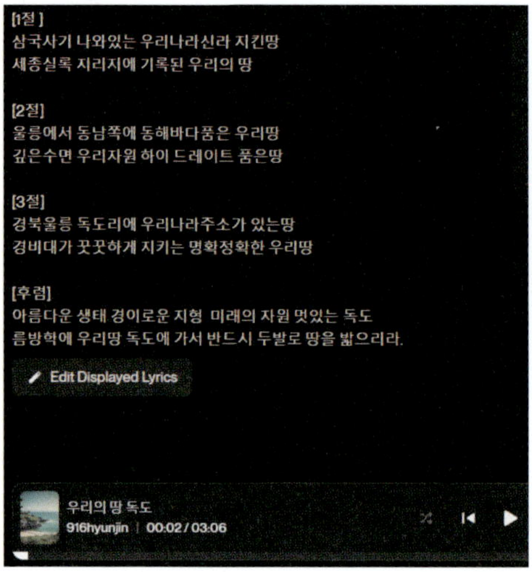

| 그림 2-74 | 유절형식 음악 생성과 영상 제작

CHAPTER 03

DAW와 인공지능

01

막대악보 음악 제작 수업

1. 송메이커 소개

컴퓨터에서 음악을 창작하는 DAW(Digital Audio Workstation) 매체는 음원을 편집하는 소프트웨어로 녹음, 믹싱, 마스터링 등 다양한 오디오 작업을 할 수 있는 도구이다. 믹싱은 녹음된 여러 소리를 잘 어울리도록 조절하는 과정이며, 마스터링은 믹싱이 완료된 음악을 전체적으로 정리하고 다듬어 최종적인 음악을 완성하는 단계이다.

DAW는 실제 악기를 소유하지 않아도 다양한 가상악기 음색으로 곡을 창작할 수 있으며, 연주 능력이 부족하더라도 컴퓨터를 통해 자신이 만든 음악을 재생하고 감상할 수 있어 음악교육 도구로서 유용하다. 그러나 학생들이 처음 DAW 소프트웨어를 접할 때 MIDI(Musical Instrument Digital Interface) 파일을 읽고 다루는 데 어려움을 느낄 수 있으므로 막대악보부터 MIDI 학습으로 이어지는 단계적 접근이 필요하다.

막대악보를 지원하는 송메이커(Song Maker)는 크롬 뮤직랩(Chrome Music Lab)에서 제공하는 웹 기반 음악 창작 도구이다. 크롬 뮤직랩은 총 14가지의 다양한 활동을 통해 음악적 개념을 쉽고 재미있게 체험할 수 있도록 구성되어 있다. 이 중 송메이커는 네모 칸을 클릭하여 막대악보로 음악적 요소를 입력하면서 최대 16마디까지 작곡할 수 있는 간단한 프로그램이다. 완성된 음원은 온라인 주소를 공유하거나 MIDI 파일로 다운로드할 수 있다.

송메이커는 음악의 기본 요소인 음정, 멜로디, 리듬, 박자를 학생들이 보다 쉽게 이해할 수 있도록 도울 수 있다. 색상과 위치를 활용해 음정을 표현하여 오선보에 익숙하지 않은 학생도 음정을 쉽게 파악하고 멜로디를 창작할 수 있다. 또한 네모 한 칸 단위로 박자를 시각화하여 박자의 길이와 리듬감을 직관적으로 이해할 수 있으며, 템포(속도) 조절도 가능하다.

더 나아가 음악의 심화학습으로 화음과 음색, 구조와 반복의 이해를 도울 수 있다. 여러 음을 동시에 배치하여 화음을 구성하고, 다양한 악기 음색을 선택하여 같은 멜로디의 느낌이 어떻게 달라지는지 비교가 가능하다. 음악의 반복 구간을 설정하거나 새로운 구간을 추가하면서 곡의 구조를 구성하는 방법을 학습할 수 있다.

1) 송메이커 검색 및 입장 화면

검색창에 송메이커를 검색 후 입장하면 바로 네모 칸을 클릭하여 음을 입력할 수 있는 화면이 나타난다.

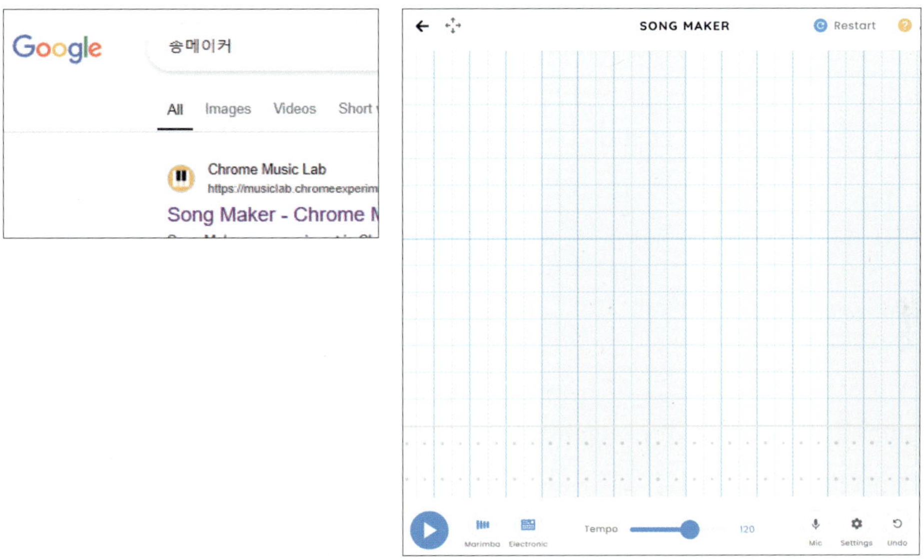

| 그림 3-1 | 송메이커 입장 화면

2) 인터페이스 이해

하단에서 선율악기와 타악기 음색, Tempo, Settings 설정을 변경할 수 있다. 왼쪽 하단에 있는 Marimba를 클릭하여 선율악기 마림바, 피아노, 현악기, 목관악기, 신디사이저 소리로 변경할 수 있으며, Electronic을 클릭하여 전자소리, 블록, 드럼 키트, 콩가 소리로 타악기를 변경할 수 있다. Tempo는 40부터 240까지 곡의 빠르기를 조정할 수 있다.

가장 오른쪽에 있는 Save 버튼을 누르면 링크 주소를 복사하여 음악을 공유할 수 있고, MIDI 파일과 WAV 파일로 다운로드가 가능하며, 임베드 코드도 복사하여 사용할 수 있다.

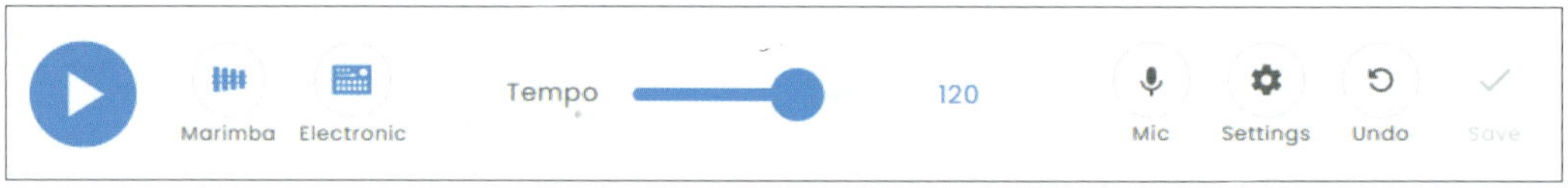

| 그림 3-2 | 송메이커 인터페이스 구성

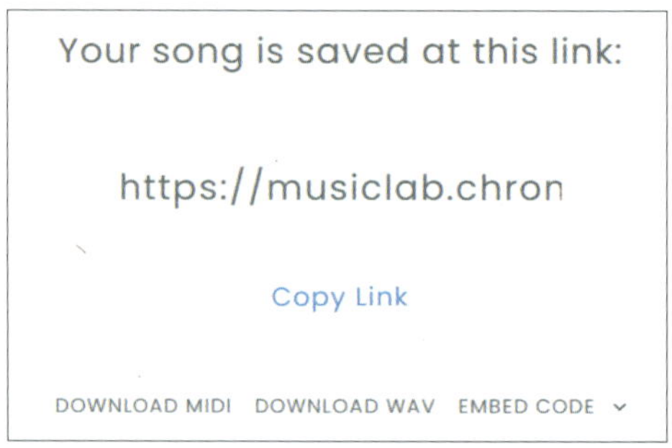

| 그림 3-3 | Save 구성

Settings를 클릭하면, 길이(Length), 음계(Scale), 마디당 비트(Beats per bar), 조성(Start on), 박 분할(Split beats into), 옥타브(Range) 변경이 가능하다.

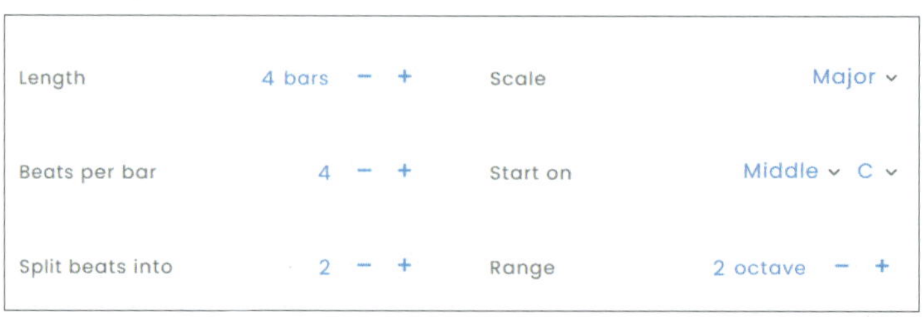

| 그림 3-4 | Settings 구성

2. 수업 (1) 내가 좋아하는 곡 제작하기

송메이커는 전통적 악보를 읽고 쓸 수 없어도 사용할 수 있는 디지털 작곡 도구이다. 직관적인 인터페이스를 통해 음의 높낮이와 리듬을 시각적으로 배치하고 실시간으로 소리를 들을 수 있어서 초등 저학년들도 쉽게 음악을 만들 수 있다. 이를 통해 학생들은 음악에 대한 흥미를 잃지 않고 자신만의 음악을 표현해 보는 기회를 가질 수 있다. 전통적인 음악 이론 중심의 교육 방식에서 벗어나 학습자의 흥미와 참여를 중심으로 한 자기주도적 학습을 촉진하는 데 효과적이다.

단계	내용
시작하기	• 송메이커 곡 시청각자료 감상 • 송메이커 창작 수업 학습목표 제시
학습 참여	• 내가 좋아하는 곡 주제 선율 입력(수준에 따라 멜로디 창작 수업 설계) • 어울리는 리듬악기 입력
인공지능 학습	• 선율악기 음색 변경, 리듬악기 음색 변경 • 빠르기 변경
마무리	• 공유하기, 발표하기, 느낀 점 이야기

| 그림 3-5 | 송메이커 음악수업 단계

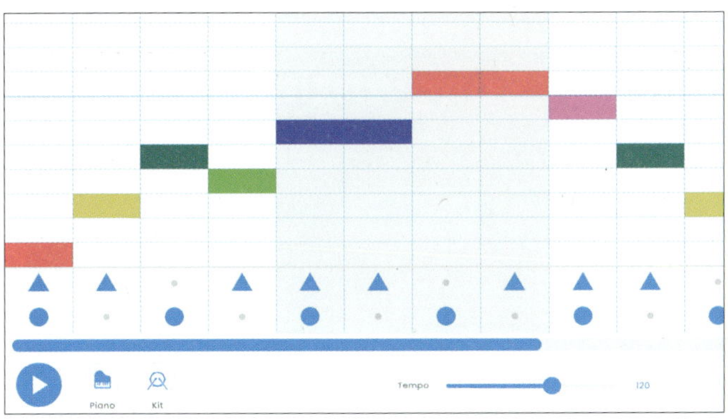

| 그림 3-6 | 송메이커 음악 창작

3. 훅패드 소개

훅패드는 멜로디를 막대악보 형태로 표현하고, 여기에 적합한 화음을 입력하면 자동으로 어울리는 밴드를 구성하여 반주를 생성해 주는 매체이다. 학생들이 송메이커 학습을 통해 막대악보에 익숙해진 후 훅패드를 활용한다면, 음악을 보다 체계적이고 단계적으로 지도할 수 있다. 입력한 멜로디와 화음은 다양한 악기로 변경할 수 있으며, 생성한 곡은 플레이 버튼을 통해 감상할 수 있어 학생들의 음악적 흥미와 창의성을 높이는 데 효과적이다.

훅패드는 음악을 만드는 활동을 무료로 이용할 수 있지만, 음악 파일 다운로드는 유료 이용 시에 가능하다. 또한 한글 번역 사용 시 사이트 오류로 이용이 불가하다는 점에 유의해야 한다.

훅패드의 아리아(Aria) AI 기능은 사용자가 멜로디와 화음을 생성해 주는 기능으로 사용자의 창작을 실시간으로 도와준다. 현재 실험적인 베타(Beta) 버전으로 제공되고 있으며, 이를 이용하기 위해서는 서비스 약관과 데이터 동의서에 동의하여야 한다. 무료 버전은 사용에 제한이 있으며 지속적인 이용은 불가하다. 유료 버전은 월 14.99달러로 제한 없이 자유롭게 이용할 수 있다.

아리아는 작곡가가 창작 아이디어가 떠오르지 않을 때 도움을 줄 수 있다. 대중음악 데이터 자료를 기반으로 하여 훈련되어 있으며, 사용자의 데이터가 축적되면 개별적인 특색에 따른 패턴으로 제안되도록 설계되어 있다.

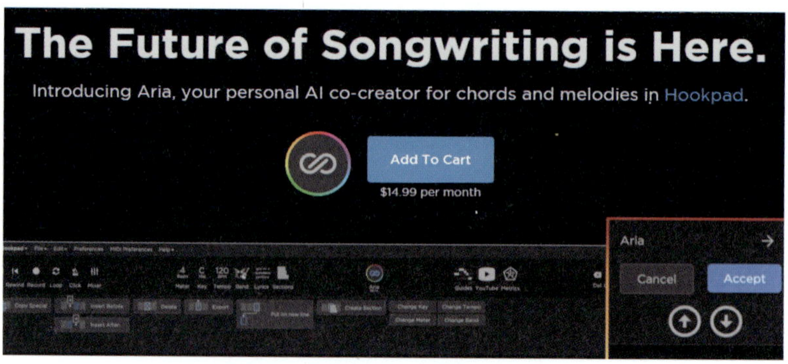

그림 3-7 | 훅패드 아리아 AI 유료 안내

1) 훅패드 검색 및 입장 화면

검색창에 영어로 Hookpad를 검색 후 입장하고 첫 화면에서 Try For Free를 클릭하여 입장한다.

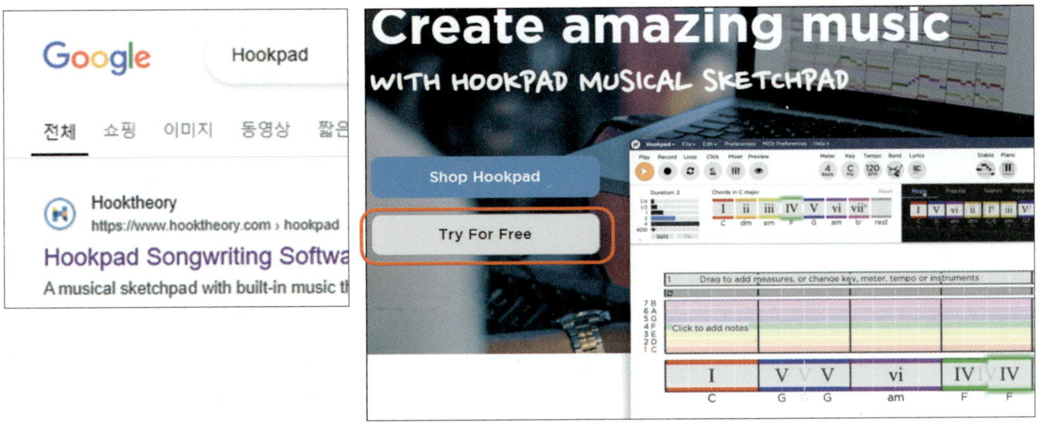

| 그림 3-8 | 훅패드 입장 화면

2) 인터페이스 이해

상단에는 음악을 감상할 수 있는 Play 버튼(스페이스 바 이용도 가능)과 Meter(박자), Key(조성), Tempo(빠르기) 설정, 반주코드 입력 시 인공지능 반주를 구성해서 연주해 주는 Band 기능과 Lyrics(가사) 입력란이 있다.

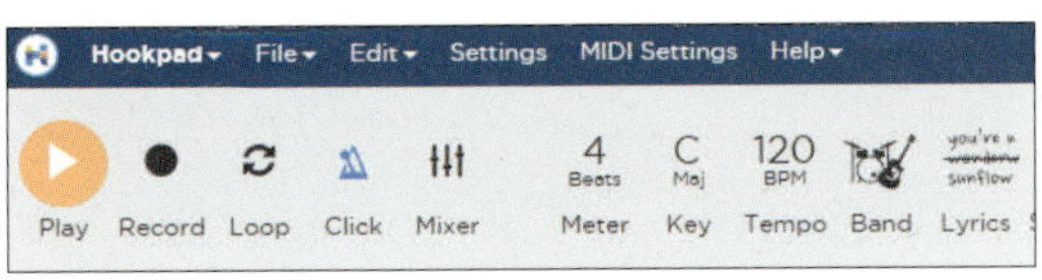

| 그림 3-9 | 훅패드 인터페이스 기능

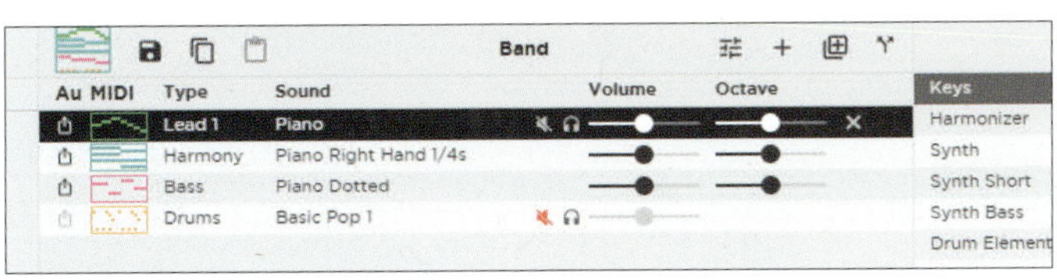

| 그림 3-10 | 반주 Band 구성

3) 막대악보 음 입력하기

가락을 입력하는 곳을 클릭하면 음을 선택할 수 있는 화면이 나온다. 상단 왼쪽에서 음의 길이를 선택하고, 오른쪽에 음높이를 선택하여 아래 화면에 막대악보를 입력한다. 오른쪽에 Chromatic을 활성화하면 반음의 12음계 구성으로 변경된다.

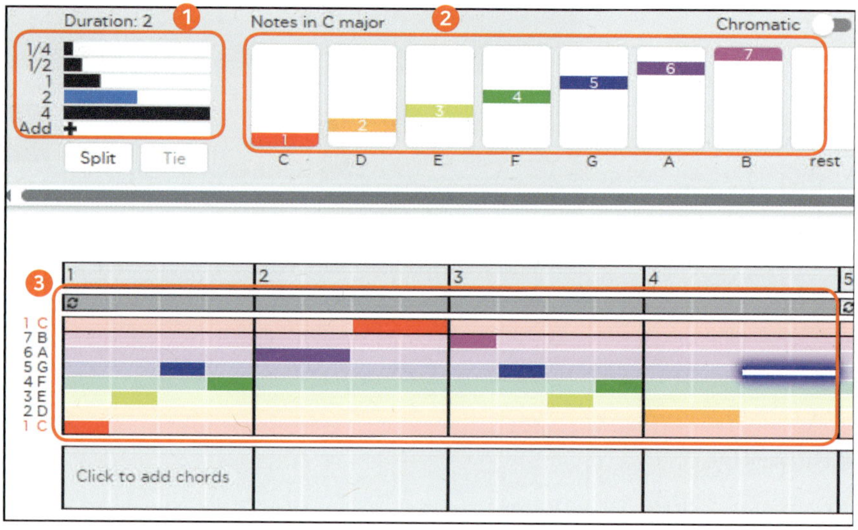

| 그림 3-11 | 음 입력

4) 반주코드 입력하기

막대악보 아래에 있는 Click to add chords가 적혀있는 네모난 공간을 선택하면, Notes가 Chord in C major로 변경된다. 네모 공간을 클릭하고, 2박, 3박, 4박 등 코드박을 선택한 후 Ⅰ, Ⅳ, Ⅴ 등 코드를 선택하여 입력한다.

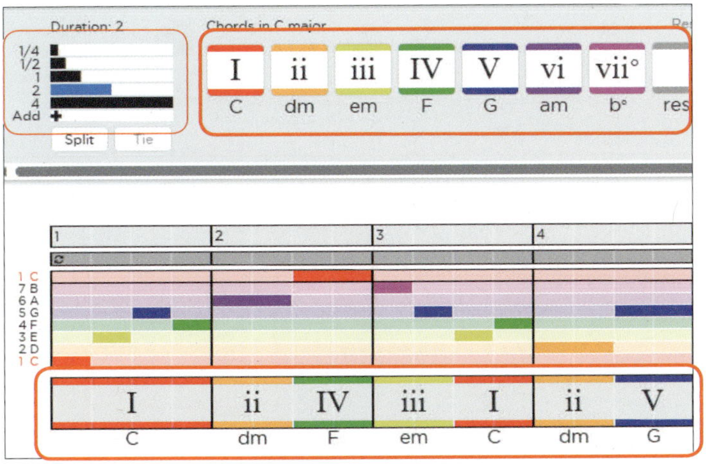

| 그림 3-12 | 반주코드 입력

5) 아리아 AI 기능으로 음원 생성하기

인터페이스 중앙에 Aria BETA를 클릭하면 이용 약관에 동의하라는 문구가 나타난다. Agree를 클릭하여 동의한 후 사용할 수 있다.

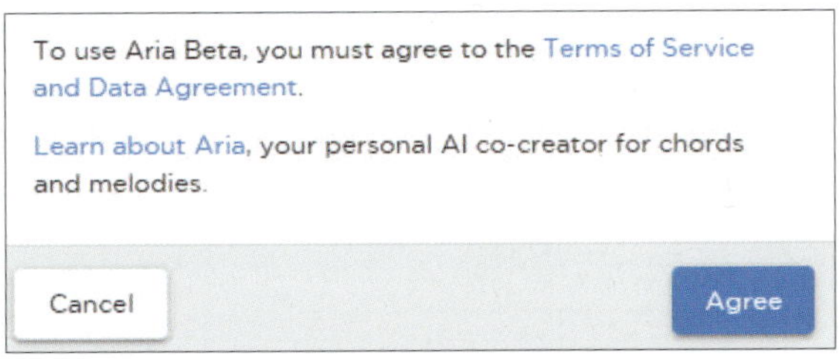

| 그림 3-13 | 훅패드 Aria 이용 약관 동의 안내

생성하고 싶은 마디를 마우스 클릭하여 드래그하고, 상단에 있는 Aria BETA를 클릭하여 준다. 오른쪽 하단에 멜로디(Create Melody), 화음(Create Chords), 멜로디와 화음(Create Both) 배너가 나타난다. 각 배너를 누르면 인공지능이 음원을 자동으로 생성해 준다.

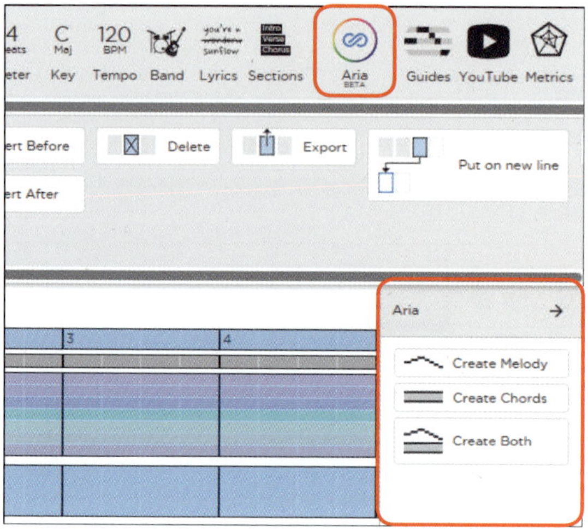

그림 3-14 Aria AI 클릭 후 배너 생성

음원을 감상하고 선택할 수 있으며, 마음에 들지 않으면 아래 방향 화살표를 클릭하여 새로운 음원을 생성할 수 있다.

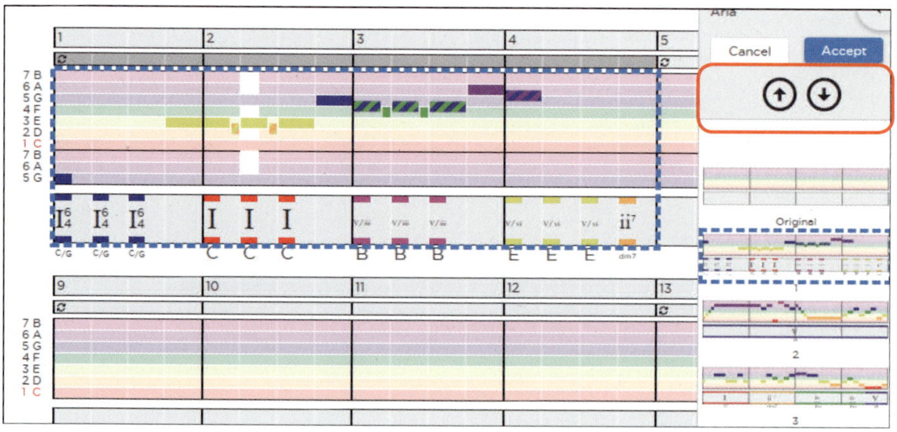

그림 3-15 Aria AI 음원 생성

만약 학생이 멜로디를 입력한 후 어울리는 화음을 찾는 데 어려움을 느낀다면, 아리아 AI 기능으로 멜로디에 어울리는 화음을 추천받을 수 있으며, 선택하여 사용할 수 있다.

4. 수업 (2) 내가 좋아하는 곡 편곡하기

훅패드는 화음을 입력하면 자동으로 밴드 반주가 생성되고 즉시 들어볼 수 있어, 학생들이 화음을 식별하고 화성의 진행을 직관적으로 이해하는 데 도움을 줄 수 있다. 학생들은 멜로디에 주요3화음, 반종지, 종지화음 등을 직접 적용해 보면서 기능화성 개념을 자연스럽게 체험하고 이해할 수 있다.

단계	내용
시작하기	• 지난 차시 송메이커 가락에 반주 입힌 음악 감상 • 훅패드 창작 수업 학습목표 제시
화음 이해하기	• 한도막 형식 : 주요3화음의 이해 • 4마디-계속되는 느낌 V • 8마디-끝나는 느낌 V-I
음악 창작하기 인공지능 반주	• 훅패드 기능 습득 • 내가 좋아하는 곡 주제 선율에 반주 넣기 • 계이름 읽고 어울리는 화음 찾기 [기능화성 학습] • 첫마디 I 화음 넣기(시작하는 화음) • 4번째 마디 V 화음 넣기(계속되는 화음) • 8마디 V-I 화음 넣기(끝나는 화음) • 빈마디 화음 Aria AI 생성 선택하기(어울리는 화음) • 반주 band 변경, 음색 변경
마무리	• 발표하기, 느낀 점 이야기

그림 3-16 | 훅패드 음악수업 단계

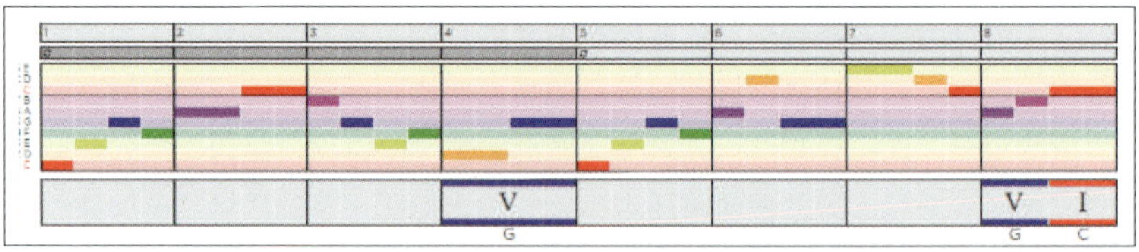

| 그림 3-17 | 4마디 계속되는 느낌, 8마디 끝나는 느낌

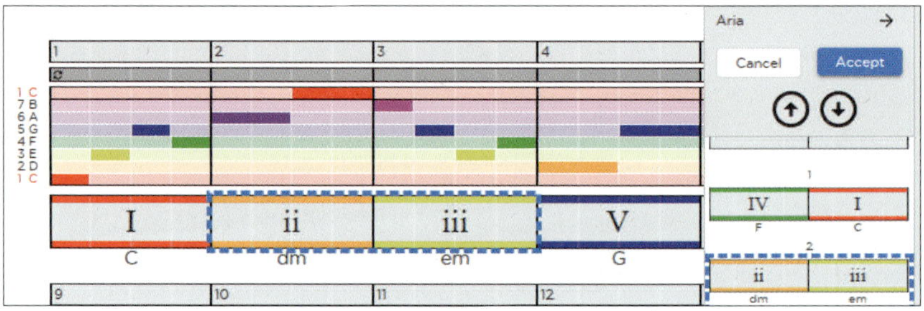

| 그림 3-18 | 어울리는 화음 AI 도구 활용

02 밴드랩 활용 수업

1. 밴드랩 소개

밴드랩은 무료로 다운로드 없이 인터넷 접속으로 사용할 수 있는 DAW이다. 2015년 싱가포르에서 설립하여 현재 운영 중이며 인공지능 생성 음악 기능 송스타터(SongStarter)도 탑재되어 있다. 사용자는 송스타터에서 간단한 마우스 클릭이나 프롬프트 입력만으로 자신의 생각을 음악으로 생성할 수 있으며, 생성된 음악을 DAW에서 편집하여 자유롭게 곡을 완성할 수 있다.

일반적으로 송스타터 AI는 4개의 악기로 구성된 8~16마디 분량의 음악을 생성해 주는데, 이를 반복 활용하되 악기의 조합을 달리하는 방식으로 음악을 발전시킬 수 있다.

이때 학생들은 각 악기를 전체, 일부 그룹 또는 솔로로 설정하여 다양한 사운드 조합을 실험할 수 있으며, 이러한 접근은 오케스트레이션적 사고로 볼 수 있다. 물론 전통적인 오케스트레이션과는 다르지만, 악기의 역할과 조합을 조절한다는 점에서 유사한 의미를 가진다.

조합에 따른 소리의 변화를 확인할 때는 각 트랙의 뮤트(Mute) 및 솔로(Solo) 기능을 활용할 수 있으며, 이 과정을 통해 학생은 음향적 밀도, 질감, 악기 간 역할 분배 등의 개념을 직관적으로 익히고, 보다 창의적인 음악 구조 설계에 참여할 수 있다.

1) 밴드랩 시작하기

검색창에 밴드랩을 검색하면 시작 화면이 나타난다. Sign up 또는 Get Started를 클릭하여 회원가입 후 이용한다. 회원가입은 이메일로 간단하게 할 수 있다.

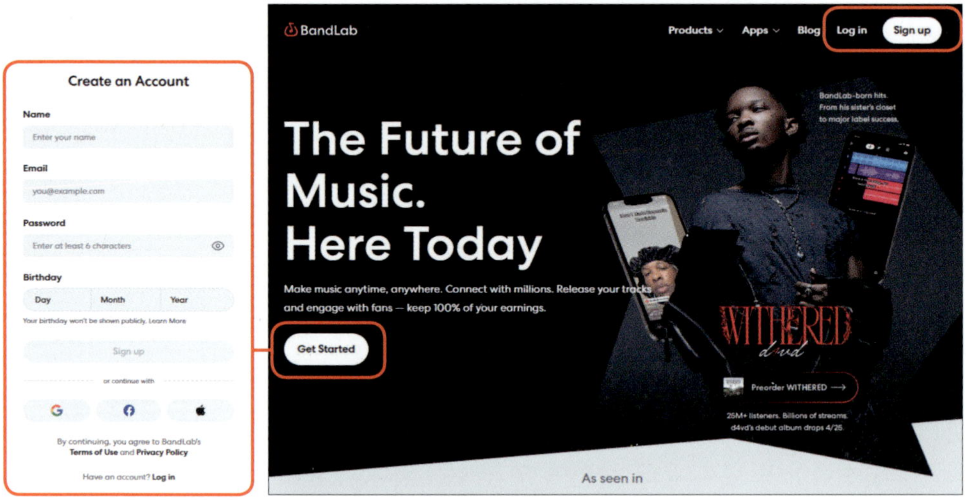

그림 3-19 | 밴드랩 시작 화면과 회원가입

2) 음악 만들기

오른쪽 상단의 +Create를 클릭하여 New Project를 클릭하면 음악 창작을 시작할 수 있다.

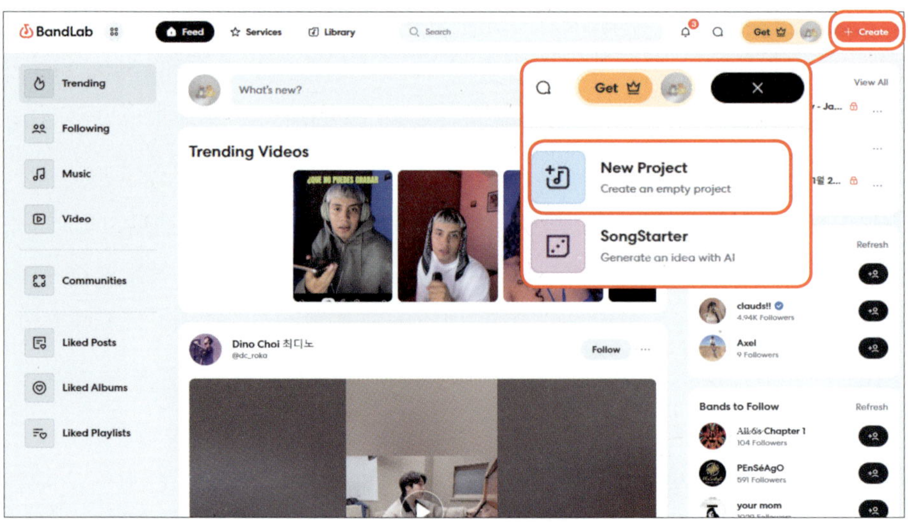

그림 3-20 | 밴드랩 음악 창작 시작

3) 트랙 생성하기

New Project를 클릭하면 Quick Start 창이 뜬다. 새로운 보이스(Voice), 드럼(Drum), 기타(Guitar), 악기(Instruments), 샘플러(Sampler), 베이스 트랙(Bass)을 설치할 수 있다.

| 그림 3-21 | New Project 클릭

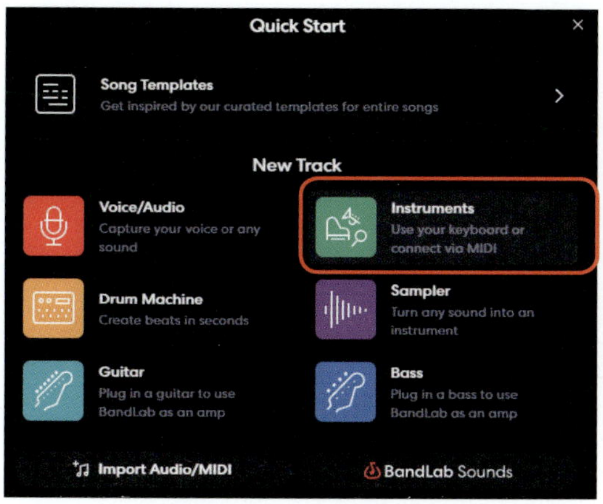

| 그림 3-22 | 새로운 트랙 추가

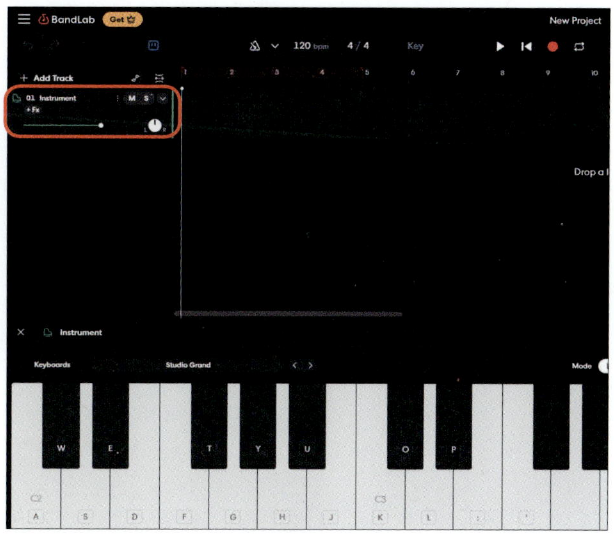

| 그림 3-23 | 새로운 트랙이 추가된 편집창

4) 트랙 창 살펴보기

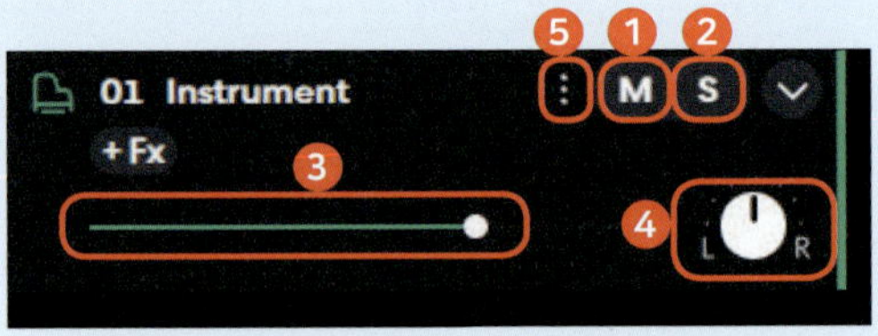

| 그림 3-24 | 트랙 창

1 M : 뮤트(무음으로 변경)

2 S : 솔로(이 트랙 소리만 재생)

3 볼륨 : 초록색 가로선처럼 보이는 것을 조정하여 볼륨 조절

4 LR : 소리 방향으로 좌, 우 들리는 소리 조정

5 ⋮

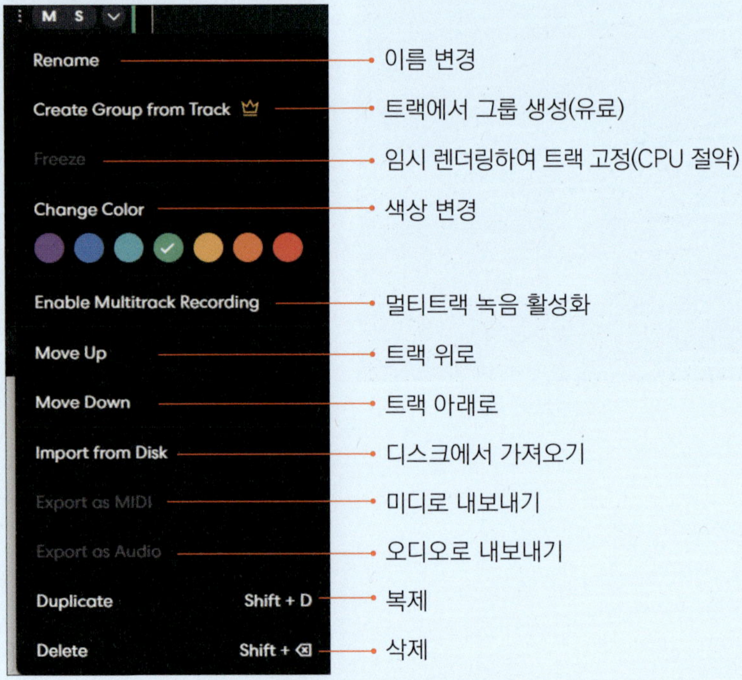

| 그림 3-25 | 트랙 세부창 설정

5) 음 입력하기

왼쪽 하단에 있는 MIDI Editor를 클릭하여 음을 입력할 수 있다.

| 그림 3-26 | MIDI Editor 배너

연필 모양 툴을 클릭하고 송메이커나 훅패드처럼 네모 칸을 클릭하면 음이 입력된다. 음을 드래그해서 늘리면 긴 음으로 변경된다. 1, 1.2, 1.3, 1.4까지가 1마디이다.

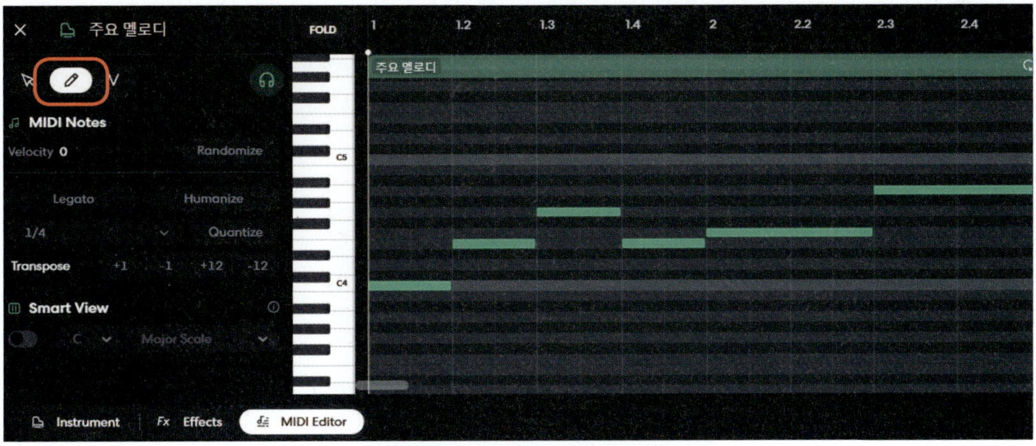

| 그림 3-27 | 연필 툴 클릭하여 음 입력

화살표 툴 [화살표 아이콘]은 음을 더블클릭으로 입력할 수 있고, Shift를 누른 채 음을 선택하면 음의 중복선택이 가능하다. 연필 툴 [연필 아이콘]은 한 번만 클릭하여 음을 입력할 수 있다. 벨로시티 툴 V은 음의 강약을 설정하는 기능이다.

보다 간단히 입력할 수 있게 화면설정을 변경하려면, 왼쪽 하단에 있는 Smart View의 설정을 활성화하여 단순화시킬 수 있다. Major Scale로 변경하면, 12음이 아닌 7음 음계로 변경되어 간단하게 사용할 수 있다.

| 그림 3-28 | Smart View 활성화

Legato는 녹음 시 음과 음 사이가 벌어졌을 때 부드럽게 이어주는 기능이다. Humanize는 인위적인 느낌을 없애고자 사람이 연주하듯 만드는 기능이다. 반대로 Quantize는 박자가 맞지 않을 때 맞추는 기능이다. Transpose는 음정 이동기능으로 기존 음에서 한 음, 옥타브 음을 높고 낮게 이동한다.

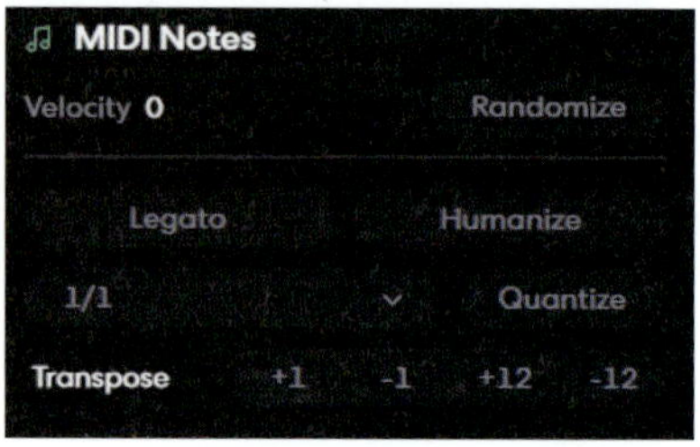

| 그림 3-29 | MIDI Notes

6) 반주 화음 입력하기

멜로디가 완성되면, 새로운 트랙을 생성하여 반주 화음을 입력한다. 이를 위해 Add Track을 클릭해 Instruments를 추가한다.

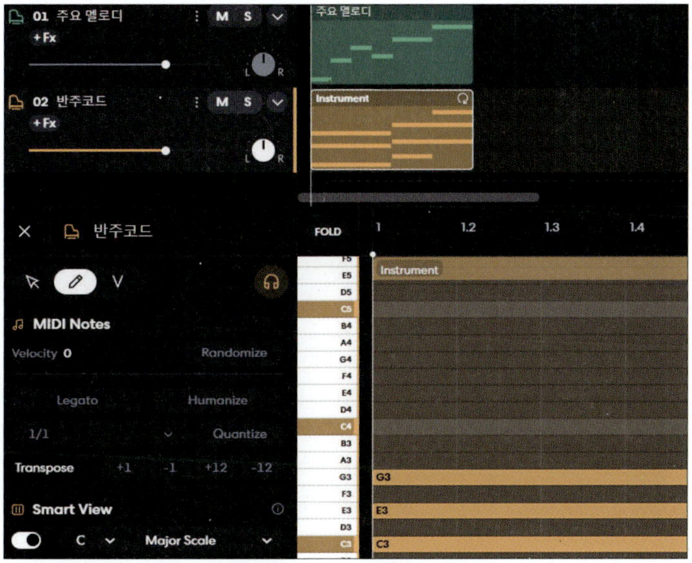

| 그림 3-30 | 반주코드 입력

반주 입력은 멜로디를 재생하면서 이에 맞추어 직접 연주하고 녹음할 수 있으며, 연주가 어려운 학생들은 MIDI 에디터에서 마우스 클릭으로 음을 입력할 수도 있다. 직접 연주할 때는 컴퓨터 키보드 단축키(C코드 : A, D, G)를 활용할 수 있다.

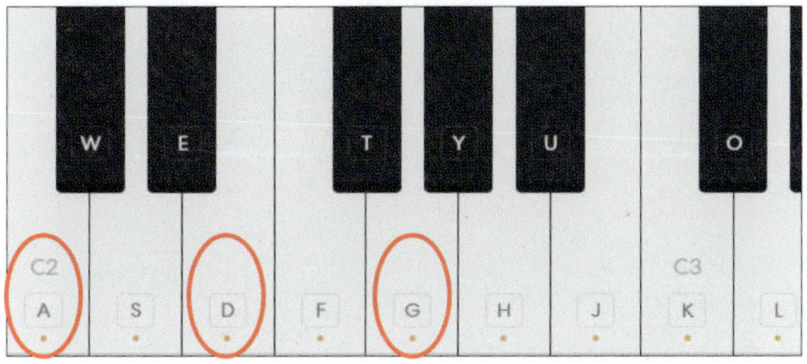

| 그림 3-31 | 피아노 건반과 단축키

7) 드럼 생성하기

이번에도 새로운 트랙을 생성하기 위하여 Add Track을 클릭하여 Drum Machine을 추가한다. Beat Starters가 나타나면 다양한 드럼 비트 중 하나를 선택하여 생성한다.

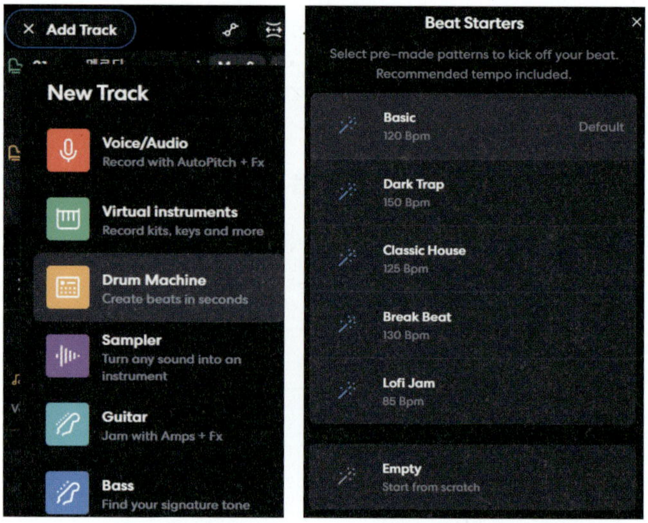

| 그림 3-32 | Drum Machine 생성

생성된 드럼 비트는 편집할 수 있으며, Drum Pads에서 스타일을 변경할 수 있다. 다양한 드럼 악기 소리를 들으며 마우스 클릭으로 직접 편집할 수 있다.

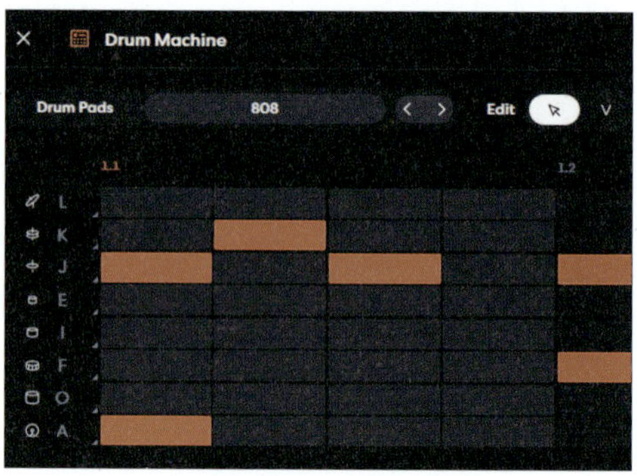

| 그림 3-33 | 드럼 편집

8) 저장, 공개, 공유, 다운

왼쪽 상단과 오른쪽 상단에는 저장, 공개, 공유, 다운 등의 기능을 제공하고 있다.

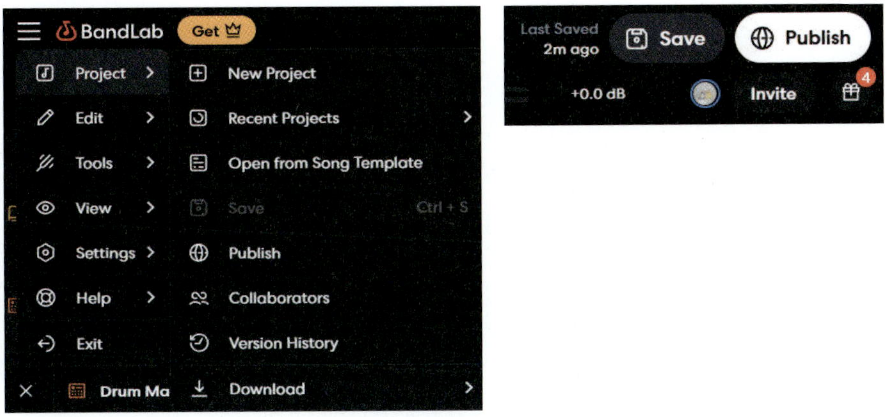

| 그림 3-34 | 저장과 공유

프로젝트를 저장 후 Exit를 클릭하면 밴드랩 홈페이지로 이동하고, 상단에 Library를 클릭하면 창작곡을 찾아볼 수 있다.

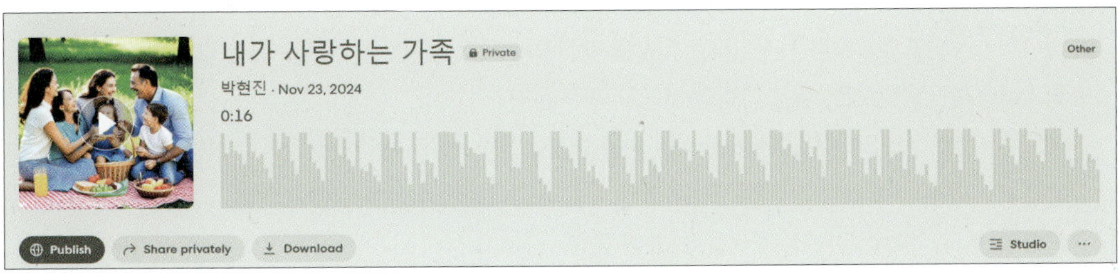

| 그림 3-35 | 창작곡 완성

9) 송스타터

송스타터는 밴드랩에서 제공하는 인공지능 음원 생성 기능이다.

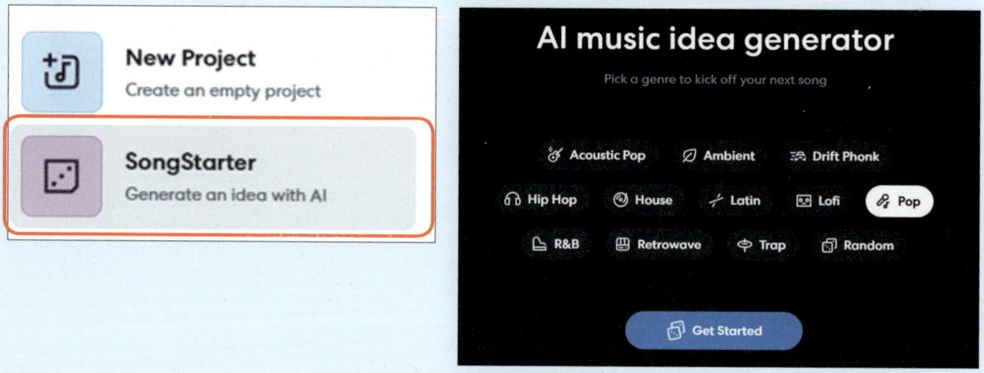

| 그림 3-36 | 밴드랩 송스타터 AI 시작 화면

- **어쿠스틱 팝** : 생음악과 실제 악기를 재생하는 느낌의 음악
- **앰비언트** : 일렉트로닉 뮤직(전자악기 음악)에서 반복적이고 잔잔한 분위기의 편안한 구조를 가진 음악
- **힙합** : 1980년대 유행하기 시작한 다이내믹한 느낌의 음악
- **하우스** : 1980년대 유행하기 시작한 클럽 댄스를 위한 전자 디스코 음악
- **라틴** : 다양한 리듬과 현악기, 타악기, 관악기를 혼합한 음악
- **로파이** : 음질이 옛날처럼 지직거리는 질감을 가진 아날로그 감성을 특징으로 한 음악
- **팝** : 대중적인 음악으로, 쉬운 가락과 리듬을 가진 음악
- **레트로웨이브** : 1980~1990년대 요소를 차용하면서 신디사이저 베이스라인이 특징인 음악
- **알앤비** : 1940년대 대중음악으로, 블루스를 바탕으로 다양한 리듬을 결합한 음악
- **트랩** : 신디사이저와 잘게 쪼갠 리듬감, 클럽 음악

송스타터 시작 화면에서 하단 Enter Lyric을 클릭하면 간단한 프롬프트를 입력하여 음악을 생성할 수 있다. 떠오르는 가사, 느낌, 생각을 입력하여 원하는 분위기의 음악을 생성한다.

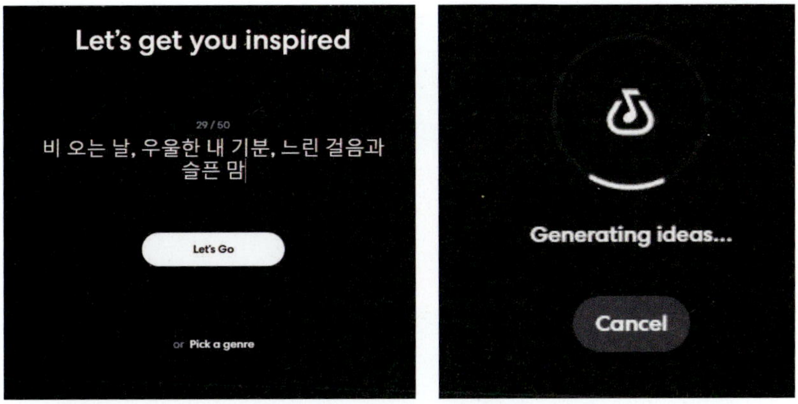

| 그림 3-37 | 송스타터 프롬프트 입력

Bright(밝은, 경쾌한), Chill(편안한, 느긋한), Moody(감성적인, 우울한) 선택과 빠르기, 조성 변경이 가능하다.

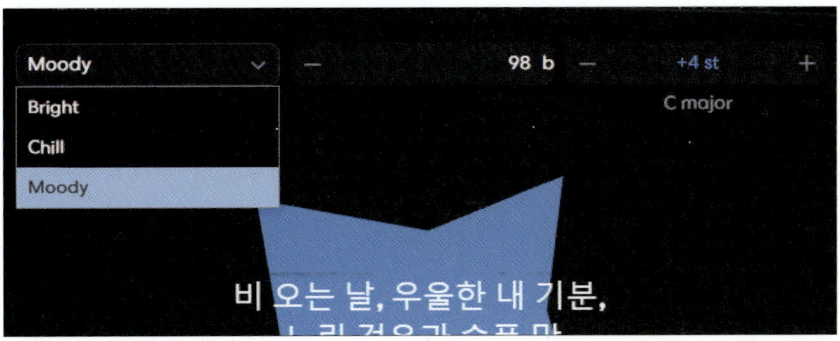

| 그림 3-38 | 느낌, 빠르기, 조성 변경

3곡 중 하나를 선택할 수 있고 주사위가 있는 Regenerate를 클릭하면 다시 생성된다. Save를 클릭하면 프로젝트가 저장되고, Edit를 클릭하면 DAW 편집창으로 이동한다.

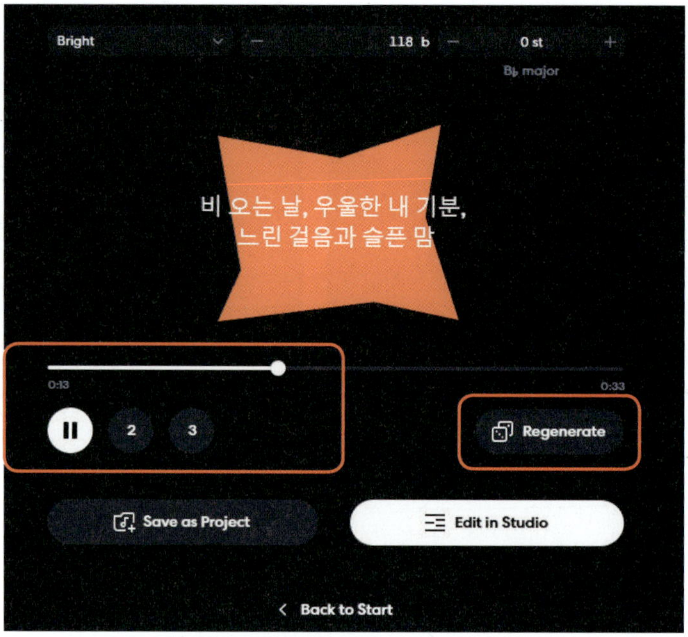

| 그림 3-39 | 곡 선정과 다시 생성

2. 수업 (1) 송스타터 AI 기능과 수업 활용하기

오늘의 나의 기분을 영어 문장으로 프롬프트 입력하여 음악 생성하기
AI 도구를 활용하여 나의 기분을 음악으로 생성하고 리듬 편집하기

밴드랩의 송스타터는 몇 번의 클릭만으로 음악을 생성할 수 있고, 글자가 비교적 적은 50자 프롬프트를 입력하여 음악을 생성할 수 있다. 간단하게 나의 기분이나 생각을 한 문장으로 표현하여 음악 생성이 가능하다. 다른 음악 생성기에 비하여 화면 구성이 단조롭고 직관적으로 되어 있기 때문에 초등 저학년부터 편안하게 활용할 수 있다.

1) 주제 : 오늘의 기분을 AI 음악으로 생성하기

2) 학습목표

- 자신의 감정을 짧은 영어 단어나 문장으로 표현할 수 있다.
- AI 음악 생성기를 활용하여 감정을 반영한 음악을 생성할 수 있다.
- 기본적인 드럼 트랙을 편집하여 음악을 창작할 수 있다.
- 자신의 감정을 AI 음악 생성으로 표현하며 자기 인식 태도를 함양할 수 있다.

3) 수업 설계

| 그림 3-40 | 프롬프트 입력창

오늘의 나의 느낌에 대해 간단한 영어 단어를 입력하고, 음악적 요소를 선택하여 음악을 생성한 후 간단하게 드럼 트랙을 편집하는 수업을 진행한다. 자신의 감정을 돌아보고 이를 인공지능 음원으로 표현하기 위해, 느낀 감정을 나타내는 영어 단어를 프롬프트로 입력한다. 이 과정에서 음악 장르, 빠르기(템포), 조성 등도 입력하거나 선택하는 활동을 통해 음악적 요소에 대한 이해를 높일 수 있다. 또한 인공지능으로 생성된 드럼 패턴을 선택하면서 자신의 감정을 소리로 표현하는 창작 능력을 함양할 수 있다. 2022 개정 교육과정에서 초등 저학년에 박자, 셈여림, 빠르기, 음색 등을 내용 체계로 명시하였다(교육부 음악과, 2022). 이에 따라 인공지능으로 음악을 생성하면서 박자와 빠르기를 이해하는 수업 설계가 초등 저학년부터 가능하다. 초등 고학년과 중등은 디지털 매체를 활용하여 악곡을 새롭게

변형할 것을 명시하였다(교육부 음악과, 2022). 이를 반영하여 고학년과 중등은 인공지능으로 생성된 곡의 드럼을 DAW로 편곡하는 수업을 설계 및 실행할 수 있다.

이 수업은 전체 한 차시로 진행할 수 있으며, 이후 교과 수업 전이나 매 차시에서 음악 수업 전 간단한 활동으로도 활용할 수 있다.

〈표 3-1〉 1차시 송스타터 학습지도계획

1차시	교수-학습 활동
수업 안내	• "오늘 기분이 어때요?" 질문하기 • 짧은 영어 단어나 문장으로 표현하기 (예 Excited, A little sleepy, Feeling great!) • 학습활동 소개 : AI 음악 생성기를 활용해 나의 감정을 음악으로 생성하고, 드럼 트랙을 편집하여 개성을 담아 완성하기
감정과 음악적 요소 연결	• 감정을 표현한 영어 단어를 사용하여 한 문장 완성하기 • 감정과 음악적 요소 연결 이해하고 예시 감상하기 - 우울한 느낌(Sad, Melancholy) 느린 템포(60~80), 단조 느린 비트의 드럼 - 신나는 느낌(Excited, Energetic) 빠른 템포(120~150), 장조 강한 드럼 비트, 일렉트릭 기타 힘 있고 밝은 멜로디 - 평온한 느낌(Calm, Serene) 중간 느린 템포(70~100), 장조 또는 서정적인 단조 어쿠스틱 악기(기타, 피아노, 플루트, 패드 신스) 부드러운 멜로디, 반복적인 패턴, 가벼운 드럼 - 긴장된 느낌(Tense, Suspenseful) 변화무쌍한 템포(80~120), 반음계 진행, 불안한 화성 낮고 알 수 없는 멜로디, 변화음이 많은 멜로디 반복적인 드럼 비트와 급작스러운 강한 소리

<table>
<tr>
<td>음악 생성하기</td>
<td>

• 밴드랩 감정 영어로 입력하기

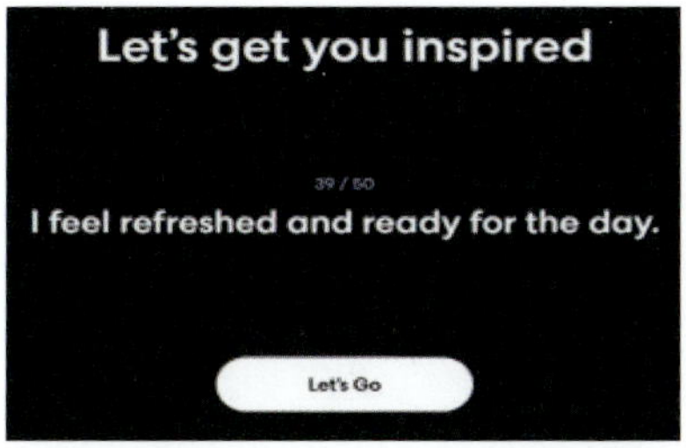

• 느낌, 빠르기, 조성 등을 음악 감상하며 선택하기(개인 헤드셋 준비)

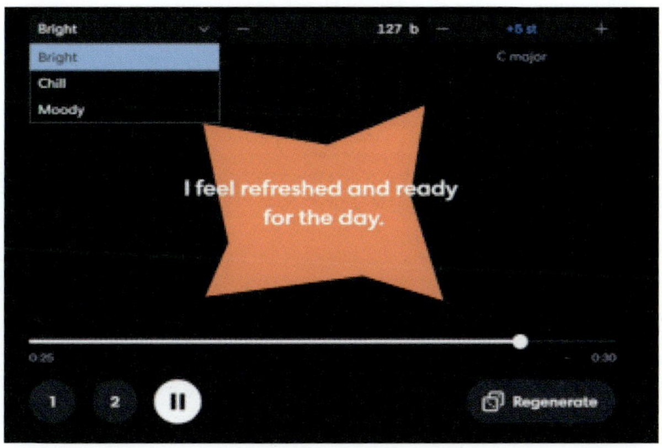

</td>
</tr>
<tr>
<td>박자의 이해
드럼 편집하기
(고학년-중등)</td>
<td>

• Edit in Studio 클릭하여 편집창으로 이동하기

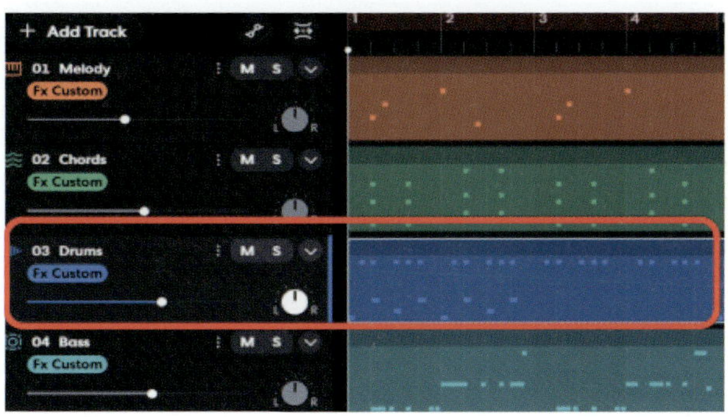

</td>
</tr>
</table>

• 트랙 클릭, 2마디 드럼 비트 살펴보기 및 감상하기(스페이스 바)

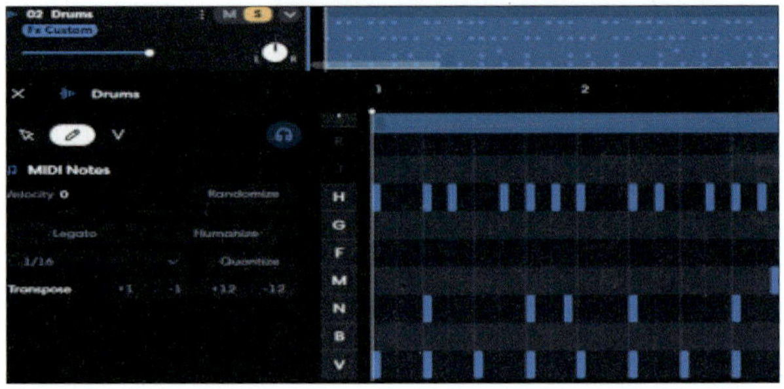

• 화살표 툴 – 드럼 마디 끝을 잡고 드래그, 2마디 남기고 삭제하기
연필 툴 – 악기 소리를 듣고, 곡에 어울리는 리듬 2마디 입력하기
(4분의 4박자 강·약·중강·약 + 비트를 나누면서 악기 추가 입력)

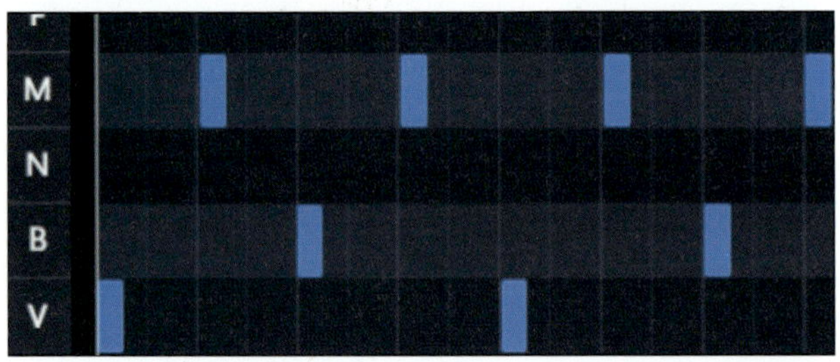

• 2마디를 반복 연결하기

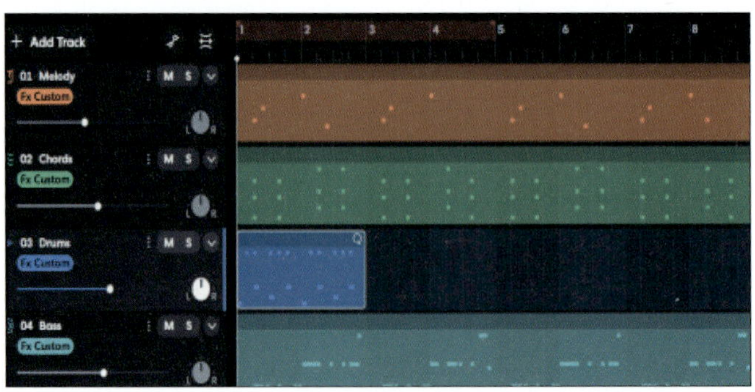

<table>
<tr><td></td><td>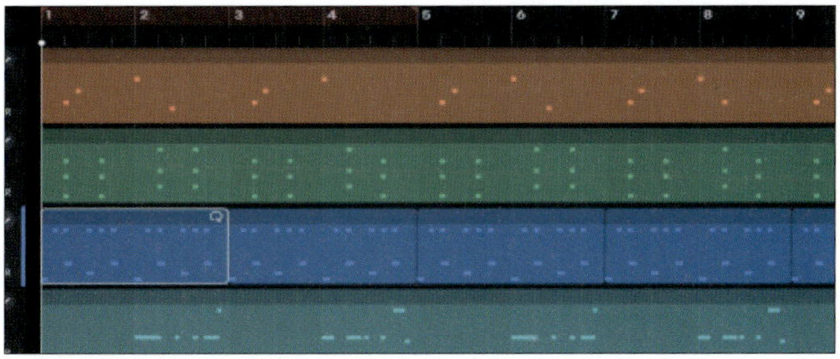</td></tr>
<tr><td>공유,
덧글 달기</td><td>• 공유하기와 덧글 달기
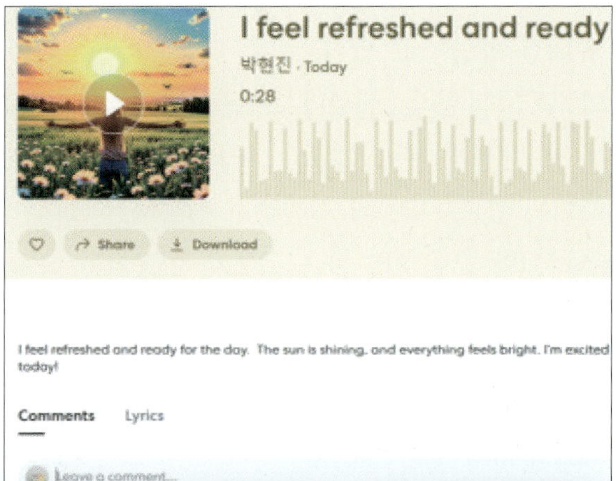

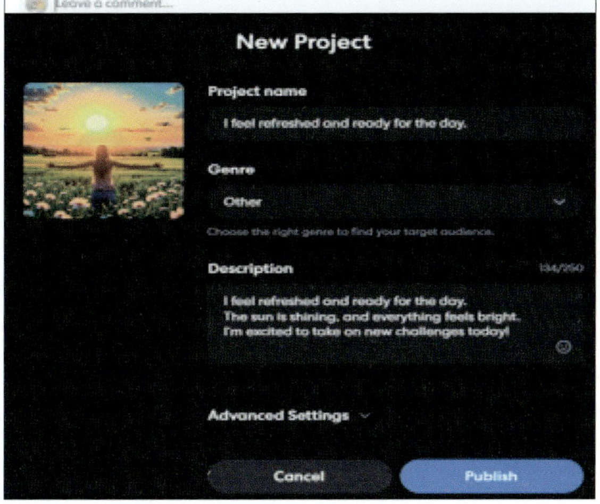
</td></tr>
</table>

3. 수업 (2) 창작 음악 선물하기

사랑하는 가족이나 지인에게 창작 음악 선물하기
추억이 담긴 감사와 위로의 글과 함께 특별한 음악 창작하기

음악은 인간의 삶에 깊이 관여되어 있으며, 특정 상황에서는 사회적·문화적 기능을 수행하고, 특히 개인적 경험과 의미가 부여될 때 그 영향력이 더욱 강화된다. 사랑하는 지인과 가족을 위해 가사를 작성하고 음악을 창작하여 표현·연주하는 활동은 경험과 의미를 더하며, 타인과의 깊은 유대를 형성할 수 있다.

초등 저학년은 음악의 구조와 형식, 멜로디, 화음 등을 이해하는 데 어려움이 있다. 2022 개정 교육과정에서 장·단음계, 주요3화음, 그리고 매체를 활용한 창작 활동이 초등 고학년 내용 체계로 명시되어 있으므로, 이 시점부터 진행하는 것이 적합하다(교육부 음악과, 2022). 송메이커, 송스타터와 같이 간단한 클릭으로 인공지능 음악을 생성하여 지인에게 선물하는 활동은 초등 저학년에서도 수업 가능하지만 생성형 인공지능의 사용 연령 제한에 대한 우려가 있다.

1) 주제 : 사랑하는 지인에게 창작 음악 선물하기

2) 학습목표

- 음악의 구조와 한도막 형식을 이해할 수 있다.
- 한도막 형식에 어울리는 가사를 작성할 수 있다.
- 디지털 매체를 활용하여 음악을 창작할 수 있다.
- 음악을 통해 사랑하는 사람에게 마음을 전하는 따뜻한 태도를 가질 수 있다.

3) 수업 설계

총 6차시의 수업으로 '8박스 안 가사 짓기 → 한도막 형식 이해와 멜로디 창작 → 멜로디에 어울리는 화음 생성 → DAW 멜로디, 화음, 드럼 생성 → 노래 부르기와 DAW 마스터링 → 창작곡 전시회 관람' 단계로 이루어진다.

1차시에는 사랑하는 사람을 생각하며 노래의 가사를 작성한다. 이때 8어절에 2~6음절씩 구성하도록 지도한다. 2차시에는 한도막 형식과 주요3화음을 안내하고, 음절에 맞게 음정과 박자를 송메이커 막대악보로 입력하는 멜로디 창작을 지도한다. 3차시에는 멜로디에 어울리는 화음을 찾아 입력하도록 훅패드를 지도한다. 4차시에는 DAW를 편집하는 활동으로 멜로디, 화음, 드럼을 생성하여 자신의 곡의 반주를 완성할 수 있게 밴드랩을 지도한다. 5차시에는 학생들이 반주를 재생하면서 자신이 만든 곡을 노래하고, 이를 DAW로 녹음하여 곡을 완성한다. 개인별 녹음이 필요하므로, 소리 혼란을 방지하기 위해 수업 시간에는 반주 재생과 녹음 방법을 충분히 익히고 연습하며, 실제 목소리 녹음은 과제로 안내한다. 학생 수준에 따라 완성된 곡을 영상으로 제작할 수 있다. 차시별 학습활동은 〈표 3-2〉와 같고, 이 중 4차시의 음악 선물 학습지도계획은 〈표 3-3〉에 자세히 제시한다.

〈표 3-2〉 차시별 학습활동

차 시	활 동
1차시	• 사랑하는 사람에게 음악 선물을 위한 편지쓰기 • 사랑하는 사람에게 전달할 가사 글쓰기 (가사 짓기 : 마인드마이스터로 8어절 2~6글자씩 작성하기) 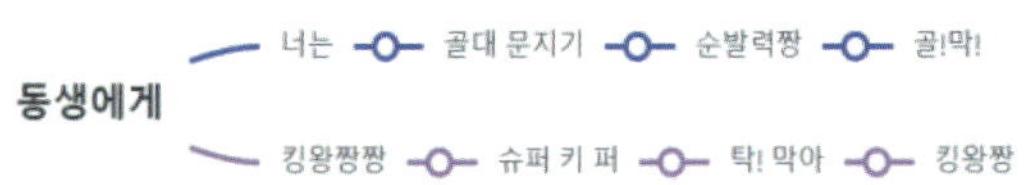
2차시	• 가사에 어울리는 4분의 4박자 한도막 형식 창작하기 – 한도막 형식 : 8마디 이해하기 – 송메이커 설정하기 : 4분의 4박자, 1박길이, 8마디, 7음음계, 2옥타브 – 4번째 마디 : 솔, 시, 레(계속되는 느낌) – 8번째 마디 : 솔, 시, 레-도(끝나는 느낌) • MIDI 파일, WAV 파일로 다운받기, 공유하기 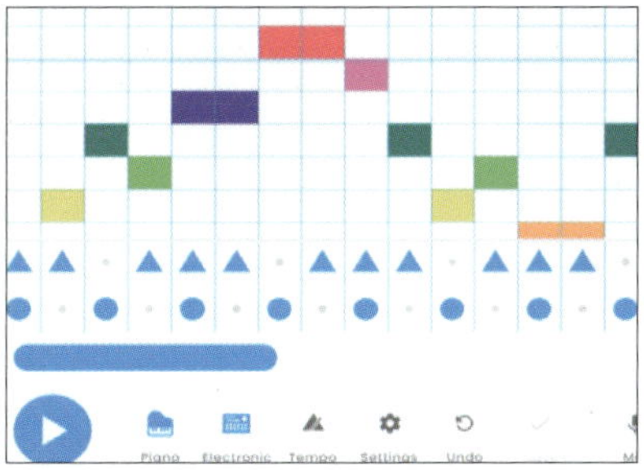

<table>
<tr><td>3차시</td><td>

• 막대악보 옮기기와 반주코드 입력하기 : 훅패드
• 화음-코드의 기능화성 이해와 입력하기 : C코드(Ⅰ) F코드(Ⅳ) G코드(Ⅴ)

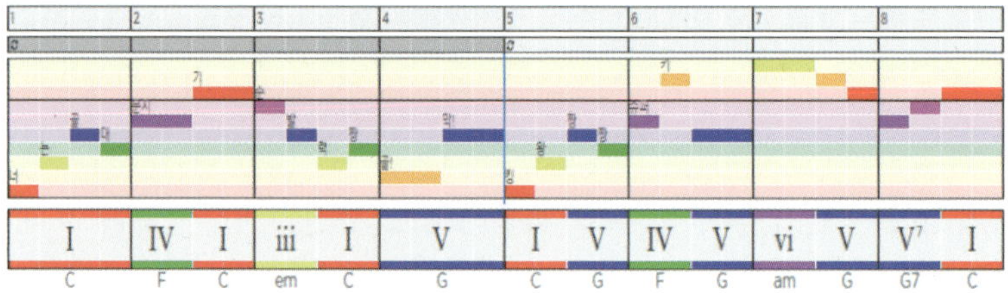

</td></tr>
<tr><td>4차시</td><td>

• 가락, 화음(코드), 드럼 DAW 입력하기 : 밴드랩
• 송메이커에서 MIDI 가락 불러오기
• 악기 트랙 추가하여 화음(코드) 입력하기
• 드럼 트랙 AI 생성 : 어울리는 드럼 찾기/ 또는 직접 입력하기

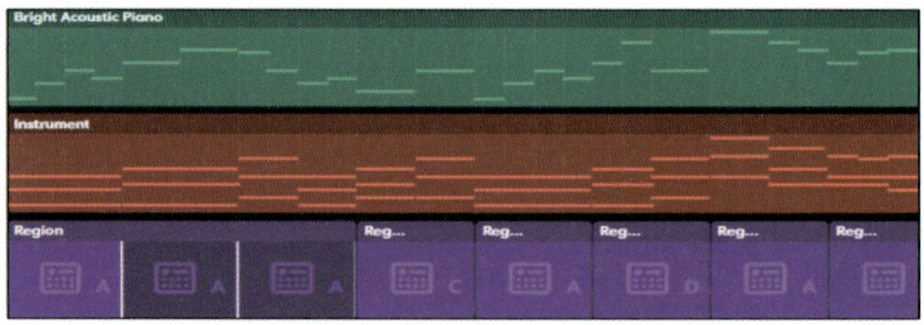

</td></tr>
<tr><td>5차시</td><td>

• 지난 차시 창작곡에 노래 불러 녹음하기 : 과제로 녹음 파일 준비
• 생성된 음악에 어울리는 이미지 넣어 영상 제작하기 : 브루
• 영상 창작물 업로드 또는 공유하기

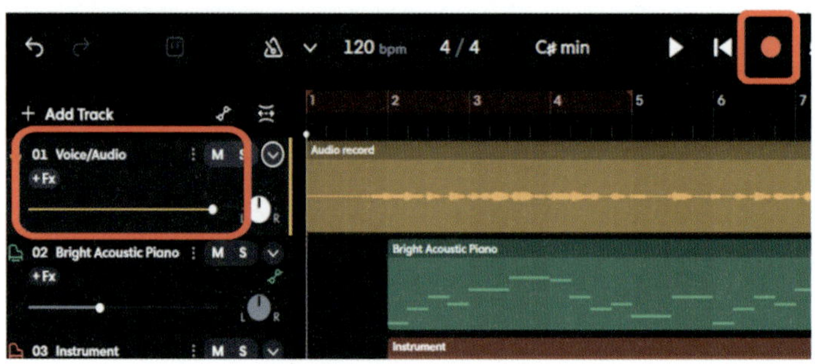

</td></tr>
<tr><td>6차시</td><td>

• 메타버스 전시회 개최하기 : 지인과 함께 감상
• 활동에 대한 평가와 느낀 점 발표하기
</td></tr>
</table>

〈표 3-3〉 4차시 음악 선물 학습지도계획

4차시	교수-학습 활동
도 입	• 지난 차시 창작한 음악을 보다 풍성한 음원으로 제작 안내 • 기보매체 음원, 송메이커, 훅패드 비교하면서 음원 감상하기 • 오늘의 학습안내 : 가락, 화음, 드럼 생성 및 편집하기
활동 1. 멜로디 불러오기	• 밴드랩 입장하고 새 프로젝트 편집창 열기 • 송메이커에서 창작한 MIDI 파일 밴드랩으로 불러오기 - 파일 열리면 감상하여 확인, 편집하기 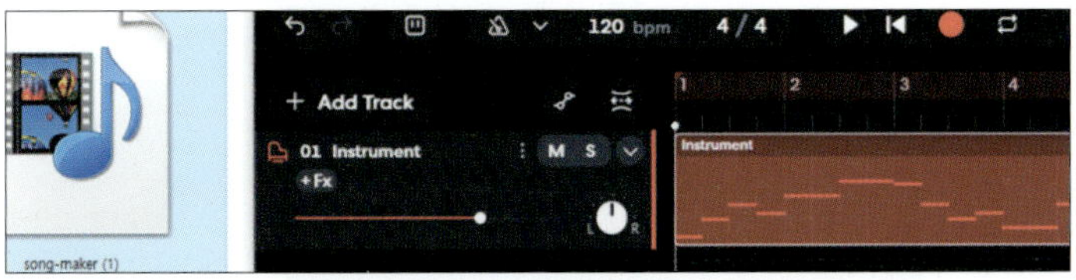
활동 2. 화음 입력하기	• Add Track 〉 Instruments : 악기 추가하기 - 밴드랩 악기 추가(피아노) - 트랙 선택 하단 MIDI Editor로 화음 입력 (초등 수업에서는 Smart View 활성화 : Major Scale로 변경, 편집 화면 마이너스(-) 눌러서 마디를 간편하게 줄여줌) 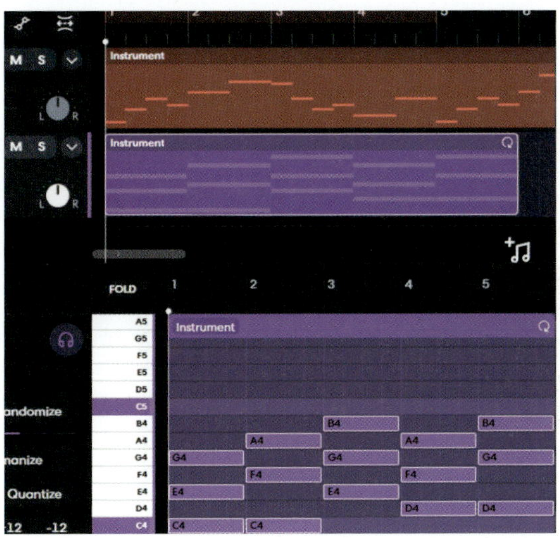

<table>
<tr>
<td>활동 3.
드럼 생성하기</td>
<td>

• Add Track 〉 Drum Machine : 드럼 생성하기

• 아래 편집창에서 드럼 악기 소리를 듣고 클릭하면서 편집하기

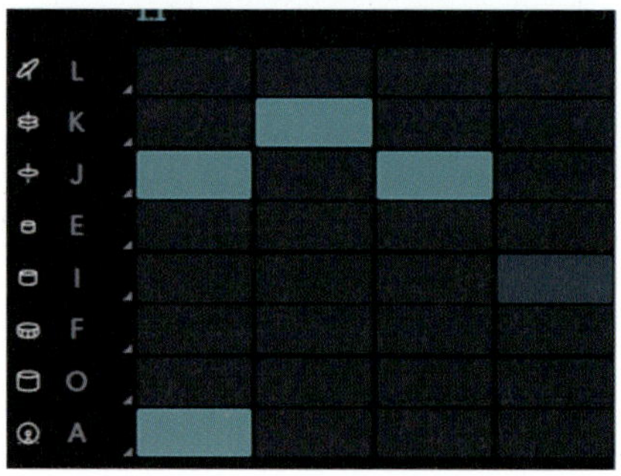

</td>
</tr>
<tr>
<td>공유하기</td>
<td>

• Publish 공유하기 〉 설정하기

 - 어울리는 이미지 업로드, 제목, 곡 설명하기

• 음악 감상 및 덧글 달기

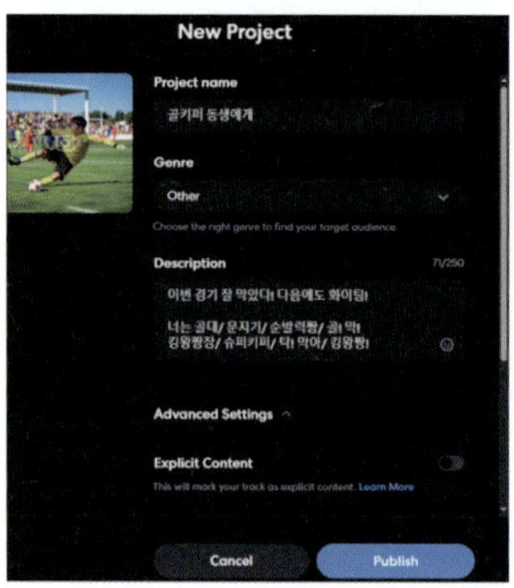

</td>
</tr>
</table>

4. 수업 (3) 관악기와 현악기 음향 편곡하기

관악기와 현악기의 소리를 이해하고 음향을 비교·감상하기
내가 좋아하는 멜로디 관악기와 현악기 음색으로 편곡하기

다양한 악기와 음악 악기 편성 구조를 이해하고, 악기의 편성에 따라 소리의 차이를 구별하는 능력은 보다 깊게 음악을 이해하는 데 도움이 된다. 여러 악기의 소리를 구별하여 인지함으로써 합주와 편곡 시 조화로운 음악을 창작할 수 있으며, 악기의 역할을 이해할 수 있다.

내가 좋아하는 가락 또는 주어진 가락을 DAW로 오케스트라 편곡하는 학습 과정에서는 디지털 편곡 능력을 함양하고, 악기의 특성, 음역, 역할 등을 이해할 수 있다. 2022 개정 교육과정에서 초등 고학년에 관악기와 현악기의 음색에 관한 내용 체계와 성취기준을 명시하였다(교육부 음악과, 2022). 또한 매체를 활용한 창작 활동 역시 초등 고학년부터 제시되어 있으므로 음향 편곡하기 수업은 초등 고학년부터 설계 및 실행하는 것이 적합하다.

1) 주제 : 관악기와 현악기를 이해하고 멜로디 편곡하기

2) 학습목표

- 오케스트라 악기의 편성과 배치에 대해 이해할 수 있다.
- 관악기·현악기 소리의 특징을 인식하고 음색을 구별할 수 있다.
- DAW를 활용하여 관악기와 현악기 음색으로 편곡할 수 있다.
- 악기에 대한 관심을 형성하고, 음악 감상과 창작에 즐거운 태도를 가질 수 있다.

3) 수업 설계

총 2차시의 수업으로 '악기의 특징과 음악의 편성 이해 → DAW 음향 편집' 단계로 이루어진다.

1차시에는 관악기, 현악기, 타악기, 건반악기 등의 특징과 음색을 구별하고, 다양한 음

악 편성을 이해하는 활동으로, 교사는 시청각 자료를 활용해 학생들이 악기별 음색을 비교·감상할 수 있도록 지도하고, 편성에 따른 음악 분위기의 차이를 안내한다. 2차시에는 DAW를 활용하여 학생들이 직접 관악기, 현악기 음색으로 멜로디를 입력해 보며, 음색의 차이를 체험하고 디지털 기반 음악 창작의 기초를 익히도록 지도한다. 차시별 학습활동은 〈표 3-4〉와 같고, 이 중 2차시의 음향 편곡 학습지도계획은 〈표 3-5〉에 자세히 제시한다.

〈표 3-4〉 차시별 학습활동

차 시	활 동
1차시	• 악기의 특징 이해(소리 구별) : 관악기, 현악기, 타악기, 건반악기 • 음악의 편성 이해 : 듀엣, 트리오, 콰르텟, 앙상블, 오케스트라 • 음악 감상하면서 악기 편성 찾기 활동 • 오케스트라 배치도 활동지 완성하기
2차시	• 밴드랩 기능 익히기 • 주어진 가락 입력하기 : 플루트, 클라리넷, 솔로 바이올린 악기 추가 • 화음 입력하기 : 현악 스트링 추가 • 볼륨 믹싱하기 • 완성된 곡 업로드 및 공유하기

〈표 3-5〉 2차시 음향 편곡 학습지도계획

2차시	교수-학습 활동
안내하기	• 지난 차시 오케스트라 배치도 확인하기 • 애국가 피아노 버전과 오케스트라 버전 감상하고 느낀 점 이야기 • 오늘의 학습안내 : 주어진 가락 관악기와 현악기로 편곡하기
활동 1. 가락 입력하기	• Add Track 〉 Instruments : 악기 추가하여 주어진 가락 입력하기 - 하단의 Instrument에서 악기 변경하기 : Solo Violin 

	• 플루트, 클라리넷, 솔로 바이올린 가락 입력하기 - MIDI Editor에서 가락 입력하기 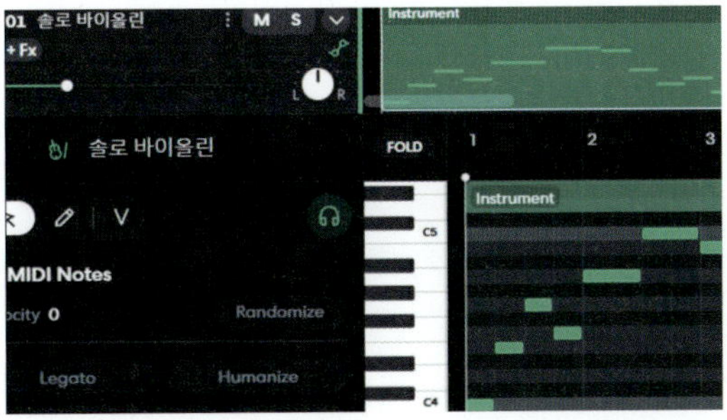 • 입력하면서 음색 비교 감상하기 : 멜로디 클릭하여 Ctrl+C(복사), Ctrl+V(붙이기) - 각 악기 음색 선택하여 가락 입력하기 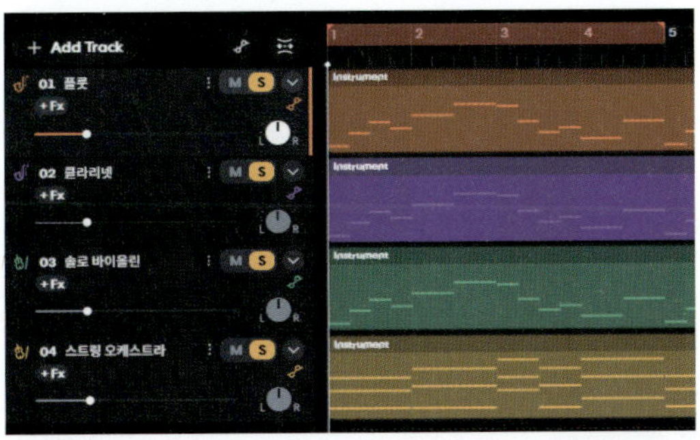
활동 2. 스트링 오케스트라 입력하기	• Add Track 〉 Instruments : 악기 추가하여 화음 입력하기 - 하단의 Instrument에서 악기 변경하기 : String Orchestra 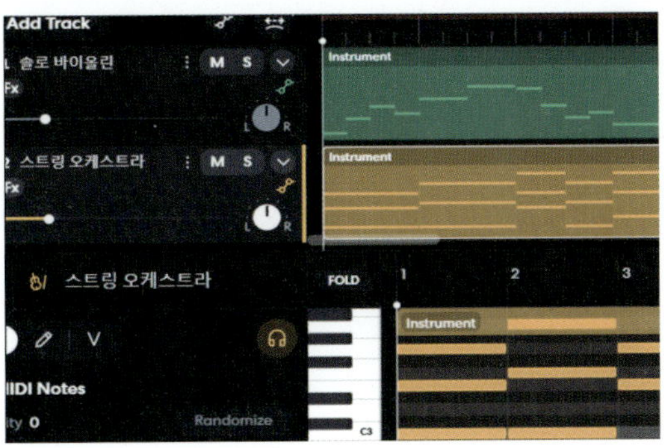

활동 3. 믹싱하기	• 오토메이션 클릭 〉 파란색으로 변경 후 오른쪽 트랙 선 조정하기 - 솔로 소리는 스트링 오케스트라보다 볼륨 크게 - 서서히 시작 : 페이드 인 - 서서히 사라짐 : 페이드 아웃 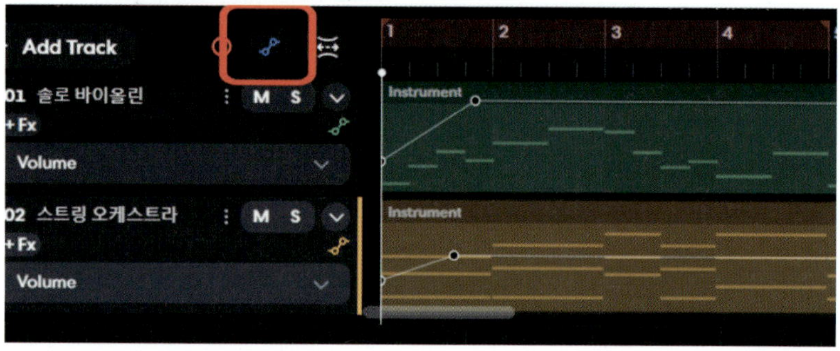
성찰하기	• Publish 공유하기 〉 설정하기 - 어울리는 이미지 업로드, 제목, 곡 설명하기 • 음악 감상 및 덧글 달기 • 피아노 버전의 가락과 오케스트라 음색 비교 감상하기 

5. 수업 (4) 오케스트레이션 창작하기

다양한 악기 배치와 조합을 통해 음악의 질감, 분위기, 전개 설계하여 창작하기
AI 도구로 음원을 생성하고 확장시키며 사운드 변화 체험하기

밴드랩 송스타터는 프롬프트를 입력하여 작은 아이디어 단위로 음악을 생성할 수 있고, 스튜디오 편집으로 이를 확장시킬 수 있다. 이러한 인공지능 생성과 편집 기능은 기본 루프 패턴(4~8마디 정도)의 악기 조합을 변경하면서 음향적 차이를 체험할 수 있는 오케스트레이션 학습에 최적화된 기능을 제공한다. 오케스트레이션이란 다양한 악기의 배치와 조합을 통해 음악을 설계하는 것을 의미한다. 밴드랩 편집 툴에서 뮤트(Mute)와 솔로(Solo) 기능을 활용하면 학생들은 각 악기 트랙을 개별적으로 들어보며 비교하고 조작할 수 있다. 이를 통해 특정 악기의 역할이나 음향적 특징을 집중적으로 들으며 오케스트레이션적 사고를 기를 수 있다.

DAW를 기반한 오케스트레이션 창작은 음악 구조의 이해와 매체 편집 수행이 필요하므로 초등 고학년부터 수업을 설계 및 실행하는 것이 적합하다. 음악의 질감, 분위기, 전개를 고려하면서 나만의 음악을 설계하고 창작한다.

1) 주제 : AI 음원을 확장하여 나만의 음악 설계 창작하기

2) 학습목표

- 오케스트레이션의 개념에 대하여 설명할 수 있다.
- 드럼, 베이스, 코드, 멜로디의 음색 차이와 특징을 인식할 수 있다.
- 나만의 음악 설계를 바탕으로 음악을 창작할 수 있다.
- 다른 사람의 음악적 아이디어와 표현을 존중하는 태도를 가질 수 있다.

3) 수업 설계

총 3차시의 수업으로 '오케스트레이션 개념 이해 → 루프 음악 설계와 DAW 편집 → 발표와 감상' 단계로 이루어진다.

1차시에는 오케스트레이션 개념과 드럼, 베이스, 코드, 멜로디의 특징을 이해하기 위해 교사가 DAW 기능을 소개하고 기본 사용법을 시범 보이며 음악의 구조에 대한 내용을 지도한다. 2차시에는 루프 음악의 개념을 이해하고, 직접 루프를 활용해 음악 설계 편성표를 작성하여 DAW 편집 활동을 수행하도록 지도한다. 3차시에는 학생들이 완성한 편성표를 DAW에 업로드하고, 창작한 음악을 발표 및 감상하는 활동을 한다.

〈표 3-6〉 차시별 학습활동

차 시	활 동
1차시	• 오케스트레이션 개념 이해하기 • 드럼, 베이스, 코드, 멜로디 영역 이해하기 • 밴드랩 기능 학습하기 : 리듬을 강조한 음악 생성하기 - 드럼 머신으로 드럼 비트 생성하기 - 베이스 밴드랩 사운즈(Sounds) 샘플 어울리는 베이스 찾기
2차시	• 드럼, 베이스, 코드, 멜로디로 구성된 음악 생성하기 • 반복 구간에서 편성 변경하며 악기 감상하기 • 나만의 루프 음악 설계 편성표 작성과 편집하기
3차시	• 음악 편성표 발표하기 • 완성된 곡 업로드 및 공유하기 • 감상 및 성찰하기

〈표 3-7〉 2차시 오케스트레이션 학습지도계획

<table>
<tr><th>2차시</th><th>교수-학습 활동</th></tr>
<tr><td>안내하기</td><td>• 지난 차시 오케스트레이션 개념 확인하기
• 오늘의 학습안내 : AI 음악을 생성하고, 악기 편성 편집하여 음악 창작하기
• 예시 곡 감상하기</td></tr>
<tr><td>활동 1</td><td>• 프롬프트를 입력하여 마음에 드는 음원 생성하고 선택하기
: 장르, 느낌, 템포, 장-단조 개념 이해하고 선택하기, 스튜디오에서 편집 클릭

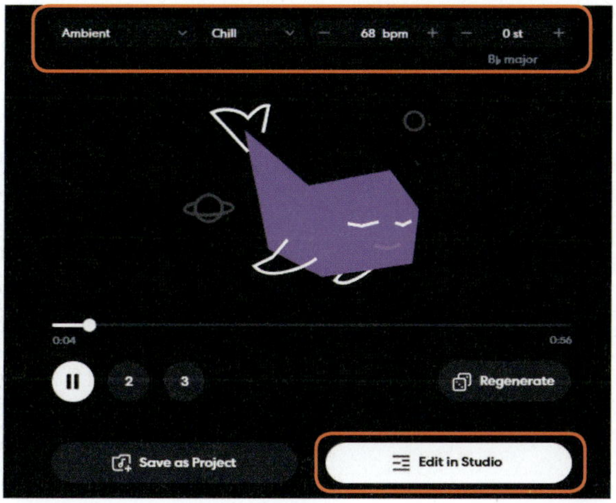

</td></tr>
<tr><td>활동 2</td><td>• 생성된 AI 음원 트랙별 감상하기
Solo와 Mute 사용하여 감상 및 느낌 식별하기 

• 식별하는 감상 ZEP 퀴즈 활동 : 5문제 해결하기
• 음원을 선택하고, 반복 편성 구성하기 : 활동지 편성표 작성하기

<table>
<tr><th>반 복</th><th>악기 편성</th><th>느 낌</th></tr>
<tr><td>1회</td><td>드럼+베이스</td><td>조용하게 출발</td></tr>
<tr><td>2회</td><td>드럼+베이스+코드</td><td>시작하는 느낌</td></tr>
<tr><td>3회</td><td>드럼+베이스+코드+멜로디</td><td>풍성한 음악</td></tr>
<tr><td>4회</td><td>반복</td><td>클라이맥스</td></tr>
<tr><td>5회</td><td>멜로디만</td><td>집중하는 느낌</td></tr>
<tr><td>6회</td><td>드럼+멜로디</td><td>다시 시작하는 느낌</td></tr>
<tr><td>7회</td><td>드럼+멜로디</td><td>진행하다가</td></tr>
<tr><td>8회</td><td>멜로디만</td><td>사라지는 느낌</td></tr>
</table>
</td></tr>
</table>

활동 3	• 밴드랩 편집하기 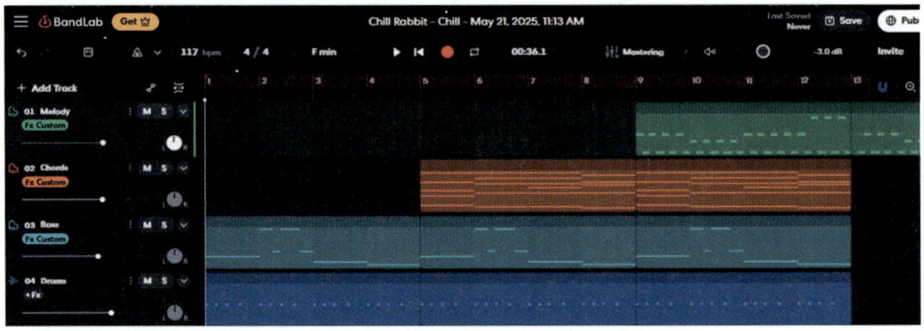 • Automation으로 음향 편집하기 : 수준별에 따라 선택사항 지도 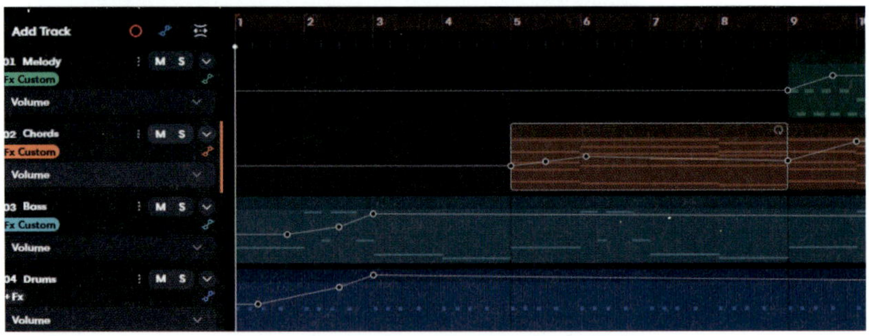
성찰하기	• Publish 공유하기 〉 설정하기 - 어울리는 이미지 업로드, 제목, 곡 제작 과정, 느낀 점 글쓰기 • 음악 감상 및 덧글 달기 : 존중하는 글쓰기 지도  복잡한 나의 머리, 답을 모르겠고 두근거린다!

4) 평가계획

〈표 3-8〉 2차시 오케스트레이션 평가 사항

영 역	평가 사항	체크리스트
인지적 (지식·이해)	• 오케스트레이션 개념 활동지 정리 확인	□
	• 드럼, 베이스, 코드, 멜로디의 음색 차이 퀴즈 5문제	□□□□□
심동적 (과정·기능)	• 설계한 편성표 활동지 확인 • 완성된 음악 작품 확인	□ □
정의적 (가치·태도)	• 다른 사람의 공유된 음악에 덧글 5개 달기	□□□□□

03 사운드 스케이프 AI 수업

1. 사운드 스케이프

소리에 대한 청각적 감각 수용과 탐구하려는 마음은 인간 감각 본성 중 하나이다. 사람의 공간에 소리는 늘 존재하고 있으며, 이 소리들은 조화롭게 구성되어 음악으로 발전해 간다. 음향학의 모든 분야를 의미하는 연구로 사운드 스케이프(Soundscape)는 눈으로 보는 물체가 아닌 귀로 듣는 사건으로 구성하는 것을 의미한다(Schafer, 1994). 사운드 스케이프의 연구 분야는 음악 프로그램, 라디오 프로그램, 실내 환경, 주어진 환경 특성 등 다양한 영역이 있으며, 소리경관을 완벽하게 녹음하고 측정하여 새로운 묘사 방법을 고안한다.

일상생활에서 경험하는 환경과 물질 소리의 풍경을 인지하여 삶의 환경과 문화를 탐색할 수 있다. 삶의 공간 소리를 인지하고 구별하는 데서 출발하여 각 소리들이 어우러진 음악적 표현으로 이어질 수 있다. 이러한 음악적 활동은 주변 환경 소리에 대한 민감성과 자신의 정체성을 함양할 수 있으며, 일상에서의 소리와 음들 간 조화로운 관계를 파악하고 음악적 이해를 새롭게 할 수 있다(이현수, 2024).

사운드 스케이프의 음악교육은 다음과 같은 의의를 갖는다.

첫째, 자신의 일상 속 주변 소리에 집중하면서 소리에 대한 민감성을 키울 수 있다.

둘째, 자신의 생활하는 지역사회의 소리를 인식하면서, 문화의식을 존중하고 사회의식 발달을 함양할 수 있다.

셋째, 소리에 대한 조화로운 관계를 이해하고, 전통적 음계 중심에서 벗어나 음악의 포용성과 다양성을 확장할 수 있다.

넷째, 새로운 형태의 음악 연주와 표현 능력을 증진할 수 있으며, 창의성을 함양할 수 있다.

이러한 사운드 스케이프 교육은 삶의 일상 소리의 청각적 탐색을 시작으로, 삶과 음악, 환경 등을 연결하는 활동으로 의미가 있다.

2. 밴드랩 샘플러 기능과 AI

밴드랩은 2021년에 샘플러 기능을 오픈하였다. 샘플러를 사용하면 직접 녹음한 소리나 다양한 음원을 패드에 업로드하고, 눌러 연주할 수 있다. 그렇기 때문에 이 기능은 모든 소리를 악기의 형태로 사용할 수 있게 한다.

밴드랩 편집 툴에서 새로운 트랙의 보라색 'Sampler'를 클릭하면 샘플러 편집창이 나타난다. 샘플러 기능은 키보드 단축키를 통해 소리를 재생하도록 지정할 수 있으며, 최대 16개의 소리를 저장할 수 있다. 녹음 버튼을 클릭하여 밴드랩에서 직접 녹음하거나 소리 파일을 업로드할 수 있고, 밴드랩에서 제공하는 음원을 선택해 사용하는 것도 가능하다.

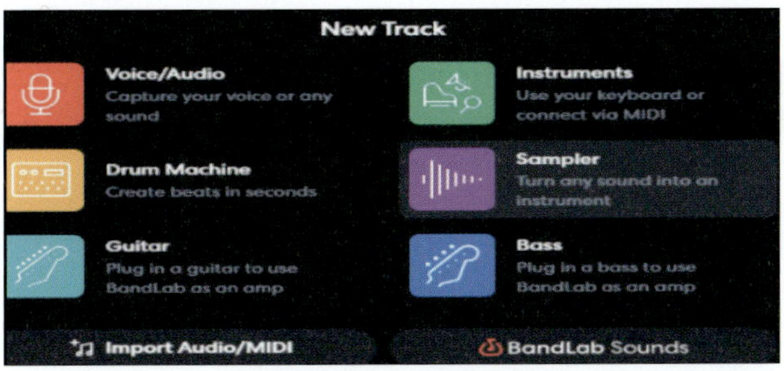

| 그림 3-41 | 샘플러 선택

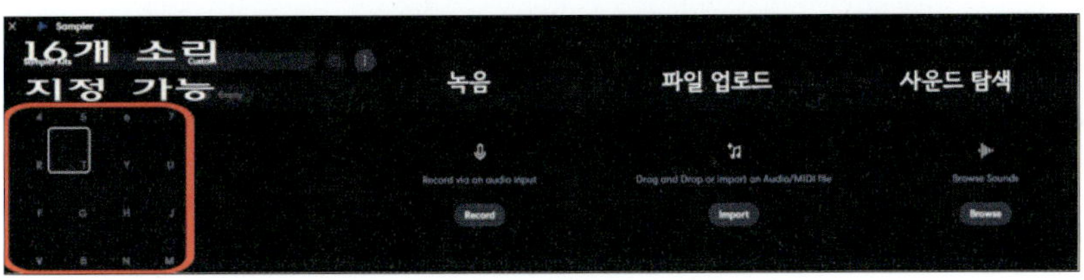

| 그림 3-42 | 샘플러 기능

| 그림 3-43 | 샘플러 입력

- Volume : 소리 크기 조절하는 기능
- Pan : 샘플러 소리 방향 조절하는 기능
- Pitch : 음정 변화시키는 기능
- Attack : 소리가 시작되는 것, 오른쪽으로 설정하면 서서히 커지면서 시작
- Release : 소리가 작아지는 것
- Tone : 소리 걸러주는 것/ 왼쪽으로 되어 있으면 저음만 통과, 오른쪽으로 되어 있으면 고음만 통과

| 그림 3-44 | 소리 재생 모드

- Gate : 재생 버튼을 누르고 있는 동안에만 소리가 남
- One-Shot : 한 번만 소리가 재생됨
- Loop : 반복적으로 재생됨

키보드 단축키 기능처럼 키보드 4, 5, 6, 7, R, T, Y, U, F, G, H, J, V, B, N, M 버튼을 누르면 지정된 소리가 바로 재생된다.

3. 수업 (1) 우리 동네 소리 표현하기

우리 고장 소리 탐색하기
우리고장 소리를 담아 나의 생각과 느낌 음악으로 표현하기

우리 고장의 모습을 관찰하고 특색을 살펴보는 활동은 지역 문화와 역사를 이해하고 지역 정체성을 함양하는 데 도움이 된다. 주변 환경을 주의 깊게 관찰하고, 자신이 이해한 정보와 생각을 나만의 방식으로 창의적으로 표현하는 활동은 관찰력과 표현력을 향상시킬 수 있다. 평소 무심코 지나쳤던 고장에서의 일상 소리를 주의 깊게 탐색하여 감각을 확장시키고, 직접 녹음한 소리를 편집하고 변형하면서 디지털 매체 활용 능력과 음악 창작 능력을 함양할 수 있다. 우리 고장 탐방 학습활동은 초등 저학년 사회과 교과에서 제시되고 있으며, 음악과에서도 생활 속 소리를 탐색하는 활동이 저학년 성취기준에 명시되어 있다 (교육부 음악과, 2022). 우리 동네 소리를 녹음하여 감상하고 소리 지도를 만드는 활동과 연주 활동은 저학년부터 가능하다. 하지만 DAW 음원 효과와 편집은 초등 고학년부터 하는 것이 좋다.

학생들은 일반적인 악기뿐만 아니라 일상 속 소리도 음악의 재료로 사용할 수 있다는 가능성에 대해 이해할 수 있다. 녹음한 소리를 샘플러에 지정하고 규칙적인 리듬 만들기, 소리를 변형 등으로 사운드디자인을 한다.

1) 주제 : 우리 동네 소리를 음악으로 표현하기

2) 학습목표

- 우리 지역의 특색 있는 소리의 특징을 이해할 수 있다.
- 녹음된 소리로 우리 고장의 소리 지도를 제작할 수 있다.
- 녹음된 소리 재료를 활용하여 모둠별 합주를 구성하고 표현할 수 있다.
- 지역 소리의 의미와 문화적 가치를 인식하려는 태도를 가질 수 있다.

3) 수업 설계

총 4차시의 수업으로 '우리 동네 이해 → 우리 동네 소리 녹음과 업로드 → 음악 스토리보드 제작 → 샘플러 모둠별 연주 및 감상' 단계로 이루어진다.

1차시에는 사회과 수업과 연계하여 '우리 동네 지역 이해'를 주제로 학생들이 지역의 특징과 지형, 시설 등에 대해 탐구하도록 지도한다. 이를 통해 학생들이 자신의 생활 터전을 인식하고 관찰하는 태도를 가질 수 있다. 2차시에는 학생들과 함께 직접 동네를 탐방하며 다양한 소리를 녹음하도록 지도하고, 녹음한 소리를 구글어스를 활용하여 위치 정보와 함께 업로드함으로써 '우리 동네 소리 지도'를 제작하도록 한다. 이 과정을 통해 학생들은 지역과 소리를 연결하며 공간적 감각과 관찰력을 가질 수 있다. 3차시에는 지난 시간에 제작한 소리 지도를 감상하고, 그 소리를 활용하여 우리 동네를 표현할 수 있는 음악을 만들기 위한 스토리보드를 구상하도록 지도한다. 녹음된 소리를 편집하고, 음악의 구성 요소로 활용할 수 있는 아이디어를 발상하도록 돕는다. 4차시에는 밴드랩 샘플러 기능을 활용하여 학생들이 직접 소리를 연주하거나 음악을 제작하고, 친구들 앞에서 발표할 수 있도록 지도한다. 발표 후에는 서로의 작품에 대해 감상하고 피드백을 나누며, 지역의 소리를 예술적으로 표현하는 활동에 대한 의미를 성찰하는 시간을 갖는다.

〈표 3-9〉 차시별 학습활동

차 시	활 동
1차시	• 우리 동네 지역 고장 이해하기 • 내가 자주 가는 동네의 장소와 가치, 의미 알기
2차시	• 동네 지역의 모습과 다양한 소리를 담아오기 • 동네를 대표할 수 있는 소리 채집, 재생, 이유 발표하기 • 소리, 사진 등 채집하여 구글어스에 업로드 : 소리 지도 제작하기 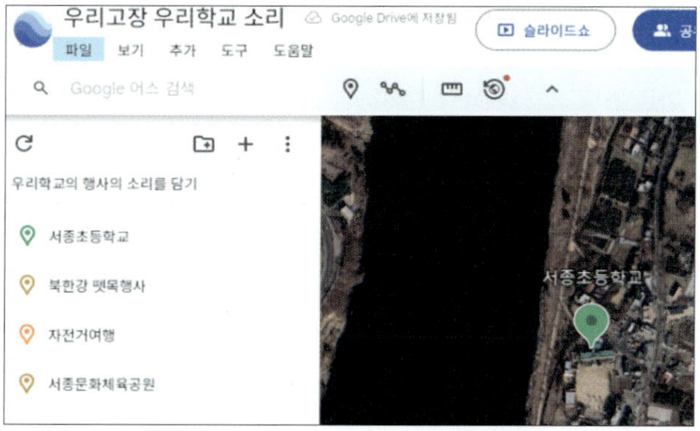
3차시	감상하기 • 지난 차시 모아온 동네 지역 소리 구글어스 감상하기 • 우리 동네 소리로 만든 시범 음악 감상하기 토론하기 • 모둠별로 주제 정하기, 음악 담당 역할 나누기, 스토리 상의하기 • 음악에 대하여 의견 정리하여 활동지 작성하기 음악 생성 계획하기(저학년은 패드에 저장된 소리로 '우리 마을의 하루' 연주하기) • 음악 스토리보드 제작하기 • 송스타터 배경음악 생성하기 ㉮ 우리 고장의 하루 표현하기

AI 전체 배경음악	밝은 장조 느낌의 보통 빠르기, 피아노 악기 등
A 4마디	규칙적인 리듬의 보통 빠르기 새소리, 경쾌한 발소리
B 8마디	점차 빨라지는 규칙적인 리듬의 빠르기 사람 소리, 차 소리 연주(효과 입힌 음원 연주) 절정 : 우체국 소리, 소방차 소리
C 4마디	다시 규칙적인 리듬의 보통 빠르기 아이들 웃음소리, 사라지는 발소리

㉮ 마트 쇼핑 샘플링 음악 표현하기 : 역할 나누어 음악 표현

시 간	소 리	효 과	AI 배경음악
5초	마트 문 열리는 소리	리버브	조용한 음악
10초	카트 끄는 소리 판매원 목소리	EQ-카드 판매원-에코	경쾌, 보통 빠르기
10초	물건 고르는 소리 과자봉지 소리	과자봉지-반복 샘플링	빠른 템포 음악
10초	바코드 소리 카드결제 소리	결제-디스토션	디지털 사운드 배경음악
5초	마트 문 닫는 소리 발소리	발소리-페이드 아웃	느린 템포 음악

4차시	• 사운드 샘플러 음원 불러오기 • 생성된 AI 배경음악에 맞추어 음악 표현 리허설 • 연주 발표와 감상하기, 피드백 • 우리 주변 소리에 대한 공감하기와 성찰하기

4. 수업 (2) 물질의 성질과 음악 표현하기

물질의 소리 AI 시각화 탐색하기
물질의 성질과 소리를 탐색하고 차이를 활용하여 다양한 물질 오케스트라 구성 연주하기

우리 주변에는 단단함, 부드러움, 무거움, 가벼움 등의 특징을 가지고 있는 물질이 존재한다. 인간은 물질에 대해 호기심을 가지고 그 성질을 관찰하고 비교하며, 이를 바탕으로 다양한 도구와 생활용품, 악기 등을 만들어 왔다. 물질의 성질을 탐색하기 위해서는 이론적 이해뿐만 아니라 물질을 직접 만지고 두들겨보면서 촉감, 밀도 등에 대하여 탐색하여야 한다. 물질이 부딪히는 소리를 탐색하고 그 차이를 악기 기능과 연결하여 음악적 표현을 할 수 있다. 우리 주변의 모든 물질은 음을 생성하고 악기로 활용할 수 있다는 것을 이해하고, 물질로 오케스트라를 구성하는 것으로 과학과 음악의 융합 사고를 함양할 수 있다. 이러한 활동은 초등 저학년부터 실행하기에 적합하다. 2022 개정 교육과정에서는 목소리, 물체 소리, 타악기의 음색을 인식하는 학습활동을 초등 저학년 성취기준에 명시하였다(교육부 음악과, 2022). 또한 생활 주변 소리에 반응하여 새로운 음악을 만들고 즐기는 활동도 포함되어 있다(교육부 음악과, 2022).

소리를 인식해서 시각화하여 보여주는 인공지능 도구로 구글 실험 프로젝트 중 하나인 씨잉 뮤직(Seeing Music)이 있다. 이 도구는 소리를 시각적으로 표현하여, 소리의 특징을 보다 쉽게 인식하고 이해할 수 있도록 도와준다. 또한 MIDI 파일을 업로드하면 소리를 재생하고 피아노 건반으로 음고와 음의 길이, 멜로디와 화성을 제시해 주는 기능을 제공한다. 학생들은 소리를 시각적으로 이해할 수 있고, 가창 음정, 연주 음색 등을 확인할 수 있다.

1) 주제 : 물질의 성질과 음악 표현하기

2) 학습목표

- 우리 주변의 다양한 물질의 성질을 이해할 수 있다.
- 물질의 소리를 시각적·청각적으로 탐색하여 성질을 이해할 수 있다.
- 각 물질의 소리를 녹음하여 감상하고 소리의 특징을 악기로 연결할 수 있다.
- 녹음한 소리를 샘플러에 지정하여 연주할 수 있다.
- 자연과 일상 속 물체의 소리를 음악적 재료로 존중하며 표현하려는 태도를 가질 수 있다.

3) 수업 설계

총 3차시의 수업으로 '물질 특징과 소리 시각화 → 물질 오케스트라 퍼커션 연주 연습 → 모둠별 발표 및 감상' 단계로 이루어진다.

1차시에는 다양한 물질을 두드리며 소리의 특징을 탐색할 수 있도록 안내하고, 그 소리를 시각화하여 차이를 이해하도록 지도한다. 2차시에는 탐색한 물질의 특징을 바탕으로 모둠별 악기 역할을 정하고, 학생들이 리듬 퍼커션 연주를 연습하며 소리의 조화를 맞추는 방법을 익히도록 돕는다. 3차시에는 모둠별 연주 발표를 하고, 연주 소리와 함께 시각화 화면을 제공한다. 연주를 감상 후 음악적 특징을 비교하고 발표하도록 지도한다.

〈표 3-10〉 차시별 학습활동

차 시	활 동
1차시	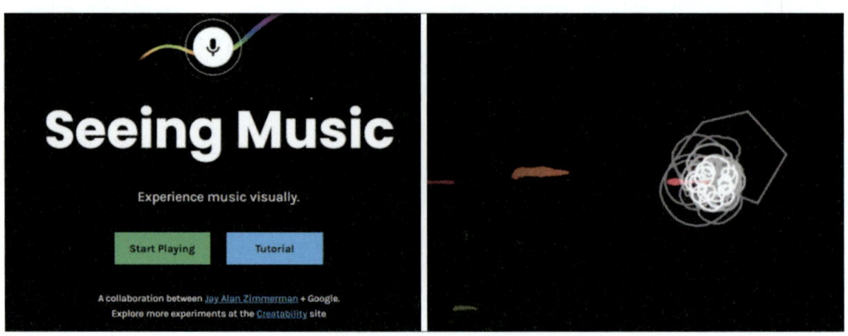

<table>
<tr><td></td><td>• 우리 주변의 물질 인식하기
• 물질의 성질 이해하기
• 신체감각으로 물질 탐색하기
• 물체에 따른 소리 차이 인식하기
• 소리의 시각화 차이 살펴보기 : 씨잉 뮤직</td></tr>
<tr><td>2차시</td><td>• 녹음된 소리를 탐색하고 선택하여 모둠별 오케스트라 구성하기
• 물질의 소리로 만든 리듬 퍼커션 시범 연주 영상 감상하기
• 밴드랩 기능 이해 : 녹음된 소리를 샘플러 패드에 업로드하기
• 규칙적인 반복 리듬 만들기 : 4분의 4박자
• 모둠원들끼리 연주 연습하기
<table>
<tr><td>리듬 시작</td><td>규칙적인 리듬 만들기
모둠원 1 : 책상 소리 2개(쿵 쾅 쿵 쾅)
모둠원 2 : 유리병 소리(.....깡.....깡)
모둠원 3 : 금속 소리(챙챙챙챙챙챙챙챙)
모둠원 4 : 종이 소리(찍 찍찍 탁 탁)</td></tr>
<tr><td>진 행</td><td>다른 요소로 곡 발전시켜 변형하여 진행하기
모둠원 1 : 책상 소리 4개와 음원 변형하여 연주
모둠원 2 : 유리병 소리 4개
모둠원 3 : 금속 소리 4개
모둠원 4 : 종이 소리 4개</td></tr>
<tr><td>마무리</td><td>음악 끝마디 : 소리 리듬 구성하기</td></tr>
</table></td></tr>
<tr><td>3차시</td><td>• 리듬 퍼커션 리허설하기
• 연주 발표와 시각화 화면 동시 감상하기
• 소리에 대한 공감하기와 성찰하기</td></tr>
</table>

3 Metaverse

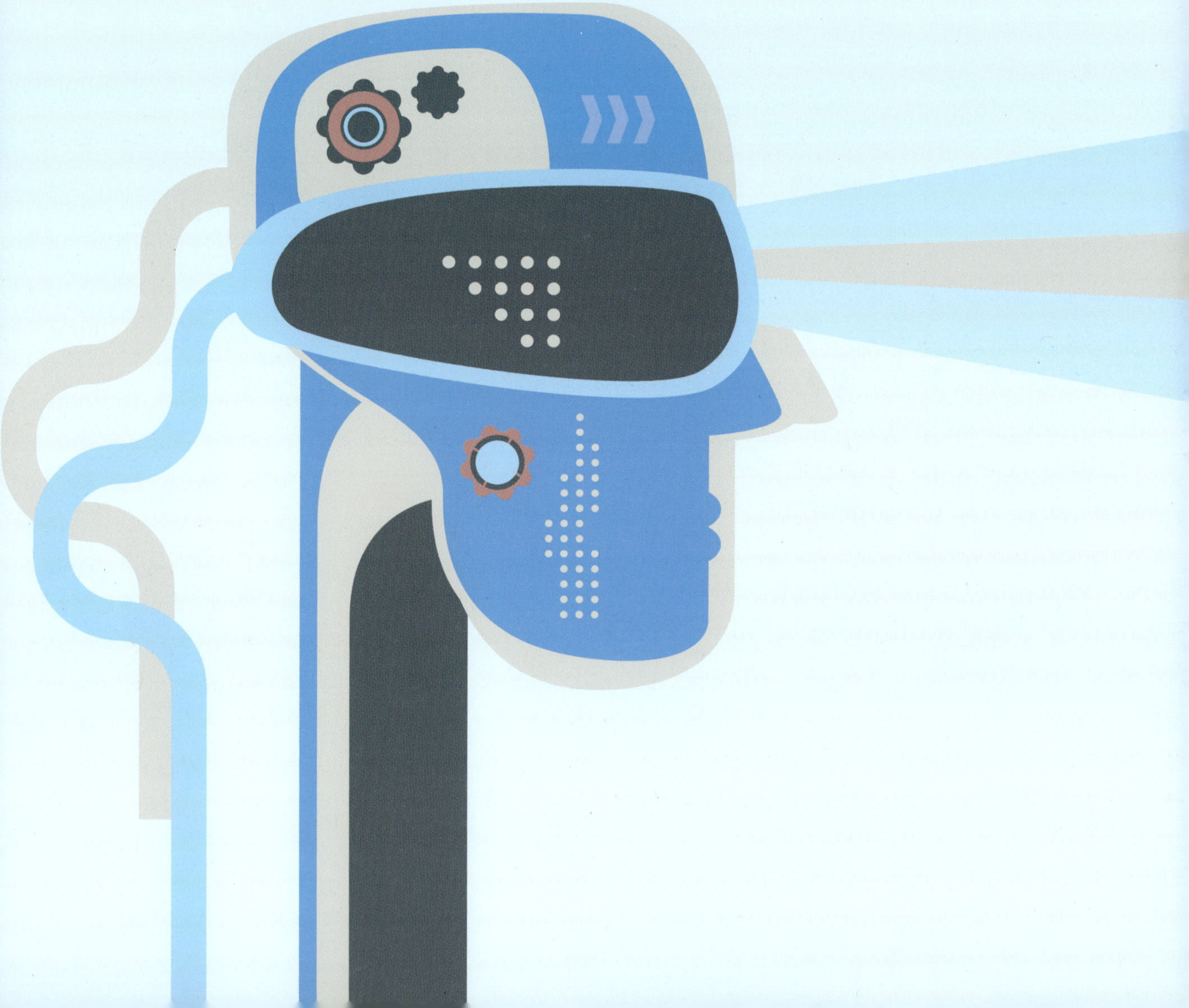

CHAPTER 04

메타버스 수업 준비

01 메타버스 젭(ZEP) 준비하기

1. 메타버스 젭 소개

오늘날 사회에서는 디지털 기술의 발달로 인해 물리적 제약을 벗어나, 실시간 쌍방향 소통이 가능한 화상회의 플랫폼을 활용해 사회적 소통이 이루어지고 있다. 그러나 기존 화상회의는 카메라 앞에 장시간 앉아 정면을 응시해야 하는 불편함이 있다. 이에 젭(ZEP)은 아바타와 화상회의 기능을 융합하여, 마치 현실 세계처럼 운영되는 기술을 적용하였다. 사용자가 아바타를 움직이면, 다른 아바타와 가까워질 때 자동으로 카메라와 마이크가 서서히 켜지고(On), 멀어지면 자동으로 꺼지는(Off) 방식이다. 이는 현실 세계에서 다른 사람과 멀어지면 보이지 않고 목소리가 들리지 않는 상황을 반영한 것이다. 젭은 게임 제작 회사인 (주)슈퍼캣과 네이버제트가 공동 개발한 메타버스 플랫폼이다. 2021년 11월 30일 실험적 베타 버전을 시작으로, 2022년 3월 16일 정식 발표를 통해 서비스를 시작하였다.

젭은 다양한 주제에 맞는 공간을 사용자가 직접 제작할 수 있으며, 텍스트, 이미지, 영상 등 다양한 디지털 파일을 공유할 수 있다. 개인이 가상공간 맵을 제작하려면 계정을 등록해야 하지만, 교사가 만든 가상공간에 학생이 접속하는 것은 계정 등록 없이도 가능하다. 또한 다운로드나 설치가 필요 없기 때문에 컴퓨터나 모바일 등 다양한 기기에서 쉽게 이용할 수 있다. 단, 젭 서비스 이용 약관에 따르면 미성년자는 법정대리인의 동의가 필요하다. 젭을 활용한 수업을 진행할 계획이라면, 메타버스 수업 전에 보호자의 동의를 받는 것이 권장된다.

젭은 감상자, 연주자, 창작자에 대한 경계가 흐려지고 있는 디지털 시대의 음악학습을 실천적으로 구현할 수 있는 플랫폼으로, 다양한 상호작용이 가능하여 새로운 음악교육의 가능성을 제시한다.

젭은 소리의 전달과 파일 업로드가 가능한 가상공간을 제작할 수 있으며, 학생들은 직접 아바타로 이동하면서 다양한 파일을 활용할 수 있다. 아바타와 화상회의 기능이 동반 제공되기 때문에, 학생들은 단순히 가상공간을 둘러보는 것을 넘어 실시간 소통, 합주, 토론, 작품 발표 등 다양한 음악활동에 능동적으로 참여할 수 있다. 이는 물리적 제약 없이도 현장감 있는 교육 경험을 가능하게 하며, 특히 가상 음악 발표회, 연주 영상 공유, 창작물 전시 등 다양한 형태로 음악교육의 영역을 확장할 수 있다.

젭의 주요 기능과 음악교육의 가능성은 다음과 같다.

첫째, 교사는 수업 주제와 목적에 따라 악보, 음원, 영상 등 다양한 매체를 수업 자료로 업로드하여 창의적인 공간을 제작할 수 있다.

둘째, 학생들은 자신의 음악적 결과물인 작품, 연주 영상, 감상 소감 등을 디지털 오브젝트로 공유하며 상호 소통할 수 있다.

셋째, 아바타로 가상공간을 자유롭게 이동하며 음악 자료를 탐색함으로써 게임과 유사한 학습 환경에 흥미를 느끼고, 자발적이고 몰입적인 학습 참여가 이루어질 수 있다.

이렇듯 젭은 디지털 환경 속에서 자기주도성, 예술적 감수성, 소통 역량을 함양하는 음악교육 도구로서 활용 가능하다.

젭은 과거 17개 시·도 교육청과 협약을 맺어 'ZEP 에듀'로 교육 분야에서 무료로 사용할 수 있었으나, 현재는 서비스가 유료화로 변경되었다. 제공되는 요금은 지속적으로 변동되고 있으며, 현재의 무료 기능은 동시 접속자 10명, 맵 내 2개의 앱 설치로 제한된다. 월간 또는 연간 결제가 가능하며, 필요한 날짜에 따라 플랜을 선택하거나 접속 인원을 늘리는 것도 가능하다. 무료 기능만으로도 다양한 공간을 구성하고 수업을 진행할 수 있으므로, 우선 무료 버전을 활용해 본 후 적절한 유료 플랜을 선택해 이용하는 것을 추천한다.

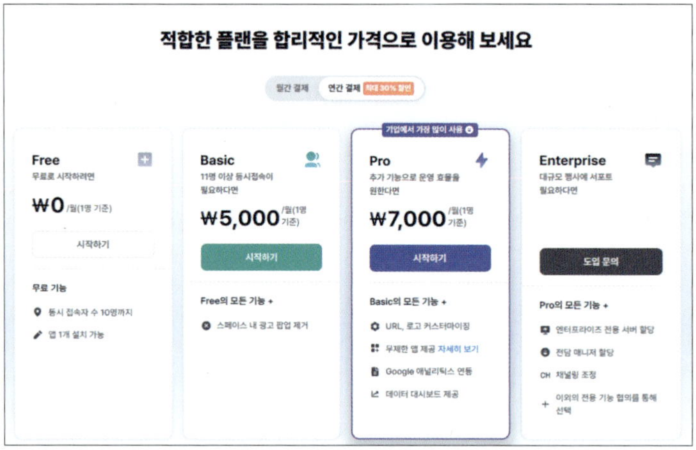

| 그림 4-1 | 젭 이용 가격(2025. 8. 기준)

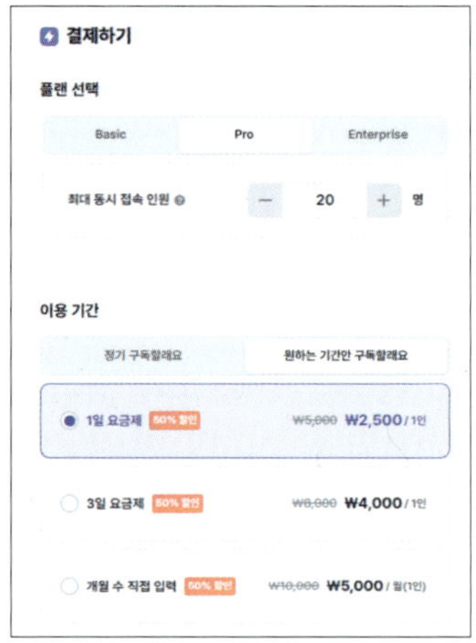

| 그림 4-2 | 접속 인원과 기간 가격

2. 젭 시작하기 : 가입

네이버, 구글 검색 등에서 'ZEP' 또는 한글로 '젭'을 검색하면 젭 주소가 나타난다.

| 그림 4-3 | 검색창 검색 화면

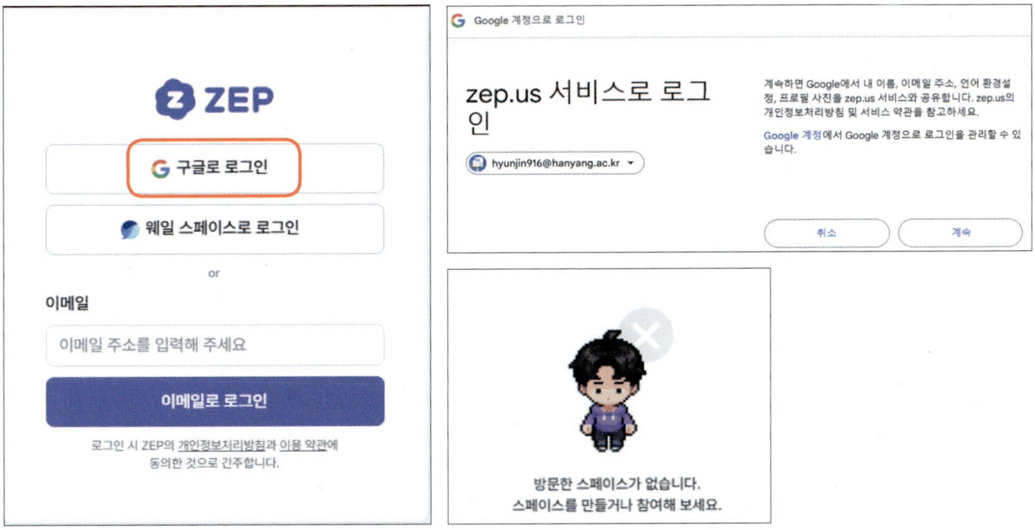

그림 4-4 | 구글로 로그인 → 계속 → 로그인된 화면

'무료로 시작하기'를 클릭하면 구글, 웨일 스페이스, 이메일 주소를 통해 빠르게 가입할 수 있다. 처음 로그인했을 때 '방문한 스페이스가 없습니다'라는 문구가 나타나면, 가입이 완료된 것이다.

3. 아바타 사용하기

우측 상단에 '둘러보기'를 클릭하면 다양한 맵을 체험할 수 있다. 마음에 드는 맵을 클릭하여 입장하면 아바타 사용이 시작된다. 아바타의 다양한 리액션은 키보드의 단축키를 눌러서 사용할 수 있으며 모바일이나 탭에서는 대화창 옆에 있는 리액션 패널을 사용한다.

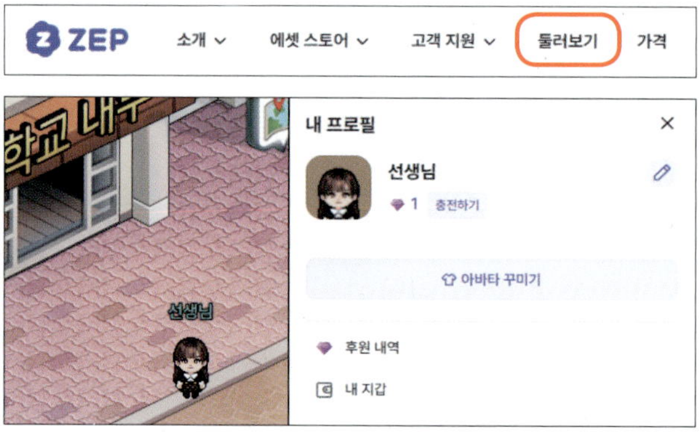

| 그림 4-5 | 맵 안에 아바타 더블클릭하여 아바타 꾸미기

〈표 4-1〉 아바타 리액션 동작 단축키

리액션 동작	컴퓨터 키보드 단축키
이동하기	키보드 방향키 마우스를 클릭
점프	스페이스 바
찌르기	Z키
앉기	X키
춤추기	숫자 0키
리액션	숫자 1~5키

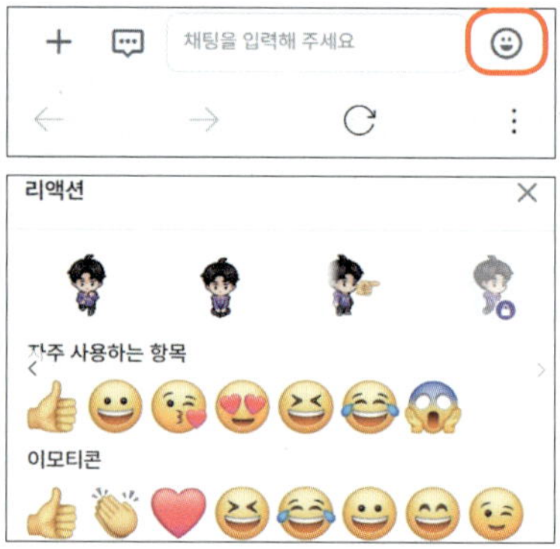

| 그림 4-6 | 리액션 패널

02 나만의 음악실 구축하기

1. 맵 에디터 툴 기능 소개

1) 빈 맵에서 시작하기

'스페이스 만들기' 배너를 클릭하면, 젭에서 제공하는 다양한 무료 맵을 선택하여 사용할 수 있고, 에셋 스토어로 이동해 다양한 맵을 무료 또는 유료로 구매할 수 있다.

학습주제에 따라, 또는 우리반 교실 등의 나만의 수업공간을 만들고자 할 경우에는 '빈 맵에서 시작하기'를 선택하면 된다. 예를 들어, 나만의 음악실(학습공간)을 구축하기 위해 '빈 맵에서 시작하기'를 클릭하여 이름을 설정해 주고 공간을 직접 구성할 수 있다.

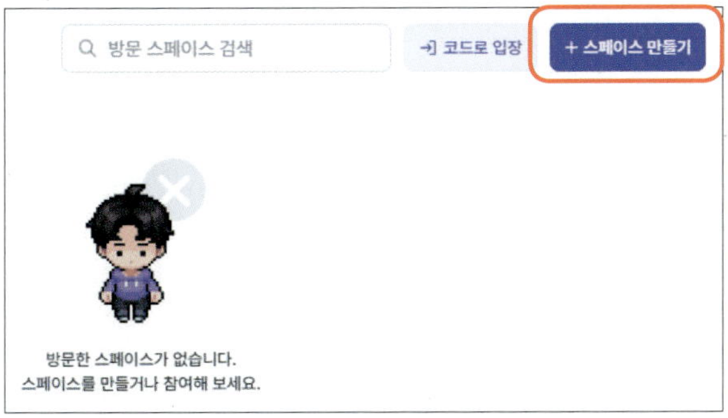

그림 4-7 스페이스 만들기 배너 클릭

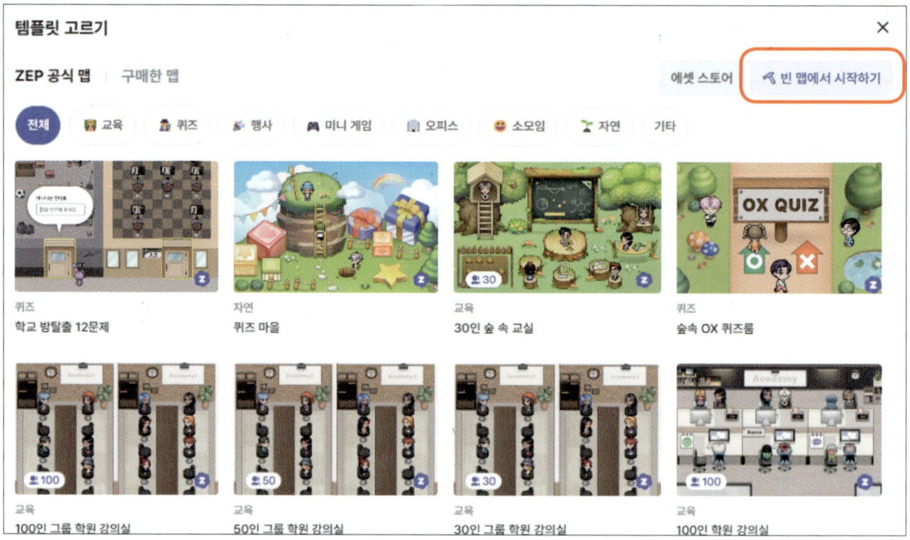

| 그림 4-8 | 빈 맵에서 시작하기 배너 클릭

2) 스페이스 설정하기

'빈 맵에서 시작하기' 배너를 클릭하면 스페이스 설정이 나온다. 학습공간의 이름, 공개 여부, 마이크/ 카메라 허용, 비공개 시 비밀번호를 설정할 수 있다.

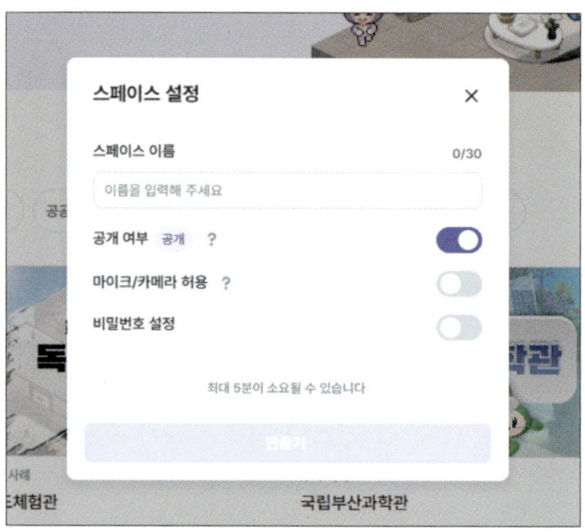

| 그림 4-9 | 스페이스 설정

'만들기' 배너를 클릭하면 |그림 4-10|과 같은 인터페이스와 빈 화면이 나타난다.

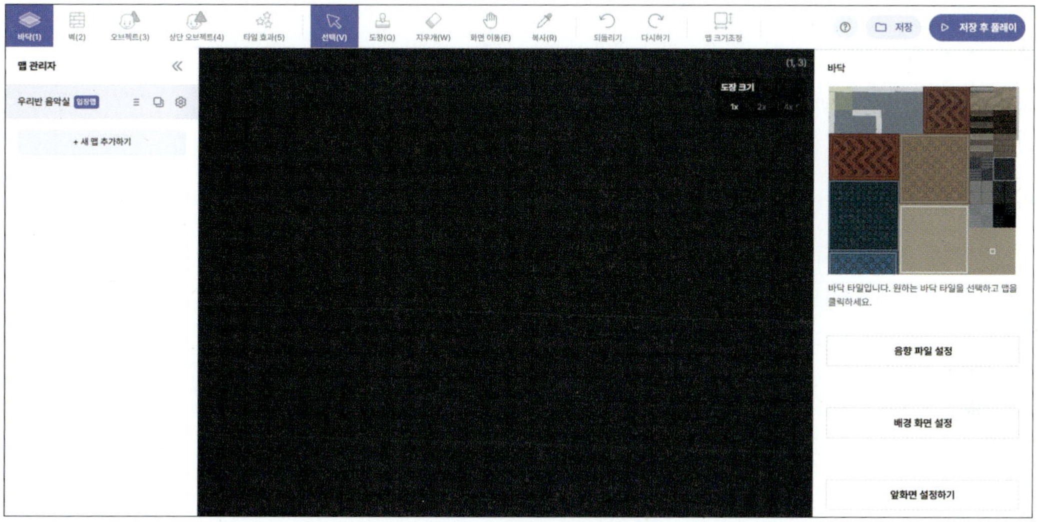

|그림 4-10| 맵 에디터 화면

3) 맵 에디터 인터페이스 기능 이해하기

맵 에디터 인터페이스는 간단하고 쉽게 제시되어 있다. 맵 안에 들어가야 하는 내용(빨간색)과 그것을 그리거나 지우고 복사하는 등 행동기능(노란색)으로 나누어져 있다.

|그림 4-11| 인터페이스 구성 화면

맵 안에 넣을 내용들은 숫자 1~5 단축키 또는 마우스 클릭으로 선택할 수 있다. 벽(1), 바닥(2), 오브젝트(3), 상단 오브젝트(4), 타일 효과(5)를 넣을 수 있다. 오브젝트(3)와 상단 오브젝트(4)의 차이는 사물(오브젝트) 위로 아바타가 이동하는지, 아래로 이동하는지에 따

라 구분된다. 오브젝트(3)는 아바타가 사물 위로 지나가고, 상단 오브젝트(4)는 아바타가 사물 아래로 지나가게 된다. 타일 효과(5)는 아바타를 통과하지 못하게 하거나, 처음 시작 지점을 설정하거나, 특정 공간으로 이동하거나, 프라이빗 공간을 설정하거나, 미디어를 추가하는 등의 기능을 제공한다.

행동 기능들은 단축키 V, Q, W, E, R 또는 마우스 클릭하여 선택할 수 있다. 알파벳 V는 선택하기, 도장 Q는 그리기 버튼, 지우기 W는 지우기 버튼이다. 화살표 E는 이동하기 기능이고, R은 복사하기 기능이다.

〈표 4-2〉 행동 기능 툴 역할

툴(단축키)	주요 역할
선택(V)	오브젝트 선택하기
도장(Q)	바닥, 벽, 오브젝트, 타일 효과 그리기
지우개(W)	바닥, 벽, 오브젝트, 타일 효과 수정하기
화살표(E)	맵 안에서 이동하기
복사(R)	바닥, 벽, 오브젝트, 타일 효과 복사하기
맵 크기조정	맵 크기 지정하기

4) 맵 크기 변경하기

맵 크기를 지정할 수 있으며, 진회색 화면을 자세히 보면 정사각형 타일로 구성된 것을 확인할 수 있다. 맵의 최대 크기는 세로 312타일, 가로 312타일까지 제작 가능하다.

그림 4-12 상단 오른쪽 맵 크기 조정

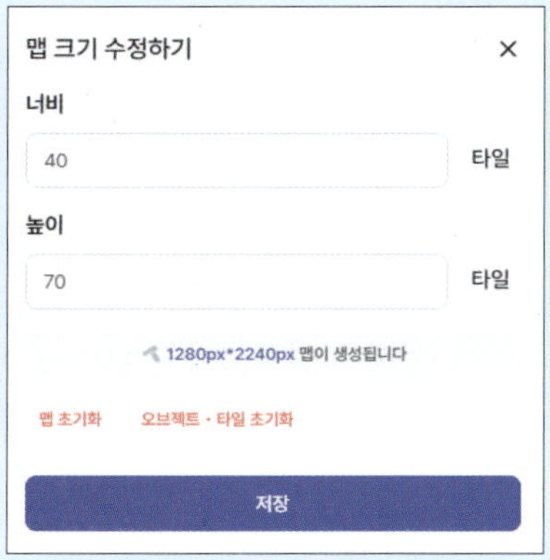

| 그림 4-13 | 맵 크기 수정

- '맵 크기 조정'을 클릭하여 원하는 너비와 높이를 입력해 설정할 수 있다.
- 음악실 공간 제작 연습을 위해 너비 40, 높이 70으로 설정한다.
- 처음부터 맵을 너무 크게 설정하면 초보자에게는 제작이 어려울 수 있다.
- 빨간색 글씨로 표시된 '맵 초기화'와 '오브젝트·타일 초기화'는 맵을 처음 생성한 상태로 되돌릴 때 사용한다.

2. 바닥과 벽 만들기

1) 바닥 그리기

인터페이스에서 '바닥'을 클릭하거나 단축키 1번을 누르면 바닥(1) 배너가 보라색으로 변경된다. 이어서 도장(Q) 툴을 선택하면 도장 툴 배너가 보라색으로 바뀐다. 두 곳이 모두 보라색으로 표시되었으면 오른쪽에서 원하는 바닥 타일을 선택한다.

이제 아무것도 없는 진회색 화면에 마우스로 클릭해 보면, 바닥이 그려지는 것을 확인할 수 있다. 마우스를 좌클릭한 채 드래그하여 연속적으로 그릴 수 있으며, 도장 크기는 1칸 크기에서 4칸 크기로 변경 가능하다.

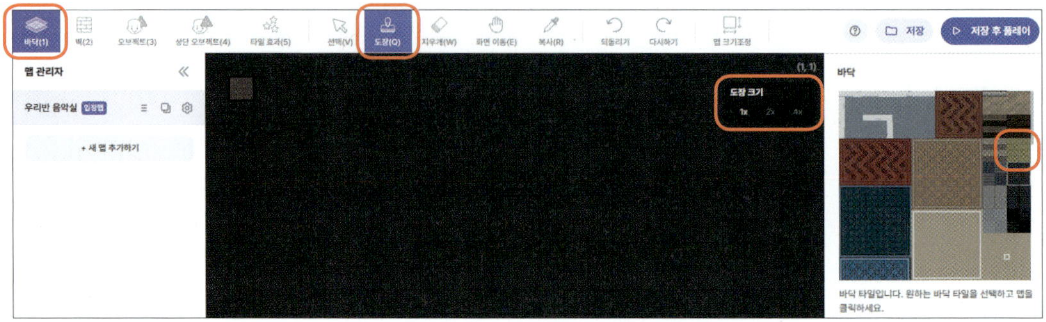

| 그림 4-14 | 바닥, 도장, 타일 선택

바닥을 그리다가 잘못된 부분이 생기면, 바닥(1), 지우개(W) 툴을 선택한다. 그런 다음 잘못된 바닥 부분을 마우스로 클릭하면 삭제되는 것을 확인할 수 있다.

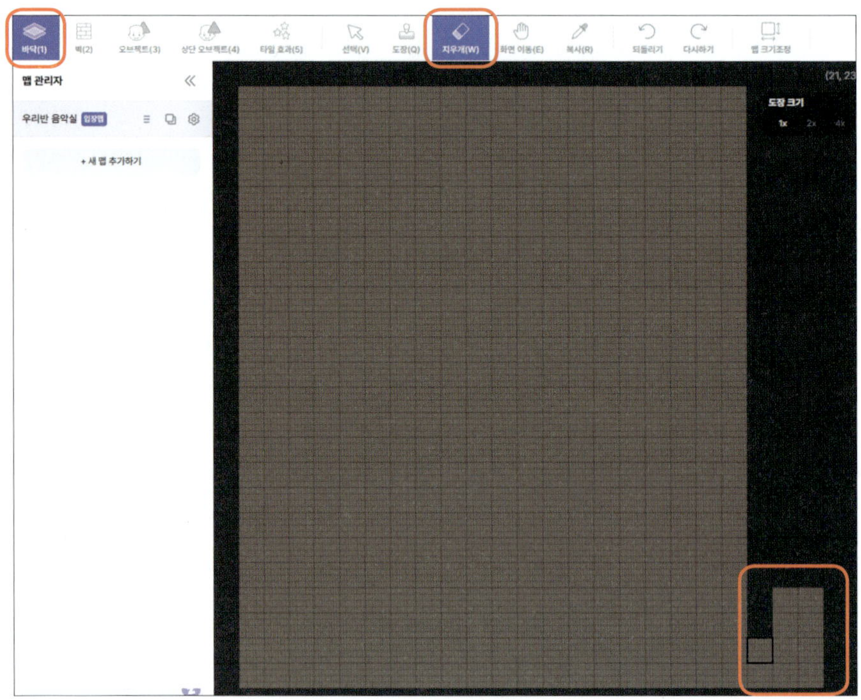

| 그림 4-15 | 잘못된 바닥

2) 벽 그리기

벽은 바닥과 동일한 방법으로 그릴 수 있다. 벽(2)과 도장(Q) 툴을 선택해 보라색으로 표시되면, 오른쪽에서 원하는 벽 타일을 고른 뒤 벽을 구축할 공간에 마우스를 클릭한다. 수정이 필요하면 벽(2)과 지우개(W) 툴을 선택한 후 잘못된 부분을 클릭해 지울 수 있다.

앞부분은 벽을 5칸 높이로 구축해 칠판을 놓을 공간을 마련하여 실제 교실처럼 보이도록 하는 것이 좋다.

벽은 현실 세계와 마찬가지로 아바타가 통과할 수 없는 기능을 가지고 있다. 따라서 벽으로 사방을 모두 막고 플레이 화면(아바타가 움직이는 가상공간 화면)을 실행하면, 아바타가 교실 가상공간 안에 들어가지 못하는 상황이 발생할 수 있다.

이러한 문제를 방지하기 위해, 벽 한쪽은 일부러 비워두고 그려준다(단, 타일 효과(5)를 이용해 아바타의 첫 등장 위치를 설정하면, 벽을 모두 그린 상태로도 문제 없이 시작할 수 있다. 해당 설정 방법은 4장 3절 '모둠활동 구성하기 : 타일 효과' 참고).

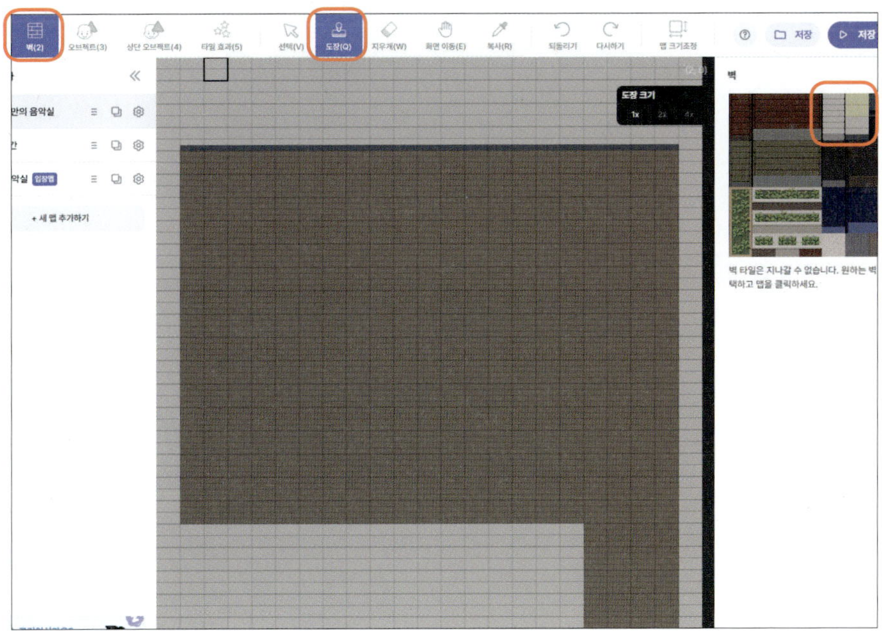

그림 4-16 | 벽, 도장, 타일 선택

벽과 바닥을 모두 만들었으면 '저장하기'를 클릭한 후 저장을 완료하고 '플레이' 버튼을 눌러 확인한다. 처음 플레이 화면에서 내가 만든 공간이 바로 보이지 않더라도 놀라지 말고, 아바타를 화면 왼쪽 위 방향으로 이동하면 방금 만든 공간이 나타난다.

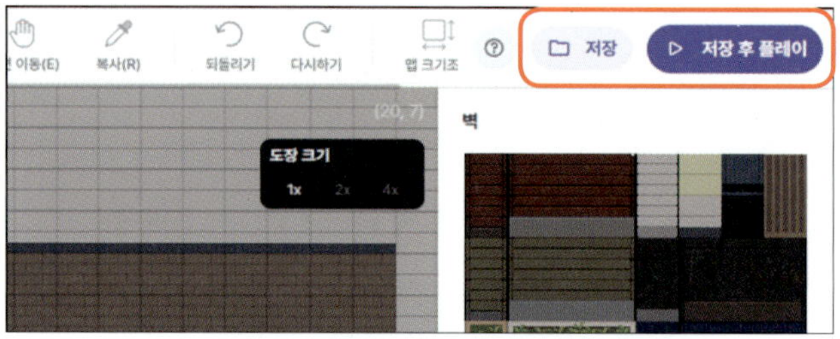

| 그림 4-17 | 저장 후 플레이 배너

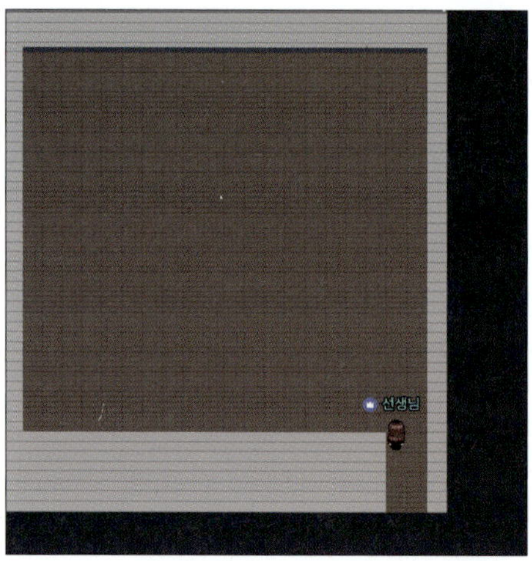

| 그림 4-18 | 비워둔 바닥으로 아바타 입장 플레이 화면

바닥과 벽 생성 후 플레이 화면

- 벽과 바닥을 그렸으면 '저장 후 플레이' 배너를 누른다.
- 플레이 화면에서 벽을 생성하지 않은 부분으로 아바타가 입장할 수 있다.
- 플레이 화면에서 왼쪽 하단에 있는 맵 에디터() 배너를 클릭하면 다시 맵을 제작하는 곳으로 입장할 수 있다.

3. 공간에 물건(오브젝트) 넣기

1) 오브젝트와 상단 오브젝트 이해하기

오브젝트(3) 또는 상단 오브젝트(4)는 화면에 보이는 가구나 물건들을 의미한다. 오브젝트를 배치하려면 먼저 오브젝트(3)와 도장(Q) 툴을 클릭한다. 오브젝트(3)와 도장(Q)이 선택되어 있으면 화면 오른쪽에 다양한 오브젝트를 선택할 수 있는 영역이 나타난다. 이곳에서 원하는 가구나 소품을 선택한 뒤 맵 안의 원하는 위치에 마우스를 클릭하면 해당 오브젝트가 배치된다. 이렇게 배치된 오브젝트는 공간을 꾸미거나 상황을 표현하는 데 활용된다.

벽이나 바닥에 배치된 오브젝트를 수정하거나 삭제할 필요가 있을 경우에는 지우개(W) 툴을 사용한다. 이때 오브젝트(3)와 지우개(W) 툴이 모두 보라색으로 선택되어 있다면, 오브젝트만 삭제되며 벽이나 바닥에는 아무런 영향을 주지 않는다. 이 기능을 활용하면, 실수로 잘못 배치된 오브젝트를 손쉽게 수정하거나 제거할 수 있어 편리하게 맵을 편집할 수 있다.

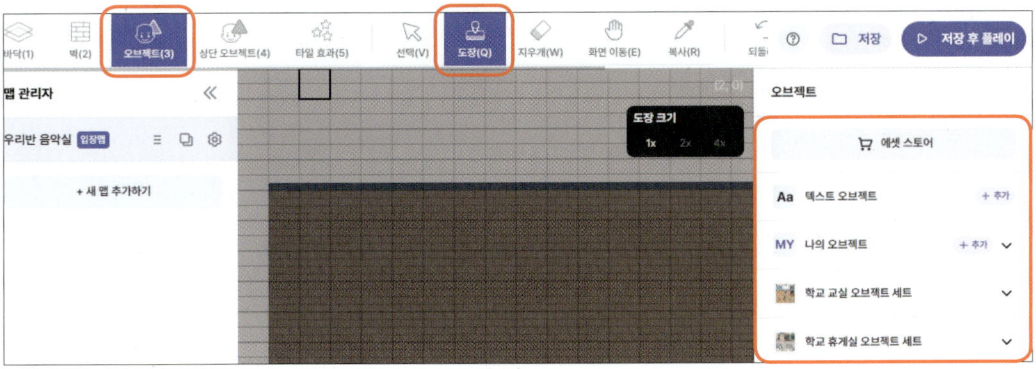

그림 4-19 | 오브젝트(3), 도장(Q), 오브젝트 선택

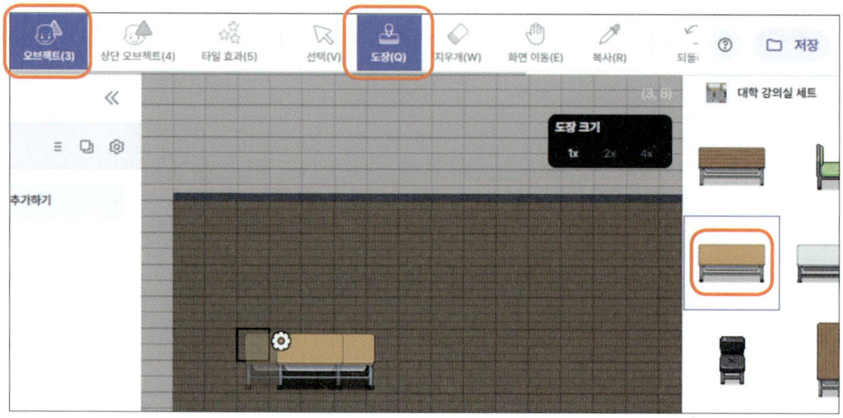

| 그림 4-20 | 오브젝트 배치

오브젝트(3)는 아바타가 해당 사물 위로 지나갈 수 있는 오브젝트를 의미한다. 반면 상단 오브젝트(4)는 아바타가 사물 아래를 통과하는 형태로, 오브젝트가 아바타보다 앞쪽(위쪽 레이어)에 표시된다. 이러한 구분은 시각적인 연출과 동선 표현에 있어 중요한 요소로, 상황에 맞는 오브젝트를 선택하여 배치하는 것이 효과적이다.

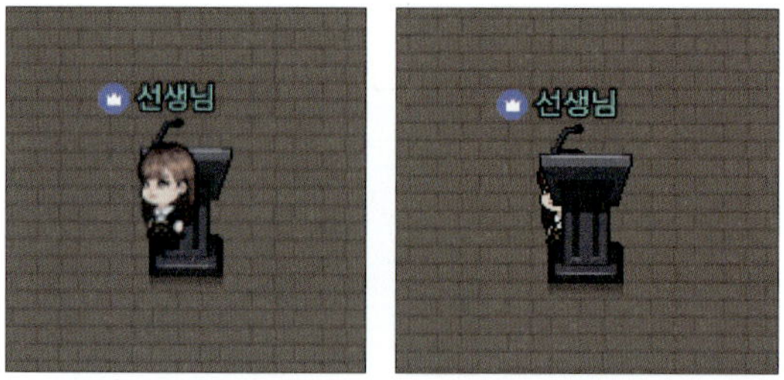

| 그림 4-21 | 오브젝트와(3) 상단 오브젝트(4) 차이

2) 오브젝트 다운받기

처음 맵을 제작할 때는 오브젝트 종류가 다양하지 않다. 이때는 '에셋 스토어'에 입장하여 다양한 오브젝트를 무료 및 유료로 다운로드 받아서 사용하면 된다.

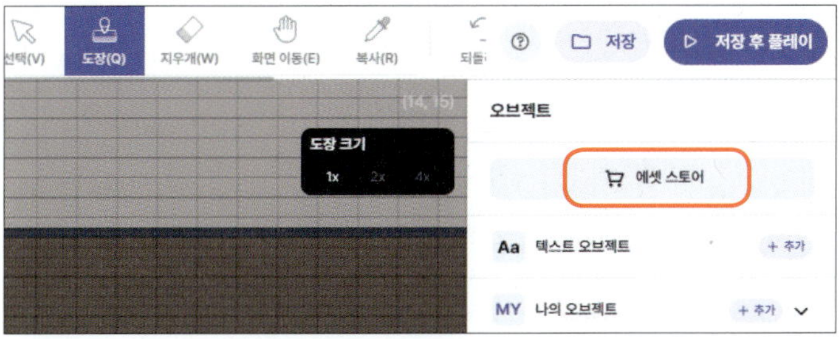

| 그림 4-22 | 에셋 스토어 배너 클릭

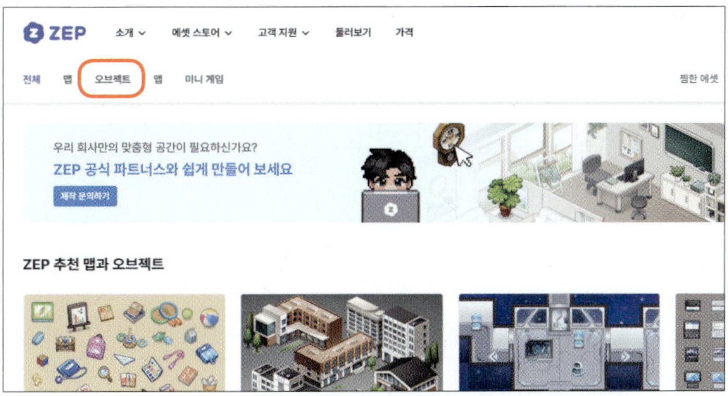

| 그림 4-23 | 에셋 스토어 입장 → 오브젝트 클릭

음악실을 제작하기 위해서는 먼저 에셋 정렬 방식을 '인기순'으로 변경한다. 그러면 학교와 관련된 다양한 에셋들이 화면에 나타난다.

| 그림 4-24 | 정렬 방식 인기순

- 학교 교실 오브젝트(1페이지)
- 대학 강의실 세트(3페이지)
- 학교 음악실 오브젝트 세트(3페이지)
- 교회 예배당 오브젝트(9페이지) ※ 2025년 8월 기준

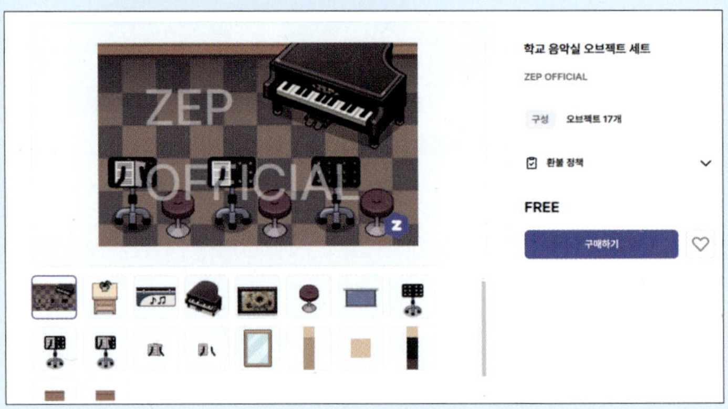

| 그림 4-25 | 학교 음악실 오브젝트 세트 구매

각 에셋 항목 아래에 표시된 '구매하기' 또는 '다운로드' 배너를 클릭하면, 해당 오브젝트 세트를 다운로드하여 사용할 수 있다. 오브젝트를 구매한 후에는, 해당 에셋을 사용하기 위해 다시 맵 에디터에 입장해야 한다. 오른쪽 상단에 자신의 아바타 아이디(선생님)를 클릭하고, '나의 스페이스 목록'을 클릭하면 방금 만들었던 스페이스 목록이 나타난다.

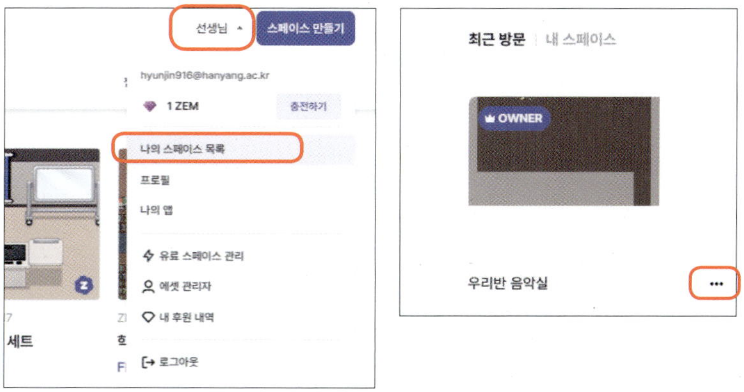

그림 4-26 | 나의 스페이스 목록 → 내 스페이스

'맵 에디터'로 다시 들어가려면 …을 클릭한다. 그다음 오브젝트(3) 툴을 선택하면 새로운 오브젝트들이 맵 에디터 화면 오른쪽에 생긴 것을 볼 수 있다.

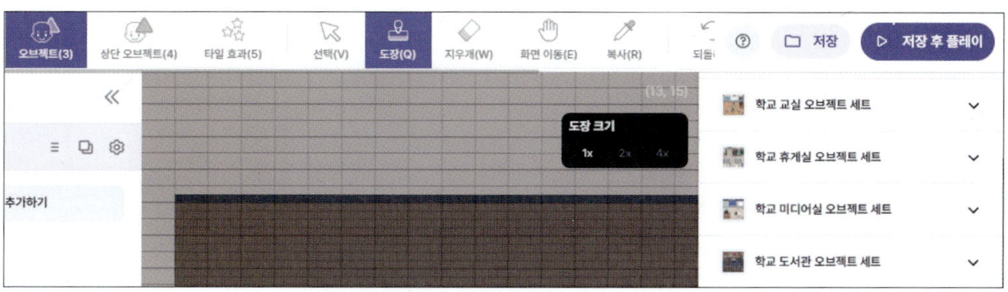

그림 4-27 | 학교 오브젝트 다운로드 후 생성된 화면

3) 오브젝트 넣기

학교 교실 안을 음악실처럼 구현하기 위해서는, 다양한 오브젝트를 적절하게 배치하는

과정이 필요하다. 이를 위해 먼저 오브젝트(3)와 도장(Q) 툴을 선택한 후 화면 오른쪽에서 필요한 오브젝트를 골라 선택한다. 음악실로 꾸미고자 하는 공간에 마치 가구를 배치하듯 마우스를 클릭하면 해당 오브젝트가 맵 안에 배치된다. 이와 같은 방식으로 책상, 의자, 악기 등의 요소들을 하나씩 배치하여 실제 음악실과 유사한 환경을 구성할 수 있다.

도장 툴 옆에 있는 선택(V) 툴로 놓았던 오브젝트를 선택하여 회전, 상하-좌우 반전하여 놓을 수도 있다. 수정 시에는 지우개(W) 툴을 선택하여 해당 오브젝트의 흰색 톱니바퀴 모양을 클릭하면 지울 수 있다.

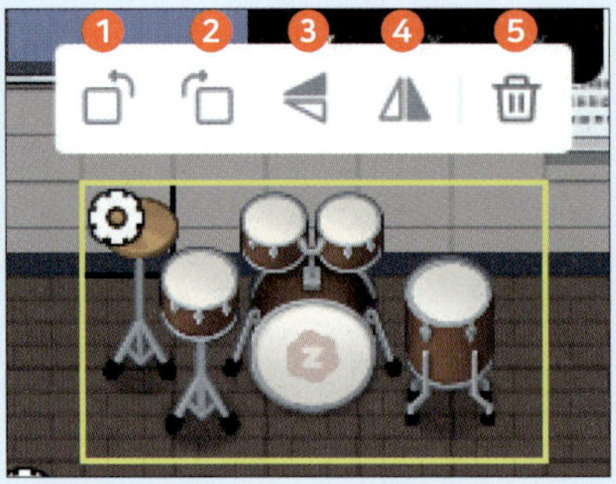

❶ 왼쪽으로 90도 회전
❷ 오른쪽으로 90도 회전
❸ 상하 반전
❹ 좌우 반전
❺ 삭제

| 그림 4-28 | 오브젝트 기능

대부분의 오브젝트는 오브젝트(3)와 도장(Q) 툴을 활용하여 배치하였으나, 교탁의 경우에는 상단 오브젝트(4)를 사용하여 배치하는 것이 효과적이다. 이렇게 하면 아바타가 교탁 뒤에 위치하는 것처럼 보여 실제 교실과 유사한 시각적 구성이 가능하다.

| 그림 4-29 | 오브젝트 선택하여 배치

- 피아노, 보면대, 음악실 팻말 : 음악실 오브젝트 세트
- 드럼, 기타 : 교회 예배당 오브젝트
- 전자교탁 : 대학 강의실 오브젝트
- 기타 책상, 의자, 칠판 등 나머지 요소들 : 학교 교실 오브젝트

4. 가상악기 연결(오브젝트 기능)하기

오브젝트(3)와 선택(V) 툴을 선택하면 맵에 배치된 각 오브젝트에 흰색 톱니바퀴 모양의 아이콘이 나타난다. 이 아이콘을 클릭하면 해당 오브젝트에 다양한 기능을 설정할 수 있는 메뉴가 열린다. 그중 하나가 바로 '웹사이트 기능'이다. 이를 통해 오브젝트에 외부 링크를 연결할 수 있으며, 새 탭으로 또는 팝업창으로 열리게 설정할 수 있다. 팝업 방식은 열리는 창의 크기(너비와 높이)를 사용자가 직접 지정할 수 있다.

- 새 탭에서 웹사이트 열기
- 팝업으로 웹사이트 열기

아바타가 가상악기 오브젝트에 다가갔을 때 웹사이트가 열리는 실행 범위를 설정할 수 있다. 예를 들어, 실행 반경을 3으로 지정하면, 아바타가 해당 오브젝트로부터 3칸 이내로 접근했을 때 노란색 테두리가 나타나며 기능이 활성화된다. 기능 실행 방식은 아바타가 범위에 들어가는 즉시 자동 실행되는 것과 사용자가 F키를 눌러 직접 실행하는 것 중에서 선택할 수 있다. 이러한 설정을 통해 오브젝트를 단순한 장식 요소가 아닌 상호작용 가능한 학습 도구로 확장할 수 있다.

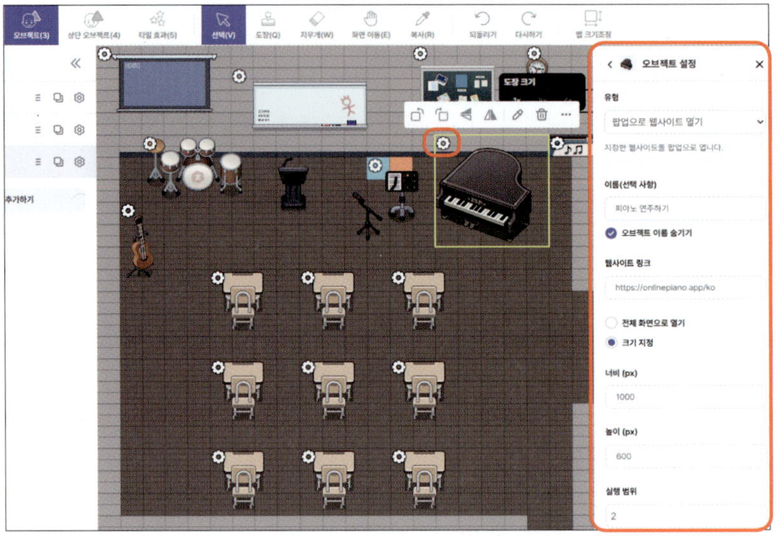

| 그림 4-30 | 오브젝트(3), 도장(Q) → 설정 → 웹사이트 기능 선택하여 링크 연결

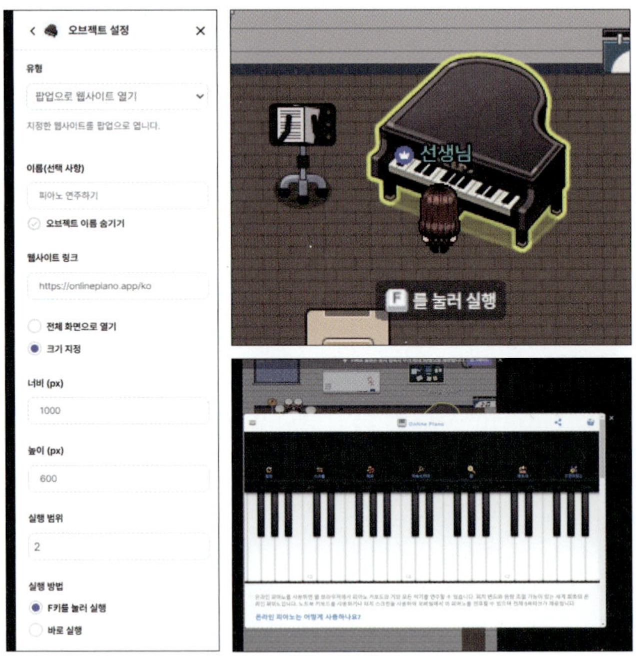

| 그림 4-31 | 피아노 오브젝트 설정

웹사이트를 링크한 오브젝트에 이름을 설정하고, '오브젝트 이름 숨기기'를 비활성화하면, 저장 후 플레이 화면에서 아바타가 해당 오브젝트에 가까이 다가갔을 때 오브젝트 이름이 화면에 표시된다. 이 기능은 학습 환경에서 오브젝트의 역할을 명확하게 전달하는 데 유용하다.

가상피아노 팝업창 크기는 인터넷 창의 일반적인 비율을 고려하여 너비 1000, 높이 600으로 지정한다. 실행 범위는 2칸으로 설정하여, 아바타가 피아노 오브젝트로부터 2칸 이내에 접근했을 때 해당 링크가 팝업되도록 설정한다. 이처럼 오브젝트 이름과 기능을 함께 설정하면 공간 내 오브젝트가 단순한 시각 요소를 넘어 교육적 상호작용 도구로 활용될 수 있다.

가상피아노 연결은
- 뮤지카 https://www.musicca.com/ko/piano
- 온라인 피아노 https://onlinepiano.app/ko
- 쉐어드 피아노 https://musiclab.chromeexperiments.com/Shared-Piano

등을 연결하여 사용할 수 있다.

이 중 뮤지카는 '새 탭으로 웹사이트 열기' 시에는 오류가 나지 않지만 '팝업으로 웹사이트 열기'는 오류가 난다.

뮤지카의 기타와 드럼 가상악기도 '새 탭에서 웹사이트 연결'할 수 있다.
https://www.musicca.com/ko/guitar
https://www.musicca.com/ko/drums

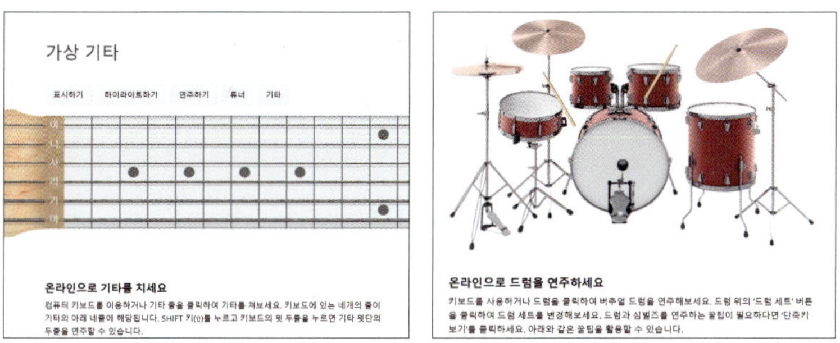

그림 4-32 | 뮤지카 가상기타와 가상드럼

5. 입체적인 2.5D 음악실 구축하기

젭은 기본적으로 2D(2차원) 기반의 가로·세로 평면 그래픽을 지원하지만, 최근에는 아이소메트릭 뷰(Isometric View) 방식을 통해 입체감이 느껴지는 마름모 형태의 맵과 오브젝트도 생성할 수 있게 되었다.

아이소메트릭(iso) 표시가 되어 있는 오브젝트를 활용하면 보다 공간감 있는 환경 구성이 가능하다. 먼저 '빈 맵에서 시작하기' → '스페이스 설정하기' 과정을 거친 뒤 맵 에디터 툴을 열어 맵 구성을 시작한다. 하지만 여기서 벽과 바닥의 에디터는 2D만 지원하고 있으므로 아이소메트릭(iso)은 오브젝트를 이용하여 벽과 바닥을 그려줘야 한다. 즉, 벽과 바닥 역시 오브젝트(3)와 도장(Q) 툴을 이용하여 입력해야 한다는 점을 유의해야 한다.

아이소메트릭 오브젝트는 에셋 스토어에서 다운받아 오브젝트(3)와 도장(Q) 툴을 이용하여 입력한다. '다양한 교실가구 오브젝트(iso)'와 '하우스 파티 오브젝트(iso)'에서 다운받아서 벽과 바닥을 선택하여 입력한다.

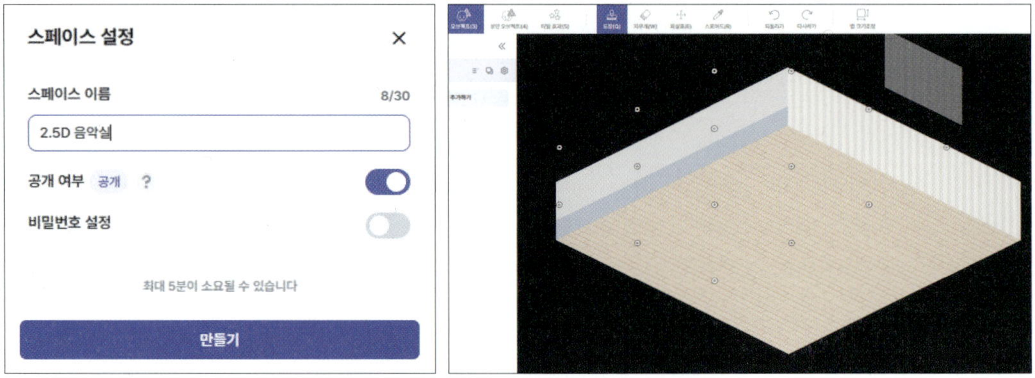

| 그림 4-33 | 스페이스 설정과 바닥 구축

책상, 의자, 칠판, 피아노, 기타, 드럼 등과 같은 교실용 가구와 악기 또한 에셋 스토어에서 다운로드받아 사용할 수 있다. 다운로드 후 오브젝트(3)와 도장(Q) 툴로 배치한다.

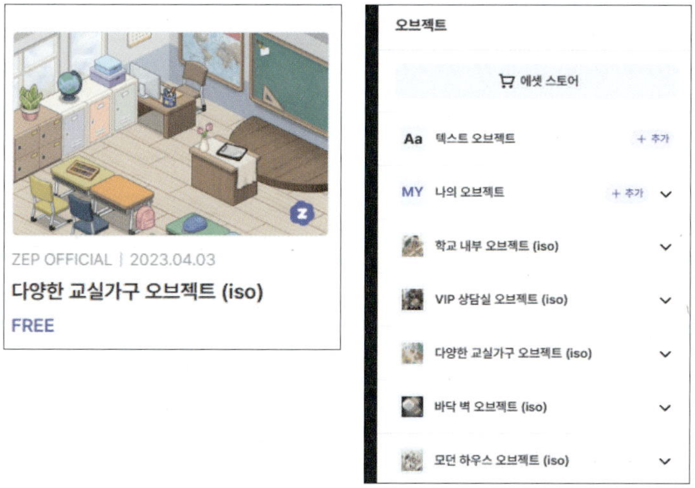

그림 4-34 | iso 오브젝트와 다운로드된 화면

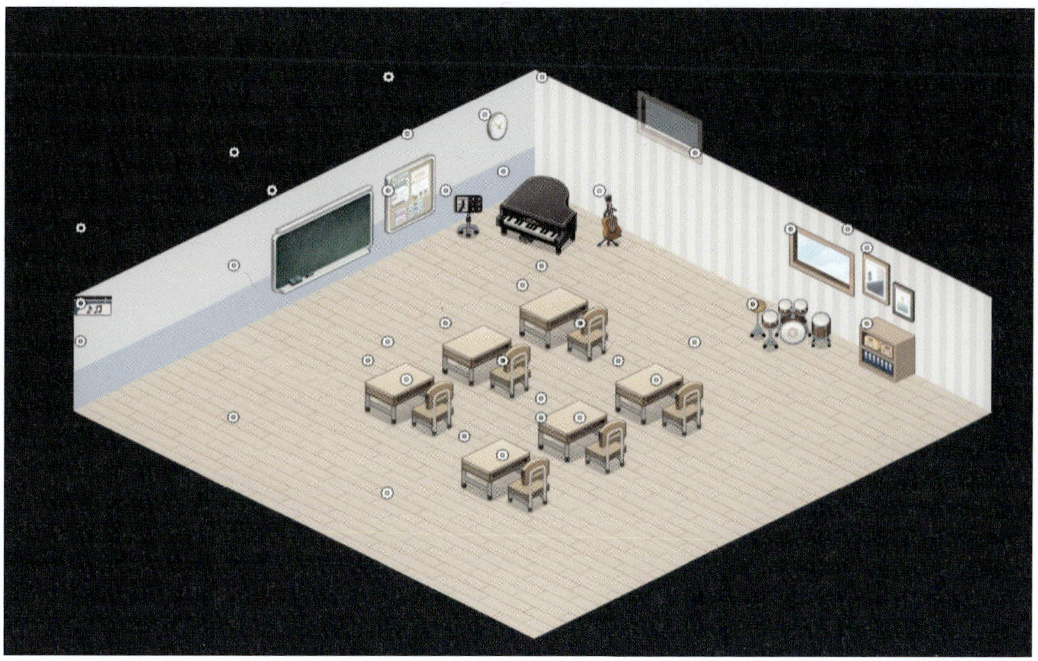

그림 4-35 | 가구와 악기 배치

배치된 악기 오브젝트에 가상악기도 연결하고, 이 외에도 칠판에 학습목표를 표시하기 위한 '텍스트 팝업' 기능을 설정할 수 있다. 보면대에는 '이미지 팝업'으로 악보를 업로드하여 사용할 수 있다.

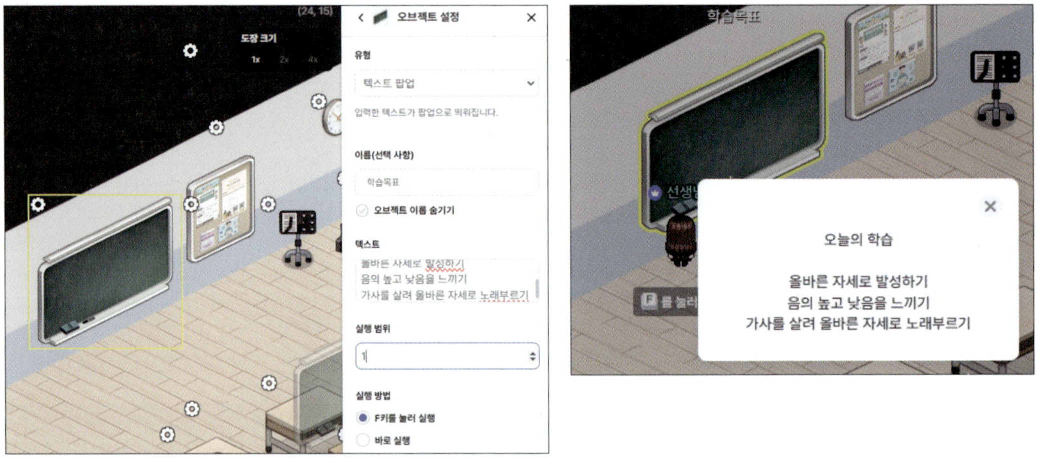

| 그림 4-36 | 칠판 오브젝트에 텍스트 팝업 설정과 플레이 화면

배치된 악기 오브젝트에는 가상악기 기능을 연결하여 단순한 시각적 요소를 넘어 실제로 상호작용이 가능한 악기로 확장할 수 있다. 이를 통해 학습자들은 공간 내에서 직접 디지털 악기 연주 경험을 할 수 있다.

또한 칠판 오브젝트에는 학습내용을 표시하기 위한 '텍스트 팝업' 기능을 설정할 수 있다. 오늘의 수업 개요와 학습목표를 칠판에 가까이 다가갈 때 표시되도록 설정하여 명확한 수업 안내를 할 수 있다.

보면대에는 '이미지 팝업' 기능을 활용해 악보 파일을 업로드할 수 있다. 이렇게 하면 아바타가 보면대에 접근했을 때 악보가 화면에 팝업으로 나타나 실제 수업처럼 시각적인 연습 자료를 제공할 수 있다.

이처럼 각 오브젝트에 기능을 추가하면, 젭 공간은 단순한 교실 재현을 넘어 실제 수업을 효과적으로 지원하는 학습공간으로 발전할 수 있다.

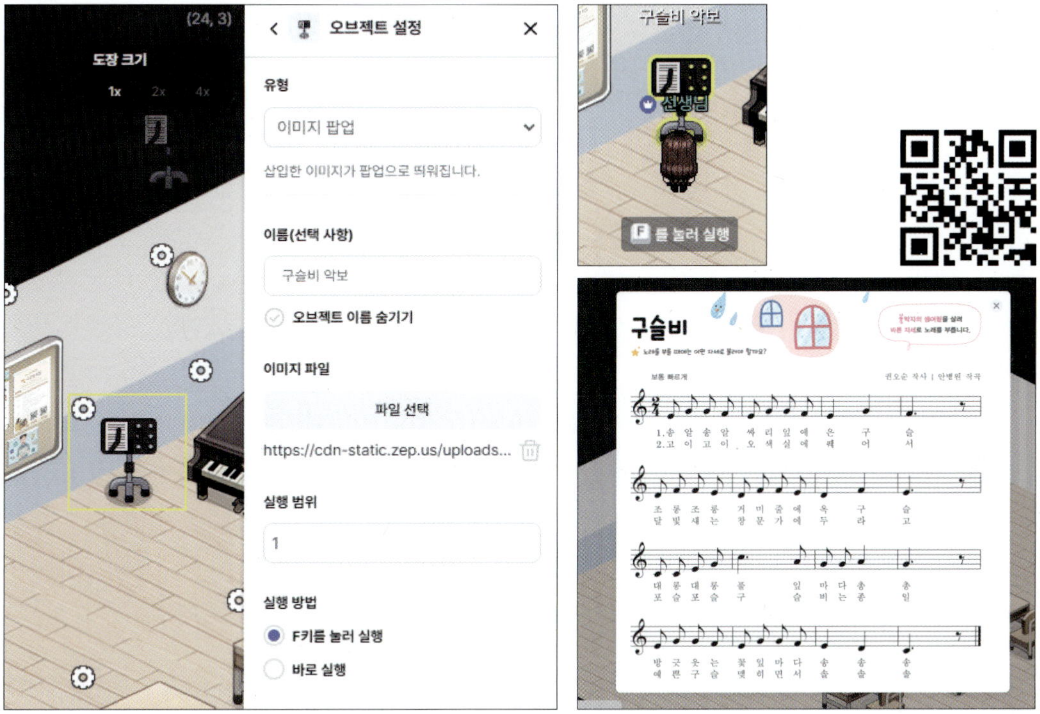

그림 4-37 | 보면대 오브젝트에 이미지 팝업 설정과 플레이 화면

03 모둠활동 구성하기 : 타일 효과

1. 타일 효과 툴 기능 소개

지금까지는 눈에 보이는 가상공간을 중심으로 구성해 보았다. 이렇게 시각적인 요소만으로도 공간을 바로 활용할 수 있지만, 다양한 타일 효과 기능을 추가하면 가상공간을 더욱 현실감 있게 구현할 수 있다. 예를 들어, 아바타가 통과할 수 없도록 지정하는 장애물 설정, 아바타가 처음 등장하는 위치를 정하는 스폰 설정, 특정 장소로 이동할 수 있도록 돕는 포털 기능, 특정 아바타 간 소통 가능한 프라이빗 공간 지정, 맵 안의 모든 사용자에게 음성과 영상을 전달하는 스포트라이트 방송, 그리고 이미지, 영상 등 다양한 미디어 삽입 기능 등을 사용할 수 있다.

이러한 기능들은 모두 타일 효과(5) 메뉴에서 설정할 수 있다. 타일 효과(5)와 함께 선택(V) 또는 도장(Q) 툴을 클릭하면 맵 에디터 화면 오른쪽에 다양한 타일 효과 항목이 나타난다. 원하는 기능을 선택해 맵에 적용하면 보다 역동적이고 상호작용이 풍부한 공간을 만들 수 있다.

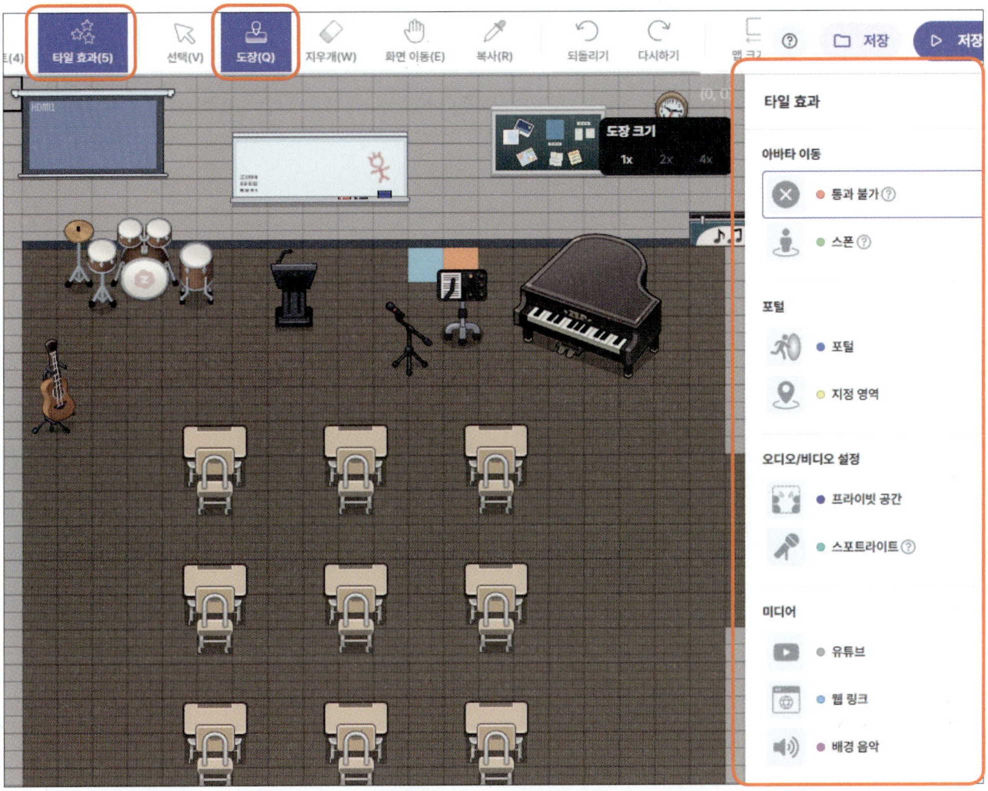

| 그림 4-38 | 타일 효과 기능

먼저 아바타 이동과 관련된 타일 효과 중 ‘통과 불가(X)’ 설정은 아바타가 해당 구역을 지나갈 수 없도록 막는 기능이다. 이를 활용하여 책상, 교탁, 악기 등의 오브젝트 위를 아바타가 통과하지 않도록 현실감 있게 설정할 수 있다.

‘스폰(S)’은 아바타가 처음 등장하는 위치를 지정하는 기능이다. 수업이나 활동이 시작될 때 아바타가 어느 지점에서 등장할지를 미리 설정함으로써, 학습자의 위치와 동선을 효과적으로 계획할 수 있다.

이러한 설정이 완료된 후에는, 처음에 아바타 이동을 위해 임시로 비워두었던 벽 부분도 다시 채워 넣어 공간을 완성하면 된다.

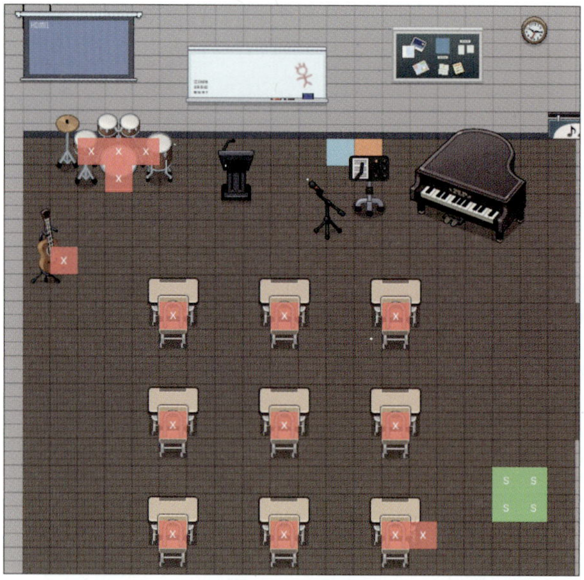

| 그림 4-39 | 통과 불가(빨간색), 스폰(초록색) 설정

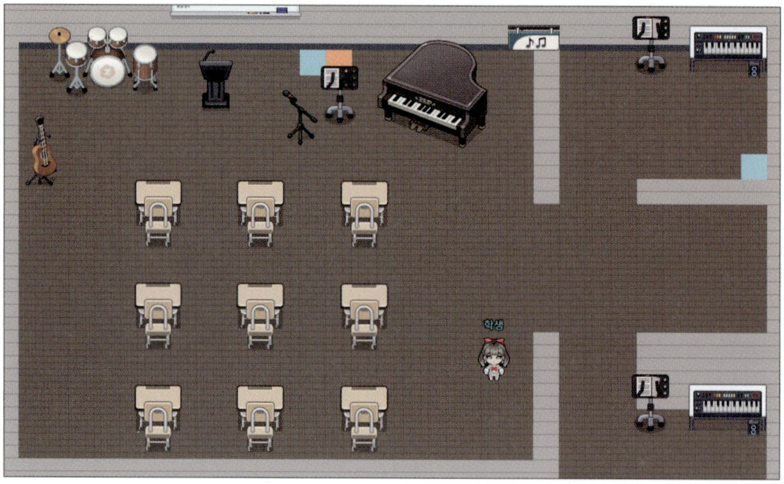

| 그림 4-40 | 스폰 위치에서 아바타 입장 플레이 화면

2. 모둠활동 공간 만들기

특정 공간에서만 소통이 가능하도록 설정하는 '프라이빗 공간(PA 1)' 기능이 있다. 이 기능을 활용하면 모둠별로 독립적인 학습공간을 구성하여 모둠원들끼리만 대화와 상호작용이 가능하도록 설정할 수 있다.

이를 위해 먼저 벽과 바닥, 다양한 오브젝트를 활용해 모둠별 공간을 시각적으로 구성하고, 다음으로 '프라이빗 공간' 툴을 사용하여 해당 구역을 독립된 소통 공간으로 지정한다. 이와 같은 설정은 협동 학습이나 프로젝트 활동 시 집중도와 몰입감을 높이는 데 효과적이다.

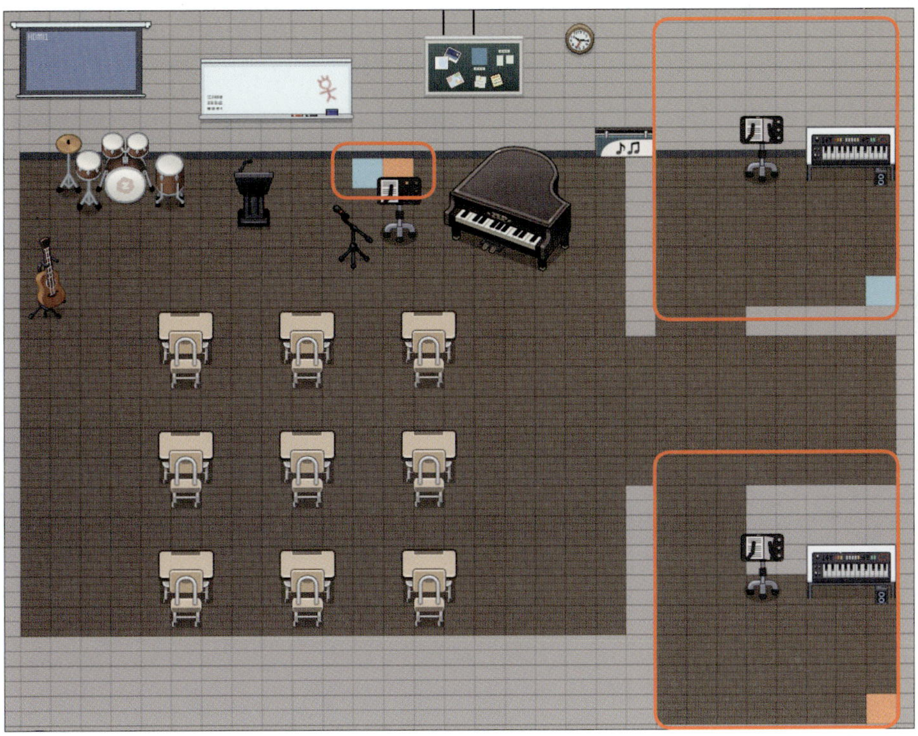

그림 4-41 | 모둠별 공간 제작

2개의 모둠 공간을 구성하고, 각 공간의 한편에 하늘색과 주황색 바닥으로 표시한다. 전체 교실 공간 안에도 하늘색과 주황색 바닥을 한 칸씩 배치해 둔다.

타일 효과(5)와 도장(Q) 툴을 선택한 뒤 오른쪽에 나타나는 기능 목록 중 '오디오/비디오 설정' 항목에서 '프라이빗 공간' 기능을 클릭한다. 해당 기능은 숫자로 '영역 ID'를 부여하여, 동일한 ID가 적용된 공간에 있는 아바타들끼리만 상호 소통이 가능하도록 설정할 수 있다.

하늘색 바닥 영역에서 ID '1', 주황색 바닥 영역에는 ID '2'를 각각 부여하여 2개의 모둠 공간을 구분한다. '영역 ID'에 숫자를 입력한 뒤 마우스로 해당 바닥을 클릭하면 보라색으로 변경된다. 또한 전체 교실에 한 칸씩 배치해 둔 하늘색과 주황색 바닥 부분에도 동일한 ID를 적용한다. 이렇게 설정하면 교사의 아바타는 전체 교실 공간에서 모둠별 공간에 있는 학생들과 소통할 수 있다.

그림 4-42 | 하늘색 바닥 PA1 설정

이렇게 프라이빗 공간을 연결하면 학습자는 자신에게 할당된 모둠 공간에서만 소통이 가능하고, 교사는 각 모둠과 상호작용할 수 있어 효율적인 모둠별 수업 운영이 가능해진다.

| 그림 4-43 | 하늘색 바닥 PA1, 주황색 바닥 PA2

저장 후 플레이를 하면 프라이빗 공간이 설정된 것을 확인할 수 있다. PA1 공간에 들어가면 그 공간만 밝아지고 오디오/비디오가 연결된다. PA1으로 프라이빗 공간 설정한 바닥을 밟고 있는 교사, 학생1, 학생2는 연결되지만, PA1 바닥을 밟지 않은 아바타 학생3은 | 그림 4-44 | 와 같이 연결되지 않는다.

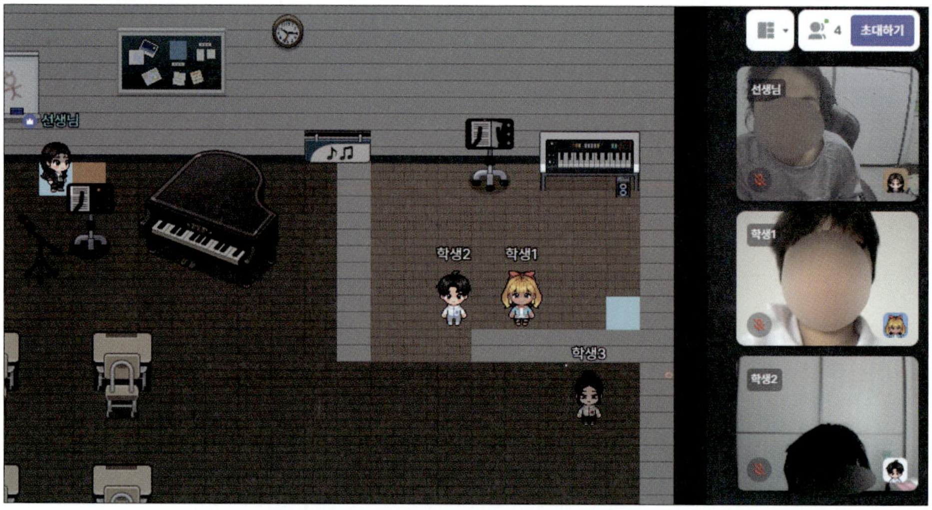

| 그림 4-44 | 모둠별 공간의 학생1, 학생2와 교실 공간의 교사(PA1)가 연결된 화면

모둠활동이 끝난 후 모든 학생들이 다시 전체 교실로 모이도록 안내하기 위해서는, 전체 맵에 있는 학생들에게 방송할 수 있는 '스포트라이트(★)' 기능을 설정하는 것이 효과적이다. 이를 위해 '교회 예배당 오브젝트'에서 마이크를 상단 오브젝트(4)를 배치한 후 타일 효과(5)의 '스포트라이트' 기능을 활용하여 해당 위치에 방송 구역을 지정한다.

교사의 아바타가 스포트라이트 영역에 들어서는 순간 전체 학생들에게 음성과 영상이 자동으로 송출되어, 모둠활동 후 전체 수업을 자연스럽게 이어갈 수 있다.

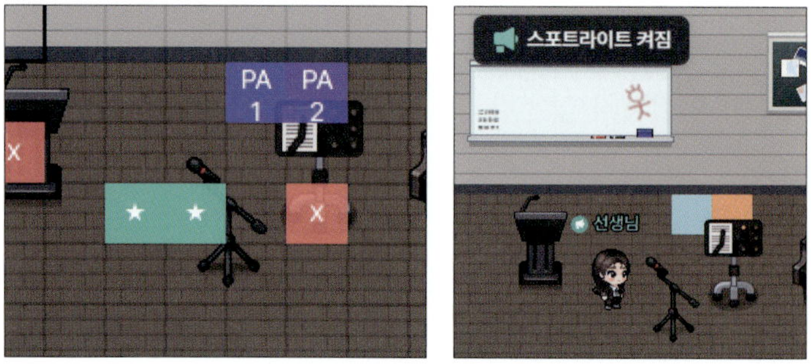

| 그림 4-45 | 스포트라이트 기능 설정과 플레이 화면

3. 다른 곳으로 이동하기

타일 효과 기능 중에는 아바타가 다른 위치로 손쉽게 이동할 수 있는 '포털(P)' 기능이 있다. 이 기능을 활용하면 '스페이스 내 다른 맵으로 이동', '맵 내 특정 영역으로 이동' 또는 '외부 스페이스로 이동'하도록 설정할 수 있다. 포털은 F키를 눌러 이동하거나, 아바타가 걸어가면서 다른 공간으로 이동하도록 지정할 수 있다. 포털 오브젝트는 화면에 보이게 하거나 보이지 않게 설정할 수 있다.

이 기능은 학습에 어려움을 보이는 학생을 개별 지도 공간으로 이동시키거나, 음악사 수업을 위한 가상 박물관으로 연결, 혹은 넓은 맵 안에서 빠르게 위치를 이동할 때 유용하게 사용할 수 있다.

먼저 왼쪽 메뉴에서 '우리반 음악실' 아래에 위치한 '새 맵 추가하기'를 클릭한 후, '빈 맵에서 시작하기'를 선택하여 '음악 개인 지도실'이라는 이름으로 공간을 새롭게 생성한다. 생성 후 오브젝트를 넣어 |그림 4-46|과 같이 공간을 구축한다.

|그림 4-46| 음악 개인 지도실 플레이 화면

앞서 제작한 '우리반 음악실'과 '음악 개인 지도실'을 포털 기능으로 연결한다. 먼저 '음악 개인 지도실'에서 '우리반 음악실'로 이동하는 경로를 설정하려면, 타일 효과에서 포털을 선택한다. 여기서 '스페이스 내 다른 맵으로 이동'을 클릭하고, 이동할 맵으로 '우리반 음악실'을 선택한다. 표시 이름은 선택 사항으로 '음악실'이라고 입력하면 이름과 화면에 이름과 포털 오브젝트가 함께 생성된다.

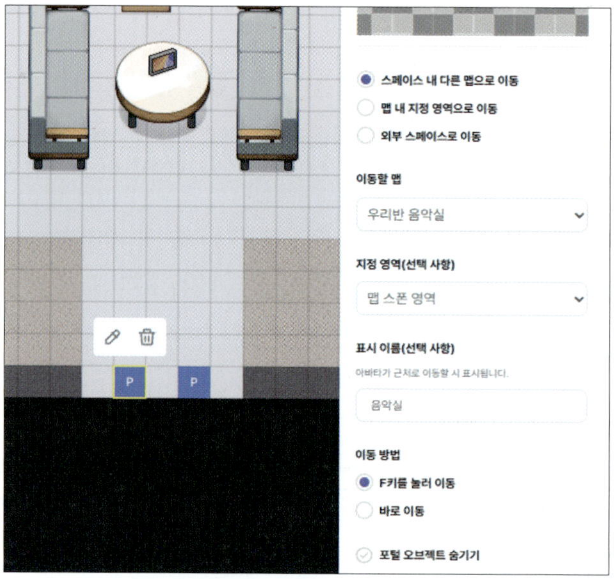

| 그림 4-47 | 포털 설치하기 설정

| 그림 4-48 | 포털 플레이 화면

'우리반 음악실'에도 포털을 설정하여 '개인 지도실'로 연결하여 준다. 화면에 포털 오브젝트를 보이게 기본 기능으로 사용해도 되지만, 현실감을 더하기 위해 포털 오브젝트를 숨기고 문 오브젝트를 활용하는 방법도 있다.

교실 아래에 문 상단 오브젝트를 설치하고 그 자리에 포털 기능을 적용하면, 아바타가 문을 통과할 때 마치 실제로 공간을 이동하듯 '개인 지도실'로 자연스럽게 이동하도록 연출할 수 있다. 이러한 방식은 학습공간의 몰입도를 높이고, 학습자가 가상공간에서도 실제 교실처럼 느끼도록 도울 수 있다.

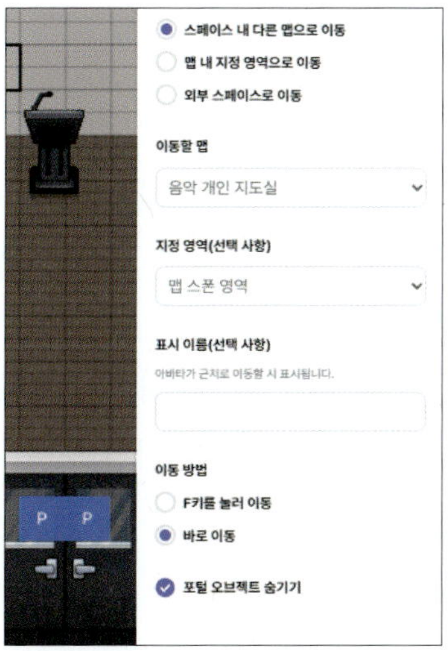

| 그림 4-49 | 포털 설치하기 자연스러운 이동 설정

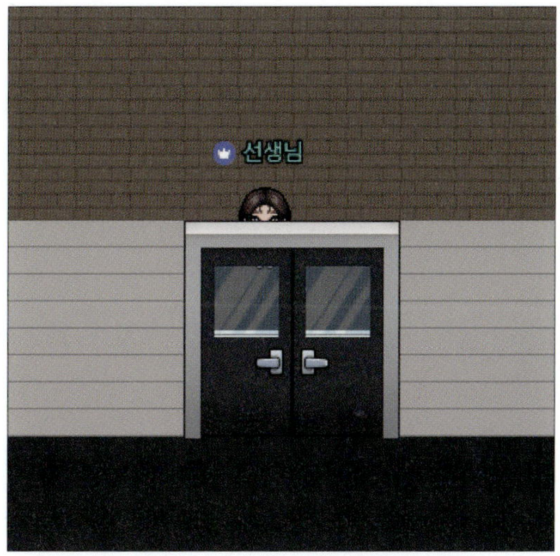

| 그림 4-50 | 포털 문 플레이 화면

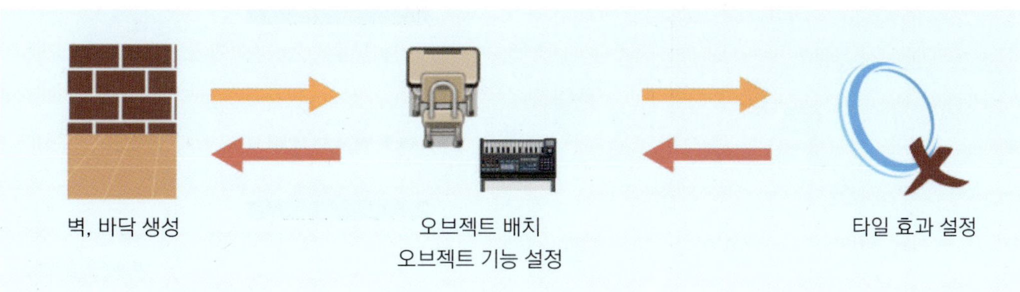

| 그림 4-51 | 젭 맵 제작 순서

04 다양하게 수업 준비하기

1. 앱 추가하기 : 모두의 피아노, 스탬프

1) 모두의 피아노

젭에서 제공하는 앱을 설치하면 수업 운영에 도움이 되는 다양한 서비스를 효과적으로 연동할 수 있다. 무료 버전에서는 현재 맵 1개당 2개의 앱만 설치할 수 있지만, 프로(Pro) 버전에서는 무제한으로 앱 설치가 가능하다. 음악교육에 활용할 수 있는 가상악기로, 에셋 스토어에서 제공하는 무료 앱 '모두의 피아노'를 설치하면 크롬 뮤직랩의 쉐어드 피아노(Shared Piano)를 가상공간에서 손쉽게 활용할 수 있다. 맵 에디터에서 사용자가 피아노 오브젝트를 배치한 후 직접 링크를 연결하는 방식도 가능하지만, 앱을 설치하면 보다 간편한 접근을 할 수 있다.

이 외에도 수업에 유용한 다양한 앱 설치 기능을 활용하면 가상공간 내 상호작용성을 높이고 수업의 몰입을 한층 강화할 수 있다.

| 그림 4-52 | 에셋 스토어 앱 다운로드

'모두의 피아노' 앱을 설치하기 위하여 에셋 스토어 'ZEP 추천 앱'에서 다운로드한다. 설치할 맵에 입장하여 플레이 화면 왼쪽에 +버튼(앱 추가)을 클릭하여 '모두의 피아노'를 추가한다.

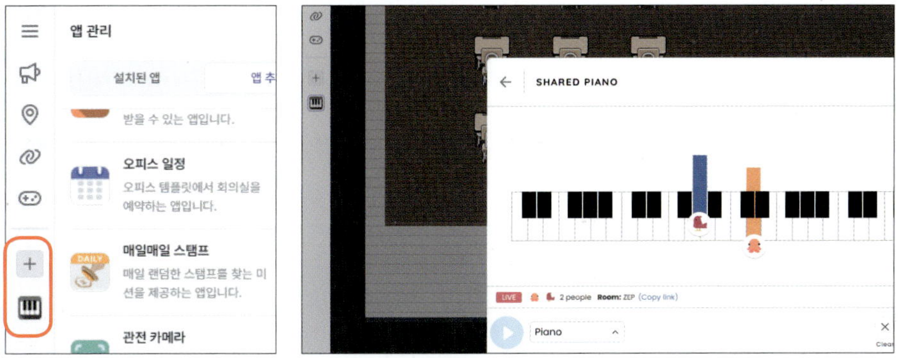

| 그림 4-53 | 모두의 피아노 앱 설치와 합주 화면

'모두의 피아노' 앱은 크롬 뮤직랩(Chrome Music Lab)의 쉐어드 피아노(Shared Piano) 플랫폼을 기반으로 한 앱이다. 하나의 공유된 화면에서 여러 명이 동시에 연주할 수 있으며, 드럼, 마림바, 플루트, 신디사이저 등 총 일곱 가지 악기 사운드로 변경이 가능하다. 이 외에 젭에서는 수업 및 학급 운영을 지원하는 일정, 출석체크, 빠른 메모, 스탬프 등 다양한 앱들을 제공하고 있다. 'chatGPT 고양이( )'는 AI 고양이 비서로 학습에 대한 질문을 하면 바로 답을 해주는 기능이다.

| 그림 4-54 | chatGPT 고양이 플레이 화면

- 일정 : 학급 이벤트가 일정 등록
- 공부 : 공부시간 확인, 타이머 모드
- 출석체크 : 매일매일 출석체크
- 빠른 메모 : 노트 패드
- 스탬프 : 학습확인 후 스탬프 찍기
- chatGPT 고양이 : AI 고양이 비서

이러한 앱 기능들을 적절히 활용하면 젭 공간을 단순한 가상 교실을 넘어 효과적인 수업 관리 및 운영 도구로 확장할 수 있다.

2) 스탬프

학생들이 단계별로 학습을 진행하거나 방탈출과 같은 형식의 활동에서 학습내용을 누락하지 않도록 도와주는 '스탬프( )' 기능이 있다.

에셋 스토어에서 스탬프 앱을 다운로드한 후 플레이 화면에서 왼쪽의 + 버튼을 클릭하여 '스탬프' 앱을 선택하면 화면 왼쪽에 스탬프 아이콘이 생성된다. 하지만 이 상태에서는 실제로 사용할 수 없기 때문에, 아이콘이 생성된 것을 확인한 후에는 맵 에디터로 이동하여 스탬프를 맵 위에 직접 설치해 주어야 한다.

그림 4-55 | 스탬프 앱 추가

플레이 화면 왼쪽 하단에 있는 '맵 에디터' 배너를 클릭하여 맵 에디터 화면으로 이동한다. 에디터 화면에서 오브젝트를 하나 배치한 뒤 해당 오브젝트에 스탬프 기능을 연결해야 한다. 이 예시에서는 '마법 연구실 세트'에 포함된 마법봉 오브젝트를 사용하였다. 오브젝트 위에 흰색 톱니바퀴 아이콘을 클릭하면 설정 창이 열리며, '스탬프' 기능을 활성화시켜 스탬프 미션 오브젝트로 설정한다.

| 그림 4-56 | 맵 에디터에서 오브젝트 설정 스탬프 설치

스탬프 종류는 두 가지이다. 스탬프는 도장을 모으는 것과 스탬프 체커는 모은 개수를 확인하는 것이다.

| 그림 4-57 | 스탬프 설정

스탬프 기능을 활용해 우리나라의 국악사를 체험할 수 있는 가상박물관을 제작하면, 학생들이 전통 음악에 대해 흥미를 가지고 학습할 수 있는 몰입형 수업 공간이 될 수 있다. 삼국시대부터 근·현대시대의 여섯 가지 시대별로 각 스탬프를 설치하고, 마지막 휴게실에서는 모은 스탬프 개수를 확인하도록 스탬프 체커를 설정한다.

〈스탬프 설치 단계〉

- 먼저 스탬프 종류를 체크하고, 스탬프 이름, 번호, 실행 범위(아바타가 다가갈 때 실행 범위)를 설정하고 F키를 눌러 실행하는 것으로 설정한다.
- 삼국시대1, 남북국시대2, 고려시대3, 조선-전기4, 조선-후기5, 근-현대시대6의 자료를 살펴본 후 스탬프를 획득하게 한다.
- 마지막 휴게실에서 여섯 가지 학습을 하였는지 스탬프 체커를 설정하여 개수를 확인할 수 있게 한다.
- 저장한 후, 플레이 화면에서 스탬프가 제대로 설치되었는지 최종 확인한다.

| 그림 4-58 | 스탬프 찍기 플레이 화면

국악사 가상박물관과 스탬프를 설치한 공간
https://zep.us/play/DE77pA

학생들이 스탬프를 모으면서 단계별로 학습한다면 보다 흥미로운 국악사 수업이 이루어질 것이다.

2. 미니 게임 : 퀴즈 만들기

젭은 퀴즈 제작 기능을 제공하여 보다 흥미롭고 참여도 높은 학습공간을 만들 수 있다. 젭 안에서 간단한 미니 게임 형식으로 퀴즈를 제작할 수 있으며, 또한 2024년에 출시된 ZEP QUIZ 플랫폼(https://quiz.zep.us/)을 활용해 퀴즈 맵을 제작하는 것도 가능하다. ZEP QUIZ 플랫폼에 대한 자세한 설명은 5장 2절에서 다루며, 이번 절에서는 맵 에디터 내에서 간단히 제작할 수 있는 미니 게임 중 'OX 퀴즈', '골든벨 퀴즈' 기능의 실행 방법을 소개한다.

자신이 제작한 맵 안의 플레이 화면에서 미니 게임을 실행하여 퀴즈를 진행할 수 있다. 왼쪽에 미니 게임 배너를 선택하여 OX 퀴즈, 퀴즈 골든벨, 초성 퀴즈, 객관식 퀴즈를 이용할 수 있다.

그림 4-59 | 미니 게임

1) OX 퀴즈

퀴즈를 바로 출제하려면 OX 전용 맵이 필요하다. 이를 위해 '스페이스 만들기' 메뉴에서 젭 공식 맵 중 '미니 게임' 카테고리에 있는 'OX 퀴즈' 맵을 선택하여 활용하면 된다.

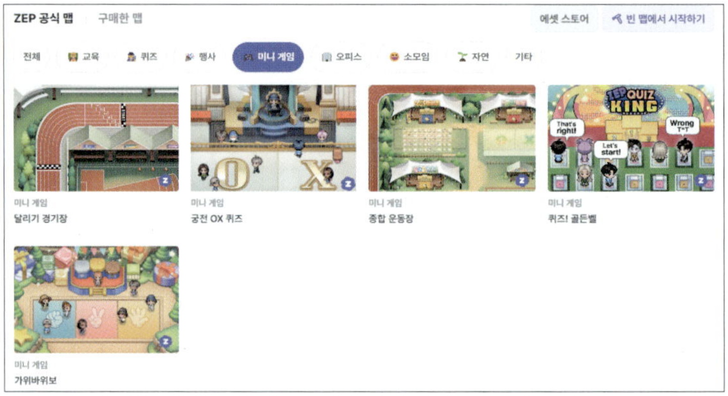

| 그림 4-60 | 젭 공식 맵 → 미니 게임 → OX 퀴즈 선택

| 그림 4-61 | 공식 맵에서 제공한 OX 맵

직접 OX 퀴즈 공간을 제작하여 진행할 수도 있다. '나만의 음악실' 공간 아래에 OX 퀴즈를 위한 영역을 만들고, 타일 효과를 활용하여 게임이 가능한 구조로 구성한다. 참여자들이 쉽게 구분할 수 있도록 바닥(1)의 색을 다르게 설정하고, 도장(Q) 툴을 이용해 공간을 꾸민다. 또한 워드아트 오브젝트(3+Q)를 활용해 O와 X 영역을 명확히 표시해 주면 학습자들이 보다 쉽게 퀴즈에 참여할 수 있다.

OX 공간 구성 후 타일 효과에서 포털의 '지정 영역'을 설정한다. 타일 효과(5) 포털의 지정 영역을 선택하고 도장(Q) 툴을 사용한다. 영역 이름으로 정답 O 공간은 'oxquiz_o', 정답 X 공간은 'oxquiz_x'로 설정한다. 너비와 높이를 설정하여 왼쪽 상단을 기준으로 마우스 클릭하여 지정한다. 또는 너비 1, 높이 1로 설정하여 한 칸씩 해당 바닥을 클릭하여 설정하여도 된다.

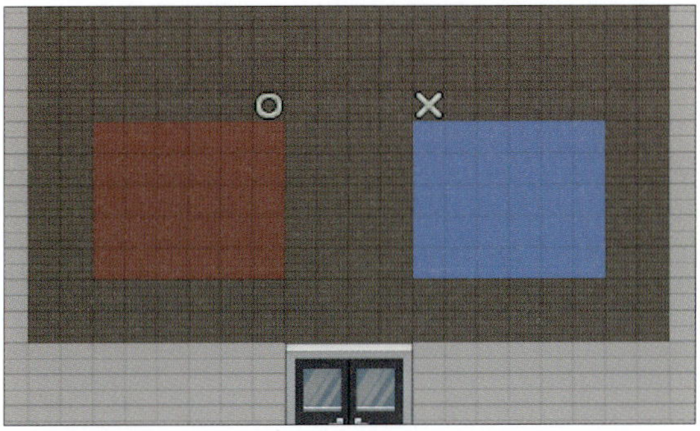

| 그림 4-62 | OX 공간 구성과 워드아트 오브젝트 배치

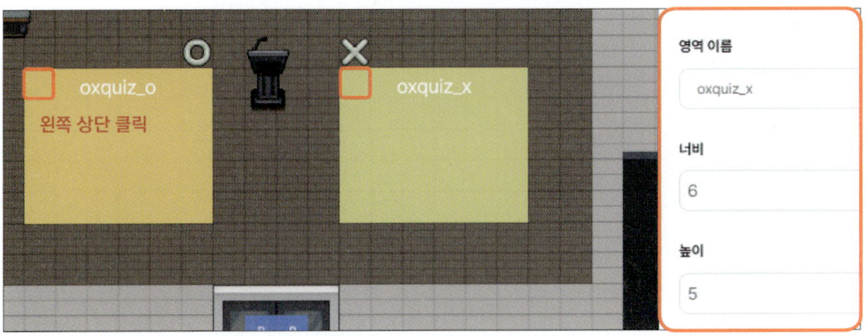

| 그림 4-63 | 타일 효과 OX 설정

이대로 OX 퀴즈를 진행해도 되지만, 더 다양한 기능을 추가하여 활용할 수도 있다. 예를 들어, 교사가 OX 퀴즈를 시작하면 학생들의 아바타가 게임 공간으로 자동 이동하게 해줄 수 있는 타일 효과 영역 이름은 'oxquiz_start'이다. 탈락하거나 게임 종료 시 자동 이

동하게 해주는 영역 이름은 'oxquiz_fail', 게임 시작 시 교사가 서 있는 영역 설정의 영역 이름은 'oxquiz_admin', 마지막 생존자의 위치 설정의 영역 이름은 'oxquiz_winner'로 지정한다.

〈표 4-3〉 OX 지정 영역과 역할

포털 지정 영역 이름	주요 역할
oxquiz_o	O 공간 설정하기
oxquiz_x	X 공간 설정하기
oxquiz_start	OX 퀴즈 시작 공간으로 아바타 자동 이동
oxquiz_fail	탈락, 게임 종료 시 아바타 자동 이동
oxquiz_admin	게임 시작 시 교사(출제자)의 아바타 위치
oxquiz_winner	마지막 생존자의 아바타 위치

먼저 보이는 화면에서 아바타 위치를 생각해 둔다.

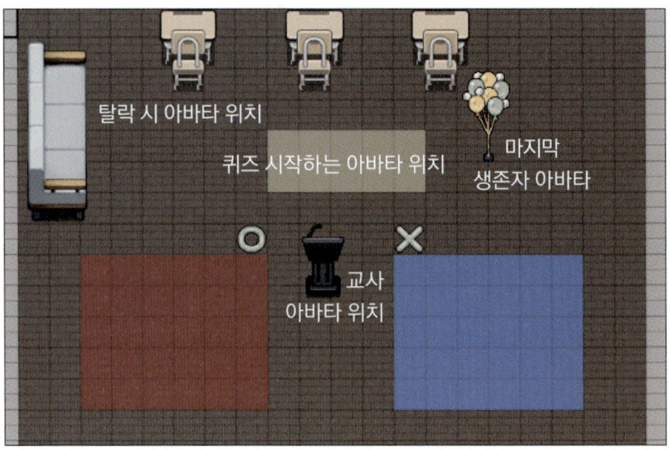

| 그림 4-64 | OX 퀴즈 공간 구성

위치에 맞게 포털 지정 영역 이름으로 타일 효과를 구성해 준다.

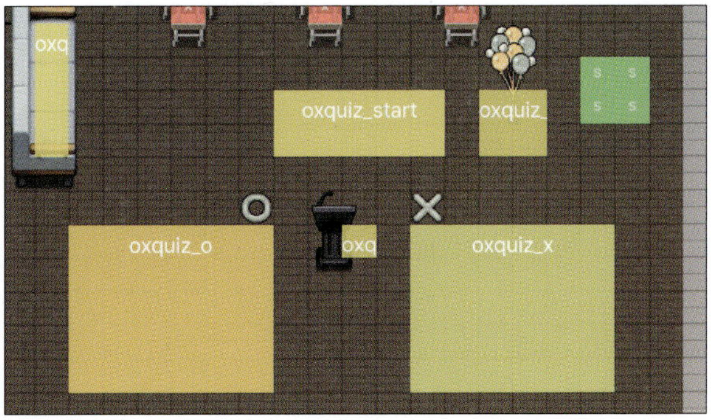

| 그림 4-65 | OX 퀴즈 공간 타일 효과 구성

퀴즈 공간 구성이 완료되면 '저장 후 플레이'를 클릭한 뒤 왼쪽 바에서 '미니 게임'을 선택하고 OX 퀴즈를 실행한다. 이 게임은 최소 2명 이상이 있어야 플레이가 가능하다.

OX 퀴즈를 내는 방법에는 두 가지가 있다.

- 바로 문제 내기 : 화면에서 문제를 직접 작성하여 1문제씩 실시간으로 출제하고, 문제 풀이 후 바로 정답을 공개하며 퀴즈를 진행 및 종료
- 내 퀴즈로 시작 : 사전에 만든 퀴즈 세트를 불러와 순차적으로 진행

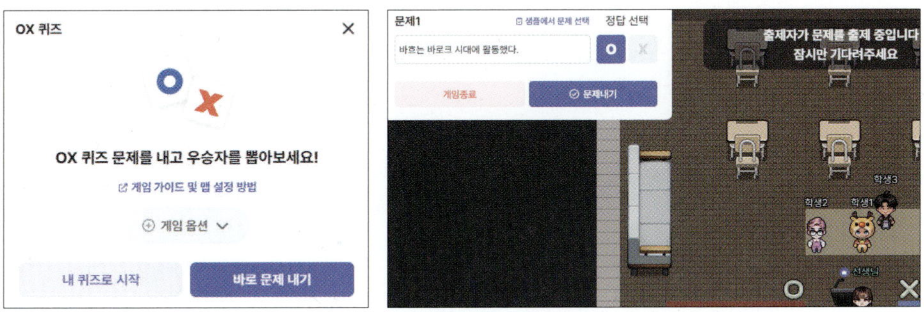

| 그림 4-66 | OX 퀴즈 바로 문제 내기

보다 수월한 학습 진행을 위해 수업 전에 미리 퀴즈 문제를 제작해 둘 수 있다. '내 퀴즈로 시작' 기능을 사용하면 최대 100문제까지 미리 작성할 수 있으며, '문제 내보내기' 기능

을 통해 파일로 저장할 수도 있다. 미리 제작한 퀴즈를 불러오고 싶을 때는 .txt 또는 .csv 파일을 업로드하여 간편하게 사용할 수 있다.

그림 4-67 | OX 퀴즈 문제 미리 작성

게임 시작을 누르면 OX 퀴즈가 실행된다. 문제를 틀린 학생의 아바타 모습이 유령 아바타로 변경되면서 탈락 공간으로 이동한다. 마지막까지 살아남은 학생은 풍선 오브젝트가 있는 공간으로 자동 이동한다.

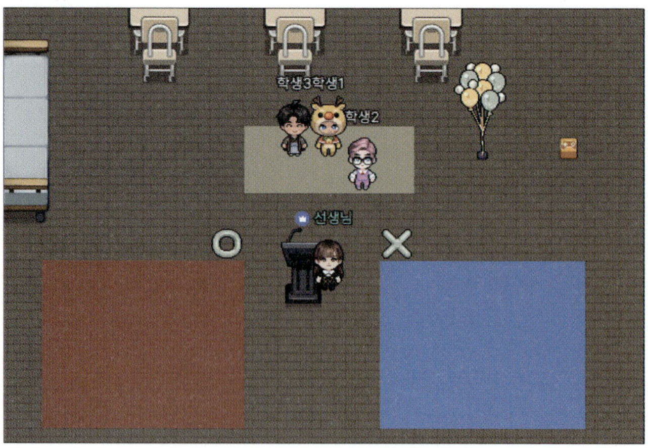

그림 4-68 | OX 퀴즈 실행 플레이 화면

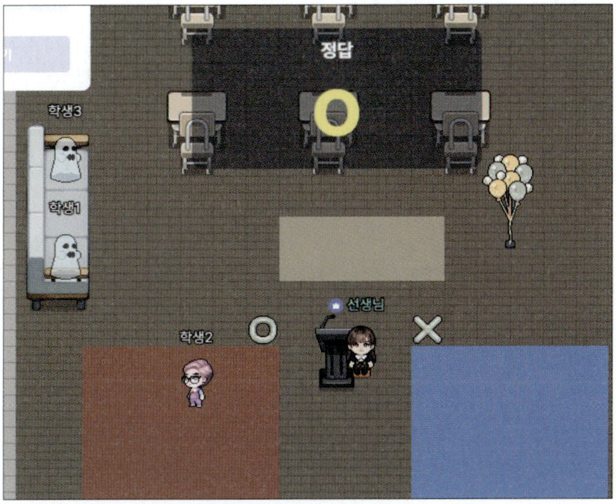

| 그림 4-69 | OX 퀴즈 플레이 탈락 시 소파 오브젝트로 자동 이동

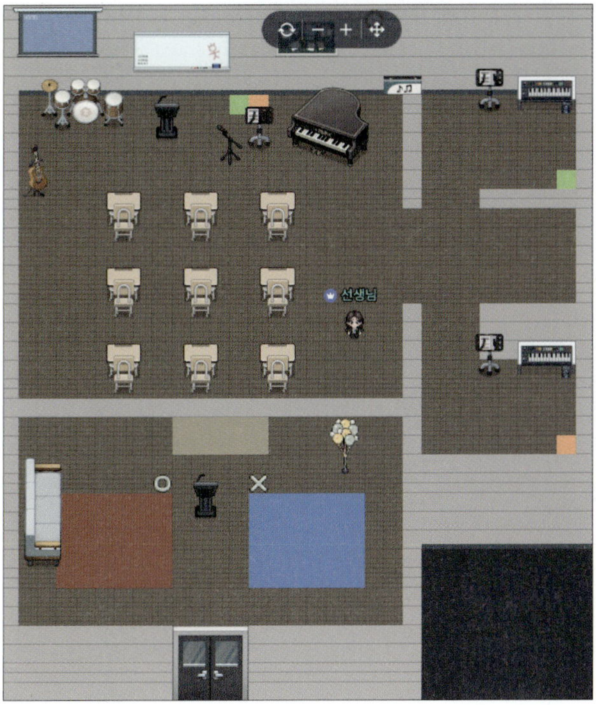

우리반 음악실, 모둠 공간, OX 퀴즈
https://zep.us/play/Pwv19R

| 그림 4-70 | 우리반 음악실, 모둠 공간, OX 퀴즈 공간

2) 퀴즈 골든벨

단답형 주관식 형태의 퀴즈 골든벨 게임을 제작할 수 있다. '숲 속 교실 오브젝트'를 사용하여 공간을 구성한다. 게임 시작 시 아바타가 나타나는 공간, 교사(출제자)가 있는 공간, 탈락자 공간, 우승 생존자 공간 등을 생각하면서 오브젝트를 배치한다.

| 그림 4-71 | 골든벨 퀴즈 공간 오브젝트 배치

공간 구성이 완료되면 타일 효과를 활용해 골든벨 기능이 작동하도록 설정한다. 타일 효과(5)와 도장(Q) 툴을 사용하여 '포털 – 지정 영역' 기능을 선택한 후 영역 이름을 입력하고 원하는 위치를 클릭하여 배치하면 된다.

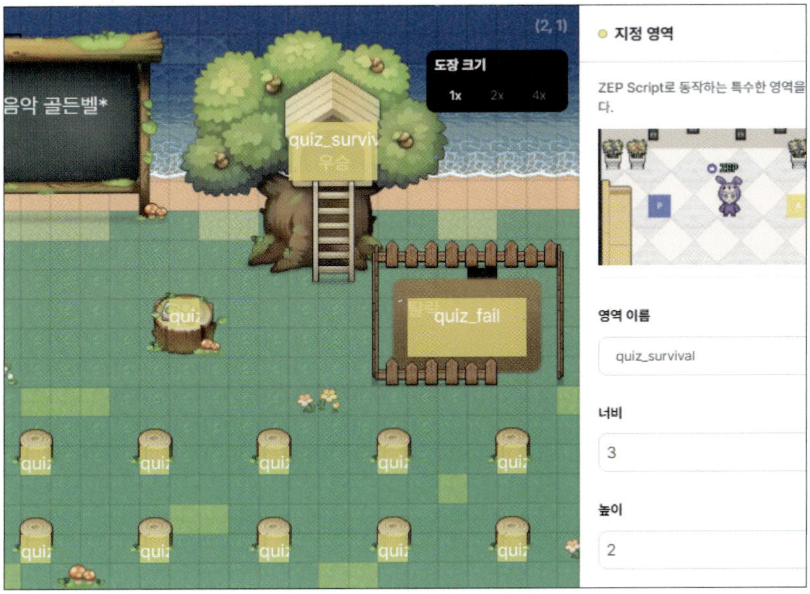

그림 4-72 | 타일 효과 넣어 구성

〈표 4-4〉 OX 지정 영역과 역할

포털 지정 영역 이름	주요 역할
quiz_seat_(1~50)	게임 시작 시 아바타 위치 설정
quiz_mc	게임 시작 시 교사(출제자)의 아바타 위치
quiz_fail	탈락 시 아바타 자동 이동
quiz_survival	마지막 생존자의 아바타 위치
quiz_reset	생존자를 제외한 모든 아바타의 게임 종료 후 모이는 장소

퀴즈를 내는 방법과 실행은 OX 퀴즈와 같다.

골든벨 퀴즈 공간
https://zep.us/play/EgpOM4

CHAPTER 05

메타버스 음악수업

01

재미있는 가상공간 음악수업

1. 통합교육 : 지금-여기 우리 삶

초등 교육과정에서 '바른 생활', '슬기로운 생활', '즐거운 생활'은 통합된 학습 경험을 통해 '지금-여기 우리 삶'을 위한 배움을 지향한다(교육부 별책 15, 2022). '우리는 누구로 살아갈까', '우리는 어디서 살아갈까', '우리는 지금 어떻게 살아갈까', '우리는 무엇을 하며 살아갈까'에 초점을 맞추어, 네 가지 영역별 질문을 통해 가치, 덕목, 주체성, 정체성, 놀이와 문화 활동을 즐기는 통합적인 교육이 이루어져야 한다. '지금-여기 우리 삶'을 즐기며 감정과 정서를 표현하고, 공동체와 더불어 생각이나 느낌을 나누는 활동에 참여하는 것을 지향하는 교육이 필요하다.

음악교육에서도 우리의 삶에서 발생하는 소리를 즐기고 표현하며, 이를 바탕으로 공동체와 소통하는 교육이 필요하다. 우리가 일상에서 접하는 소리들은 단순한 환경음이 아니라 개인의 정서와 사회적 관계, 문화적 배경 등이 연결되어 있어 중요한 학습주제가 될 수 있다. 일상에서 들리는 다양한 소리들을 탐색하고 이를 예술적으로 재구성하는 사운드 스케이프(Soundscape) 활동은 학생들이 자신이 살아가는 환경과 더욱 깊이 연결되도록 돕는다. 삶에서 발생하는 소리를 인식하고 분류하며, 이를 바탕으로 새로운 방식으로 표현하는 활동은 학생들이 소리에 대한 감수성을 기르고, 자신과 주변 세계에 대한 이해를 확장할 수 있다. 이러한 경험은 '지금-여기 우리 삶'을 성찰하고, 자신이 속한 사회문화적 환경에 대한 통합적 인식을 형성하게 하며, 나아가 스스로 삶의 의미를 구성해 나가는 태도를 기르는 데 기여한다.

현대 사회는 기술의 발전과 변화에 따라 사회의 소통도구로 디지털 가상공간을 이용하고 있다. 따라서 가상공간에서의 탐구 능력, 디지털 리터러시, 공동체적 소통 방식에 대한 교육이 필요하며, 음악교과에서도 이러한 역량을 기를 수 있는 교수·학습 설계가 요구된다. 디지털 전환 시대에 맞춰 학습자의 삶과 연결되는 음악교육 환경을 제공할 필요가 있다.

'지금–여기 우리 삶'은 초등 1~2학년의 통합교육에서 제시되고 있지만, 사운드 스케이프 활동을 통해 학생들이 일상과 예술, 디지털 환경을 통합적으로 경험할 수 있도록 상위 학년으로 확장할 수 있다. 소리를 중심으로 한 디지털 통합교육은 다음과 같은 특징을 갖는다.

① 주제 중심의 중핵 교육과정

과거–현재–미래의 우리 삶의 공간을 이해하고, 그 안에서 창의성 활동을 하면서 살아가는 삶이라는 주제 중심으로 음악, 사회, 과학 등을 통합적으로 연결한 학습이다. 지금–여기 우리 삶은 실생활의 문제와 연계하여 의미를 강화하는 주제 중심의 중핵(Core) 교육과정이다.

② 가상현실의 몰입과 흥미로운 학습

디지털 환경을 활용하여 가상현실과 같은 추상 개념을 쉽게 이해하고 몰입할 수 있도록 돕고, 메타버스 공간에서 퀴즈를 제작하고 참여하게 함으로써 학습자의 흥미와 참여도를 높인다.

③ 우리의 삶 속에서의 소리 역할 탐색

과거–현재 소리를 들으면서 변화를 느끼고, 미래를 상상하며 감각적인 경험을 할 수 있다. 주변의 소리를 귀 기울이는 활동을 통해 소리 민감성을 키우고, 일상 속 소리의 의미와 가치를 인식한다.

④ 소통과 협력 활동 지원

친구들과 함께 아바타로 가상공간을 탐험하면서 공동체 활동을 경험하고 쉐어드 피아노 즉흥연주를 하면서 소통과 협력의 중요성을 체험한다. 가상공간에서의 즉흥연주는 물리적 제약을 넘어서는 새로운 소통과 협력을 가능하게 하며 창의적인 표현의 장을 열어준다.

⑤ 미래 정서적 발달 지원과 디지털 역량 함양

학생들이 과거와 현재, 미래를 이해하여 변화에 대한 적응력을 기르고, 가상공간 안에서도 자신의 감정을 표현하고 자신감을 키울 수 있는 기회를 제공한다.

1) 주제 : 지금-여기 우리 삶

2) 학습목표

- 과거-현재 공간의 모습과 소리의 변화를 이해할 수 있다.
- 미래 공간에 어울리는 소리를 예측하여 가상악기로 표현할 수 있다.
- 미래 공간에 대한 상상과 창의적 음악 표현 활동에 즐거움을 느낄 수 있다.
- 공간과 시간에 따른 소리의 변화에 관심을 가지고 탐구하려는 태도를 가질 수 있다.

3) 수업 설계

총 3차시의 수업으로 '공간 소리 탐험 → 미래음악 상상 → 가상악기 연주 활동' 단계로 이루어진다.

1차시에는 과거부터 현재까지의 삶의 공간에서 들리는 소리를 인식하고, 미래 주거 공간의 소리를 상상해 보도록 지도한다. 2차시와 3차시는 블록타임으로 운영하며, 학생들이 미래의 삶을 그림으로 표현하고, 이에 어울리는 소리를 구체적으로 글로 작성한 뒤, 가상악기를 활용해 친구와 함께 연주할 수 있도록 안내한다.

〈표 5-1〉 차시별 학습계획

차 시	활 동
1차시	과거-현재-미래 삶의 공간 소리 탐험 • 삶의 공간에서 들리는 소리 인식하기 • 과거-현재-미래 마을 탐험을 하며 들리는 소리와 음악 감상하기 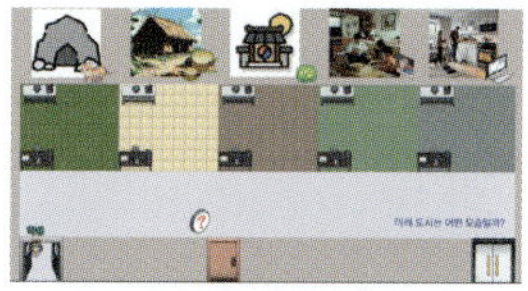
2차시	미래의 삶 속 음악 상상 • 미래의 삶 공간 상상하고 그리기, 소리 상상하기 • 미래 상상의 메타버스 가상 주거 공간과 어울리는 소리 체험하기 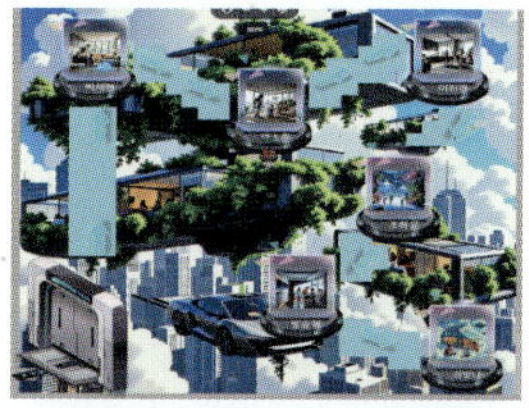
3차시	• 친구와 협력하여 가상악기 즉흥연주하기 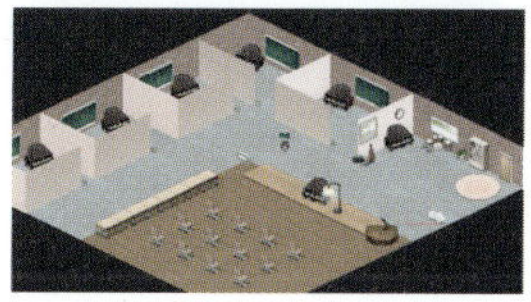

〈1차시 학습내용〉

단계	내용
도입	• 삶의 공간과 소리 이해 • 학습목표 제시 : 우리 삶의 공간과 소리의 변화
가상공간 탐험하기	• 과거-현재-미래 삶의 공간과 소리 메타버스 탐험
소리 분류하기	• 메타버스 소리 맞히기 퀴즈 • 소리 분류하기
성찰하기	• 미래 공간 상상과 듣고 싶은 소리에 대한 생각 발표

그림 5-1 | 1차시 학습 단계

〈2차시와 3차시 블록타임 학습 내용〉

단계	내용
안내	• 미래의 삶 공간의 소리와 분위기 이해 • 학습목표 제시 : 미래 공간을 상상하고 소리로 표현
미래 상상하기	• 미래 주거 공간에 대한 자신의 생각 발표 • 내가 상상하는 미래 주거 공간 그림과 글로 표현
가상공간 관람하기	• 미래 주거 공간 메타버스 관람실 체험 • 친구들의 작품 감상
미래음악 표현	• 소리의 주제를 정하고 가상악기로 미래음악 표현 • 소모둠으로 미래음악 함께(Shared) 즉흥 표현
발표	• 소모둠별 미래음악을 연주하고 발표 • 시대에 따른 소리의 변화와 음악적 사고 확장

그림 5-2 | 2차시와 3차시 학습 단계

(1) 1차시 학습지도안

① 학습주제 : 우리는 지금 어떻게 살아갈까(공간과 시간)

② 차시목표

- 과거–현재 공간의 모습과 특징을 이해할 수 있다.
- 시대별 주거 공간 변화에 따른 소리를 인식하여 분류할 수 있다.
- 주변 환경과 소리의 관계를 이해하고, 이를 탐구하려는 태도를 가질 수 있다.

〈표 5-2〉 1차시 지금-여기 우리 삶 학습지도계획

	교수-학습 활동	진 행
도입	• 전시 학습 상기 – 서로 관계를 맺으며 여러 공동체 속에서 생활하는 나 • 동기 유발 – 우리가 무엇을 하면서 생활하는지 유도질문하기 – 우리가 주로 생활하는 '집' 주거 공간의 소리 제시하기 • 학습목표 제시 1. 과거-현재의 주거 공간을 메타버스에서 관람하고 특징 이해하기 2. 각 시대의 들리는 소리 감상하기 3. 공간과 소리를 분류하여 활동지 작성하기 4. 미래의 필요한 공간과 소리에 대해 이야기 나누기	T : 어제 저녁 집에서 무엇을 하면서 지냈나요? S : 보드게임 했어요. 티비 봤어요. 청소했어요. T : 우리의 집은 어떻게 달라졌을까요? S : 동굴, 초가집, 기와집, 아파트로 달라졌어요. T : 이 소리는 어느 시대 집에서 들리는 소리일까요? S : 옛날집 같아요. 바람소리 같은 것이 나요.
가상 공간 탐험 하기	• 가상공간 관람 알림 및 젭 접속 • 각 시대에 입장, 헤드폰 오브젝트 클릭하여 감상 – 과거와 현재의 주거 공간 변화 관람 안내하기 – 생활과 환경의 변화에 따른 소리 변화 관람 안내하기 – 공간 특징, 생활, 소리 등 오브젝트 클릭 관람 안내하기 – 학습활동지 배부(발표 중심, 글쓰기는 상황에 따라 진행) • 시대별 주거 공간 특징 이해 – 동굴 : 자연 보호, 온도 유지, 빛과 어둠, 자연과 생활, 벽화, 소리의 울림, 사회적 공간 – 초가집 : 볏집, 단열, 비에 약함, 흙벽, 자연재료, 가족 생활하는 모습 – 기와집 : 비·바람에 강한 기와, 대청마루, 자연재료, 정원, 연못으로 된 주거 공간 – 20세기 : 콘크리트, 철강, 유리창, 편리한 시설, 기술의 발전, 난방기구, 전자기기, 가전제품 – 21세기 : 스마트 홈, 첨단기술, 실내 자연 장치	 T : 지금 여기는 어떤 공간인가요? 우리의 조상들은 왜 동굴에서 생활했을까요? S : 비와 바람을 막아줘요. 무서운 동물을 피할 수 있어요. T : 동굴에서 생활하면서 어떤 소리를 듣고, 내고 했을까요? S : 불 피우는 소리, 새소리, 다른 사람들이랑 말하는 소리들이 들렸을 것 같아요.

	• 과거-현재의 주거 공간 소리에 대한 이해 - 과거 : 동굴, 초가집, 기와집의 자연친화적 소리 - 현재 : 20세기, 21세기 기술의 소리 (예 동굴 안 메아리 소리, 동굴 안 물방울 소리, 박쥐 날개짓 소리, 바람에 날리는 지붕의 볏짚 소리, 새소리, 가축소리, 아궁이와 불소리, 절구로 곡식 찧는 소리, 빗방울에 부딪히는 기와 소리, 바람에 흔들리는 기와 소리, 대청마루 위 삐걱 소리, 가족들이 모여 부르는 민요소리, 전화벨 소리, 도로 소음 소리, 가전제품 소리, 라디오 소리, 인공지능 음성 소리, 스마트 가전 알림 소리, 디지털 기기 소리)	T : 주거 공간과 소리를 연결하면 무엇을 알 수 있나요? S : 소리가 왜 나는지 알아요. 주변을 더 잘 알 수 있어요.
소리 분류 하기	• 아바타 조종하여 세 가지 오브젝트 탐색 - 이미지 오브젝트 : 공간 특징 - 컴퓨터 오브젝트 : 동굴 영상 - 헤드폰 : 소리 및 음악 • 소리 맞히기 퀴즈 - 어디서 들리는 소리일까? 과거와 현재 분류하기 - 활동 1. 자연의 소리와 기계의 소리 분류하기 - 활동 2. 과거, 현재의 주거 공간 소리 분류하기 - 활동 3. 각 소리의 느낌 생각하기(예 새소리 : 편안함) - 활동 4. 미래의 집안 소리 상상하기	 T : 공간(시각적), 소리(청각적)를 분류(논리적)하여 정리해 보세요.
성찰 하기	• 공간과 소리 학습 성찰 - 자신의 생활 공간과 소리를 통해 환경과 관계를 이해 - 과거와 현재를 이해하고, 미래를 상상하는 데 도움 - 공간 소리는 공동체 정체성 반영, 공동체 이해와 존중 • 다음 차시 예고 : 미래사회에 대한 상상하기 - 공간과 소리를 탐구하며 미래 주거 공간 상상하기 - 미래 공간에 어울리는 새로운 음악 표현하기	T : 오늘의 학습활동으로 무엇을 알 수 있었나요? S : 다양한 소리들이 시대별로 변화했어요. 지금까지 몰랐는데 공간의 소리들이 다양하다고 느꼈어요. 소리들마다 느낌이 다르다고 생각했어요.

③ 수업 평가하기

〈표 5-3〉 1차시 평가사항

구분	평가사항
지식·이해	1. 과거-현재의 주거 공간 특징을 말할 수 있다. 2. 각 공간에서의 소리를 과거-현재로 분류할 수 있다.
과정·기능	3. 소리의 느낌, 분위기 등을 파악하여 표현할 수 있다. 4. 미래의 공간과 소리를 상상하여 말할 수 있다.
가치·태도	5. 생활 속에서 주변의 공간과 소리를 탐색하는 태도를 가질 수 있다.

■ 학습활동지

공간과 소리 탐험 여행

이름 : ________________ 학습 날짜 : ________________ 오늘의 기분 : ☺😐☹

• 활동 1 : 자연 vs 기계 소리 구별 "누가 더 멋질까? 자연의 소리 vs 기계의 소리"
자연 소리와 기계 소리를 구별해 보세요.
(새소리, 물방울 소리, 바람소리, 에어컨 소음 소리, 컴퓨터 키보드 소리 등)

자연의 소리	기계의 소리

• 활동 2 : 과거와 현재의 집 안에서 나는 소리 구별하기 "과거로 슝~ 현재로 뿅!"
소리를 듣고, 과거-현재 소리를 구별해 보세요.
(볏질 소리, 절구로 곡식 찧는 소리, 바람에 흔들리는 기와 소리, 자동차 소리, 팽과리 소리, 핸드폰 띵동, 전자레인지 소리 등)

과거의 소리	현재의 소리

• 활동 3 : 소리가 주는 느낌 표현하기 "이 소리를 들으면 어떤 기분이 드나요?"
이 소리를 들으면 어떤 기분이 드나요?

새소리 : ______________________________(힌트 : 상쾌하거나 평화로운 느낌)

나무 문 열리는 끼익 소리 : ______________________________(힌트 : 뭔가 서늘하고 무서운 느낌)

집 밖의 자동차 소리 : ______________________________

유리 창문에 비 떨어지는 소리 : ______________________________

• 활동 4 : 미래의 소리 상상하기 "타임머신을 타고 미래로 출발!"
과거-현재의 소리를 비교하고, 내가 꿈꾸는 미래 공간에서는 어떤 소리가 들릴지 상상해 보세요.
미래 집 안에서 들릴 소리를 두 가지 이상 상상해 보아요.

과거-현재의 소리 비교	미래의 주거 공간 소리 상상하기
과거는 자연 소리가 많고, 현재는 기계 소리가 많아요.	(예 AI 비서 소리, 스마트 가구(자동 의자) 소리, 집안 음악 시스템 소리 등)

오늘 여러분은 소리 탐험가가 되었어요! 앞으로도 주변의 소리를 잘 들어보세요!

그림 5-3 | 학습활동지 1

(2) 2차시, 3차시 학습지도안

① 학습주제 : 우리는 무엇을 하며 살아갈까(생각과 표현)

② 차시목표

- 미래 주거 공간을 상상하고 특징을 이해할 수 있다.
- 미래 공간에서 들릴 소리를 상상하며 가상악기로 음악을 표현할 수 있다.
- 소리를 활용한 음악 표현의 흥미와 즐거움을 느낄 수 있다.
- 다른 사람의 연주를 존중하며 감상하는 태도를 가질 수 있다.

〈표 5-4〉 2, 3차시 지금-여기 우리 삶 학습지도계획

	교수-학습 활동	진 행
학습 활동 안내	• 전시 학습 상기하기 – 과거-현재-미래의 공간과 소리 분류 – 공간과 소리의 연결된 의미 • 동기 유발 – 미래의 주거 공간에 대하여 상상 유도하기 – 미래의 삶 공간에 대하여 분위기 생각하기 • 학습목표 제시 1. 미래의 주거 공간을 상상하여 글, 그림으로 표현하기 2. 미래 공간의 느낌과 감정을 이야기 나누기 3. 미래 공간에서 들릴 소리를 상상하여 가상악기로 표현하기 4. 미래 공간에 어울리는 소리 주제 정하여 합주(Shared)로 즉흥 표현하기	T : 지난 시간 이후 집에서 나는 소리들을 귀 기울여서 들어 봤나요? 어떤 소리가 있었죠? S : 키보드 소리, 스마트폰 알람 소리, 바깥 소음이요! T : 미래의 우리 집은 어떻게 달라질까요? S : 땅이 오염되어서 다른 공간에 집이 있을 것 같아요. 로봇이 모든 것을 다 해주면서 명령할 것 같아요. T : 상상한 공간의 분위기는 어떤가요? S : 긴장감이 있는 것 같아요. 기계 소리가 무서울 것 같아요.

<table>
<tr><td>미래
상상
하기</td><td>• 내가 생각하는 미래 주거 공간 표현
- 생활의 변화에 따른 미래 주거 공간을 상상하여 이야기 나누기
- 이야기를 토대로 그림 그리기, 글로 표현하기
- 학습활동지 배부(발표 중심, 글쓰기는 상황에 따라 진행)

• 미래 주거 공간에 대한 감정, 느낌, 표현
- 자신의 그림 주제 정하기
- 주제의 느낌과 감정, 분위기 등 이야기 나누기</td><td>T : 내가 상상하는 미래 주거 공간은 어떤 모습일까요? 왜 그런 공간이라고 생각했나요?
S : 집 안에 로봇이 식물을 재배해서 공기를 깨끗하게 해요.
T : 내가 상상한 주거 공간의 분위기나 느낌은 어떤가요?
S : 인공지능 로봇이 다 해줘서 편안할 것 같아요.</td></tr>
<tr><td rowspan="2">가상
공간
관람
하기</td><td>• 미래 도시는 어떤 모습일까? 문으로 입장

• 미래 주거 공간 메타버스 관람실 체험
- 친구들이 그린 작품 전시 관람하기
- 다양한 미래 공간의 소리 이야기하기</td><td>교사는 작품을 사진 촬영하여 메타버스 관람실 제작
T : 이 공간에서 어떤 소리가 들릴 것 같나요?
S : 아마도 공중이라서 새소리가 많이 들리고, 인공지능 기계음이 많을 것 같아요.</td></tr>
<tr><td>• 미래 도시에 어울리는 가상음악 연주실 입장

• 가상음악실 안 가상악기 탐색하기 지도
- 아바타로 가상악기 클릭하여 피아노, 기타, 드럼 탐색하기
- Shared Piano 일곱 가지 악기 소리 탐색하기</td><td>T : 컴퓨터에서도 연주할 수 있는 악기가 있어요. 연주해 본 적 있나요?
S : 네! 핸드폰으로 연주해 본 적 있어요. 피아노.</td></tr>
<tr><td>미래
음악
표현</td><td>• 미래 주거 공간에서 나는 소리와 악기 연결
- 물체, 분위기, 감정에 어울리는 소리와 악기 연결하기
예 AI 로봇 가전기기 : 신디사이저 선택
수중환경 공간 : 목관악기 선택
물방울 소리 : 마림바 선택
활기찬 소리 : 드럼 선택</td><td>T : 상상한 공간을 음악으로 어떻게 표현할까요?
S : 인공지능 로봇은 기계음 같은 소리로 연주해요. 로봇이 움직이면서 소리가 나는 것은 드럼 머신을 사용해요.
</td></tr>
</table>

<table>
<tr>
<td></td>
<td>• 가상 2인 연주실 입장하여 합주
- 상상한 미래 공간에 대해 공통 주제 정하기
- 악기별로 역할 나누기, 연주 아이디어 소통하기
㉮ 신디사이저 : 빠르지 않게 한음씩 스타카토 연주
목관악기 : 부드럽게 펼침화음 컴퓨터 키보드 연주
마림바 : 빠른 템포 스타카토와 쉼표 연주
드럼 : 도-파-미-파 건반 사용하여 다양한 드럼 소리 반복하여 리듬 연주
- 연주화면 공유하여 소통하며 합주하기</td>
<td>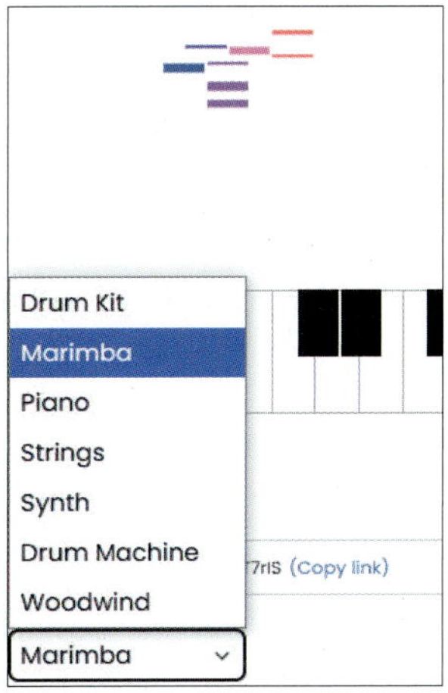
</td>
</tr>
<tr>
<td>음악
연주
발표</td>
<td>• 미래 주거 공간 음악표현 발표회
- 가상연주회 공간으로 모이기
- 미래 주거 공간에 대한 글, 그림 설명하기
- 2인 합동 연주하기
- 예의 있는 태도로 감상하기

• 감상평
- 인상 깊었던 점 이야기 나누기
- 상상 공간과 음악적 연결이 알맞게 이루어졌는지 이야기 나누기

• 정리
- 우리의 삶이 어디에서 어떻게 살아왔고, 지금은 어떻게 살고 있는지, 앞으로 어떤 삶을 살지 생각하기
- 자연·환경과 함께 새로운 것을 만들고 서로 협력하며 살기</td>
<td>T : 주변을 살펴보고, 앞으로의 일을 상상하면서 그것을 나만의 표현방식으로, 또 친구와 소통하고 표현하며 어떤 생각이 들었나요?
S : 상상한 공간과 소리가 진짜 그렇게 될 것 같아요. 친구랑 음악을 만드니까 재밌어요. 많은 소리들이 들리는 것 같아요.</td>
</tr>
</table>

③ 수업 평가하기

〈표 5-5〉 2, 3차시 평가사항

지식·이해	1. 미래의 생활에 필요한 주거 공간을 이해할 수 있다. 2. 상상한 미래 공간을 그림과 글로 표현할 수 있다.
과정·기능	3. 공간의 소리를 상상하며 음악으로 표현할 수 있다. 4. 가상악기를 이해하고, 친구와 협동하여 연주할 수 있다.
가치·태도	5. 적극적인 자세로 즐겁게 가상악기 연주에 참여할 수 있다. 6. 친구의 연주를 예의 바르게 감상하고 공감할 수 있다.

■ 학습활동지

내가 생각하는 미래의 집

이름 : ________________ 학습 날짜 : ________________ 오늘의 기분 : ☺😐☹

• 활동 1 : 미래 주거 공간을 상상해 보아요.

- 미래에는 사람들이 어떤 집에서 살까요? 왜 그렇게 생각하나요?
- 미래에 우리 생활이 편리하고 즐겁게 지내려면 집에 어떤 것이 필요할까요?
- 환경을 보호하는 집은 어떤 모습일까요?
- 내가 생각한 미래의 집 모습을 그림으로 그려 보세요.

(예 하늘에 떠 있는 집, 로봇과 함께 사는 집, 집 안에서 식물을 재배하는 모습 등)

• 활동 2 : 미래 집 안에 꼭 있어야 하는 물건과 소리를 상상해 보아요.

물 건	어떤 소리가 날까?

• 활동 3 : 주제를 가진 미래의 공간

- 내가 상상한 미래 주거 공간의 이름은 무엇인가요?
- 그 집에서는 어떤 재미있는 일이 일어날까요?

미래의 집을 상상하며, 우리가 더 살기 좋은 세상을 만들어 볼까요?

그림 5-4 | 학습활동지 2

4) 메타버스 학습공간

(1) 1차시 메타버스 학습과 공간

① 입장공간

학생들은 교사가 제시한 젭 주소를 클릭하여 바로 학습공간에 아바타로 입장한다. '우리는 어디서 살아갈까?'라는 학습주제와 동굴부터 아파트까지의 주거 공간을 그려 넣은 배경 화면을 보며 학습을 준비하고, 가운데 보이는 문을 통해 '주거 공간과 소리 전시관'으로 이동한다.

| 그림 5-5 | 우리는 어디서 살아갈까 학습 체험 시작 화면

② 주거 공간과 소리 전시관

학생들은 과거부터 현재까지의 주거 공간을 주제로 한 텍스트, 이미지, 소리, 영상을 관람하며 학습할 수 있는 공간으로 이동한다.

동굴 공간에서는 해당 방에 입장한 사람들끼리만 소통이 가능하여, 혼란 없이 집중된 학습이 가능하다.

학생들은 아바타를 이용해 동굴, 초가집, 기와집, 20세기 주택, 21세기 주택 공간의 특징을 탐색한다. 책상 위에 놓인 헤드셋과 스피커 오브젝트에 아바타가 가까이 다가가면, 주거 공간의 소리를 들을 수 있다.

| 그림 5-6 | 주거 공간과 소리 전시실 플레이 화면

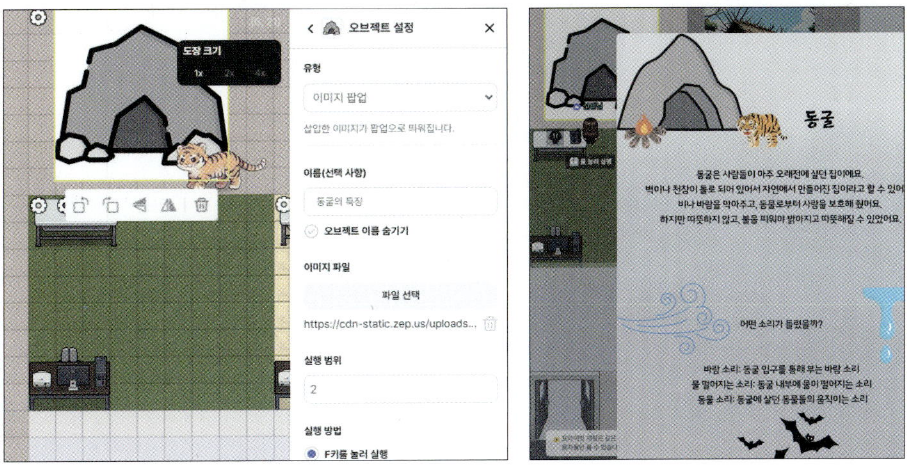

| 그림 5-7 | 대표 이미지 오브젝트 설정과 플레이 화면

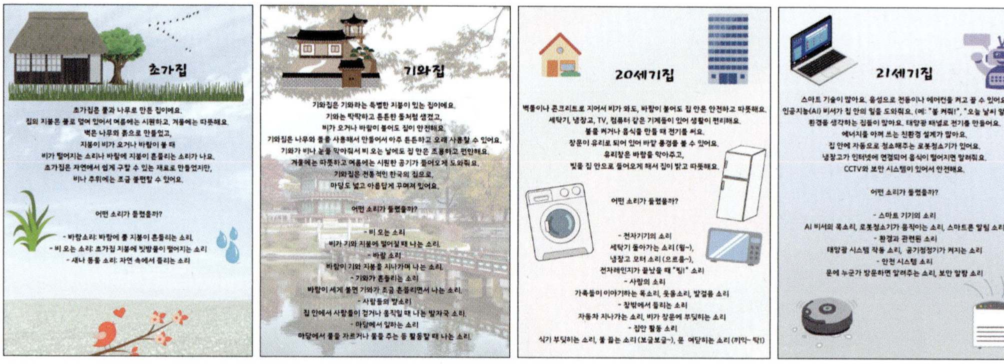

| 그림 5-8 | 이미지 오브젝트 선택 후 나타나는 텍스트-이미지 파일 제작

| 그림 5-9 | 헤드셋 오브젝트 타일 효과 설정과 플레이 화면

컴퓨터 오브젝트는 주거 생활을 볼 수 있는 영상자료를 링크하였다(자세한 기능 설정은 4장 2절 '나만의 음악실 구축하기' 참고).

(영상 출처 : EBS https://youtu.be/aSwxiLTrF9o?si=UXTX3hdEQLCT3tCL)

③ 퀴즈 공간

교사가 들려주는 자연의 소리와 기계의 소리를 구분하는 OX 퀴즈 공간으로 학생들의 아바타가 이동한다.

흥미롭고 몰입감 있는 퀴즈방에서 소리를 정확히 구분하여, 아바타가 마지막까지 살아남을 수 있도록 도전해 본다(자세한 기능 설명은 4장 4절 '다양하게 수업 준비하기' 참고).

| 그림 5-10 | 말풍선과 포털 기능 설치

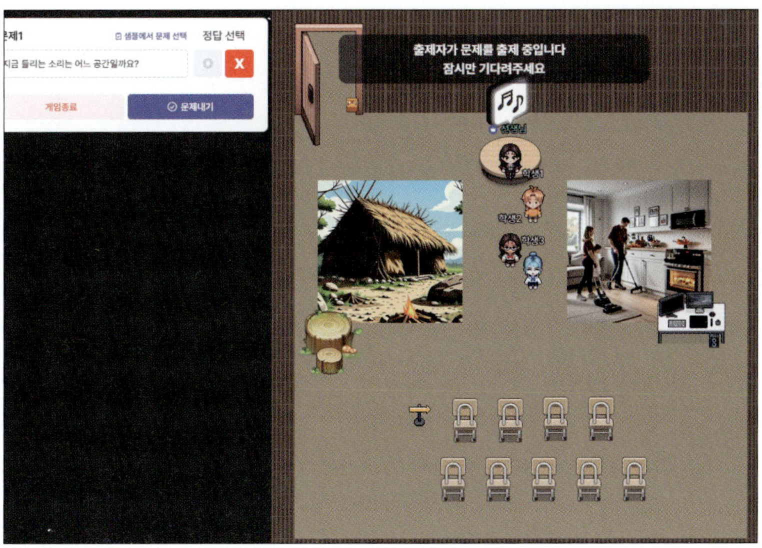

| 그림 5-11 | 퀴즈방 플레이 화면

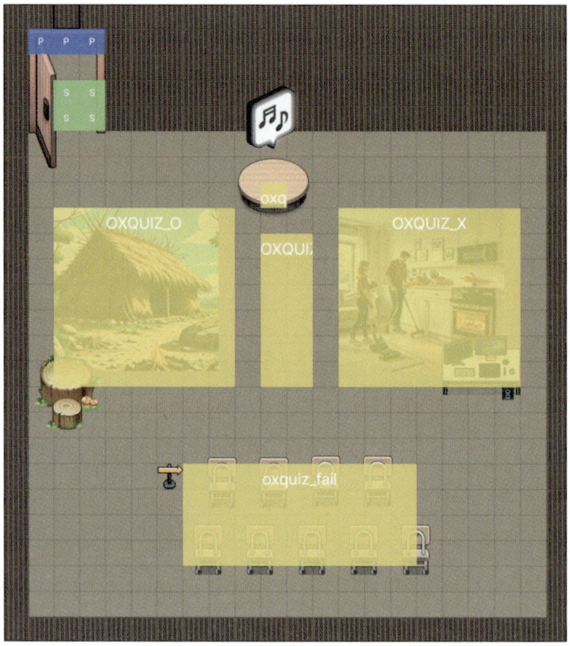

| 그림 5-12 | 퀴즈방 타일 효과 설정

(2) 2차시와 메타버스 학습과 공간

메타버스에서 내가 상상한 미래 모습의 그림과 글 작품을 관람하는 공간이다. 지난 차시에 이어 학생들은 미래를 상상한 내용을 글과 그림으로 표현하고, 교사는 이를 사진 촬영 후 업로드한다(이때 인공지능 도구로 이미지를 생성하는 수업과도 연계할 수 있다. 다만, 초등학생은 모든 학습활동에서 인공지능 도구의 사용은 자제할 것을 권장한다).

학생들의 아바타는 '작품 전시관'에 입장하여 친구들이 표현한 미래 주거 공간 그림을 관람한다.

| 그림 5-13 | 배경 화면과 오브젝트 구성

| 그림 5-14 | 사용된 오브젝트

| 그림 5-15 | 오브젝트 설정과 플레이 화면

(3) 3차시 메타버스 학습과 공간

"내가 상상한 미래 공간에는 어떤 소리가 날까?"라는 학습주제로 구현된 음악 연주 공간에 아바타가 입장한다.

학생들은 마우스로 클릭하며 다양한 가상악기 소리를 탐색해 보고, 가상공간에서 직접 악기를 연주하는 경험을 한다. '어떻게 연주하면 내가 상상한 미래 주거 공간 소리를 표현할 수 있을까?'를 고민하며 창의적으로 접근한다. 이후 두 명씩 짝을 이루어 '합주 공간'에 입장하여 쉐어드 가상피아노를 사용해 주고받으며 함께 연주하는 활동을 즐긴다.

쉐어드 가상피아노는 일곱 가지 악기 소리로 변경할 수 있고, 친구가 누르고 있는 건반도 눈으로 확인하면서 연주할 수 있다.

"미래의 소리를 음악으로 표현해 보자!"
"로봇의 움직임은 신디사이저 규칙적인 리듬으로 연주를 해볼까?"

음악활동을 위한 가상공간은 세 가지 영역으로 제공된다.

첫 번째 공간은 드럼, 피아노, 기타 등 다양한 가상악기가 연결되어 있는 공간이다. 두

번째 공간은 친구들과 함께 연주하며 협동할 수 있는 쉐어드 피아노 연습실 공간이다. 마지막으로, 세 번째 공간은 학생들이 연주를 발표하고 공유할 수 있는 발표회 공간이다.

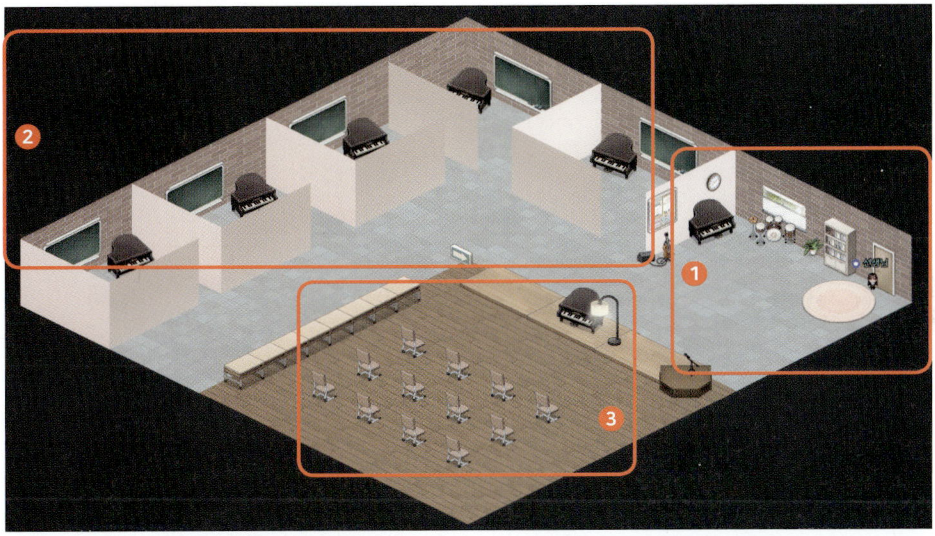

| 그림 5-16 | 연주실의 입장 공간, 연습실 공간, 발표회 공간의 구성

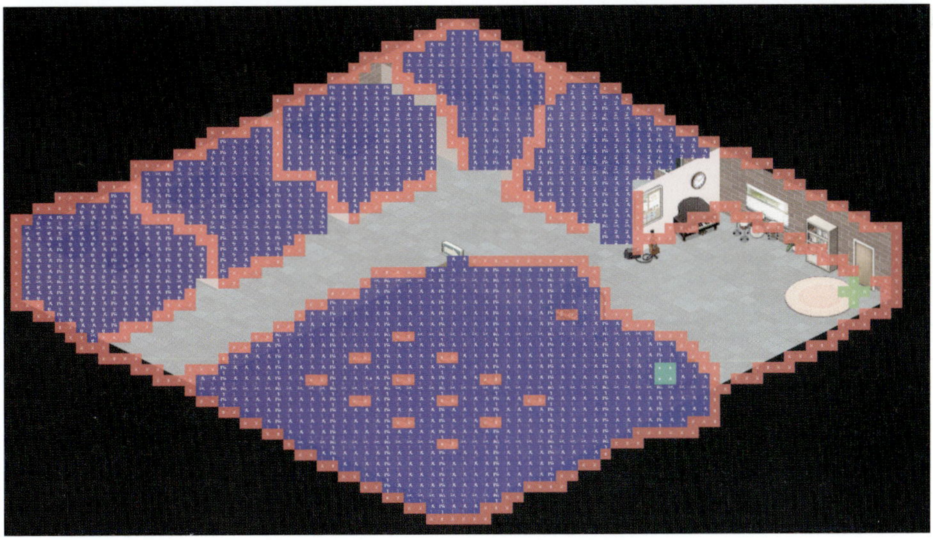

| 그림 5-17 | 타일 효과 기능 구성

① 가상악기 체험 공간

연주실에 입장하면 드럼, 피아노, 기타 등 다양한 가상악기를 자유롭게 연주할 수 있는 소리 탐색 입장 공간이 먼저 나온다. 아바타가 악기 근처에 가면 오브젝트에 노란색 선이 생기고, F키를 클릭하면 악기를 연주할 수 있는 웹사이트 뮤지카 링크로 연결된다(https://www.musicca.com/ko/guitar).

| 그림 5-18 | 가상악기 링크 연결과 플레이 화면

② 공유 연습실 공간

두 명씩 짝을 지어 함께 협동 연주할 수 있는 공간으로 이동한다. 친구와 주고받는 소리를 통해 표현력을 기를 수 있는 공간이다. 칠판에는 학습활동을 제시하여 학생들이 보다 쉽게 학습을 할 수 있게 한다.

각 연습실 공간마다 가상피아노의 주소는 다르게 생성하여야 한다. 각 공간의 쉐어드 가상피아노는 그 공간에 있는 아바타만 연주가 가능하다.

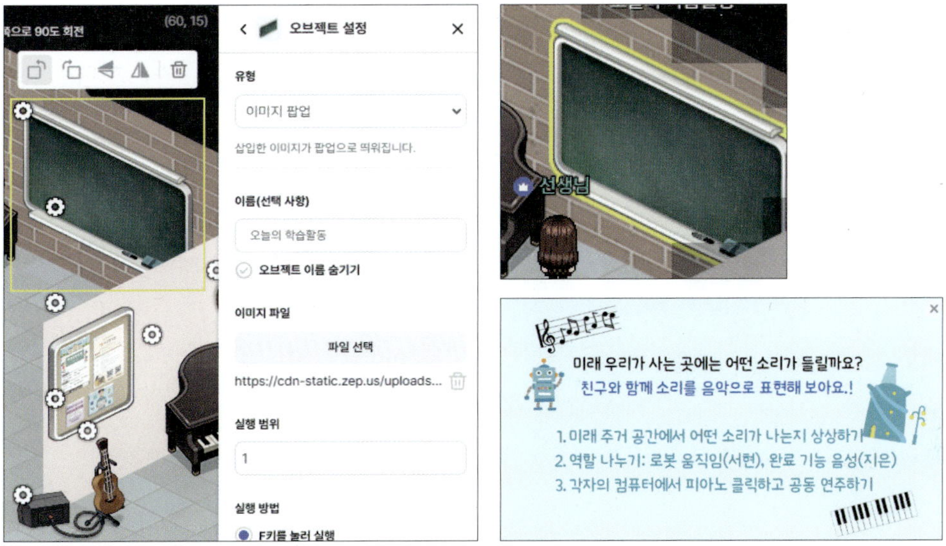

| 그림 5-19 | 칠판 오브젝트 이미지 팝업 설정과 플레이 화면

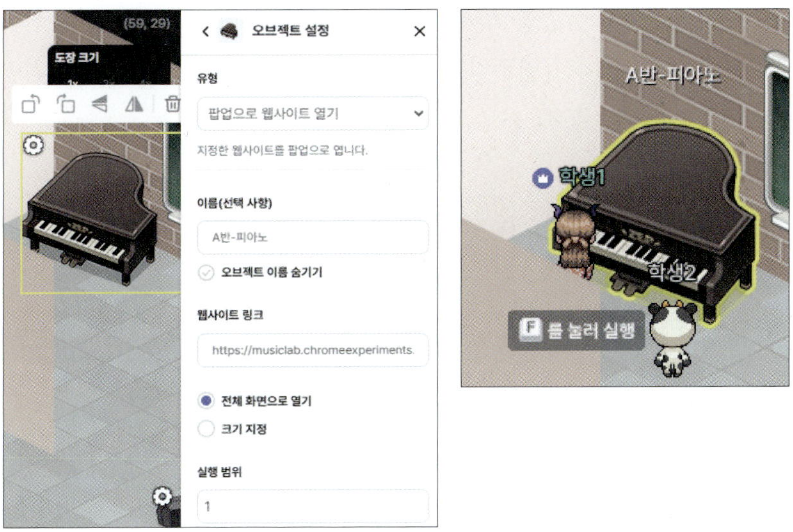

| 그림 5-20 | 피아노 오브젝트 설정과 플레이 화면

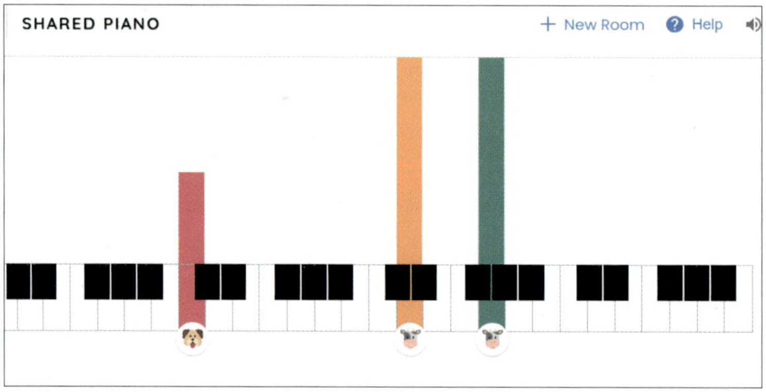

| 그림 5-21 | 2인 연주하는 가상피아노

③ 발표회 공간

마지막으로 발표회 공간은 모두 모여서 연주를 하고 감상하는 공간이다. 연습한 곡을 친구와 함께 발표하고 감상과 피드백을 나눌 수 있다. 공유 연습실에 있는 전체 학생에게 발표회 공간으로 이동 안내 방송을 하기 위하여 스포트라이트 기능을 사용한다. 학생들의 아바타가 발표회 공간에 모이면 연주발표를 시작한다. COVID-19와 같은 전면 비대면 상황에서도 화면 공유 기능을 통해 연주 감상이 가능하다.

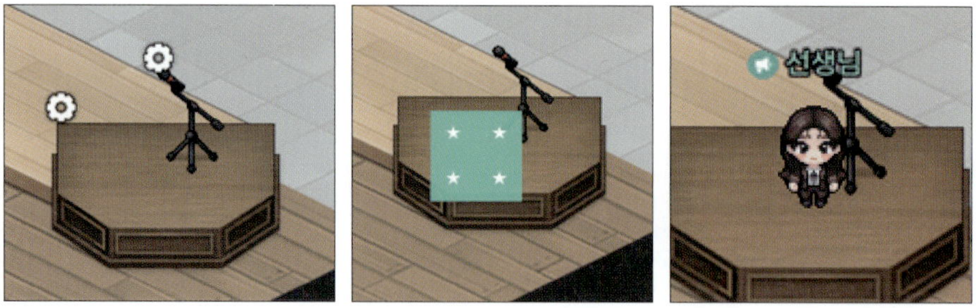

| 그림 5-22 | 스포트라이트 설정과 플레이 화면

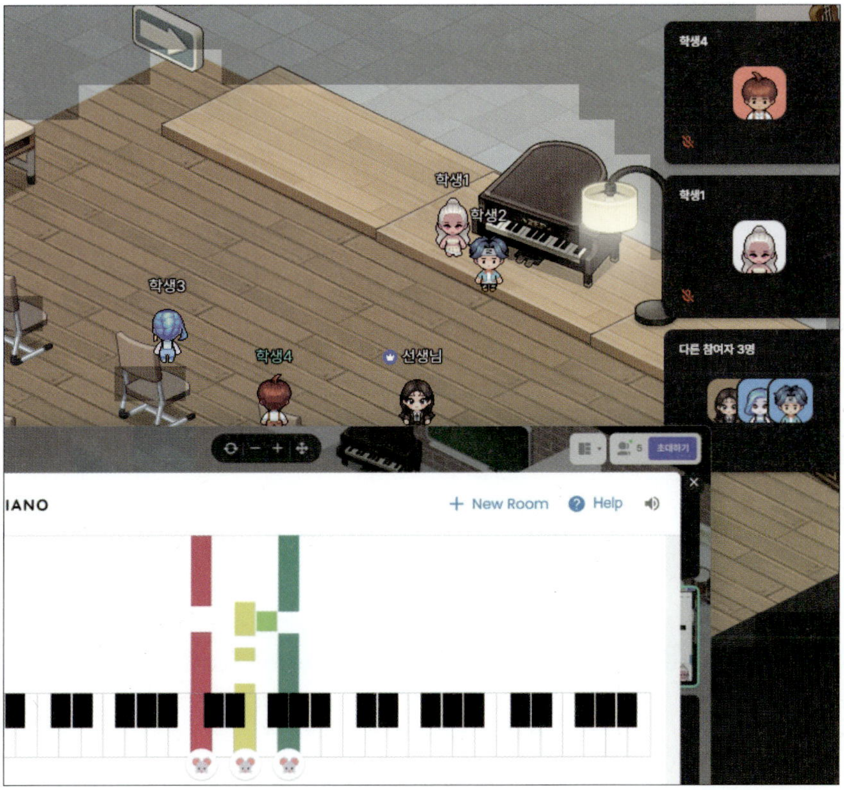

| 그림 5-23 | 연주회 플레이 화면

메타버스 공간이 만들어진 후 플레이 화면에서 왼쪽 하단에 톱니바퀴 모양의 설정을 클릭하면 다양한 설정을 바꿀 수 있다.

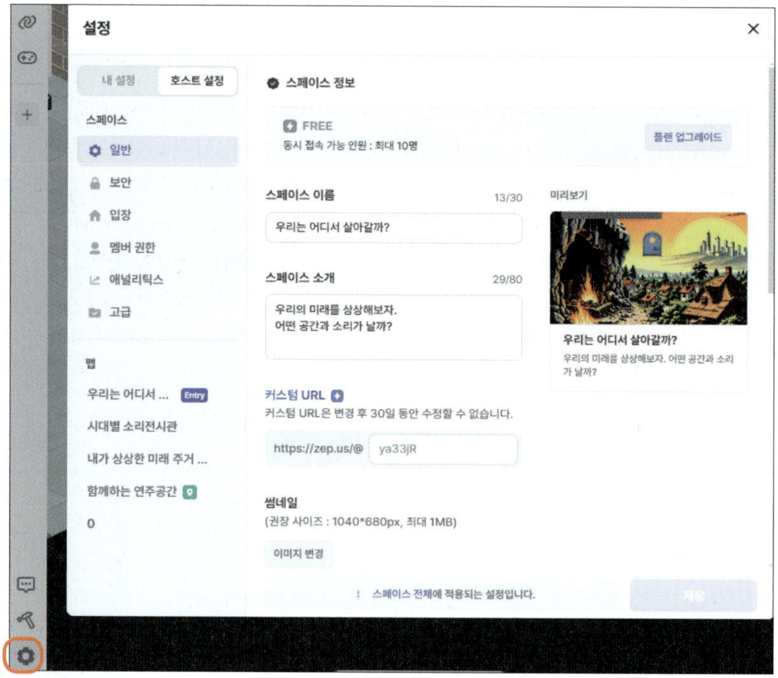

| 그림 5-24 | 스페이스 설정

플레이 화면에서 오른쪽 상단에 초대하기 버튼을 눌러 초대주소와 큐알코드를 이용한다.

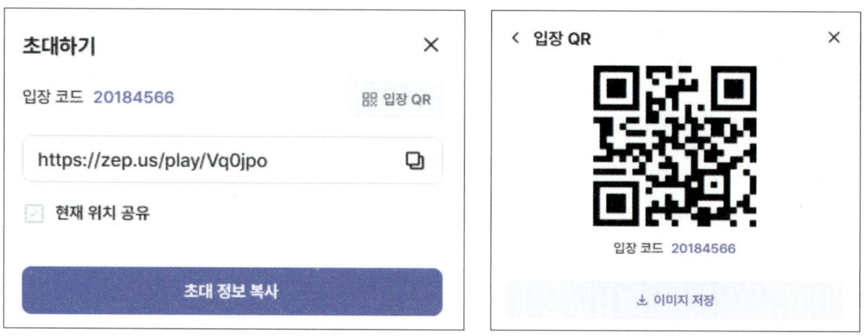

| 그림 5-25 | 공유하기 주소와 큐알코드(https://zep.us/play/Vq0jpo)

2. 감상 : 모둠별 민요 학습

우리나라 민요를 학습한다는 것은 단순히 음악을 배우는 것을 넘어서 우리 문화의 정체성을 이해하는 데 중요한 역할을 한다. 우리의 생활, 역사, 정서를 배우고 각 지방마다의 고유한 억양과 감정을 자연스럽게 이해할 수 있다. 하지만 서양음악에 익숙해져 있는 학생들은 안타깝게도 우리나라 민요 학습을 조금 지루해하기도 한다. 메타버스 안에서 스스로 자료를 찾아가며 학습하는 재미있는 민요 수업을 준비한다면 학생들의 흥미와 몰입을 이끌어 낼 수 있다.

1) 주제 : 우리나라 지역의 민요

2) 학습목표

- 민요와 시김새를 이해할 수 있다.
- 우리나라 각 지역 민요의 토리를 표현하여 가창할 수 있다.
- 메타버스에서의 민요 활동을 통해 우리 민요를 소중히 여기는 태도를 가질 수 있다.

3) 수업 설계

학생들이 협동하여 학습할 수 있는 다양한 협동학습 설계 모형 중에 자율적 협동학습 모형(Coop-Coop model)이 있다. 이 모형은 학생들이 공동의 학습주제를 해결하기 위해 자율적으로 역할을 분담하고, 책임감을 가지고 협력하며 학습을 수행하는 모형이다. 전체 과제에 대해 학생들이 소주제별로 모둠을 만들고, 모둠 내에서 미니 주제로 역할을 분담하여 개인이 학습하는 구조이다. 개인의 학습 성취와 소모둠 내 협력, 나아가 모둠 간 협력으로 전체 주제를 완성하는 활동으로 책임감, 자기주도성, 상호의존성 등을 동시에 추구하는 모둠 기반 활동이다. 개인이 조사한 내용을 모둠원들과 공유하고 전체 교실에서 발표한 후, 모둠별 자료를 모아 공동의 학습주제를 완성하고 평가하는 단계로 진행된다.

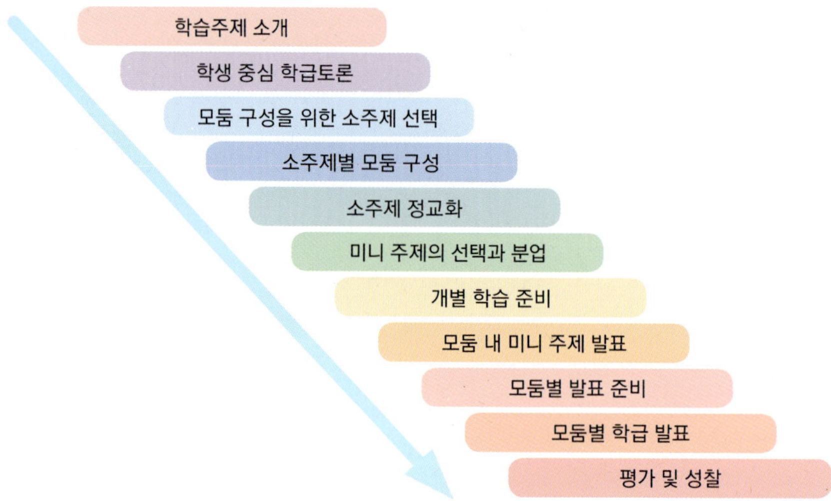

| 그림 5-26 | Coop-Coop 모형 단계

〈표 5-6〉 민요 학습지도계획

단 계		교수-학습 활동	젭 활용
도입 10분	학습 주제 소개	• 젭 접속사항 체크와 동기 유발 - 지난 시간에 학습 둥당기타령을 반 전체 가창하기 - 민요에 대한 개념에 대하여 전 차시 이해 확인하기 - '지역별 민요 차이' 영상적 자료 제시하기 • 오늘의 학습목표와 활동을 소개 - 젭에서 칠판 오브젝트 F키 눌러 확인하기 지역 민요에 대한 음악적 특징을 이해할 수 있다. 지역 대표곡들의 음악적 특징을 바탕으로 감상할 수 있다. 〈학습활동〉 1. 모둠별로 민요 지역 선택하기 2. 모둠별 공간에서 4개의 학습문제에 대한 답 찾아오기(역할 분담, 활동지 쓰기) 3. 전체 교실에서 모둠별 작성한 것 발표하기 4. 발표 후 감상하기 5. 활동지 온라인 공간에 업로드하기	유튜브 공유 출처 : JTBC Life https://www.youtube.com/watch?v=WD6bCeK1phs 칠판 오브젝트 기능 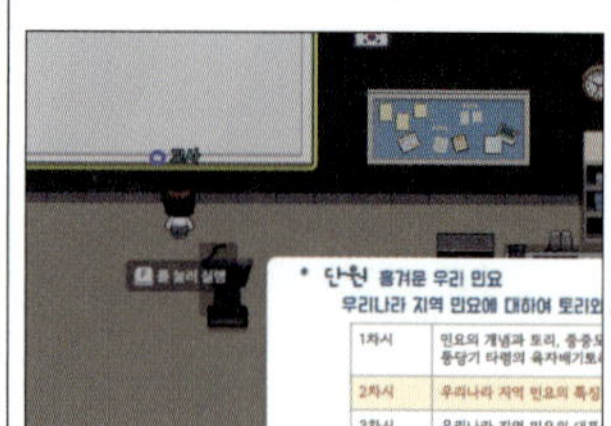

	학급 토론	• 학생은 학습문제 해결을 위하여 교과서의 지도를 보며 문제를 해결할 것을 찾아서 발표 - 서도, 경기, 동부, 남도, 제주의 지역, 특징, 대표곡 살펴보기 - 학습활동을 해결하기 위해 필요한 지식에 대하여 토의하기 - 교수자는 학생들이 학습활동으로 무엇을 조사해야 하는가 알고 있는지 확인하기	전체 교실 화상회의 기능 PPT 학습주제 공유
	소주제 선택	• 토론한 내용을 토대로 제시된 학습문제 해결을 위하여 모둠을 구성하고 소주제 선택 - 각 지역 : 서도, 경기, 동부, 남도, 제주로 소주제 선택하기 - 교수자는 학습자들의 자율적으로 선택하거나 임의로 선택하기	화상회의 기능 PPT 공유 채팅창 이용
전 개 20 분	모둠 구성	• 학생은 소주제별 모둠을 구성하고, 모둠별 공간으로 이동 - 구성원 중 1명은 음악적 경험이 있는 학생으로 구성하기 - 교사는 모둠별 공간으로 이동할 것을 안내하기 - 모둠장은 연습계획서를 작성하여 제출할 것을 안내하기	화상회의 기능 PPT 공유 모둠별 공간 이동
	정교화	• 학생은 모둠별 공간에서 학습문제 확인 - 각 지역 위치, 대표곡, 음악적 특징, 지역 토리 조사하기 - 오브젝트에 링크된 자료들을 기반으로 하여 조사하기 - 모둠별로 토론하며 정교화하기	화이트보드 오브젝트 인지물 책상 오브젝트 감상 컴퓨터 오브젝트 검색 컴퓨터 오브젝트
	미니 주제 선택	• 학생은 미니 주제로 분업화하여 모둠별 안에서 개별 학습하기 위한 계획 - 학습문제 답을 찾을 위하여 개별적 과제 선택하기 • 교수자는 모둠별 학습지도 - 모둠의 학습이 원활하게 진행되고 있는지 확인 및 피드백하기	모둠별 공간 화상회의 기능 프라이빗 타일 효과 기능
	개별 학습	• 학생은 개별 학습을 위한 준비 및 실행 - 개별 학습 문제해결을 위한 자료 탐색 준비하기 - 모둠별 학습공간에서 업로드된 자료 활용하여 학습하기 - 개인조사하면서, 모둠원끼리 서로 도우며 진행하기	화상회의 기능 파일 공유 기능과 다운 프라이빗 타일 효과 기능 화이트보드 공유 기능

	모둠 내 발표	• 학생은 모둠별 공간에서 자신이 조사한 미니 주제에 대한 개인 자료들을 모둠원에게 발표 - 구성원들은 부족한 것이 없는지 파악하기 - 모둠별 토론하여 수정하기 - 시간이 있으면 대표곡 감상하기(다음 차시에 대표곡 연습)	모둠별 교실 화상회의 기능 화이트보드 공유 기능
	학급 발표 준비	• 학생은 개인별로 조사한 것을 모둠장이 요약글로 작성 - 음악 경험이 있는 구성원은 개별 학습 내용을 글로 요약 정리, 모둠별 PPT 제작하기 - 교사에게 과제물 제출하기(파일 공유, 이메일, 학급밴드 등 활용) • 교사는 준비를 마친 학생들은 전체 교실로 모일 것을 알림	파일 공유 기능 스포트라이트 기능
	학급 발표	• 학생은 전체 교실 공간으로 이동하여 전체 학급에 발표 - 발표 후 대표곡 감상하기(교수자가 공유) - 음악적 특징을 파악하여 감상하기	전체 교실 공간 파일 공유 기능 화면 공유 기능 화상회의 기능
마무리 10분	평가 및 성찰	• 모둠별 자료를 과제 전시공간에 공유 • 학생은 과제 전시공간의 이미지를 클릭하여 다른 모둠의 학습과제를 보고 평가 - 반성적 사고와 이야기 나누기 - 채팅창과 화상회의 기능 활성화하기 • 모둠별 과제를 보고 개인 활동지 작성 - 학습활동지 모든 지역별 민요에 대한 자료 완성하기 - 완성 후 이미지 파일로 저장하여 업로드 또는 수업 후 완성된 학습활동지를 학급 온라인 공간에 제출하기 • 다음 차시를 예고하며 마무리 - 각 모둠별 대표곡 공연 행사 안내하기	파일 공유 기능 이미지 공유 기능 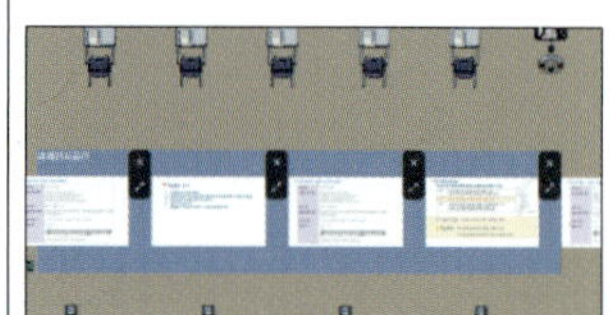

〈표 5-7〉 평가사항

지식·이해	1. 민요와 시김새를 이해할 수 있다.
과정·기능	2. 민요의 지역별 특징이 반영된 토리를 표현하여 가창할 수 있다.
가치·태도	3. 지역별 민요 대표곡을 감상하고 민요의 정체성과 가치를 느낄 수 있다.

■ 학습활동지

우리나라 민요

이름 : ________________ 학습 날짜 : ________________

1. 민요의 개념에 대하여 정리해 보자.

㉠ 옛날부터 입에서 입으로 전해져 내려오는 노래

민요에는 옛 선조들의 생활 모습이 그대로 담겨 있음

우리나라의 민요는 지역에 따라 각각의 특징을 가지고 있음

2. 우리나라의 5도 민요의 지역을 표시해 보자.

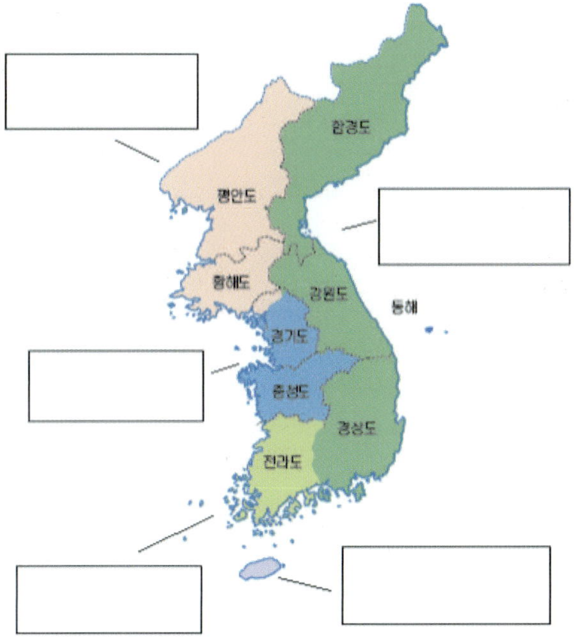

3. 음악적 특징과 대표곡 토리를 정리해 보자.

1	민요	특징	마치는 음의 5도 위의 음을 떠는 소리를 내며, 수심에 찬 슬픈 느낌
		대표곡	수심가, 자진염불, 산염불, 자진난봉가, 몽금포타령, 풍구타령
		토리	수심가 토리
2	민요	특징	
		대표곡	
		토리	
3	민요	특징	
		대표곡	
		토리	
4	민요	특징	
		대표곡	
		토리	
5	민요	특징	
		대표곡	
		토리	

4. 오늘의 학습활동으로 민요에 대한 어떤 생각을 갖게 되었나요?

> ㉠ 우리의 민족성과 정서를 담고 있다는 것을 알았다. 그 지역의 상황이나 결핍을 노래로 이겨낸다는 것을 알았다. 생활을 너무 즐겁게, 의미 있게 하는 노래이다. 그 시대와 지역의 감성을 가지고 있다는 것을 알았다. 등

그림 5-27 | 민요 학습활동지

(1) 전체 학급 교실

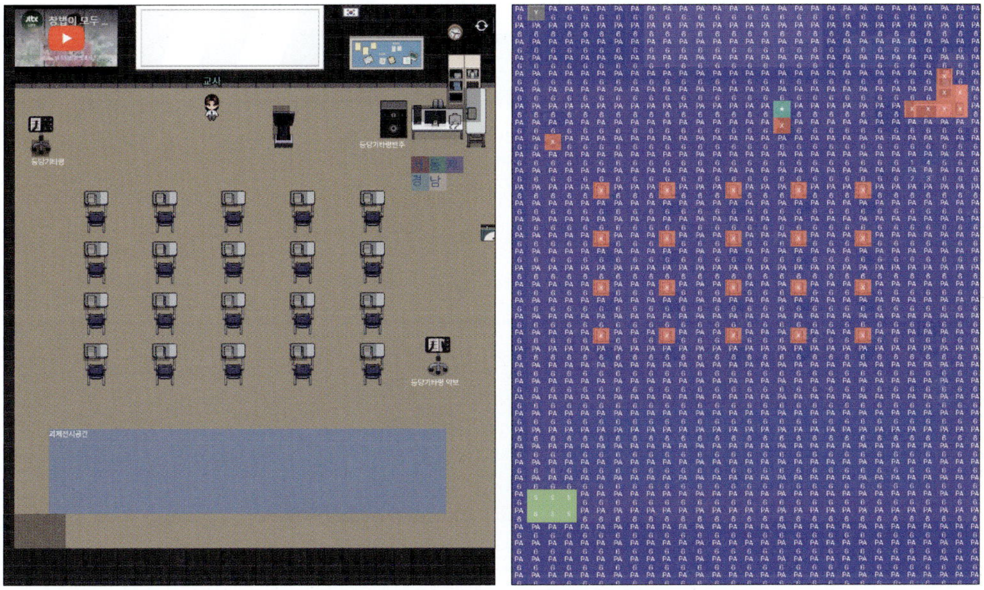

| 그림 5-28 | 전체 학급 교실과 타일 효과

① 학습주제 소개

교실에 입장하면 공지사항 확인이 표시된다. 칠판에는 오늘의 학습목표를 확인할 수 있고, 유튜브 시청이 가능하다. 교사는 맨 하단 공유하기로 함께 감상하기 지도를 할 수 있다.

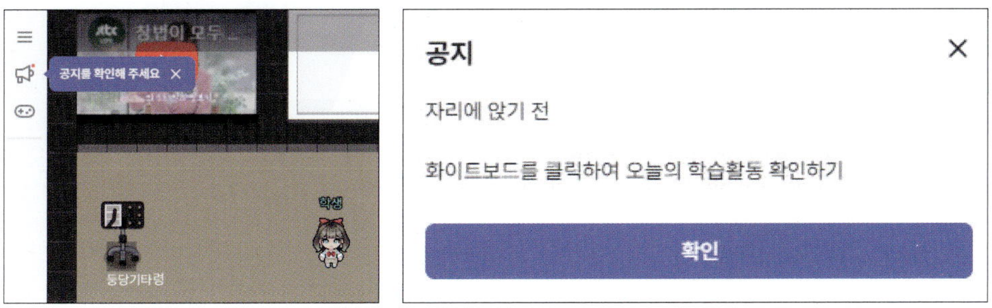

| 그림 5-29 | 공지사항 확인

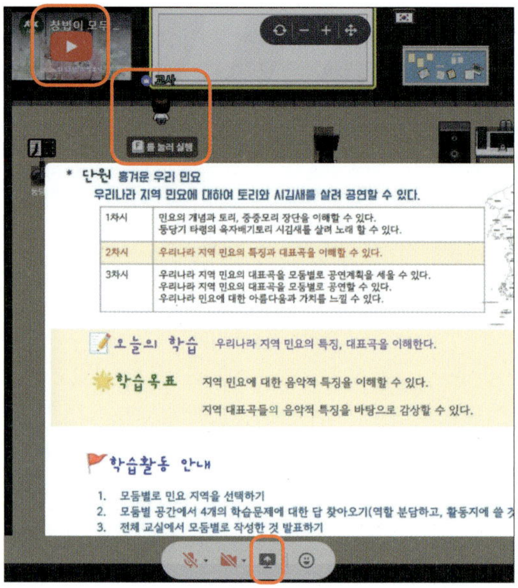

| 그림 5-30 | 학습주제 소개 플레이 화면

② 학생 중심 학급토론

학습목표에 제시한 학습문제를 해결하기 위하여 책상 오브젝트 위에 있는 디지털 교과서를 탐색한다(자료 출처 : 동아출판 6학년 디지털 교과서).

| 그림 5-31 | 새 탭으로 웹사이트 열기 링크 연결과 플레이 화면

③ 소주제 선택

5도의 지역으로 구분한 소주제를 학생들이 상의하여 하나씩 주제를 선택하도록 안내한다(서도, 경기, 남도, 동부, 제주).

(2) 모둠별 공간

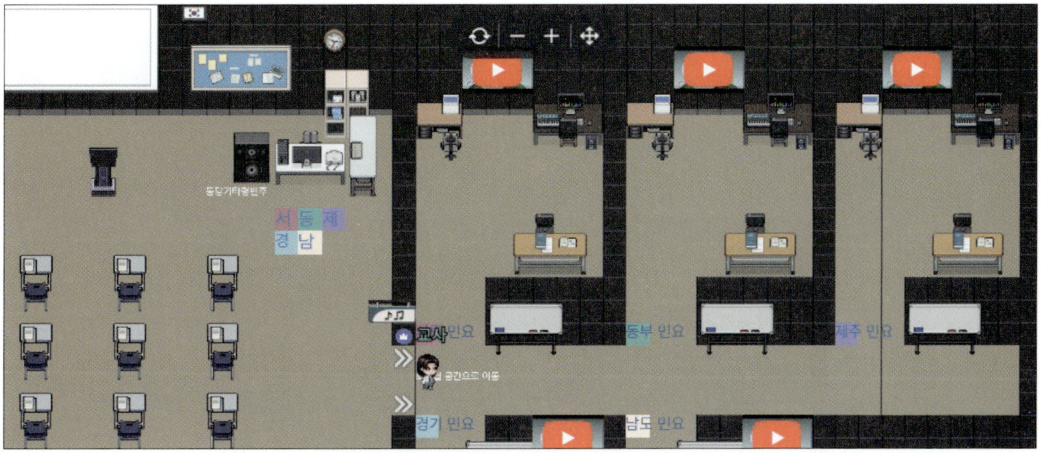

| 그림 5-32 | 모둠별 공간으로 이동 플레이 화면

④ 모둠 구성

모둠을 구성하여 모둠별 공간으로 이동한다. 각 공간은 모둠원끼리만 소통할 수 있는 공간이다.

⑤ 소주제 정교화 ⑥ 미니 주제 선택 ⑦ 개별 학습 준비 및 실행

학생들은 화이트보드에서 활동지 내용을 확인하고, 모둠원은 과제를 분담하여 미니 주제를 선택 후 개별 학습을 한다. 공간 안에는 다양한 학습 자료가 업로드되어 있다(자료 출처 : 네이버 어린이백과 '토리', 국악 TV https://youtu.be/UG5ylmtDwTE?feature=shared).

빈칸을 채워서 모둠별 자료를 완성해보자.

모둠 민요	예시) 서도 민요
모둠원 이름(역할)	박현진(서도 민요 지역 조사하기) 박재현(서도 민요의 음악적 특징 조사하기) 박주현(서도 민요의 대표곡 조사하기) 박서현(수심가 토리에 대하여 조사 및 글쓰기)
문제1) 지역	평안도, 황해도 지역
문제2) 음악적 특징	5음 음계, 콧소리가 섞여서 가만히 떠는 소리와 콧소리로 얇게 떠는 소리로 수심 찬 슬픔 표현
문제3) 대표곡	수심가, 몽금포타령, 산염불, 자진난봉가, 풍구타령
문제4) 토리	수심가 토리 시작음 위에 5도(레-라)는 떠는 소리를 낸다.

그림 5-33 | 화이트보드 오브젝트 플레이 화면

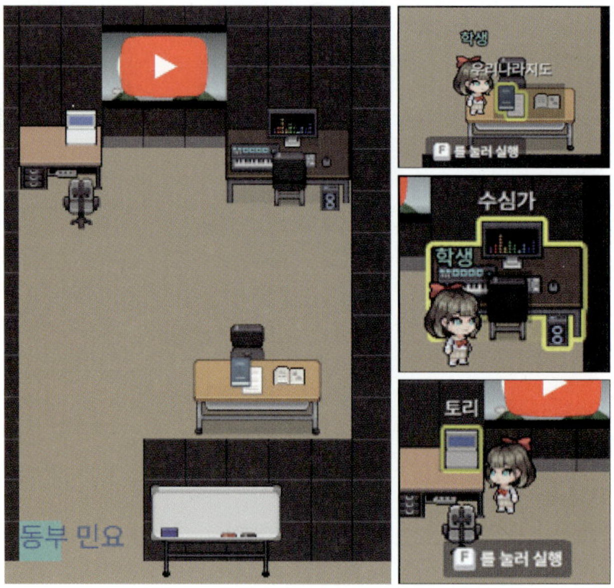

그림 5-34 | 모둠 공간과 오브젝트 플레이 화면

⑧ 모둠 내 발표 ⑨ 학급 발표 준비

학생들은 개별 학습한 내용을 모둠 내 발표하고 모둠장은 전체 교실 발표를 위해 최종 정리한다.

(3) 전체 학급 교실 다시 모이기

⑩ 전체 학급 발표 ⑪ 평가 및 성찰

교사는 스포트라이트 기능으로 모둠 공간에 있는 학생들을 전체 교실로 입장하게 한다. 모둠장은 미디어 추가 기능으로 정리한 학습활동을 과제 전시공간에 업로드한다. 학생들은 이를 살펴보고 평가하며 성찰한다.

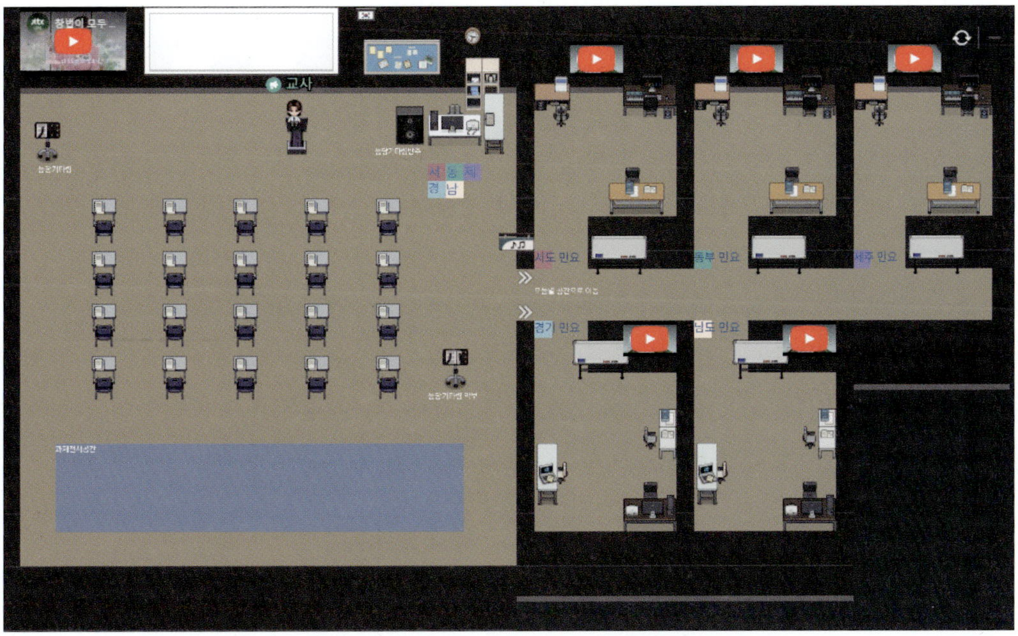

| 그림 5-35 | 우리나라 민요 학습공간

우리나라 민요 학습공간
https://zep.us/play/lpWBQd

3. 창작 : 에듀테크 창작 학습

미래사회를 살아갈 학생들에게 중요한 역량으로 창의성 신장 교육은 중요하다. 교육부(음악과, 2022)에서 제시한 음악과 '목표'는 음악의 의미를 탐색하고 새롭게 표현하며 창의성을 기르는 것으로 창작 영역을 제시하였다.

디지털 시대에 맞추어 교육부에서는 초등 고학년부터 디지털 매체를 활용하여 음악 영상을 만들어 소통하는 활동을 제시하고 있다. 인공지능, 가상악기, 메타버스 등을 사용한 에듀테크 수업이 이루어져야 한다(교육부 음악과, 2022).

컴퓨터 기보 매체인 '뮤즈스코어'는 작곡과 기보를 위한 디지털 도구로, 교육적으로 활용할 경우 학습자가 음을 입력하고 청각적으로 즉시 확인할 수 있어 실시간 피드백이 가능한 유용한 도구이다. 또한 마디를 초과하는 음표 입력이 제한되어 있어 음 길이 학습에 효과적이다.

창작 학습은 개인의 주관적 감정과 생각을 표현해야 하므로 개별 지도가 필요하다. 메타버스 공간에서는 교사와 학습자가 개별 소통할 수 있는 창작 전용 공간을 구성하여 효과적으로 지도할 수 있다. 뮤즈스코어 홈페이지 링크와 사용자 매뉴얼 다운로드, 한도막 형식의 내용의 디지털 교과서 등 창작 활동을 지원하는 다양한 자료를 포함하여 가상공간을 구성할 수 있다.

이러한 환경은 학습자가 스스로 창작 활동에 참여하도록 유도하여 자기주도적 학습 역량을 기르는 데 긍정적인 영향을 미칠 수 있다.

1) 주제 : 나는 미래음악 작곡가

2) 학습목표 : 한도막 형식의 곡 창작하기

- 반종지(V), 종지(V–I) 화성 진행을 이해할 수 있다.
- 컴퓨터 기보 매체로 한도막 형식의 곡을 창작할 수 있다.
- 자신이 만든 음악을 공유하며 음악 창작의 즐거움을 느낄 수 있다.

3) 수업 설계

〈표 5-8〉 창작 학습지도계획

단계	교수-학습 활동	젭 활용
도입 10분	• 젭 접속사항 체크와 동기 유발 - 뮤즈스코어 시청각 자료 제시하기 - 교사의 뮤즈스코어 시범하기 • 학생들에게 오늘의 학습목표와 활동 소개 - 젭에서 칠판 오브젝트 F키 눌러 확인하기 - 책상 교과서 오브젝트 F키 눌러 확인하기 〈학습활동〉 1. 가락의 전개 이해하기 2. 4마디 반종지, 8마디 종지화음 이해하고 작곡하기 3. 한 마디 안에 1~5개 음표 들어가게 작곡하기 4. 통일성 있는 한도막 형식의 가락 만들기	유튜브 공유 https://youtu.be/7XEFbgqvrXw?feature=shared 칠판 오브젝트 기능 책상 교과서 오브젝트 기능
전개 25분	**활동 1. 가락의 전개, 화음의 이해 : 전체 교실** • 지난 차시 글쓰기와 리듬 짓기 점검 - 1차시 : 1~4글자로 8박스에 글짓기 - 2차시 : 4박자 한 글자에 음표 1개씩 넣기 모방, 대조, 동형 진행 통일성 생각하기 • '학교 종' 분석 - 학교 종 악보 분석하여 모방, 동형, 대조 찾아내기 - 가락의 전개 이해하기 • 쉬어가기, 끝나기 이해 - 화성 진행의 이해 : V쉬어가기, V-I 끝나기 - 가상피아노 화음 듣기 • 젭 OX 퀴즈 - 가락, 화음 듣고 쉬어가기, 끝나는 느낌 맞추기	젭 퀴즈 기능 컴퓨터 오브젝트 기능 책 오브젝트 기능 미디어 추가 기능

	활동 2. 한도막 형식 창작 : 컴퓨터 음악실 공간 • 컴퓨터 오브젝트 클릭 뮤즈스코어 이해 - 전체 교실에서 교사 공유하기 화면 시범하기 - 8마디 설정, 마디 너비 넓히기 : 매뉴얼 다운로드와 실습하기 • 컴퓨터 공간으로 이동 : 개별 지도 - 1차시, 2차시 참고하면서 창작 스케치하기 - 글짓기와 리듬 짓기에 음 입히기 - 4마디 솔시레, 8마디 도로 끝내기 • 전체적인 통일성 검토	
마무리 5분	• 창작곡 저장 - MP3, PDF 파일로 저장하기 - 우리반 온라인 소통 공간에 업로드하여 공유 및 감상하기 • 평가지 오브젝트를 클릭하여 자신의 활동 반성 • 다음 차시 메타버스 음악회와 전시회 개최 예고	평가지 오브젝트 기능

(1) 전체 학급 교실

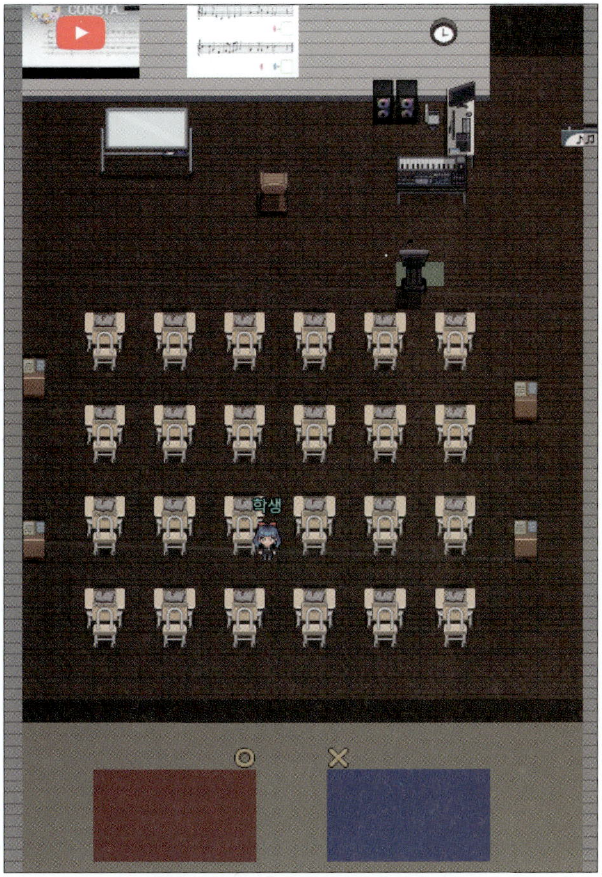

| 그림 5-36 | 창작 학습 전체 교실 공간

① 학습주제 소개

학습주제를 소개하고 영상을 시청하여 동기 유발을 한다. 화이트보드에는 학습목표를 확인할 수 있고 책상 위에는 오늘의 학습문제 이미지 파일과 뮤즈스코어 다운로드가 링크되어 있다.

② 가락의 전개, 화성의 전개

학생들은 가락의 전개로 반복(AA), 변화(AA′), 대비(AB)를 이해하고, 주요3화음(Ⅰ-Ⅳ-Ⅴ)을 이해한다. 교사는 가상피아노를 공유하여 학생들이 보고 들으면서 이해할 수 있게 한다. 교실 아래에는 OX 퀴즈 공간을 제시하여 흥미로운 수업을 진행할 수 있다.

(2) 컴퓨터 음악실 공간

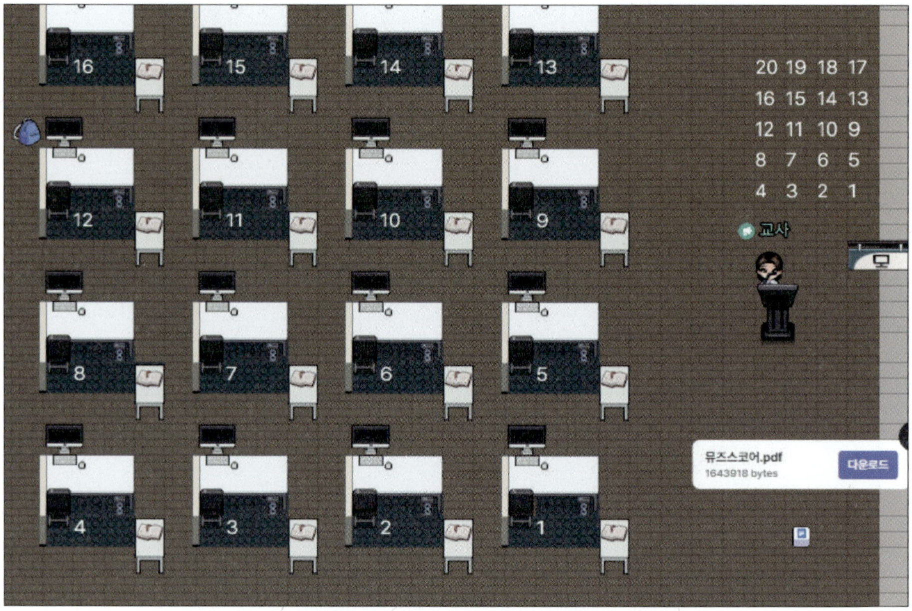

| 그림 5-37 | 컴퓨터 음악실 공간

③ 컴퓨터 기보와 창작

컴퓨터 음악실 공간으로 이동하여 개별 학습 지도를 한다. 뮤즈스코어 매뉴얼 다운로드, 뮤즈스코어 링크, 한도막 형식 교과서 이미지 파일이 업로드되어 있다. 교사는 교탁 위에 있는 숫자 오브젝트에 아바타를 이동시키면 해당 번호의 학생과 연결되고, 개별 피드백을 할 수 있다.

(3) 전체 학급 교실 다시 모이기

④ 평가 및 성찰하기

교사는 스포트라이트 기능으로 전체 교실로 다시 이동할 것을 안내하고 평가 시간을 갖는다. 학생들은 평가지를 확인하고 서로 악곡의 구성 요소를 이해하였는지, 리듬을 알맞게 사용하였는지, 한도막 형식에 맞게 가락을 구성하였는지, 4번째, 8번째 마디에 화음을 적절하게 사용하였는지 발표하고 성찰한다.

그림 5-38 | 스포트라이트와 평가지 오브젝트

음악 창작실 공간
https://zep.us/play/Wa4npg

4. 연주 : 리코더 급수제

리코더는 쉽게 소리를 낼 수 있어서 어린 학생들도 연주할 수 있는 생활악기이다. 하지만 학생들마다 연주 수준의 차이가 점차적으로 벌어진다.

자신의 수준에 맞는 정보를 얻고, 악보와 반주 등을 제공받으며 실력을 키워나갈 수 있는 공간을 구성한다면, 보다 흥미롭고 재미있는 학습이 가능할 것이다.

고학년의 경우에도 소리내기와 운지법부터 다시 시작해야 하는 학생들이 있으므로, 학년별이 아닌 수준별로 공간을 구성하는 것이 효과적이다.

젭을 이용하여 개인별 수준에 맞는 공간으로 아바타가 이동하고, 그 공간에서 악보, 반주, 시범 영상 파일을 활용하여 학습할 수 있다. 연주가 잘되면 영상을 촬영하여 우리반 온라인 소통 공간에 업로드하고, 다음 단계로 이동한다.

초보, 중수, 고수와 신 단계 10급수로 나누어 공간을 계획하고, 먼저 새 맵 추가하기 → 빈 맵에서 시작하기 → 맵 설정으로 공간을 만든다.

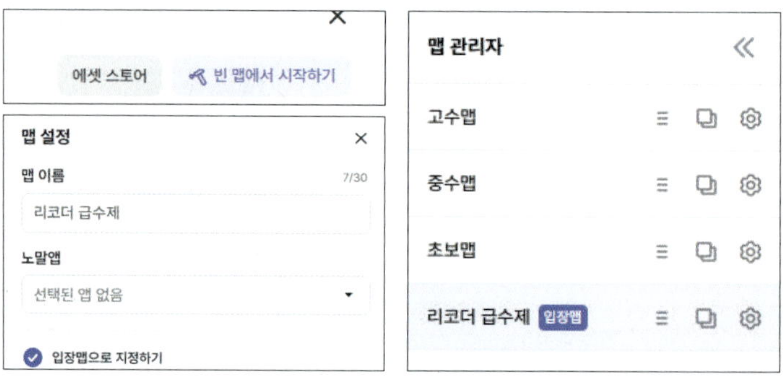

그림 5-39 리코더 급수제 맵 만들기

(1) 리코더방 입장맵

입장맵에는 학습안내 칠판, 영상자료, 리코더 바른 자세와 운지법을 제공하고 초보, 중수, 고수방으로 입장할 수 있는 문 오브젝트가 있다(영상 출처 : https://youtu.be/VDWJbP12KoM?si=0qij3Pnp1SN1lp1i).

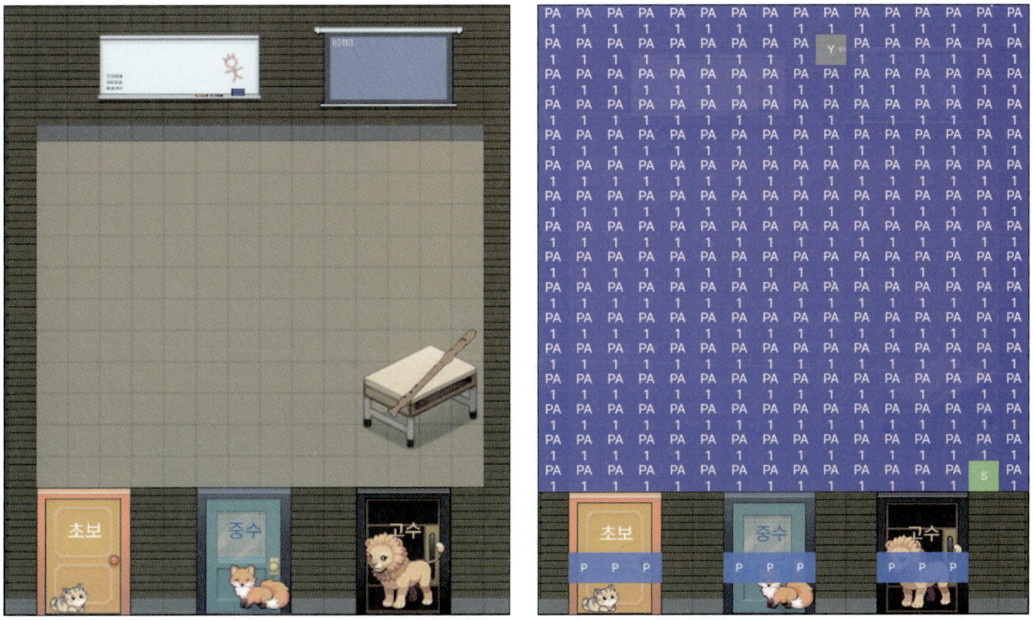

| 그림 5-40 | 리코더 급수제 입장맵과 타일 효과

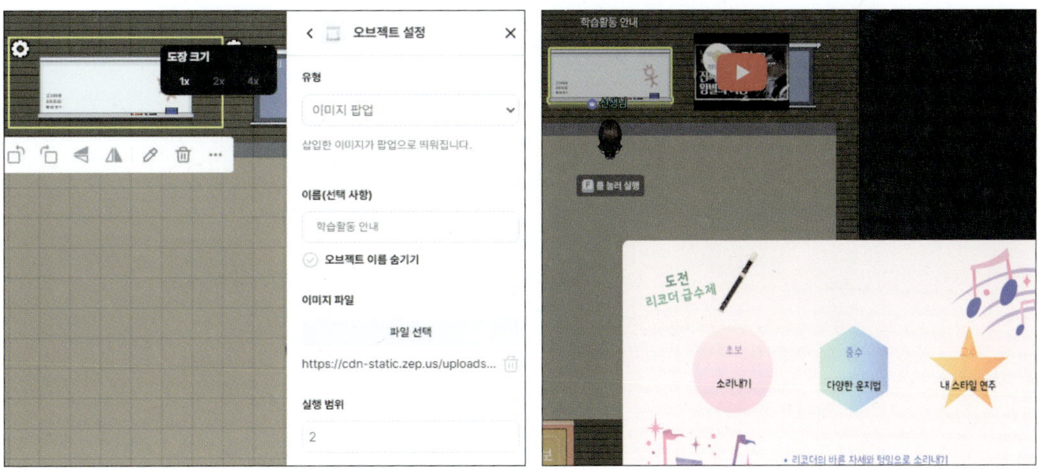

| 그림 5-41 | 칠판 오브젝트 설정과 플레이 화면

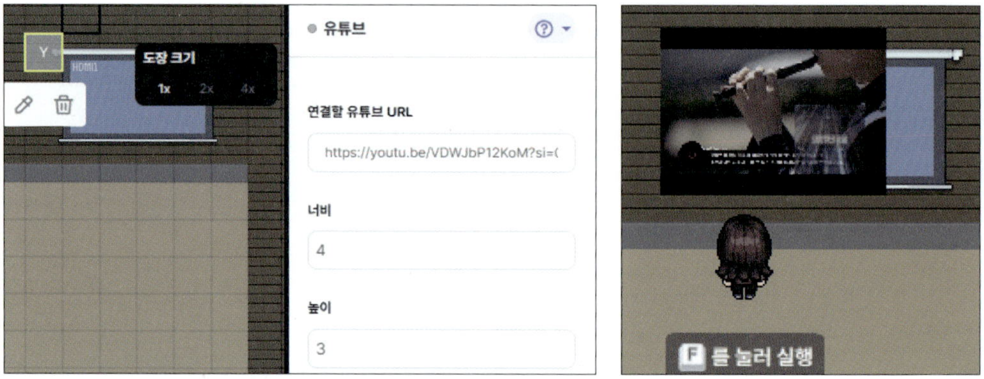

| 그림 5-42 | 영상자료 오브젝트 설정과 플레이 화면

리코더 오브젝트는 젭 안에 없기 때문에 개인 일러스트 파일을 업로드하여 사용하였다. '나의 오브젝트'에 파일을 업로드하여 배치한다.

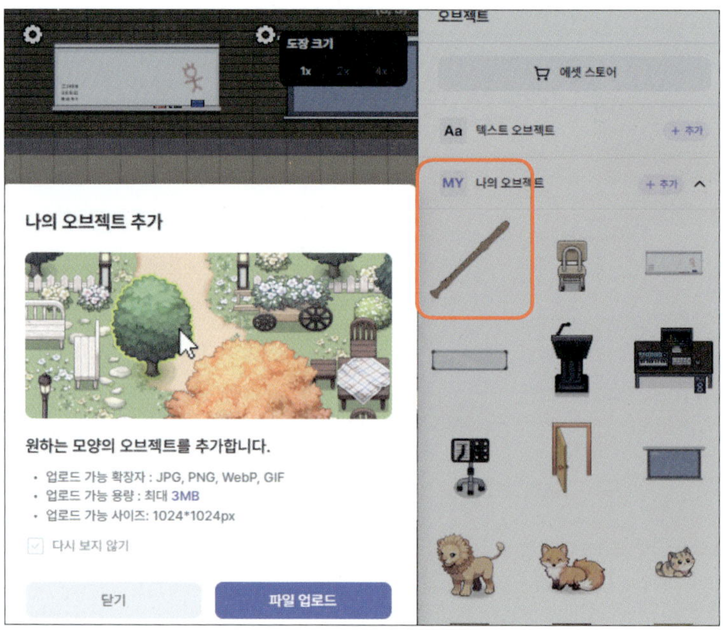

| 그림 5-43 | 리코더 오브젝트 추가

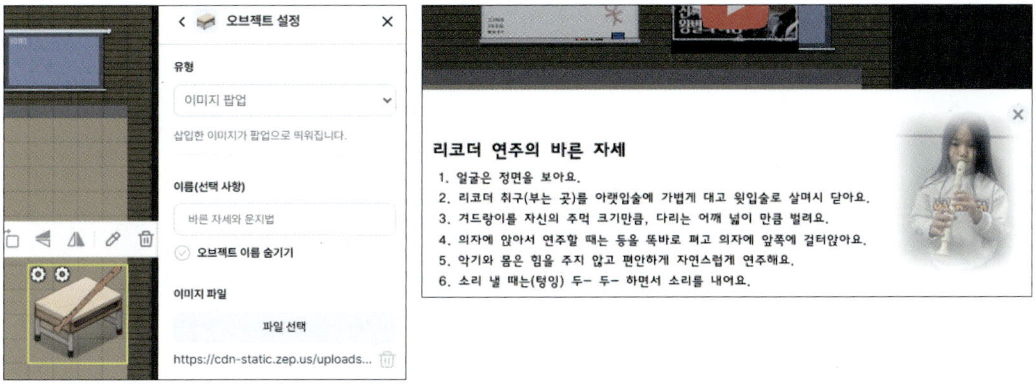

그림 5-44 | 리코더 오브젝트 기능 설정과 플레이 화면

(2) 초보맵, 중수맵, 고수와 신맵

각 공간에는 단계별 급수에 따라 알맞은 학습을 연결할 수 있다. 보면대 오브젝트에는 악보와 운지법이 안내되어 있다. 아바타는 컴퓨터 오브젝트 앞으로 가면 반주 음원을 바로 들을 수 있고, 또는 MP3 파일을 다운받아 사용할 수 있다. 또한 유튜브 시범 영상(영상 크기 팝업 800×600)을 감상할 수 있다(중수와 고수맵은 가상공간만 제공한다).

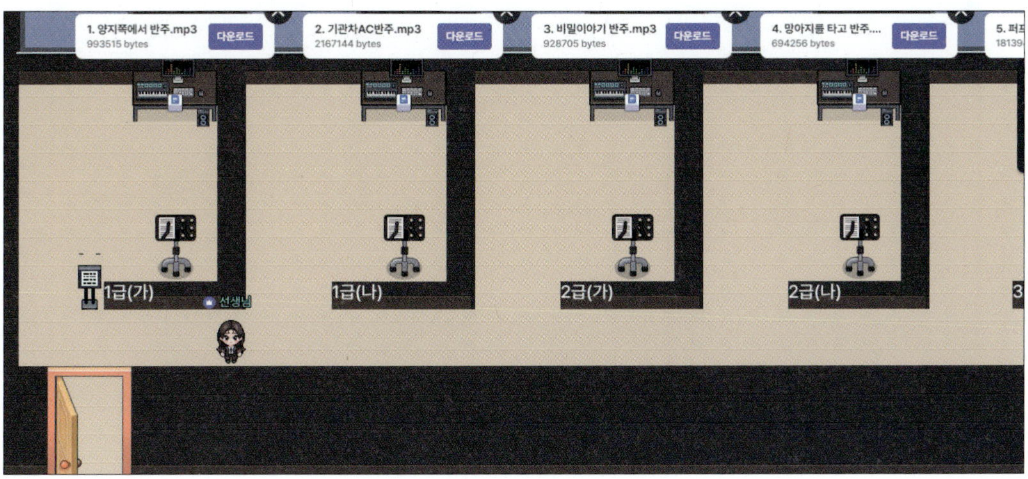

그림 5-45 | 리코더 급수제 초보방

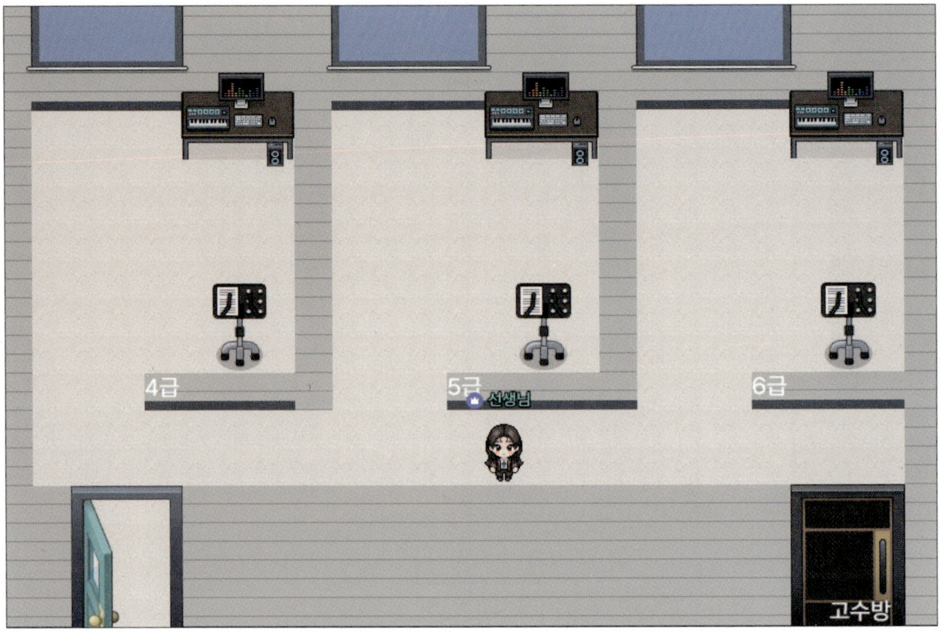

| 그림 5-46 | 리코더 급수제 중수방

| 그림 5-47 | 리코더 급수제 고수방

| 그림 5-48 | 타일 효과 기능

| 그림 5-49 | 보면대 악보 이미지 팝업 기능

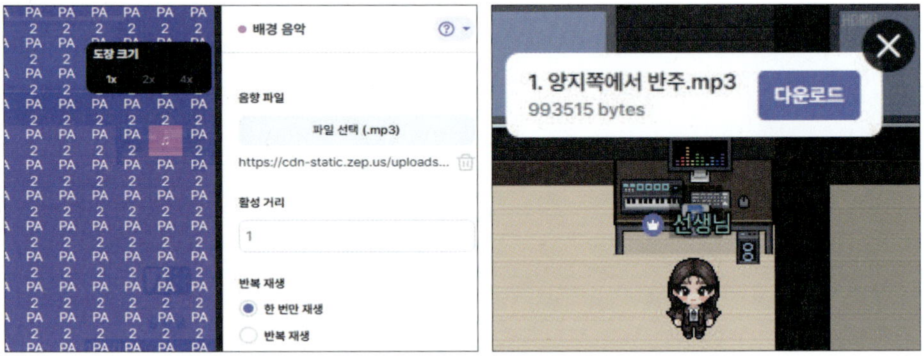

| 그림 5-50 | 반주 음원 감상 타일 효과와 MP3 파일 다운로드

| 그림 5-51 | 시청각 매체 시범 영상 팝업

리코더 급수제 공간
https://zep.us/play/XWvbQN

5. 다양한 음악수업 공간

1) 합 창

젭은 비대면 환경에서의 합창 수업을 지원할 수 있다. 전체 교실 공간에서는 학습주제 소개와 시청각 자료 탐색을 통해 학습의 방향을 제시하고, 학생들의 이해를 돕는다. 이후 학생들은 모둠별 연습실로 이동하여 가상피아노를 활용해 음정을 맞추고, 발성 방법을 익히며, 악보를 보고 반주 음원을 들으며 파트별 연습을 수행한다. 필요한 경우 학생들은 개인 레슨실에서 교사로부터 개별 지도를 받는다. 이와 같은 수업 디지털 기반의 자기주도적 학습과 협력적 음악활동을 지원할 수 있다.

단, 동시에 소리를 내고 타이밍을 맞추는 실시간 반주와 합창은 온라인 환경에서 발생하는 레이턴시(지연시간) 때문에 다소 어려움이 있다. 따라서 가상공간은 음정과 박자를 익히고 연습하는 공간으로 활용하며, 이후 개별 가창을 녹음하여 제출하면 교사가 영상 편집 프로그램으로 합창 영상을 편집하여야 한다.

(1) 전체 교실 공간

학습주제를 소개하고 시청각 자료를 탐색하면서 학습을 진행한다.

- 오브젝트 : 화이트보드, 피아노, 반주 MR, 시청각 자료, 악보
- 타일 효과 : 유튜브, 스포트라이트, 프라이빗 공간, 스폰, 통과 불가

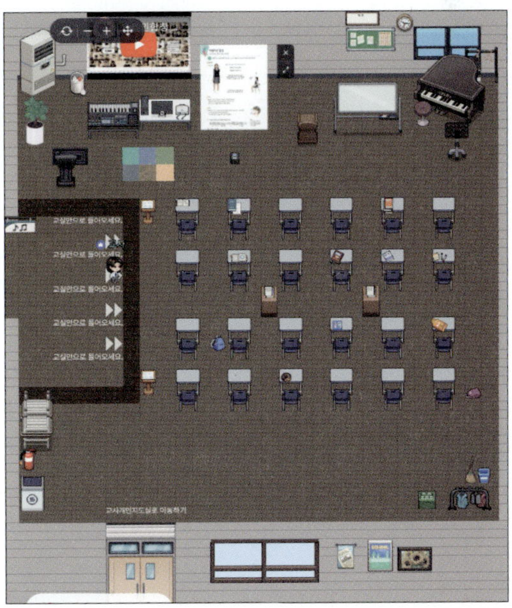

| 그림 5-52 | 합창 학습 전체 교실 공간

(2) 모둠별 연습실

모둠 공간 안에 있는 자료를 가지고 모둠별로 연습하도록 지도한다. 가상피아노 오브젝트를 공유하여 음정을 맞추고, 악보를 분석하여 도약과 어려운 리듬 부분을 체크하며 연습한다.

- 오브젝트 : 화이트보드, 피아노, 반주MR, 악보, 발성하는 법
- 타일 효과 : 프라이빗 공간, 통과 불가

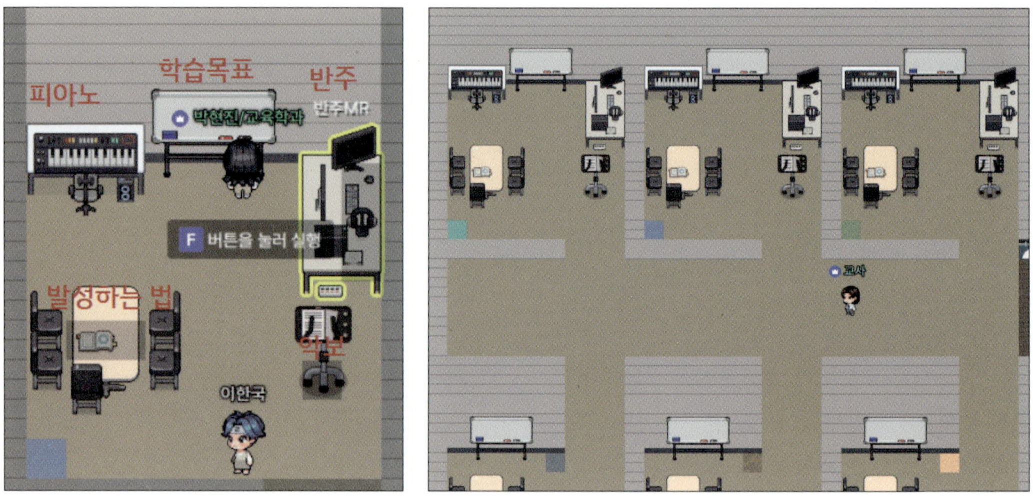

| 그림 5-53 | 모둠별 연습실 공간

(3) 개인레슨실

개인지도가 필요한 학생은 개인레슨실로 이동하여 개별 연습을 지도한다.

- 오브젝트 : 노트북(화음찾기), 화이트보드, 피아노, 악보
- 타일 효과 : 통과 불가, 포털, 스폰

| 그림 5-54 | 개인레슨실 공간

합창공간
https://zep.us/play/OvBRga

2) 서양음악사

서양음악사 수업에서 시대별로 구분된 젭 학습공간을 구성하여 시간의 흐름에 따른 음악 변화 수업을 진행할 수 있다. 특히 음악은 시대의 정신과 문화를 청각적으로 반영하는 예술 형태이므로, 각 시대 공간에서 대표 작곡가의 음악을 감상하며 시간의 흐름을 인식하는 경험이 중요하다. 젭은 시각과 청각 요소를 결합해 박물관 형태로 제시함으로써 학습자에게 몰입감 높은 역사 탐색 기회를 제공한다. 학생들은 시대의 흐름에 따른 전시공간을 모둠별로 관람하면서, 학습활동지를 작성하며 각 시대의 음악적 특징을 스스로 정리하고 표현할 수 있다. 즉, 메타버스 기반 음악사 수업은 청각적 특성과 시각적 공간 구성을 통합하여, 시간의 흐름 속에서 음악을 듣고 이해하는 학습 환경을 제공할 수 있다.

(1) 전체 교실 공간

학습주제를 소개하고 시청각 자료를 탐색하면서 학습을 진행한다. 수업의 마지막 단계에서 작성한 활동지를 '미디어 추가' 기능을 활용하여, 교실 뒤편의 활동지 전시공간에 업로드하여 공유한다.

- 오브젝트 : 화이트보드, 인지물, 학습목표
- 타일 효과 : 유튜브, 스포트라이트, 프라이빗 공간, 스폰, 통과 불가

그림 5-55 | 음악사 전체 학습공간

(2) 모둠별 학습공간

학생들은 소주제별 모둠을 구성하고, 모둠별 공간의 자료를 탐색하여 학습활동지를 작성한다.

- 오브젝트 : 화이트보드, 활동지, 컴퓨터 검색, 대표곡 감상
- 타일 효과 : 프라이빗 공간, 통과 불가

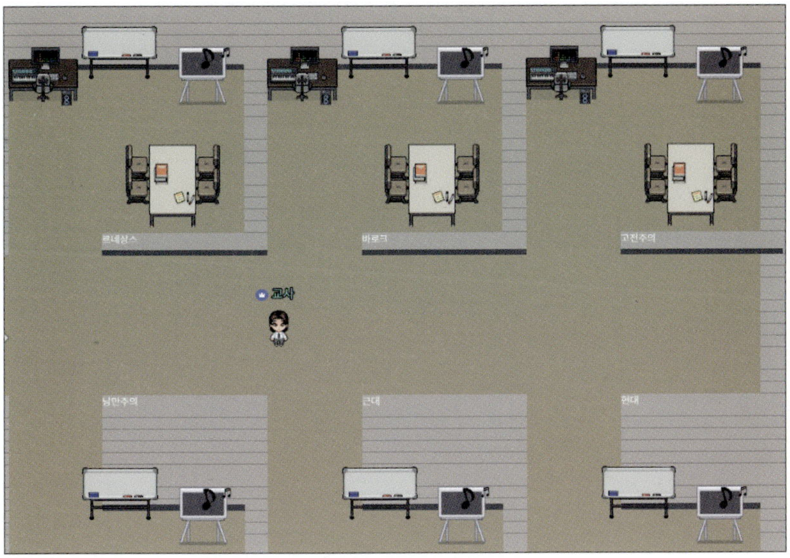

| 그림 5-56 | 모둠별 학습공간

(3) 음악사 박물관

모둠별 학습공간에서 박물관으로 이동한다. 박물관을 관람하면서 활동지를 작성하도록 안내한다.

- 오브젝트 : 이미지, 도슨트, 컴퓨터, 대표곡 감상
- 타일 효과 : 유튜브, 휴게실 프라이빗 공간, 포털, 스폰

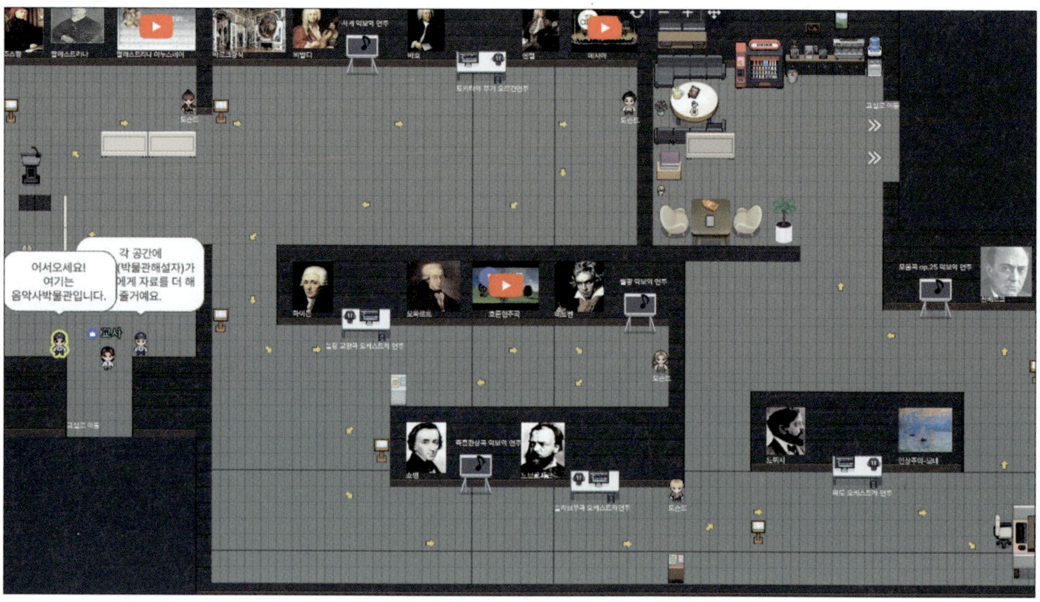

| 그림 5-57 | 음악사 박물관 공간

서양음악 학습공간과 음악사 박물관 공간
https://zep.us/play/zZ7B0m

3) 가상음악회와 창작곡 전시회

젭은 실제 공연장과 비슷한 공간을 구축하여 학생들이 자신의 창작곡을 발표할 수 있는 음악활동을 할 수 있다. 제출된 창작곡은 악보와 음악 파일 형태로 전시공간에 함께 제시되어, 학생들은 서로의 작품을 시청각적으로 감상할 수 있다. 이를 통해 학생들은 실제 공연과 같은 무대에서 경험하며 성취감을 느끼고, 전시공간에서도 작품을 감상할 수 있다. 이러한 수업은 음악 창작과 공유의 의미를 확장하는 새로운 학습 경험을 제공할 수 있다.

(1) 가상음악회

학생은 플레이 화면 하단 가운데 있는 화면 공유 버튼을 클릭하고 자신의 음원을 플레이하여 타학생들과 감상한다. 이 외에 자신이 작곡한 곡의 음악 파일 이미지, MP3 파일 등을 공유할 수 있다. 또는 유튜브에 미리 업로드하여 미디어 추가에서 유튜브 주소를 입력하면, 바로 다른 학생들과 공유하여 감상이 가능하다.

- 오브젝트 : 기타, 드럼, 스피커, 보면대, 마이크, 피아노, 조명
- 타일 효과 : 통과 불가, 프라이빗 공간, 포털, 스폰

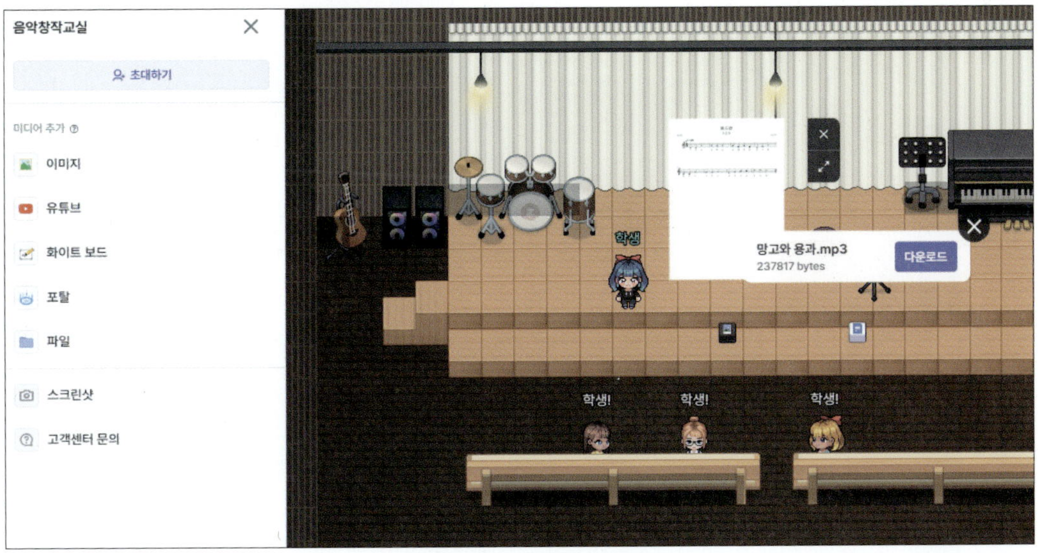

| 그림 5-58 | 가상음악회 공간

(2) 창작곡 전시회

학생들이 제출한 창작 악보와 음악 파일(MP3)로 전시공간을 구축할 수 있다. 타일 기능의 배경음악을 설정하여 아바타가 악보 오브젝트 앞으로 가면 자동으로 창작한 음악이 흘러나오고, 악보 이미지를 링크하여 F키를 클릭하면 악보를 크게 볼 수 있게 설정한다.

- 오브젝트 : 나의 오브젝트(악보), 플레이레코더, 안내판
- 타일 효과 : 통과 불가, 배경음악

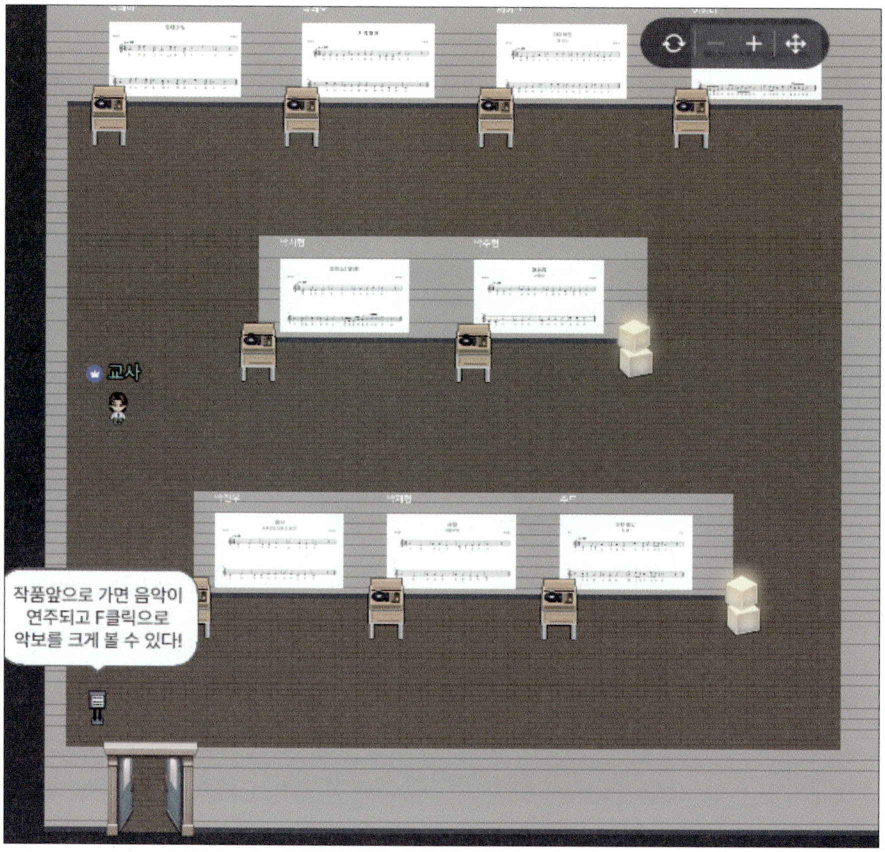

그림 5-59 | 창작곡 전시회 공간

음악회와 전시회 공간
https://zep.us/play/DKPKvG

02 젭 퀴즈(ZEP QUIZ) 음악수업

1. 젭 퀴즈 소개

젭 퀴즈(ZEP QUIZ)는 교육적 활용을 지원하는 플랫폼으로 2024년 3월 20일 베타 서비스가 시작되었으며, 2024년에 이어 2025년에도 초·중·고등학교 선도 교사를 모집하여 활발히 교육 지원을 이어가고 있다. 이 플랫폼은 몇 번의 클릭으로 퀴즈를 제작할 수 있어 교사의 수업 준비 부담을 줄이고, 학생들의 경험과 학습 능력을 향상시킬 수 있다.

젭 퀴즈는 무료와 유료로 제공된다. 무료 사용자는 기본 제공 맵을 사용할 수 있으며, 모든 맵을 이용하려면 유료 요금제를 선택해야 한다. 문제를 자동으로 생성해 주는 AI 기능은 무료에서는 제공되지 않고, 유료 사용자만 이용할 수 있다. 유료 요금제를 이용하려면 교사 3명 이상이 모여 프로 플랜(PRO PLAN) 요금제를 신청해야 하며, 개인용 프로 플랜은 월 5만 원으로 최소 3개월부터 구매 가능하다. 처음 가입 시에는 2주 동안 프로 플랜 기능을 무료로 사용해 볼 수 있으며, 이후 사용 여부를 결정할 수 있다. 단, 운영 정책은 변경될 수 있으므로 최신 안내를 확인하는 것이 필요하다.

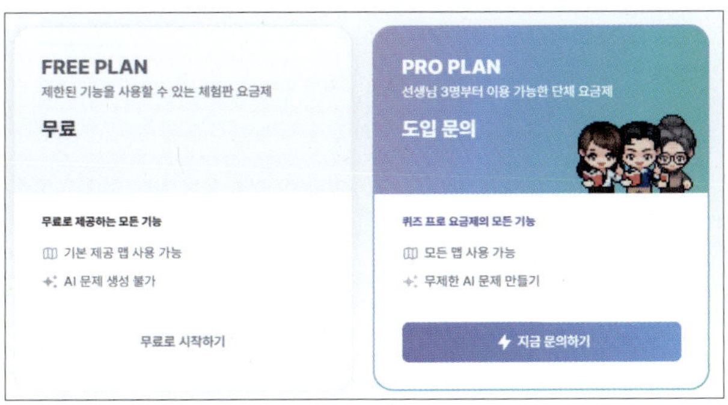

그림 5-60 젭 퀴즈 무료와 유료의 기능 차이

| 그림 5-61 | 회원가입 후 무료 체험 공지

| 그림 5-62 | 둘러보기의 다양한 퀴즈

젭 퀴즈를 검색하고 입장한다.

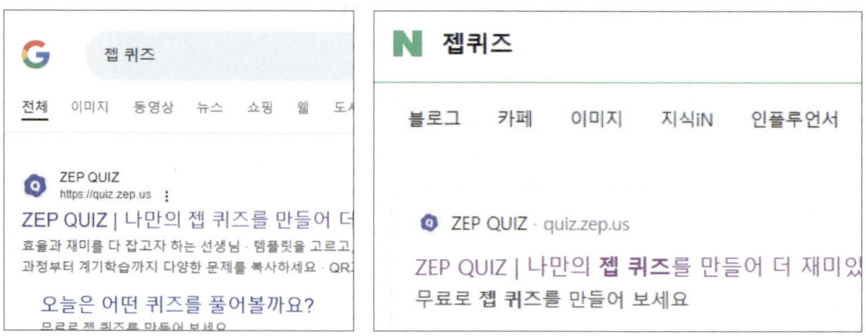

| 그림 5-63 | 젭 퀴즈 검색

그림 5-64 | 젭 나만의 퀴즈 만들기

구글로 로그인, 또는 이메일 주소를 입력하여 간편하게 로그인할 수 있다. 상세 프로필을 완성하면 맨 아래 회원가입 완료 버튼이 있다.

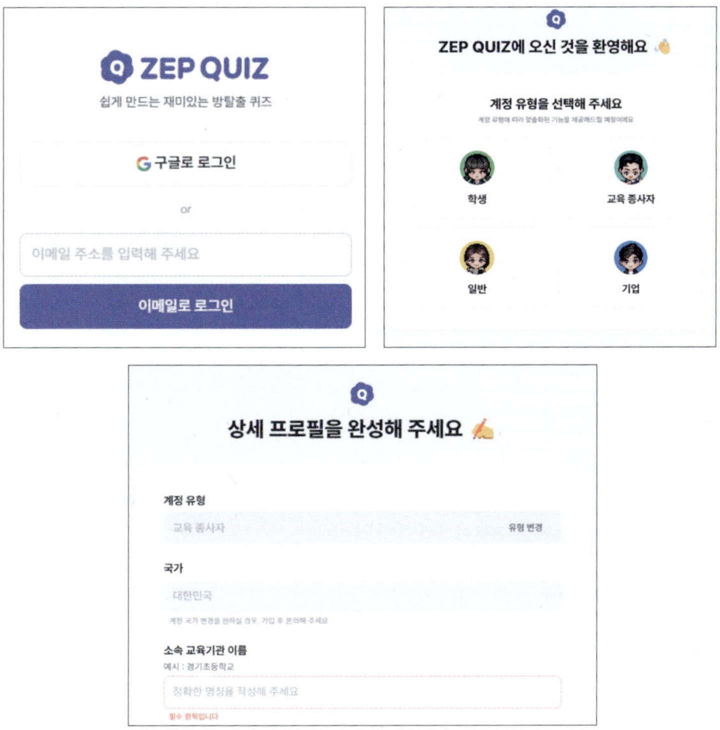

그림 5-65 | 회원가입

2. 젭 퀴즈 제작하기

1) 퀴즈 이름 정하고 맵 선택하기

회원가입 후 상단의 '퀴즈 만들기'를 클릭한다. 퀴즈 이름을 정하고 맵을 선택한다. 만드는 퀴즈 이름과 카테고리를 정해주고, 맵 선택하기를 클릭하여 다양한 맵 중 하나를 선택한다.

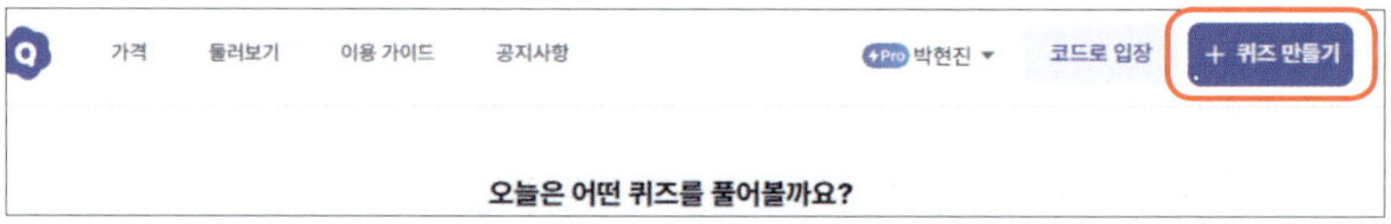

그림 5-66 퀴즈 만들기 배너 클릭

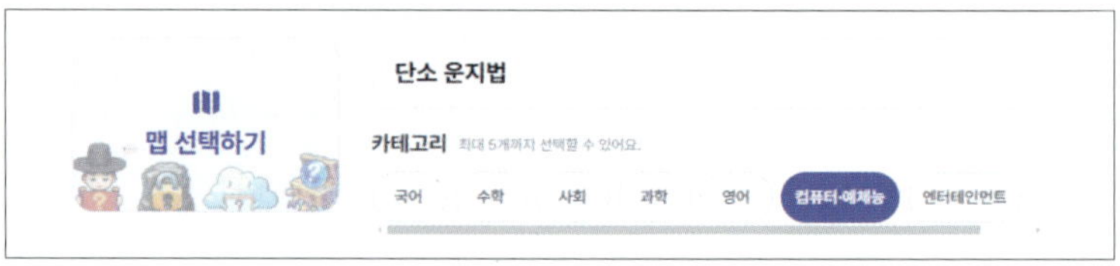

그림 5-67 퀴즈 이름과 카테고리, 맵 선택하기 클릭

그림 5-68 다양한 맵 제공

2) 퀴즈 유형 선택하기

퀴즈를 제작할 때 기본 맵과 프로 플랜의 맵이 있다. 프로 플랜 맵은 첫 회원가입 2주 동안 사용 가능하다. 이후 유료 결제하지 않으면 무료 버전만 사용 가능하도록 자동 전환된다. 문제 유형으로는 선택형 문제, 단답형 문제, OX 문제를 제작할 수 있다.

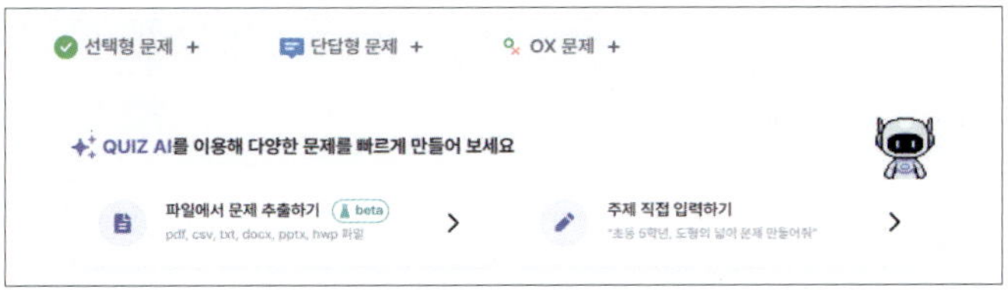

| 그림 5-69 | 퀴즈 유형 선택

3) 퀴즈 문제 제작하기

젭 퀴즈에서는 인공지능으로 문제를 자동 생성하는 기능이 있다. 사용자가 학습 자료 파일을 업로드하면 인공지능이 그 안에서 퀴즈를 생성해 주거나, 프롬프트로 주제를 직접 입력하여 요청하면 퀴즈를 생성해 준다. 그러나 서양음악사에 관한 퀴즈는 활용 가능한 수준으로 제작되었으나, 단소 관련 퀴즈는 정확성이 떨어졌다. 이는 단소에 대한 인공지능 학습 데이터가 부족하다고 볼 수 있다.

| 그림 5-70 | AI 기반 서양음악사 퀴즈 생성

선택형, 단답형, OX 퀴즈 유형을 선택하고 퀴즈 문제, 이미지 파일, 정답 등을 넣어주면 쉽게 퀴즈가 만들어진다.

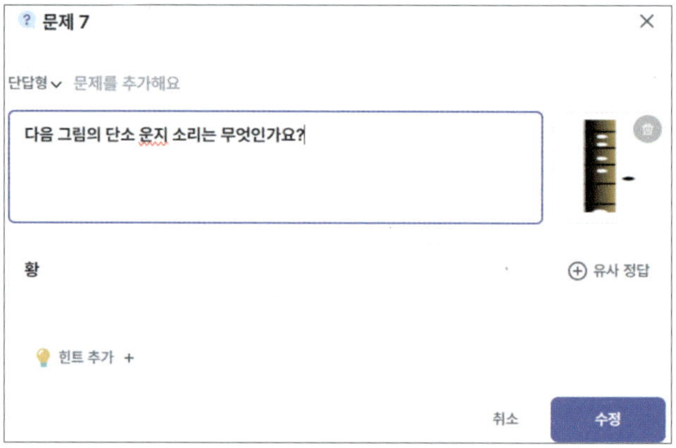

그림 5-71 | 퀴즈 제작

상세설정에는 오답 시 다음 문제로 넘어가거나, 다시 풀게 하는 옵션을 선택할 수 있다. 또한 정답을 표시해 주는 기능도 제공된다. 퀴즈를 공개하면 다른 사람들이 이를 사용하거나 수정할 수 있다. 상세설정을 선택한 후 '만들기 완료' 배너 버튼을 눌러 퀴즈를 완성할 수 있다.

그림 5-72 | 상세설정 기능

4) 내가 만든 퀴즈 확인하기와 공유

내가 만든 퀴즈를 찾을 때는 오른쪽 상단에 이름을 클릭하면 지금까지 만든 퀴즈들이 나타난다.

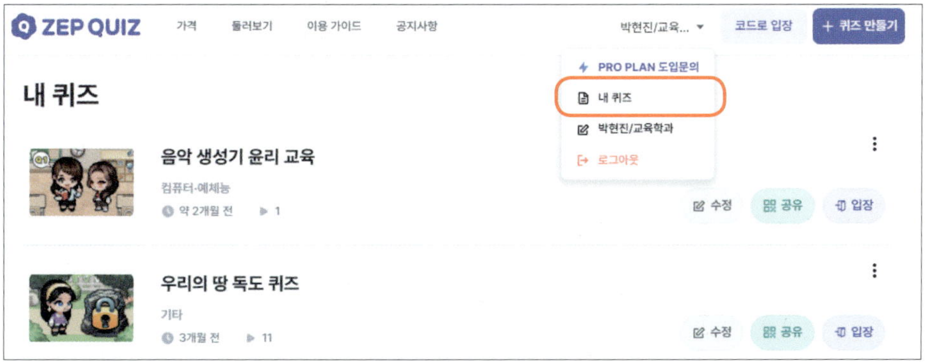

| 그림 5-73 | 내 퀴즈 살펴보기

내 퀴즈에서 퀴즈를 클릭하면 공유와 입장이 있다.

| 그림 5-74 | 내 퀴즈 공유와 입장

3. 젭 음악퀴즈

주 제	내 용	링 크
단소	관악기 단소! 얼마나 알고 있어? 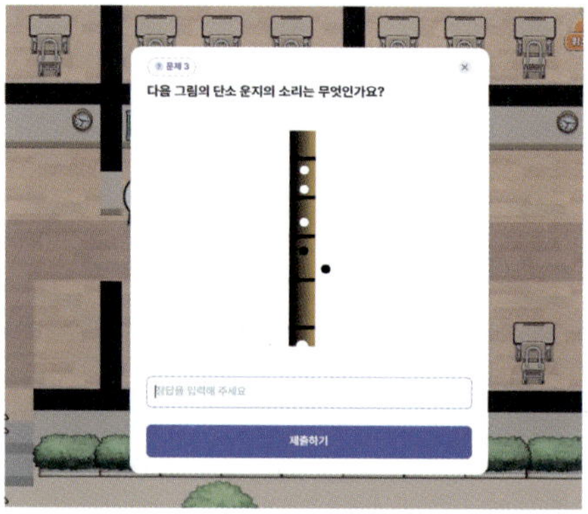 	https://quiz.zep.us/play/xE5Lmz
민요	우리나라 노래! 지역과 특징에 따른 5도 민요 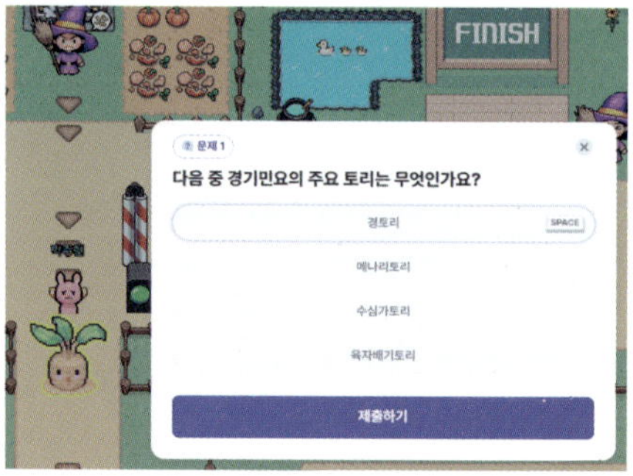 	https://quiz.zep.us/play/pnW30x
서양음악사	누굴까? 이 업적을 남긴 작곡가는? 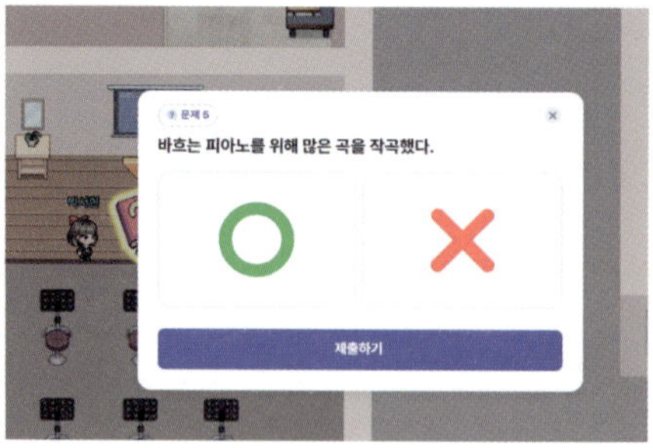 	https://quiz.zep.us/play/5r9Ooj

CHAPTER 06

3D 메타버스

01 현실감 있는 아트스텝스

1. 아트스텝스 소개

아트스텝스는 사용자가 3D(3D : Three Dimensional) 기반 가상공간에 전시를 기획하고 구성할 수 있는 웹 기반 플랫폼으로, 이미지, 영상, 음원 등 다양한 멀티미디어 자료를 활용하여 전시 콘텐츠를 제작할 수 있다. 3D는 가로, 세로, 깊이의 세 가지 차원을 모두 포함하는 공간적 표현 방식으로, 실제 전시공간과 유사한 환경을 가상으로 구현할 수 있다. 사용자는 주제 선정부터 공간 구성, 해설 작성까지 전시의 전 과정을 창의적으로 설계할 수 있으며, 생성된 링크 주소를 통해 누구나 손쉽게 전시에 접근하고 관람할 수 있다. 3D 기반 전시는 현실감 있는 시각적 구성을 제공하며, 청각 자료와의 결합을 통해 보다 높은 몰입감과 실재감(Presence)을 유도한다. 젭처럼 화상회의나 파일을 바로 다운로드하는 기능은 제공하지 않지만, 입체적이고 시청각적으로 제공되는 3D 정보는 학생들의 집중도 향상에 긍정적인 영향을 줄 수 있으며, 실제와 같은 경험으로 효과적인 정보전달이 가능하다(박현진, 2023).

교사는 학생들의 음악 작품, 서양음악사, 민요 등을 주제로 전시를 구성함으로써 음악 감상 능력과 음악사에 대한 이해를 시청각으로 제공할 수 있으며, 몰입감 있는 관람으로 학습 효과를 증진시킬 수 있다.

구글 검색 창에서 '아트스텝스'를 입력하고, 우측 상단의 회원가입(Sign up) 후 이용 가능하다. 로그인 후 우측 상단에 '+Create' 배너가 생성되고, 우측 상단에 '+Create'를 클릭하면 맵 제작 화면으로 전환되며, 상단에는 1. Define, 2. Design, 3. Add & place, 4. Plan, 5. Submit의 단계가 제시된다.

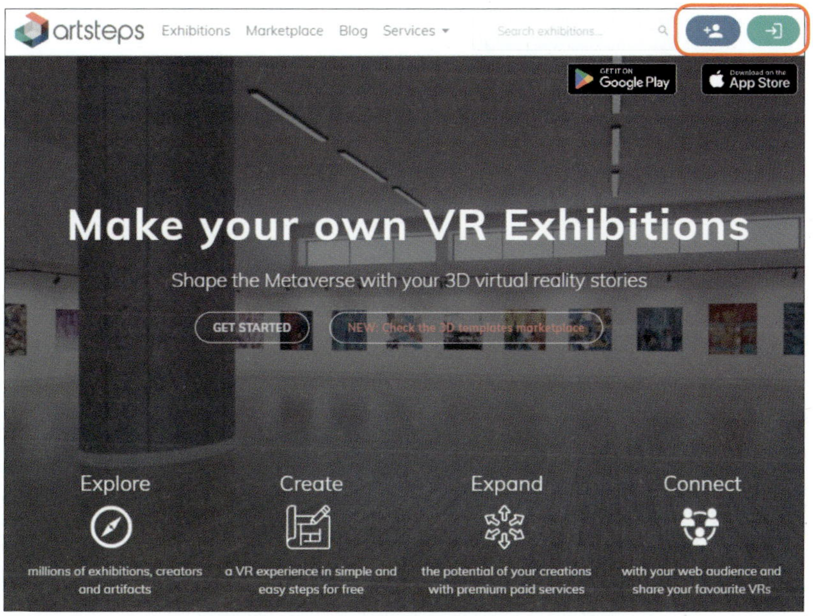

| 그림 6-1 | 아트스텝스 입장 화면과 회원가입

| 그림 6-2 | 아트스텝스 맵 제작 단계

먼저, 'Define' 단계는 전시공간의 기본 구조를 설계하는 과정으로, 전체 전시의 골격을 형성하는 기초 작업이다. 'Design' 단계에서는 색상 및 재질(Material)을 선택하고 조정함으로써 전시의 주제에 부합하는 분위기와 시각적 연출을 구현할 수 있다. 'Add & place' 단계는 이미지, 영상, 오디오, 텍스트 등의 콘텐츠를 업로드하고 공간에 배치하는 과정으로, 다양한 정보를 입력할 수 있다. 'Plan' 단계에서는 관람의 시작 위치, 이동 경로, 콘텐츠 감상 순서 등을 설정하여 관람 동선을 계획할 수 있다. 마지막으로 'Submit' 단계는 커버 이미지를 설정하고 전시의 공개 범위 및 정보를 입력한 후 공유할 수 있다.

또한 'Autosave off'는 자동 저장 기능이며, 클릭 시 활성화되어 작업 내용을 주기적으로 저장할 수 있다. 'Publish'는 전시를 외부에 공유하는 기능이고, 'Preview'는 완성된 전시를 미리 확인할 수 있는 기능이다.

2. 아트스텝스 공간 제작하기

1) Define

공간의 기본 구조는 벽과 문을 직접 구축하는 'Build your own 3D space'가 있고, 아트스텝스에서 미리 건축하여 제공하는 'Use a prebuilt 3D space template'가 있다. 미리 생성된 공간을 선택하여 보다 간편하게 이용할 수 있으며 유료(Premium)와 무료(Free) 공간이 있다.

① 벽 구축하기

벽 도구를 클릭하여 마우스 왼쪽 버튼을 누른 채 드래그하면, 드래그한 길이만큼 벽이 생성된다. 수정 시 위쪽에 되돌리기(Undo) ↰ 버튼을 누른다. 해당 벽을 마우스 클릭 후 키보드 Delete를 누르면 삭제된다.

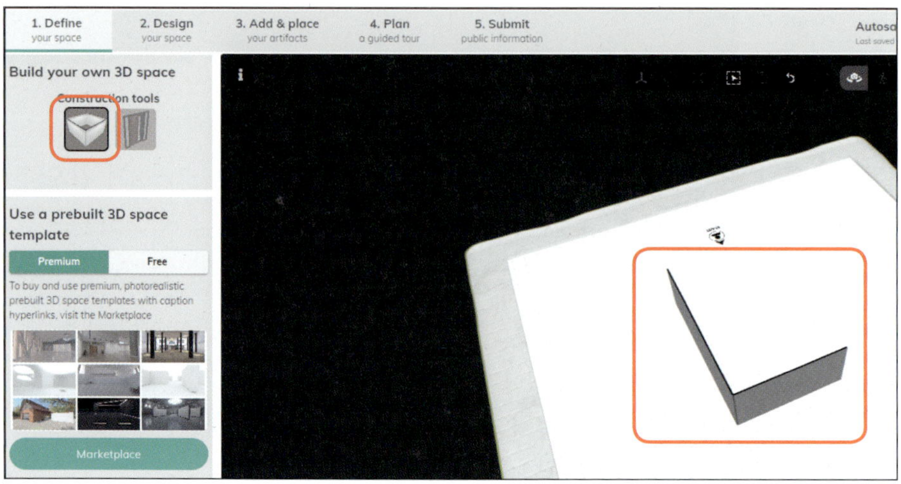

그림 6-3 | 벽 구축

② 문 설치하기

문 도구를 선택한 뒤 생성된 건물의 벽을 클릭하면 해당 위치에 문이 설치된다.

| 그림 6-4 | 문 구축

2) Design

이 단계에서는 건물의 벽과 바닥 등에 적용할 색상(Color 40가지)과 질감(Texture 36가지)을 선택할 수 있으며, 아트스텝스에서 제공하는 테마(Theme 4가지)를 활용하면 전체 건물과 바닥의 색상과 질감을 일괄적으로 변경할 수 있다. 또한 Define에서 설치된 문을 마우스 클릭하여 닫기(Closed)와 열어두기(Unlocke)를 선택할 수 있다.

이때 맵 구축 시에는 세 가지 카메라 모드인 'Orbit Camera', 'First-Person Camera', 'Fly Camera'를 활용하여 공간을 관찰할 수 있다. 'Orbit'는 대상 객체를 중심으로 카메라가 회전하며 주변 환경을 다각도로 탐색할 수 있는 시점이다. 'First-Person'은 사용자 시점에서 1인칭 관찰하는 시점이다. 마지막 'Fly'는 공간을 비행하듯 조망할 수 있는 시점으로, 특히 위에서 아래로 내려다보는 형태의 시각을 제공한다.

① 벽과 바닥 색칠하기

왼쪽 인터페이스에서 색상(Colors)이나 질감(Textures) 중 하나를 선택하고 Define에서 구축한 벽을 클릭하여 변경하여 준다.

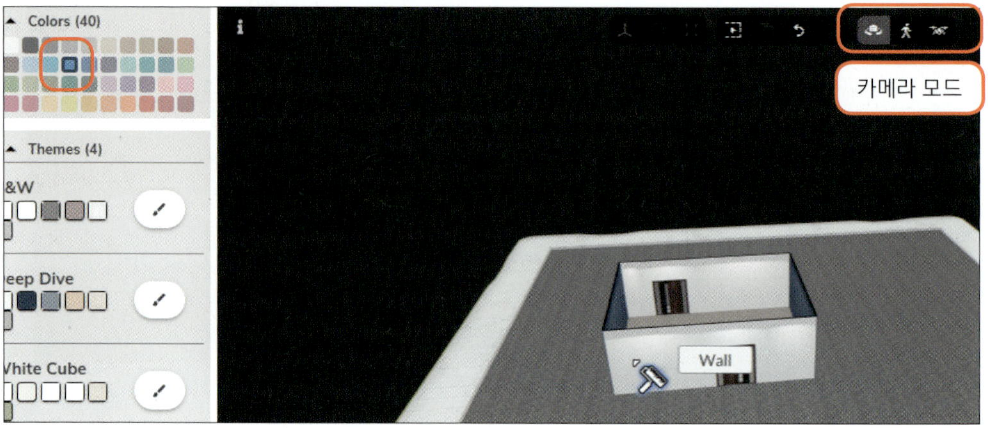

| 그림 6-5 | 벽과 바닥 색상 및 질감 색칠

② 문 열기와 닫기

앞서 색상과 질감을 선택한 상태에서 다시 클릭하면 선택이 해제된다. 그 후에 Define에서 구축한 문을 클릭하면 상단 인터페이스에 닫기(Closed)와 열어두기(Unlocke)의 아이콘이 생성된다.

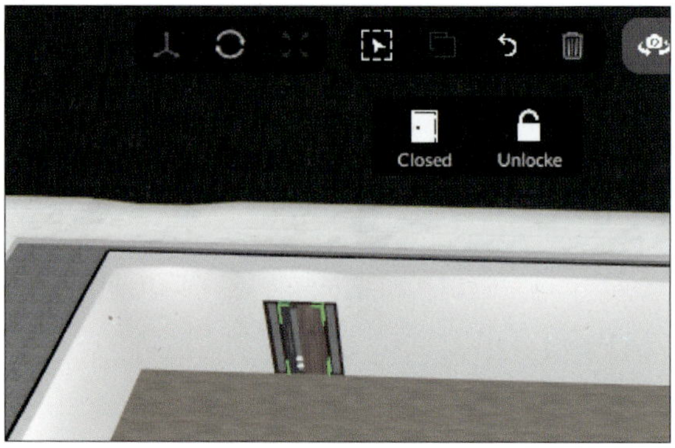

| 그림 6-6 | 문 닫기와 열어두기

3) Add & place

이 단계에서는 진열 선반(Display cases 8가지)과 전시물(Artifacts)을 생성할 수 있다. 이미지, 영상, 3D 오브젝트, 텍스트 등을 '+ Add'를 클릭하여 업로드할 수 있다.

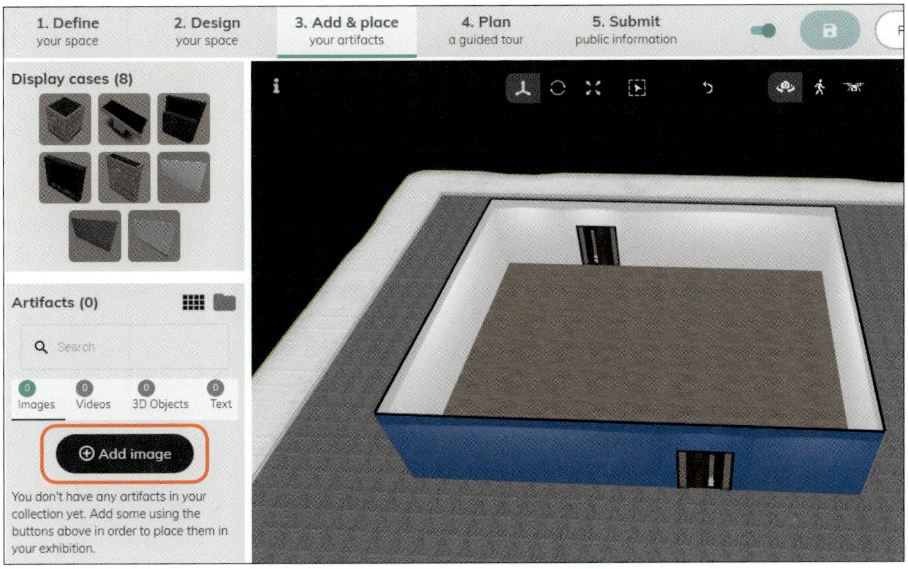

| 그림 6-7 | Add & place 파일 업로드

① 파일 업로드하기

각 항목의 정보를 입력한 후 'Save' 버튼을 클릭하여 내용을 저장한다. 영상, 3D 오브젝트, 텍스트 파일 역시 이미지 파일과 동일한 방식으로 정보를 입력하고 업로드할 수 있으므로, 여기에서는 이미지 파일을 기준으로 설명한다.

이미지를 업로드할 때 파일, 웹 주소 링크, 플리커(Flickr)와 같은 온라인 사진 공유 서비스를 통해 삽입할 수 있다. 업로드 시 이미지 외에도 오디오 파일을 함께 첨부할 수 있으며, 제목(Title)은 필수 입력 항목이다. 또한 설명(Description)을 입력하고 상호작용(Interactive) 기능을 활성화하면, 관람자가 가상 전시공간에서 해당 이미지를 클릭할 때 제목과 설명이 함께 나타나도록 설정할 수 있다.

이미지에 입체감 있는 캔버스 질감을 부여하고자 할 경우에는 'Image has canvas' 옵션을 활성화한다. 이미지는 기본적으로 마우스를 이용해 배치할 수 있으나, 'Metric System'을 활성화하면 미터 단위를 기준으로 보다 정확한 공간 배치가 가능하다.

이 외에 전시 작품에 주제어 또는 키워드를 부여하는 'Artifact Tags' 기능과 각 작품의 저작권 정보를 명시하는 'Licenses' 기능이 있다.

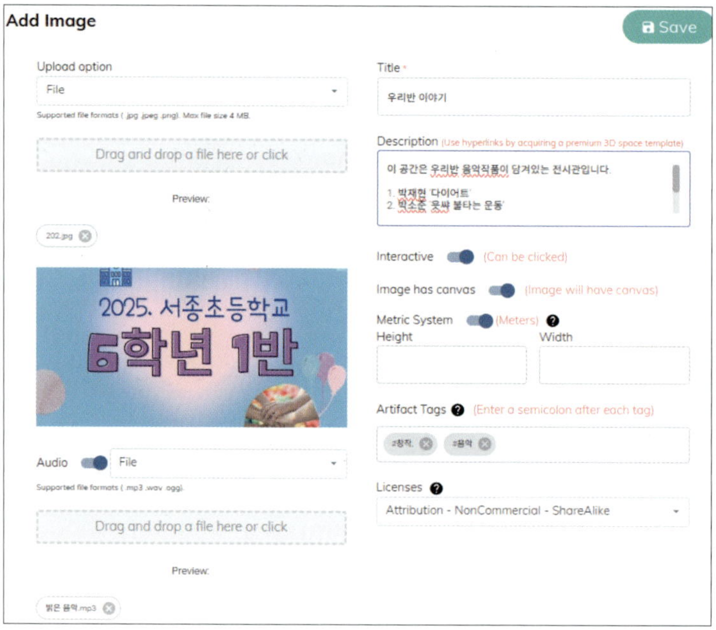

| 그림 6-8 | 이미지 항목 입력

② 벽에 전시하기

인터페이스 왼쪽 전시물(Artifacts)에 생성된 이미지 파일을 클릭한 후 전시할 벽 위치에 놓는다. 이미지는 왼쪽, 오른쪽, 위, 아래 등 위치 조정(Move), 360도 회전 조정(Rotation), 크기 조정(Scale)이 가능하다. 이와 더불어 여러 이미지를 동시에 선택하여 일괄적으로 편집할 수 있는 박스 셀렉트(Box Select) 기능과 동일한 이미지를 복제하는 듀플리케이트(Duplicate) 기능도 제공된다. 또한 이미지 프레임을 선택하여 적용 및 변경하는 기능도 지원한다.

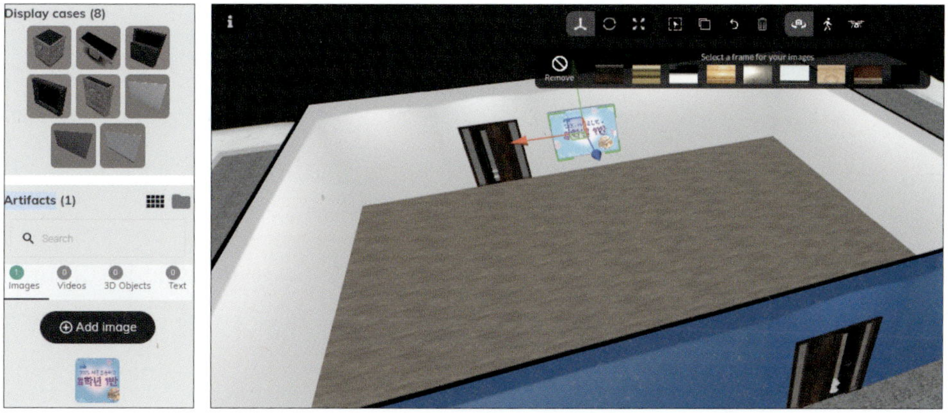

| 그림 6-9 | 이미지 파일 전시

4) Plan

박물관처럼 아트스텝스 전시도 관람의 흐름이 중요하다. 관람객이 처음 마주할 시작 위치를 설정하고, 작품의 배치와 이동 경로를 통해 자연스러운 관람 동선을 설계할 수 있다. 전시자의 의도에 따라 순차적 감상이 가능하며, 이는 관람 몰입도를 높이고 메시지를 효과적으로 전달하는 데 도움을 준다.

① 시작 위치 변경하기

마우스로 시작 위치를 변경하고 관람자가 보는 방향을 변경할 수 있다.

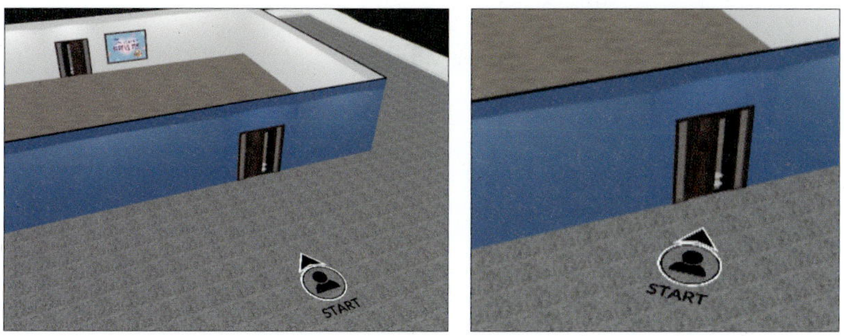

| 그림 6-10 | 시작 위치 변경

② 관람 순서 설정하기

관람 순서를 정한 후 'Add Guide Point' 기능을 클릭하여 각 전시 지점에 대한 정보를 입력한다. 가이드 포인트(Guide Point)가 생성되면, 마우스를 클릭하여 관람 순서를 배치한다. 또한 관람 시 보여지는 시선은 위치 조정(Move) 및 360도 회전 조정(Rotation) 기능을 통해 세밀하게 설정할 수 있다.

설정이 완료된 가이드 포인트는 관람 시 화면 하단의 'Start the Guided Tour' 버튼을 통해 자동 진행 형식으로 감상할 수 있으며, 관람자가 자동 진행을 원하지 않을 경우 'Stop' 버튼을 클릭하여 중단할 수 있다.

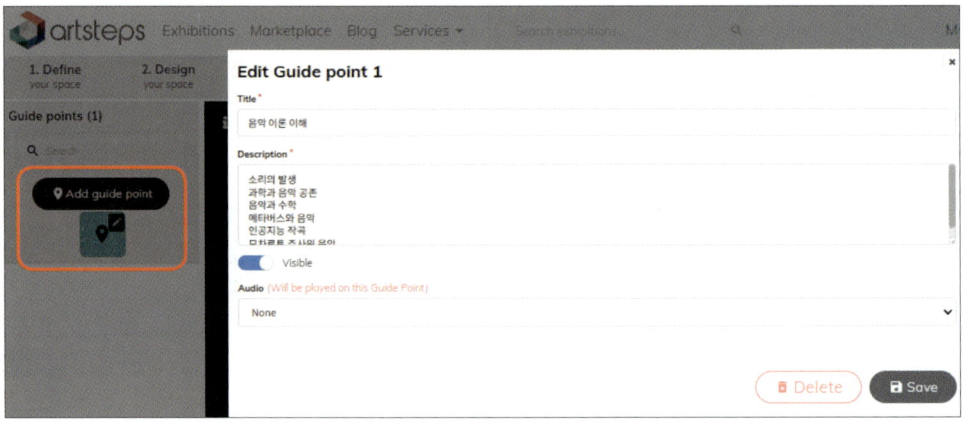

| 그림 6-11 | 가이드 포인트 생성

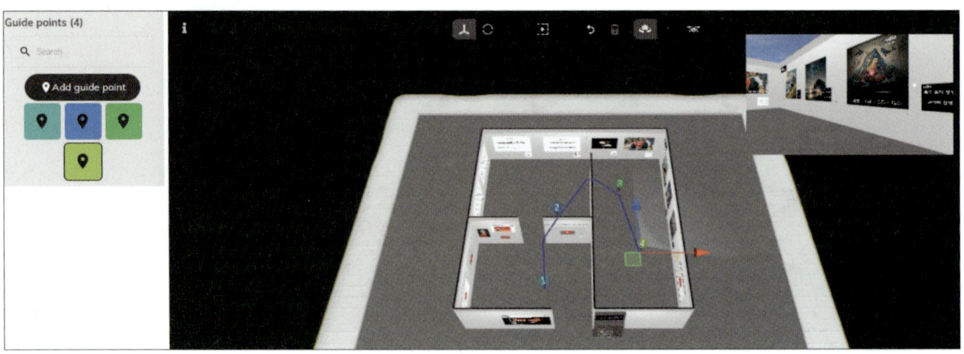

| 그림 6-12 | 가이드 포인트 설치와 시선 조정

| 그림 6-13 | 관람 자동 진행 화면

5) Submit

마지막 단계에서는 전시공간의 대표 화면을 캡처하여 커버 이미지로 설정하고, 공간의 이름과 설명 내용을 입력한 후 공유한다. 전시공간에 대한 기본 정보를 명확히 전달하고, 관람자에게 접근 가능한 형태로 공개할 수 있다.

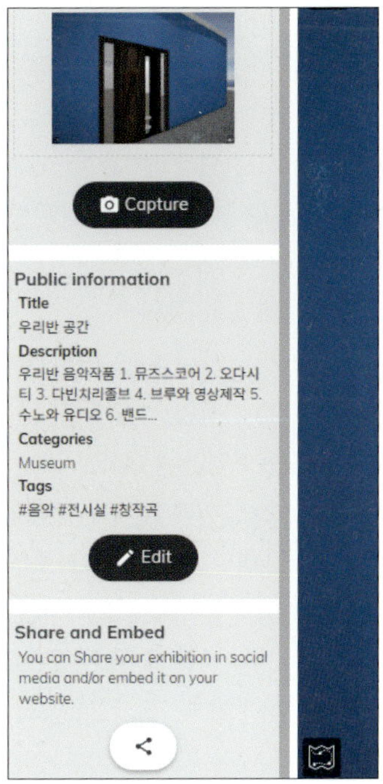

| 그림 6-14 | 공유 설정

참/고/문/헌

강혜경·김일라·박건휘·송은아·김대권(2023). ChatGPT 활용 교육에 대한 현장 교사의 인식 연구. 학습자중심교과교육연구 23권 19호.

교육부(2022). 2022 개정 교육과정 제2022-33호 [별책 1] 총론.

교육부(2022). 2022 개정 교육과정 제2022-33호 [별책 12] 음악과.

교육부(2022). 2022 개정 교육과정 제2022-33호 [별책 15] 바른 생활, 슬기로운 생활, 즐거운 생활 교육과정.

교육부(2023). 디지털 기반 교육혁신 방안. 인공지능을 활용한 디지털 교육으로 모두를 위한 맞춤 교육시대 보도자료.

교육청(2021). AI 기반 융합 혁신미래교육 중장기 발전 계획('21~'25). 서울특별시 교육청.

김경태(2022). 디지털 스토리텔링 활용 산조 실기 지도 방안 연구. 음악교육공학 53권.

박현진·남상봉(2025). ADDIE 모형을 활용한 음악 인공지능 기반 초등교사 교육 프로그램 개발. 음악교육공학 63권.

박현진(2023). 가상현실 기반 예비교사 에듀테크 프로그램 개발 및 적용. 문화와 융합 제45권 10호.

박현진(2023). 백워드 모형을 활용한 에듀테크-메타버스 기반 예비교사 교육 프로그램 개발 및 적용. 교육과정연구 제41권 1호.

변순용(2022). 미래 세대 AI 함양을 위한 교원의 AI 교육 역량 강화 방안 연구. 한국과학창의재단.

유하양(2024). 디지털 테크놀로지를 활용한 음악 창작 수업 실행에 관한 질적 사례 연구 : 행위자-네트워크 이론에 기반하여. 음악교육연구 제53권 2호.

이현수(2024). 사운드 스케이프에서 사운드 디자인으로: 샘플링 패드를 활용한 소리 창작 활동 프로그램의 효과. 음악교육공학 61호.

이홍수(1992). 느낌과 통찰의 음악교육. 서울 : 세광음악출판사.

한정선·김영수·주영주·강명희·정재삼·박성희(2009). 교육방법 및 교육공학. 경기 : 교육과학사.

ASF(2007). Metaverse Roadmap Pathways to the 3d Web. Ann Arbor : A Cross–Industry Public Foresight Project.

Cope(1996). *Experiments in Musical Intelligence*. A–R Editions.

David. B.(2003). *Media education: literacy, learning and contemporary culture*. Polity.

Potnoy(1963). *Music in the Life of Man*. Praeger.

Rudolph E. Radocy, J. David Boyle(1979). *Psychological Foundations of Musical Behavior*. Charles C Thomas.

Schafer(1994). *The Soundscape: Our Sonic Environment and the Tuning of the World*. Destiny Books.

Schwab(2016). *The Fourth Industrial Revolution*. Crown Currency

WEF(2022). *Global risks report 2022*: 17th edition. Cologny : World Economic Forum.

구글 AI 스튜디오. https://aistudio.google.com/

구글 공유 피아노. https://www.musicca.com/ko/piano/

뤼튼(Wrtn). https://wrtn.ai/

뮤지카(Musia). https://musia.ai/ko/

브루(Vrew). https://vrew.ai/ko/

밴드랩(BandLab). https://bandlab.com/

사이스페이스(Scispace). https://scispace.com/

수노(Suno). https://suno.com/

송메이커(Song Maker). https://musiclab.chromeexperiments.com/Song–Maker/

씨잉뮤직(Seeing Music). https://creatability.withgoogle.com/seeing–music/

아이바(Aiva). https://aiva.ai/

아트스텝스(Artsteps). https://www.artsteps.com/

유디오(Udio). https://www.udio.com/

젭(Zep). https://zep.com/

젭퀴즈(Zep Quiz). https://zepquiz.com/

챗GPT(ChatGPT, OpenAI). https://openai.com/index/chatgpt/

클라우드(Claude). https://claude.ai/

퍼블릭시티(Perplexity). https://www.perplexity.ai/

훅패드(Hookpad). https://hookpad.hooktheory.com/

저/자/소/개

남상봉

서울교육대학교 음악교육과 교수. 작곡가이자 음악교육 연구자로, 어린이와 청소년이 음악 속에서 창의성과 표현력을 키울 수 있는 미래형 음악 창작 교육을 연구하고 있으며, 다수의 오케스트라 및 실내악 작품을 발표하였다. 대표작으로 『마음의 흐름』(오케스트라), 『동동』(피아노 협주곡), 『기묘한 놀이동산』(실내악) 등이 있으며, 저서로 『꼬마작곡가의 스크래치로 배우는 음악창작 코딩』이 있다. 서울대학교 음악대학에서 작곡을 전공하고, 동 대학원에서 음악학 석사를, 미국 신시내티 음악대학에서 작곡 박사학위를 받았다.

박현진

서울교육대학교 음악교육과 강사. 교육과정 연구자로, 교육 혁신을 위해 인공지능과 메타버스 등 에듀테크 관련 교육연구를 진행하고 있으며, 특히 최신 디지털 미디어 기반 음악 교육과정 개발에 주력하고 있다. 공동저자와 함께 「ASSURE 모형을 적용한 에듀테크 초등 음악 창작 프로그램 개발」, 「ADDIE 모형을 활용한 음악 인공지능 기반 초등교사 교육 프로그램 개발」 등 논문을 게재하였으며, 이 외에도 총 17편 이상의 관련 연구논문을 집필하였다. 한양대학교에서 강사로 재직하였으며, 가천대학교와 아주대학교에도 출강하였다.

AI와 메타버스를 활용한

음악수업 프로그램

| **공저자** | 남상봉 · 박현진

| **1판 1쇄** | 발행 2025년 8월 30일

| **발행인** | 김동훈
| **펴낸곳** | 공동체

| **주소** | 경기도 고양시 일산동구 호수로 358-39, 동문타워 1차 905호(백석동)
| **전화** | 031)814-3000(대표)
| **팩스** | 031)814-3100
| **홈페이지** | www.compub.co.kr
| **전자우편** | compub@naver.com
| **출판등록** | 2005년 10월 6일
| **등록번호** | 제396-2005-36호

| **ISBN** | 979-11-6725-940-0
정가 22,000원

표상용

慶南 居昌産
韓國外大 露語科, 獨逸 KÖln大學, Marburg大學에서 修學 (露語學博士)
서울大, 高大, 韓國外大 講師
慶熙大 (水原 캠퍼스) 러시아語學科 副教授
現在 韓國外大 露語科 教授

현대 러시아어학 개론

초판 1쇄 발행 _ 1996년 12월 10일
2판 1쇄 발행 _ 2019년 6월 5일

저 자 • 표 상 용
발 행 인 • 정 현 걸
발 행 • 신 아 사
인 쇄 • 대명프린팅
출판등록 • 1956년 1월 5일 (제9-52호)
주 소 • 서울시 은평구 통일로 59길 4(2F)
전 화 • 02)382-6411 · 팩스 02)382-6401
홈페이지 • www.shinasa.co.kr
E-MAIL • shinasa@daum.net

ISBN 978-89-8396-345-1(93790)

정가 16000원

현대
러시아어학 개론

표상용 지음

신아사

머리말

1995년 말 노어학에 관한 전문서적으로는 국내 처음으로 "러시아 언어학 연구의 방법과 실제"가 출판되어 각 대학에서 노어학 교재로 널리 이용되고 있다. 위의 책이 학부용 교재로는 너무 어렵다는 학생들의 반응이 많아, 용어 설명 위주의 기초용 교재로 本 도서를 열심히 준비하였으나 내용적인 면에서 부끄럽다는 생각을 떨쳐 버릴 수 없다.

1990년 여름에 귀국하여 6년이 지났으나 그동안 게으름이 두터워 뚜렷하게 해 놓은 것이 없었다. 이러던 차에 필자가 몸담고 있는 경희대학교의 대학 교재 개발을 위한 저술 과제 지원 사업에 본 도서가 선정되어 그동안의 강의를 통해 개인적으로 정리해 놓았던 노트를 기초로 하여 작업을 하게 된 것이다.

본 도서는 "노어학 개론"과 "노어학 개론 II" 2권으로 이루어져 있다.

제1권 "노어학 개론"에서는 언어학의 기초 분야인 음운, 형태, 조어, 어휘, 통사에 대해서 기본적인 내용과 용어에 대해 예를 들어 설명하였다. 집필이 끝나고 나서야 어떤 내용은 지나치게 세부적으로 다루어져 있고 또 어떤 내용은 중요한 것인데도 간단하게 다루어져 있음을 발견하고 수정을 했지만 아직도 균형이 이루어지지 않은 느낌이다. 좀 더 자세하게 심화학습을 하고 싶은 학생은 각 장의 마지막에 있는 참고 도서 목록에서 해당되는 전문 서적을 참조하기 바란다.

현재 준비 중에 있는 제2권 "노어학 개론 II"에서는 <서구 언어학사의 견지에서 본 노어학사>, <러시아 음운론 연구사>, <러시아의 언어 상황과 언어 정책>, <노어 문장의 변형생성문법에의 적용>, <언어 분류적인 측면에서의 노어>, <현대 음운이론과 노어 - 형태음운론, 변별자질이론, 생성음운론, 어휘음운론>, <**Апресян, Шяумян , Мельчук**의 언어 이론>, <노어 구어의 최근 추세와 분석적 구조로의 경향>, <문장의 기능적 분절이론 측면에서의 노어 문장>, <노어 어원론>, <영어-노어-독일어-한국어 용어 대조표>, <노어-영어-한국어 용어 대조표>, <1, 2권 찾아보기> 등이 다루어질 것이다.

시장이 협소하여 경제성이 불확실한데도 본 도서의 출판을 기꺼이 맡아 주신 新雅社의 정현걸 사장님께 깊은 감사를 드린다. 위에서 언급되었지만 본 도서 집필에 재정적 지원을 해 주신 학교 당국에 감사하며, 원고 정리에 노고를 아끼지 않은 경희대 러시아어학과 92학번 조영래군에게 이 자리를 빌어 고마운 마음을 전하고 싶다. 아울러 자료 수집에 적극적인 도움을 준 한국외대 박사과정 김성래선생, 몇 번에 걸쳐 꼼꼼하게 교정을 본 김민수(배재대), 어건주(경희대 강사)선생에게도 감사의 뜻을 전한다.

경희대학교 水原캠퍼스 연구실에서

1996년 가을 표상용

改訂版을 내면서

본 도서가 시중에 나온 것은 불과 3개월 전이었는데, 신아사 정현걸 사장님으로부터 초판이 품절되었다는 연락을 받고 두 가지 생각이 들었다. 첫째 국내 노어노문학계는 노어학에 관한 개론서가 나오기를 몹시 갈망했다는 사실이다. 둘째는 초판에 여러 가지로 잘못된 점이 있었는데 그것을 그대로 학생들이 학습하게 되었다는 점이다. 두 번째의 잘못은 필자가 출판을 서두른 데서 비롯되었다. 특히 용어를 우리말로 옮기는데 있어서 적절치 못한 것이 있었는데, 본 개정판에서는 우리말 용어를 적절한 것으로 바꾸었다. 내용적으로는 음운론에서 반모음, 형태론에서 품사, 부분생격, 조어론에서 품사별 조어 방식, 어휘론에서 교회슬라브어와 구어, 통사론에서 문장 성분과 구문 관계 등을 보충하게 되었다. 본 도서에 대해 여러 선생님들로부터 많은 지적이 있었다. 가장 많은 의견은 내용을 좀 더 함축적으로 요약해서 한 학기용 교재가 되도록 해야 한다는 것과 각 장의 맨 뒤에 연습문제를 넣어야 한다는 것이었다. 이러한 의견을 본 개정판에서는 반영하지 못하게 되어 죄송스럽다.

이 책의 후속편인 "노어학 개론 II"는 아직도 준비 중에 있다. 다만 <영어-노어-독일어-한국어 용어 대조표>, <노어-영어-한국어 용어 대조표>는 완성 단계에 있는데, "노어학 개론II"에서 떼어내 "언어학 용어 연구. 영-노-독-한 용어 대조"라는 제목의 단행본으로 곧 선보이게 되었다.

솔직히 本 개정판에 대해서도 만족스럽지 못하다. 그리고 준비중에 있는 책들에 대해서도 벌써부터 부끄럽다.

서천골에 비와 어둠이 내린다.

서천골 연구실에서 1997년 6월말 필자

재개정판에 즈음하여

노어학에 대한 서적으로는 국내 처음으로 1996년에 초판이, 1997년에 개정판이 나왔다. 그 후 노어학개론 후속편과 언어학용어대조사전 등이 집필되었어야 했는데 게으름과 긴 외도로 여태 펴내지 못했다. 개정판에 나타난 오타와 미흡한 부분이라도 반영해야 할 책임을 느끼고 우선 재개정판을 선보인다.

연구와 강의, 도서 집필, 학회 활동 등 교수 본연의 業을 등한시하고 재단(학교법인) 업무에 긴 시간을 보낸 지난 세월이 안타깝다. 정년퇴임까지 얼마 남지 않은 기간에라도 해야 할 일에 충실하겠다고 스스로 마음을 가다듬는다.

이문동 교수연구실에서 2019년 3월, 필자

목차

1 음성학, 음운론

2 형태론

3 조어론

4 어휘론 및 어휘의미론

5 통사론

1 음성학, 음운론

1. 노어 음성학/ 음운론 연구사

러시아에서의 음성학, 음운론은 서구 언어학계에 잘 알려져 있지 않으나 1917년 러시아혁명 이전까지, 그러니까 19세기 중엽부터 20세기 초반까지는 그 내용이 독창적이고도 혁신적인 것으로서 제네바학파에도 영향을 미쳤고 특히 프라하학파의 N. Trubetzkoy나 R. Jakobson의 언어학적 사상이 태동하는 데 토양이 되었다는 점에 대해서 오늘날 대부분의 학자들이 수긍하고 있다.

러시아에서 최초로 저술된 노어 음성에 관한 저서로는 В.К. Тредьяковский의 "정서법에 관한 러시아인과 외국인의 대화"(Разговор российского человека с чужестранным об орфографии) (1748)을 꼽지만 이 책은 아직 러시아어의 음성체계나 정서법에 관한 뚜렷한 특징을 보여주지 못하고 있다. 러시아 언어학의 창시자로 불리는 М.В.Ломоносов는 노문법의 고전이 되고 있는 "러시아어 문법(Российская грамматика)"(1757) 에서 노어내에서 동일한 음가를 구현하는 상이한 바리안트에 관한 목록을 열거하고 있다.

이후의 저명한 학자들, 이를테면 러시아 비교언어학의 창시자 А.Х.Востоков나 А.А.Потебня, К.С.Аксаков 등도 노어의 음성적 특징에 관한 관찰을 소홀히 하고 있는 것은 아니지만, 음성연구에서 가장 뛰어난 학자로는 보두엥 드 꾸르뜨네(И.А.Бодуэн де Куртенэ)를 꼽고 있다. 1940년대까지 레닌그라드학파와 모스크바학파를 포함한 러시아 음운론의 거의 모든 흐름은 폴란드 출신의 언어학자 보두엥으로 거슬러 올라간다. 1871 - 1875년 페테르부르그대학, 1875 - 83년 까잔대학, 1910 - 18년 다시 페테르부르그대학에서 교편을 잡으면서 많은 훌륭한 제자들을 양성하기도 했지만 서구언어학계에도 (간접적이긴 하지만) 적지 않은 영향을 미쳤다. 그는 음소라는 개념을 처음으로 개진하였고 음소교체를 통시적인 것과 공시적인 것으로 나누어 고찰

하고 있으며 음운변화를 물리적(육체적) 측면과 정신적(심리적) 측면으로 나누어 분석하는 탁월한 면모를 보여주고 있다. 러시아의 변방 까잔에서 개진된 보두엥을 중심으로 한 Н.В.Крушевский, Богородицкий 등의 음운이론 전개를 가리켜 까잔학파라 일컫고 있다.

성 페테르부르그대학에서 보두엥의 지도를 받았으며 보두엥의 장례식에서 제자를 대표해 弔詞를 봉헌했던 Л.В.Щерба는 스승이 제기한 음소의 개념을 좀 더 구체적으로 심화시켜 정립하고 있다. Щерба는 보두엥이 제기한 이론의 약점을 극복하고 나아가 나름대로 독자적인 영역을 구축하고 있다. 이러한 Щерба를 중심으로 한, 19세기말부터 20세기초에 레닌그라드에서 형성된 음운연구의 방향을 가리켜 레닌그라드(음운)학파라 부르는데 А.А.Шахматов, В.А.Богородицкий, Я.К.Грот, Д.Н.Ушаков, Н.Н.Дурново, Е.А.Поливанов, В.И.Чернышев 등이 여기에 속한다. 이들은 음소를 형태소의 구성요소로 보는 것이 아니라 형태소와는 무관하게 자율적으로 변화하는 음성적 단위로 간주하고 음운분석을 하고 있다. 주요 저서로는 Щерба의 "불어음성학(Фонетика французского языка)"(1937), Л.Р.Зиндер와 М.И.Матусевич 2인 공저 "음소연구사(К истории учения о фонеме)"(1953), Матусевич의 "일반음성학 입문(Введение в общую фонетику)" (1941), Зиндер의 "일반음성학(Общая фонетика)" (1960)이 있다. 이외에도 까잔학파와도 연관이 있고 실험음성학(эксперментальная фонетика) 의 창시자로서 추상적인 음운연구보다는 구체적인 음성연구에 주안점이 주어졌던 В.А. Богородицки의 "노어 실험음성학(Фонетика русского языка в экспериментальных данных)"(1930)과 그의 제자 В.А. Артемов의 "실험음성학(Экспериментальная фонетика)"(1956)도 빼놓을 수 없는 저서들이다.

1930 - 1940년대 모스크바 교육연구소(Московский педагогический институт)를 중심으로 이루어졌던 모스크바(음운)학파는, 비록 레닌그라드학파와 연구 방향을 달리하며 서로 우호적인 관계를 가지지는 못했지만, 레닌그라드학파와 더불어 러시아 음운연구의 쌍벽을 이루는 것이었다. 모스크바음운학파에 속하는 학자로는 Р.И.Аванесов, В.Н.Сидоров, Сухотин, А.А.Реформатский, П.С.Кузнецов 등이 있다. 이들은 음소를 형태소와 동일시하거나 상호 긴밀한 관계속에서 파악하려는 형태음운론(morphonology)적인 연구태도를 보이고 있으며, 이를 노어음성학의 실용적인 학

습에 응용시키려고 노력했다. 대표적인 저서로는 아바네소프의 "현대노어 음성학(Фонетика современного русского литературного языка)"(1956)과 "노어 표준 발음(Русское литературное произношение)"(1958, 1972)를 꼽을 수 있다.

소비에트 음운론에 관해서는 서구에 거의 알려져 있지 않았으며 문헌이 인용되는 일도 매우 드물었다. 소련에서도 그 당시 급속도로 발전되어 갔던 서구의 구조주의에 대해 관심을 보이지 않았으며, 사회주의 언어학이라는 이름으로 마르주의 언어학이 주류를 이루었다. 마르주의라는 대세는 막강한 것이어서, 1949년에는 맑스주의 언어이론에 어긋나는 관념론적 사고를 포함하고 있다는 이유로 많은 언어학자들이 비난의 대상이 되었는데, 특히 모스크바 음운학파의 대부분이 비판받게 되었다.

1950년 6월 스탈린이 마르주의의 오류를 언급한 이후에 비로소 소련 언어학에 새로운 가능성이 열리게 되었다. 비교연구는 음성원리를 기초로해야 한다는 주장이 나왔고, 1952년 과학아카데미회보(Известия Академии Наук)는 음운론의 원칙에 대한 토론을 전개했다. 소비에트 정권이 들어서면서 맑스주의에 입각한 음운연구라는 대명제 아래 교육적, 실용적 차원에서 음운연구가 이루어졌을 뿐, 마르주의 언어학 이외에는 음운론을 이론화시키는 단계로까지 가지 못했다. 노어를 효과적으로 교육하기 위한 교재 편찬에 주력했고 소련의 각 대학에서 음성학 교재가 여러 권 편찬되었으며 - 이를테면 А.Н.Гвоздев의 "현대 노어(Современный русский язык)" (1권. Фонетика. 1958)-, 특히 "아카데미문법(Грамматика русского языка)"(1권. Фонетика и морфология. 1953)이 발간되어 발음과 억양, 정서법에 대한 지침을 마련해 주었다.

억양(интонация)에 관한 저서로는 А.М.Пешковский의 "억양과 문법(Интонация и грамматика)" (1928)이 많이 알려져 있으며, Е.А.Брызгунова의 "노어의 실용적 발음과 억양 (Практическая фонетика и интонация русского языка)"(1963), "통사와 억양(Синтаксис и интонация)"(1969) 등이 기본서로 여겨지고 있다. 정자법(орфография)에 관한 저서로는 여러 학자가 공저한 "노어 정자법(Правила русской орфографии)"(1956)과 "노어 정자법 사전(Орфографический словарь русского языка)"(1956, 1963)이 중요하게 여겨지고 있다.

정음법(орфоэпия)은 노어 방언이나 구어와 연관지워 중요하게 취급되고 있다. 주요한 논문 및 저서로는 Д.Н.Ушаков의 "노어 정음법과 그 과제(Русская орфоэпия и

её задачи)" (1928), 위에서 언급된 아바네소프의 2권의 저서, 마투세비츠의 저서 및 아바네소프와 오제고프(С.И.Ожегов)가 공동 편찬한 "노어 표준 발음과 강세(Русское литературное произношение и ударение)"(1960)를 꼽고 있다.

2. 음성학과 음운론의 차이

음성학과 음운론은 모두 말의 소리를 대상으로 연구하는 분야들이지만, 그 접근 방법과 음성의 자질에 대한 관점은 판이하게 다르다. 음성학은 어떤 발음이 음성 기관의 어디서 어떻게 나고 전달되는가 하는 모든 음성적 자질(sound feature; фонетический признак)을 차별없이 모두 동등하게 중시하지만, 음운론은 그런 자질들 가운데 주로 의미를 변별시키는 기능을 가지는 변별적 자질(distinctive feature; дистинтивный признак, дифференциальный признак)에 주목하므로 모든 음성적 자질들이 동등한 가치를 가지지는 못한다. 음성학이 물리학이나 생물학 등 자연과학의 방법을 이용해서 구체적으로 소리를 파악하고 분석하는 것이라면, 음운론은 심리적인 측면이 강하며 추상적이고 이론적인 접근 방법이라고 할 수 있다.

음성학은 언어학의 여러 분야 가운데 가장 오래된 것이며 19세기 후반과 20세기 초반에 괄목할 만한 발전이 이루어졌다. 음성은 여러가지 각도에서 접근할 수 있는데 3 가지 주요한 부분으로 나뉜다:

① 후두나 구강 등의 음성기관에서 소리가 어떻게 만들어지는가, 즉 조음(articulation)에 대한 연구를 하는 조음음성학(articulatory phonetics)
② 음성을 귀로 듣고 감지하는 방법에 대한 청음 음성학(auditory phonetics)
③ 화자의 입에서 청자의 귀까지 공기속을 지나는 음성의 물리적인 특성을 연구하는 음향음성학(acoustic phonetics)

이 가운데 조음음성학은 발음기관의 부위와 움직임을 관찰하여 발음기관의 종류 및 운동상태에 의해서 음성을 분류, 기술하므로 음성학의 중심연구 분야이다. 음향음성학은 2차 대전 이후 전자공학 및 물리학의 발달에 힘입어 많은 발전이 있었는

데, 음파의 진동수, 즉 주파수(frequency), 진폭(amplitude), 음장(duration)등을 분석하여 말소리를 분류하고 기술한다. 청음 음성학은 방법론이나 기술 방법이 아직 미비한 편이지만 최근 신경 계통 의학 및 생리학의 발전으로 말미암아 주목을 받고 있다.

현대 음운론이 성립된 것은 1920년대라 할 수 있으나, 19세기 말경 고전 음성학의 발달이 절정에 달했을 때, 언어음에는 음성학적 연구가 아무리 발달하더라도 그것만으로는 규명되지 않는 면이 있다는 사실을 깨닫게 됨으로서 음운론 연구의 필요성은 그 이전에 이미 인식되어졌다. 음운론은 언어음의 구조에 관한 연구이며, 한편으로는 형태론과 또 다른 한편으로는 음성학과 밀접한 관련을 가진다. 언어음은 물리적으로는 무한히 많이 나타나지만 언어의 요소, 즉 음운론적 단위로 기능할 때에는 많은 제약을 받는다. 인간의 언어음은 적은 수의 동일한 음성 자질로 이루어져 있으며, 전 세계언어에 동일 부류의 음이 사용되고 동일한 종류의 규칙적인 음의 형태가 나타난다. 음운론은 모든 언어에서 발견되는 보편성에 비추어 각 언어체계들이 어떻게 다르고 어떻게 유사한가에 대해서도 관심을 가진다. 음성학이 언어음을 기술하는 수단을 마련하는 것임에 비해 음운론은 언어음이 체계와 형태를 형성하는 방법을 연구하는 것이다.

3. 노어 음성학

3·1. 발음기관

소리를 내기 위해서 관여하는 음성기관(organs of speech)은 호흡기관(respiratory system), 발성기관(phonatory system), 발음기관(articulatory system) 등 세 부위가 작용한다.

호흡부는 허파에 압력을 가하여 공기를 배출하는 부분이고, 발성부는 후두 연골과 근육으로 되어 있는데, 바로 성대(聲帶)를 가리킨다. 성대의 작용으로 유성음과 무성음을 선택하여 낼 수 있고 호흡부와 함께 음의 고저(pitch)를 만든다. 발음부는 혀, 아래 턱, 입술 그리고 연구개 등 여러 개의, 입에 있는 움직일 수 있는 구조를 가

리킨다. 발음부는 움직이지 않는 부분, 즉 윗니, 경구개, 목구멍의 후벽 등과 작용하여 대부분의 소리를 만들어 낸다.

호흡부, 발성부를 통하여 발성된 소리는 발음부에서 변별력을 가진 소리로 조음(調音: articulation; артикуляция)되는데, 발음 부위들을 살펴보면 아래와 같다:

후두**(larynx: гортань):** 성대가 있는 부분으로 허파에서 나오는 숨이 성문을 통과하면서 성대와 작용을 한다. 소리를 낼 때, 성대가 열려 있고 진동을 하면 유성음이 나오고 성대가 닫혀 있고 진동을 하지 않으면 무성음이 나온다.

인두**(pharynx: глотка):** 인두에는 음식물이 후두 쪽으로 내려가지 않도록 하는 후두개(後頭蓋, epiglottis; надгортанник)라는 것이 있어서 후두를 보호해 주는 덮개 역할을 한다. 이 후두개 위쪽 부분이 인두인데, 인두는 성대를 울려서 나오는 소리의 공명실 구실을 한다. 인두는 드나드는 공기를 완전히 막기도 하고 일부를 막기도 하여 발음에 사용하기도 한다.

구강(口腔**, oral cavity: ротовая полость):** 성문을 지나 인두로 나온 공기가 가장 많은 변동을 일으키는 곳이 구강, 즉 입이다. 주로 목젖, 입술, 그리고 혀의 움직임으로 변동을 받는다.

목젖은 인두 위에 있는데, 공기를 입이나 코로 내보내는 것을 결정하는 기능을 한다. 목젖이 늘어져 있으면 코로 공기가 나가고, 뒤의 인두벽에 닿게 되면 코로 가는 길이 막혀 입으로 공기가 나가게 된다.

혀는 발음기관 가운데 가장 다양한 역할을 한다. 따라서 조음방식을 연구하는데 있어서 혀의 역할과 위치를 살펴보는 것이 중요하게 취급된다. 노어 발음에서 혀의 활동은 매우 다양한 편이다. 혀의 앞 부분을 들어 올려 잇몸 또는 입천장에 닿게 할 수 있고, 치아 사이로 혀끝을 밀어 넣을 수도 있고, 입 밖으로 뺄 수도 있어서 여러 종류의 발음을 만들 수 있다. 혀의 가운데 부분을 입천장에 닿게 들어올릴 수 있고, 혀의 안쪽 부분도 안쪽 입천장(연구개/ 軟口蓋)과 작용하여 공기의 흐름을 막을 수 있다. 노어에서는 또 혀를 떨게 할 수 있다.

이와 잇몸**:** 이는 아랫입술과 윗니, 혀와 아래윗니의 작용으로 말소리를 내는 데에 쓰인다. 잇몸은 치조(齒槽) 또는 치경(齒莖)이라고 하며 혀와 작용하여 말소리를 내는데, 이 때 쓰이는 잇몸은 윗잇몸뿐이다.

입천장(구개/口蓋, **palate: нёбо**): 입천장에서 내는 소리를 구개음이라고 한다. 구개 부분이란 윗 잇몸에서 목젖까지를 가리키는데, 딱딱한 앞 부분은 경구개(hard palate: твёрдое нёбо)라고 하며, 뒷 부분은 연구개(軟口蓋: soft palate, velum: мягкое нёбо)라고 한다.

비강(鼻腔, **nasal cavity: носовая полость**): 인두벽과 목젖 사이를 거쳐서 코로 통하는 길, 즉 구강은 완전히 열 수도 있고 닫을 수도 있다. 코로 통하는 길이 닫혀져서 내는 소리를 구음(口音, oral sound, ртовый звук)이라고 하며, 코로 통하는 길이 열려진 상태에서 내는 소리를 비음(鼻音, nasal sound, носовой звук)이라고 한다.

<도표 1>

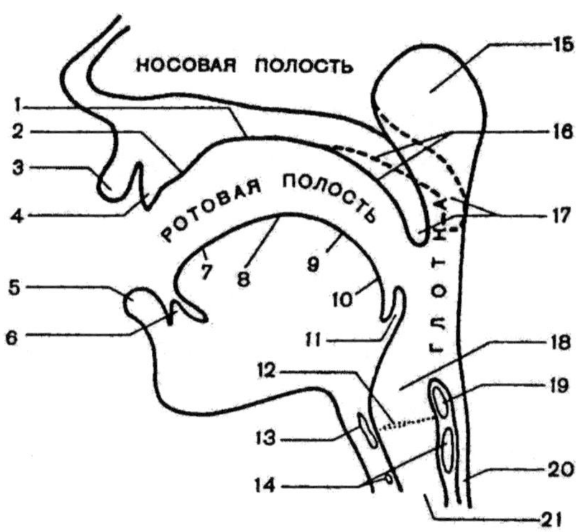

발성기관(Произносительный аппарат):

1 경구개 твёрде нёбо
2 잇몸 альвеолы
3 윗입술 верхняя губа
4 윗니 верхние зуы
5 아랫입술 нижняя губа
6 아랫니 нижние зубы
7 전설(혀의 앞부분) передняя часть языка
8 중설(혀의 중간부분) средняя часть языка
9 후설(혀의 뒷부분) задняя часть языка
10 설근(혀뿌리) корень языка
11 후두개(회염연골, 회염부, 후강개) надгортанник
12 성문 голосова щель
13 갑상연골 щитовидный хрящ
14 환상연골 перстневидный хрящ
15 후구개 носоглотка
16 연구개 мягкое нёбо
17 목젖 язычок
18 후두(喉頭) гортань
19 인두(咽頭) черпаловидныйхрящ
20 식도 пищевод
21 기관지 трахея

3·2. 음성의 분류

3·2·1. 음성표기

음성을 표기하는데 있어서 발음에 맞추어 옮기는 방법을 음성표기(transcription; транскрипция)라 하고, 발음은 고려하지 않고 철자위주로 옮기는 방법을 철자표기(transliteration; транслитерация)라고 한다.

개별음을 항상 일정하게 표시하기 위하여 각 음에 대해 그 자신의 '기호'로 표시되는, 음성 하나하나에 붙인 기호를 음성자모(phonetic alphabet)라고 한다. 이러한 음성기호를 통해 음을 체계적이며 일관성있게 기술하는 방법으로 우선 음성표기(phonetic transcription: фонетическая транскрипция)와 음소표기(phonemic transcription: фонематическая транскрипция)라고 하는 두 개의 큰 유형으로 구분할 수 있다. [ ]와 같은 각괄호 내부에 표시되는 음성표기는 문맥에서 음이 나타내는 기능적인 중요성을 표시하고자 한 것이 아니라, 음을 존재하는 그대로 기술하고자 하기 때문에 기능(function; функция)과는 관계없이 조음적, 청각적 본질에 근거해서 음을 기호화하여 표시한다. 음성표기는 간이표기(broad transcription)와 정밀표기(narrow transcription)가 있다. 간이표기는 한 음성을 하나의 음성기호로 간단하게 표기하는 것이 원칙인데, 실용적인 목적으로 사용하는 표기 방법이라 하여 실용적 음성표기(практическая транскрипция)라고도 하며 외국어 사전의 표기는 간이표기로 되어 있다. 정밀표기는 음성의 미세한 특징까지도 보조 기호를 사용하여 표시하는 복잡한 표기 방법으로서 이음(allophone; аллофон)까지도 자세하게 표기한다. 음소표기는 / / 와 같은 사선 내부에 언어적 기능을 가진 단위, 즉 음소만이 기호화되어 표시되기 때문에 모든 표기 가운데 가장 간단한 것이다. 간이표기와 같아지는 경우도 있으나 원칙적으로 간이표기는 구체적이며 물리적인 조음의 연쇄를 나타내는 것이고, 음소표기는 추상적이며 기능적인 연쇄의 단위를 나타내고 있기 때문에 비록 그 표기는 동일하다 할지라도 서로 매우 다른 실체라는 사실을 유념해야 한다. (вор; 간이표기 [vor], 음소표기/vor/)

음소, 특히 모음의 음소를 기술하는데 있어서는 학자들 사이에 조금씩 서로 다른

표기 방법을 보여준다. 가장 널리 사용되는 음성자모로는, 국제음성학회가 개별음을 발음 위치와 방법, 그리고 소리의 성질에 따라 분류하고 해당되는 일정한 기호를 붙여서 국제적으로 공용될 수 있도록 만든 국제음성기호(International Phonetic Alphabet, IPA)가 있다.

철자표기는 A언어와 B언어의 문자(자모)가 대응관계를 보이는 경우, A언어의 문자로 나타나는 음과 흡사한 B언어의 문자로 바꾸는 것을 말한다. 철자표기는 한 언어의 문자를 음성적인 등가관계는 고려하지 않고 그와 유사한 발음을 가지는 다른 언어의 문자로 1대 1의 관계로 옮기는 것이다. 특히 노어의 키릴문자는 서유럽의 로마자로 철자표기하여 사용하는 경우가 많은데(예; Чернышевский - Černyševskij). 이러한 키릴-로마자 철자표기 체계는 다음과 같다:

<도표 2> 키릴 문자-로마자 표기

키릴문자	로마자 (음성표기)	철자표기1	철자표기2	철자표기3 (영미권)	철자표기4 (독일어권)
노어문자	음성표기 (간이표기)	러시아 과학 아카데미	ISO	US Library Congress	Duden
а	a	a	a	a	a
б	b	b	b	b	b
в	w	v	v	v	v
г	g	g	g	g	g
д	d	d	d	d	d
е	e (자음 뒤) je (어두 및 모음, ъ, ы뒤) o (ж, ч, ш, щ 뒤)	e(자음 뒤) je(어두, 모음 및 ъ, ь 뒤)	e	e	e
ё	jo o(ж, ч, ш, щ 뒤)	'o(ч, ш, щ, ж를 제외한 자음뒤) o(ч, ш, щ, ж 뒤) io(어두,ъ, ь뒤)	ë	e	ë
ж	sch			zh	
з	s	z	z	z	z
и	i ji (ъ뒤)	I(어두및모음,자음뒤) ji(ь뒤)	i	i	i

й	i 탈락(и, ы 뒤)	j	j	j	j
к	k (кс는 x로)	k	k	k	k
л	l	l	l	l	l
м	m	m	m	m	m
н	n	n	n	n	n
о	o	o	o	o	o
п	p	p	p	p	p
р	r	r	r	r	r
с	s(кс는 x로) ss(모음사이)	s	s	s	s
т	t	t	t	t	t
у	u	u	u	u	u
ф	f	f	f	f	f
х	ch	ch	h	kh	h
ц	z	c	c	ts	c
ч	tsch			ch	
ш	sch			sh	
щ	schtsch			shch	,
ъ	탈락	탈락			-,
ы	y	y	y	y	y
ь	탈락 i(o 앞)	'(어말및자음앞) 탈락 (모음앞)			
э	e	e		e	
ю	ju	'u(자음 뒤) ju(어두 및 모음,ъ, ь 뒤)	u	iu	u, ju
я	ja	'a(자음 뒤) ja(어두 및 모음, ъ, ь 뒤)		ia	a, ja

<도표 3> 러시아어 키릴 문자와 한글 대조표

	로마자	러시아어 자모	한글			보기
			모음앞	자음앞	어말	
자음	b	б	ㅂ	ㅂ, 브	프	Bolotov(Болотов) 볼로토프, Bobrov(Бобров) 보브로프, Kurbskii(Курбский) 쿠릅스키, Gleb(Глеб) 글레프
	ch	ч	ㅊ	치		Goncharov(Гончаров) 곤차로프, Manechka(Манечка) 마네치카, Yakubovich(Якубович) 야쿠보비치
	d	д	ㄷ	ㅅ, 드	트	Dmitrii(Дмитрий) 드미트리, Benediktov(Бенедиктов) 베네딕토프, Nakhodka(Находка) 나홋카, Voskhod(Восход) 보스호트
	f	ф	ㅍ	ㅂ, 프	프	Fyodor(Фёдор) 표도르, Yefremov(Ефремов) 예프레모프, Iosif(Иосиф) 이오시프
	g	г	ㄱ	ㄱ, 그	크	Gogol'(Гоголь) 고골, Musorgskii(Мусоргский) 무소릅스키, Bogdan(Богдан) 보그단, Andarbag(Андарбаг) 안다르바크
	kh	х	ㅎ	흐		Khabarovsk(Хабаровск) 하바롭스크, Akhmatova(Ахматова) 아흐마토바, Oistrakh(Ойстрах) 오이스트라흐
	k	к	ㅋ	ㄱ, 크	크	Kalmyk(Калмык) 칼미크, Aksakov(Аксаков) 악사코프, Kvas(Квас) 크바스, Vladivostok(Владивосток) 블라디보스토크
	l	л	ㄹ, ㄹㄹ	ㄹ		Lenin(Ленин) 레닌, Nikolai(Николай) 니콜라이, Krylov(Крылов) 크릴로프, Pavel(Павел) 파벨
	m	м	ㅁ	ㅁ, 므	ㅁ	Mikhaiil(Михаийл) 미하일, Maksim(Максим) 막심, Mtsensk(Мценск) 므첸스크
	n	н	ㄴ	ㄴ		Nadya(Надя) 나댜, Stefan(Стефан) 스테판
	s	c	ㅅ	스		Vasilii(Василий) 바실리, Stefan(Стефан) 스테판, Boris(Борис) 보리스
	sh	ш	시*	시		Shelgunov(Шелгунов) 셸구노프, Shishkov(Шишков) 시시코프

	shch	щ	시*	시		Shcherbakov(Щербаков) 셰르바코프, Shchirets (Щирец) 시레츠, borshch(борщ) 보르시
	t	т	ㅌ	ㅅ, 트	트	Tat'yana(Татьяна) 타티야나, Khvatkov(Хватков) 흐밧코프, Tver'(Тверь) 트베리, Buryat(Бурят) 부랴트
	tch	тч	ㅊ	—		Gatchina(Гатчина) 가치나, Tyutchev(Тютчев) 튜체프
	ts	ц, тс	ㅊ	츠		Kapitsa(Капица) 카피차, Tsvetaeva(Цветаева) 츠베타예바, Bryatsk(Брятск) 브랴츠크, Yakutsk(Якутск) 야쿠츠크
	v	в	ㅂ	ㅂ, 브	프	Verevkin(Веревкин) 베렙킨, Dostoevskii(Достоевский) 도스토옙스키, Vladivostok(Владивосток) 블라디보스토크, Markov(Марков) 마르코프
	z	з	ㅈ	즈, 스	스	Zaichev(Зайчев) 자이체프, Kuznetsov(Кузнецов) 쿠즈네초프, Agryz(Агрыз) 아그리스
	zh	ж	ㅈ	즈, 시	시	Zhadovskaya(Жадовская) 자돕스카야, Zhdanov(Жданов) 즈다노프, Luzhkov(Лужков) 루시코프, Kebezh(Кебеж) 케베시
	j/i	й	이	이		Yurii(Юрий)유리, Andrei(Андрей)안드레이, Belyi(Белый)벨리
모음	a	а	아			Aksakov(Аксаков) 악사코프, Abakan(Абакан) 아바칸
	e	е	에, 예			Petrov(Петров) 페트로프, Evgenii(Евгений) 예브게니, Alekseev(Алексеев) 알렉세예프, Ertel'(Эртель) 예르텔
		э				
	i	и	이			Ivanov(Иванов) 이바노프, Iosif(Иосиф) 이오시프
	o	о	오			Khomyakov(Хомяков) 호먀코프, Oka(Ока) 오카
	u	у	우			Ushakov(Ушаков) 우샤코프, Sarapul(Сарапул) 사라풀

	y	ы	이			Saltykov(Салтыков) 살티코프, Kyra(Кыра) 키라, Belyi(Белый)벨리
	ya	я	야			Yasinskii(Ясинский) 야신스키, Adygeya(Адыгея) 아디게야
	yo	ё	요			Solov'yov(Соловьёв) 솔로비요프, Artyom(Артём) 아르톰
	yu	ю	유			Yurii(Юрий) 유리, Yurga(Юрга) 유르가

표기세칙

- 제1항 p(п), t(т), k(к), b(б), d(д), g(г), f(ф), v(в)

  파열음과 마찰음 f(ф)·v(в)는 무성 자음 앞에서는 앞 음절의 받침으로 적고, 유성 자음 앞에서는 '으'를 붙여 적는다.

Sadko(Садко) 삿코
Agryz(Агрыз) 아그리스
Akbaur(Акбаур) 아크바우르
Rostopchinya(Ростопчиня) 로스톱치냐
Akmeizm(Акмеизм) 아크메이즘
Rubtsovsk(Рубцовск) 룹촙스크
Bryatsk(Брятск) 브랴츠크
Lopatka(Лопатка) 로팟카
Yefremov(Ефремов) 예프레모프
Dostoevskii(Достоевский) 도스토옙스키

- 제2항 z(з), zh(ж)

  z(з)와 zh(ж)는 유성 자음 앞에서는 '즈'로 적고 무성 자음 앞에서는 각각 '스, 시'로 적는다.

Nazran'(Назрань) 나즈란
Nizhnii Tagil(Нижний Тагил) 니즈니타길
Ostrogozhsk(Острогожск) 오스트로고시스크
Luzhkov(Лужков) 루시코프

- 제3항

  지명의 -grad(град)와 -gorod(город)는 관용을 살려 각각 '-그라드', '-고로드'로 표기한다.

Volgograd(Волгоград) 볼고그라드
Kaliningrad(Калининград) 칼리닌그라드
Slavgorod(Славгород) 슬라브고로드

• 제4항

자음 앞의 -ds(дс)-는 'ㅊ'로 적는다.

Petrozabodsk(Петрозаводск) 페트로자보츠크
Vernadskii(Вернадский) 베르나츠키

• 제5항

어말 또는 자음 앞의 l(л)은 받침 'ㄹ'로 적고, 어중의 l이 모음 앞에 올 때에는 'ㄹㄹ'로 적는다.

Pavel(Павел) 파벨
Nikolaevich(Николаевич) 니콜라예비치
Zemlya(Земля) 제믈랴
Tsimlyansk(Цимлянск) 치믈랸스크

• 제6항

l'(ль), m(м)이 어두 자음 앞에 오는 경우에는 각각 '리', '므'로 적는다.

L'bovna(Льбовна) 리보브나
Mtsensk(Мценск) 므첸스크

• 제7항

같은 자음이 겹치는 경우에는 겹치지 않은 경우와 같이 적는다. 다만, mm(мм), nn(нн)은 모음 앞에서 'ㅁㅁ', 'ㄴㄴ'으로 적는다.

Gippius(Гиппиус) 기피우스
Avvakum(Аввакум) 아바쿰
Odessa(Одесса) 오데사
Akkol'(Акколь) 아콜
Sollogub(Соллогуб) 솔로구프
Anna(Анна) 안나
Gamma(Гамма) 감마

- 제8항

e(e, э)는 자음 뒤에서는 '에'로 적고, 그 외의 경우에는 '예'로 적는다.[2]

Aleksei(Алексей) 알렉세이
Egvekinot(Егвекинот) 예그베키노트

- 제9항

연음 부호 '(ь)은 '이'로 적는다. 다만 l', m', n'(ль, мь, нь)이 자음 앞이나 어말에 오는 경우에는 적지 않는다.

L'bovna(Льбовна) 리보브나
Igor'(Игорь) 이고리
Il'ya(Илья) 일리야
D'yakovo(Дьяково) 디야코보
Ol'ga(Ольга) 올가
Perm'(Пермь) 페름
Ryazan'(Рязань) 랴잔
Gogol'(Гоголь) 고골

- 제10항

dz(дз), dzh(дж)는 각각 z, zh와 같이 적는다.

Dzerzhinskii(Дзержинский) 제르진스키
Tadzhikistan(Таджикистан) 타지키스탄

출처 : 국립국어원

3·2·2. 모음의 특징과 분류

(1) 모음의 특징 및 분류

모음은 허파에서 나오는 내쉬는 숨이 후강, 인강, 구강을 통해 흘러나오면서 도중에 막히거나 좁혀짐으로써 장애를 받지 않고 자유롭게 통과할 때 공명되어 나는 소리이다. 비강에서 공명되기도 하는데, 이것을 비모음(nasal vowel: носовой гласный)이라고 하며 현대노어에는 존재하지 않고 고대노어(고대교회슬라브어)의 Ѫ(ѫ), Ѧ(ѧ)이 비모음이다. 성대를 울려 소리를 내므로 모음은 기본적으로 유성음이다. 모음은 자음에 대립되며 보통 자음보다 소리의 울림이 크며 음절의 정점(peak)을 이루어 음절주음(syllabic)으로 작용한다.

모음을 분류할 때는 발음할 때의 혀의 위치와 입술의 상태에 따라 두 가지 기준을 세울 수 있다.

첫째 기준은, 발음할 때 작용하는 혀의 위치에 따른 것이다. 혀의 높낮이에 따라 고모음(high vowel; верхний гласный звук), 중모음(mid vowel; средний), 저모음(low vowel; нижний)으로 분류된다. 또 발음할 때 혀가 작용하는 모양, 즉 혀의 오무림과 폄에 따라 앞부분은 전설모음(front vowel; передний), 가운데 부분은 중설모음(central vowel; средний) 그리고 뒷부분은 후설모음(back vowel; задний)이라고 한다. 혀의 위치에 따라 모음을 나타내면 다음과 같다:

<도표 4> 모음의 분류

	앞 위치(전설)	중간 위치(중설)	뒤 위치(후설)
높은 위치	и	ы	у
중간 위치	э		о
낮은 위치		а	

모음을 분류할 때 혀의 높이 대신 입을 벌린 크기, 즉 개구도(開口度)에 의해 설명하는 수도 있다. 고모음은 혀의 위치가 가장 높은, 다시 말하면 혀를 입천장에 가장 가까이 위치시키는 모음이며 저모음은 그 반대이다. 따라서 고모음을 발음하려면 입

을 그만큼 좁게 벌리게 되며 저모음을 내려면 그만큼 많이 벌리게 된다. 이처럼 혀의 높낮이와 개구도는 밀접한 관계를 가지며, 고모음은 폐모음(close vowel; закрытый гласный), 반고모음은 반폐모음(half-close vowel), 반저모음은 반개모음(half-open vowel), 저모음은 개모음(open vowel; открытый гласный)이 된다. ('개구도'에 대한 도표는 '음절'에 있음)

모음을 분류하는 둘째 기준은 입술 모양에 따르는 것이다. 입술을 둥글게 하여 발음하는 모음을 원순모음(圓脣母音, rounded vowel)이라 하고, 입술을 평평하게 하여 발음하는 나머지 모음을 비원순모음(unrounded vowel) 또는 평순모음(平脣母音)이라고 한다.

모음은 기본모음과 이중모음으로 나뉜다. 노어의 기본모음은 단모음으로 [a], [o], [э], [и], [y] 5개이다. 모음 하나로 이루어져 있는 모음, 즉 단모음(monophthong; монофтонг)은 발음하는 동안 혀나 입술 따위의 음성 기관이 일정한 상태를 유지하여 음절 내에서 음질이 일관하여 변하지 않는 것이 특징이다.

(2) 노어 반모음

<노어 반모음의 성격>

단모음을 발음할 때보다 혀를 입천장에 더 접근시키면서도 자음을 발음할 때 만큼은 접근시키지 않고 내는 소리를 반모음(semi-vowel)이라 한다. 모음중에서 혀의 위치가 가장 높은 [i]와 [u]보다 조금 더 위쪽에서 발음되는 [j]가 가장 대표적인 반모음이다. 반모음은 경우에 따라서는 전이음, 과도음, 활음이라는 용어로 표현되며, 발음할 때는 모음과 같지만 음절이나 보다 큰 음성(음운) 단위에서는 자음처럼 작용한다. 반모음은 말하자면 모음과 자음의 중간적인 성격의 음으로서 반자음이라고 불러도 좋을 성질의 음이다. 실제로 자음과 모음 중 어느 하나에 소속시켜야 할 경우 자음 쪽으로 소속시키는 경우가 많은데, 모음보다는 자음 쪽의 성격이 더 강하다고 판단하는 것이다. 반모음은 단독으로 쓰이지 못하고 모음과 결합해서만 쓰이는 성질을 가지고 있다. 이중모음(diphthong; дифтонг)은 한 음절에 속하는 두 모음의 연속체이다. 이중모음은 단모음과 반모음으로 이루어져 있는데, 반모음이 음절 주음

의 앞에 위치하는 경우와 반모음이 음절 주음의 뒤에 위치하는 경우의 두 가지가 있다. '반모음 + 단모음(음절 주음)'으로 된 구조를 상승 이중모음(rising diphthong; восходящий дифтонг)이라 하고, '단모음 + 반모음'으로 된 이중모음을 하강 이중모음(falling diphthong; нисходящий дифтонг)이라 한다. 노어에는 하나의 음절내에 두 개의 모음으로 나타나는 이중모음은 원칙적으로 없으나 (최근 외래 차용어에 나타나고 있다: слайд, глайд, йод), 독일어나 영어에는 많이 나타난다: 영어 time[taim], table[teibl], go[gou] / 독일어 mein[maen], heute[hoete].

<반모음의 문자 표기>

노어 고유어 어휘에서 반모음의 표기 양상은 다음과 같이 4가지로 요약된다:

① 어두와 모음 뒤에서 "반모음 + 모음"은 문자 я, ю, е, ё, и로 표시된다. 이 경우는 세르비아어나 폴란드어, 독일어에서의 [j] (명칭: jot, йота)와 마찬가지로 하나의 완전한 반모음으로 간주된다.

어두- яма[jама], юг[jуг], ель[jэл'], ёж[jож]

모음 뒤- моя[моja], моё[мojo], моей[мojэj], мою[мojу], мои[моjи]

② 자음 뒤에서 "반모음 + 모음"은 음절 분리부호 ь, ъ와 함께 я, ю, е, ё, и로 표시된다:

обезьяна, изъян, ладью, адъютант, судья, подъезд, собьём, объём, чьи

이를 조어적 관점에서 분류하면 3가지 경우로 나뉜다. 첫째, 자음으로 끝나는 접두어가 이중모음으로 시작하는 어근과 결합할 경우는 분리 부호 ъ (подъезд, подъём, предъюбилейный, объявлен, изъян), 둘째, 수사 двух, трёх, четырёх가 이중모음으로 시작하는 단어와 결합할 경우는 분리 부호 ъ (двухъярусный) 셋째, 이외의 경우는 분리 부호 ь (вышьет, шьёт, старьё, рьяный, обезьяна, воробьи, соловьи, волчьи)

③ 어말과 자음 뒤에서 "모음 + 반모음"은 문자 й로 표시된다:

май, майка, стройка, чайная, пой, пойте

“모음 + 반모음”, 즉 하강이중모음에서의 반모음은 “반모음 + 모음”, 즉 상승이중모음에서의 반모음보다 혀와 입천장과의 틈이 좀 더 넓으며 따라서 장애가 좀 더 적다.

④ 자음 뒤에서 “반모음 + o”는 “ьо”로 표기된다:

бульон, почтальон, шиньон, синьор, гильотина

외래 차용어는 위의 ① - ④ 의 규칙이 적용되지 않고 й가 어두나 모음뒤에 오는 경우도 있다: слайд, глайд, йод, район, фойе

<연모음 я, ё, ю, е, и의 음의 실현>

① е, ё, ю, я는 음성적으로 다음 두 가지 의미를 갖는다.

①-1. 이들의 문자가 자음 뒤에 오면 그 자음은 연음화되고, е, ё, ю, я 자신은 각각 [э], [о], [у], [а]로 발음된다.

пять[п‘ат‘], ключ[кл‘уч], дело[д‘эло], тёмный[т‘омный], мял[м‘ал], люди[л‘уд‘и]

①-2. 어두, 음절의 맨 처음, 모음뒤에서 이들은 [j]와, [э], [о], [у], [а]의 결합을 의미한다.

яма[jама], юг[jуг], ель[jэл'], ёж[jож], моя[моjа], мои[моjи], моей[моjэj], суют[суjут]

② и도 그 앞에 오는 자음을 연음화(약화)시키지만, и 자신은 [i]이다. и는 단어나 음절의 맨 앞에서는 [j]와의 결합 [ji]를 나타낼 경우도 있다.

③ 자음 ж, ш, ц는 항상 경음이기 때문에 же, шё는 [жэ], [шо]로 발음된다. жи, ши, ци의 발음은 жы, шы, цы 가 된다. г, к, х는 е와 и 앞에서만 연자음이 된다(ж, ш의 뒤에는 ы를 쓰지 않는다. 또 ж, ш, ц의 뒤에 я, ю가 오지 않는다. г, к, х의 뒤에는 я, ю, ы가 오지 않는다. (③의 내용은 노어의 정자법 규칙을 참고하기 바람)).

(3) 모음의 길이

모음은 상대적으로 길게 발음하기도 하고 짧게 발음하기도 한다. 노어에서 음절의 주음을 이루고 있는 모음을 길게 발음하면 그 음절은 길어지고, 짧게 발음하면 그 음절은 짧아진다. 한편, 국어나 영어에서 음절의 길고 짧음은 의미를 변별하는 중요한 역할을 한다.(말(馬) / 말: (言語), 갈다(磨) / 갈:다 (耕), 눈(目) / 눈: (雪), [liv](live, 살다)/ [li:v](leave, 떠나다)) 즉, 국어나 영어에서 한 모음의 상대적 장단은 변별적 자질을 갖는다. 그러나 노어에서 모음의 장단은 강세(ударение)가 오는 음절에서 약간 길게 발음될 뿐 큰 역할을 하지 않으며, 따라서 변별적 자질을 갖지 않는다. 다만 노어 구어에서 모음을 길게 늘어뜨려 발음하는 경향이 있다.

3·2·3. 자음의 특징과 분류

자음은 모음과 대립되는 말로서, 공기의 흐름이 성문을 통과하여 입 밖에 나오는 과정의 어디에선가 장애를 받고 나오는 소리이다. 자음은 성대진동의 유무, 조음 위치, 조음 방식에 따라 분류된다.

(1) 성대진동의 유무에 따른 분류:

발음할 때 성대의 진동을 동반하는 것을 유성자음(voiced consonant: звонкие согласные)이라 하며, 성대의 진동이 일어나지 않는 자음을 무성자음(voiceless consonant: глухие согласные)이라 한다. 노어에서는 유/무성음간에 서로 영향을 주고 받는 경우가 많이 일어나는데, 유성음이 무성음으로 나타나게 되는 것을 무성음화(devocalization)라고 하며 역으로 무성음이 유성음으로 발음되는 것을 유성음화라 한다(유/무성음화에 대한 자세한 내용은 '동화'를 볼 것). 아래 표에서 대응하는 유성음과 무성음은 똑같은 입모양으로 발음되지만, 성대의 울림을 수반하느냐, 하지 않느냐가 다를 뿐이다:

<도표 5>

유성자음:	б	в	з	д	ж	г	л	м	н	р		
무성자음:	п	ф	с	т	ш	к				ч	щ	ц

(2) 조음 위치(place of articulation; место образования)에 따른 분류:

자음은 발성기관의 어느 두 부분이 맞닿아서 공기의 흐름을 차단하거나, 공기를 매우 좁은 틈 사이로 흘려 보내면서 조음이 된다. 이 두 부분 가운데 조음시 능동적으로 움직이는 부분을 조음자(articulator: артикулятор)라고 하며, 수동적으로 조음자의 상대역만 하는 부위를 조음점(point of articulation: место артикуляции)이라 한다. 조음자는 아랫입술, 혀(혀는 설단, 설면, 설근의 부위로 나뉜다) 등이고 조음점은 입천장, 윗니, 윗잇몸, 윗입술 등이다. <도표 1>을 입천장 부분만 명시하여 조음 위치에 따라 나타내면 아래와 같다:

<도표 6>

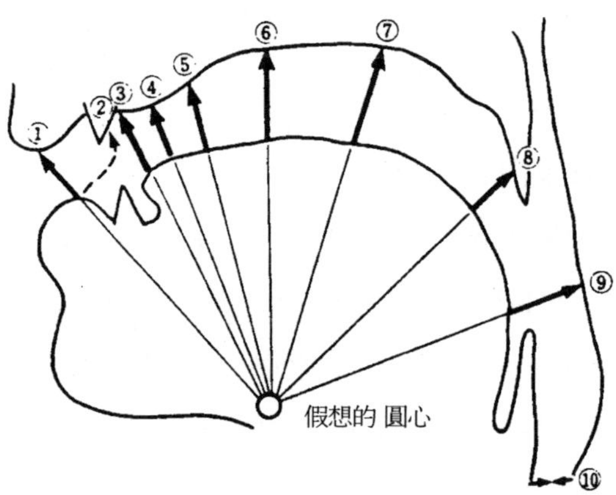

1 양순음(bilabial) : [p, b, m] [ㅂ, ㅍ, ㅁ]
2 순치음(labio-dental) : [f, v]
3 치음(dental) : [θ, ð]
4 치경음 (alveolar) : [t, d, n, s, r] [ㄷ, ㅌ, ㄴ, ㅅ, ㄹ]
5 구개치경음 (palato-alveoar) : [ʧ, ʤ, ʃ, ʒ] [ㅈ, ㅊ]
6 경구개음(palatal) : [c, j]
7 연구개음(velar) : [k, g,] [ㄱ, ㅋ, ㅇ]
8 구개수음(uvular) : [, G]
9 인두음 (pharyngeal) : [, ʕ]
10 성문음 (glottal) : [h, ʔ] [ㅎ]

① 양순음(**bilabial; губно-губные**); 두 입술이 맞닿아서 내 는 자음인데 순음(labial)이라 하기도 한다. [п, п', б, б', м, м']

② 순치음(**labio-dental; губно-зубные**); 윗니와 아랫입술이 맞닿아서 내는 소리 [ф, ф', в, в']

③ 치음(**dental; зубные, дентальные**); 설단이 윗니 뒷쪽에 닿아서 내는 자음 [т, т', д, д', с, с', з, з', н, н', л, л']

④ 치조음(치경음, **alveolar; альвеолярные**); 설단과 윗잇몸이 맞닿아 내는 자음 [ш, ш', ж, ж', ц, р, р']

⑤ 경구개음(**palatal; палатальные, твёрдонёбные, передненёбные**); 설면이 경구개, 즉 굳은 입천장에 닿아서 내는 소리 [ч, ж, j]

⑥ 연구개음(**velar; велярные, мягконёбные, задненёбные**); 혀의 뒷부분과 연구개 사이에서 나오는 소리인데 입 안에서 발음되는 자음 중에서는 가장 뒷쪽에서 발음되는 소리이다. [к, к', г, г', х, х']

⑦ 성문음(**glottal; голосовые**): 성문에서 두 성대에 의해 만들어지는 자음 [h]

(3) 조음 방식(manner of articulation; способ образования, способ артикулирования)에 따른 분류:

조음 위치와 함께 중요한 것이 조음 방식이다. 같은 조음자와 조음점을 가지고도 접촉하는 정도와 공기 흐름의 정도에 따라 소리가 달라질 수 있기 때문이다. 구강으로 배출되는 공기가 방해를 받아 만들어지는 소리가 장애음(obstruent; шумные согласные)이고 나머지 소리는 공명음(sonorant; сонорные согласные)이라고 한다.

장애 유성음(шумные звонкие): [б], [б'], [д], [д'], [г], [в], [в'], [з], [з'], [ж], [ж']
장애 무성음(шумные глухие): [п], [п'], [т], [т'], [к], [ф], [ф'], [с], [с'], [ш], [ш'], [х], [ц], [ч']
공명음(сонорные): [л], [л'], [м], [м'], [н], [н'], [р], [р'], [j]

장애음에는 폐쇄음, 마찰음, 파찰음이 있다. 구강으로 배출되는 공기가 구강의 어느 부분에서 공기의 통과를 잠시 폐쇄시켰다가 파열시키는 소리가 폐쇄음(stop; смы

чные)인데, 터져 나오는 소리이므로 파열음(plosive)이라고도 하며 이것에 대응되는 것으로 막힘이 없이 계속적으로 발음되는 것을 계속음(지속음, continuant)이라 한다. 폐쇄음 б, п는 양 입술을 닫고, т, д는 혀 끝을 앞 윗니 뒤쪽에 밀착시키고, г, к는 혀 뒷부분을 연구개에 밀어 붙이고, 이것을 호흡에 의해 파열시키면서 생기는 음이다.

구강의 어느 부분을 좁혀 그 사이로 공기가 마찰되며 지나가는 소리를 마찰음(fricative; фрикативные)이라 한다. 마찰음은 유음과 함께 대표적인 계속음이다. 마찰음 в, ф는 앞 윗니와 아래 입술의 사이, з, с는 혀의 앞 부분과 앞 윗니의 사이, ж, ш는 혀 앞부분과 경구개 사이, х는 혀 뒷부분과 연구개와의 사이, j는 혀 중간 부분과 경구개와의 사이에 만들어진 좁은 틈을 지나는 공기의 마찰에 의해 생기는 음이다.

파찰음(africative; аффрикаты)은 파열음(폐쇄음)과 마찰음의 단계를 연이어 가지는, 즉 구강에서 공기의 흐름을 막았다가 (일시에 터뜨리는 것이 아니라) 서서히 마찰을 일으키며 나는 소리이며, 폐찰음이라고도 한다. 처음에는 폐쇄음처럼 폐쇄되는 과정을 가지나 파열되는 과정에서 폐쇄음처럼 한번에 터지지 않고 마찰음처럼 마찰을 일으키는 소리이다. 파찰음 ц는, 처음에 혀 끝이 윗니 및 잇몸에 밀착하여 폐쇄가 일어나고 이어서 공기(호흡)가 가볍게 파열하며 이 폐쇄를 풀고, 이것에 의해 생긴 좁은 공간(틈)에서 마찰을 일으키며, 혀는 바로 처음의 위치로 되돌아 간다. ч'는 혀 끝과 경구개에 의한 폐쇄의 파열음과 이것에 의해 생긴 좁은 틈에서의 마찰음의 결합이다.

공명음에는 비음(nasal; носовые), 유음(liquid; плавные)과 과도음(glide)이 있다. 비음 м은 양 입술을 닫고, н은 혀를 윗니에 대고 파열없이 공기를 코로 내 보낸다. 유음 л은 혀 끝을 앞 윗니 뒤에 대고, 혀의 양 쪽과 양 잇빨과의 사이에 생긴 좁은 틈으로부터 공기를 내 보내면서 생기는 소리인데, 이러한 발성 방법을 측음(lateral; боковые)이라 한다.

폐쇄음: [п, б, т, д, к, г]
마찰음: [ф, в, с, з, ш, ж, х]
파찰음: [ц, ч]
비음: [м, н]
유음: [л, р]
과도음(전이음): [j] "(2)노어 반모음" 참조

4. 음성변화(sound change)의 유형

음성변화란 일반적으로 통시적인 변화를 가리키지만, 여기서는 통시, 공시태의 구별없이 노어에서 활발히 일어나는 음성/음운변화에 대해 기술하기로 한다. 이러한 음성변화가 왜 일어나는가에 대해서는 아직 명쾌한 결론을 내리지 못하고 있다. 다만 어떤 이유로 조음의 관습이 이전과 달라져, 달라진 관습에 적응하기 위해 음성 변화가 일어난다든가, 발음하기 어려운 소리의 결합에서 특정 음을 변화시켜 좀 더 발음하기 쉬운 음의 결합을 만들기 위한 것이라는 주장들이 제기되어 왔다. 현대노어에 활발히 일어나는 것으로는 동화, 구개음화 등이 있고 생략, 첨가, 전위, 이화 등도 드물게 나타나고 있다.

음성변화는 크게 2 가지로 나누어진다. 음의 변화양상을 기술하는데 있어서 이웃하는 두 개, 혹은 그 이상의 소리가 서로간에 영향을 미친 결과로 일어나는 음의 변화를 가리켜 '조합적 음운변화'(комбинаторные изменения звуков, комбинаторные фонетические процессы)라 한다. 조합적 변화의 주요한 것으로는 적응, 동화, 이화가 있고 탈락(диереза), 어중삽입(эпентеза), 전위(метатеза)도 조합적 변화의 일종이다. 이에 반해 비강세모음의 축약, 모음조화(гармония гласных, сингармонизм), 어말유성음의 무성음화, 두음첨가(протеза), 두음탈락 등은 '위치적 음운변화'(позиционные изменения звуков, позиционные фонетические процессы)에 해당된다.

4·1. 적응(аккоммодация, приспособление)

서로 이웃하는 자음과 모음은 발음할 때 상호간에 영향을 미치게 된다. 이처럼 모음이 이웃하는 자음에 대해 혹은 자음이 이웃하는 모음에 대해 발음상 알맞은 것으로 바뀌는 것을 '적응'이라 한다. 역행적응(регрессивная)은 예를 들어 [ав]>[св]처럼 뒷 소리의 영향으로 앞의 소리가 변하는 것으로 노어의 1, 2차 구개음화가 이에 해당된다. 순행적응(прогрессивная аккомодация)은 예를 들어 [ав]>[ас]처럼 앞의 소리의 영향으로 뒷 소리가 바뀌는 것을 말하며 노어의 3차 구개음화가 이에 해당된다.

노어에서는 모음의 자음에 대한 적응이 중요한 카테고리를 형성하고 있는데, 연자음앞에서 a, o, y는 발음할 때 혀가 좀 더 앞으로 나간다든지(예; мат - мят, мол - мёл, лук - люк) 하는 것이다. 노어에서는 연자음과 경자음의 대립관계로 적응현상이 매우 복잡하게 발생하고 있다.

4·2. 동화(ассимиляция)

이웃하는 두 분절음에서 한 소리가 다른 소리의 영향을 받아 영향을 준 소리와 같거나 비슷해지는 현상을 동화라고 한다. 각 언어에서 동화는 매우 활발하게 발생하는데, 여러가지 유형으로 나눌 수 있다:

① 동화의 조건에 따라, 즉 영향을 주는 음(조건음)과 영향을 받아 변하는 동화음의 종류에 따라 분류하면 자음동화, 모음동화, 자음과 모음간의 동화가 있다.

② 동화의 정도에 따라 동화음이 조건음과 완전히 닮으면 완전동화(complete assimilation: полная ассимиляция), 부분적으로 닮으면 부분동화(partial assimilation, частичная, неполная ассимиляция)라고 한다.

③ 동화의 방향에 따라 조건음이 뒤에 오는 소리를 동화시키면 순행동화(progressive assimilation, прогрессивная), 앞에 오는 소리를 동화시키면 역행동화(regressive assimilation, регрессивная), 앞뒤의 소리가 서로 영향을 주어 동화시키면 상호동화(reciprocal assimilation)라고 한다.

④ 동화의 위치에 따라 인접되어 있는 소리를 동화시키면 인접 동화(contiguous assimilation), 조건음과 동화음이 인접되어 있지 않고 떨어져서 영향을 주고 받으면 비인접동화(incontiguous assimilation)라고 한다.

노어의 동화현상은 위와 같이 일반언어학의 기준에 의해 분류하지 않고, 노어의 특성에 맞추어 4 가지로 나눈다:

① 유-무성 동화(ассимиляция по глухости-звонкости)

② 경-연자음 동화(ассимиляция по твёрдости-мягкости)

③ 조음위치 동화(ассимиляция по месту образования)

④ 조음방식 동화(ассимиляция по способу образования)

유성음화: отбор, сбить, к жене

무성음화: улыбка, лавка, из села, рта

경-연자음 동화: стереть, под ним, одни, двести, без него, интерес, рецензия, четверть

조음위치 동화: низший, изжарить, без жены, считать, исщипать, заказчик, из щеки, с чувством

조음방식 동화: у отца, молодцы, буфетчик, беседчик, от цели, перед цехом, от человека

4·3. 구개음화(연음화, palatalization; палатализация)

구개음이 아닌 자음이 뒤에 오는 중모음(я, и, ю, е, ё)이나 반모음 ь[j]의 영향을 받아 구개음으로 바뀌는 현상을 口蓋音化 혹은 軟音化라 한다: **отец** [ц], **дядя** [з]. 구개음화를 동화현상의 일종이라고 하기도 하는데, 그 이유로 **д**, **т**와 **и**를 예로 들자면 **д**, **т**와 **и**사이의 관계보다, [з], [ц]와 **и** 사이의 관계가 더 가깝다는 것이다. 그러면 어째서 **и**는 다른 자음들보다 구개음에 더 가까운 음인가? 그것은 음성학에서 이미 학습한대로 전설모음 [**и**]가 발음되는 위치가 경구개(硬口蓋, 즉 구개음의 발음위치) 아래이며(반모음 ь[j]도 혀와 입천장 사이의 거리가 조금 더 좁혀지기는 하여도 같은 위치에서 발음되는 모음이다), 따라서 자음 중에서 모음 **и**와 가장 가까운 위치에서 발음되는 자음은 구개음이다. 즉 구개음화는 자기보다 먼 거리에 있는 자음을 자기와 가까운 거리에서 나는 발음으로 바꾼 현상이다.

4·4. 이화(dissimilation: диссимиляция)

동화의 반대현상으로, 두 음이 서로 같거나 비슷할 때에 한 음이 다르게 바뀌는 현상을 이화라고 하는데 발음을 좀 더 쉽게 하기 위해서 일어난다. 노어에서 이 현상은 같은 환경에 있는 단어중에서도 특정 단어에만 일어나기 때문에 예측할 수 있는 규칙을 보이는 것도 아니고 동화보다는 드물게 일어나며, 표준노어에서보다는 방언, 구어, 유아어(детская речь)에서 많이 발생한다. 통시적으로는 유음 [р], [л]에서 많이 일어났으며(예: ве**л**блюд> ве**р**блюд, феврa**рь**> феврa**ль**), 순행이화(прогрессивная)(п**р**орубь> 구어 про**л**убь)와 역행이화(регрессивная)(ко**р**идор> ко**л**идор)로 나누어진다. 현대표준노어에서는 мягкий, лёгкий, **ч**то, коне**ч**но 등에서 이화의 예를 찾아 볼 수 있다.

4·5. 탈락(dieresis: диэреза)

서구언어학에서 dieresis라는 용어는 한 단어의 서로 인접한 두 모음을 각각 분리해서 발음하는 것을 말한다(예:영어 na**i**ve, 독일어 Al**eu**ten). 그러나 노어학에서는 언어 경제성의 결과로서 음절 가운데 어떤 소리를 탈락시켜 발음의 편의를 도모하는 탈락(omission) 또는 생략(elision)을 말한다. [д]와 [т]가 음소결합 [стн], [здн], [стс], [стц], [здц], [нтц], [ндц] 등에서 발음되지 않는 것은 노어의 전형적인 탈락현상이다(예; грустный, поздно, альпинистский, шотландцы, сердце). [i] 앞의 모음 뒤에 오는 [j]음의 탈락 즉, "모음 + [j] + [i]"의 형태에서 [j]의 탈락 (예; строительство (стройка), твои (твой))등 통시적인 학습이 없이는 파악하기 어려운 것들도 많다.

4·6. 어중첨가(epenthesis: эпентеза)

어떤 음을 단어의 중간에 덧붙여 발음하는 현상을 '어중첨가'라고 한다. 차용어 등에서 발음하기가 거북해 이를 해소하는 조치로 혹은 청각적으로 좀더 강한 인상을

주기 위한 것으로 보이며 노어에서는 3 가지가 있다:

① 자음사이의 모음첨가(고대노어 огнь> огонь, бобр> бобёр)

② 모음사이의 자음첨가(주로 [j]나 [v]가 첨가된다; Ital**ia**>Итал**ия**, Pers**ia**>Перс**ия**, Ind**ia**> Инд**ия**
구어, 평어에서 шпи**о**н> шпи**ё**н, фи**а**лка> фи**я**лка, Родион> Роди**в**он, радио> рад**ив**о, какао> кака**в**о)

③ 자음사이의 자음첨가(구어에서 нрав> н**д**рав, срам> с**т**рам)

4·7. 어두첨가(prothesis: протеза)

단어의 첫 부분에 음을 첨가하여 발음의 편의를 도모하고자 하는 것이다. 통시적으로는 [в], [j]가 모음앞에서 어두첨가되었으며, 일부방언에서는 [г]나 [a]가 어두첨가되는 단어도 있다: осемь> **в**осемь, ост(ок)> **в**осток, отчизна> **в**отчизна, острый > (방언)**в**острый, утка> (방언)**в**утка, он/ она/ они> (방언) **ё**н, **ё**на, **ё**ни, (어근)-ус- > гусеница, ржаной> (방언)**а**ржаной, льяной> (방언)**а**льяной

이상에서 설명된 '탈락(생략)'과 '첨가'는 서로 반대되는 현상이다. 두 현상을 나타내는 용어를 비교 정리하면 다음과 같다:

<도표 7>

	어두	어중	어말
생략 elision	두음생략 aphaeresis	어중음생략 syncope	말음생략 apocope
첨가 intrusion	두음첨가 prothesis	어중음삽입 epenthesis	말음첨가 paragogue

4·8. 음운전위(метатеза)

(음운)전위란 한 단어 안에 있는 서로 이웃한 두 음소, 또는 두 음절이 서로 자리를 바꾸는 현상을 말한다. 음운의 전위는 오랜시간의 통시적인 변화를 거쳐 고착된 것이며 차용어에서 많이 발생했다: 독일어 Futteral(케이스, 함) > 노어 футляр, 독일어 Teller >노어 талерка >тарелка, 라틴어 florus >노어 фрол.

통시적으로 볼 때 주로 유음이 위치를 바꾸는 유음 전위현상이 광범위하게 일어났다: Arbeit> работа, garden, Garten> город, град

4·9. 重音생략(haplology: гаплология)

한 단어안에 동일(유사)한 음소, 또는 음절이 거듭하여 나올 경우, 그 중 하나를 생략하는 현상을 말한다 (5.2.2. "형소융합"을 참조하기 바람): знаме**ноно**сец> знамe**но**сец, траги**коко**медия> траги**ко**медия, розов+оват = (роз**ово**ватый)> роз**ов**атый

4·10. 약화(редукция)

노어 단어에서 강세가 없는 음절의 모음은 약화되어 나타난다. 단어 город[gorъt], вода[vʌda]에서 강세가 없는 o와 a는 [ъ]와 [ʌ]로 약화되어 발음되는데 이를 가리켜 '약화'라 한다. 약화는 질적 약화(**качественная редукция**)와 양적 약화(**количественная редукция**)로 구분된다. 양적 약화란 비강세 모음(음절)의 음 길이가 강세 모음의 그것보다 작아지는 것을 말하고, 질적 약화란 음 길이 축소의 결과로 조음의 성격 즉, 음의 세기나 음색도 변하는 것을 말한다. 모든 비강세 모음에서 약화 현상이 발생하며 **сунду́к** 같은 구조의 단어에서도 앞의 비강세 모음은 뒤의 강세 모음보다 혀가 좀 더 앞으로 나가 약화현상이 발생된다.

А.А.Потебня는 노어의 약화현상을, 완전모음을 3, 1차 약화가 일어난 음을 2, 다시 한번 더 약화된 2차 약화를 1로 수치화하여 (강세음절; 3, 강세음절의 바로 앞 음

절; 2, 그외의 음절; 1/ 단, 비강세음절이더라도 음절두음이 모음이면 2) 약화의 정도를 나타내고 있다:

беспорядок	переподготовка	вынужденный
1 2 3 1	1 1 1 2 3 1	3 1 1 1
[б'испар'адък]	[п'ир'ипъдгатофкъ]	[вынужд'иныи]
атаковать	наоборот	
2 1 2 3	12 2 3	
[атъкават']	[нъабарот]	

5. 노어의 음절, 강세, 억양

모음, 자음을 일반적으로 분절음소(segmental phoneme; сегментная фонема)라고 하며, 분절음소로 말소리(단어)를 적절하게 기술할 수 있다. 그런데 말소리에는 의미의 차이를 나타내기 위한 분절음소 이외에 다른 요소들도 있다. 분절음소를 길게 늘일 수도 있고 소리의 높이를 바꿀 수도 있다. 이들 장단, 고저, 강세, 억양을 음소와 구별하여 초분절음소(suprase-gmental phoneme; суперсегментная фонема) 또는 운율소(prosodeme)라고 한다. 이는 모음과 자음으로 나누어지는 음소, 즉 분절음소와는 달리 분절할 수 없는 운율적 특질(просодический признак)에 의거한 음소라는 뜻이다. 분절적 단위(сегментная единица)의 측면에서 보면 음(소리, звук)이 최소 분절 단위이고, 음절은 음들로, 음성적 단어(phonological word; фонетическое слово, фонологическое слово)는 음절로, 소절(речевой такт, синтагма)은 음성적 단어로, 어구(фраза)는 소절로 구성되어 있다. 음절, 강세, 억양이 주요한 초분절음소들이다. 음절(들)은 단어강세에 의해 하나의 단어로 결합되며 단어는 소절강세와 억양에 의해 소절로, 소절은 구의 강세와 억양에 의해 어구로 결합된다.

5·1. 음절(syllable; слог)

(1) 음절에 대한 정의:

자음이나 모음과 같은 음성 단위보다 한 단계 더 큰 단위로서, 모음과 자음들이 결합하여 이룬 최소의 음성연쇄 단위이다. 현대 노어에서 모음은 홀로 음절을 이룰 수 있으나 자음은 홀로 음절을 이루지 못하고 모음과 결합하여 음절을 이룬다. 자음이든 모음이든 혼자서 음절을 이룰 수 있는 음은 成節音(syllabic; слоговой 혹은 слогообразующий)이라하며, 노어의 경우는 모든 모음이 성절음이며 자음이 성절음인 경우는 드물다(переговоры(5음절); пе-ре-го-во-ры). 음절은 구조상 세 부분으로 나뉜다. 즉, 정점음(peak), 두음(onset), 그리고 말음(coda)으로 되어 있다. 음절 두음은 정점음의 앞에 오는 분절음이며 음절 말음은 정점음의 뒤에 오는 분절음인데, 이들은 정점음과 한 덩어리를 이루는 동일 음절음(tautosyllabic)이 된다. 음절에서 성절음을 지니고 있는 부분을 정점(syllable peak; вершина слога)이라고 한다.

모음으로 끝나면 개음절(open syllable; открытые слоги), 자음으로 끝나면 폐음절(closed syllable; закрытые слоги)이라 한다. атом의 а ([а]том), потом의 по ([пʌ]том)는 개음절이고 атом의 том (а[том]), он의 [он]은 폐음절이다. 또 노어에서는 음절이 성절음으로 시작되면 개두음절(неприкрытый слог), 비성절음으로 시작되면 폐두음절(прикрытый слог)이라 부른다. он[он], ил[ил], аист[а-ист] 등은 개두음절이고 сам[сам], доска[да-ска], юла[йу-ла] 등은 폐두음절이다.

음절이 정확히 어떻게 형성되는가를 좀더 철저히 분석하기 위해서는 자음이나 모음을 발음할때 입을 벌리는 정도, 즉 開口度(aperture)나 그 소리들이 동일한 조건(같은 크기, 같은 세기, 같은 길이)에서 발음되었을 때 얼마나 더 멀리 들리는가를 가리키는 공명도(가청도, sonority; сонорность)를 근거로 하여 음절의 경계를 분석해 보아야 한다. 개구도와 가청도는 입을 많이 벌리고 발음하는 소리일수록 그만큼 멀리 들리는 관계에 있기 때문에, 이중 어느 것을 기준으로 하여도 결과는 대개 비슷하다. 개구도는 흔히 Saussure의 7단계의 분류를, 가청도는 Jespersen의 8단계의 분류를 채택하여 이용한다:

<도표 8> 開口度에 의한 음성분류

開口度	音聲	開口度	音聲
0	p, b, t, d, k, g	3	l, r
1	f, v, θ, ð, s, z,	4	I, u, y
	ʃ, ʒ, ç, j, x, γ	5	e, o,
2	m, n, ŋ	6	a

<도표 9> 可聽度에 의한 음성분류

可聽度	音聲	可聽度	音聲
1	p, t, k, f, s, , x	5	r
2	b, d, g	6	y, u, I
3	v, z, γ	7	ψ , o, e
4	m, n, ŋ, l	8	ɔ, , æ, a

(2) 음절나누기

노어 단어의 음절을 나누는 것은 쉽지 않을 뿐만 아니라 여러가지 다양한 이론이 제시되었다. 그 가운데 Л.В.Щерба와 Р.И.Аванесов의 음절나누기가 널리 수용되고 있다:

<Щерба의 음절 나누기>

소리가 나는 양상, 즉 조음적인 입장에서 음절을 나누고 있으며 '근육의 긴장(이완)'을 근간으로해서 다시 '강세'로 보충하는 형식이다: (C1= 자음군의 첫 자음, C2= 자음군의 두번째 자음, Cs= 공명음(sonor; сонорный), V1= 첫 번째 모음, V2= 두 번째 모음, V'= 강세 모음)

- 음소배열이 CVCVCV로 개음절로 되어 있으면 음절경계는 (근육이 이완된) 모음에서 이루어진다(예: то-ва-ри-щи, ре-бя-та).
- 음소배열이 CVC1C2V와 같이 子音群이 들어 있으면, 자음군의 음절경계와 관련되어 모음에서 이루어지지 않고 차이가 난다:

① CV1C1C2V'2, 즉 сестра에서는 се-стра 로 된다. 그 이유는 V2의 강세로 인해 C1이 뒤 음절에 붙고 앞 음절은 개음절이 된다.

② CV'1C1C2V2, 즉 бабка, сёстры에서는 баб-ка, сёс-тры 로 된다. 그 이유는 V1의 강세로 인해 C1이 앞 음절에 붙고 뒤 음절은 개음절이 된다.

③ (C)V1Cs1C2V2, 즉 форма, партнёр, Ольга에서는 фор-ма, пар-тнёр, Оль-га로 된다. 그 이유는 공명음 Cs1은 V1에 붙고 첫 음절은 폐음절이 되기 때문이다.

<**Аванесов**의 음절나누기>

소리를 듣는 양상, 즉 청음적인 입장에서 음절을 나누고 있으며 '공명도(가청도, sonority; сонорность, звучность)'에 따라 음절을 나눈다:(고공명음- 모음, 중공명음-공명음, 저공명음- 장애음) (Cg; 장애음)

- 음소배열이 CVCVCV, 즉 товарищи, ребята에서는 то-ва-ри-щи[ ], ре-бя-та[ ]처럼 공명도가 높은데서 낮은데로 떨어지는 모음에서 음절이 끊어지고 개음절을 이룬다.
- 음소배열이 CVC1C2V와 같이 자음군이 들어 있으면, 자음군의 음절경계와 관련되어 모음에서 이루어지지 않고 차이가 난다:

① CVCg1C2V, 즉 бабка, сестра, сёстры에서는 음절경계가 Cg1 앞에서 나누어지며 첫 음절은 개음절이 된다: ба-бка, се-стра, сё-стры

② CVCs1Cs2V, 즉 форма에서는 Cs1, Cs2가 공명음이므로 음절은 Cs1 앞에서 나누어져 첫 음절은 개음절이 되며 Щерба의 음절나누기와는 반대 결과를 가져다준다: фо-рма

③ (C)(C)VCs1Cg2V, 즉 Ольга, тройка, партнёр에서는 Cs1이 공명음, Cg2가 장애음이므로 음절경계는 Cs1과 Cg2사이에서 이루어지며 첫 음절이 폐음절이다: Оль-га, трой-ка, пар-тнёр

음절을 나누는 가장 간단한 방법은 호흡이론(экспираторная теория)이다. 한 번의 날숨에 발음되는 소리의 결합체가 1음절이 된다. 단어 дом은 한 번의 날숨에 발음되므로 1음절이고 рука는 두 번의 날숨에 발음되므로 2음절, молоко는 3음절이다.

호흡이론은 간단하여 러시아의 초등교육에서 설명되는 음절나누기이지만 음절의 다양한 양상을 설명할 수 없으며, 가청도(звучность)에 의한 음절나누기, 즉 위의 아바네소프의 이론을 근간으로 한 공명이론(сонорная теория)이 가장 많이 쓰인다. 공명도에 따라 모음; 4, 공명유성자음(сонорные звонкие согласные); 3, 장애유성자음(шумные звонкие согласные); 2, 무성음(глухие); 1, 휴지(пауза); 0 로 나눈다. 이것을 토대로 단어의 공명파동(волна сонорности)를 만들었을 때, 봉우리 즉 정점을 이룰 때마다 하나의 음절이 된다.

<도표 10> 단어 длинношерстая의 공명파동

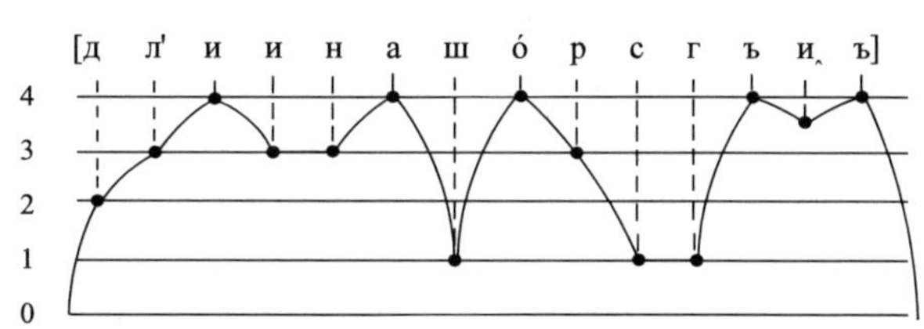

위의 도표에서 파장의 정점을 이루는 수만큼 음절을 이루는 것이어서 5음절이 된다.

여기서도 문제가 되는 것은 반모음 [j]와 공명음 [м], [н], [л], [р]이다. 반모음 [j]는 모음이지만 공명도가 약화되어 정점의 아랫부분으로 내려와 있다('모음의 분류'참조). 단어 льды와 смотр의 도표는 아래와 같다:

<도표 11>

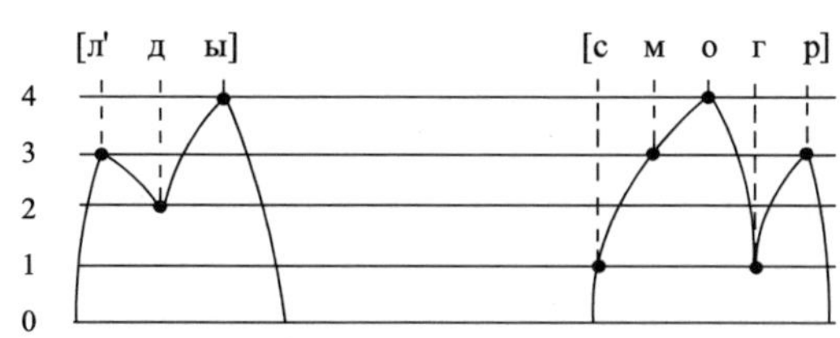

위의 도표에 따르면 льды와 смотр는 2음절 단어이다. 몇몇 슬라브어, 이를테면 세르보크로아트어(сербскохорватский)와 체코어(чешкий) 등에서는 실제로 이러한 공명음이 성절음이 되고 있다. (세르보크로아트어: рж(호밀), крв(피, 혈액), прст(손가락), врба(버드나무), 체코어: vrch(정상), vlk(늑대), slza(눈물)) 그러나 현대노어에서는 이러한 음이 성절적이지 않는 것으로, 즉 아래 도표와 같이 된다는 주장이 더 타당성이 있는 것으로 여겨지고 있다.

<도표 12>

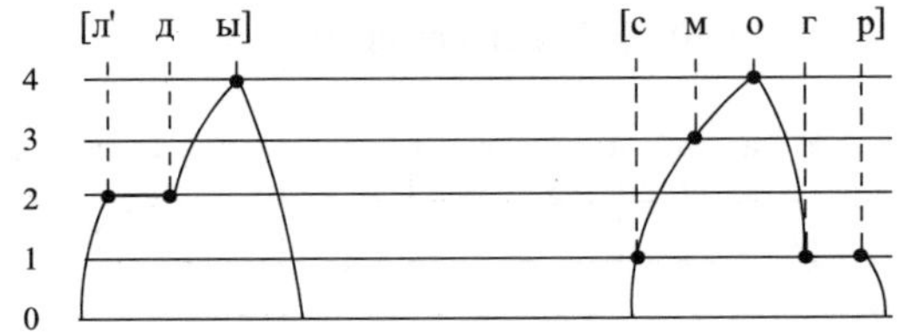

노어의 이러한 특성 - 즉 공명음이 성절적일 수도 있고 음절을 이루지 않을 수도 있다는 점이 詩에서 운율의 효과를 내기 위해 이용되기도 한다. 예를 들어 В. Хлебников의 싯구《 Эта жизнь и жизнь та》에서 처음의 жизнь는 1음절어이고 두번째 жизнь는 2음절어이다. 어쨌든 노어의 л, р, м, н 등의 공명음은 방언에 따라, 구어/은어 등의 문체에 따라 달리 나타나 복잡한 양상을 띠고 있으며, 방언에 따라서는 장애음이 성절적이기도 하며, 단모음이 이중모음으로 나타나기도 한다. 자세한 내용은 노어 음성학/음운론에 관한 전문서적을 참조하기 바란다 (북부방언; кар-тош-ка, нель-зя, друж-ба, сед-ло, пус-ти // 남부방언; ка-рто-шка, не-льзя, дру-жба, се-дло, пу-сти).

(3) 개음절 법칙(закон открытого слога)

대부분의 노어 단어는 낮은 공명도(혹은 가청도)에서 시작하여 높은 공명도로 올라가는 공명도상승원칙(принцип восходящей звучности)에 따라 음절이 이루어져 있으며 그 결과 각 음절은 이러한 원칙에 맞는 개음절을 이룬다:

14 34 24   24 124 3 34

[ка-ро-ва],   [бу-ква-л'нъ]

공명도상승원칙에 적합한 음절형태가 되려면 모음사이에 있는 자음(интервокальный согласный)은 뒤 모음과 함께 한 음절을 이루어야 한다: зародыш[за-ро-дыш], насухо[на-су-хъ], изба[и-зба], рассол[ра-ссол], волна [ва-лна], сукно[су-кно], вобла[во-бла], сумрак[су-мрък]

공명도상승원칙을 따르지만 개음절을 이루지 못할 수도 있다. тайга[тaj-га], чáйник[ч'аj-н'ик], конверт[кан-в'эрт], вёрсты[вóр-сты] 등은 [j]나 공명자음에서 개음절을 보이지 못한다. 노어 발달과정에서 어말의 반모음 ь, ъ가 탈락함으로서 남성명사의 어말은 폐음절을 나타내고, 동사의 명령형도 폐음절이다.(стол[стол], лист[л'ист], поймай[паj-маj]). 그러나 전반적으로 볼 때 노어의 통시적 발달과정에서 오랫동안 전개되었던 개음절 경향(тенденция открытого слога)은 공명도를 상승시키는 방향으로 음절 구조를 개편하는 것이었으며, 원칙적으로 노어는 개음절 구조를 가진다. 노어의 역사적인 발달과정에서 나타난 음운변화, 즉 동화, 이화, 두음첨가 등은 이러한 개음절 경향에 의한 것이다.

5·2. 강세

(1) 강세에 대한 정의

한 단어 안에서 어떤 음절은 다른 음절보다 상대적으로 소리의 크기가 우세하다. 이 우세한 소리의 크기를 강세(stress; ударение)라고 하며 다른 음절보다 소리의 크기가 더 우세한 음절을 강세음절(stressed syllable; ударный слог)이라고 한다. 노어에서 강세음절은 일반적으로 비강세음절(безударный слог)보다 소리가 좀 더 길고 강하고 높다.

소리의 강약은 강세의 유무에 따라 결정되지만 (음파의 진폭이 크면 그만큼 소리가 강하게 나고 작으면 그만큼 약하게 난다), 소리의 고저는 강세의 위치와 반드시 일치하는 것은 아니다 (소리의 높낮이는 주어진 시간의 진동수가 많으면 많을수록 그만큼 높아진다). 단어 пила, пилы, пилу, пили나 трава, вода, сукно, сырой 등에서는 강세모음이 더 높이 발음되지만 단어 пали, травы, могу 등에서는 비강세음절에

서 더 높은 소리가 난다. 혀가 가장 높은 위치에서 발음되는 [и, ы, у]는 입이 적게 벌려지므로 낮은 소리가 나고 중위음인 [э, о]는 [и, ы, у]보다 높은 소리가, 입의 벌림이 가장 큰 [а]는 가장 높은 소리가 난다. 즉 소리의 고저는 강세와 더불어 혀의 높낮이(=입의 벌림 정도)에 의해서도 영향을 받는다.

노어에서 강세의 역할은 다른 언어에서보다 훨씬 더 크며 강세학(акцентология)이라 하여 강세의 성격과 특징, 강세의 기능을 연구하는 분야로 자리잡고 있다. 강세는 한 단어내에서의 강세를 가리키는 단어강세(словесное ударение)와, 한 문장이나 하나의 어구(фраза)나 소절(小節)에서 어느 한 단어강세가 다른 것들에 비해 더 강하게 발음되는 소절강세(тактовое ударение), 구강세(фразовое ударение)로 나뉜다.

노어 단어 강세의 특징은 3가지로 요약된다:

① 강약강세(динамическое/силовое ударение); 노어에서 강세음절은 비강세음절보다 더 크게, 더 높게 발음되며 그 결과 청각적으로도 비강세음보다 더 분명하고 정확하게 들린다.

② 강세위치의 다양성(разноместность); 노어의 강세는 반드시 한 단어의 특정위치에 오는 고정강세가 아니라 단어에 따라 어느 음절에도 올 수 있는 자유강세를 이루고 있다.

③ 이동성(подвижность); 노어에서는 한 단어가 어미변화과정이나 파생과정에서 강세위치가 고정되어 있기도 하지만 어간이나 어미로 이동하기도 한다. 이처럼 형태변화할 때 강세의 위치가 이동하는 것은 노어 강세의 특징이다.(волн á - вóлны, рéдкий - редчáйший, пишý - пишем)

강세 표시는 보통 강세 음절의 모음 위에 ′표시를 한다. 그러나 한 단어에 강세음절이 두 개 이상이 있을 때, 가장 큰 강세 음절의 모음에 제 1강세(основное ударение), 즉 ′표시를 하고, 나머지 강세 음절 모음 위에는 제 2강세(слабое, побочное ударение)를 나타내는 ` 표시를 한다. 이를 좀 더 상세히 나타내기 위해 제 1강세를 "1", 제 2강세는 "2"로 표시한다. 노어에서 1, 2강세를 가지는 단어는 복합어이며, 주로 복합어의 앞 부분에 2강세가 있고 뒷 부분에 1강세가 있다: рàдиопередáча, фòтосни′ мок, машѝностроéние, сèльскохозя́йственный

(2) 강세의 위치

언어마다 강세 체계는 각기 다르다. 국어 단어에는 원칙적으로 강세가 없다고 본다. 체코어에서는 단어의 첫 음절에 강세가 있고, 불어와 터어키어는 마지막 음절에 그리고 폴란드어와 이태리어는 단어의 끝에서 두번째 음절에 강세를 가진다. 이처럼 강세의 위치가 항구적으로 고정되어 있는 것을 고정강세(**связанное ударение**)라고 한다. 그러나 노어의 강세 체계는 규칙적인 양상을 보이지 않는다. 강세는 단어의 접두어, 어근, 접미사, 어미 어디에나 올 수 있고, 또 어간의 어느 음절에도 올 수 있다: бе'рег, тов'арищ, молод'ец 이처럼 강세 위치에 어떤 규칙성이 없는 것을 자유강세(**свободное ударение**)라 한다. 자유강세라하여 한 단어에서 임의로 강세의 위치가 변하는 것이 아니라(го́род가 горо́д는 불가능), 위의 체코어나 폴란드어에서처럼 음절의 위치에 따라 강세의 유무가 정해져 있다거나 어간, 어미, 접사라는 형태적 특성에 의해서 강세의 위치가 정해져 있는 것이 아니라는 뜻이다. 노어에서는 заво́д처럼 한 단어가 어미변화할 때 강세의 위치가 이동하지 않는 경우가 대부분인데(통계 조사에 의하면 노어 전체 단어의 약 96 - 98%), 이를 불변강세(**неподвижное ударение**)라 한다:

<도표 13>

делать	де́лаю, де́лаешь, де́лает, де́лаем, де́лаете, де́лают
книга	кни́ги, кни́ге, кни́гу, кни́гой, о кни́ге, кни́ги, кни́г, кни́гам, кни́гами, о ни́гах

한 단어가 어미 변화할 때 강세의 위치가 바뀌는 것을 이동강세(**подвижноеударение**)라 한다 (го́род는 복수 주격에서 города́로 강세 이동/ пишу́, пи́шешь/ дешёвый, де́шев, дешева́, дёшево/ бы́стро, быстре́е). 이동강세는 동사, 형용사 단어미, 대명사, 수사 등에도 나타나지만 주로 명사에 많이 나타나며, 명사의 이동강세는 8개의 유형이 있다:

아래 표에서 AA는 단수, 복수에서 공히 어간에/ BB는 단수, 복수에서 공히 어미에/ AB는 단수에서는 어간에, 복수에서는 어미에 강세가 오는 단어이다. AA, BB, AB만이 생산적이며 나머지는 비생산적이다 (Федянина의 연구에 의하면 명사의 98%가 불변강세이며 AA형은 91%, BB형은 7%이다).

<도표 14>

+ ; 어간 강세　　- ; 어미 강세

	AA	BB	AB	BA
주격	завод +	стол -	город +	страна -
생격	завода +	стола -	города +	страны -
여격	заводу +	столу -	городу +	стране -
대격	завод +	стол -	город +	страну -
조격	заводом +	столом -	городом +	страной -
전치격	заводе +	столе -	городе +	стране -
주격	заводы +	столы -	города -	страны +
생격	заводов +	столов -	городов -	стран +
여격	заводам +	столам -	городам -	странам +
대격	заводы +	столы -	города -	страны +
조격	заводами +	столами -	городами -	странами +
전치격	заводах +	столах -	городах -	странах +

<도표 15>

	AC	BC	CC	CA
주격	зуб +	конь -	гора -	душа -
생격	зуба +	коня -	горы -	души -
여격	зубу +	коню -	горе -	душе -
대격	зубу +	коня -	гору +	душу +
조격	зубом +	конём -	горой -	душой -
전치격	зубе +	коне -	горе -	душе -
주격	зубы +	кони +	горы +	души +
생격	зубов -	коней -	гор -	душ +
여격	зубам -	коням -	горам -	душам +
대격	зубы +	коней -	горы +	души +
조격	зубами -	конями -	горами -	душами +
전치격	зубах -	конях -	горах -	душах +

동사의 강세 이동은 명사에 비해서 간단한 편이다. 예외적인 경우가 있지만 크게 4가지 유형으로 나누어진다:

A; 모든 활용형에서 강세이동이 없는 불변강세인 경우
B; 현재형에서는 어미에, 과거형에서는 어간의 마지막 음절에 강세가 오는 경우
C; 단수 1인칭 현재형에서만 어미에 강세가 오는 경우
D; 모든 활용형에서 어미에 강세가 오는 경우

<도표 16>

	A	B	C	D
현재 단수 1인칭	чита́ю +	верн у́ -	тян у́ -	нес у́ -
2인칭	чита́ешь +	вернёшь -	т я́нешь +	несёшь -
과거 단수 남성	чита́л +	верн у́л +	тян у́л +	нёс -
여성	чита́ла +	верн у́ла +	тян у́ла +	несла -
중성	чита́ло +	верн у́ло +	тян у́ло +	несло -
복수	чита́ли +	верн у́ли +	тян у́ли +	несли -

(3) 강세의 기능

노어에서는 강세가 음성체계의 중요한 카테고리를 이루고 있으며, 노어 강세에 관한 연구는 활발히 이루어지고 있다. 위에서 학습한 것과 같은 강세유형(акцентный тип)에 관한 것과 더불어 강세의 기능적인 측면도 많이 다루어지고 있는데, 노어 강세의 기능은 크게 3가지이다.

첫째, 강세의 결합적 기능(организующая, конструтивная функция)이다. 강세음절은 비강세음절을 자신에 예속시켜, 이들이 함께 하나의 음성 단위를 이룬다. 발화 시 각 음절의 강세는 다시 단어의 제 1강세에 예속되어, 한 단어는 제 1강세를 중심으로 구성된다. 강세음절은 인접한 비강세음절을 예속시켜 하나의 음성단위를 이루고, 이러한 음성단위는 다시 단어의 제 1강세에 하위로 종속되어 한 단어가 구성되는 것을 강세의 결합적 기능이라 한다. 강세의 결합적 기능에 의해 두개, 혹은 세개의 음절이 결합되어 리듬을 조성하게 되는데, 이렇게 두개 이상의 음절이 결합된 형태를 소절(такт, синтагма)이라 한다. 어구(фраза)가 여러 개의 소절로 구성되어 있을 경우 그것의 분절은 통사적 의미나 문장 성분에 의해 이루어지며, 분절이 바뀌면 의미가 달라질 수도 있다:

Надо учиться/ работать и отдыхать (일하는 것도 쉬는 것도 배워야 한다)
Надо учиться, работать / и отдыхать (공부도 하고 일도 하고 쉬기도 해야 한다)
Как испугали её / слова брата (동생의 말이 그녀를 얼마나 놀라게 했던가)
Как испугали её слова / брата (그녀의 말이 얼마나 동생을 놀라게 했던가)

둘째, 음운론의 '음소'에서도 언급되었다시피, 노어의 강세는 변별적 기능(дистинктивная, различительная функция)을 가지고 있다. 같은 형태의 단어라 할지라도 강세의 유무, 강세의 위치에 따라 의미가 달라지는 것을 말한다. 강세가 단어의 뜻을 분화하는 기능을 하는 언어를 강세언어(stress language)라 하고, 변별적으로 작용하는 강세를 '강세소(stroneme)'라 하기도 한다. 강세의 유무가 변별적으로 기능하는 예는 드물고, 강세의 위치가 변별적으로 작용하는 언어는 많은데 영어, 독어, 노어, 서반아어 등이 그러한 예이다.

노어에서 강세의 변별적 기능은 다음과 같은 것이 있다:

① 상이한 단어로 형태는 동일하지만 강세의 위치로서 의미를 달리하는 것; з ́амок(城)/ зам ́ок(열쇠) (з ́амка/ замк ́а, з ́амку/ замк ́у), п ́арить(삶다)/ пар ́ить(새가 높이 떠 있다) (п ́арю/ пар ́ю), м ́ука(고통)/ мук ́а(밀가루) (м ́уку/ мук ́у)
② 상이한 단어의 변화형이 동일한 형태이지만, 강세의 위치로서 형태적으로 구별되는 것; п ́ища("양식", 단수 주격)/ пищ ́а(пищать "짹짹 울다" 부동사) б ́елка("다람쥐" 단수 주격)/ белк ́а(белок "계란 흰자위, 단백질" 단수 생격), кр ́ою (крыть "덮다" 1인칭 현재형)/ кро ́ю(кроить "재단하다", "마르다" 1인칭 현재형), н ́ошу(ноша "짐" 단수대격)/нош ́у(носить "지니다" 1인칭 현재형)
③ 동일한 단어의 변화형이 동일한 형태로 되지만, 강세의 위치로서 형태적으로 구별되는 것; н ́оги (нога의 단수 생격)/ ног ́и(복수 주격), в ́олос("머리카락", 단수 주격)/ вол ́ос(복수 생격), до ́ма(부사)/ дома(복수 주격), г ́орода(단수 생격)/ город ́а(복수 주격), х ́одите(2인칭 복수 현재형/ ход ́ите(명령형)

셋째, 노어에서 단어의 강세와 모음약화, 음조 등을 무시하고 발음하면 무슨 단어인지 거의 알아 들을 수 없게 된다. 특히 강세는 단어를 인식하게끔 하는 중요한 역할을 한다. 어떤 단어에서 강세를 없앤다면, 혹은 틀린 강세를 붙인다면 단어 전체가 구실을 못 한다. 이처럼 단어의 강세는 단어의 외형을 식별해 주는 기능을 하게 되는데 이를 강세의 표지기능 (опознавательная функция)이라 한다.

(4) 접어(clitic; клитика)

접어란 의존어로서 통사적으로는 하나의 단어와 같은 기능을 가지지만 음운적으로는 인접한 단어에 의존하여 음의 구성에 참여한다. 노어에서 대부분의 보조어(служебное слово)나 소사, 조사 등은 자체로는 강세를 가지지 않으나 음성적으로 인접한 단어에 예속되어 인접한 단어와 마치 한 단어처럼 발음된다. 접어는 그것이 의존하는 단어와의 상대적 위치에 따라 둘로 나뉘는데, 단어의 앞에 나타나 뒤에 있는 자립어와 연관을 맺는 것을 전접어(proclitic; проклитика)라고 하고 단어의 뒤에 나타나 앞에 있는 자립어와 연관을 맺는 것을 후접어(enclitic; энклитика)라고 한다.

보통 전접어로는 1음절 전치사나 접속사, не와 같은 부정소사 등이 온다:

на берегу; от меня; со мной; ни ты, ни я; сестра **и брат; не знаю;** сказал, **чтобы пришли**

2, 3음절의 전치사나 접속사는 전접어(проклитика)를 이루지 못하고 2강세를 부여받는다: кро`ме, по`сле, вокру`г, напро`тив

후접어로는 보통 1음절어 접속사나 소사 등이 온다:

скажи-ка; я же знал; **сказал бы; придёт ли** он.

몇 개의 전치사와 소사는 자신이 강세를 가지고 뒤에 오는 자립어를 후접어로 취한다: н́а спину; н́а два; по́д руки; и́з лесу; з́а нос; б́ез вести

* 비교: за го́родом - за́ город; самолёт упал на до́м - учитель задал много на́ дом; не была́ - не́ было

5·3. 억양

(1) 억양에 대한 정의

단어가 결합하여 구와 문장이 되면 한 음절이 다른 것에 비해 더 큰 강세를 가진다. 강세가 있는 음절은 바로 앞 또는 뒤의 음절과 다른 고저관계를 이룬다. 이런 면으로 보아 음절보다 더 큰 음성단위에 그 영향이 확대되는 고저의 차이를 억양(intonation; интонация) 또는 어조라고 한다. 억양을 통해서 음절은 구로, 구는 문장으로

배합된다. 억양은 일련의 음절이나 일단의 구를 결합시키는 것이다. 음절강세는 보통 고정적이어서 그 단어의 의미를 결정하지만, 구의 강세나 문장의 강세는 발화자가 전하려고 하는 내용의 의도적, 감정적인 측면을 나타낸다. 음의 높이는 주로 주파수(frequency)에 의해서 결정되고 억양에서는 음의 높이가 가장 중요하다. 음의 강세는 주로 진폭에 의해서 결정되므로, 억양은 강세와는 판이하게 다르다. 음 높이의 변화는 상당히 복잡하여 분석이 간단하지 않고 실제로 화자의 기분이나 관점에 의해서 좌우되는 경우가 많다. 그러나 화자는 비슷한 환경에서 비슷한 유형의 기본적인 억양 형태를 갖고 있으므로 각 언어에 있어서 음 높이의 변화는 어느 정도 정형화할 수 있다. 이러한 추상적인 특징을 가진 문장 멜로디를 억양곡선(intonation of pitch cont our: интонационный контур)으로 나타낼 수 있다. 문장이 기능적으로 동일한 경우 억양곡선은 동일한 추이를 보이게 되며 이러한 억양곡선을 결정하는 불변적 요소를 노어학에서는 B.A.Артемова의 용어를 수용하여 억양소(интонема)라고 한다.

억양은 ① 선율(мелодика речи) ② 강세(ударение) ③ 휴지(пауза) ④ 발화 속도(темп речи) ⑤ 음색(тембр голоса) 등의 요소에 의해 결정되며, 이 가운데 가장 중요한 구실을 하는 것은 선율과 강세이다. 억양소나 소절은 선율과 강세를 기초로 한 것이다.

(2) 억양의 기능

노어에서 억양은 강세와 더불어 상당히 중요한 기능을 한다. 억양을 통해 감정 표출이 이루어지고, 억양을 통해 문장의 종류(발화의 목적)가 나타난다. 노어에서 억양은 다음과 같은 중요한 기능을 한다.

① 결합적 기능: 이미 언급되었듯이 음절의 강세는 인접한 비강세 음절을 예속시켜 하나의 더 큰 음성적 단위를 구성하는 기능을 한다. 이와 마찬가지로 억양은 한 구절(отрезки речи)을 발화(высказывания) 하는데 있어서 경계를 설정하며, 억양을 통해서 음절은 구로, 구는 문장으로 결합된다. 억양은 일련의 음절이나 일단의 구를 결합시키는 것이다.

② 분절적 기능: 억양은 특히 구어에서 기능적 문장분절(functional sentence perspective; актуальное членение предложения)의 결정에 중요한 영향을 미친

다. 노어에서 어순 배열의 기본적인 원칙은 화제(theme; тема, данное)가 평언(rhema; рема, новое)을 선행한다는 것이며 어순 배열의 다양한 양상을 통해 어순 변화를 설명하는 것이 기능적 문장분절이론이다. 그러나 담화행위에서는 어순보다 억양이 기능적 분절의 역할을 수행한다. 즉 문장의 억양 중심점은 보통 발화의 가장 중요한 정보 전달 부분인 평언에 집중되어 있다. 따라서 어순 배열에 관계없이 억양 중심점이 있는 데가 평언, 즉 '신정보'이고 그렇지 않은 데가 화제, 즉 '구정보'이다. 평언이 한 단어로 되어 있다면 그 단어의 강세 음절에 발화의 억양중심이 놓이고, 평언이 여러 개의 요소(단어)로 이루어져 있다면 보통 평언을 이루는 마지막 단어에 억양중심이 있다. 이처럼 억양이 문장의 기능적 분절에 중요한 역할을 하는데 이를 억양의 분절적 기능이라 한다(통사론, "문장의 기능적 분절" 참조).

③ 의사전달 기능: 담화행위에서 화자의 의도, 즉 진술(повествование), 의문(вопрос), 명령(побуждение) 등은 억양에 의해 표현된다. 이처럼 억양이 화자의 목적을 나타내는 것을 억양의 의사전달 기능이라 한다. (의사전달 기능이 억양을 통해 나타나는 방식에 대해서는 '억양구조' 를 참조하기 바란다).

④ 감정전달 기능: 억양을 통해 기쁨, 슬픔, 의혹, 동정, 의기소침, 단호함 등 화자의 감정적인 측면이 표출되며, 청자에 대한 화자의 태도가 나타난다. 억양의 이러한 기능을 감정전달 기능이라 한다.

(3) 억양 구조(интонационная конструкция, 약어로 ИК라고 하며 [ика]로 발음한다)

한 구문에서의 강세를 구문강세(фразовое ударение)라 하고, 한 소절에서의 강세를 소절강세(тактовое ударение)라 한다. 각 억양구조에는 구문이나 소절의 1강세가 오는 억양중심(억양중심점, 문장의 핵심이 되는 단어의 강세음절, интонационный центр)이 있고, 그 전후에 억양중심전부(предцентровая часть речевого такта, предтакт)와 억양중심후부(постцентровая часть речевого такта, затакт)가 위치하며 억양중심전부나 억양중심후부는 오지 않을 수도 있다. 억양중심전부는 보통 중간톤으로 발음되며 억양중심과 억양중심후부에서의 억양은 다양한 양상을 띤다. Е.А.Б

рызгунова에 의하면 노어에는 기본적으로 7가지 유형의 억양구조가 있으며 ИК-1 - ИК-5 까지 5가지가 일상적인 담화에서 주로 쓰인다 (이 부분에 대한 자세한 내용은 노어 억양에 관한 전문서적을 참조하기 바란다).

ИК-1 화자의 의사전달을 목적으로 하는 평서문에서 나타난다. 억양중심에서 톤이 내려가며, 억양중심후부의 억양은 보통톤보다 더 내려간다.

Это дом.

Анна стоит на мосту.

Он вернулся. И Павел вернулся.

Каждую косилку Давыдов осматривал тщательно и подолгу.

ИК-2 억양중심의 톤이 매우 높고 억양중심후부에서 톤이 내려가 보통 톤보다 더 낮다. 이러한 억양구조는 의문사로 시작되는 의문문에서 주로 나타난다.

Когда это было?

Как он плавает?

Что передаст радио?

Кто там стоит?

ИК-3 보통 톤으로 시작하여 억양중심은 높은 톤으로 급격하게 상승하며 억양중심후부는 다시 급격하게 내려와 보통 톤보다 더 낮은 톤으로 끝난다. 의문사 없는 의문문에 나타난다.

Анна пьёт сок?

Это магазин?

Нина дома?

ИК-4 보통 톤으로 시작하여 억양중심에서 톤이 약간 내려오다가 억양중심후부에서 톤은 상승하여 보통 톤보다 높게 끝난다. 접속사 а로 시작되는 불완전 의문문에서 주로 나타난다.

Ваше имя?

А девушек?

А сколько там девушек?

Я студент. А ты?

ИК-5 억양중심이 두개 있으며 첫번째 억양중심에서 톤이 올라가다가 두번째 억양중심에서 상승된 톤은 하강하기 시작해서 보통보다 더 낮은 톤으로 끝난다. 감탄문에서 주로 나타나며 의문문에도 자주 나타난다.

Какой у неё голос!

Как она танцует!

Настоящая весна!

Какой у неё голос?

Куда ты идёшь?

ИК-6 보통의 톤으로 시작하여 억양중심에서 톤은 상승하며 억양중심후부에서 보통 이상의 톤을 나타낸다. 예기치 못한 사건을 나타낼 때 표현된다.

Какой компот вкусный!

Как она танцует!

Сколько воды набралось!

ИК-7 억양중심에서 톤이 급격히 상승한다. 인칭대명사에 대해 반어적으로 말할 때 주로 나타나며, 강한 긍정, 강한 부정 등의 뉘앙스를 표현하는 경우에도 나타난다.

Какой он отличник!

Какой он хулиган!

Где ему учиться!

Да!

Хорошо!

Хорошо здесь!

6. 노어 음운론

6·1. 음소(phoneme) 및 이와 관련된 용어

- 문자소(grapheme; графема), 단음(phone; фона), 이음(allophone; аллофона), 초음소(hyperphoneme; гиперфонема)

음소(phoneme; фонема)의 개념은 보두엥 드 꾸르뜨네의 "음성교체 이론에 관한 논문"(Versuch einer Theorie der phonetischer Alternationen)(1879)에서 처음으로 제기되었고 프라하학파의 Trubetzkoy에 의해 기능적 측면에서 음소가 정의되었다. 언어에서 말소리가 결합하여 의미를 가지는 최소의 형태는 형태소이며 이는 형태론 연구의 기본요소이다. 음소는 음운론의 기본단위인데, 의미분화를 일으키는 최소의 단위, 즉 어떤 언어에 반복적으로 나타나면서 의미의 구별을 나타내는데 쓰이는 변별적인 음의 최소단위를 말한다. 단어 вар와 пар를 비교해보면 다른 것은 같은데 다만 в와 п라는 음의 차이에 의해서 두 단어의 뜻이 달라진다. 그러므로 'в'와 'п'는 노어에서 변별적(distinctive)인 소리이며 이러한 변별적인 소리가 음소인 것이다: вар- вор- сар, вар- выр, вар- лар, томный- тёмный

노어에서는 강음소(сильные)와 약음소(слабые фонемы)를 말하기도 한다. 모스크바음운학파가 주장한 내용으로서 강음소란 강위치(сильная позиция)에 있으면서 최대한의 변별적 힘을 가진 음소를 말하고 약음소란 약위치(слабая позиция)에 놓여 있으면서 음운적 기능이 약한 음소를 말한다. 강음소는 그 음가의 실현이 다른 음소로 나타나지 않으나 약음소는 특정환경에서 쉽게 다른 음소로 나타난다. 단어 том, тон, вор, вол에서 각 음소는 다른 음소로 부속되지 않아 강음소이다. 단어 вода, воде, вод 에서 음소 /d/, 단어 стаял, стёк, сдал, сделал에서 음소 /s/는 주위의 환경에 따라 다른 음으로 실현되므로 약음소이다.

노어 자음은 경자음/연자음, 유성음/무성음과 관련되어 있어, 음의 위치가 바뀌면 음도 경자음/연자음, 유성음/무성음으로 바뀌는 자음은 약음소이고, 노어 모음이 단어의 약위치에 있어 [ʌ], [i] 등으로 달리 나타나는 것도 약음소이다. 이처럼 하나

의 음소는 환경에 따라 음성학적으로 다른 여러가지 소리로 나타날 수 있는데 이것을 이음(allophone)이라하며, 보두엥은 дивергент, Щерба는 оттенка라는 용어를 쓰고 있다. 단어 баран[baran], дядя[d'ad'ь]에서 [ʌ]와 [ä], [ь]와 [a]는 음소 /a/의 이음으로 나타나 있다. 이렇게 하나의 음소가 환경에 따라 다른 소리로 나타나는 이음들은 아무렇게나 아무때나 나타나지 않으며 일정한 규칙의 지배를 받는다. 하나의 음소에 대해 이음으로 나타나는 각각의 음을 단음(phone)이라 한다. 언어 사용자에게 하나의 음으로 인식되고 있는 하나의 음소에 있어서 단음들은 상보적 분포(complementary distribution)를 이루고 음성적으로 유사하므로 그 음소의 이음이 되는 것이다. 단음과 음소를 구별할 필요가 있을 경우에는, 단음은 [ ]로, 음소는 / /로 표기한다. (음소, 이음, 단음의 상호 관계는 2.2. “형태소의 종류”에 있는 도표를 참고할 것)

노어에서는 같은 음소라 할지라도 음의 위치(환경)에 따라 달리 실현되는 경우가 많은데, 한 단어에 나타난 약음소의 모든 변이형들을 하나의 기호로 표시하기 위해서 혹은 음성 실험을 통해서 특정 위치에서의 음의 실현이 확실히 판명되지 않을 경우 이를 표시하기 위해서 초음소(hyperphoneme; гиперфонема)를 사용한다. собака에서 o는 음성 실험을 통해 그 소리가 <o>인지 <a>인지 확실하게 드러나지 않는다. 이를 초음소로 표시하면 <c бака>가 된다.

한 음소를 표기하는 문자는 1개가 아니라 여러 개일 수 있다. (예: /d/ - Д, д) 여러 개로 표현된 각각의 문자를 이문자(allograph: аллограф)라 하고 이들 문자를 포괄하는 상위 개념을 문자소(grapheme: графема)라 한다. (문자소, 이문자, 철자의 상호 관계에 대해서는 2.2. “형태소의 종류”에 있는 도표를 참고할 것). 이들을 구별할 필요가 있을 때는, 형태소는 { }로, 음소는 / /로 표시하는 데 대해 문자소는 < >로 나타낸다.

6·2. 최소대립어(minimal pair), 변별자질(distinctive feature; дифференциальный признак), 중화(neutralization; нейтрализация)

음소는 자체로 의미를 가지지는 못하지만 의미분화를 일으키는 최소 단위이므로, 음소를 확인하기 위해서 사용할 수 있는 방법은 한 소리를 다른 소리로 대치하여 의미가 달라지는지를 알아보는 것이다. 의미가 달라지면 그 두 소리는 서로 다른 음소이다. 이 때, 두 단어가 동일한 위치에 나타나는 1개의 분절음만 제외하고 나머지 부분이 같다면 이 두 단어를 최소 대립어라고 한다. 단어 город /земля는 단어 전체가 서로 다르지만, 단어 борт/порт, бай/пай, бал/пал, бросит/просит, бить/пить 에서는 단어 첫부분의 <б>와 <п>의 차이로서 의미가 달라진 최소 대립어이다. 단어의 첫 소리가 다르거나(бор/ вор/гор/жор/кор/мор/нор/пор/сор/хор/шор, бил/вил/лил/мил/пил/сил) 단어의 중간 소리(сил/сел/сёл), 단어의 끝소리(пор/пой/пол)가 다르거나간에 모두 최소대립어이다. 서구언어학에서와는 달리 노어에서는 최소대립어의 개념을 포괄하는 '대립관계(оппозиция)'라는 용어를 쓰고 있는데 대립관계는 다음과 같이 3가지로 일반화되고 있다:

1. 동일한 강세에서 음소의 질적인 차이만 있는 것; пень/тень/день/сень/лень, дым/дам/дом/дум, дула/дума/дура/духа/ душа, дал/даль/дам/дань/дар/дат/дать/дач
2. 음소 하나가 있고 없는 차이; тон/он, бродить/родить, блок/ бок, тон/то, слово/слов
3. 음소는 같으나 그 순서를 달리하는 것; там/мат, тон/нот, кот/ток, сор/рос

음성학에서 소리를 파악할 때는 그 생리학적인 또는 물리학적인 특성은 따져도 그것이 의미를 분화시키는 기능이 있느냐 없느냐에 대해서는 무관하다. 음운론에서는 어떤 특정언어에서 각 음소들을 찾아내고, 그 언어에서 그것들이 어떤 체계 위에서 어떤 규칙들을 이루는가를 관찰한다. 음소는 이처럼 어떤 특정언어와 관련되기 때문에 음성학적으로 분명히 다른 소리이지만 음운론적으로는 전혀 구별되지 않는 하나의 음소로 되는 경우가 많다. 음성적으로 다른 두 소리가 어떤 특정 언어에서 사

람들에게 다른 소리로 인식되고 또 의미차이를 나타내는 기능을 가지고 있으면 그 두 음은 변별적(distinctive)이다. 즉 변별자질(distinctive feature; дифференциальный признак)이란 한 소리가 다른 소리와 구별되는데 필요한 음운상의 특징을 말하는데 언어마다 변별자질은 일정하지 않아서 한 언어에서는 중요한 변별자질이 다른 언어에서는 아무런 변별력을 가지지 못하기도 한다. 변별자질은 두 개의 가치가운데 하나만을 갖는 것이므로 변별자질을 표시할 때는 음성기호처럼 [ ]속에 넣되 '+'와 '-'로 변별자질이 있고 없음을 나타낸다.

어떤 한 언어의 음운체계란 음운론적 대립의 총체를 말한다. 음운론에 있어서 주된 역할이 음소 자체에 있는 것이 아니라, 변별적 대립(distinctive opposition)에 대한 것이다. 즉 하나의 음소는 이러한 대립의 체계 내에서만 그 가치를 가질 수 있는 것이다. 대립관계에 있는 두 음소를 상관쌍(correl- ated pair; коррелятивные пары)이라고 하고, 상관쌍 사이의 대립을 상관적 대립이라고 한다. 상관적으로 대립하는 두 항, 즉 상관쌍의 두 항을 구별하는 음성적 특징이 있는데, 이 특징을 상관지표(correlated mark; коррелятивный признак)라 한다. 상관적 대립은 동일한 상관지표에 의해 성립되는 대립인데, 이렇게 대립되는 모든 상관쌍의 총체를 상관(correration; корреляция)이라고 한다. 이 상관은 상관지표를 가진 음소의 계열인 유표계열(marked correlative series; маркированные коррелятивные ряды)과 상관지표가 없는 음소의 계열인 무표계열(unmarked correlative series; немаркированные коррелятивные ряды)로 나뉜다. 노어 자음을 예로 들어 말하자면 노어 자음 음소는 경/연자음 상관지표에 의해 15개의 상관쌍을 이룬다. 음소 [j]는 경/연자음 카테고리에 관여하지 않는 별개의 것이고, [ж], [ш], [ц] 등은 경/연자음 상관지표의 무표계열이다.

R. Jakobson, M. Halle, М.И. Рекомцева 등에 의해 작성된 노어 자음의 변별자질 목록을 보면 13개의 변별자질을 두고 있으나 그 가운데 3개, 즉 음조, 비음, 장단(아래 도표의 7, 8, 12)은 현대노어의 어떤 음소에도 해당 사항이 없는 자질이다. 노어 폐쇄음 п, б, д, т, к, г를 예로 들어 음소의 변별자질 목록을 작성해 보자:

<도표 17>

	п	п'	б	б'	д	д'	т	т'	к	к'(?)	г	г'(?)
1	-	-	-	-	-	-	-	-	-	-	-	-
2	+	+	+	+	+	+	+	+	+	+	+	+
3	-	-	-	-	-	-	-	-	+	+	+	+
4	0	0	0	0	0	0	0	0	0	0	0	0
5	+	+	+	+	-	-	-	-	+	+	+	+
6	-	-	-	-	-	-	-	-	-	-	-	-
7	0	0	0	0	0	0	0	0	0	0	0	0
8	0	0	0	0	0	0	0	0	0	0	0	0
9	0	0	0	0	0	0	0	0	0	0	0	0
10	0	0	0	0	-	-	-	-	0	0	0	0
11	-	-	+	+	+	+	-	-	-	-	+	+
12	0	0	0	0	0	0	0	0	0	0	0	0
13	-	+	-	+	-	+	-	+	-	+	-	+

1. гласность/ негласность (vocalic/ non-vocalic, 모음성/비모음성)

2. согласность/ несогласность (consonantal/ non-consonantal, 자음성/비자음성)

3. компактность/ некомпактность (compact/ non-compact, 집약성/비집약성)

4. диффузность/ недиффузность (diffuse/ non-diffuse, 확산성/ 비확산성)

5. периферийность/ непериферийность (원순성/비원순성)

6. непрерывность/ прерывность (continuant/ discontinuous, 지속성/ 비지 속성)

7. диэзная тональность/ простая тональность (acute/ plain, 고음조성/ 평음조성)

8. напряженность/ ненапраженность (tense/ lax, 긴장성/ 이완성)

9. назальность/ неназальность (nasal/ oral, 비음성/ 구강음성)

10. яркость/ тусклость (예음조성/ 혼탁음성)

11. звонкость/ глухость (voiced/ voiceless, 유성성/ 무성성)

12. долгота/ кратность (장음성/ 단음성)

13. палатальность/ непалатальность (연음성/ 경음성)

+ : 왼쪽의 변별자질을 가짐(즉, 오른쪽의 변별자질을 가지지 않음)

- : 왼쪽의 변별자질을 가지지 않음(즉, 오른쪽의 변별자질을 가짐)

0 : 해당 변별자질에 대해 무표적

별개인 두개 이상의 음소가 어떤 음운적 환경에서 대립성, 즉 변별적 자질(дифференциальные признаки)을 잃고 동일한 음소로 나타나는 현상을 중화(neutralization: нейтрализация)라고 한다. 단어 лук: луг, лёт: лёд, валы: волы, детка: дедка에서 г;к, д;т, а;о는 별개의 음소인데 그 대립이 없어지고 한 음소처럼 되어버렸다. 상관쌍은 중화될 수도 있고 중화되지 않을 수도 있는데, 중화관계가 있다면 상관소(correlate, correlative; коррелят, 상관쌍을 이루고 있는 구성원)간에 대립관계, 즉 상관이 강하다는 것을 의미한다. 대부분의 노어 음소는 여러가지 상관에 관여되어 몇 개의 대립관계를 맺고 있다. 어떤 음소가 많은 대립관계와 상관을 맺고 있다는 것은 그 음소가 음소체계에서 중요한 역할을 하고 있다는 것을 의미한다.

6·3. 노어 음소체계

6·3·1. 자음의 음소체계

노어 자음의 음소 수는 32개이다:

п-п'-б-б'-ф-ф'-в-в'-м-м'-т-т'-д-д'-с-с'-з-з'-ц-н-н'-л-л'-ш-ж-ч-р-р'-j-к-г-х.

학자에 따라서는 ш', ж', к', г', х'도 변별자질을 가진 하나의 음소로 취급하여 37개의 자음 음소가 있다고 한다. 3.2.3. "자음의 특징과 분류"에서 학습한 내용을 기초로 하여, 노어 음소를 조음위치, 조음방식, 성대의 울림(유/무성음), 경/연자음 등의 기준에 따라 분류해 보자:

(1) 성대의 울림 유무에 따른 분류: 장애음과 공명음

1. 장애음(шумные согласные)

1.1. 유성 장애음(шумные звонкие)

1.2. 무성 장애음(шумные глухие)

<도표 18>

[б]	[б']	[д]	[д']	[г]	[в]	[в']	[з]	[з']	[ж]	[ж']
[п]	[п']	[т]	[т']	[к]	[ф]	[ф']	[с]	[с']	[ш]	[ш']

1.3. 유/무성 쌍을 이루지 않는 무성음: [х], [ц], [ч']

2. 공명음(сонорные): [л], [л'], [м], [м'], [н], [н'], [р], [р'], [j]

오늘날 노어 음운론에서는 [г'], [к'], [х']도 위치적 교체가 보편적으로 일어나는 노어음소로 보는 견해가 우세하다. 이러한 견해에 따르면 노어 자음 음소의 유-무성음 대립관계는 다음과 같은 것이 된다:

<도표 19>

유성음	б, б', в, в', д, д', з, з', ж, г, г'	м, м', н, н', л, л', р, р', j	
무성음	п, п', ф, ф', т, т', с, с', ш, к, к'		ц, ч', х, х'

(2) 조음 위치에 따른 분류: 설음과 순음

1. 설음(язычные звуки): [д], [д'], [т], [т'], [с], [с'], [з], [з'], [ц], [н], [н'], [л], [л'], [ш], [ш'], [ж], [ж'], [р], [р'], [ч'], [j], [г], [к], [х]

1.1. 전설음(переднеязычные): [т], [т'], [д], [д'], [с], [с'], [з], [з'], [ц], [н], [н'], [л], [л'], [ш], [ш'], [ж], [ж'], [р], [р'], [ч']

1.1.1. 치음(зубные): [т], [т'], [д], [д'], [с], [с'], [з], [з'], [ц], [н], [н'], [л], [л']

1.1.2. 치조음(нёбно-зубные): [ш], [ш'], [ж], [ж'], [р], [р'], [ч']

1.2. 중설음(среднеязычный): [j]

1.3. 후설음(заднеязычный): [г], [к], [х]

2. 순음(губные): [б], [б'], [п], [п'], [м], [м'], [в], [в'], [ф], [ф']

2.1. 양순음(губно-губные): [б], [б'], [п], [п'], [м], [м']

2.2. 순치음(губно-зубные): [в], [в'], [ф], [ф']

<도표 20> 조음 위치에 따른 분류

язычные	переднеязычные	зубные; с, с', т, т', ц, з, з', д, д', н, н', л, л'
		передненёбные(нёбно-зубные); ш, ш', ж, ж', ч', р, р'
	среднеязычные	средненёбные; j
	заднеязычные	средненёбные; к', г', х'
		задненёбные; к, г, х
губные	губно-губные(билабиальные); п, п', б, б', м, м'	
	губно-зубные(лабио-зубные); в, в', ф, ф'	

(3) 조음 방식에 따른 분류

1. 폐쇄음(взрывные или мгновенные звуки): [б], [б'], [п], [п'], [д], [д'], [т], [т'], [г], [к]
2. 마찰음(щелевые (длительные или фрикативные) звуки): [в], [в'], [ф], [ф'], [з], [з'], [с], [с'], [ж], [ж'], [ш], [ш'], [j], [х]
3. 폐쇄-통과음(смычно-проходные звуки): [м], [м'], [н], [н'], [л], [л']
4. 파찰음(аффрикаты): [ц], [ч']
5. 진동음(vibrant, дрожащие звуки): [р], [р']

<도표 21> 조음 방식에 따른 분류 1

смычные; б, п, д, т, г, к, м, н	взрывные; п, п', б, б', т, т', д, д', к, к', г, г'	
	аффрикаты; ц, ч'	
	смычнопроходные	носовые; м, м', н, н'
		боковые; л, л'
щелевые; ф, ф', в, в', с, с', з, з', ш, ж, ш', ж', х, х', j		
дрожащие; р, р'		

학자에 따라서 노어 자음의 조음 방식에 약간 다른 견해를 나타낸다:

<도표 22> 조음 방식에 따른 분류 2

щелевые	срединные; в, в', ф, ф', з, з', с, с', ж, ж', ш, ш', j, х, х'
	боковые; л, л'
смычные	носовые; м, н
	дрожащие; р, р'
	взрывные; п, п', б, б', т, т', д, д', к, к', г, г'
	аффрикаты(смычно-щелевые); ц, ч'

(4) 구개음화(약화)(палатализация, смягчение)의 유무에 따른 분류:

경자음(твёрдые, непалатализованные)과 연자음(мягкие, палатализованные)

1. 경/연자음 쌍을 이루는 것:

<도표 23>

경자음 [п]	[б]	[т]	[д]	[ф]	[в]	[с]	[з]	[л]	[н]	[м]	[р]
연자음 [п']	[б']	[т']	[д']	[ф']	[в']	[с']	[з']	[л']	[н']	[м']	[р']

2. 항상 경자음: [к], [г], [х], [ш], [ж], [ц]
3. 항상 연자음: [ч'], [j]

유-무성음의 대립관계에서와 마찬가지로 г', к', х'를 변별적인 음소로 간주하면 다음과 같다:

<도표 24>

경자음	п, б, ф, в, м, т, д, с, з, н, л, р, к, г, х	ц, ш, ж	
연자음	п', б', ф', в', м', т', д', с', з', н', л', р', к', г', х'		ч', j

이들은 조음 위치(место образования), 조음 방식(способ образования), 유/무성음(звонкость-глухость), 경/연자음(твёрдость-мягкость) 등의 변별자질에 의해 그 유사정도를 나타낼 수 있다. [т]와 [д] 그리고 [т]와 [с]에 있어서 [т]와 [д]가 [т]와 [с]보다는 더 가까운 소리라는 것을 누구나 느끼게 되는데, 이를 음성적으로 기술해 보자:

[т]- (переднеязычный зубной) (смычный взрывной) (шумный) (глухой) (твёрдый)

[д]- (переднеязычный зубной) (смычный взрывной) (шумный) (звонкий) (твёрдый)

[с]- (переднеязычный зубной) (щелевой) (шумный) (глухой) (твёрдый)

[т]는 [д]나 [с]와 하나의 자질이 상이하게 나타나지만, [т]와 [с]는 (смычный взрывной)와 (щелевый)라는 차이가 있어 중화될 수 없다. [т]와 [д]는 유-무성음에서 차이를 보이며 따라서 서로 중화(нейтрализация)될 수 있는, 즉 서로 호환되는 소리이므로 더 가깝다. 최소 대립어(대립관계)의 개념과 중화관계에 따라 노어 자음 음소를 표시해 보자:

<도표 25>

<п>—<б> <ф>—<в> <т>—<д> <с>—<з> <к>—<г>

<п'>—<б'> <ф'>—<в'> <т'>—<д'> <с'>—<з'> <к'>—<г'>

<м> <л> <н> <х>

<м'> <л'> <н'> <х'> <щ>—<ж> <ш>—<ж> <ц> <ч> <j>

위치 / 음소	모음 앞	공명자음 앞	어말	무성장애음 앞	유성장애음 앞
<т>	[т]	[т]	[т]	[т]	[д]
<д>	[д]	[д]			
<ц>	[ц]	[ц]	[ц]	[ц]	[дз]

(5) 자음의 음소 체계

37개의 음소 가운데 유/무성에 따라 12쌍(24음소)이 대립을 보이고 13음소는 유/무성 대립이 없다. 37개의 음소 가운데 경/연자음 대립에 따라 15쌍(30음소)이 대립을 보이고 7음소는 이러한 자질의 대립이 없다. 3.2.3. "자음의 특징과 분류"의 (1),

(2), (3), (4)와 6.3.1. "자음의 음소 체계"의 내용을 종합해서 하나의 도표로 나타내면 다음과 같다:

<도표 26> 자음의 음소 체계

<table>
<tr><td rowspan="2" colspan="3"></td><td colspan="2">губные
순음</td><td colspan="2">переднеязычные
전설음</td><td>среднеязычные
중설음</td><td colspan="2">заднеязычные
후설음</td></tr>
<tr><td>губно-губные
양순음</td><td>губно-зубные
순치음</td><td>зубные
치음</td><td>переднеёбные
설전음</td><td>среднеёбные
중구개음</td><td>среднеёбные
중구개음</td><td>заднеёбные
후구개음</td></tr>
<tr><td>шумные
장애음</td><td rowspan="3">щелевые
마찰음</td><td rowspan="2">срединные
중앙마찰</td><td></td><td>ф, в
ф', в'</td><td>с, з
с', з'</td><td>ш, ж
ш', ж'</td><td></td><td>x'</td><td>x</td></tr>
<tr><td rowspan="4">сонорные
공명음</td><td></td><td></td><td></td><td></td><td>j</td><td></td><td></td></tr>
<tr><td>боковые
측면마찰</td><td></td><td></td><td>л
л'</td><td></td><td></td><td></td><td></td></tr>
<tr><td rowspan="4">смычные
폐쇄음</td><td>носовые
비음</td><td>м,
м'</td><td></td><td>н
н'</td><td></td><td></td><td></td><td></td></tr>
<tr><td>дрожащие
진동음</td><td></td><td></td><td></td><td>р, р'</td><td></td><td></td><td></td></tr>
<tr><td rowspan="2">шумные
장애음</td><td>взрывные
파열음</td><td>п, б,
п', б'</td><td></td><td>т, д
т', д'</td><td></td><td></td><td>к', г'</td><td>к, г</td></tr>
<tr><td>аффрикаты
파찰음</td><td></td><td></td><td>ц, дз
ц', д'з'</td><td>ч, дж
ч', д'ж'</td><td></td><td></td><td></td></tr>
</table>

6·3·2. 모음의 음소체계

노어 모음의 음소체계는 중화가 발생하는 양상에 따라 다음과 같은 체계를 이룬다. 노어 모음을 약위치에서 약화되는 정도에 따라 나타내 보자:

<도표 27> 경자음 뒤에서와 폐두음절에서 모음 음소

<table>
<tr><td rowspan="4">위치 / 음소</td><td colspan="2">강세음절</td><td colspan="3">비강세음절</td></tr>
<tr><td rowspan="2">개두음절</td><td rowspan="2">폐두음절</td><td colspan="2">1차 약화</td><td rowspan="2">2차 약화</td></tr>
<tr><td>개두음절</td><td>폐두음절</td></tr>
<tr><td>①</td><td>②</td><td>③</td><td>④</td><td>⑤</td></tr>
<tr><td>у</td><td>у</td><td>у</td><td>у</td><td>у</td><td>у</td></tr>
</table>

и	и	ы	и	ы	ы
э	э	э	и	ы	ъ
о	о	о	а	а	ъ
а	а	а	а	а	ъ

단어 예:

<у> ① [у]чит, на[у]чит - ② от[у]чен - ③ [у]чить, [у]ченик, на[у]чить, вы[у]чить - ④ от[у]чить - ⑤ от [у]ченика

② п[у]ск - ④ п[у]скакть - ⑤ п[у]сковой, вып[у]ск

② рж[у]т - ⑤ паш[у]т

<и> ① [и]гры, на[и]гранный - ② с[ы]гран - ③ [и]гра, [и]гроки, на[и]грать, на[и]грыш - ④ с[ы]грать - ⑤ с [ы]гроком

② с[ы]пать - ④ выс[ы]пать - ⑤ выс[ы]пать

② ш[ы]рь - ④ ш[ы]рокий - ⑤ ш[ы]рота

<э> ① [э]тика - ③ [и]тический, [и]тикет

① по[э]т - ③ по[и]тический

② мод[э]ль - ④ мод[ы]льер - ⑤ мод[ъ]лировка

② т[э]ннис - ⑤ т[ъ]ннисист

② ш[э]сть - ④ ш[ы]сти - ⑤ ш[ъ]стьдесят

② скреж[э]щет - ④ скреж[ы]тать - ⑤ скреж[ъ]т

<о> ① [о]браз - ② без[о]бразный (безобразный; 희미한, 막연한) - ③ [а]бразчик, [а]бразование, пре[а]бразить - ④ без[а]бразный (безобразный; 추잡한, 꼴사나운) - ⑤ из[ъ]бразить

② д[о]м - ④ д[а]ма - ⑤ д[ъ]мовой, над[ъ]м

② канц[о]на - ④ канц[а]нетта

<а> ① [а]дрес - ② от [а]дреса - ③ [а]дресовать, пере[а]дресовка ⑤ от [ъ]дресата

② с[а]д - ④ с[а]ды - ⑤ с[ъ]довод, выс[ъ]дить

② ш[а]р - ④ ш[а]ры - ⑤ ш[ъ]ровидный

② ж[а]ть - ⑤ выж[ъ]ть

<도표 28> 연자음 뒤에서 모음 음소

음소	강세음절	비강세음절
<у>	у	у
<и>	и	и
<э>	э	и
<о>	о	и
<а>	а	и

<у> к[л'у]ч - к[л'у]чи, к[л'у]чевой, вык[л'у]чить

<и> [п'и]ть - [п'и]тьё, [п'и]тьевой, вы[п'и]ть

<э> [д'э]ло - [д'и]ла, [д'и]ловой, вы[д'и]ка

<о> [тó]мный - [т'и]мно, [т'и]мнота, за[т'и]мно

<а> [п'а]ть - [п'и]так, [п'и]тачок, на[п'и]ть

이처럼 노어 모음은 비강세 음절에서 다양한 변이 양상을 나타낸다. 비강세 음절에서의 변이 양상을 상호 관계에 따라 나타내면 아래와 같은 음소 체계를 이룬다:

<도표 29> 비강세 음절에서 모음 음소 위치에 따른 상호관계 (실선그리기)

1. 비강세 폐두음절, 2. 강세음절 바로 앞 (비강세)음절의 경자음 뒤, 3. 강세음절 바로 앞 음절 이외의 비강세음절로 경자음 뒤, 4. 비강세음절 연자음 뒤

위치 \ 음소	<у>	<и>	<э>	<о>	<а>
1	[у]	[и]			[а]
2	[у]	[ы]			[а]
3	[у]	[ы]		[ъ]	
4	[у]		[и]		

6·4. 음의 교체(альтернация, чередование звуков: alternation)

음의 교체란 하나의 음, 혹은 음의 결합(звукосочетание)이 문법범주를 형성하면서 다른 음으로 교체되어 나타나는 것과, 하나의 음이 특수한 환경에서 다른 음으로 발음되는 것을 말한다. 이러한 음의 교체는 규칙적인 양상을 보이지만 매우 복잡한데, 아래와 같이 나누어 볼 수 있으며 여기서는 어미변화 과정에서 나타나는 음의 교체에 대해서 알아보고 조어과정에서 나타나는 음의 교체에 대해서는 "조어론, 5. 조어의 형태음운론적 현상"에서 살펴보도록 하자:

① 어미변화 과정에서의 교체와 조어과정에서의 교체:

조어과정: слух- слушать, дух- душа, сборсить- сбрасывать, худой- хуже

어미변화: возит- вожу, хотеть- хочу

② 음 하나의 교체와 동일한 어근의 음결합의 교체: сжать- сжимать

③ 하나의 음이 있고 없는 차이, 즉 음의 제로음(нуль звука, 0)과의 교체:

сон- сна, кусок- куска

④ 음의 교체가 그 표기, 즉 철자에 이미 반영되어 철자가 달리 나타나는 것과 (a), 철자는 그대로 유지되나 주위 환경의 영향으로 달리 발음되는 것 (b):

(a) друг- друзья/ дружба

(b) сказка, отсыпать, считать

6·4·1. 음의 교체가 표기에 나타나 있는 것

1. 모음 교체

(1) е/ё: сельский- сёла, несу- нёс

(2) о/0, е/0: сон- сна, кусок- куска, день- дня, отец- отца

(3) у/ов: кую- ковать, сную- сновать

ю/ев: клюю- клевать

(4) а(я)/н/ин: жать- жну- пожинать, мять- мну- приминать

а(я)/м/им: жать- жму- пожимать, взять- возьму- взимать

я/ен: время- времени

(5) е/о/0/и: беру- сбор- собрать- собирать

(6) у/о/0/ы: сухо- сохнуть- засыхать, посол- послать- посылать

(7) о/а: ходит- захаживает, просит- выпрашивает

2. 자음 교체

(1) к/ч: пеку- печешь, привлеку- привлечёшь

г/ж: бегу- бежишь, жгу- жжёт

х/ш: пух- пушистый

(2) с/ш: носить- ношу, косить- кошу

з/ж: мазать- мажу, близок- ближе

ск/ст/щ: пускать- пустить- пущу, густой- гуще

т/ч: ответ- отвечу, свет- свеча

д/ж: ходить- хожу, водить- вожу

б/бл, п/пл: рубить- рублю, купить- куплю

в/вл, ф/фл: ловить- ловлю, графить- графлю

м/мл: сломить- сломлю

(3) к/ц: лик- лицо

г/з: друг- друзья, княгиня- князь

(4) д, т/с: плету- плести, приведу- привести

(5) к, г/ч: пеку- печь, стерегу- стеречь

6·4·2. 음의 교체가 철자에 반영되어 있지 않은 것

1. 자음교체

(1) 유-무성음 교체

① 語末에서 유성음의 무성음화: ду[б]ы- ду[п](дуб), ро[з]а- ро[с](роз), до[ж']и(д

ожди)- до[ш'](дожд)

② 1. 뒤의 유성음에 동화된 무성음의 유성음화: про[с']ить- про[з'б]а(просьба), т а[к]ой- та[гж]е(также)

② 2. 뒤의 무성음에 동화된 유성음의 무성음화: ска[з]очка- ска[ск]а(сказка), ло[ж]ечка- ло[шк]а(ложка), по[д]нос- по[тп]орка(подпорка)

③ 어말의 공명음과 어두의 '공명음 + 무성음'에서 공명음의 반무성음화나 무성 음화: смот[р], смыс[л], рит[м], [р]туть, [м]стить

(2). 조음방식과 조음위치 교체

① 치음 장애음(зубные шумные), 즉 [с, с', з, з']는 전설 장애음, 즉 [ш, ш', ж, ж'] 앞에서 대응되는 전설 장애음으로 교체: [с] ореденом- [ш] шапкой- [ш'] чайн иком, бе[з] отца- бе[ж] жены, о[т] мороза- о[ч'] чудес- о[ч] шума

② 파열음(폐쇄음, взрывные), 즉 [п, п', б, б', т, т', д, д', к, к', г, г']는 마찰음(щел евные), 즉 [ф, ф', в, в', с, с', з, з', ш, ш', ж, ж', х, х' л, л'] 앞에서 대응되는 파찰 음(аффрикаты), 즉 [ц, ц', дз, д'з', ч, ч', дж, д'ж']로 교체: оцсыпать(отсыпать), пяц'ся(пяться), вечшать(ветшать)

폐쇄음이 마찰음 앞에서 파찰음으로 바뀌는 과정을 설명해 보자; 파열음은 발성의 마지막 단계에서 서로 접합되었던 조음자의 긴장이 풀리며 급격하게 서로 떨어진다. 그러나 마찰음 앞에서는, 조음자들이 서로 접합한 후 다음의 소리, 즉 좁음 틈 사이로 마찰음을 내기 위해 조음점에서 곧 바로 떨어져야 한다. 이러한 일련의 조음방식이 바로 파찰음이며 따라서 파열음은 마찰음 앞에서 파찰음으로 발음되는 것이다.

[т]는 [с] 앞에서 [ц]로 교체: де[ц]асад(детсад), бра[ц] Саши(брат Саши), бу[ц]сы (бутсы)

[т']는 [с'] 앞에서 [ц']로 교체: ме[ц']ся(меться), пя[ц'] человек(пять)

[д]는 [з] 앞에서 [дз]로 교체: на[дз]зор(надзор), по[дз]зуживать(подзуживать)

[д']는 [з'] 앞에서 [д'з']로 교체: на[д'з']зиратель(надзиратель), пя[д'з'] земли(пядь)

[т, д]는 [ш, ж] 앞에서 [ч, дж]로 교체: о[ч]шибить(отшибить), мла[ч]шая(младшая), по[дж]жилки(поджилки), та[дж]жик(таджик), о[дж]жать(отжать)

(3) 경-연자음 교체

고대노어에서 경-연자음 교체는, 연자음 앞의 경자음은 역행동화가 일어나 연자음으로 되는, 즉 tt'> t't'로 되는 규칙성이 있었다. 이러한 규칙성은 현대노어에서 상당히 깨어져 복잡한 양상을 보이는데 규칙성이 나타나는 경우는 아래와 같다:

① 연자음 치음(мягкие зубные) 앞에서 치음의 연음화: мо[ст]- мо[с'т']ик, ле[сн]ой- ле[с'н']ик, у[зд]а- у[з'д']ечка, ка[зн]а- в ка[з'н']е, рабо [т]а- рабо[т'н']ик, о[дн]а- о[д'н']и, о[т]ыскать- о[т'т']януть, по[д]бросить- по[д'д']еть

② [ч']와 [ш'] 앞에서 [н]은 [н']로 교체: ваго[н]- ваго[н'ч']ик, го[н]ка- го[н'ш']ик(гонщик), жена- же[н'ш']ина(женщина)

(4) 0음과의 교체: 3개 이상의 자음이 연이어 올 때 그 중 하나의 자음이 탈락하는, 즉 0-음소로 교체되는 경우를 말한다. 가장 전형적인 것은 [т]와 [д]가 앞 뒤에 치음이 오면 탈락하는 것이다.

[стн]: честь- че[сн]ый(честный), место- ме[сн]ый(местный), участие- уча [с'н']ик(участник)

[здн]: опоздать- по[зн]о(поздно), езда- нае[з'н']ик(наездник)

[стс]: шесть- ше[сс]от(шестьсот), турист- тури[с]кий(туристский)

[стц], [здц]: крестец- кре[сц]а(крестца), узда- под у[сц]ы(уздцы)

[нтц], [ндц]: талантец- тала[нц]а(талантца), голландец- голла [нц]ы(голландцы)

2. 모음교체:

모음교체는 강세모음의 교체와 비강세모음의 교체로 나뉘며, 비강세모음은 다시 연자음 뒤에서의 교체와 경자음 뒤에서의 교체로 나뉜다. 모음교체에 대해서는 <도표 30>, <도표 31>, <도표 32>를 참조바람.

음성학(ФОНЕТИКА). 음운론(ФОНОЛОГИЯ). 정음법(ОРФОЭПИЯ)

ОБЯЗАТЕЛЬНАЯ ЛИТЕРАТУРА

Аванесов Р.И., Фонетика современного русского литературного языка, М.: «Просвещение», 1956.

Белошапкова, В.А. (ред.) Современный русский язык, М. 2011

Брызгунова Е.А., Звуки и интонация русской речи. Изд. 3, М.: «Русский язык», 1977.

орфоэпический словарь русского языка : Произношение, ударение, грамматические формы, М.: «Русский язык», 1989.

Панов М.В., Современный русский язык : Фонетика, М.: «Высшая школа», 1979.

Реформатский А.А., Из истории отечественной фонологии, М.: «Наука», 1970.

Трубецкой Н.С., Основы фонологии, М.: «Изд. иностр. лит.», 1960.

Трудности словоупотребления и варианты норм русског о литературного языка. Словарь-справочник, Л.: «Наука», 1973.

Фонетика современного русского литературного языка. Народные говоры. Русский язык и советское общество : Социоло-лингвистическое исследование, М.: «Наука», 1968.

Фонетика. Фонология. Основные сведения об ударении. Интонация, - В кн.: Русская грамматика. Т.1, М.: Наука: 1980.

Фонетика, - В кн.: Современный русский язык. Теоретический курс. (Под ред. В.В. Ива нова и Л. А. Новикова), М.: Русский язык: 1985.

Щерба Л.В., Фонетика французского языка. Изд. 7. Введение, М.: «Высшая школа», 1963.

ДОПОЛНИТЕЛЬНАЯ ЛИТЕРАТУРА

Аванесов Р.И., Сидиров В.Н., Очерк грамматики русского литературного языка. Ч.1. Фонетика и морфология, М.: «Учпедгиз», 1945.

Аванесов Р.И., Ударение в современном русском литературном языке. Изд. 2, М.: «Учпедгиз», 1958.

Аванесов Р.И., Русская литературная и диалектная фонетика, М.: «Просв ещение», 1974.

Аванесов Р.И., Русское литературное произношение. Изд. 6, М.: «Просвещ ение», 1984.

Бондарко Л.В., Звуковой строй современного русского языка, М.: «Просв ещение», 1977.

Буланин Л.Л., Фонетика современного русского языка, М.: «Высшая школа», 1970.

Воронцова В.Л., Русское литературное ударение XVIII-XX вв. Формы из менения, М.: «Наука», 1979.

Горбачевич К.С., Нормы современного русского литературного языка. И зд. 3, М.: «Просвещение», 1989.

Долонов И., Истоки славянской письменности, М. 2008

Зиндер Л.Р., Общая фонетика. Изд.2, М.: «Высшая школа», 1979.

Истрин В.А., 1100 лет славянской азбуки, М. 2010.

Курилович Е., Система русского ударения, - В кн. Кырилович Е. Очерки по лингвистике, М.: Изд.иностр. лит.: 1962.

Панов М.В., История русского литературного произношения XVIII-XX вв., М.: «Наука», 1990.

Развитие фонетики современного русского языка, М.: «Наука», 1966.

Развитие фонетики современного русского языка. Фоноло ги ческие подсистемы, М.: «Наука», 1971.

Реформатский А.А., Лингвистика и поэтика, М.: «Наука», 1987.

Реформатский А.А., Очерки по фонологии, морфонологии и морфологии, М.: «наука», 1979.

Реформатский А.А., Фонологические этюды, М.: «Наука», 1975.

Светозарова Н.Д., Интонационная система русского языка, Л.: «Изд. ЛГУ», 1982.

Система фонем. Фонематическая структура основы и морфов. Слог. ударение (обшая характеристика), В кн. Краткая русская грамматика, М.: Русский язык: 1989.

Федянина Н.А., Ударение в современном русском языке. Изд.2, М.: «Русский язык», 1982.

Фонетика, - В кн. Современный русский язык. Под Ред. В. А. Белошапковой. Изд. 2, М.: Высшая школа: 1989.

Хрестоматия работ сторонников Московской фонологичес кой школы, - В кн. Реформатский А. А. Из истории отечественной фонологии, М.: Наука: 1970.

Якобсон Р., Фант Г. М., Халле М., Введение в анализ речи, - В кн. Новое в лингвистике. Вып. 2: «М», Изд. иностр. лит., 1962.

2 형태론

1. 노어 형태론 연구사

노어 문법, 그 가운데서도 형태론은 1917년 혁명전까지 Потебня, Фортунатов, Бодуэн де Куртенэ 등의 주도하에 가장 활발히 연구된 분야이다. Потебня는 확실성과 객관성이 인정될때야 비로소 공표하는 매우 조심스러운 학문태도를 보여 몇 권의 저서밖에 남기지 못했지만, 그 당시까지 확실하지 않은 부분도 추측하여 거칠게 이루어지던 노어학 연구에 새로운 모범을 보여주었다. 단어 형태와 그것이 지니는 의미는 서로 끊을수 없는 동일 요소라는 가정과 문법적(형태적) 요인들은 고착된 것이 아니라 통시적으로 항상 변화하는 과정에 있다는 가정하에 형태론 연구를 수행하였다. Фортунатов의 경우는 노어 문법(형태) 구조를 규명하는데 있어서 1920년대 러시아 언어학계의 주도적인 흐름이었던 형식주의적 접근방식을 보이고 있다. 보두엥 드 꾸르뜨네는 형태론이나 형태음운론연구에 있어서 언어의 체계성을 밝히는데 비중을 두고 있다. 언어를 구조적인 것으로 보고 체계적인 접근방식으로 그 구조를 이루는 요인과 메카니즘을 규명하는데 큰 성과를 이루었다.

혁명이후 소비에트 시기의 형태론 연구는 시기별로 3단계로 나누어진다.

제1기는 아직 Фортунатов의 영향하에 있는 시기로서 형태론연구를 단어의 형태, 외형적인 측면에서 접근하고 있다. М.Н. Петерсон의 "러시아어"(Русский язык)(1925), А.М.Пешковский의 "형식문법의 본질은 무엇인가?"(В чём же, наконец, сущность формальной грамматики?)(1925)나 기타 이 시기의 많은 학자들의 연구물이 형식문법을 세부적인 분야에 적용시키거나 보완, 심화시키고 있다.

제2기는 Л.В.Щерба의 "노어품사론"(О частях речи в русском языке)(1928)으로부터 시작되었다. 한 단어의 어휘적 요소와 형태적 요소를 엄격히 구별하는 형식주의적 경향에서 벗어나 Щерба는 의미(значение, смысл)와 형태(форма)는 동일한 것

으로 말하고 있다: 어떤 문법카테고리의 존재도 형태적 지표와 그것이 가지는 의미와의 긴밀하고도 떼어놓을 수 없는 관계에 의해 성립되는 것이다. 단어의 형태적 지표와 그것이 필연적으로 가지는 의미라는 두개의 요소를 연구 전제로 하는 새로운 형태론 개념은 В.В.Виноградов의 "현대노어 - 단어에 대한 문법적 연구"(Современный русский язык, Грамматическое учение о слове)(1938). "러시아어. 단어에 대한 문법적 연구"(Русский язык, Грамматическое учение о слове)(1947) 등에 적용되고 있다. "Русский язык"에는 이전까지 이룩되었던 노어 형태론에 대한 연구 성과가 집대성되어 있을 뿐만 아니라 노어의 품사별 특성, 형태론의 주요한 카테고리가 설명되어 있다. 또한 많은 실제의 문헌, 자료, 작품 등이 용례로 발췌, 수록되어 있어 오늘날에도 형태론 연구의 기본서가 되고 있다. 1952년 아카데미문법 2권중 제1권 "아카데미문법"(Грамматика русского языка)(1952)이 간행되었다. 이 책은 형태론만 해도 670쪽에 달할 정도로 분량에 있어서도 방대할 뿐만 아니라 실제적인 언어자료를 종합하여 보편적인 용법을 도출함으로서 노어규범 설정에도 크게 기여했다.

구조적인 방법을 통해 형태론을 연구하는 50년대 후반부터 시작된 연구 동향을 제 3기로 보고 있다. З.М.Волоцка, Т.Н.Молошна, Т.М.Николаева 3인 공저 "노어 기술에 관한 논문(Опыт описания русского языка в его письменной форме)"(1964), А.А.Зализняк의 "노어 명사류의 형태 변화(Русское именное словоизменение)"(1967)등에서 구조적인 접근방법에 의해 노어 형태론이 기술되고 있다. 위에서 언급된 아카데미문법 1970년 신판 "Грамматика современного русского языка" (1970. 편집: Н.Ю. Шведова)도 구조적인 분석방법에 의해 노어 형태론을 기술하고 있다. 이 책에서는 제 2기에서 강조된 언어 현상의 체계적인 분석 및 노어의 형태적인 체계규명의 차원을 넘어 언어의 형태적인 면과 기능적인 면을 일관되게 구별하고 있다. 형태적인 현상을 분석하는데 있어서 구조적인 방법과 더불어 의미적인 분석방법, 기능적 분석방법을 사용하고 있다. 1970년대부터 소련 언어학자들은 "아카데미문법" 신판이 택한 구조적/의미적 혹은 구조적/기능적 방법을 형태 분석에 적용하고 있는데, 이 가운데 주요한 것들을 열거하면 아래와 같다:

А.В. Бондарко, Русский глагол. Л. 1967

Ю.Д. Апресян, Идеи и методы современной структурной лингвистики. М. 1962
А.В. Исаченко, Грамматический строй русского языка в сопоставлении с слова цким. Морфология. 1954(1960)

2. 형태소

2·1. 형태소의 개념

형태소란 의미를 지닌 가장 작은 단위를 말하며, 그 이하의 의미있는 단위로 분할할 수 없는 것이다. 형태소는 하나 또는 여러 개의 음소로 구성되어 있으며, 한 단어는 하나 또는 여러 개의 형태소로 이루어져 있다:

단어와 형태소; писатель: пис-а-тель (3개의 형태소), ходила: ход-и-л-а (4개의 형태소), буду писать: буд-у пис-а-ть
형태소와 음소; стен**а**: /a/ (1개의 음소) стен**ой**: /oj/ (2개의 음소) стенн**ая**:/ajь/(3개의 음소)

여기서 말하는 '의미'는 어휘적 의미는 물론 문법적 의미(노어의 경우 성, 수, 격, 시제, 인칭 등)도 지칭하는 것이다. 여기서 가장 작다는 것은 더 이상 쪼개면 그 의미가 없어지는, 따라서 더 이상 쪼갤 수 없는 것이라는 뜻이다:

писательница; пис-а-тель-ниц-а
пис-; '쓰다'는 뜻의 어근, -а-;동사어간형성접미사, -тель-; 사람을 나타내는 형태소, -ниц-; 여자를 나타내는 형태소(여성형성접미사), -а; 격어미

보두엥 드 꾸르뜨네는 형태소를 소의로 해석하고 있는데, 모스크바학파도 보두엥의 정의에 따라 형태소는 의미적 측면에서 한 단어를 분리할 수 있는 최소 단위로서 어간, 접두사, 접미사, 어미를 일컫는다. 넓은 의미의 형태소 개념에 따르면 의미를 차별화하는 것이면 그것이 무엇이든 형태소가 될 수 있는 것이다. 이러한 견해에 따르면 강세의 차이로 분별되는 동음이의어나 형태적인 차이 등도 형태소로 취급될 수 있다: 동음이의어 зáмок(城)- замок(자물쇠), стена의 단수 생격- стены와 복수 주

격 стены에서 강세의 차이로서 단어 의미나 형태의 차이를 가져오기 때문에, 이럴 경우 강세도 형태소가 될 수 있는 것이다. 광의의 형태소 개념에 따르면 자립어와 결합해서만 의미를 가지는 전치사, 관사, 조사 등 보조어(служебные слова)도 형태소로 간주된다.

2·2. 형태소의 종류 - 자립형태소, 의존형태소, 제로형태소, 이형태, 형소, 의소

형태소는 분류 기준에 따라 여러 가지로 구분된다. 형태소는 분포와 자립성 유무에 따라 자립형태소(free morpheme)와 의존형태소(bound morpheme)로 구분된다. 자립형태소는 단독으로 쓰일 수 있는 형태소이다. 이것은 단독으로 단어가 될 수 있으며, 문장에서 다른 형태소의 수식을 받지 않고도 쓰일 수 있는 형태소이다. 의존형태소는 단독으로 쓰일 수 없으며 반드시 다른 형태소와 결합하여야만 문장에 쓰일 수도 있고 단어 행세도 할 수 있는 형태소이다. 문장 "풋과일을 먹지 말아라"에서 '과일'만이 자립형태소이고 '풋-, -을, 먹-, -지, 말-, -아라' 등은 의존형태소이다. 노어의 명사, 동사 혹은 형용사의 어간이나 어미는 모두 의존형태소이다. 접두사나 접미사들은 대표적인 의존형태소의 하나이다. 의존형태소는 "-"을 써서 표시한다. "-"이 있는 쪽에 반드시 다른 형태소가 결합해야 한다는 것을 뜻한다.

의미와 기능에 따라 어휘형태소(lexical morpheme; лексическая морфема)와 문법형태소(grammatical morpheme; грамматическая морфема)로 나누어진다. 어휘형태소는 자체로 어휘적 의미를 나타내는 형태소이며, 문법형태소는 어휘형태소에 결합하여 문법적 관계를 지시하는 형태소이다. 노어의 어미, 접두사, 접미사등은 문법형태소에 속한다. 문법형태소들은 모두 의존형태소에 속하지만 어휘형태소는 자립형태소일 수도 있고 의존형태소일 수도 있다.

"형소"(morph; морфа)란 음소의 연쇄에서 하나의 형태소가 어떤 상황에서 취하는 음소의 형식, 또는 한 형태소에 속하는 한 형식 혹은 그 변이형을 말하며, 형소는 음소의 표기 /a/와 구별하기 위해 [a]로 표기한다. 중성명사 단수 주격을 나타내는 형태

소(굴절어미) -о는 단어 пальто, село에서는 형소 [о], дело에서는 [ъ]이다. 단어 разбег(활주), расход(지출), разбивать(발전시키다), расписание(시간표), розыск(수색), роспись(벽화), разбитость(극도의 피로), разум(이성), распря(불화)에서 [rʌz], [rʌs], [rъz], [rъs], [roz], [ros], [raz], [ras]는 접두사 형태소 раз-의 형소인 것이다. 형소란 동일한 의미를 가지고 형태가 유사한 의미적 최소 단위들이며 하나의 형태소로 묶여지는 것이다. "이형태"(allomorph: алломорфа)란 원래 화학에서 동일한 화학 성분을 가진 물질의 다른 형태를 말하는데, 언어학에서는 하나의 동일한 형태소가 다른 환경(음운, 형태상의 조건)에 따라 몇 가지 다른 음운 형식으로 나타나는 경우, 각각의 그 형태를 가리킨다. книг-а의 사격형인 книг-и, книг-е, книг-у, книг-ой, книг-е에서 -и, -е, -у, -ой, -е는 각각 여성 명사 단수 주격을 나타내는 형태소 -а의 이형태이다. 형태소에는 몇개의 이형태가 있는 경우가 있으며, 형태소는 이형태를 포괄하는 상위개념이라 할 수 있다. 형소가 "동일한 의미"를 지니는 공통점으로 하나의 형태소로 묶여졌다면, 이러한 형소들은 하나로 묶여진 형태소의 이형태인 것이다. allomorph의 allo-(алло-)는 "형소의 형태소에 대한 소속"을 뜻한다.

의소(seme; сема)란 하나의 형태소가 가지는 여러 소의미를 말한다. 예컨데 불변명사 пальто에서 형태소 -о는 중성을 가리키는 1개의 의소를 갖지만 село에서 형태소 -о는 3 개의 의소를 갖는다: 1.성; 중성 2.격; 주격 혹은 대격 3.수; 단수

이러한 개념은 구조언어학에서 음운론 뿐만 아니라, 형태론, 어휘론, 의미론에서 중요하게 취급되는데, 그 주요한 대응 관계를 도표로 나타내면 다음과 같다:

상위개념	이형(異形)	이형 구성원
음소(phoneme; фонема)	이음(allophone; аллофон)	단음(phone; фон)
문자소(grapheme; графема)	이문자(allograph; аллограф)	철자(graph; граф)
형태소(morpheme; морфема)	이형태(allomorph; алломорф)	형소(morph; морфи)
의의소(sememe; семема)	이의의(alloseme; аллосема)	의의(의소)(seme; сема)

제로형태소(нулевая морфема)란 형태소를 외관상 갖지 않으나 그 기능은 소멸하지 않은 것을 말한다. 고대노어에서 рабъ(노예)는 굴절어미 -ъ를 가진다. 통시적으로

어말(語末)에서 반모음 탈락현상이 일어나 ъ이 탈락된 결과 раб이 되고 음성적으로는 [rap]로 표기된다. раб는 성, 수, 격을 나타내는 의소(seme; сема)를 가지지만 굴절어미를 탈락시킨 제로굴절어미(нулевая флексия)로 나타나 있다. 즉 раб는, 어미는 외형적으로 나타나 있지 않지만 남성, 단수, 주격의미를 가지는데 이것을 제로형태소라 한다. 특히 굴절어미를 갖지 않는 것을 제로굴절어미, 혹은 제로어미라고 하는데 노어에서 제로어미는 성, 수, 격을 나타내는 의미(의소)를 가질 수 있다:

성: стол0(вода, село), ходил0 (ходила, ходило), добр0(добра, добро)
수: стол0(столы), кость(кости), ходил0(ходили), добр0(добры)
격: стол0(воду, вола), волн0(столов, волны, волнам)

3. 단어

'단어', '낱말'이란 말은 누구나 사용하고 있지만 정의하기가 까다로운 용어이다. 단어의 성립 요건으로 첫째 한 단어는 하나의 형태소 혹은 몇 개의 형태소가 모여 이루어져 있다. 둘째 단어는 대체로 자립형식(free form)이어야 한다는 제약을 받는다. 자립형식이란 다른 요소와의 결합없이 문장에 나타날 수 있는 언어형식을 가리키는데, 단어는 자립형식 중에서 가장 작은 단위이다. 셋째 단어는 그 내부에 휴지(pause; пауза)를 둘 수 없다는 특성이 있다. 단어, 예를 들어 лицо, цвет, представительный, картофелесажалка(감자모종기계)는 그 사이에 숨을 넣어 발음하는 일이란 없다. 노어 단어의 구성요소는 접두사, 접미사, 어간, 어미이다.

3·1. 어근과 접사

어근(root; корень)은 단어를 구성하는 요소들 가운데 가장 기본이 되는 형태이다. 즉, 이것은 단어의 기본의미를 나타내는 핵(核)이다. 접사는 단어의 주변부를 형성하는 의존형태소이다. 이것은 단어를 구성하는 요소들 중에서 어근을 제외한 나머지 부분으로서 어근에 첨가되어 새로운 단어를 만들거나 문법적 관계를 나타내는 기능

을 한다.

어근은 모든 어형변화형태에 공통적으로 존재하며 공통적인 의미를 가지고 있어야 한다: водный/ подводный/ водяной/ водник/ водянистый 에는 공통적으로 вод-가 들어있고 '물'이라는 공통적인 의미를 나타내고 있으므로 이들에게는 하나의 어근 вод-가 있다. 한 단어에 어근은 대부분 1개가 있으나 복합어 등에는 2개가 들어 있기도 하다; водонос, водопад, водоснабжение, водохранилище.

오늘날 인구어의 대부분은 어간과 어근의 구별이 없다. 노어에서 어근을 어간과 비교해서 설명하자면, 어간은 단어의 활용, 곡용 등의 굴절변화 패러다임에서 변화하는 어미부분을 제외한, 단어의 접사까지도 포함한 부분을 말한다. 어근은 모든 조어 패러다임에서 변화하지 않는 부분을 말하며 어미부분 뿐만 아니라 접사부분도 제외된다: лес/ лесник/ леснический/ лесок/ лесочек/ лесничество/ лесничиха 혹은 лес/ лесной/ облесить 라는 모든 조어과정에서 유지되는 부분, 즉 лес-가 어근인 것이다. 제로어미(нулевое окончание)를 가진 단어 лес의 어간은 лес, леснический에서는 어미 -ий를 제외한 лесническ-이 어간이며, 이처럼 동일한 어근을 가지고 있더라도 단어에 따라 어간은 각각 달리 나타난다. '어근 + 어미'로만 이루어져 있어 어간과 어근의 형태가 같은 단어도 있으나 그 수는 많지 않다: '어근 + 어미'로 이루어진 단어의 예; вод-а, сел-о, пол-е, зуб-0, дом-0, кот-0, юн-ый, сер-ый, вед-у, ид-у, нес-у. 대부분의 단어에 있어서 어근은 접미사(예;сель-ский, дом-ик, юн-ость)나 접두사(예;за-плыв, пре-добр-ый) 혹은 접두사와 접미사가 함께 결합되어 나타난다(예; на-поль-н-ый '야외용의', на-дом-ник '가내수공업자').

접사는 분류기준에 따라 여러가지로 나누어진다. 첫째, 접사가 기저의 어느부분에 결합하느냐에 따라 접두사(префикс), 접미사(суффикс), 삽입사(инфикс), 연결접사(интерфикс), 동반접사(конфикс, циркумфикс) 등이 있다. 둘째, 그 기능에 따라 굴절접사(inflectional affix)와 파생접사(derivational affix)로 나뉜다.

파생접사는 기저에 결합하여 새 단어를 만들어내는 접사로서 접두사, 접미사 등이 모두 파생접사에 속한다. 파생접사에 의해 새로운 단어가 만들어지는 것을 파생(derivation, деривация)이라 한다 (예. комната> комнатный, новый> новость, ходить> выходить). 파생접사는 ① 어간의 문법적 부류, 즉 품사를 밝히고 ② 어간의 문

법적 부류(품사)를 변경시키며 ③ 어간의 하위부류(예. говорить> заговорить, помощь> помощник(행위를 나타내는 추상명사에서 행위자를 나타내는 보통명사로))를 바꾸는 형태소이다.

굴절접사는 새 단어를 만들어내는 능력은 없고 다만 한 단어의 어미변화, 즉 굴절을 담당하는 접사로서 흔히 어미라고 부른다. 굴절접사는 ① 명사, 대명사, 형용사, 수사의 성, 수, 격의 변화를 표시하며 ② 동사의 상, 법, 태, 수, 시제의 변화를 표시하며 ③ 형용사, 부사의 비교급, 최상급을 표시하는 형태이다.

접두사는 어근(=기저)의 앞부분에 첨가되어, 동기어(=모어)의 의미에 접두사의 의미를 부가시킨다(자세한 내용은 '조어론' 참조): пере-писать, пере-белить, пере-группировать, вы-бежать, вы-ползти, вы-вести

대부분 1개의 접두사가 결합되나 2개 이상의 접두사가 결합되는 단어도 있다(예; без-вы-ходное '진퇴양난'). 접두사의 대부분은 러시아어 고유의 것이며 이들은 대부분 다의적(многозначный)이다. 외래어로부터 차용된 접두사도 적지 않다: а-, авто-, анти-, архи-, интер-, контр-, ультра-, де-, дез-, дис-, ре-, с-, им-. 20세기에 들어와 자연과학용어의 사용이 급격하게 증가하고 있고 용어(термин)의 국제공용화 추세에 따라 이외에도 새로운 접두사들이 외래어로부터 최근에 차용되었다: био-(bio-), микро-(micro-), суб-(sub-), мульти-(multi-), супер-(super-), теле-(tele-), электро-(electro-).

접미사는 어근의 뒷부분에 결합되어 동기어의 품사를 바꾸기도 하고 동기어의 의미에 접미사의 의미를 부가하기도 한다(자세한 내용은 '조어론' 참조). 대부분 1개의 접미사가 결합되지만(예; рас-чёт-**лив**-ый) 2개 이상의 접미사가 결합되기도 한다(예; рас-чёт-**лив-ость**, пред-став-**и-тель-н**-ый) 접미사는 어근 뒤, 어미 앞에 오는 것이 원칙이지만 (приуч**а**ют, нес**ущ**ий, бараба**нн**ый) 노어에서는 어미뒤에 오는 경우도 있다. 굴절어미 뒤에 오는 접사를 가리켜 Бодуэн де Куртенэ는 후접사(postfix; постфикс)라는 용어로 표현했는데, 이 용어는 노어학에서 일반적인 것으로 받아들여지고 있다: сме**ющий****ся**, причёс**ыва**ю**сь**, идём**те**!, споём**те**!, иди-**ка**!, какого-**то**, кто-**либо**, каким-**нибудь**

어근 내부에 삽입되는 삽입사는 노어에는 잘 일어나지 않고 라틴어의 s-um-ulat(sulat:

편지, um:동사형성삽입사) 등에서 그 용법을 찾아볼 수 있다. 모음변이(mutation)도 삽입사의 일종으로 보는 견해가 있다: **лечь - ляги, сесть - сяду**

연결접사는 두개의 어간이나 혹은 어간과 접미사 사이에 들어가 두개의 요소를 연결해 주는 역할을 한다. 명사 ялта의 형용사 ялтинский는 어간 ялт-와 조어접사 -ск- 사이에 삽입사 -ин- 이 들어있는 형태이다(자세한 내용은 '조어론' 참조):

ялтинский; ялт-ин-ский, овцебык; овц-е-бык, домострой; дом-о-строй, шоссейный; шоссе-й- ный, тамошний; там-ош-ний

동반접사는 접두사와 접미사가 함께 사용되는 것을 말한다:

заречье; **за**-речь-**е**, подоконник; **под**-окон-**ник**

3·2. 어간(основа)과 어미(окончание)

어간이란 굴절어미 변화에서 변화하지 않는 부분, 즉 한 단어에서 굴절어미를 뺀 나머지로서 한 단어의 중심부를 형성하는 줄기 부분을 말한다. 다시 말하자면 굴절어미를 제외한 부분이 어간이고, 접사까지도 제외한 부분이 어근인 것이다. 어간은 하나, 혹은 그 이상의 어근으로 구성된다. 노어 단어는 어간(stem; основа)과 어미(окончание)로 이루어져 있다. 어간은 접두사(приставка, префикс), 어근(корень), 접미사(суффикс)로 이루어져 있고, 어미는 단어의 품사를 결정해 주며 성, 수, 격, 인칭 등을 표시하는 형태소를 말한다: перечитаю; пере(접두사)-чита(어근)-ю(어미), железный; желез(어근)-н(접미사)-ый(어미)

어미변화하는 변화형 자립어(склоняемые самостоятельные слова)는 단어 자체를 어간과 어미로 나눌 수 있다:

трава: трав(어간) + а(어미)

불변화형 자립어(несклоняемые самостоятельные слова)는 어미변화를 하지 않으므로 단지 어간만 가질 뿐이다:

около, завтра, по-зимнему, двигаясь, кашне

한 단어의 어간과 어미를 구별하기 위해서는 그 단어를 어미변화 시켜보면 알 수

있다. 어간은 어미변화시켰을 때 변화하지 않고 있는 부분이고 어미는 성, 수, 격, 인칭 등에 따라 형태를 달리하는 부분을 말한다:

море - моря - морю: 어간은 мор, 어미는 е, я, ю

① 수

дом- дома, красивый- красивые, пишу- пишем, наш- наши, прочитал- прочитали

② 성

красный, красное, красная/ низок, низко, низка/ отвечал, отвечало, отвечала

③ 격

стол, стола, столу, столом, столе/ зимний, зимнего

④ 인칭

лечу, летит/ пишу, пишем

성, 수, 격, 인칭, 시제변화 과정에서 어간 자체의 변화는 거의 발생하지 않으나, 현대노어에는 다음과 같은 경우 어간 형태가 바뀐다:

(1) 교회슬라브어 활용체계의 영향으로 몇 개의 명사는 단수와 복수어간이 달리 나타난다: брат- братья, хозяйн- хозяева, англичанин- англичане, телёнок- телята, ребёнок- ребята

<도표 1>

단수어간 брат-	복수어간 брат'j-
брат-0 брат-а брат-у	брат'j-а (братья) брат'j-ев (братьев) брат'j-ам (братьям)

(2) 상당수의 동사는 동일한 어근에서 파생되었지만 미정형어간과 과거시제어간, 현재시제어간이 달리 나타난다:

мочь- могу, можешь, мог, могла

вести- веду, ведёшь, вёл, вела

идти- иду, идёшь, шёл, шла

동일한 어근에서 파생된 상이한 어간의 기저를 과거시제어간(past stem, 미정형어간)과 비과거시제어간(non-past stem, 현재시제 3인칭 복수어간) 2개로 나누어 취급하는 것을 양어간체계(two-stem system)라 한다:

завтракать: 과거시제어간 завтрака-, 비과거시제어간 завтракаj-
жать: 과거시제어간 жа-, 비과거시제어간 жм-
плести: 과거시제어간 пле-, 비과거시제어간 плет-
писать: 과거시제어간 писа-, 비과거시제어간 пиш-
читать: 과거시제어간 чита-, 비과거시제어간 читаj-
делать: 과거시제어간 дела-, 비과거시제어간 делаj-
организовать: 과거시제어간 организова-, 비과거시제어간 организуj-
жить: 과거시제어간 жи-, 비과거시제어간 жив-

<도표 2>

과거시제어간(미정형어간) завтрака-	비과거시제어간(현재시제어간) завтракаj-
завтрака-ть завтрака-л-о завтрака-вш-ий	завтракаj-ут(завтракают) завтракаj-0(завтракай) завтракаj-ущ-ий(завтракающий)

이처럼 명령형은 비과거시제어간으로부터, 동사과거형은 과거시제어간으로부터 형성되는 것과 같이, 동사 활용형이 양어간 가운데 각각 적절한 하나의 어간으로부터 형성된다는 양어간체계는 전통적인 러시아 형태론이었다:

<도표 3>

과거시제어간	비과거시제어간
1. 미정형 2. 과거시제 3. 능동형동사 과거 4. 피동형동사 과거 5. 부동사 과거	1. 현재시제, 현재-미래시제 2. 명령형 3. 능동형동사 현재 4. 피동형동사 현재 5. 부동사 현재

언어학적인 이론적 분석방법으로는 양어간체계보다 단일어간체계가 선호되고 있다. 하나의 어근으로부터 형성된 미정형어간, 과거시제어간, 현재시제어간 가운데 어느 형태를 단일어간으로 선택하느냐 하는 문제는 학자에 따라 의견이 다르다. R. Jakobson은 완전어간형이라는 개념을 도입하여, 단일어간은 완전어간형을 기저로하여 그것에 대한 여러 가지 변이형이 도출되는 것으로 설명하고 있다. Townsend는 현재시제어간과 미정형어간 중 긴 쪽을 기본어간으로, Swan은 미정형어간을 기본어간으로 간주하고 있다. 예를 들어 писать는, Swan에 의하면 기본어간 пис- 에 동사형성접미사와 명령형 또는 과거형어미가 첨가되는데 그 과정에서 각각에 해당되는 음운변화가 일어나 пиши!, писал이라는 명령형이나 과거형이 만들어진다. Townsend에 의하면 жить는 жи- 와 жив- 중 긴 것인 жив- 가 기본어간이 되고 명령형은 живи!, 과거형은 жив-л에서 자음충돌에 의한 자음탈락현상이 일어나 жил이 된다.

위에서 설명된 (1)과 (2)는 동일한 어근으로부터 어간이 달리 형성된 것이다. 이외에도 어형변화에서 어근 자체가 상이하게 나타나는 경우가 있다. 이러한 어간을 "보충형 어간(suppletive; супплетивные)"이라 한다:

go - went, идти - шёл, ребёнок - дети, человек - люди, хороший - лучше, маленький - меньше, я - мен'-а, м-ы - н-ас, он - j-его

3·3. 굴절과 문법범주

우리는 지금까지 굴절(屈折, inflection; флексия)이란 용어를 많이 사용해 왔다. 굴절이란 한 단어가 문장에서 다른 단어와의 문법적 관계를 나타내기 위해 어형(주로 어미)을 바꾸는 것을 말한다. 즉 시제(tense), 인칭(person), 수(number), (ge- nder), 서법(mood), 태(voice) 그리고 격(case)을 표시하기 위하여 접사(어미)를 붙이거나 모음변이(mutation)에 의하여(예;лечь-лягу) 한 단어의 다른 단어와의 관계를 나타내는 데 있어서 단어의 형태가 변하는 것을 굴절이라 한다. 굴절은 파생과 함께 어구성의 두가지 주된 과정을 이루고 있다. 명사, 대명사, 형용사, 수사의 어형변화(성, 수, 격변화)는 곡용(declension; склонение)이라 하고 동사의 시제, 수, 인칭, 태를 나타

내기 위한 굴절을 활용(conjugation; спряжение)이라 한다. 이와같은 방법으로 문장관계를 나타내는 것을 굴절어(inflectional language)라 한다. 인도-유럽어족(Indo-European family) 대부분의 언어들은 굴절어에 속하지만, 영어, 불어, 스페인어와 같은 대부분의 현대언어는 인도-유럽어의 특징이었던 복잡한 굴절의 많은 부분을 상실하였고, 독일어는 이들보다는 많은 굴절을 보존하고 있으며 노어는 아직도 상당히 많은 굴절을 가지고 있다. 인도-유럽어의 굴절에 관한 분명한 모습을 보여주는 언어로는 산스크리트어를 들 수 있다.(굴절어에 대한 자세한 내용은 II권 '언어 분류적인 측면에서의 노어' 참조)

이러한 굴절이 실현되는 문법현상을 문법적으로 구분되는 그 특성에 따라 묶은 것을 문법범주(grammatical category; грамматическая категория)라 한다. 역으로 말하자면 문법범주는 굴절에 의해 실현되는데, 노어의 대표적인 문법범주로는 성, 수, 격, 인칭, 시제, 상, 서법, 태, 비교법, 부정법 등을 들 수 있다.

3·4. 단어의 분류

단어는 분류기준에 따라 여러가지로 나뉜다. 단어의 분류기준에는 구조, 어원, 의미, 표준, 시대, 지역, 사회 등이 있다.

〈1〉 구조: 단일어, 복합어, 파생어

〈2〉 어원: 고유어(토착어), 외래어(차용어)

〈3〉 의미 <의소관계> 단의어, 다의어

<동의관계> 동음어(동음이의어), 이음동의어, 반의어

<상하관계> 상위어, 하위어

〈4〉 표준: 문학어, 비문학어

〈5〉 시대: 원조인구어, 원조슬라브어, 공통슬라브어, 동슬라브어, 고대노어, 고대교회슬라브어, 현대러시아문학어

〈6〉 지역: 북부방언, 남부방언, 서부방언, 동부방언

<도표 4> 노어 단어 분류표

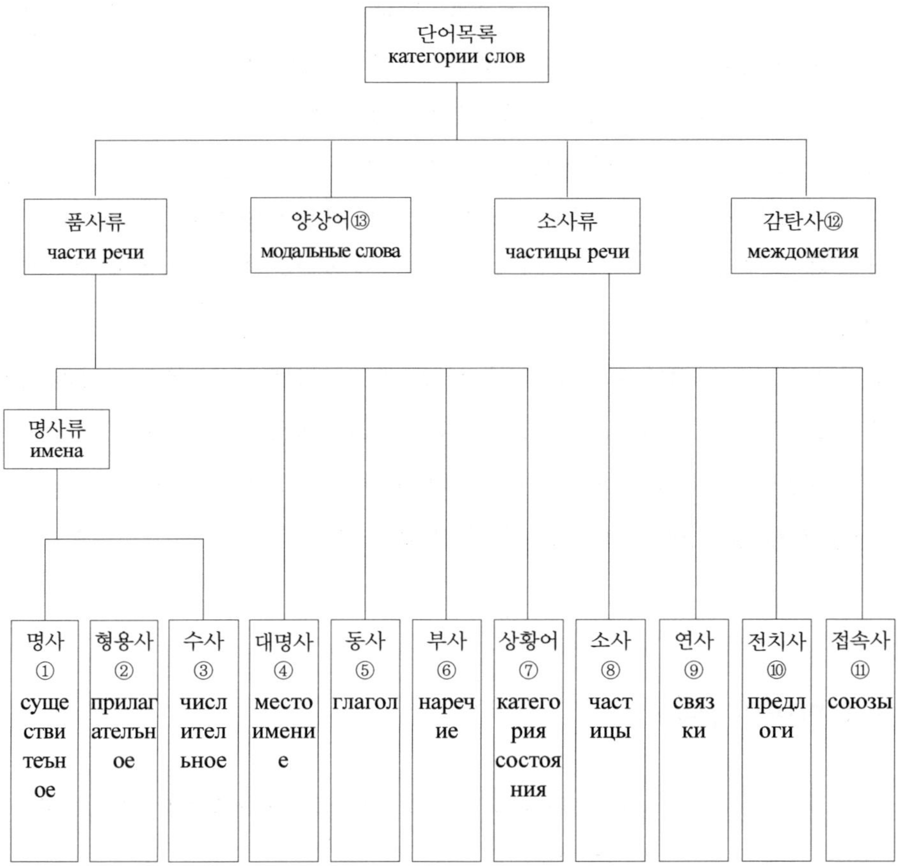

4. 노어 품사(части речи)

4·1. 품사 분류

품사분류의 기준은 단어의 형태, 기능, 의미이다.

형태는 어형변화와 관련되어, 어형변화의 유무나 그 성격은 품사분류의 기초가 된다. 명사, 형용사, 수사, 동사 등은 어형이 바뀌는 변화사(склоняемые)이고 부사, 전치사, 접속사 등은 어형이 바뀌지 않는 불변화사(несклоняемые)이다. 어형변화의 카

테고리가 같은 것끼리 묶어 하나의 품사로 분류하게 되는 것이다. 이외에도 노어에서는 명사, 대명사, 형용사, 수사가 공통적으로 성, 수, 격변화를 하므로 '명사류'(名詞類, имя)라 부른다.

기능이란 어떤 단어가 문장에서 다른 단어와 맺는 관계를 말한다. 즉, 기능이란 단어가 문장에서 맡고 있는 역할을 말한다. 'Этот студент умный'라고 할 때, этот는 студент를 수식하고 студент는 этот의 수식을 받는다. студент와 умный는 "누가 어떠하다"의 관계를 맺고 있다. 'Он быстро читал книги'에서 быстро는 читал을 수식하고 читал은 быстро의 꾸밈을 받는다. он과 читал은 '누가 어찌하다'의 관계를 맺고 있으며, книги와 читал는 '무엇을 어찌한다'의 관계를 맺고 있다. 이와 같이 단어들 중에는 서로 기능이 같은 것과 다른 것이 있는데, 기능이 같은 것끼리 묶어서 동일한 품사로 분류하는 것이다.

품사의 기준이 되는 단어의 의미는 '하의'가 아니라 '상의'이다. 어떤 단어가 '사람이나 사물의 이름을 나타낸다'든지 '사람이나 사물의 동작을 나타낸다'든지 하는 것이다. '의미'에 따른 품사분류는 형태와 기능을 위주로 하여 분류한 단어군들의 의미적 차이를 보여줄 뿐 만아니라 단어의 통사적인 역할과 의미를 유추하는데 중요한 구실을 한다.

이를 종합해보면 (1) 동일한 상의의 의미 (2) 동일한 형태적 카테고리 (3) 동일한 통사적 기능을 할때 하나의 품사로 취급하게 된다.

현대노어에 10개의 품사가 있다. 우선 자립어(самостоятельные)와 보조어(служебные), 간투사(междометие)로 나누어지고, 자립어는 변화사(изменяемые)와 불변화사(неизменяемые)로, 변화사는 활용(склоняемые)하는 것과 곡용(спрягаемые)하는 것으로 나누어진다. 자립어는 대상의 지시, 대상의 성질, 행위, 수량을 나타내고 문장의 구성성분이 된다. 보조어는 그 자체로 의미를 가지지 못하고 문장성분이 되지 못한다. 다만, 문법적 의미만 가질 뿐이다. 즉, 보조어는 자립어와 함께 쓰여 의미를 가지거나 문장간의 관계를 나타낸다.

<도표 5> 노어 품사 분류표

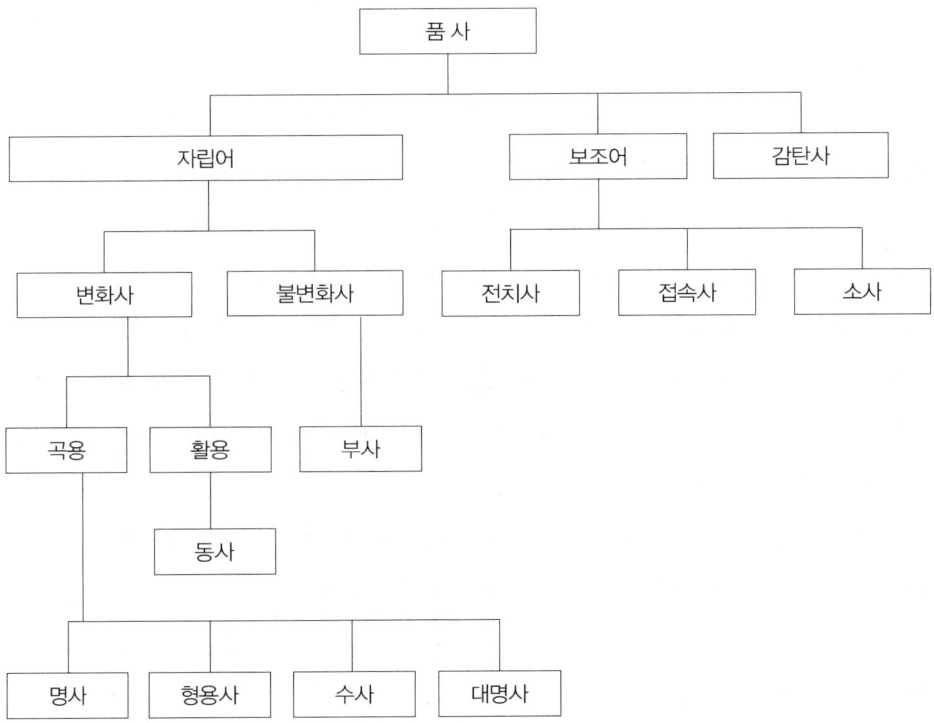

4·2. 품사별 특징

4·2·1. 자립어(**самостоятельные части речи**)

하나의 품사로 묶는 기준이 되는 각 품사의 ① 상의의 공통 의미, ② 형태적 범주, ③ 통사적 기능을 살펴보자:

②-1. 항구적 특징: 문장의 종류에 관계없이 항상 발생하는 문법 사항

②-2. 일시적 특징: 문장에 따라 달리 발생하는 문법 사항

(1) 명사(**имя существительное**)

① 상의의 공통 의미: 사람이나 사물의 명칭

② 형태적 특징, 문법적 의미: 기본형 - 단수 주격

②-1. 항구적 특징:

* 고유명사(собственное)와 보통명사(нарицательное)로 나누어짐
* 활동체카테고리(활동체(одушевлённое)명사와 비활동체(неодушевлённое) 명사로구분됨)
* 성(род)체계
* 곡용(склонение)

②-2. 일시적 특징: *격(падеж) *수(число)

③ 통사적 기능, 통사적 역할: 주어(подлежащее), 보어(дополнение), 비일치 정어(несогласованное определение), 상황어(обстоятельство), 합성명사술어(именная часть составного сказуемого), 동위어(приложение)

명사는 사물, 현상, 동작, 성질 등에 대한 명칭을 말한다. 명사는 남성(мужской род), 여성(женский род), 중성(средний род)의 3성으로 나누어지고, 수(число)와 격(падеж) 체계를 갖는다. 명사는 ① 보통명사(нарицательные имена существительные) ② 고유명사(собственные) ③ 물질명사 (вещественные) ④ 집합명사(собирательные) ⑤ 추상명사(отвлечённые, абстрактные) 등으로 분류된다. 보통명사와 고유명사는 사람이나 동물 이름을 나타내는 활동체(одушевлённые имена существительные)와, 사람, 동물 이외의 사물, 현상, 추상적 개념 등을 나타내는 비활동체(неодушевлённые) 명사로 구분된다.

(2) 형용사(имя прилагательное)

① 상의의 공통 의미: 대상의 성질이나 상태를 나타냄

② 형태적 특징, 문법적 의미: 기본형- 남성 단수 주격(именительный падеж единственного числа мужского рода)

②-1. 항구적 특징: 성질(качественное), 관계(относительное), 소유형용사(притяжательное)로 구별

②-2. 일시적 특징: *성질형용사는 비교급과 최상급

*성질형용사는 장어미형과 단어미형

*격 *수 *성(단수에서만)

③ 통사적 기능, 통사적 역할: *정어, 합성명사술어

*단어미형 - 술어(сказуемое)로만 쓰임

형용사는 사람이나 사물의 성질이나 상태를 나타내는 단어를 말한다. 형용사는 수식하는 명사에 성, 수, 격을 일치시키며, 의미적 기준에 따라 성질형용사(качественные прилагательные), 관계형용사(относительные), 물주형용사(притяжательные)로 나누어진다.

(3) 수사(имя числительное)

① 상의의 공통적인 의미: 대상의 양이나 수, 순서를 나타냄

② 형태적 특징, 문법적 의미: 기본형- 주격

②-1. 항구적 특징: 기수사/복합(합성)수사, 수량수사/순서수사, 정수/소수/집합의 용법을 가짐

②-2. 일시적 특징: 격, 수(один만), 성

③ 통사적 기능, 통사적 역할: 수량수사- 문장의 모든 성분이 될 수 있음

순서수사 - 정어, 합성명사술어

수사는 대상의 수, 양, 순서를 나타내는 품사를 말한다. 개수사(количественные и мена числительные), 순서수사(порядковые), 집합수사(собирательные)로 나누어진다. 또한 조어적 측면에서 수사는 기수사(простые), 복합수사(сложные), 합성수사(составные)로 나뉜다.

(4) 대명사(местоимение)

① 상의의 공통 의미: 명사를 대신하여 쓰는 말

② 형태적 특징, 문법적 의미: 기본형- 단수 주격

②-1. 항구적 특징: *의미적으로 여러종류로 분류(인칭대명사(личные), 귀대명사(возвратные), 의문대명사(вопросительные), 관계대명사(относительные), 不定대명사(неопределённые), 否定대명사(отрицательные), 소유대명사(притяжательные), 지시대명사(указательные), 定대명사(определительные))

*인칭(лицо; 인칭대명사의 경우)

②-2. 일시적 특징; 격, <수>, <성>

③ 통사적 기능, 통사적 역할: 주어, 정어, 보어

대명사는 명사, 형용사, 수사를 대신하여 쓰이는 단어를 가리킨다. 대명사의 의미에 따라 다음과 같이 분류된다:

① 인칭대명사(личные местоимения); я, ты, они
② 재귀대명사(возвратные); себя
③ 물주대명사(притяжательные); мой, ваш, их
④ 지시대명사(указательные); этот, тот, таковой
⑤ 의문대명사(вопросительные); кто? что? какой? сколько?
⑥ 관계대명사(относительные); кто, что, который
⑦ 定대명사(определительные); сам, весь, самый
⑧ 否定대명사(отрицательные); никто, ничто, никакой
⑨ 不定대명사(неопределённые); некто, нечто, кто-то, кто-либо

(5) 동사(глагол)

① 상의의 공통 의미: 대상의 행위 또는 상태

② 형태적 특징, 문법적 의미: 기본형- 미정형(неопределённая форма)

②-1. 항구적 특징: 상(вид), 활용(спряжение), 자동사/타동사(переходность)

②-2. 일시적 특징: 법(наклонение), 수, 시제(время), 인칭(лицо), 성

③ 통사적 기능, 통사적 역할:

미정형 - 문장의 모든 성분이 될 수 있음.

인칭변화형 - 술어

** 형동사와 부동사는 형용사나 부사의 의미나 기능을 가지고 있지만 일반적으로 동사의 특수한 형태로 간주한다.

* 형동사(причастие)

① (상의의) 공통적인 의미: 대상의 행위적인 특징

② 형태적 특징, 문법적 의미: 기본형- 남성 단수 주격

②-1. 항구적 특징: 능동/피동, 시제, 상

②-2. 일시적 특징: *피동형일 경우 장어미/단어미, *장어미일 경우 격, 수, 성

③ 통사적 기능, 통사적 역할: *정어 *피동형동사 단어미일 경우 명사적 합성술어

* 부동사(деепричастие)

① 상의의 공통적인 의미: 본동사에 의해 표현된 주행위를 하는데 있어서 부가적인 행위

② 형태적 특징, 문법적 의미: 기본형- 동사의 미정형

②-1. 항구적 특징: 불변화, 불완료상/완료상, 타동사

③ 통사적 기능, 통사적 역할: 상황어

동사는 활용형 어미를 취하는 단어로 생물체의 동작이나 사물의 작용을 나타내는 말이다. 동사는 미정형(инфинитив, неопределённая форма)을 기본형으로 하며, 형동사(причастие), 부동사(деепричастие)형을 만든다.

(6) 부사

① 상의의 공통 의미: 동사, 형용사, 부사를 수식하는 말

② 형태적 특징, 문법적 의미: 시간, 상태, 장소, 정도, 목적, 이유, 방법 등을 나타냄

③ 통사적 기능, 통사적 역할: 불변화, 비교급과 최상급

부사는 사물의 동작이나 상태의 특징, 정도, 방법 등을 나타내는 불변화사이다. 부사는 정어적 부사(определительные наречия)와 상황부사(обстоятельственные)로 大別된다. 술어적 부사(предикативные наречия)는 소위 말하는 무인칭문을 이루는 것으로 ① 자연의 상태 ② 사람이나 동물의 육체적, 정신적 상태 ③ 의무, 필요, 가능/

불가능 등을 나타내는 것을 말한다. 술어적 부사는 부사의 성격에서 벗어나 있으므로 학자에 따라서는 "상태범주(категория состояния)"라는 용어로 나타낸다.

① 정어적 부사

①-1. 성질부사(определительные качественные наречия); весело, ясно, синевато

①-2. 수량부사(определительные количественные наречия); весьма, крайне, удивительно

①-3. 동작양태(образ и способ действия): "아카데미 문법" 1952년판에서는 이를 성질부사와 상황부사의 중간 단계로 인식하여 качественно-обстоятельственные наречия라 불렀으나 그 후 "동작양태"라는 용어로 바뀌었다. 행위(동사)의 양상, 방법을 나타낸다; вполголоса, наизусть, вдруг, пешком, вдребезги(산산히, 조각조각으로)

② 상황부사: 행위(동사)의 시간, 장소, 목적, 원인을 나타낸다; вчера, вверх, дома, нарочно, зачем, спьяна, сгоряча

③ 술어적 부사(상태범주); Уже **темно**. До станции **далеко**. О свадьбе давно **решено**.

4·2·2. 보조어(**служебные части речи**)

(1) 전치사(предлог)

① 상의의 공통 의미: 문장에서 명사, 수사, 대명사의 다른 단어에 대한 의존관계를 표시

② 형태적 특징, 문법적 의미: *비생산적 *불변화

③ 통사적 기능, 통사적 역할: 문장의 성분이 되지 못함

전치사는 명사, 대명사, 수사의 사격 앞에 위치하여 이들의 의미를 명확하게 하거나 다른 단어(동사, 명사, 형용사, 대명사, 부사)와의 통사적 관계를 나타내는 보조어이다. 전치사는 조어적 관점에서 본원적 전치사와 다른 품사의 단어로부터 파생된 파생 전치사로 분류할 수 있다.

① 본원적 전치사(первообразные предлоги)

· 생격; без, для, до, из, от, с, у, рди, из-за, из-под

· 여격; к, по

· 대격; в, за, на, о, по, под, про, с, через, сквозь, по-за

· 조격; за, над, перед, под, с, между, по-за, по-над, по-под

· 전치격; в, на, о, по, при

② 파생 전치사(непервообразные предлоги)

· 생격; 부사파생- вблизи, вдоль, вне, внутри, внутрь, возле, подле, около, после, против

명사파생- в силу, ввиду, насчёт, в целях, во имя, путём, посредством

동사파생- исключая

· 여격; 부사파생- вслед, подобно, вопреки, согласно, сообразно

명사파생- в противовес

동사파생- благодаря

· 대격; 동사파생- спустя

(2) 접속사(союз)

① 상의의 공통 의미: 단문에서는 동위성분(однородные члены)을, 복문에서는 단문을 연결시킴

② 형태적 특징, 문법적 의미: 병립접속사와 종속접속사

③ 통사적 기능, 통사적 역할: 문장의 성분이 되지 못함

접속사는 단어와 단어, 구와 구, 절과 절, 문장 성분과 성분 혹은 문장과 문장을 연결하는 보조어이다. 병립접속사(등위접속사, сочинительные союзы)와 종속접속사(подчинительные)로 大別된다. 병립접속사는 대등한 자격의 요소를 연결하며 종속접속사는 종속절이 주절의 일부가 되도록 종속관계로 연결시킨다.

병렬접속사: и, или, а ～ но ～, не только ～ но и ～, не то ～ а то～.

종속접속사: ① 시간- как, когда, пока ② 원인- потому что, так как ③ 조건- если, раз ④ 양보- хотя ⑤ 목적- чтобы ⑥ 결과- так что ⑦ 비교- чем, словно, точно ⑧ 설명- что, что будто

(3) 소사(частицы)

① 상의의 공통 의미: 문장에서 뉘앙스를 더해주거나 단어의 형태를 형성하는데 보조역할

② 형태적 특징, 문법적 의미: 형태형성(формообразующие), 否定(отрицательные), 樣相(модальные) 등의 의미

③ 통사적 기능, 통사적 역할: 문장의 성분이 되지 못함

소사는 개별 단어나 문장 전체에 다양한 양상의 뉘앙스를 주는 보조어이며 주로 구어에서 많이 나타난다: же(강조소사), ли(의문소사). 현실성/비현실성, 확실성/불확실성, 의문/ 확신 등을 나타내는 양상소사(модальне частицы)와 지시, 강조를 나타내는 비양상소사(амодальне частицы)로 나뉜다.

양상소사: бы, ну, давай(те), уж, пусть(пускай), же, ли, разве, неужели, не, ни

Хлеба бы!
Ну как не порадеть родному человеу!
Дай я скажу! Даай выйдем!
Пусть уходит.

비양상소사: вон, вот, хоть, лишь, всего, чуть, как раз, именно, в точности

* 의미와 사용면에서 소사와 같더라도 굴절 변화한다면 소사가 아니다:
в самый раз праздник. - как раз праздник.

4·2·3. 감탄사(간투사 **междометие)**

① (상의의) 공통적인 의미: 감정이나 부름 혹은 응답 등을 나타내는 단어

② 형태적 특징, 문법적 의미: 불변화, 비생산적

③ 통사적 기능, 통사적 역할: 문장의 성분이 되지 못함

감탄사는 간투사라고도 하며 감정, 기분, 명령적 의향을 나타내는 말이다: ой!, ах. 지

시하는 것이 아니라 감정과 의지를 표현하는 단어로 독립적이며 다른 문장 구성 요소들과 대화에서는 휴지(пауза)로, 텍스트에서는 쉼표와 느낌표로 구분된다. 의미적으로 ① 감정 (A!, ax, фу, боже) ② 명령 (айда, марш, кис-кис) ③ 예의(спасибо, не стоит, здраствуй)로 나뉜다.

5. 노어의 주요 문법 범주

이미 설명된 바와 같이 문법범주(grammatical category: грамматическая категория)는 굴절로 실현되는 문법 현상으로서, 문법적으로 구분되는 언어 현상을 그 특성에 따라 묶은 것이다. 노어의 주요 문법 범주로는 성, 수, 격, 비교, 시제, 인칭, 법, 태, 재귀, 상 등이다. 이러한 문법 범주와 해당되는 품사를 나타내 보자:

<도표 6>

문법범주	품사
격(주격, 생격, 여격, 대격, 조격, 전치격)	명사, 형용사, 대명사, 수사, 동사(분사)
수(단수, 복수)	명사, 형용사, 대명사, 수사(1), 동사(과거, 분사)
성(남성, 여성, 중성)	명사, 형용사, 대명사, 수사(1, 2), 동사(과거, 분사)
비교(원급, 비교급, 최상급)	형용사(성질형용사 장어미), 부사(성질부사)
시제(현재, 과거, 미래)	동사(정형(finitive form), 분사)
인칭(1, 2, 3인칭)	동사(현재, 미래시제 정형(finitive form))
법(직설법, 접속법, 가정법)	동사
태(능동, 수동)	동사
재귀	동사
상(완료, 불완료)	동사

5·1. 명사의 문법 범주

명사의 분류 방법은 언어마다 조금씩 다른데, 이미 학습한 바와 같이 노어에서 명사는 보통명사, 고유명사, 물질명사, 집합명사, 추상명사 5가지로 분류된다. 이를 어휘의미적, 문법적 기준에 따라 2분법적으로 대비시키면 다음과 같다:

1. 보통명사와 고유명사(существительные нарицательные и собственные)
2. 보통명사와 물질명사(существительные вещественные)
3. 보통명사와 집합명사(существительные собирательные)
4. 활동체명사와 불활동체명사(существительные одушевлённые и неодушевлённые)
5. 구상명사와 추상명사(существительные конкретные и отвлечённые/абстрактные)

노어에서는 어휘의미적인 측면에서나 문법 범주의 측면에서 활동체-비활동체 카테고리와 추상성-구상성 카테고리가 매우 중요하게 작용하므로, 이 2가지를 근간으로 한 명사분류 방법이 일반적인 것으로 받아들여지고 있다:

<도표 7> 명사분류표

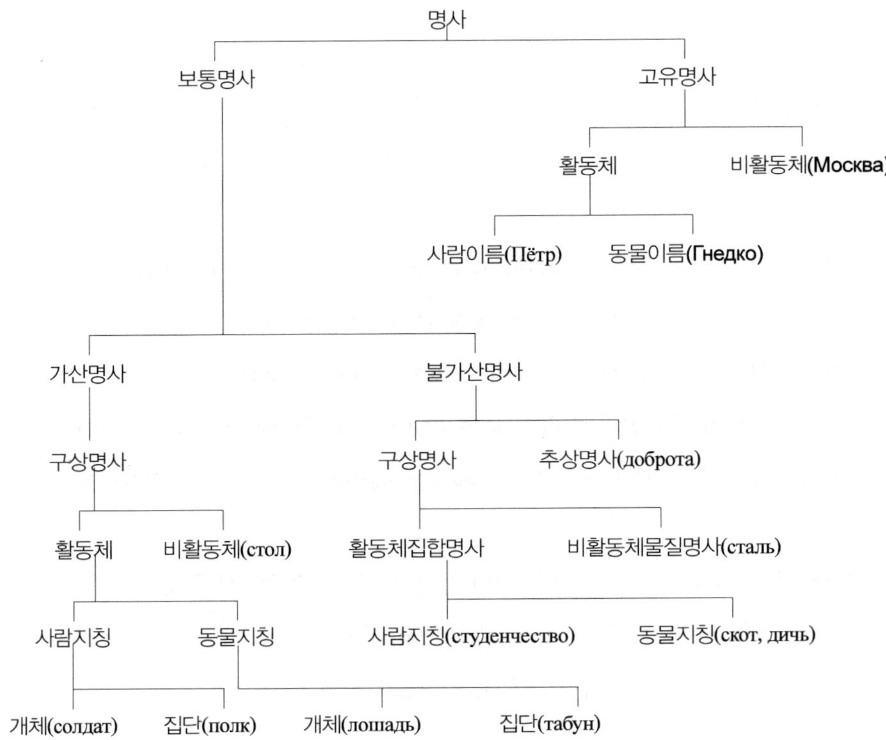

5·1·1. 성 카테고리 (**категория рода**)

(1) 성 비율

성은 주로 굴절어의 명사, 대명사, 형용사 등에 관련된 문법범주의 하나로, 일반적으로 남성, 여성, 중성이라는 성이 존재한다. 인구어 가운데 노어는 비교적 성체계가 잘 보존되어 있는 편이다. 노어의 모든 명사는 남성(masculine; мужский род) 여성(femine; женский род), 중성(neuter; средний род)으로 알려진 세개의 부류, 다시 말해 성(gender; род)을 갖게 된다. 동사는 과거시제에서만 성체계를 가진다. 아래의 통계적 분석에서 나타나듯이 노어는 현대에 들어와 빠른 속도로 남성의 비율이 증가하고 여성과 중성의 비율이 감소되는 추세를 보이고 있다:

명사 전체의 성별 비율: 남성; 46%, 중성; 13%, 여성; 41%
신조어의 성별 비율: 남성; 57%, 중성; 10%, 여성; 33%
차용어의 성별 비율: 남성; 58%, 중성; 5%, 여성; 37%

(2) 성 결정 요인

노어에서 성을 결정하는 요인은 자연적인 성, 즉 단어의 어휘 의미적 요인과 단어의 형태, 즉 굴절어미에 의해서 구별되는 형태적 요인이 있다. 형태적 요인에 의한 문법적 성은 의미적 요인에 의한 자연적 성과 어느 정도는 관련이 있지만 필연적인 관련은 없다. 이를 정리해 보면 다음과 같다:

1. 활동체 명사의 성은 의미적 요인에 의해 결정된다.
   남성- отец, мужчина, дядя, брат, бык, кот
   여성- мать, женщина, тётя, сестра, корова, кошка

2. 명사 단수 주격의 어미로 성이 구별된다:
   2-1. 자음으로 끝나는 것은 남성, -а, -я로 끝나는 것은 여성, -о, -е로 끝나는 것은 중성이다. 이 카테고리로부터 예외를 보이는 것은 활동체명사와 지소체명사, 그리고 외래차용명사이다.
   2-2. -ь로 끝나는 것은 남성과 여성이 있으며 단수 주격에서는 동일한 어미를 가지며, 사격에서 다른 형태를 보인다: день/ дня, дню, днём... тень/ тени, тени, тенью
   2-3. 치찰음(шипящие)뒤에서 ь가 있으면 여성, 없으면 남성으로서, 문자표지에 의해 구별된다:
   ночь/мяч, тишь/камыш '갈대', рожь '호밀'/нож

3. 성표지는 조어적 특성과도 관계를 가진다.
   3-1. 접미사 -ость, -знь, -ль, -ель을 가진 단어는 여성(храбрость, жизнь, метель), -тель, -арь, -иш, -аш, -ач 등을 가진 단어는 남성이다.(выключатель '개폐기', букварь, мякиш '빵의 말랑말랑한 부분', кругляш '자갈', тягач '견인차')
   3-2. 指大形명사는 어미에 의해 성이 결정되지 않고, 동기어(모어)의 성을 따르는 것이 보통이다:
   хлеб>хлебина, хлебушко, нос>носище, топор>топоришко, сын>сынишка,

дом> домишко, домище, нож> ножище, ножик, нога> ножища

4. 성의 구별이 없는 통성명사(существительные общего рода)는 주로 사람을 지칭하는 단어이며, 표현적 의미를 가지는 것과 외래적인 것이 있다.
   - 4-1. 부정적인 뉘앙스를 가지는 것: пьяница'술꾼', хапуга'수뢰자', злюка'성미가 나쁜 사람', недотрога'신경질적인 사람', проныра'교활하게 끼어드는 사람', деляга'사업적인 사람', ловчила'감바리'
   - 4-2. 긍정적인 뉘앙스를 가지는 것: молодчина'견실한 젊은이', умница'명석한 사람', милуша'귀여운 아이'
   - 4-3. 사람의 이름을 나타내는 지소적, 애칭적 표현: Валя, Женя, Саша, Степа, Паша
   - 4-4. 러시아 성(姓)이지만 비전형적인 것: Головня, Рыбак, Мороз, Скороход
   - 4-5. 외래 성: Люксембург, Либкнехт, Якубович, Тевосян, Чкония

5. 이외에 의미적 요인과 형태적 요인이 상충되는 것으로, 남성명사 подмастерье와 -мя로 끝나는 중성명사 10개(время, бремя, племя, стремя, семя, знамя, вымя, имя, темя, пламя), 중성명사 дитя가 있다.

(3) 외래어의 성 체계

외래어는 의미적 요인과 형태적 요인이 서로 상충되는 경우가 많다. 외래 차용명사의 대부분은 형태적인 요인은 작용을 하지 않고 의미적 요인에 의해 성이 결정되는데, 노어에 비전형적인 단어형태이기 때문에 성체계와 어미 형태가 상충된다. 의미적 요인에 의해 성이 결정된다는 것은 자연적인 성을 따른다는 것과 단어의 동위어나 상위 개념의 성에 따른다는 것을 말한다. 즉 madam>мадам은 자연적 성을 따라 여성, коми는 언어를 가리키므로 язык에 연상되어 남성, Bordo>Бордо는 도시이름이므로 город에 연상되어 남성, Mississippi>Миссисипи는 강이름이므로 река에 연상되어 여성, Монд는 신문이름이므로 газета에 연상되어 여성, Онтарио는 호수이름이므로 озеро에 연상되어 중성, 축구용어 penalty>пенальти는 동의어 удар에 연상되어 남성이다. 이러한 단어 형태는, 이전에는 노어에 전형적인 접미사나 어미를 첨가했으나 (예: girl>герла, champion>чемпионка, geriatrics>гериатрия) 오늘날에는 수여어의

단어 형태가 그대로 유지되고 불변화명사로 처리한다. 따라서 오늘날 노어의 불변명사는 중성뿐만 아니라 남성, 여성 불변명사도 많이 등장하고 있다.

불변화명사의 성 카테고리

1. 남성
   - 1-1. 남성을 지칭하는 명칭: атташе'대사관 직원', денди'멋쟁이', крупье'도박시설 지배인', маэстро'名人', портье'호텔 보이', эфенди'남자에 대한 경칭'
   - 1-2. 활동체명사, 특히 동물이나 물고기, 새의 이름: какаду, кенгуру, колибри, шимпанзе, пони
   - 1-3. 남성의미의 상위어를 가진 명사: суахили, хинди, хока, сиу(язык), пенальти(удар)

2. 여성
   - 2-1. 여성을 지칭하는 명칭: мисс, фрау, мадам, леди, пани, мадемуазель, фрейлейн
   - 2-2. 여성의미의 동의어, 상위어를 가진 명사: салями(колбаса), иваси(сельдь), бере(груша), кольраби(капуста)

3. 중성
   - 3-1. 사물을 지칭하는 불활동체명사: пальто, кашне, дранпри, декольте, каратэ, джерси

(4) 노어 성체계의 변화 추세

인구어에 속하는 언어는 원래 보유했던 남, 중, 여성의 3성체계가 여러 가지 유형으로 변화되어 왔다. 대부분의 언어에서 性체계의 약화현상이 나타나, 주로 중성이 소멸되었으며 영어나 페르시아어에서 처럼 성카테고리 자체가 거의 소멸된 경우도 있고 히타이트어에서 처럼 통성(남성과 여성)과 중성의 2개의 성체계로 약화된 경우도 있다. 20세기에 들어와 노어의 성체계도 몇 가지 주목할 만한 변화를 보여주고 있다:

1. 사람을 지칭하는 명사는 남성과 여성으로 성의 상관쌍(родовая пара, корреля

тивные пары по роду)을 이룬다(грузин- грузинка, москвич- москвичка, брюнет- брюнетка, учитель- учительница). 그러나 20세기에 들어와 직업이나 신분을 나타내는 단어가 새로이 많이 나타나면서 이러한 상관쌍을 따르지 않는 경우가 증가하고 있다. 즉 여성지칭접미사를 붙인 단어는 여성만 뜻하지만(учительница, ткачиха), 남성을 나타내는 상관쌍은 남성과 여성을 모두 표현할 수 있다(учитель, ткач). 또한 여성형은 없거나 잘 쓰이지 않고 남성을 지칭하는 형태가 남성과 여성 둘 다를 표현할 수 있는 통성명사가 증가하고 있다(врач, токарь, слесарь, космонавт). 이러한 형태의 단어는 특히 젊은 세대와 구어에서 많이 사용되고 있으며, 이러한 통성명사는 기존의 문법체계에서 보면 비정형적인 것이지만 오늘날 노어 규범에 어긋난 것으로 간주되지 않는다:

Врач пришёл. / Врач пришла.

2. 이미 언급되었듯이 현대노어에서는 남성의 비율이 증가하는 추세에 있다. 특히 사람, 단체, 회사, 기관 등의 명칭은 대부분 남성이다. 여성은 추상적 개념을 나타내는 단어에 주로 나타나며 양적으로 약화되는 추세에 있고, 중성도 약화되고 있다.

3. 축약어(аббревиатура)의 성체계도 변하고 있다. 축약어의 성은 중심어의 성을 따르며 불변화하는 것이 규범적이나, 오늘날은 축약어의 형태에 의해 성이 결정되며 격변화시키기도 한다 (축약어가 자음으로 끝나면 남성, -а는 여성, -о는 중성). МИД (Министерство иностранных дел)는 중심어 министерство의 성에 따라 중성이 되어야 하지만 남성으로 취급되고 있다:

Английский МИД выступил со специальным заявлением ...
ТАСС (Телеграфное агентство Советского Союза, 중성);
ТАСС уполномочен заявить ...
ТАСС передал ...
ВАК (Высшая аттестационная комиссия, 여성);
решение ВАКа
утверждено ВАКом.

роно (районный отдел народного образования, 남성);
роно закрыто.
роно дало указание.

4. 차용명사는 19세기 말까지 노어의 성체계에 맞추어 성을 표시하는 접미사를 첨가하여 사용하였으나 현대노어에서는 수여어의 단어 형태를 그대로 사용하며, 성은 주로 의미적 요인에 의해 결정되는 경향을 보이고 있다. 따라서 현대노어에는 불변중성명사와 더불어 불변남성명사, 불변여성명사의 숫자가 증가하고 있다. 동물(짐승, 새, 물고기)을 지칭하는 차용어는 남성과 여성 모두를 나타내는 통성으로 쓰이는 경향을 보이고 있다: динго, зебу, кенгуру, гну

5·1·2. 수 카테고리

수란 개수의 개념을 표시하는 문법범주를 말한다. 노어의 수체계는 단수(singular; единственное число)와 복수(plural; множественное число)로 나누는 것이 보통이지만, 고대노어에서는 양수(兩數, dual; двойственное число)가 존재했으며 그 흔적이 현대노어에 많이 남아 있다. 현대노어에서는 명사, 대명사, 수사, 형용사, 형동사, 동사과거에서 단수와 복수가 구별되며, 이 가운데 명사의 수를 주된 연구대상으로 하고 있다.

단수형을 기초로 삼아 그것과 부분적으로 다른 형태, 즉 복수어미를 사용하여 복수형을 취하는 명사가 대부분이고 단수와 복수가 동형인 것은 불변화명사에 국한되며(пальто, хобби, кофе 등), 단수와 복수의 어간이 다른 형태를 취하는 것은 주로 고대교회슬라브어의 흔적으로서 몇 개의 단어에 나타나고 있다:

полено'장작'> поленья, брат> братья, сын> сыновья, кум'代父'> кумовья, небо> небеса, чудо> чудеса, тело> телеса
молдаванин> молдаване, англичанин> англичане, славянин> славяне
медвежонок'새끼 곰'> медвежата, мышонок'새끼 쥐'> мышата,
жеребёнок'망아지'> жеребята, ребёнок>ребята

단수는 하나의 개체이고 복수는 둘 이상의 동일 종류에 속하는 개체를 나타낸다. 개체란 개념은 언어에 따라 다르다. 독일어의 '안경' "eine Brille"는 단수이지만 영어나 노어에서는 "a pair of spectacles"와 очки라고 복수로 표시된다. 즉 독일어에서는 하나의 개체라고 생각하는 것이 노어나 영어에서는 두 개로 생각된다. 노어 명사의 수체계는 3가지 경우로 나뉜다: ① 단수와 복수형을 가지는 것 ② 단수형만 가지는, 소위 singularia tantum이라 칭하는 것 ③ 복수형만 가지는, 소위 말하는 pluralia tantum.

(1) 단수, 복수형을 가지는 명사

구체적인 대상, 현상을 지칭하는 명사를 비롯한 대부분의 명사가 이에 속하며, 이를 보통명사(нарицательное существительное)라 한다: город/города, женщина/женщины, поле/поля

단수/복수형이 대상의 개수를 나타내는 것이 아니라 다른 용도로 쓰이는 경우가 있는데 이점에 특별한 주의를 요한다:

① 사람을 지칭하는 보통명사의 복수형으로 직무, 직능, 신분을 나타내는 용법이 많이 쓰이고 있다. 구상명사 복수형으로 직업, 신분, 직무 등을 나타내게 되면 활동체 명사일지라도 의미가 전이되었으므로 불활동체 명사로 간주한다. 아래 문장의 поступить в дворники에서 дворники는 주격형 복수 대격이다:

Он поступил в дворники. (그는 수위가 되었다)
Он работает в дворниках. (그는 수위로 일한다)
идти в г**ости**/ пригласить в г**ости**/ быть в г**остях**
"У нас г**<u>ости</u>**: Саша приехал"
"У тебя **<u>родственники</u>** есть: брат"
забрать в **солдаты**/ идти в **солдаты**/ служить в **солдатах**
выбрать в **депутаты**, идти в **учёные**, идти в **моряки**, идти в **биологи**

② 동물, 식물 명칭은 단수형으로 집합의 의미나 총칭적 의미를 구현한다:

집합의 의미: свежая ягода, живая рыба, битая птица

총칭적 의미: **Лев** - хищник. (사자는 猛獸다)

Женщина имеет право избирать и быть избранной.

Здесь **рыба** водится.

물질적 의미:

Мебель делают из **бука, клена, берёзы, липы**.

Уже новые города строятся не из **дерева** или **кирпича**, а из больших каменных монолитов...

③ 복수형 대신 단수형을 사용하여 전체적인 일치성을 강조하는 의미를 나타낸다. 단수의 이러한 용법을 "분배적(дистрибутивный)"용법이라 한다. 위의 ②에서 언급된 보통명사 단수형의 집합적, 총칭적, 물질적 의미도 보통명사 단수형의 분배적 의미가 극도로 발전된 결과이다.:

Все повернули г**олову** в сторону двери.

(모두가 문쪽으로 (동시에 일률적으로) 머리를 돌렸다).

Наклоните г**олову** вперёд, правую **руку** поднять!

((여러분! 모두) 머리를 앞으로 숙이고 오른손을 올리세요!)

А.С.Пушкин: Солдаты стояли с опущенной г**оловой**, мрачно сжимая **винтовки**. (군인들은 침울하게 (제각각) 총을 잡고서 (전체가 똑같이) 머리를 숙이고 서 있었다).

(2) Singularia tantum

단수형만 가지며, 단수형이 1개라는 수량을 나타내는 것이 아니라 어휘적-문법적 의미를 나타낸다. 집합명사, 물질명사, 추상명사는 단수로만 쓰이며, 이럴 경우 단수의 기능은 각각 집합, 물질, 추상의 의미를 나타내는 것이다. 복수형은 복수의 개념이 아니라 특수한 용법으로만 쓰인다.((3) pluralia tantum 참조)

1. 집합명사

집합명사는 몇 개의 개체의 집합체를 나타내며, 집합체를 하나의 통합체로 보았을 경우에는 단수로 나타내지만, 통합체의 숫자도 의미상 복수개념이 될 수 있기 때문에 이런 뜻으로는 복수로 나타낼 수 있다. 집합명사는 그것에 대응하는 동일한 어간의 보통명사를 가진다(오른 쪽 단어가 집합명사):

пролетариат/пролетарий, родственник/родня, лист/листва, профессор/профессура, студент/студенчество, ель/ельник

2. 물질명사

물질명사는 양의 개념은 적용되나 수의 개념은 적용할 수 없으며 따라서 단수로 취급한다:

광물질, 화학원소: железо, золото, медь, серебро, водород, азот, ртуть
액체: вода, вино, нефть
제품의 재료: цемент, чугун, сталь, лес, кирпич, сырьё, шерсть, шёлк, сукно
곡식, 과일, 식료품: рожь, пшеница, овёс, кукуруза, капуста, морковь, картофель, малина, земляника, клубника, говядина, телятина, баранина, свинина, масло, сливочное, сметана, кефир, чай
기타: пыль, песок, снег

물질명사를 복수형으로 사용하면 다음과 같이 어휘의미의 차이가 있다:

① 품종, 종류를 나타내는 경우:

вода- минеральные воды (비교: жёсткая и мягкая воды(경수와 연수))
масло- животные масла, растительные масла
сталь- стали(철강의 종류), высококачественные стали(고급강)
соль- соли(소금의 종류), химические соли(화학소금)
<Из всех сортов столовых **вин** я предпочитаю одно вино>.
<Из всех **масел** одно масло самое хорошее>.

② 물질명사 복수형으로서 "그것이 매우 많다"는 뜻이 담긴 보통명사의 의미로 전이되어 쓰이는 용법이 있다. 이러한 용법은 오늘날 더 이상 활발하게 나타나

지 않고 있어 그 용법이 점차 소멸되고 있는 추세에 있다:

песок(모래)/ пески(많은 양의 모래, 모래사장), пески пустыни(사막의 엄청나게 많은 모래)

вода(물)/ воды(많은 양의 물, 하천), вешние воды(봄에 눈이 녹아 내려오는 많은 양의 물)

бумага(종이)/ бумаги(서류, 증서, 증권), овёс/ овсы(귀리밭), рожь/ ржи(호밀밭)

<Л.Н.Толстой, Ягоды: Рожь густая, рослая, темнеет и волнуется, до половины налила, в низах перекликаются коростели, в **овсах** и **ржах** то хрипят, то щек лают перепела>.

3. 추상명사

성질, 행위, 상태의 추상적 개념을 나타내는 단어로서 단수로만 쓰인다: темнота, героизм, борьба, молотьба, развитие, весёлость

추상명사가 복수로 표현되면 다음과 같이 다른 어휘의미를 가지게 된다:

① 추상적인 의미를 가지지 않고 구상적인 의미를 가지게 된다: сладость(단맛)/ сладости(사탕, 당과), красота(아름다움, 美)/красоты(아름다운 곳), труд(노동)/ труды(학회지, 연구논문), трудность(어려움, 곤란)/ трудности(어려운 일), высота(높이)/ высоты(높은 곳, 高地)

<красоты природы= красивые пейзажи>

<радости жизни= радостные события>

<случайности= случайные происшествия>

<К.Федин, Первые радости: Так одно решение, вдруг приятное, облекают чел овека десятками, сотнями **неизбежностей**, и они вяжут людей, цепляясь друг за друга, и действительные **неизбежности** перевиваются вокруг мнимых...>

<А.Чехов, Вишневый сад: Уезжаю с двумя **заботами**. Первая - это больной Фирс>.

② 자연현상에 관한 추상명사의 복수형은 그것이 '매우 심하다'는 뜻을 나타내며 (a), 자연현상에 관한 물질명사의 복수형은 그것이 '매우 많다'는 뜻을 나타낸다(b):

(a); морозы(혹한(酷寒), 혹한기), жары(혹서(酷暑), 혹서기)
(b); снег(눈)- снега(매우 많은 양의 눈), дождь(비)- дожди(매우 많은 비, 장마철)
<А.Пушкин: И вот уже трещат **морозы**>(이제 벌써 심한 추위로 깨지는 소리가 난다).

③ 개념이나 현상, 행위를 뜻하는 추상명사에 있어서 단수형이 한가지 일률적인 양상을 나타내는데 반해, 복수형으로 "다소간 다양한 양태"로 이루어짐을 나타낸다:

надежда - надежды(몇 가지 소망), опасение - опасения(몇 가지 우려점), подозрение - подозрения, разногласие - разногласия, опасность - опасности, острота - остроты, улыбка - улыбки, глупость - глупости

④ 노어에서 동사파생 추상명사나 형용사파생 추상명사는 점차 구상명사의 의미를 가지게 되는 것이 일반적인 의미발전 경로이다(자세한 내용은 "조어론" 참조). 구상명사로 전이된 뜻으로 쓰이는 경우는 단수, 복수형을 가진다:

объявление(<объявить, объявлять):
1. (행위를 나타내는 추상명사, nomen actionis)선언, 공포, 선고; singularia tantum, объявление решения суда(판결의 선고)
2. (행위의 내용, 결과, nomen acti)선언 내용; передача объявлений по радио(선언 내용의 라디오 방송)
3. (nomenrei)선언문, (신문의)광고; объявления вывешены на чёрной доске(선언문이 흑판에 내걸려 있다).

(3) Pluralia tantum

복수형으로 복수의 의미를 나타내는 것이 아니라 어휘적, 문법적 의미를 나타내는 명사를 말한다. 즉 단수, 복수의 개념이 아니라 문법적 형태인 복수형으로 새로운 의미를 창출하는 어휘화(лексикализация)의 한 과정이며 따라서 문법범주로서 수개념이 아니라 하나의 조어 방법이라 할 수 있다.

1. 구상명사의 의미

1.1. 추상명사, 물질명사, 집합명사의 복수형으로 그것을 구성하는 구성물, 그것을 지칭하는 기구라는 뜻의 구상적인 의미를 뜻하는 것:
вес(무게)/весы(저울), час(시간)/часы(시계), пелило/пелила(난간), козёл (산양)/козлы(마부자리)

1.2. 복수형이 "쌍"의 의미를 나타내는 것: сапог'장화 한 짝'/сапоги '장화 한 켤레', брюки, ворота, клещи, ножницы, щипцы, уста, сани

1.3. 그것을 구성하는 개별적인 것으로 분할될 수 없는 다수물의 총체를 나타내는 것: всходы'(곡식의) 싹, 움', недра'땅속 내부', мемуары '회상록', финансы'재정', деньги

1.4. 단어의 개념이 여러 구성 요소를 가지는 복합체를 뜻하는 것: боеприпасы '탄약', бронесилы'장갑병기', мясопродукты'육류제품', сухофрукты'건과물'

2. 물질의 의미(물질명사화)

2.1. 복수형으로서 원래의 의미가 전이되어 그것의 동종물질, 동종상품의 총체를 나타내는 것: белило/белила(백색안료), чернило/чернила(잉크), щи(양배추 수프), консервы(통조림), макароны(마카로니), сливки(크림, 유지), дрожжи(효모), дух/духи(향수)

2.2. 원래의 의미가 전이되어 흔적, 여분을 나타내는 것: сливки'마시다 남은 술을 모아 놓은 것', отруби'(쌀이나 밀의)여분, 즉 쌀겨, 밀겨', помои'(식기, 옷을 씻은)구정물', очистки'과일껍질, 정류하고 난 찌꺼기', отбросы'쓰레기', высевки'벼껍질', отпилки '톱으로 잘라내고 남은 부분, 톱밥'

3. 추상적 의미(추상명사화)

3.1. 행위를 지칭하는 추상명사의 복수형으로서 행위가 일목요연하고 단순한 것이 아니라 복합적인 양상으로 전이된 것임을 나타내는 것(복잡한 사건이나 과정, 사회적 사건, 세태적 행사, 놀이 등을 지칭): выборы'선거', бега'경마', побои'毆打', хлопоты'박수 갈채', проводы'송별, 송별회', похороны '葬儀, 장례식', поминки '추도식', роды'출산, 분만', переговоры'협상', дебаты'토론', скачки'경마' шахматы'장기', прятки '숨바꼭질 놀이'

3.2. 시간을 나타내는 명사의 복수형으로 일정 기간을 나타내는 것:
сумерки(сумерк; 황혼, сумерки; 해질무렵, 황혼기), каникулы, сутки, будни

4. 보통명사의 복수형으로 고유명사로 되는 것(고유명사화): Горки(горка의 복수형으로 모스크바 교외의 지명), Грязи, Рывы, Плеяды, Афины, Альпы, Карпаты

5. 단수형 대신에 복수형을 사용해서 "동감하지 않을뿐더러 관심도 없다"는 뜻의 표현적 의미를 구사한다. 이러한 수 범주의 파격을 통해 표현적 의미를 구사하는 용법은 현대노어에서 점차 소멸되는 추세에 있으나 구어에서 단수형 대신에 복수형을 사용하여 부정적인 의미의 뉘앙스를 나타낸다:

Чему вас только в университетах учили?
Чему тебя только в институтах-то учат!
(대학에서만 너를 가리쳐주는 것은 아니잖니!)
Герцен: В наше время, сами знаете, и для военной службы требует все эти грамматики, арифметики. (당신도 아시겠지만, 요즈음은 말입니다, 더구나 군복무를 위해서는 어쨌든 문법과 산수 모두를 요구하지 않습니까?)

6. 집합명사, 물질명사, 추상명사의 복수형이 단수형과 특별한 의미적 차이를 나타내지 않고 다만 문체적 의미, 뉘앙스 등을 구현하는 경우가 있다. 주로 시나 소설 등에서 이러한 용도로 쓰이며 복수형으로 표현된 형태는 좀 더 강한 이미지를 나타낸다:

небо/небеса, время/времена, кружево/кружева, седина/седины

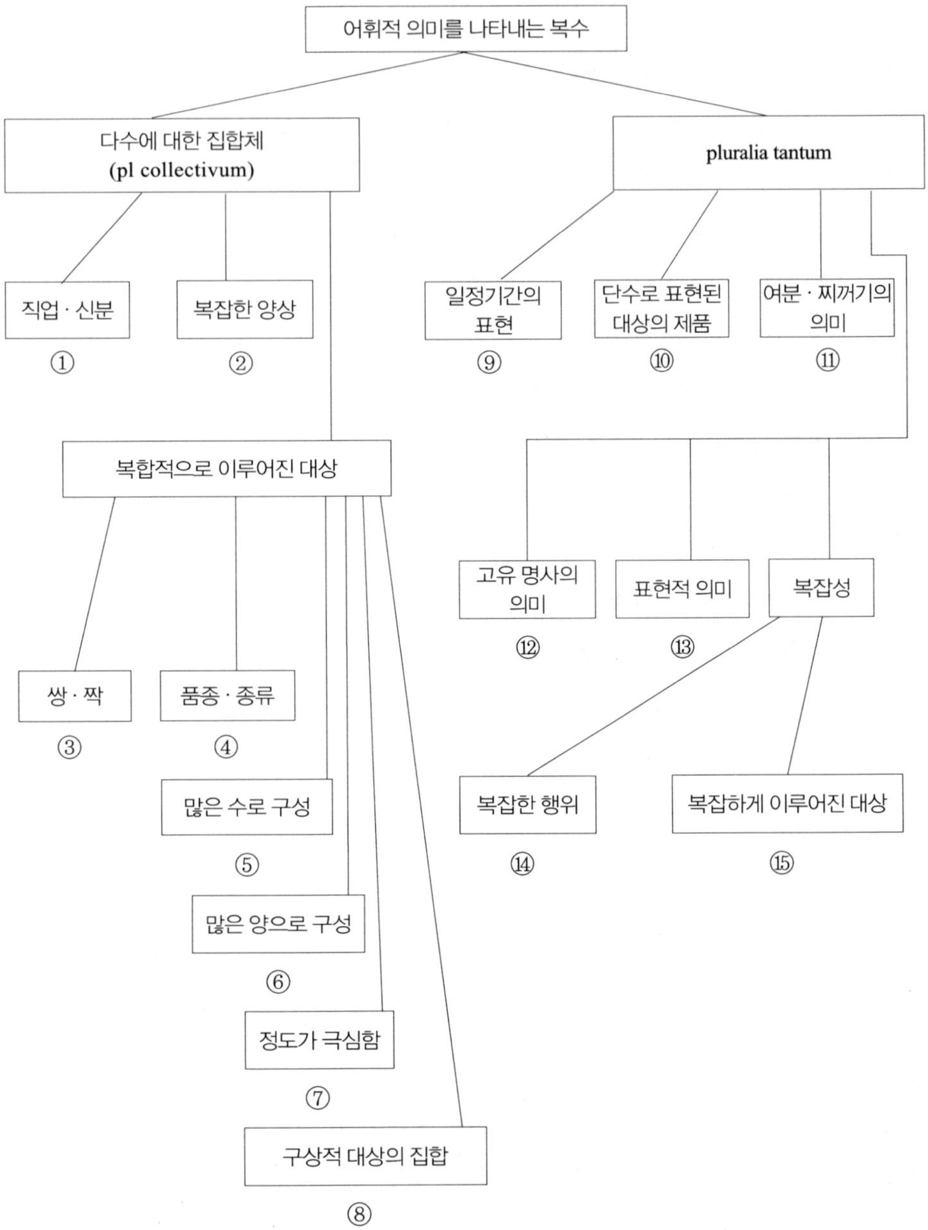
어휘적 의미를 나타내는 복수
다수에 대한 집합체
(pl collectivum)
pluralia tantum
직업 · 신분
①
복잡한 양상
②
일정기간의 표현
⑨
단수로 표현된 대상의 제품
⑩
여분 · 찌꺼기의 의미
⑪
복합적으로 이루어진 대상
고유 명사의 의미
⑫
표현적 의미
⑬
복잡성
쌍 · 짝
③
품종 · 종류
④
많은 수로 구성
⑤
복잡한 행위
⑭
복잡하게 이루어진 대상
⑮
많은 양으로 구성
⑥
정도가 극심함
⑦
구상적 대상의 집합
⑧

1. (идти в) солдаты, (выбрать в) депутаты, (идти в) учёные
2. боли, муки, страдания, надежды, опасения
3. глаза, усы, лёгкие, почки, сани, ворота, вилы, родители
4. стали, воды, соли
5. зубы, кишки, куплеты
6. воды, пески, овсы, снега, дожди
7. морозы, жары
8. сладости, труды, трудности
9. каникулы, будни, сумерки, сутки
10. белила, чернила, макароны, сливки
11. отруби, помои, отбросы, очистки
12. Горки, Альпы, Карпаты
13. небеса, времена, седины
14. споры, выборы, счёты, бега, шахматы
15. весы, часы, перила, всходы, деньги

5·1·3. 격 카테고리(**категория падежа**)

격은 명사, 대명사, 형용사, 수사 등이 문장에서 다른 단어와 맺는 통사적 관계를 나타내는 문법범주이다. 격의 실현방식은 언어마다 달라 국어의 경우 조사에 의해, 영어는 어순에 의해 노어는 굴절접사에 의해 실현된다. 격의 종류도 언어에 따라 다른데, 고대노어에서는 주격, 호격, 대격, 속격, 여격, 탈격, 처소격이 있었으나 세월이 흐름에 따라 격의 융합(syncretism; синкретизм)작용으로 인하여 격이 통합 또는 소멸되어 현대노어에는 호격이 주격에, 탈격과 속격은 생격에 융합되어 주격, 생격, 여격, 대격, 조격, 전치격의 6개로 나뉜다.

격문제의 취급은 형태론의 중심과제로서 격의 기능과 격의미를 파악하는 것을 주된 관심사로 했으나 오늘날 격문법(case grammar)이론이나, 결속이론(binding theo-

ry), 한계이론(bounding theory), 통제이론(control theory), 의미역이론(theta-theory), 지배결속이론(goverment-binding theory) 등의 격이론(case theory)에서는 통사론이 중심적 역할을 하며 형태적 현상은 통사구조(syntactic structure)에 근거를 두고 기술된다. 그러나 격표지가 비교적 잘 보존되어 있는 노어의 경우 통사적 관계가 어순에 관계없이 명확히 나타나기 때문에 영어의 경우와는 달리 격을 갖느냐 갖지 않느냐 하는 것이 통사적으로 중요한 의미를 지닌다는 인식과 어순의 상당 부분이 격표시(case-marking)와 인접조건(adjacency condition)의 관계에서 결정된다는 원리는 큰 의의를 가지지 않는다.

<주격>

격은 기본적 기능과 이차적 기능을 가진다.

주격은 기본적으로 문법적 주어를 나타낸다. 한 문장에서 주격은 문법적 주어로서 모든 다른 격과 대조를 이루고 있어, 주격을 직격(直格, прямой падеж), 주격 이외의 격을 사격(斜格, косвенный падеж)이라 한다. 주격의 기능은 3가지이다:

① 문장의 주어: Школа открыта.

② 문장의 술어: Это новое здание - наша школа.

③ 호사(呼詞, обращение): Прощай, школа!

호사(呼詞)는 고대노어의 호격이 소멸됨에 따라 주격이 그 기능을 하고 있으며, 지금까지 고대노어의 호격을 가지는 단어로는 бог (Боже мой!)가 있다.

<생격>

생격의 기본적 기능은 "명사 + 명사생격" 구문의 명사의 보어, 정어 역할이며, 명사의 보어, 정어 기능은 아래에 설명된 바와 같이 매우 다양하다. 2차적 기능으로는 소망, 공포, 회피, 도달 의미를 가진 타동사의 보어, 부분생격, 수량생격, 부정생격, 형용사의 보어 등이다:

(1) 생격의 기본적 기능 : 명사의 보어, 정어

1. 명사의 정어: 소속생격, 소유생격, 행위주

소유 - книга товарища, квартира Ивановых, вкус чая, смелость бойца

소속 - член партии, представитель колхоза

행위주 - пение хора, выстпление депутата

2. 명사의 보어: 대상생격, 수량생격, 성질생격

대상생격 - решение вопроса, постройка фабрики, чтение книги

수량생격 - бутылка молока, метр ткани, пять книг, несколько дней

성질생격 - человек высокого роста, революция 1905 года

(2) 생격의 이차적 기능: 형용사의 보어, 동사의 보어, 부정생격

1. 형용사의 보어: 생격지배형용사, 비교급

1-1. (полный, достойный, чуждый등) 생격지배 형용사 보어

сапог, полный воды'물로 가득 찬 장화 한 짝'

Его поступки достойны хвалы (그의 행동은 칭찬받을만하다).

1-2. 비교의 대상

Он моложе меня

2. 동사의 보어: 타동사의 보어, 생격지배동사의 보어

2-1. 타동사의 보어: 부분생격, 부정생격

부정생격: Я не люблю его иронии.

Он не знал никаких радостей кроме чтения книг.

부분생격: Пойду в город, куплю **холста**.

Она начиталась **романов**.

타동사의 직접목적어로서 물질명사, 집합명사의 대격이 아니라 생격을 사용해서 (대상 전체를 지시하지 않고) 어느 한 부분만을 나타낸다. 이것을 부분생격이라 한다. 대격을 사용하면 대상 전체를 나타낸다:

Она подложила быкам **травы**.

Она плеснула из графина **воды** и протянула ему стакан.

Она выпила **воду**.

Она подала **баранину**.

부분생격은 보통 완료체 동사로 표현되며, "부분-전체"라는 개념이 개입되지 않고

일반적인 의미를 나타낼 때는 불완료체 동사로 대격을 쓴다:

Здесь пить воду вредно.

물질명사, 집합명사에 대한 "부분-전체"의 개념을 형태적으로 구별하는 단어가 고대 부분격의 흔적으로 남아 있다. 고대의 부분격(partitive; партитив, партитивный падеж)은 생격에 격융합되었는데, 부분을 나타내는 생격형과 전체를 나타내는 생격형의 형태가 다르다. 부분을 나타내는 -у생격형을 이차생격(второй родительный)이라 하는데, 부분과 전체를 형태적으로 구별하는 문법 현상은 점차 약화되는 추세에 있다. 현대 노어에서 이차생격형을 가지는 단어는 약 370개 정도가 있다:

Дайте мне немного чаю (сахару, мёду)
(비교: Дайте мне чая (сахара, мёда)
2-2. 생격지배동사의 보어
원망(願望), 기대, 도달의 의미: Желаю вам успеха.
Он добился своей цели.
접촉, 보지(保持)의 의미: Он держится своего мнения.
Мой вопрос касается того, что ...
기피, 상실의 의미: Дети боятся собак.
лишиться зрения'시력을 상실하다'/ избежать столкновения.
가치, 평가의 의미: Проект заслуживает внимания.
Он удостроился награды.
부족/충분의 의미: Хлеба хватит на всех.
Хлеба достанет до нового урожая.

3. 부정(否定)생격: 타동사 보어의 부정, 존재의 부정

У меня нет **денег**.
Я не читала **журнала**.

생격의 기본적 기능은 통사적으로 강지배에 속한다. 이러한 구문은 위에 나타나 있듯이 자체로서 의미적으로 매우 다양할 뿐만 아니라 구문을 구성하고 있는 구문구성 단어의 의미에 따라 구문관계가 달라지는 특징을 보이고 있다. 즉 구성 단어의

의미에 따라 종속어는 중심어의 보어가 될 수도 있고 정어가 될 수도 있다. 일반적으로 "명사A + 생격명사B"에서 A가 보통명사일 경우 B가 활동체명사이면 소유나 소속관계를 나타낸다 (дом деда, письмо отца, очки профессора, рога оленя) 그러나 A가 보통명사이고 B가 비활동체이면 정어적 관계나 B의 구성요소를 나타낸다:

관계를 나타내는 정어의 기능: член партии, директор школы, работник милиции

성질을 나타내는 정어의 기능: человек высокого роста, красота природы

구성요소를 한정하는 전체적 대상(родительный целого): крыша дома, устье реки, вершина горы

명사 A가 행위를 지칭하는 동사파생명사일 경우를 보자.

자동사로부터 형성된 명사일 경우는 명사B의 의미에 관계없이 행위주를 나타낸다:

приезд весны, приезд преподователя, полёт ракеты, пение хора, продвижение отряда, колебание струны, вращение Земли

타동사로부터 형성된 명사일 경우 지배관계는 "타동사 + 보어"가 그대로 유지되는 것이 원칙이며 단지 대격보어에 대해서는 생격명사로 전환하여 행위의 대상을 나타내는 보어가 된다:

преодолеть трудности> преодоление трудностей, поручить инспектору> поручение инспектору, овладеть знаниями> овладение знаниями, говорить о делах > разговор о делах.

그러나 대격보어를 취하는 동사의 경우 명사구로의 전환에 있어서 이러한 일반적 원칙이 그대로 적용되는 것은 아니며, 특히 활동체명사가 대격보어인 경우 명사구로의 전환에 있어서 종속어가 중심어의 정어 역할을 하는지 보어 역할을 하는지 확연하지 않다: преодолеть преподавателя를 전환한 구문 "преодоление(명사A) преподавателя(명사B)"의 경우 преподаватель가 преодоление에 대한 행위주가 될 수 있고 행위의 대상이 될 수도 있다. 이러한 구문에 대한 일차적 기준은 활동체/비활동체 카테고리로서 설명된다. 명사B가 활동체명사이면 A의 행위주를 나타낸다. 오늘날 활동체/비활동체 카테고리가 "생명성의 유무"라는 기준에서 점차 "활동성"(동작성)을

기준으로 변하고 있으며, 한 예로 змей(연)은 생명성은 없으나 활동성은 있으므로 활동체이다. "동사형성명사A + 활동체명사B"에서 B가 생명성은 없더라도 활동성을 가졌거나 활동성을 가진 요소들로 구성된 집단을 지칭하면 역시 행위주를 나타낸다: встреча преподавателей, чтение ученика. 명사B가 비활동체이면 명사A의 행위의 대상을 나타낸다: изучение языка, решение задачи, постройка фабрики

이러한 내용을 도표로 나타내면 아래와 같다:

<도표 8>

	명사 A	명사 B	명사 B의 명사 A에 대한 의미관계
①	보통명사	활동체	소유, 소속
②	보통명사	비활동체	관계, 성질, 구성요소
③	자동사 파생추상명사	활동체, 비활동체	행위주
④	타동사 파생추상명사	활동체	행위주
⑤	타동사 파생추상명사	비활동체	행위의 대상

① книга товарища

② член партии

③ продвижение отряда

④ встреча преподавателей

⑤ преодоление трудностей

생격구문의 지배관계에 대한 활동체/비활동체 카테고리를 통한 설명으로 해결되지 않는 경우가 있다. письмо матери, арест преступника를 보자: арест преступника에서 арест는 행위를 지칭하는 추상명사이고 преступник는 활동체명사이므로 위의 설명대로라면 (арестовать가 타동사이므로) 행위주가 되어야 한다. 그러나 두 단어의 어휘의미와 논리적 의미에 비추어 볼 때 구문 арест преступника는 행위주가 나타나 있지 않고 преступник는 арест의 목적 보어이다. письмо матери는 '어머니의 편지(관계)', '어머니 소유의 편지', '어머니가 쓰신 편지', '어머니로부터 온 편지', '어머

니한테 있는 편지', '어머니를 위한 편지' 등의 어느 의미로도 가능하다. 이러한 표현의 애매성(ambiguity)을 규명하여 논리적인 설명을 하고 나아가 그 메카니즘을 설정하는 것이 언어학의 주요한 과제이지만 아직 명사생격구문의 중의성에 대한 학문적 연구는 이루어지지 않고 있다. 다만 오늘날 이러한 구문이 전치사구문으로 전환되는 경향이 있어, 의미적으로 좀 더 명확한 표현이 선호되는 추세이다. письмо матери를 전치사 구문으로 표현하면 письмо у матери(어머니가 가진 편지), письмо от матери(어머니로부터 온 편지), письмо к матери(어머니에게 보내는 편지), письмо для матери(어머니를 위한 편지) 등이 되어 의미의 중의성은 없어진다.

부정생격은 인구어 가운데 발트어와 슬라브어에만 존재하는 특수한 문법카테고리이며 통사의미적으로 많은 연구가 있었다.

타동사가 부정될 때 생격을 보어로 취하는 것이 보통이며, 동사가 기대, 원망, 사고, 지각의 의미를 가질 경우, 즉 видеть, слушать, думать, хотеть, желать, чувствовать, ждать등에서는 특히 생격을 직접보어로 취한다: Я не ждал поезда. Я не знал зла.

의미적으로 생격과 대격은 약간의 차이가 있다. 타동사가 부정될 때 생격을 사용하는 것은 문어적이고 일반적인 내용, 추상적인 의미를 가지며, 대격을 사용하는 것은 구어적이고 특정한 대상을 지칭하거나 구체적인 상황을 나타낸다. 즉 생격/대격의 선택은 영어의 관사와 유사한 기능을 담당한다: 문어/구어, 일반적인 대상, 추상적 의미/특정한 대상, 구체적 상황이라는 대립적인 개념을 지니고 있다.

문어: Мы не получили твоего письма.
구어: Мы не получили твоё письмо.
일반적 내용: Я не читаю книги. (나는 독서를 하지 않는다)
특정한 대상: Я не читаю книгу. (나는 이 책을 읽지 않는다)
Он не помнит свою мать. (그는 자신의 어머니를 기억하지 못 한다)
추상적 의미: В работе он не знал усталости. (일할 때 그는 피곤함을 몰랐다)

존재의 부정문에서는 생격을 주로 쓰지만 주격을 쓰는 경우도 있으며 특히 활동체명사가 주어인 문장에서는 양자간에 의미적 차이를 나타낸다. 생격을 쓰는 것이

일반적인 용법인데 반해, 주격은 구어에서 많이 쓰이며 구체적인 의미를 나타낸다.

Его не было дома. (그는 집에 없었다> 그는 집에 있는 것이 아니라 다른 데 있었다)

Он не был дома. (그는 집에 없었다> 그가 아니라 다른 사람이 집에 있었다)

Птиц больше не появилось. (조류는 더 이상 나타나지 않았다)

Птицы больше не появились. (그 새들은 더 이상 나타나지 않았다)

Ещё не получено известий. (아직 아무런 소식도 받지 못 했다)

Известия ещё не получены. (그러한 소식은 아직 받지 못 했다)

Писем не пришло. (아무런 편지도 오지 않았다)

Письма не пришли. (그러한 편지는 오지 않았다)

<여격>

여격의 기본적 기능은 타동사의 간접보어 역할이다:

Пётр передал эту книгу **<u>Антону</u>**.

Запишите **<u>мне</u>** свой адрес.

여격의 이차적 기능으로는 동사의 보어, 무인칭문의 논리적 주어 등이 있다:

① 요구, 도움, 방해의 의미를 가진 동사의 보어 역할: 이러한 여격지배 동사는 비타동사로 간주하며 따라서 목적어는 간접보어로 취급된다.(여격지배동사)

способствовать, содействовать, симпатизировать, мешать, помочь

Я не верю его словам.

Шум мешает мне слушать.

Надо помогать отстающим.

② 미정형문, 무인칭문에서의 논리적 주어 역할

ему не спится.

ему скучно.

тебе ответить.

Мне было холодно.

<대격>

대격의 기본적 기능은 동사의 직접목적어 역할을 하는 보어이다.

строить дом, написать письмо, встретить друзей, благодарить Вас

대격의 이차적 기능은 ① 무인칭문의 보어 ② 시간, 거리, 양의 표현이 있다:

무인칭문의 보어; Меня взорвало.(나는 몹시 화가 났다)

Иной бы с горя исчах, а тебя ещё разнесло.

시간; работать час, прожили неделю, работали всё лето

거리; проехали весь лес, прошли улицу, пробежали встречу

양, 정도; книга стоит рубль, заходил три раза, один разчитал, станок весит три тонны.

대격으로 시간, 거리, 양, 정도를 나타내는 용법은 점차 전치사구나 부사를 통하여 표현하는 추세로 가고 있다: **капельку** устал, **крошечку** обиделся

<조격>

조격의 기본적 기능은 3가지이다: ① 도구, 수단의 표현 ② 수동구문에서 행위주의 표현 ③ 연사(be동사)의 술어

① писать письмо карандашом, почувствовать сердцем, рубить топором

(자연현상에 관한 무인칭문에서 도구, 수단으로서의 조격;

унесло бурей, зажгло грозой, разрушило наводнением)

② Дом строится рабочими./ Проект составлен инженером./ План перевыполен заводом.

③ он стал учителем./ Он у нас поваром.

조격의 이차적 기능은 ① 지도, 관리, 조종, 종사의 의미를 가진 동사의 직접목적어 ② 시간이나 장소를 표현하는 부사적 용법 ③ 비교, 비유의 표현이 있다.

① 지도, 관리, 조종, 종사의 의미를 가진 동사의 직접목적어

руководить, командовать, заведовать, владеть, заниматься

**참고사항: 이미 설명되었듯이 대격을 직접목적어로 요구하는 동사구를 명사구로 전환하면 직접목적어 명사는 생격이 된다: читать книгу> чтение книги, произво

дить мебель> производство мебели

대격이외의 생격, 여격, 조격을 직접목적어로 취하는 동사구를 명사구로 전환하면 격지배(government, управление)는 그대로 유지된다:

помочь студентам> помощь студентам, служить родине> служение родине, руководство заводом, заведующий кафедрой

대격이외의 여격, 조격을 직접목적어로 취하는 동사구가 명사구로 전환될 경우, 생격으로 오는 명사는 행위의 대상이 아니라 행위주나 소속, 소유를 나타낸다:

руководство завода (공장의 지도부), командование полка (연대 지휘부)

помощь правительства бедным (가난한 사람에 대한 정부의 원조)

② 시간이나 장소를 표현하는 부사적 용법

прийти ранним вечером, ждать долгими днями, идти лесом, плыть морем

③ 비교, 비유의 표현

двумя днями раньше(이틀 먼저), лежать пластом(복지부동하다), стоять столбом(기둥처럼 서있다), выть волком(큰소리로 웃다), смотреть зверем(호시탐탐하다), жить рабом(노예처럼 살다), реветь белугой(큰소리로 울다)

<전치격>

전치격은 전치사를 통해서만 실현된다. 전치격지배 전치사도 생격, 여격, 대격, 조격지배 전치사의 기능과 특별히 다른 점은 없으며, 전치사와 전치격이 합쳐서 의미적으로 하나의 단위를 이룬다. 고대노어에서 전치사를 통한 전치사구는 전치사없이 격지배로만 표현된 무전치사구의 의미보다 더 강하고 더 정확한 의미를 나타냈다:

въ Киеве/ Киеве, къ Киеву/ Киеву

현대노어에서 전치사는 이러한 무전치사 격지배와 전치사 격지배의 의미적 차이를 나타내기 위해 사용되는 것이 아니다. 현대노어에서 전치사 격지배의 기본적 기능은 장소, 시간, 원인, 양상 등을 나타내는 부사적 용법이지만 이차적 기능으로 행위의 대상을 나타낸다:

행위의 대상에 대한 지시: говорить о чём, нуждаться в чём, стрелять в кого

장소: собрались в аудитории, сидели на берегу

<노어 격체계>

노어의 격은 상호 (이항)대립적일 경우가 많으며, 이들은 대부분 하나의 의미자질에 대해 유표적 혹은 무표적인 관계에 있다:

Иван был **хорошим учителем**/ Иван был **хороший учитель**

Он дал мне **книги**/ Он дал мне **книгу**

Он купил **сахар/сахара/сахару**

위에서 설명된 주격, 생격, 여격, 대격, 조격, 전치격의 대립적 관계를 도표로 나타내면 아래와 같다:

<도표 9>

		주격	생격	여격	대격	조격	전치격
동사적	(직접)주어	+	-	-	-	-	-
	(간접)주어	-	0	0	0	0	0
	목적어(중심)	-	0	0	+	0	0
	목적어(주변)	-	0	+	-	+	0
	부사적 기능	-	0	-	0	0	+
명사적		-	+	0	-	0	0

+ : 기본적 기능

0 : 이차적 기능

- : 해당사항없음

간접주어: 주격이외의 격으로 문장의 의미적 주어역할을 하는 것을 말하며 직접주어를 문법적 주어라고도 하는데 이 경우 간접주어는 논리적 주어라 한다.

간접주어의 예: **Снегом** занесло улицу.

Денег не хватает.

Мне холодно.

Петру хочется писать.

У них есть долг перед своей родиной.

주변목적어: 타동사의 간접보어 역할을 하는 것을 말한다.

주변목적어의 예: Он рассказал **мне** сказку.

Я пишу письмо **пером**.

5·2. 동사의 문법범주

노어 형태론에서 가장 많이 다루어지는 품사는 동사와 명사이다. 특히 동사는 다음과 같이 많은 문법범주를 이루고 있다:

<도표10>

문법범주 및 의미	예문
상: 행위의 양상이 표시되는 문법 범주	완료상: За час он написал пять писем. 불완료상: Весь вечер он писал письма.
법: 행위의 실제와의 관계	직설법: Он хорошо говорит по-русски. 명령법: Говорите громче! 접속법: Если бы я говорил по-русски!
시제: 행위발생시점과 발화시점과의 관계	현재: Мы выполняем план. 과거: Мы каждый год выполняли план. 미래: Мы всегда будем выполнять план.
인칭: 행위의 발화자와의 관계	1인칭: Я работаю. 2인칭: Ты работаешь. 3인칭: Он работает.
수	단수: Он учится в пятом классе. 복수: Они учатся в пятом классе.
태: 행위의 문장주어에 대한 관계	능동: Наши ученики решают такие задачи. 피동: Такие задачи решаются нашими учени ками.
성 : 과거시제에서 행위주의 자연적(문법적) 성	남성: Ученик лежал на столе. 여성: Книга лежала на столе. 중성: Перо лежало на столе.

5·2·1. 시 제

고대노어의 시제체계가 매우 복잡했던 데 비해, 현대 노어의 시제체계는 과거, 현재, 미래의 3개로만 구분되어 있다. 각 시제별 사용빈도수는 아래 표에서 보듯이 직설법 과거형이 가장 높게 나타나고 있다:

<도표 11>

변화형					
법	직설법	완료상, 불완료상 과거	40.0%		
		불완료상 현재	23.0%		
		완료상 현재-미래	6.5%		
		불완료상 미래	1.5%	71.0%	
	명령형			4.0%	
	가정법			1.5%	76.5%
불변화형					23.5%
미정형				12.0%	
형동사				8.0%	
부동사				3.5%	
100.0%					

각 시제는 다음과 같은 기본적 의미를 가진다:

① 현재시제는 발화시점과 동시에 발생하는 행위를 지칭하거나, 현재의 상태를 나타낸다:

И вот на берегу <u>лежит</u> камень, и я больше не <u>иду</u>, а только <u>сижу</u> на камне и <u>смотрю</u> в отражение.

② 과거시제는 발화시점 이전에 발생한 행위를 나타낸다:

Дети какой-то школы <u>принесли</u> мне множество цветов.

③ 미래시제는 발화시점 이후에 발생하게 될 행위를 나타낸다:

Я <u>напишу</u> вам о мальчике, попавшем на север.

노어 동사의 시제체계는 상체계와 밀접한 관계를 맺고 있으며, 자세한 내용은 본 도서의 '시제별 상의미의 차이'를 참고하기 바란다.

(1) 현재(настоящее время)

현재시제의 기본적 의미(основные значения)는 발화시점과 동시에 발생하는 행위를 나타내는 것이며, 이외에 상대적 의미(относительные значения)로는 다음과 같은 것이 있다:

① 가까운 미래의 의미: 일상적으로 많이 사용하는 동사, 특히 동작동사(이동동사)의 현재형은 가까운 미래를 나타낼 수 있는데, 이경우 행위가 틀림없이 발생한다는 확실성을 나타낸다. (5.2.2 「시제와 상」의 "예정된 행위의 현재" 참조)

Я после обеда **отправляю** вещи.

Тётя, - быстро проговорила Вера, - я **выхожу** за доктора Нещапова.

② 항구적 의미, 반복의 의미: 불변의 사실, 일반적인 내용, 반복적인 행위를 나타낸다.

Михаил Львович каждый год **сажает** новые леса. Он **говорит**, что леса **украшают** землю, что они **учат** человека понимать прекрасное.

③ "역사적 현재"(настоящее историческое)의 의미: 문학작품에서 과거의 사실을 생생하게 표현하기 위한, 소위 '장면효과(эффект присутствия)'를 얻기 위해 현재시제를 사용한다.

Бывало, он ещё в постели, к нему записочки **несут**.

Вера Петровна, бывало, ночи не **спит**, **убивается**, ... Очень она уж вас любила ...

(2) 과거(прошедшее время)

과거시제는 발화시점 이전의 행위를 나타낸다는 기본적 의미 이외에 다양한 상대적 의미를 가지고 있다.

불완료상의 상대적 의미는 ① 과거에 실제로 수행되었으나 완료되었는지에 대해서는 무표적인 행위 ② 과거에 동시에 발생한 복수의 행위(공시행위)가 있다.

②의 예; Я не **спала** всю дорогу, **томило** меня беспокойство.

완료상의 상대적 의미는 ① 행위가 완전히 수행되고, 행위의 결과를 나타내며 ② 과거에 순차적으로 발생한 복수의 행위(순차행위) ③ 완료적 의미(перфектное значение)로, 과거에 완수된 행위의 결과가 현재에 영향을 미치는 것이다.

②의 예; **Пришёл**, **увидел**, **победил**. (왔노라, 보았노라, 이겼노라)

В прошлом году дачу **продали** за долги, я **уехала** в Париж... И **потянула** вдр уг в Россию.

③의 예; Только не говори мне, что я не **изменилась**, не **постарела**.

(3) 미래

미래시제의 기본적 의미는 발화시점 이후에 수행되는 행위를 나타낸다. 기본적 의미는 불완료상 미래로 나타내며, 완료상 미래는 주로 상대적 의미를 나타낸다. 완료상 미래의 상대적 의미로는 다음과 같은 것이 있다:

① 현재의 결과로 미래에 반드시 수행될 행위의 의미

Твоя мама **поговорит** с Лопахиным, он, конечно, ей не **откажет**.

② 현재 행위의 가능성/불가능성의 의미

В игре её конный не **словит**, в беде - не **сробеет** - **спасёт**: коня на скаку **оста новит**, в горящую избу **войдёт**!
(붙잡기)놀이에서 말탄 남자도 그녀를 붙잡지 못하고 비상시에 (그녀는) 겁내지 않고 (남을) 구해준다: (그녀는) 달리는 말도 세울 수 있고 불타는 초가집에도 (아이를 구하기 위해) 들어갈 수 있다.

③ 일반적 진리, 자연의 법칙 등을 나타내는 의미

Посеешь ветер - **пожнешь** бурю.

④ 현재시제가 지칭하는 장시간의 행위속에 짧게 일어나는 행위의 의미

Буря мглою небо **кроет**, вихри снежные крутя; то, как зверь, она **завоет**, то **з аплачет**, как дитя...
폭설은 소용돌이를 일으키며 하늘을 어둠으로 감싸고 있다. 때로는 잠깐 짐승처럼 울부짖고 때로는 애기처럼 잠깐 울다가...

⑤ 과거에 일어나 금방 바뀌는 행위의 의미

А Беликов? Он и к Коваленку ходил так же, как к нам. **Придёт** к нему, **сядет** и **замолчит**.

⑥ 과거에 갑자기 일어나는 행위의 의미

Герасим глядел, глядел, да как **засмеётся** вдруг. (게라씸은 보고 또 보더니 갑자기 웃음을 터뜨리는 것이었다)

이러한 기본적 의미나 상대적 의미 이외에도 현대 노어의 구어에서 시제를 통해 표현적 의미를 구현하고 있다. 아래의 ① - ③은 구어적 용법으로서, 성, 수, 격의 형태적 어미변화를 하지 않는다는 사실에 특별한 주의를 요한다.

① грох(꽈당), стук(똑똑), бултых(풍덩), шварк(갑자기 휙 던지는 소리), хлоп(쾅), чмок(쪽 키스소리), шмыг(비빌때 나는 소리), юрк(재빨리 몸을 감추는 소리)의 어간에 접미사 -ну-를 가진 동사는 과거형으로 한 번 일어난 순간적이고 돌발적인 행위를 나타낸다. 이러한 형태를 '동사 돌발형(глагольно-междометная форма)' 혹은 '돌발형동사(междометно-глагольные слова)'이라 한다: грохнуть, стукнуть, хлопнуть, шмыгнуть

Я поскорее дверью **хлоп**. И спряталась за печки.
<Ах>, - и легче тени Татьяна **прыг** в другие сени.
Подруга каждая тут тихо **толк** подругу. И шепчут все друг другу...

② 억양은 명령법의 억양이 아니지만 형태는 명령형인 것을 사용하여 예기치 못한 불의의 행위를 나타낸다:

Только вдруг она как **поскользнись**, да навзничь, да и **переломи** себе ногу.
Ведь узнала баба Матрена и меня, узнала, старая, да жалобу на меня и **подай**.

③ <미정형 + 소사 ну>를 사용하여 행위의 시작을 강조한다:

Увидевши слона, **ну** на него **метаться**, и **лаять**, и **визжать**, и **рваться.**

"5.2.1. 시제"에서 행위 시점과 일치해서 구사하는 "기본적 의미", 행위 시점에 일치하지 않는 "상대적 의미"를 살펴보았다. 이러한 내용은 "5.2.2. 상"에서도 시제의 관점에서 행위 시점에 맞추어진 상 용법을 "절대적 사용", 행위 시점과 일치하지 않으며 다른 의미를 발현하는 "상대적 사용"으로 나눈다. 상대적 사용은 (1) 간접화법에서 나타나며 (2) 시제의 파격을 통해 돌발 행위를 나타내는 등의 전위적 사용과 (3) 복문에서 상의 시간 용법이 있다.

시제 범주에서 본 상:
기본적 기능(=의미)
상대적 기능(=의미)

2-1. 간접화법
2-2. 특수 기능(=의미)

상 범주에서 본 시제:
절대적 사용
상대적 사용
2-1. 간접화법
2-2. 전위적 사용
2-3. 복문에서 상의 시간 용법

5·2·2. 상 카테고리

5·2·2·1. 상의 개념

상(相, aspect; вид)은 어떤 시간적 관계에서 동작이나 상태의 양상이 일정한 형태로 표시되는 문법 범주를 말한다. 어떤 사건, 행위, 상태 등을 선(線)위에 나타낼 때에 하나의 점으로 표시되는 것이 '시제'라고 한다면, 일정한 길이나 폭으로 표시되는 것이 상이다. 인구어족에서는 원래 언어의 동사체계를 특징짓는 것이 상이고, 시제는 상 구별의 부차적인 결과에 불과했다. 원조 인구어가 여러 어파로 분화되는 과정에서 발트-슬라브어파는 상을 더욱 체계화하게 되었고, 반면에 로만어파나 게르만어파는 점차적으로 시제체계를 발전시킨 결과 원래의 상체계가 붕괴되었다. 그래서 상이 문법적으로 체계화되지 못한 언어들, 가령 영어나 독일어를 모국어로 하는 사람들은 상범주 자체를 이해하기 힘들 뿐만 아니라 시제의 개념과 쉽게 결부지어 인식하게 된다.

영어의 'aspect'라는 용어는 노어 'вид'의 번역차용어이며, вид는 화자가 동작을 기술하는 관점을 시사한다. 노어에 상체계가 있다는 것은 하나의 동사에 두 가지 형식, 즉 완료형식과 불완료형식이 있어서, 이른바 '상대립(aspectual opposition; видовая оппозиция, видовое противопоставление)'관계에 있는 '상의 쌍(aspectual pair; видовая пара)'을 이루고 있다는 뜻이다.

상을 실현하는 방식에는 문법상과 어휘상 두가지가 있다. 문법적 상이란 문법화(grammaticalization)를 통해서 상을 구현하는 것을 말하는데, 이를테면 기본형에 접두사가 첨가되면 완료상이 된다든지 접미사 -ыва-나 -ва-가 첨가되면 불완료상이 된다든지 하는 것이다. 어휘상은 상 의미의 어휘화(lexicalization)로, 즉 단어의 어휘의미로 상이 결정되는 것을 말하는데, 이를테면 반복이나 지속을 의미하는 부사와는 불완료상이 쓰인다는 것이다. 전자가 문법적 범주인데 반해, 후자는 모든 언어들에 존재할 수 있는 비문법적 범주이다.

5·2·2·2. 완료상과 불완료상의 의미적 차이

(1) 학교문법에서의 상 의미

학교문법에서는 완료상과 불완료상을 다음과 같이 대비시키고 있다:

1. 완료상은 행위의 완료(совершаемость)를, 불완료상은 지속을 나타낸다. 이러한 대비는 개별 문장에서 많은 예외적인 경우가 나타나고 있어, 대략적인 설명에 불과하다.
2. 완료상은 결과(результативность)를 나타내지만, 불완료상은 행위의 결과와는 관계하지 않는다. (행위 유무를 나타냄)

(2) 완료상/불완료상의 일반적 차이

1. 완료상은 모든 텍스트에서 항상 일정하게 나타나는 의미를 가진다. 즉 상황에 따라 일시적인 의미를 나타낸다거나 텍스트에 따라 특수한 의미를 가지는 것이 아니라 항상 일정한 의미의 불변치(invariant)를 나타낸다. 완료상에서 행위의 특징이 텍스트에 관계없이 일정하게 구현되는데 반해, 불완료상은 텍스트를 도외시하고는 일정한 의미를 가지지 못한다. 즉 불완료상은 그 의미가 텍스트를 통해서만 구현되며 일정하지도 않다. 이런 관점에서 볼 때, 완료상과 불완료상이라는 상의 쌍이 의미적으로 대칭적인(symmetric) 것은 아니다. 이러한 불완료상의 텍스트에 따른 특수한 의미의 구현을 살펴보자:

① Когда я вошёл, он как раз рассказывал о России.
(내가 들어섰을 때, 그는 마침 러시아에 관한 이야기를 하고 있었다)

② Он целый час рассказывал о России.
(그는 한 시간 내내 러시아에 대해 이야기했다)

③ Он мне часто рассказывал о России.
(그는 나에게 러시아에 대해 자주 이야기했다)

④ Он мне, кажется, рассказывал о России, но я уже не помню.
(그가 나에게 러시아에 대해 이야기를 한 것 같기는 한데, 나는 이미 기억할 수 없다)

①에서는 행위의 진행이, ②에서는 행위의 지속이, ③에서는 행위의 반복이, ④에서는 (완료상의 특징인 관계시점이 나타나지 않고), 시간적으로 특정 시점이 주어져 있지 않다.

2. 완료상의 또 다른 의미적 특징은 동사가 나타내는 행위의 '전체성'(целостность)에 있다. 완료상 встать는, '일어나다, 기상하다'는 행위 전체를 가리키는 것이지 일어나는 처음의 동작이나 중간 동작 등 행위의 일부분을 가리키는 것이 아니다. 행위의 전체성은 다음과 같이 정의된다:
첫째, 단어가 나타내는 행위가 경계에 도달함을 뜻한다. 즉 행위가 끝까지 완수되어 더 이상 행위가 진행될 수 없는 것을 말한다. 일부 학자들은 이처럼 행위가 끝까지 수행된 종결점을 '내부한계(внутренний предел)'라고 한다:

Сегодня я получил письмо.(오늘 나는 편지를 받아 보았다)
Пожарные погасили пожар.(소방수들이 불을 다 껐다)
Он написал интересный роман.(그는 재미있는 소설쓰는 일을 끝마쳤다)

둘째, 전체성은 행위가 진행되는 동안 그것이 분할되거나 단절되지 않음을 뜻한다. 이러한 이유로 분할의 의미가 있는 начать/начинать, кончить/кончать의 다음에 완료상을 쓸 수 없는 것이다: Он начал заниматься, рассказывать, писать, читать. 또한 분할될 수 없으므로 반복의 의미를 가진 단어와도 함께 쓰일 수 없는 것이다.

3. 완료상은 구체적인 사건에 대해서, 불완료상은 일반적인 의미로 쓰인다.

Скажите мне по-русски.(나한테 (이것을) 노어로 말해 보시오)

Говорите по-русски.((평상시, 보통) 노어로 말하세요)

Пишите иероглифами.((평상시, 일반적으로) 한자를 사용하도록 하세요)

Напишите это иероглифами.(이것을 한자로 쓰세요)

Спойте мне эту песню.(이 노래를 나한테 불러 주세요)

Пойте мне "Ариранг".((보통) 나한테는 아리랑을 불러 주세요)

(3) 완료상/불완료상의 특수 의미

이러한 일반적인 사항 외에도 완료상과 불완료상은 특수 의미(**частные значения**)를 가진다:

1. 완료상의 특수 의미

① 구체적-실제적 의미(конкретно-фактическое значение): 완료상의 가장 큰 특징이다. 완료상은 구체적인 개별 사건을 서술한다

"Опустили тебя?"/ "Опустили".

② 사실적 의미(наглядно-примерное значение): 현재-미래시제에서 완료상을 열거하여 좀 더 생생한 표현적 의미를 부각시킨다.

Иногда весной бывает так: **налетит** буря, **погуляет** часа два-три итак же неожиданно **затихнет**, как началось.(봄에는 다음과 같은 일이 때때로 일어 난다: 폭풍이 몰아닥쳐 두, 세 시간 계속되다가 시작될 때처럼 돌연 꼬리를 감추는 것이다)

③ 잠재적 의미(потенциальное значение): 문맥에 따라서는 지칭하는 행위의 가능성/불가능성에 대한 의미가 완료상에 잠재되어 있다.

Женщины! Женщины! кто их **поймёт**? (кто их может понять의 의미)

④ 총량적 의미(суммарное значение): '행위의 제한적인 반복' 전체를 하나의 지칭 대상으로 간주하는 것이다. 완료상이 несколько раз 등과 함께 쓰이는 경우는 이러한 총량적 의미가 구사되는 것이다.

И несколько раз отчаянно **повторила**: - Нет, я запрещаю
тебе... Нет... Не хочу, нет ... ("Нет, ..., нет..." 전체를 몇번 반복함)
Алексей **мигнул** раз пять подряд.(알렉세이는 대 여섯번 연이어 눈짓(윙크)을 했다: '대 여섯 번의 눈짓'을 하나의 총량적 행위로 간주)

2. 불완료상의 특수한 의미

① 구체적-진행적 의미(конкрено-процессное значение): ①과 ②는 불완료상의 가장 큰 특징이다. 불완료상은 동사의 의미나 문맥에 따라 구체적인 행위가 진행 중임을 나타낸다.

Когда я вошла в лакейскую, отец уже **ходил** по залу... (내가 하인 방에 들어섰을 때, 아버지는 홀을 걸어가고 있었다)

② 비제한적-반복적 의미(неограниченно-кратное значение): 지칭하는 행위에 아무런 제한(경계,предел)없이 반복적인 의미를 나타낸다.

Зимой г**остила** иногда в усадьбе странница Машенька.(겨울에 별장에는 순례자 마리야가 이따금 묵고 갔다)

③ "보편적 사실 확인"의 의미(обобщённо-фактическое значение): ③과 ④는 특정한 문맥에서만 나타나는 의미이다. 지칭하는 행위가 적극적으로 수행되는 것이 아니라 단지 그러한 사실이 있었다는 평범한 내용의 정보전달에 비중이 주어진다.

Ко мне сам Никодим Палыч Кондаков **обращался**, и я его вылечил. (니꼬짐 빨리츠 꼰다꼬프가 몸소 나에게 도움을 청한 사실이 있는데, 나는 그를 완쾌시켰다)

Я г**оворил** ему об этом.(나는 그에게 이 점에 대해 말한 사실이 있다)

④ 항구적-지속적 의미(постоянно-непрерывное значение): 행위가 수행되기 보다는 계속되는 상태를 나타낸다.

Говорят - жизнь быстро **дви**г**ается** вперёд ...(인생은 빠른 속도로 나가는 것이라 합니다)

Окна **выходили**/выходят на улицу.(창문들은 거리로 향해 나 있었다)

5·2·2·3. 시제별 상의미의 차이

(1) 완료상 과거

완료상 과거는 발화시점 이전에 수행되어 관계시점에는 이미 완료된, 구체적이고 시간적으로 명료한 개별 사건(единичные действия)을 나타낸다. 이외에 완료상 과거가 가지는 의미를 살펴보면 아래와 같다:

① 서로 인과관계를 가지지 않는, 순차적으로 연이어 일어난 행위를 기술할 때

완료상과거를 사용하는 것을, 완료상 과거의 '아오리스트 의미'(аористическое значение)라 하며 행위자의 다이내믹한 행위 전개양상이 표현된다:

Он **вернулся**, медленно **разделся** и **лёг**.

② 완료상 과거의 '완료적 의미(перфектное значение)'는 과거에 행위가 수행되어 행위의 경계에 도달한, 즉 행위의 목표가 성취되었으며, 그 결과가 현재까지 영향을 미치는 것을 말한다. 이 경우 발화시점과 관계시점은 같다:

Я **потерял** ручку и пишу теперь карандашом.

완료상 과거의 완료적 의미는 자동사일 경우 특히 현재의 상태를 나타내는 의미에 근접해 있다:

Как вы **помолодели**! (당신은 (지금) 너무나 젊게 보이는군요!)

③ 완료상 과거는 문장에 따라서는 과거의 관계시점을 기준으로 하여 그 이전에 일어난 행위의 결과를 나타내는 대과거의 의미를 지니기도한다. 이를 과거시제의 '대과거의미(plusq- uamperfect meaning: плюсквам перфектное значение)'라 한다.

Ко мне **зашёл** товарищ, и мы смотрели с ним телевизор. (나한테 친구가 찾아와서, 우리는 함께 TV를 보았다)

(2) 불완료상 과거

불완료상 과거는 완료상 과거와는 달리 과거에 일어난 사건으로 발화시점, 즉 현재와는 아무런 관계가 없다.

В детстве мне **нравились** сказки. (어린 시절 나는 동화를 좋아했다 - 한 때 좋아했었다)

Мне очень **понравилась** эта пьеса. (나는 이 극을 아주 좋아했다 - 지금도 좋아한다)

불완료상 과거를 완료상 과거와 비교해서 설명하면 아래와 같다:

① 불완료상 과거가 과거의 특정 시점에 일어난 구체적 사건을 기술 할 경우는 아직 완료되지 않은, 진행중인 경우이다:

Мы **возвращались** домой. Солнце уже **садилось**. (우리는 집으로 돌아오는 중

이었다. = 우리는 집으로 돌아오고 있었다. 해는 벌써 넘어가고 있는 중이었다. = 해가 지고 있었다.)

В те годы город только **восстанавливали**. (그 당시 몇 년 동안 도시는 단지 복구되고 있는 중이었다)

② 몇 개의 불완료상 과거가 한 문장에서 연이어 구사되는 것은 시간적으로 동시에 발생한 사건을 나타낸다. 이를 가리켜 불완료상 과거의 '공시행위**(одновременные действия)**'라고 한다:

Она **рассказывала**, а я **слушал**. (그녀는 설명을 하고 나는 듣고 있었다)

③ 장시간에 걸쳐 진행되는 행위에 대해서는 불완료상 과거를 쓰는데, 이를 가리켜 '지속의 과거'(прошедшее постоя нное)라 한다:

Отец **работал** столяром на мебельной фабрике.

④ 반복적, 습관적 행위(повторяющееся или обычное действие)는 불완료상 과거로 표현된다. 불완료상 과거가 구체적인 사건을 기술할 경우 '진행중'임을 뜻한다는 ①의 용법과, ④의 '반복의 의미'와의 혼동을 피하기 위해 주어나 목적어를 복수형으로 주로 사용한다:

На этой станции **скорые поезда останавливались.** (이 역에는 급행열차가 (반복적으로) 정차했었습니다)

Он (всегда) брал **книги** в библиотеке.

Мы делали **домашние задания** (каждый день).

Раньше Виктор (часто) писал **письма**.

이렇게 표현된 문장은 성질적 의미의 뉘앙스(квалифицирующий, качественный оттенок)를 더해 주는 경우가 많다:

Профессор **курил сигары**. (교수는 시가를 피우는 습성이 있었다.= 교수는 시가 피우는 것을 좋아했다)

Он **причёсывался** на пробор. (그는 종종 머리를 가르마 타는 습성이 있었다. = 그는 머리에 가르마 타는 것을 좋아했다)

⑤ 불완료상 과거는, 지칭하는 행위가 발생했는지에 대 확인만을 뜻하는, 즉 행

위가 수행된다거나 행위의 결과가 어떠한가 등의 행위에 대한 구체적인 표현이 아니라 지칭하는 행위가 있었는지 없었는지에 대한 것만을 나타낸다. 이것을 불완료상 과거의 '보편적 사실의 확언**(констатация обобщённого факта, обобщённо-фактическое значение)**'이라고 한다. 불완료상 과거가 이러한 용법을 가지고 있어, 통지나 고시(告示), 공고문에서 불완료상 과거가 사용된다:

Этот вопрос мы уже один раз **обсуждали**. (우리는 이 문제를 이미 한 번 검토한 바 있다)

불완료상 과거의 '보편적 사실의 확언'은 구어에서 자주 나타나는데, 행위의 존재 유무에만 관심을 가진다. 이 경우 억양중심은 동사에 온다:

Ты **убирала** сегодня комнату? (네가 오늘 방을 치운 사실이 있니?)

Да, **убирала**. (그래, 오늘 방을 치운 적이 있어.)

Мы **опаздывали** на поезд. (우리는 기차 시간에 늦었던 적이 있다.- 기차를 탔는지는 불명확함)

Мы **опаздали** на поезд. (우리는 기차 시간에 늦어 기차를 놓쳤다.- 결과가 명확히 나타남)

Студенты **решали** задачу. (학생들은 문제를 풀고 있었다. (혹은) 학생들은 문제를 푼 적이 있다. - 답을 찾았는지 여부는 나타나 있지 않음)

Студенты **решили** задачу. (학생들은 문제를 다 풀었다. - 행위의 결과가 나타남)

⑥ 불완료상 과거 '보편적 사실 확언' 용법의 특별한 경우로 '결과의 무효화**(аннулированность результата)**'가 있는데, 이를 уехать/уезжать로 설명해 보자:

완료상 과거는 행위의 분리를 나타내지 않으므로 발화시점에는 '떠나다'의 결과가 존재하는 것이다; Товарищ уехал на неделю. (동료는 일주일 예정으로 떠났다. - 그래서 지금 여기에는 없다)

불완료상 과거를 사용하는 것은 행위가 전체적으로 수행된다든가 목표달성의 결과를 나타내지 않지만 уезжать의 어휘의미, 즉 '떠났다' 는 것은 발화시점에는 '이곳에 없다'는 의미를 함축하고 있다. 이처럼 동사의 어휘의미에 의해 다른 결과가 나타나게 되면 행위가 양분되는데, (불완료상은 행위가 분리될 수 있으므로) 발화시점에는 결과를 무효화하는, 즉 원래 상태로 되돌려져 있다는 뜻이 된다: Товарищ уезжал на неделю. (동료는 일주일 예정으로 다녀왔다. - 그래서 발화시점인 지금 여기 있다)

이러한 점을 의미적 관점에서 볼 때, 결과의 무효화가 발생하는 불완료상 동사는 완료상 동사와 반의관계에 있다. 이러한 동사들로는 동작동사들과(예: входить, выходить, приезжать, уезжать) 일상 생활용어로 빈번히 쓰이는 몇 개의 동사가 있다: открывать, закрывать, подниматься, спускаться, брать, давать, ложиться, садиться, вставать, включать, выключать

Здесь холодно. Кто **открывал** окно? (여긴 춥다. 누가 문을 열었었지? - 현재는 닫혀 있음)

Здесь холодно. Кто **открыл** окно? (여긴 춥다. 누가 문을 열었니? - 현재 열려 있음)

Я **дал** ему журнал. (나는 그에게 잡지를 주었다. - 현재 그가 잡지를 가지고 있음)

Я **давал** ему журнал. (나는 그에게 잡지를 줬었다. - 현재 내가 잡지를 가지고 있음)

⑦ 일반적으로 완료상 과거는 목적지향적인 행위를 나타내고, 불완료상 과거는 의도없이 (우연히) 발생한 일을 나타낸다. 그러나 소위 말하는 '시도행위(conative act; конативные действия)' 동사는 불완료상과거를 사용하여 '-을 시도하다, -하려고 하다'라는 시도의 뜻을 가진다:

Я **учил** стихотворение, но не выучил его. (나는 시 한 편을 암송해 보려고 했지만 다 외우지 못 했다)

Он **доказывал** своё мнение, но не доказал. (그는 자기 생각을 증명해 보이려고 했지만 그렇게 하지 못 했다)

Я не **сдал** экзамен. (나는 시험에 떨어졌다)

Я не **сдавал** экзамен. (나는 시험에 합격하려고 시도하지 않았다> 나는 시험을 보지도 았았다)

시도행위 동사는 다음과 같다:

будить/разбудить, вспомнить/вспоминать, дать/давать, доказать/доказывать, достать/доставать, объяснить/объяснять, решить/решать, уговорить/уговаривать, узнать/узнавать, учить/выучить, сдать/сдавать

완료상 과거/불완료상 과거를 비교해서 결론적으로 다시 한 번 정리해 보자. 완료상 과거는 첫째, 시간적으로 불명확하고, 둘째, 행위를 완수하는 데 관심을 가지며, 셋째, 목적지향적이다. 이에 반해 불완료상 과거는 첫째 시간적으로 불투명하고 둘

째 행위의 완수보다는 행위의 유무를 나타내며 셋째 의도없이 일어난 일을 나타낸다. 이외에 문맥에 따라 나타날 수 있는 완료상 용법으로 대과거시제 용법과 아오리스트적 용법이 있다. 문맥에 따라 나타날 수 있는 불완료상 과거는 반복행위, 지속행위, 공시행위를 지칭하거나 보편적 사실의 확언, 결과의 무효화, 시도행위 동사의 시도의미 등이 있다.

(3) 불완료상 현재

불완료상 현재는 '적극적 현재'(актуальное настоящее)와 '소극적 현재'(неактуальное настоящее)로 나뉘어 설명된다.

① 적극적 현재

적극적 현재에서 불완료상은 현재 일어나고 있는 구체적인 사건(행위)을 지시한다:

О чём вы **думаете**? (당신은 무엇을 생각하고 있습니까?)

Осторожно, трамвай **идёт**! (전차가 오고 있어. 조심해!)

적극적 현재에서 불완료상은 벌써 오래전에 시작되어 현재에도 발생중인 사건을 지시하기도 하는데 이를 '확장된 현재**(расширенное настоящее)**'라 한다:

Давно он **любит** её? (그는 오래전부터 그녀를 좋아하고 있는 거지?)

불완료상은 현재도 일어나지만 미래에도 계속될 행위를 지시하기도 하는데 이를 '항구적 현재**'(настоящее постоянное)'**라 한다:

Нева **впадает** в Финский залив. (네바강은 핀란드만으로 흐른다)

② 소극적 현재

적극적 현재에서 불완료상 현재는 '현재 진행중이다', '과거에 시작되어 현재에도 일어난다', '현재에 일어나지만 미래에도 계속된다' 등의 불명료하지만 시점이 주어지는 데 반해, 소극적 현재에서 불완료상은 시점이 주어지지 않는 행위를 나타낸다. 이를 '관습적 현재**(настоящее узуальное)**'라 한다:

По вечерам он **читает**. (저녁으로 그는 독서를 한다)

불완료상의 관습적 현재는 지시되는 행위로써 주어의 자질을 특징지어주는 뜻을 가지기도 한다. 이를 가리켜 '성질적 현재**(настоящее качественное)**'라 한다:

Он уже **ходит** в школу.(그는 벌써 학생이다)

Он **работает** на заводе. (그는 공장 근로자이다)

불완료상 현재는 '잠재적 현재(**настоящее потенциальное**)'라 하여 주어의 행위 능력을 나타낼 수 있다. 지각동사에서 주로 나타난다:

Она хорошо **поёт**. (그녀는 노래를 잘 부른다)

Сейчас он **слушает**. (이제 그는 들을 수 있다)

불완료상현재는 속담, 격언, 진리 등에서 보편적 사실을 나타낼 때 사용되기도 한다. 이를 '보편적 현재(**настоящее генеральное**)'라 한다:

Учёный водит, а неучёный следом ходит.

(4) 완료상 현재-미래

완료상 현재-미래시제는 원칙적으로 현재 혹은 미래에 발생하는 구체적인 개별 행위가 전체적으로 수행되어 미래에 끝을 맺는 것을 나타낸다. 따라서 우리가 보통 사용하는 '완료상 미래시제'라는 용어보다 '완료상 현재-미래 시제'라는 용어가 더 적합한 것이다.

Я **приду** к тебе. (나는 너에게 갈 것이다)

문맥에 따라서는 현재 이미 착수되어 미래에 종결되는 행위를 나타낸다:

Она сейчас **оденется** (그녀는 바로 옷을 다 입을 것이다)

Подожди, я помогу тебе! (좀 (더) 기다려라, 내가 도와주마!)

만약 완료상 현재-미래 시제가 (원래 불완료상 현재가 나타내는) 현재 발생하는 행위를 동시에 기술하게 되면 여러가지 양상적 의미를 띈다:

Замечу только, что ... (저는 단지 ...라는 사실을 지적하고자 할 따름입니다)

<예의를 갖춘 표현>

Скажем Вам, что ... (우리는 귀하께 ...라는 사실을 말씀드리는 것입니다)

완료상과거가 문맥에 따라 대과거(plusquamperfect)의 의미를 나타내듯이, 완료상 현재-미래는 미래의 시간선상에서 다른 행위가 뒤따르기 이전에 이미 지시하는 행위가 경계에 도달되어 그 결과가 나타나는 것을 의미한다. 이것을 완료상 현재-미래의

‘2차 미래’용법이라 한다:

Когда **наступят** каникулы, мы **будем ходить** на пляж **купаться и загорать**.

Я **уберу** мою комнату и **буду отдыхать**.

완료상 현재-미래의 ‘소극적 현재’는 ‘관습적 현재’, ‘보편적 현재’, ‘잠재적 현재’등과 같은 불완료상이 가지는 소극적 현재의 용법을 가지지만, 불완료상의 소극적 현재와는 달리 완료상이 가지는 일반적 의미, 즉 행위의 경계도달, 행위의 결과를 나타내며, 나아가 완료상이 가지는 여러가지 양상적 의미, 이를테면 생동적, 예시적 의미 등을 나타낸다:

관습적 현재: Пойдут ли они в театр, поедут ли на прогулку - всегда всем довольны.

보편적 현재: Разум силу победит

잠재적 현재: Он всегда найдёт выход.

(5) 불완료상 미래

불완료상 미래는 미래에 발생될 사건을 나타낸다. 완료상 현재-미래와 의미적으로 다른 점은 완료상 과거와 불완료상 과거가 가지는 차이점과 같다. 시간적으로 다른 점은 불완료상 미래는 발화시점과는 전혀 상관이 없다는 점이다:

Я сейчас буду одеваться к обеду. (나는 지금 만찬 복장을 할 것이다) <지칭하는 행위는 미래의 시간대에 놓여 있으며, 발화시점에는 아직 시작되지 않았다>

Я сейчас оденусь к обеду. (나는 지금 만찬복 입는 일을 마치게 될 것이다) <지칭하는 행위는 미래의 시간대에 종결된다는 뜻이며, 행위는 현재의 시간대와 분리되어 있지 않다: 지칭하는 행위는 발화시점에 이미 착수되어 있을 수도 있다>

불완료상 미래는 미래에 발생될 구체적인 사건(행위)를 나타내는 일반적인 사항 이외에 불완료상과거가 표현하는 여러가지 것들을 나타낸다:

지속적 행위: Он всё время будет жить в Москве.

반복적 행위: Я каждую неделю буду писать тебе.

(미래에 발생될 행위에 대한) 보편적 사실의 확언: Вы будете ужинать?

Что вы будете заказывать?

Пить не буду!

(6) 복수행위의 시간적 관계

한 문장 내에 몇 개의 동사가 있는 경우의 시간적 관계를 살펴보자. 행위를 지칭하는 동사가 한 문장안에 복수로 있는 것은 '행위의 연속(**последовательность действий,** 순차행위)'과 '행위의 공시(**одновременность действий,** 공시행위)'로 나누어진다.

1. 순차행위 (연속적인 행위)

행위사슬(цепь действий)을 이루고 있는 행위의 연속에서 서로 시간적 관계 속에 있는 두 개의 행위를 '행위쌍(пара действий)'이라 한다. 순차적인 행위쌍은 완료상으로 나타낸다:

Он **встал**, **оделся** и **вышел** на улицу.

Троллейбус **остановился**, и пассажиры **вышли**.

Сегодня наш друг **приехал** из Москвы. Мы **встретили** его на вокзале. Потом мы **показали** ему Сеул.

Сегодня вечером я **напишу** письмо домой и **пойду** на полту.

그러나 행위쌍 가운데 지속이나 반복의 의미가 명확히 드러나 있을 경우에는 불완료상으로 나타낸다:

Он встал и долго смотрел в окно.

Он долго сидел и наконец встал.

Он открывал и закрывал дверь (그는 자꾸 문을 열었다가 닫았다)

2. 공시행위 (동시발생적인 행위)

동시발생적인 여러 행위에 대해서는 불완료상으로 나타내는 것이 원칙이다 (2.4.2.② '공시행위' 참조).

Все **сидели** на балконе и **пили** чай.

Я **писал** сочинение, а Павел **учил** стихотворение.

Я **возвращался** с охоты и **шёл** по аллее сада. Собака **бежала** впереди меня.

비교: Дедушка **сидел** на стуле и **читал** книгу.

(할아버지는 앉아서 책을 읽고 있었다)

Дедушка **сел** на стуле и **начал читать** книгу.

(할아버지는 의자에 앉은 후에 책을 읽기 시작했다)

Сегодня вечером я **буду читать** грамматику и **писать** упраженению.

(오늘 밤 나는 문법책을 읽으며 연습문제를 쓸 것이다)

Он **встанет**, **оденет**, и **позавтракает**.

(그는 일어난 후 옷을 입고 나서 아침밥을 먹을 것이다)

3. 복문의 시제관계

① 공시 행위: в то время как/, пока/, когда

ⓐ Когда мы **возвращались** домой, **шёл** дождь (우리가 집으로 돌아올 때 비가 내렸다)

ⓑ Когда мы **возвращались** домой, **пошёл** дождь (우리가 집으로 돌아오고 있는데 비가 내렸다)

ⓒ Когда **пошёл** дождь, мы **возвращались** домой. (비가 오고 있는데도 우리는 집으로 돌아왔다)

이미 언급되었듯이 동시발생적인 행위는 불완료상으로 나타낸다. ⓐ의 문장, 즉 불완료상으로 행위쌍을 이루고 있으면, 두 행위는 '완전공시'(полная одновременность), 즉 완전히 일치하는 시점에 행위가 일어난 것을 나타낸다. 그러나 ⓑ와 ⓒ에서는 불완료상의 행위(возвращались)가 진행중인 동안에 완료상의 행위(пошёл)가 일정 시점의 짧은 시간에 걸쳐 발생하는 것을 의미한다. 이것을 '부분공시'**(частичная одновременность)**라 한다:

Когда я **решал** задачи, мой друг **позвонил** по телефону. (내가 숙제를 풀고 있는데 친구가 전화를 걸어왔다)

Когда я **буду возвращаться** домой, я **зайду** в магазин и **куплю** хлеб.

② 연속 행위: как только/, после того как/, прежде чем/, перед тем как/, до того как/, до тех пор/, пока не/

이미 설명되었듯이 연속적인 행위는 완료상으로 나타낸다.:

Как только он **ушёл**, **стало** скучно.(그가 떠나자 금방 심심해졌다)

До того как студенты **уехали** на каникулы, они **сдали** все книги.(학생들은 방학을 맞아 떠나기 전에 모든 책을 돌려 주었다)

Он **гулял** в парке, пока солнце не **село**.(해가 질 때까지 그는 공원을 산책했다) - 장시간 지속의 의미가 명백할 경우는 불완료상을 쓴다(гулял). 그러나 연속적인 행위가 불완료상으로 표현된 문장은 (반복을 뜻하는 단어가 문장에 없더라도) 반복적인 행위를 나타낸다:

Как только он **уходил**, **становилось** скучно.(그가 떠날 때마다 금방 심심해 졌다)

До того как студенты **уезжали** на каникулы, они **сдавали** все книги.(매학기 학생들은 방학을 맞아 떠나기 전에 모든 책을 돌려 주었다)

Он всегда **гулял** в парке, пока солнце не **садилось**.(항상 그는 해가 지기 전까지는 산책을 했다)

5·2·2·4. 상의 형성

(1) 완료상의 형성

① 노어의 기본동사(simplizia; простые глаголы)는 보통 불완료상이다. 접사화가 일어나지 않은 기본동사(бесприставочные или беспрефиксальные глаголы)로서 불완료상이 아닌 것, 즉 완료상 동사는 몇 개에 불과하다; дать, взять, стать, лечь, сесть, купить, кончить, решить, бросить, простить, пустить

② 불완료상의 기본형에 접두사를 붙여 완료상을 만들며 상이외에는 아무런 의미적 차이가 없다:

делать>сделать, писать>написать, строить>построить, играть>сыграть, читать>прочитать, видеть>увидеть

③ 위와 같이 접두사를 붙여 완료상을 만들었을 때, 단순히 상만 바꾸는 접두사 이외의 다른 접두사를 붙였을 때는 그 의미까지 바뀌며 그렇게 형성된 완료상 동사는 기본동사와 의미적인 등가 관계가 성립되지 않으므로 다회체 접미사 -ыва- 나 -ва-를 붙여 해당 불완료상동사를 만들어 상의 대응관계를 이룬다:

писать - написать (의미의 차이가 없이 단순히 상만 대응됨)

вписать - вписывать(기입하다)

выписать - выписывать(발췌하다)

дописать - дописывать(끝까지 다 쓰다)

записать - записывать(메모하다, 녹화하다)

перезаписать - перезаписывать(다시 메모하다, (구어)재녹화하다)

исписать - исписывать((펜 등을) 다 쓰다)

надписать - надписывать(위에 쓰다)

недописать - недописывать(다 못쓰다)

описать - описывать(묘사하다)

отписать - отписывать(서면으로 통지하다)

переписать - переписывать(옮겨쓰다)

пописать - пописывать(얼마 동안 쓰다)

подписать - подписывать(서명하다)

предписать - предписывать(명령하다, 지정하다)

приписать - приписывать(다 써넣다)

прописать - прописывать((거주를)등록하다)

расписать - расписывать(영수증에 사인하다)

списать - списывать(베껴쓰다)

уписать - уписывать(다 써넣다)

делать - сделать(의미의 차이가 없이 상만 대응)

вделать - вделывать(박아넣다)

возделать - возделывать(경작하다)

выделать - выделывать(가공하다)

доделать - доделывать(끝마치다)

заделать - заделывать(메우다, 틀어막다)

наделать(많이 만들다)

надделать - надделывать(증축하다)

недоделать - недоделывать(다 못만들다)

обделать - обделывать(가공하다)

отделать - отделывать(마무리하다, (구어)심하게 구타하다)

переделать - переделывать(개조하다)

поделать - поделывать(얼마동안 어떤 일을 하다)

подделать - подделывать(위조하다)

приделать - приделывать(덧붙이다)
проделать - проделывать(-을 뚫어 만들다, (구어)큰일을 하다, (구어)장난을 하다)
разделать - разделывать(손질하다)
уделать - уделывать(-에 -을 달다, 붙이다, (구어)때려 죽이다)

④ 기본형 불완료상이 행위의 반복 혹은 계속성을 의미하는 경우에는 접미사 -ну-를 붙여 완료상을 만든다. (짧게) 한번 행위가 발생하는 것을 의미하는 완료상이 형성된다:

двигать>двинуть, кричать>крикнуть, прыгать>прыгнуть, стучать>стукнуть, трогать>тронуть, шагать>шагнуть

접미사 -ну- 는 ④의 용법이 주종을 이루지만 -нуть가 어떤 상태에서 다른 상태로 변해가는 과정을 의미하는 불완료상 동사가 있다(조어론 5.2.6. "동작상"의 전이상 참조). ④ 의 과거형이 -нул, нула, нуло, нули가 되는데 반해, '-이 되어가다'라는 의미의 불완료상은 -ну-가 탈락한다: крепнуть(튼튼하게 되다)- креп, крепла, крепло, крепли/ сохнуть(초췌해지다. 말라가다)- сох, сохла, сохло, сохли

(2) 불완료상의 형성

이미 언급한 대로 동사의 대부분은 기본형이 불완료상이다. 기본형 이외에 불완료상은 다음과 같은 것이 있다:

① 불완료상에서 접두사를 붙여 완료상을 만들었을 경우, 접두사의 의미가 첨가되어 기본형과 의미가 다르게 되면 위의 1.③에서 보듯이 다시 접미사 -ыва- 나 -ва- 를 붙여 해당되는 불완료상을 만든다. -ыва-는 경자음 뒤에, 반모음 [j]와 г, к, х, ж, ч, ш, щ 뒤에는 -ива-가 붙는다. 강세는 -ыва-(-ива-)의 바로 앞 음절에 온다. 완료상 동사 어간이 모음으로 끝나는 단어에는 -ва-가 붙는다. 강세는 -ва-에 온다. 이러한 불완료상 형성 접미사를 통해 조어된 것을 "2차 불완료상화"**(вторичная имперфективация)**라고 하는데, 2차 불완료상은 노어에서 -ыва(ива)-가 60%, -а-가 31%, -ва-가 9%를 차지한다.

-ыва- : (играть>)выиграть>выигрывать, (воевать>)завоевать>завоевывать, (сказать>)рассказать>рассказывать,

-ива- : (кончить>)окончить>оканчивать, (просить>)спросить>спрашивать, (строить>)устроить>устраивать

-ва- : (стать>)встать>вставать, дать>давать, (быть>)забыть>забывать, (крыть>)открыть>открывать, (вить>)развить>развивать, (спеть>)успеть>успевать, (бить>)убить>убивать, (лить>)разлить>разливать

② 대부분의 완료상 -ить 동사는 -и-를 -я-로 대체하여 불완료상을 만든다 (치찰음 뒤에서는 -а-)

изучить>изучать, объяснить>объяснять, освободить>освобождать, поздравить>поздравлять, посетить>посещать, решить>решать

③ 기본형이 완료상 동사인 것은 ②의 유추현상으로 -а-로 불완료상을 만드는 몇 개의 단어가 있다: зацвести>зацветать, помочь>помогать, сберечь>сберегать, собрать>собирать, начать>начинать, понять>понимать

(3) 특수 상카테고리

И.П.Мучник의 통계 조사에 의하면 노어 동사의 64%가 상 대응관계에 있고, 31%는 상 대응없이 완료상으로만 혹은 불완료상으로만 사용되는 것이며(perfectiva tantum & imperfectiva tantum), 5%는 하나의 형태로 두 개의 상용법을 모두 가지고 있는 것이다. 이처럼 상 대응이 없는 동사의 비중도 상당히 높은 편이다.

① 몇 개의 동사는 서로 다른 어간으로 상 대응을 일으킨다:

брать- взять, говорить- сказать, класть- положить, ложиться- лечь, садиться- сесть, становиться- стать, ловить- поймать, искать- найти

** 참고사항; 역사적으로 볼 때, 고대노어에서 상의 대응 관계를 통하여 시제를 나타내면서 상의 용법이 활발해지기 시작했던 초기에는 위와같이 동사를 서로 다른 어간의 단어로 대응시키고자 했다. 그러나 모든 동사를 서로 다른 어간으로 상 대응관계를 맺는다는 것은 불가능한 일이었고 점차 동사의 의미에 적절한 접두사를 통해 대응관계를 이루었다: **делать- сделать, писать- написать, играть- сыграть, читать- прочитать, видеть- увидеть**. 그러나 이처럼 노어의 다양한 접두사를 통해 상 대응관계를 맺는다는 것도 하나의 어휘소에 대해 두 개의 단어를 알아야하기 때문에, 또한 단순히 상의 대응관계만 이루고 다른 의미적 차이는 없기 때문에 점차 접두사 по-를 통하여 상 대응관계를 맺게 되었다: **смотреть- посмотреть, обедать- пообедать, думать- подумать, строить- построить**

② 완료상, 불완료상이 구분되지 않고 하나의 형태가 양자의 용법을 모두 가지고 있는 단어가 있다. 이를 양상(兩相)동사(**двувидовые глаголы**)라 한다: велеть, жениться, обещать, ранить, родиться

현대 노어에서 새로이 만들어지는 동사, 즉 新造동사는 대부분 -овать류(-овать, -ировать, -тировать, -цировать)를 붙인다. 그런데 -овать 는 상의 중립으로 완료상과 불완료상의 용법을 하나의 형태로 다 가지며 일반적으로 상의 대응이 이루어지지 않는다.(상중립동사) 이러한 현상은, 오늘날 상카테고리가 점차 약화되는 방향으로 전개되고 있음을 시사해 주는 것이다: использовать, организовать, телеграфировать, рекомендовать

③ 대응되는 완료상이 존재하지 않는 불완료상 동사도 있다:

выглядеть, зависеть, значить, лежать, принадлежать, разговаривать, сидеть, содержать, состоять, стоить, стоять, участвовать

④ 노어의 정태, 부정태로 대응되는 불완료상 동작동사는 접두사를 붙여서, 접두사의 의미가 부가되며 부정태동사는 불완료상으로, 정태동사는 대응되는 완료상이 된다.

идти - ходить : уйти - уходить

вести - водить : увести - уводить

гнать - гонять : угнать - угонять

* 노어의 이동동사(왕래발착동사, 동작동사 глаголы движения): бежать/бегать, брести/бродить, везти/возить, вести/водить, гнать(ся)/гонять(ся), ехать/ездить, идти/ходить, катить(ся)/катать(ся), лезть/лазить, лететь/летать, нести(сь)/носить(ся), плыть/плавать, ползти/ползать, тащить(ся)/таскать(ся)

⑤ Perfectiva tantum: 동사의 의미적 요인, 즉 동작상에 의해 주로 완료상으로만 쓰이는 동사들이 있다. 경계상, 지속상, 기동상, 종결상, 일회상 등이 이에 해당된다.

⑥ Imperfectiva tantum: 동사의 의미적인 요인에 의해 불완료상으로만 쓰이는 동사를 말한다. 대부분은 미종결상(aterminative)으로서, '상태(глаголы состояния)'를 나타내고 있어 해당되는 완료상 쌍을 이루지 못하는 단어들이다:

a. 상태를 나타내거나 육체적인 감정의 상태를 나타내는 것: висеть, лежать, сид

еть, стоять/ любить, сердиться, нервничать

b. 존재의 의미: быть, находиться, существовать

c. 관계의 의미: иметь, знать, принадлежать, соответствовать

d. 행위자의 업무를 나타내는 것: учительствовать(учитель), заведо вать, руководить(руководитель), безобразничать(**безобразник**)

5·2·2·5. 행위양식(동작상, Aktionsart; способ глагольного действия)과 상

오늘날 노어학에서 동사에 속한 하나의 문법범주를 뜻하는 상(вид)과 동사의 의미에 따른 조어의미론적 분류를 나타내는 동작상(способ глагольного действия)을 구분해서 말하고 있다. 동작상은 동사의 기능, 즉 행위 수행의 종류와 방법에 따른 것이고 상은 형태가 제시하는 문법적 의미이다. 그러나 문법적 범주인 상과 비문법적 범주인 동작상은 서로 긴밀한 관계를 가지고 있다: 완료상/불완료상의 표지, 즉 동사의 형태는 상뿐만 아니라 동작상을 결정하는 것이며, 역으로 동사의 어휘의미, 즉 동작상은 상을 결정해 주는 것이다. 상의 의미는 문맥에 의해서만 결정되는 것이 아니라 동사의 어휘의미에도 좌우된다.

형태적인 측면에서 동사의 동작상은 파생관계에 의해 정해진다. 접사의 종류에 따라 ①접두사 동작상(идти> пойти;걸어가기 시작하다, 생기다) ②접미사 동작상(прыгать> прыгнуть;한번 뛰다) ③접두-접미사 동작상(пить> попивать;가끔 한모금씩 마시다) ④접두-후접사 동작상(болтать> разболтаться; 정신없이 수다떨다)로 나누어진다.

의미적인 측면에서 동사의 동작상은 파생되기 전의 기본동사의 의미와 파생관계에서 비롯되는 양적, 질적 의미변화에 촛점이 맞추어진다. 동작상은 조어의미론의 관점에서 보면 '수정(модификация)'에 해당된다 (본 도서의 "5.2.6. 동작상"을 참조바람).

상과 관련된 특징적인 동작상을 열거하면 다음과 같다:

1. 완료상으로 표현되는 동작상

① 기동상(ingressive; начинательный способ действия): 행위의 시작을 나타낸다. 접두사 за-, по-, вз- 를 붙여 행위의 시작을 나타내며, 약 900개의 동사가 있다.

за- : заболеть(발병하다, 병에 걸리다), забегать(뛰기 시작하다), забеспокоиться(불안해지기 시작하다), затосковать(그리워하기 시작하다)

по- : поехать(출발하다), побежать(뛰기 시작하다), поплыть(항해하기 시작하다)

вз- (вс-, воз-, вос-): вскричать'외치기 시작하다', взбунтоваться'폭풍이 일어나다'

② 단기상(delimitative; ограничительный способ действия): 행위의 수행과정에서 시간적으로 경계를 가지는 짧은 한 부분을 나타낸다. 접두사 по-로 나타낸다.

постоять(잠시 서 있다), поплакать, повеселиться, поговорить, пово дить, повоз ить

③ 장기상(perdurative; длительно-ограничительный способ действия): 행위의 수행과정에서 시간적으로 경계를 가지는 하나의 긴 부분을 나타낸다. 접두사 про-로 나타내며, 접미사 -ыва-로 불완료상을 만드는 경우도 있다.

проработать всю ночь(밤새도록 일하다), пробегать, продержаться, проспать, п роговорить, просидеть>просиживать, простоять'오랫동안 서 있다'> простаивать

④ 약화상(attenuative; смягчительный способ действия): 행위의 집중도가 약화되어, 행위가 대상의 일부분에만 일어나는 것을 말한다. 접두사 по-, при-, под-로 나타낸다. 접미사 -ыва-로 불완료상이 만들어지는 동사가 몇 개 있다.

по- : поиздержаться'돈이 점점 떨어지다', поизноситься'점점 닳아서 헤어지다', попридержать'조금 억제하다'

при- : приоткрыть>приоткрывать окно(창문을 조금만 열다), приуныть'조금 슬퍼하다', прилечь'조금 눕다', приналечь'조금 누르다'

под- : подработать>подрабатывать'부업으로 일하다', подзаработать'조금 벌다'

⑤ 결과상(resultative; результативный способ): 행위가 궁극적인 목표를 이룬 결과를 나타낸다.

с-делать, вы-учить, из-жарить, по-стареть, отобедать

⑥. 일회상(semelfactive; однократный или одноактный способ действия): 행위가 한번만 발생하는 것을 뜻하며 접미사 -ну-를 통해 표현된다.(5.2.2.4(1) 참조)

мах-ну-ть(한번 흔들다)(<махать), толк-ну-ть(<толкать), дрог-ну-ть(<дрожать), кр ик-ну-ть(<кричать), шаг-ну-ть(<шагать), мигнуть(한번 눈짓하다)(<мигать)

접미사 -ану-를 취하면 행위가 집중적으로 강하게 한 번 발생하는 것을 뜻한다: дергануть'세게 뽑아내다', рубануть'힘차게 베다', резануть'힘차게 자르다'

2. 불완료상으로 표현되는 동작상

① 지소-반복상(deminutive-iterative; прерывисто-смягчительный способ действия): 행위에 착수했다가 그만두는 동작이 불규칙적으로 반복되는 것을 말하며, 동반접사 "по- -ыва-"로 표현된다.

по-чит-ыва-ть(때때로 조금씩 읽다), по-стук-ива-ть'이따금 조금 두드리다', по-гляд-ыва-ть'때때로 힐끗 쳐다보다', по-кур-ива-ть'때때로 담배 피우다'

② 집중상, 다회집중상(intensive; осложненно-интенсивный способ): 행위가 일정시간 동안 집중해서 강화되어 일어나는 것을 말하며, 동반접사 "вы- -ыва-", "от- -ыва-", "на- -ыва-"로 표현된다.

от-пляс-ыва-ть'열중하여 춤을 추다', на-хлест-ыва-ть'마구 때리다'

③ 장기배분상(длительно-дистрибутивный способ): 행위가 장기간에 걸쳐 여러 방면에서 일어나는 것을 말하며, 동반접사 "раз- -ыва-"로 표현된다.

рас-хаж-ива-ть'빈둥거리며 왔다 갔다 하다', рас-пе-ва-ть'노래부르며 시간을 보내다'

④ 장기약화상(длительно-смягчительный способ): 행위가 약화되어 상당 시간 동안 진행되는 것을 말하며, 동반접사 "на- -ыва-"로 나타낸다.

на-игр-ыва-ть'계속하여 연주하다', на-свист-ыва-ть'장시간 휘바람으로 곡조를 맞추다', на-пе-ва-ть'오래 슬슬 노래하다'

⑤ 반복상(iterative; многократный способ действия): 반복적인 행위를 말하며, 접미사 -ыва-(-ива-, -ва-)로 나타낸다.

сиживал(앉아 있곤 했다), едал(먹곤 했다), знавать, хаживать, читывать, говаривать

5·2·2·6. 시제와 상

상의 시제기능에 대해서는 "5.2.2.3. 시제별 상의미의 차이"에서 비교적 자세히 설명하고 있으므로 여기서는 5.2.2.3.에서 언급되지 않은 내용을 다루기로 한다.

Э.А.Штейнфельдт의 노어 빈도사전(Частотный словарь современного русского литературного языка)에 의하면 상과 시제의 형태별 사용 빈도수는 아래와 같이 나타나고 있다:

<도표 12>

상	불완료상	완료상
시제		
과거	22.0%	34.5%
현재	32.1%	9.0%
미래	2.4%	
합계	56.5%	43.5%

노어의 시제체계는 상체계와 밀접한 관계가 있다.과거시제를 살펴보면 완료상 과거형과 불완료상 과거형의 차이는 상의 차이를 나타내는 것이지만, 시제의 차이도 나타낸다. 완료상 과거는 구체적이고 시간적으로도 명확한 행위를 지시하는데 반해, 불완료상 과거는 추상적이며 행위가 이루어지는 시간대가 명확하지 않다.

또한 의미적으로 완료상 과거에서는 발화시점에 행위의 결과가 나타나 있지만, 불완료상 과거에서는 지칭하는 행위가 발화시점과 관계를 가지는 경우는 드물다.

* 발화시점과 관계를 갖는 불완료상 과거의 예: Я сегодня чувствую себя плохо, потому что ночью не **спал**.

미래 시제에서도 완료상과 불완료상은 상의 차이와 더불어 시제의 차이를 나타낸다. 불완료상 미래에서는 지칭하는 행위가 발화시점 이후 착수되는데 반해, 완료상 현재/미래 시제에서는 지칭하는 행위가 발화시점에 이미 착수되어 발화시점 이후에는 이미 일어난 행위가 지향하는 결과(목표)가 나타나는 것이다. 이러한 미래시제에서 상 의미의 차이로 인해, 한 문장내에 하나의 상의 쌍이 모두 사용될 수 있는 것이다:

Капитализм **спасает** и **спасёт** человечество от опасности новой мировой войны.
/ Что он делает?
- Он **решает** эту особенно трудную задачу.
- А **решит**?
- Ну, **решит**, непременно.

현대 노어에는 영어와 같은 시간의 순차적인 시제 카테고리가 갖추어져 있지 않아서 상의 대응관계를 이용하여 행위의 순차적인 발생을 기술하고 있다. 실제 발화시점과 시제형태의 선택을 결정하는 문법적 발화시점이 일치한 것을 시제의 '절대적 사용'이라 한다.

이에 반해 문법적 발화시점이 실제의 발화시점에 맞추어져 있지 않고 다른 사건의 시점에 의해 결정된 것을 '상대적 사용'이라 한다. 시제의 상대적 사용은 간접화법에 나타난다. 부문장(목적절, 주어절)의 과거시제는 주문장에서 진술된 행위의 시점과 비교하여 좀 더 이전에 발생한 사건을, 미래시제는 상대적으로 나중에 발생한 사건을 나타낸다:

Он сказал, что он **читает** книгу. (= Он сказал: < Я читаю книгу>.)
Он сказал, что он **читал** книгу. (= Он сказал: <Я читал книгу>.)
Он сказал, что он **будет читать** книгу. (= Он сказал: <Я буду читать книгу>.)
Мать писала, что **купила** мне подарок. <купить는 писать의 이전 시점>
Мать писала, что **купит** мне подарок. <купить는 писать의 이후 시점>
Мать писала, что **болела**. <болеть는 писать의 이전 시점>
Я обещал, что **буду** ему **писать** <быть писать는 обещать의 이후 시점>

'상의 시제기능'의 기준에 맞지 않는 시제의 '상대적 사용'은 첫째, 위의 예와 같이 직접화법에서의 시제형태가 간접화법에 그대로 유지된 경우와 둘째, 정상적인 상의 용법이나 시제기능의 파격을 통해 특수한 효과, 즉 표현성 이라든지 감성적 효과를 구사하는데 사용된다:

1. 과거형이나 미래형 대신 현재형을 사용하여, 부문장(목적절, 주어절)의 사건이 진행되는 시간대에 주문장 행위의 발생시점이 속하는 것을 말한다('적극적 현재'(актуальное настоящее)참조).

Больной **лежал** на диване и **слушал**, как жена **ходит** в кухне.

2. 시제의 '전위적 사용'**(транспозиционное употребление)**이란 문장내에서 노어 시제 체계와는 상반되게 구사되는 시제 형태를 말한다. 즉 시제범주에서 말하는 전

위는 시제의 파격적인 구사를 뜻하는 말이다. ① - ④ 가 시제의 전위적 사용에 해당된다.

① 소설 등 문학작품에서는 발화시점보다 이전에 발생한 사건임에도 불완료상 현재형이나 완료상 현재-미래형을 사용하여 사건을 좀 더 생생하게 표현하는 경우가 있는데, 이를 '역사적 현재'(**историческое настоящее**)라고 한다. 역사적 현재에서는 완료상/불완료상 용법의 파격이 일어나, 완료상은 원래 불완료상이 가졌던 용법으로 구사되고 불완료상은 원래 완료상이 가졌던 용법으로 사용된다. 역사적 현재에서 불완료상은 (상태나 반복적 행위도 나타내지만) 원래 완료상으로 표현되는 구체적 개별 행위의 수행을 나타낸다:

> Вчера я **сижу** в трамвае. **Входит** контролёр и **спрашивает** мой билет. Я **сую** руку в карман: Билета нет. Куда он делся? Ведь я совал его в карман-то.

역사적 현재에서 완료상 현재-미래형은 ⓐ 원래 불완료상으로 기술되어야 하는, 과거에 빈번히 발생했던 사건을 나타낸다:

> **Вспомнишь**, бывало, о Карле Иваныче ... и так жалко **станет**, так **полюбишь** его, что слёзы **потекут** из глаз ...(칼 이바느치가 내 머리에 자주 떠 올랐는데 ... 돌연 나는 그를 가엾게 생각했어. 그래서 여러번이나 눈에 눈물을 흘릴 정도로 그를 사랑하게 되었지 ...)

ⓑ 다른 사건들이 상대적으로 긴 시간에 걸쳐 과거에 계속해서 반복적으로 나타나는 동안 완료상으로 기술되는 사건은 상대적으로 짧은 시간에 걸쳐 발생한 것을 가리킨다. 완료상 현재-미래형의 '역사적 현재' 용법은 예기치 못하게 갑자기 발생 한 것을 강조하기 위하여 소사(да) как를 쓰기도 한다(5.2.1.참조):

> Известие это волновало его чрезвычайно. Он хотел работать, но не мог сосредоточиться. Он то **встанет**, **походит** по комнате, то опять **сядет** за письменный стол. И всё думает об одном: Что же будет! (이 소식을 받고 그는 몹시 흥분했다. 일을 하고 싶어도 한군데 집중할 수가 없었다. 일어나서 방을 거닐기도 하고 다시 책상 앞에 앉기도 했다. 하지만 '앞으로 어떻게 될건가?'하는 한 가지 생각만이 내내 계속되었다.)

② '예정된 행위의 현재'(**настоящее намеченного действия**)라 하여 지칭하는 행위는 발화시점 이후에 일어나지만 그것이 이전에 이미 구체적으로 계획된 것이어서 발

화시점에 행위를 수행할 수 있는 준비가 되어 있는 것을 말한다. 주로 불완료상 현재형으로 미래시제를 나타낸다.

Летом я **уезжаю** за границу.

Я сегодня **обедаю** в ресторане.

Через неделю **начинаются** каникулы.

'예정된 행위의 현재'가 쓰이는 단어는 많지 않으며, 다음과 같은 동사들이 있다:

ⓐ 이동동사(идти, ехать, уходить, уезжать, вылетать, отправляться 등)

ⓑ обедать, ужинать, завтракать, пировать, покупать, встречать, приступать, начинать(ся), заказывать, брать

ⓒ "быть + 불완료상 미정형"으로 미래시제를 나타낼 수 없는 мочь 등 조동사

③ 실제적 발화시점 이후의 시간대에 문법적 발화시점이 놓이게 되면 완료상 과거형을 사용하여 실제적 발화시점 이후에 일어날 사건을 가정하게 된다(ⓐ). 또 완료상 과거를 사용하여 현재시제로 지칭되는 사건의 직후 혹은 직전에 발생한 행위를 강조하게 된다(ⓑ).

ⓐ Ну хорошо, ну положим, я **вышел** из университета, положим, **поступил** куда-нибудь на службу, а дальше что? (그래 좋아요, 하지만 내가 대학을 나와서 어디 취직을 한다손 치더라도, 그 다음에 뭐가 더 있겠어요?)

ⓑ Каштаны цветут весной, когда только что **распустился** молодой лист. (밤나무는 봄에 새 잎이 트면 바로 꽃을 피운다)

④ 현재시제를 대신해서 불완료상 미래시제형(быть + 불완료상 미정형)을 사용하여 사건 발생의 확실성이나 행위를 시행할 준비가 되어 있음을 뜻하는 양상적 의미(modal meaning)를 나타낸다:

В литературе, как в жизни, нужно помнить одно правило, что человек **будет** тысячу раз **раскаиваться** в том, что говорил много, но никогда, что мало. (인생에서와 같이 문학에서도 사람은 말을 너무 많이 한 것을 반드시 천번 만번 후회하지만 말을 적게 한 것은 결코 후회하지 않는다는 법칙을 잊지 말아야 한다)

실제 발화시점과 문법적 발화시점이 일치하지 않는다는 점에서는 '상대적 사용'과

‘전위적 사용’은 같지만, 그것이 일어난 원인은 다르다. 상대적 사용에서는 문법적 발화시점이 두번째 사건의 시간과 일치한다. 전위적 사용에서는 문법적 발화시점이 실제 발화시점과는 상관없이 자의적이다.

5·2·2·7. 접속법(conjunctive; конъюнктив)과 상

(1) 원망(願望) 의미의 접속법

1, 3인칭 원망법에서 완료상은 직설법에서와 같은 저촉을 받는다:

① 행위가 ‘경계를 포함해서 끝까지 전체적으로 수행’되기를 희망한다:

Пришёл бы он! (그가 와야 하는데!)

Сел бы он теперь! (그는 이제 앉아야 하는데!)

② ‘순차 행위’의 수행을 희망한다:

Пришёл бы он и рассказал бы мне это! (그가 와서 이것을 나한테 설명해 주어야 하는데!)

1, 3인칭 원망법에서 불완료상도 직설법에서와 같은 의미를 가진다:

지속의 의미: Хоть бы он занимался весь день! (그가 하루 종일 공부를 한다면!)

반복의 의미: Приходили бы он к нам почаще! (그가 우리들에게 좀 더 자주 왔으면!)

2인칭 원망법은 요구의 의미에 가깝기 때문에 완료상/불완료상의 선택도 명령법과 동일하다:

Вы бы купили новый словарь! = Купите новый словарь!

Ты бы сидел и писал! = Сиди и пиши!

Вы бы приезжали каждый день! = Приезжайте каждый день!

Вы бы вставали, уже семь часов! = Вставайте, уже семь часов!

부정의 원망법에서는 의미적으로 시간적인 경계가 표현되지 않는다. 따라서 부정의 원망법은 불완료상으로 나타낸다:

Села бы у окошка и никуда бы не уходила.(단지 창가에 앉아서 아무데도 가지 말아야 하는데!)

Ты бы не смотрел на них!

Мы хотели, чтобы он не приходил.

부정의 원망법에서 완료상을 쓰면 행위 발생에 대한 공포심, 의구심을 나타낸다:

Как бы он не простудился! (그가 혹시나 감기나 들지 않을까!)

Мы боялись, чтобы Борис не уехал.(우리는 보리스가 떠나버리지나 않을까 걱정했다)

Мы беспокоились, как бы [чтобы] погода не испортилась.(우리는 날씨가 나빠질까봐 불안했다)

(2) 조건 의미의 접속법

조건 의미의 접속법은 (실제로 일어난 것은 아니지만) 과거나 미래에 일어날 행위를 나타내는 것이므로 원칙적으로 과거시제의 상 용법과 미래시제의 상 용법에 준한다. '시제와 상'에서 학습한 내용과 유사하지만 요점만 간단히 살펴보기로 하자:

1. 완료상의 사용

① 개별 행위의 전체적인 수행:

Я написала бы тебе письмо, если бы знали твой адрес.

② 순차 행위:

Если бы он вчера пришёл ко мне, я бы рассказал ему всё.

2. 불완료상의 사용

① 진행중이거나 지속적인 행위:

Наверное, он бы ещё долго объяснял рабочим устройство снаряда,
но в это время ... **затрещали** выстрелы.

② 반복적 행위:

Если бы ты регулярно занимался спортом, делал бы утреннюю зарядку, ты б ыл бы крепким и здоровым.

조건 의미의 접속법은 부정되더라도 상의 선택에 아무런 영향을 미치지 않으며 긍정문의 상 용법이 그대로 유지된다. 다음 문장을 비교해 보라.

Если бы он пришёл, мы закончили бы работу.

Если бы он не пришёл, мы не закончили бы работу.
Если бы ты регулярно занимался спортом, ты был бы крепким и здоровым.
Если бы ты не регулярно занимался спортом, ты не был бы таким креп ким и здоровым.

5·2·2·8. 미정형과 상

현대 노어에서 미정형의 사용은 급격히 증가하고 있는 추세이다. 동사 미정형이 특히 술어로 쓰일 경우 대개 표현적, 일시적 의미를 띤다. 완료상/불완료상의 사용이 의존적일 수도 있고 자립적일 수도 있다.

(1) 의존미정형(зависимый инфинитив)

의존적 미정형에서 완료상/불완료상의 선택은 어휘적 의미에 의한 것이다. 의존미정형에는 단계동사, 양상동사, 술어적 부사가 있다.

1. 동작상이나 어휘의미에 의해 미정형의 선택이 좌우된다. 즉, 시작, 진행, 종결, 습관, 반복의 의미를 가진 동사와 함께 불완료상 미정형을 쓴다든지, забыть, смочь, суметь, удаться, успеть 등과는 완료상 미정형을 쓴다는 것이다:

Мы начали изучать русский язык.
Я написал письмо, но забыл опустить его в почтовый ящик.

즉, 시작, 진행, 종결 등의 어휘적 의미에 의해 불완료상의 미정형이 이미 관용적으로 쓰이고 있는 위의 начать와 같은 동사를 '단계동사(фазовые глаголы)'라 한다.

2. 본동사의 의미에 가능성, 의도, 필요 등의 양상적 의미를 더해 주는 것을 '양상동사(модальные глаголы)'라 한다. 양상동사는 상과 관련하여 다음과 같이 나누어진다:

① 의도, 지향, 소망의 의미를 가진 양상동사와는 본동사로 완료상 미정형을 사용한다. 이러한 의미의 주요한 동사는 다음과 같다; хотеть/захотеть, желать/п

ожелать, намереваться, пытаться/попытаться, собраться/собираться, готовиться, думать/подумать, задумать/задумывать, стараться/постараться, решить(ся)/решать(ся)

Я **хочу посмотреть** этот фильм.

Филин получил сегодня диплом и **решил поехать** в Сеул.

그러나 지속과 반복의 의미가 명백한 문장에서는 이러한 동사들도 불완료상을 쓴다:

Я **хочу регулярно смотреть** фильмы на русском языке.

Я **всегда стараюсь тщательно проверить** факты.(всегда는 стараюсь를 수식)

Я **стараюсь всегда тщательно проверять** факты.(всегда는 проверять를 수식)

부정문(否定文)에서는 완료상을 그대로 쓰거나 강조소사와 함께 불완료상을 쓰기도 한다:

Никто не хочет меня понять.

Я совсем не хочу обижать.

Я и не думал отказываться.

② 필요성, 당위성을 뜻하는 양상동사가 있다: приходиться/прийтись, следовать, требоваться/потребоваться, стоить, остаться/оставаться 이러한 단어 다음에 오는 본동사는 완료상을 쓴다:

Мне **пришлось** свою сессию за четвёртый курс **перенести** на следующий год.

Предстояло совершить хотя и не очень длинный, но тяжёлый путь.

반복이나 지속의 의미가 명백한 문장에서는 본동사로 불완료상을 사용한다. 이외에 불완료상을 사용하는 것은 '절박하다'거나 '어쩔 수 없이 해야만 한다'든가 '귀찮다'든지 '도의적으로 할 수 없이 해야 한다'든지 하는, 문맥에 적합한 부가적인 뉘앙스를 띠게 된다:

Мне придётся переписывать эту работу. (싫든 좋든 나는 이것을 다시 써야만 한다)

Как ни откладывай, а ложиться на операцию придётся.(어떻게든 연기할 수는 있어도 어쨌든 수술은 받아야 한다)

부정문(否定文)에서는 예외없이 불완료상을 사용한다:

Метод работы не следует изменять (작업 방법을 바꿀 필요는 없다)
Не стоит придавать этому значение. (이 일에 의의를 부여할 필요는 없다)

③ 가능성을 나타내는 양상동사 мочь, уметь, успевать 등과는 본동사로 완료상을 쓴다:

Он может умереть. У него плохое сердце.
Мы успеваем заметить, как с другой стороны ...

지속, 반복 의미의 문장에는 불완료상을 쓰며, 이외에 불완료상을 사용하는 것은 허락을 의미한다:

Примерочная освободилась, можете примерять. (가봉실이 비어 있으니 이제 입어보셔도 됩니다)

부정문(否定文)에서도 완료상을 쓴다. 단 불완료상을 쓰게 되면 불가능을 뜻하는 것이 아니라 '허락 할 수 없음', '금지'를 나타낸다:

Сколько времени они с ним разбираются, а всё **разобраться** не могут. (해명하려고 그에게 아무리 많은 시간을 들인다해도, 그들은 아무런 해명도 해낼 수 없다)
Не могу **рассказать** всего: это было очень давно и я многое забыл. (너무 오래되었고 또 많이 잊어버려 모든 것을 다 말할 수는 없다)
Не могу тебе **рассказывать** это: мне не велели. (너에게 이것을 말해서는 안 된다: 나는 말하지 않도록 명령을 받았기 때문이다)

3. 미정형과 함께 쓰는 술어적 부사로는 필요, 의무의 의미 надо, нужно, необходимо, должно, 가능성을 나타내는 можно 등이 있다. 이들의 완료상/불완료상의 선택은 양상동사의 상 용법과 동일하다. 단 **можно**가 지속, 반복을 나타내는 문장이외에 불완료상이 올 경우는 '애타게 기다리던 일을 미침내 하게 되다'라는 뉘앙스를 가진다:

Полковник дал знак, что **можно начинать**, и занавес тотчас же взвился. (단장이 마침내 시작하라는 신호를 하자 곧바로 막이 올려졌다)

양상동사에서와 마찬가지로 가능성에 대한 부정, 즉 불가능을 나타내는 нельзя나 невозможно는 (не можно는 사용하지 않음에 주의) 완료상 본동사를 쓰지만, '허락

하지 않음', 금지를 뜻하면 불완료상을 쓴다:

Лицо такое, что ничего на нём нельзя прочесть. (그의 얼굴에서는 아무 것도 읽을 수 없는 그런 얼굴을 하고 있었다)

В эту комнату посторонним входить нельзя. (이 방은 관계자외 출입금지)

(2) 자립미정형(независимый инфинитив)

미정형을 요구하는 술어나 양상동사, 단계동사 없이 미정형 단독으로 사용하는 것을 '자립미정형'이라 한다. 자립적 미정형은 다양한 양상적 의미를 지닌다.

① 소망, 바램을 나타내는 문장은 소사 бы와 함께 미정형 쓰는 것이 보통이지만 бы없이도 이러한 의미를 구현한다. 이러한 의미의 문장은 완료상을 쓴다:

Ах, посмотреть бы, как вы будете выступать. (아, 당신이 어떻게 출연하는가를 사람들이 볼 수 있다면!)

Уехать отсюда, забыть обо всём. (이 곳을 떠나 모든 것을 잊을 수 있다면!)

불완료상을 쓰게 되면 반복이나 지속의 의미를 나타낸다:

Тебе бы ещё учиться. (너는 앞으로 계속 더 공부를 하는게 좋을텐데!)

Вам хоть бы концерты давать.(어쨌든 당신은 여러 차례 연주회를 개최하는 것이 좋을 것입니다)

② '여격주어 + 미정형'으로 필요성, 당위를 나타낼 경우는 불완료상을 쓴다. 이러한 문장은 마지못해 한다든지 불쾌함 등의 뉘앙스를 가진다:

Завтра нам рано вставать (안됐지만 내일 우리는 일찍 일어나야 한다)

Скоро мне уезжать (원하지 않지만 나는 곧 떠나야 한다)

③ '여격주어 + 미정형'으로 가능성을 나타내는 경우는 드물며 대개는 의문문이다. 완료상을 쓰며 반복, 지속의 문장의미로 불완료상을 쓴다:

Когда мне зайти к вам?

④ 미정형으로 '요구'의 의미를 나타내는 것은 완료상을 쓴다:

Встать! Умыть! Начать заниматься!

부정소사 не와 함께 불완료상을 쓰면 금지를 나타내고 완료상을 쓰면 불가능을 나타낸다:

ро это не рассказать (이 점에 대해서는 말할 수 없습니다)

Про это не рассказывать! (이 점에 대해서 말하지 마시오!)

(3) 요 약

미정형의 완료상/불완료상 선택을 통하여 구현되는 의미는 위에서 설명된 것보다 실제로는 훨씬 더 다양하며, 노어를 외국어로 학습하는 우리들로서는 모든 양상적, 부차적 의미를 완전히 습득할 수는 없다. 위에서 설명된 것은 미정형 상 용법의 기본적인 내용이므로 잘 익혀서 노어 문장 해석에 오류를 범하지 않도록 주의해야 한다. 위의 내용을 요약하면 다음과 같다:

① 의존미정형이든 자립미정형이든 의미가 명료한 완료상을 쓰는 것이 원칙이다.

② 문장에 지속이나 반복의 의미가 명백하게 나타나 있으면 불완료상을 쓴다.

③ 지속이나 반복의 의미가 아닌데도 불완료상을 쓰면 그 문장은 여러가지 양상적, 부차적 의미를 지닌다.

④ 미정형이 부정(否定)되더라도 ①, ②의 원칙은 준수된다.

⑤ 부정 미정형문장에서 불완료상을 쓰면 미정형은 수정된(modification) 의미를 띤다.

형태론(МОРФОЛОГИЯ)

ОБЯЗАТЕЛЬНАЯ ЛИТЕРАТУРА

Белошапкова, В.А. (ред.) Современный русский язык, М. 2011

Виноградов В.В., Русский язык. Грамматическое учение о слове. Изд. 3, М.: «Высш. школа» , 1986.

Зализняк А.А., Русское именное словоизменение, М.: «Наука», 1967.

Милославский И.Г., Краткая практическая грамматика русского языка, М.: «Просвещение», 1989.

Мучник И.П., Грамматические категории глагола и имени в современном русском литературном языке, М.: «Наука», 1971. Морфология, - В кн. Русская грамматика. Т. 1, М.: Наука: 1980.

Панов М.В., Русский язык, - В кн. Языки народов СССР. Т. 1. Индоеврапе йские языки, М.: Наука: 1966. (раздел «Морфология») Теория функциональной грамматики, Л.: «Наука». 1987, 1990, 1991.

Трубецкой Н.С., Основы фонологии, М.: «Изд. иностр. лит.», 1960. (раздел III. Лексическая классификация смыслоразличительных оппозиций: Б. Классификация оппозиций по отношению ме ждучленами оппозиции)

Янко-Триницкая Н.А., Русская морфология, М.: «Русский языю», 1989.

ДОПОЛНИТЕЛЬНАЯ ЛИТЕРАТУРА

Авилова Н.С., Вид глагола и семантика глагольного слова, М.: «Наука», 1976.
Актуальные проблемы русской морфологии, М.: «Изд. МГУ», 1988.

Бидер И.Г., Большаков И.А., Еськова Н.А., Формальная модель русской морфологии, М,: «Институт русского языка АН СССР», 1978.

Бондарко А.В., Теории морфологических категорий, Л.: «Наука», 1976.

Буланин Л.Л., Трудные вопросы морфологии, М.: «Просвещение», 1976.

Булыгина Т.В., Проблемы теории морфологических моделей, М.: «Наука», 1977.

Волохина Г.А., Попова З.Д., Морфологическая парадигматика русского яз ыка, Воронеж: «Изд.ВГУ», 1991.
вопросы глагольного вида. Под ред. Маслова Ю. С, М.: «Изд. иностр. лит»,1962.

Гловинская М.Я., Семантические типы видовых противопоставлений русс кого глагола, М.: «Наука», 1982.

Граудина Л.К., Ицкович В. А., Катлинская Л. П., Грамматическая правиль ность русской речи, М.: «Наущка», 1976.

Зализняк А.А., Грамматический словарь русского языка. Словоизменени е, М.: «Русский язык», 1977.

Идеографические аспекты русской грамматики, М.: «Изд. МГУ», 1988.

Ильина Н.Е., Морфонология глагола в современном русском языке, М.: «Наука», 1980.

Кузнецов П.С., О принципах изучения грамматики, М.: «Изд. МГУ», 1961.

Курилович Е., Проблемы классификации падежей, - В кн. Курилович Е. О черки по лингвистике, М.: Изд. иностр. лит.: 1962.

Лопатин В.В., Морфологические категории в плане выражения, - В кн. Ру сский язык: Функционирование грамматических категорий. Текст и контекст, М.: Наука: 1984.

Маслов Ю.С., Очерки по аспектологии, Л.: «Изд. ЛГУ», 1984

Милославский И.Г., Морфологические категории современного русского языка, М.: «Просвещение», 1981.

Морфология, - В кн. Аванесов Р. И., Сидоров В. Н. О черк грамматики русского литературного языка. Ч. 1, М.: Учпедгиз: 1945. Морфология - В кн. Краткая русская грамматика, М.: Русский язык: 1989. Морфология - В кн. Морфология и синтаксис соврем енного русского литературного языка. Русский язы к и советское общество. Социол ого-лингвистическ ое исследова-ние, М.: Наука: 1968.

Реформатский А.А., О соотношении эстетики и грамматики (морфологии), - В кн. Реформатский А. А. Из Реформатский А. А. Из истории отечественной фонологии, М.: Наука: 1970.

Слово и грамматические законы языка. Имя, М.: «Наука», 1989.

Слово и грамматические законы языка. Глагол, М.: «Наука», 1989.

Шахматов А.А., Очерк современного русского литературного языка, М.: «Учпедгиз», 1941. (раздел «Морфология»)

3 조어론

1. 노어 조어론의 개념 및 연구사

새로운 사물, 현상, 개념 등이 나타나면 그것을 지칭하는 단어를 필요로 하게 된다. 조어론(word-formation:словообразование)이란 여태까지 존재하지 않았던 새로운 단어를 만들어내는 과정을 분석, 고찰하는 언어학의 한 분야이다. 이전에는 형태론의 한 분야로 취급하기도 했으며 영어를 비롯한 분석적 구조(analytic structure: aналитичская структура)의 언어에서는 많이 다루지 않는 분야이나 노어와 같은 종합적 구조(synthetical structure: синтетическая структура)의 언어에서는 중요한 분야로 여겨지고 있다. 노어의 경우 형태소의 전체 합계는 약 5000개 밖에 되지 않지만, 이들이 다양한 방식의 결합을 통해 모든 노어 단어를 창출해 내고 있는 것이다.

러시아에서 조어론은 보두엥 드 꾸르뜨네로부터 시작되어 그의 제자들이 이어받았다. 보두엥의 조어분석 특징은 통시적인 것과 공시적인 것의 엄격한 구별과 조어의 생산성(prod- uctivity: продуктивность)에 주안점을 둔 것이다. 그의 제자들이 주로 다룬 것은 슬라브어들에서 조어체계의 비교언어학적인 측면과 노어 조어방식의 체계적인 분류등이다.

1950년대 초까지 노어학에서 조어론은 독립된 분야로 취급되지 못하고 형태론의 한 분야로 연구되었다. 1938년의 비노그라도프(B.B.Виноградов)의 "현대러시아어(Современнный русский язык)",(1938)에서도 접사조어(аффиксация)는 형태론에서 형태적인 설명만 하고 있으며 1952년의 "아카데미 문법(Грамматика русского языка . Академия наук. M.1952.)"에서도 형태론의 품사론에서 다루고 있다.

조어론이 노어학의 중요한 독립된 분야로 다루어진 것은 비노그라도프의 "언어사와 언어 이론의 제 문제"(Вопросы теории и истории языка)(M. 1952)의 조어론에 관한"문법과 어휘의 측면에서 본 조어론(Словообразование в его отношении к гр

аммaтике и лексикологии)"에서였다. 이 책에서 비노그라도프는 조어론이 형태론 및 어휘론과 긴밀한 관계를 가지지만 그 자체로서 독립적인 영역을 가지고 있으므로 하나의 독립적인 분야로 취급해야 한다고 언급하고 있다. 이것을 계기로 50년대 중반부터 파생관계를 비롯해 조어방식, 조어수단, 조어의 규칙성 및 조어의미등을 심도있게 파헤치기 시작했다. 그 가운데 특히 К.А.Левковская의 "조어론(Словообразование)"(М. 1954)과 Н.М.Шанский의 "노어조어개론(Очерки по русскому словообразованию)"(М. 1968), 명사, 형용사, 동사의 조어유형을 밝히고 있는 В.В.Лопатин의 "아카데미 문법" 1970년판, Е.А.Земская의 "현대노어 - 조어론(Современный русский язык, Словообразование) "(М.1973), 포티하(З.А.Потиха)의 "현대노어조어론"(Современное русское словообразование)(М. 1970), И.С.Улуханов의 "조어의미론(Словообразовательная семантика в русском языке и принципы её описания)"(М. 1977) 등이 조어론에 관한 기본서로 널리 사용되고 있다.

2. 조어론 기초

2·1. 생산성

한 조어요소가 얼마나 많은 단어를 새로이 만들어 내는가를 "조어 생산성"(словообразовательная продуктивность)라 한다. 추상명사 형성접미사 -ость나 관계형용사 형성접미사 -н- 은 생산적(продуктивный)이지만 추상명사 형성접미사 -изн-а, 정도약화의 의미를 더해주는 형용사형성접미사 -ат- 등은 그것을 통해서 조어된 단어가 몇 개에 불과해 비생산적(непродуктивный)이다:

-ость: новость, скромность, смелость, готовность, стойкость, вдумчивость
-н-: справочный, зажимный, багажный, семейный, угольный
-изн-а: белизна(<белый), крутизна(<крутой)
-ат-: рогатый(<рога), крылатый(<крыло)

2·2. 파생과 분절

우리는 형태론에서 어근, 접사, 어간, 어미 등에 대해 알아 보았다. 조어론에서 이러한 용어는 다시 파생(производность/ непроизводность)의 기준에 따라 “파생 어간”(производная основа)과 “비파생 어간”(непроизводная основа)으로 나뉘고, 분절성(членимость)의 기준에 따라 “결합어간”(связаннный корень)과 “분리어간”(свободный корень)으로 나뉜다. 비파생 어간이란 모어로부터 파생된 것이 아니라 자체가 모어로서 어간과 어근이 일치하는 어간을 말한다. 비파생 어간은 더 이상 쪼갤 수 없으므로 형태적으로 비분절적이다: хлеб-а, гор-а, роз-а, добр-ый, жа-ть, здесь. 파생 어간이란 모어로부터 파생된 어간을 말한다. 따라서 어근과 어간은 일치하지 않으며 형태적으로 어간이 어근과 조어 접사로 나누어질 수 있는, 즉 분절적인 것이다: хлеб-н-ый, гор-ец, роз-очк-а, добр-еть

이러한 파생과 분절성이라는 2가지 기준에 의해 어간은 다음과 같이 분류된다:

① 분절적 파생어간: 어간이 다른 모어로부터 파생되어 어근(모어)과 접사로 나뉠 수 있는 어간 учи-тель, мор-як, лов-кость

② 비분절적 비파생어간: 어간이 모어로서 다른 조어적 요소가 들어 있지 않는 것 стол, дуб, мечта, серый, спать

③ 분절적 비파생어간: 어간의 형성이 어근과 자유로이 이합(離合)한 것이 아니라, 어근은 단독으로 어간을 이루지 못하고 특정한 접사를 택하여 그 접사와 결합해서만 어간을 이루는 것을 결합어간이라 한다. 따라서 결합어간은 분절적 비파생어간이다: 단어 привыкнуть, отвыкнуть에서 어근 вык는 항상 단독으로 어간을 이루지 못하고 특성을 강화시켜주는 접두어 при-나 이와 반대되는 의미인 от-, 그리고 접미사 -ну-와 함께 어간을 이룬다. 즉 어간은 접두어, 어근, 접미사 등으로 분절될 수 있으나, 이러한 어간은 항상 특정한 접사와 결합해서만 기능한다. 어근 -верг-는 단어 ввергнуть, свергнуть, отвергнуть, низвергнуть, подвергнуть 등에서 보듯이 자신이 단독으로는 쓰이지 못하고 접두사, 접미사를 동반하여 어간을 이루는 결합어간이다. нелепый, великолепный, нелепица, безлепица에서 어근 леп, доказать, заказать, наказать, приказать, у

казать에서 어근 каз는 항상 다른 조어요소를 동반하여 단어를 구성하므로 결합어간이다. 이와는 달리 어근이 단독으로 어간을 이룰 수 있고 아무런 저촉이 없는 것을 "분리어간"이라 한다.

이처럼 조어적 측면에서 어간은 파생어간/비파생어간, 분절적 어간/비분절적 어간, 결합어간/분리어간으로 구별된다.

2·3. 조어쌍, 조어사슬, 조어유형, 조어군

모어(동기어)로부터 조어수단을 통하여 새로운 단어가 만들어졌을 때 모어와 파생어, 즉 동기어와 피동기어를 가리켜 조어쌍(словообразовательная пара)라 한다: гора- горный, горный- горн'ак, горн'ак- горн'ацкий

동기어 гора로부터 조어 수단을 통하여 피동기어 горный가 만들어지고 이를 모어로 하여 단어 горн'ак가 만들어지며 горн'ак를 모어로하여 горн'ацкий가 만들어지는 것과 같이, 조어쌍이 연속적인 일종의 사슬과 같은 모양을 이루게 되는 경우가 많은데 이를 조어사슬(словообразовательная цепь, словообразовательнаяцепочка)이라 한다:

гор-а> гор-н-ый> горн'-ак> горн'-ац-к-ий
бол-е-ть> за-бол-е-ть> за-бол-е-ва-ть> за-бол-е-ва-ни-е
пуст-ой> пуст-ошь> о-пуст-ош-и-ть> о-пуст-ош-и-тель> о-пуст-ош-и-тель-н-ый
лист> лист-в-а> лист-в-енн-ый> лист-в-енн-иц-а> лист-в-енн-ич-н-ый

① 조어사슬은 완전사슬(полная цепочка)과 불완전사슬(неполная цепочка)이 있다:

нормальный- нормализовать - нормализация
профессиональный - ◯ - профессионализация
инвалид - инвалидный - инвалидность
торопыга - ◯ - торопыгость

наука - научный - научно

щепот - ◯ - щепотно

② 정조어(прямые способы словообразования)와 역조어(обратные способы словообразования)

역조어: неразбериха(혼란)> разбериха, отнекиваться> отнекаться, выходить>выход

노어의 조어사슬은 일상어의 경우 매우 복잡한 양상을 보이는데 그 대표적인 예를 나타내 보자:

<도표 1>

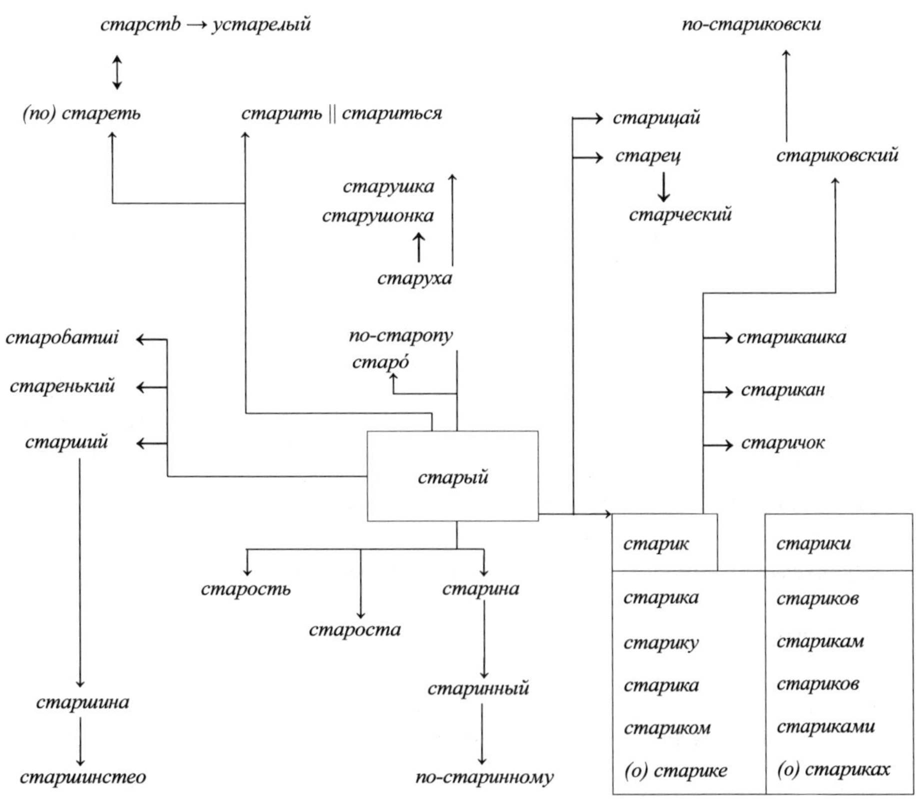

<도표 2>

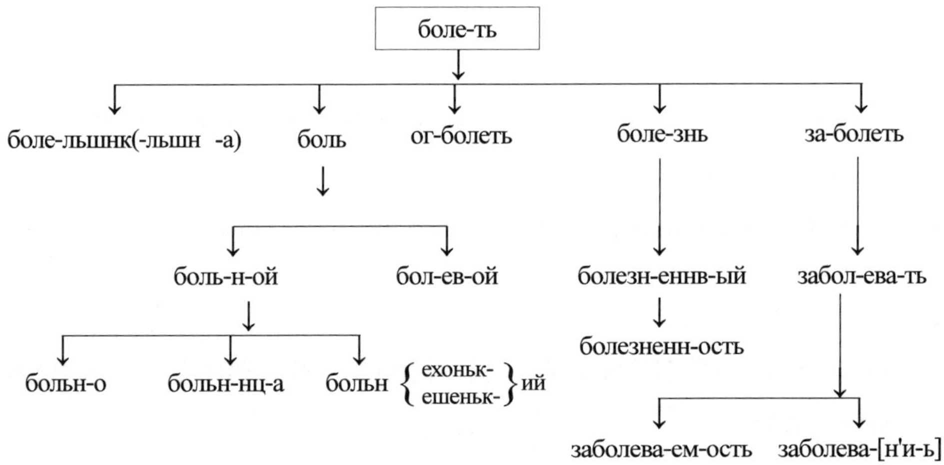
боле-ть
боле-льшнк(-льшн -а)
боль
ог-болеть
боле-знь
за-болеть
боль-н-ой
бол-ев-ой
болезн-еннв-ый
забол-ева-ть
болезненн-ость
больн-о
больн-нц-а
больн
ехоньк-
ешеньк-
ий
заболева-ем-ость
заболева-[н'и-ь]

<도표 3>

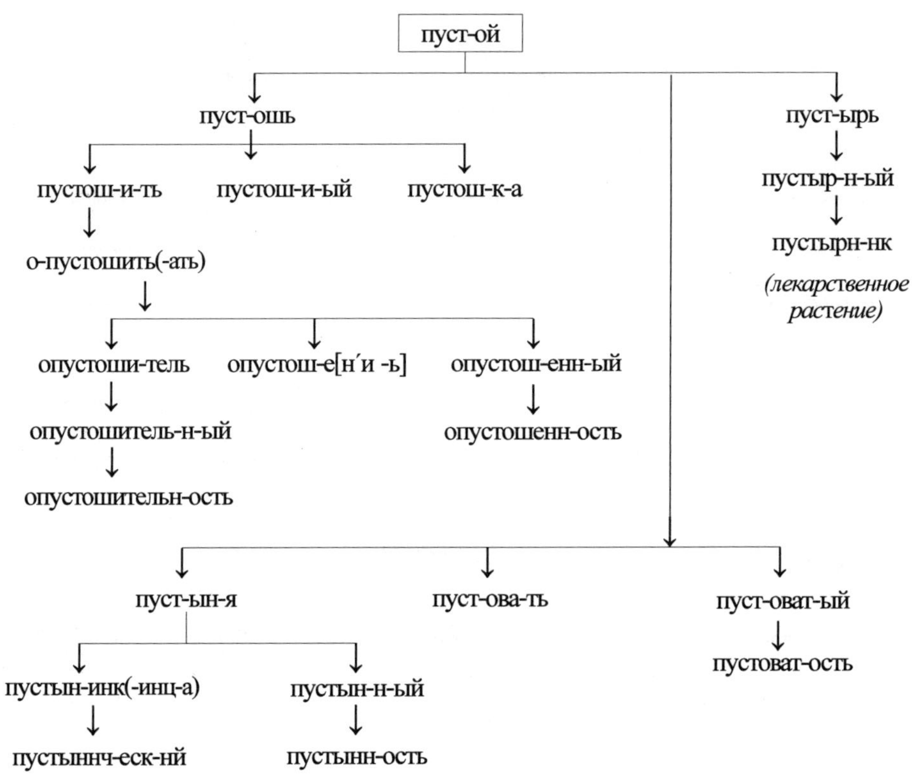
пуст-ой
пуст-ошь
пуст-ырь
пустош-и-ть
пустош-и-ый
пустош-к-а
пустыр-н-ый
пустырн-нк
(лекарственное растение)
о-пустошить(-ать)
опустоши-тель
опустош-е[н′и -ь]
опустош-енн-ый
опустошитель-н-ый
опустошенн-ость
опустошительн-ость
пуст-ын-я
пуст-ова-ть
пуст-оват-ый
пустоват-ость
пустын-инк(-инц-а)
пустын-н-ый
пустыннч-еск-ній
пустынн-ость

다양한 조어 과정에서 나타나는 특색, 규칙, 생산성, 조어군을 파악하고 어휘소를 중심으로 동질성에 따라 유형화하는 것을 "조어유형"(словообразовательная модель, словообразовательный тип)이라 한다. рыбак, мор'ак(моряк)는 1. 동기어가 모두 명사이며 2. 동일한 의미, 3. 동일한 형태의 접미사로서 파생되었으므로 하나의 조어유형이지만, мор'ак, горн'ак(горняк)는 동일한 접미사를 통해 조어되었지만 동기어의 품사가 다르므로(море; 명사, горный; 형용사) 하나의 조어유형이 아니다. шутник(шут-ить>шут-ник 농담꾼), муравейник(муравей>муравей-ник 개미집), фокусник(фокус>фокус-ник 요술쟁이), градус-ник(градус>градус-ник 온도계), кофейник(кофе>кофе-й-ник 커피주전자)에서 접미사 -ник는 위의 어느 단어도 동일한 조어유형을 이루지 못한다.(파생 모어의 품사, 접미사의 의미가 다름을 확인하자)

조어군(造語群, словообразовательные гнёзда)은 하나의 어근으로부터 파생되는 단어 전체를 나타내는 "모어군"(гнёзда однокоренных слов, гнёзда родственных слов)과, 동일한 (상의의) 의미를 나타내는 단어를 묶은 "주제별 조어군"(гнёзда тематических словообразовательных рядов)이 있다:

〈모어군〉

бел- ; белый, белок, белить, белизна

гор-; гора, горка, пригорок, горный, горняк, горняцкий, по-горняцки, плоскогорье, горица, горец, горянка, гористый, гористость, взгорье, межгорье, нагорный, подгорный, предгорный, горообразование, гороподобный, высокогорный, косогор, косогористый

〈주제별 조어군〉

동사로부터 조어된 사람을 지칭하는 명사; ткач, вожак, продавец, владелец, выдумщик, подписчик, точильщик, воспитатель, болтун, игрок, пастух

2·4. 조어적 측면에서 형태구조의 통시적 변화

한 단어의 형태 구조도 음성이나 의미와 마찬가지로 통시적인 변화를 겪는다. 조어적인 측면에서 볼 때, 형태구조의 통시적인 변화는 다음과 같은 3가지 양상을 보인다:

① 단순화(опрощение): рыбка, ручка는 동기어(모어) рыба, рука의 지소형으로 동기어와의 의미적, 형태적 관계가 있어 рыб(어간)-к(지소형접미사)-а(어미), руч(어간)-к(지소형 접미사)-а(어미)로 형태 분석된다. 그러나 단어 спичка, чашка, блюдце, кольцо, мешок, порошок 등은 통시적으로는 спица, чаша, блюдо, коло, мех, порох 등의 지소형이었지만 현대노어에서 이미 의미적으로 모어와의 관계를 상실해 모어의 지소형이 아니라 보통명사로 받아 들여진다. 즉 спичка는 спич-к-а이었지만 지금은 спичк-а로 형태분석 된다. 이처럼 이전에 파생적, 분절적이었던 어간이 비파생적, 비분절적 어간으로 바뀐 것을 "단순화"라 한다. 단순화는 다음 2가지의 결과로 발생한다:

동기어가 사멸한 경우 - коло> кольцо (고대노어 коль-ц-о), 현대노어 кольц-о, *solno-> солнце (soln-ц-е), 현대노어 солнц-е)

동기어는 존재하지만 그 의미적 관계가 상실된 경우 - чаша(술잔)/чашка(찻잔), блюдо(접시)/блюдце(찻잔, 컵의 받침접시)

② 재편(再編, переразложение): 형용사 дружественный는 공시적으로 볼 때, 동기어 друг와 접미사 -ественн-으로 이루어져 있다. 그러나 통시적으로는 현재 사멸된 모어 дружество(현대노어에서는 дружба)와 접미사 -енн-로 이루어졌다. 또한 피동형동사 형성접미사 -т- 와 동사로부터 파생된 명사형성접미사 -иj-가 융합(слияние)되어 하나의 접미사 -тиj- (-tij-)를 이루고 있다: развитие, взятие, занятие. 동사 снять는 통시적으로 볼 때 (вз-я-ть와 같이) 접두사 сн- 과 어근 -я- 로 형태 분석되지만 공시적으로는 (при-ня-ть, на-ня-ть와 같이) с-ня-ть로 형태 분석된다. 이처럼 분절의 경계가 바뀌게 된 것을 "재편"이라 한다.

③ 분화(усложение, рекомпозиция): 외래 차용어에서 주로 발생하는 것으로 이

전에 비분절적이었던 것이 노어에 동화되면서 분절적으로 되는 것을 "분화"라 한다. 차용어 адаптация, апробация는 비분절적이었으나 -ирова-(ть)를 통하여 동사를 형성하게 되면서 어간은 어근과 접미사 -ацij-로 나뉘어졌다: адапт-ацij-а >адапт' -ирова-ть, апроб-ацij-а > апроб' ирова-ть. 화란어 차용어 зонтик (<zonnedek)는 비분절적이었으나 노어의 지소체형성 접미사 -ик에 대한 유추 작용으로 (예: дом-ик, стол-ик) зонт-ик로 되었다.

3. 조어방법(способ словообразования)에 의한 분류

노어에서 새로운 단어를 만드는 방법은 매우 다양한데, 아카데미문법은 아래와 같이 5가지로 분류한다::

(1) 형태적 방법**(морфологический способ)**

① 제로 접미사화(제로접미사 결합, нулевая суффиксация)

② 접미사화(접미사 결합, суффиксация)

③ 접두-접미사화(접두-접미사 결합, префиксация плюс суффиксация)

④ 접미-후접사화(접미-후접사 결합, суффиксация плюс постфиксация)

⑤ 접두사화(접두사 결합, префиксация)

⑥ 후접사화(후접사 결합, постфиксация)

⑦ 접두-후접사화(접두-후접사 결합)

⑧ 접두-접미-후접사화(접두-접미-후접사 결합)

(2) 의미-형태적 방법**(семантико-морфологичский способ, конверсия)**

курящий, столовая, мороженое, суточные

(3) 형태-통사적 방법**(морфолого-синтаксический способ)**

① 어간합성(сложение чистых основ)

лес и степь> лесостепь, книги любить> книголюб, волны резать> волнорез, самому определяться> самоопределяться

② 어간-접미사 합성(сложение основ с участием суффиксации)

долго жить> долгожитель, низкий поклон> низкопоклонство, много детей> м
ногодетный

③ 접합(сращение)

мало подходящий> малоподходящий, свеже испеченный> свежеиспеченный, творить благо> благотворить, содержащий фосфор> фосфорсодержащий

④ 접미사수반 접합(сращение с суффиксацией)

ничего не делать> ничегонеделание, не могу знать> немогузнайка, поту сторо
ну> потусторонний

(4) 축약어**(аббревиация)**

ГУНО(Главное управление народного образования),

(5) 어휘-의미적 방법**(лексико-семантический способ)**

заставить : ① 들여놓다, 가득채우다 ② 강요하다

развести : ① 흩뜨리다, 분산시키다 ② 녹이다, 용해하다 ③ 키우다, 기르다
④ (불을) 피우다

стоять : ① 서다 ② 있다, 존재하다 ④ 계속되다

перо : ① 깃, 깃털 ② 펜

Потиха는 위의 5가지 분류방법과는 달리 좀 더 포괄적으로 조어 방법을 3가지로 나누고 있다. 조어 방법에 따른 분류는 З.А. Потиха에 의해서 제기된 것이 일반적인 것으로 받아들여지고 있는데, 조어방식에 따라 3가지로 나누어 설명하고 있다: 1. 어휘-통사적 방법(лексико-синтаксический способ) 2. 형태-통사적 방법(морфолого-синтаксический способ) 3. 형태적 방법(морфологический способ)

3·1. 어휘-통사적 방법(лексико-синтаксический способ)

이는 서로 다른 단어로 분리되어 사용하던 것을 형태 변화나 의미 변화가 전혀 없이 한 단어로 붙혀 새로운 단어를 만드는 것을 말한다.

триста < три-ста, сумасшедший < с-ума-сшедший, тотчас < тот- час, сегодня < сего-дня, спасибо < спаси Бог

둘 이상의 단어를 결합시켜 새로운 어휘를 만드는 것을 접합(接合 сращение, 유착이라 부르기도 함)이라 하며 앞에서 살펴본 바와 같이 아카데미문법의 5가지 분류 방법에서는 형태-통사적 방법으로 분류하고 있다. 통시적으로 볼 때 접합은 외형적인 변화가 없는 형태가 많으나, ести ли> если, один на десяте> одиннадцать처럼 외형 변화가 일어나기도 한다. 접미사수반 접합(сращение с суффиксацией), 이를테면 не могу знать> немогузнайка, сшибать с ног> сногсшибательный은 어휘-통사적 방법과 형태적 방법이 모두 구현된 경우이다.

3·2. 형태-통사적 방법(морфолого-синтаксический способ)

단어의 특정 형태가 품사전환을 일으켜 하나의 새로운 단어, 즉 어휘소(лексема)가 되는 경우를 말하며 노어에서 빈번히 일어나는 통시적인 조어방법이다.

Потиха의 형태-통사적 방법은 아카네미문법의 5가지 분류 방법 가운데 (2)의미-형태적 방법(품사전환, конверсия)와 (3) 형태-통사적 방법을 포괄하는 개념이다.

1. 명사의 사격: 명사의 특정한 격이, 특히 조격이 새로운 단어로 품사 전환을 일으키는 경우

   утро> утром, осень> осенью, ряд> рядом

2. 부동사형 부사: 동사의 분사형이 부사나 전치사로 전환되는 경우

   шутить> шутя(부사), благодарить> благодаря(전치사)

1과 2는 역사적으로 오랜 시간이 지나면서 모어와의 의미적인 관계를 상실하게 되어 모어의 형태구조를 따르지 않고 새로운 어휘소가 되므로 이를 가리켜 어휘화(лексикализация)라고 한다.

3. 형용사형 명사(명사적 형용사): 노어에서는 형용사의 남성, 여성, 중성형이 문법적 카테고리는 여전히 형용사적이지만 의미는 명사로 전이되어 흔히 쓰이고 있는데, 이것은 명사로 취급되고 있다.: больной(형용사, 아픈)> больной(명사, 환자), столовый(형용사, 식탁의)> столовая(명사, 식당)

역사적으로 볼 때, 이것은 '형용사 + 구상명사'이던 것이 명사가 생략(ellipse)되면서 앞의 형용사에 그 뜻을 전이시킨 것이며, "품사전환(конверсия)"이라 한다. 5가지 분류방법에서는 의미-형태적 방법에 속한다.

"품사전환"은 의미적으로 추상적인 것을 나타내는 것과 구상적인 것을 나타내는 것으로 분류된다. 거의 모든 성질형용사는 중성 단수형으로 추상명사로 쓰일 수 있다: новое, трагическое, интересное. 또한 동사의 4가지 분사형(능동현재분사, 피동현재분사, 능동과거분사, 피동과거분사)이 시제, 상, 태 등 동사적인 문법카테고리는 상실하고 성, 수, 격 등 형용사적인 문법카테고리는 가지면서 대부분 추상명사화할 수 있다.

구상성을 가지는 명사적 형용사는 다음 4가지가 있다:

① 남자를 나타내는 명사적 형용사: дежурный, рабочий, больной, русский

② 여자를 나타내는 명사적 형용사: дежурная, рабочая, больная, русская

③ -ая로 끝나는 명사적 형용사는 대부분 장소를 나타낸다: столовая, приёмная, мастерская, операционная, учительская

④ -ое/-ее로 끝나는 것은 의약품이나 음식, 시간을 나타낸다: снотворное, потогонное, мороженое, сладкое, будущее, прошлое

⑤ 형용사의 복수형을 써서 동·식물의 명칭을 나타낸다: лилейные, крестоцветные, зонтичные, теплокровные, копытные

형태-통사적 방법에 의한 품사 전환관계:

<도표 4>

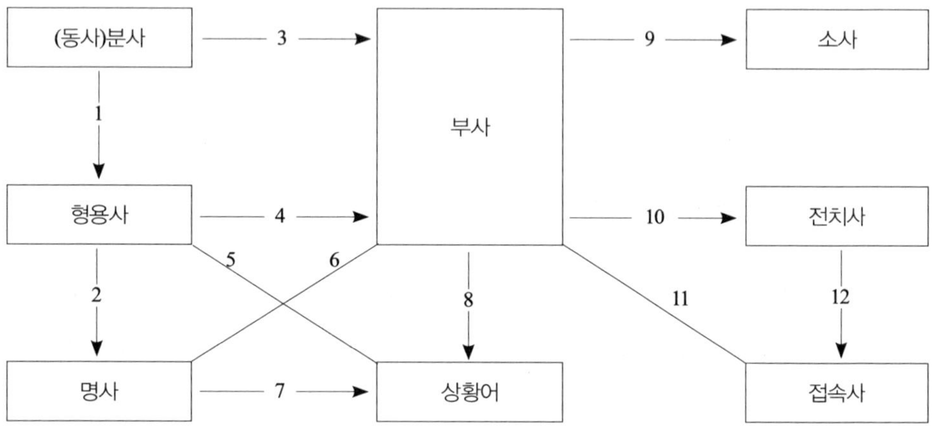

1 - 12의 예:

1 выдаваться/ выдающаяся победа

2 чайный/ уютная чайная

3 стоять/ читать стоя

4 старый/ работать по-старому

5 холодный/ мне холодно

6 дар/ работать даром

7 (весенняя) пора/ пора уходить

8 его будили рано/ рано будить его

9 прямо/ он прямо герой

10 тихо вокруг/ вокруг дома

11 так, как/ так как

12 после этого/ после того как

3·3. 형태적 방법(морфологический способ)

조어방법 3가지 가운데 가장 많이 일어날 뿐만 아니라 가장 중요하게 취급되는 것은 형태적 방법인데, 접사를 붙여 만드는 것과 두 단어를 합성하여 만드는 방법이 있다.

3·3·1. 접사화**(аффиксация)**

서구언어학에서는 주로 파생(derivation; деривация)이라고 부르며, 하나의 기저(어간)에 접사를 결합시켜 새로운 단어를 만드는 것을 말한다. 이 결과 새로이 생긴 단어를 파생어(derivated word: производное слово)라 한다. 노어학에서는 일반적으로 기저가 되는 것을 동기어(мотивирующие слова), 접사를 통해 새로이 만들어진 단어를 피동기어(мотивированные слова)라 부른다.

접사는 접두사(префикс), 접미사(суффикс), 삽입사(инфикс), 연결접사(интерфикс), 동반접사(конфикс, циркумфикс) 등이 있다.(접사의 종류에 대해서는 "3.1. 어근과 접사"를 볼 것)

(1) 접두사

① 접두사화(접두사 결합, префиксация): 접두사를 결합시킨 접두사 결합은 품사를 바꾸지 않고 동기어에 접두사의 의미가 첨가된다.

рубить> разрубить, подрубить, жить> прожить, нести> вынести, бежать> выбежать, ныне> поныне, большой> небольшой, история> предыстория, интересный> преинтересный

② 접두-후접사화(접두-후접사 결합)

лететь> слететься, спать> выспаться

③ 접두사수반 합성(сложение с префиксацией): 동기어의 어간이 다른 단어와 합성될 때 접두사를 동반하는 것을 말한다.

умиротворить< у-мир-о-творить, иссинячёрный< ис-синj-а-чёрный

④ 접두-접미사수반 합성(сложение с префиксацией и суффиксацией): 동기어 어간이 다른 단어와 합성될 때 접두사와 접미사를 동반하는 것을 말한다.

все места> по-все-мест-н-ый

⑤ 접두-접미사화(접두-접미사 결합, префиксация плюс суффиксация)

명사: без дела> безделие, под стаканом> подстаканник

형용사: при море> приморский, слепой> подслеповатый

동사: свежий> освежить, крупный> укрупнить,

부사: новый> по-новому, белый> добела, встреча> навстречу, пятеро> впятером

⑥ 접두-접미-후접사화(접두-접미-후접사 결합)

банкрот> обанкротиться, блуждать> заблудиться, шутить> перешучиваться

(2) 접미사

① 접미사화(접미사 결합, суффиксация)

명사: передовой> передовик, страдать> страдание, храбрый> храбрец

형용사: медь> медный, синий> синенький, линять> линялый

동사: автор> авторизовать, хромой> хромать, запеть> запевать

부사: быстрый> быстро, дом> дома

수사: пять> пятеро

양상어: вероятный> вероятно

② 접미-후접사화(접미-후접사 결합, суффиксация плюс постфиксация)

невеста> невеститься, бодрый> бодриться, петух> петушиться, присесть> приcаживаться

③ 접미사수반 합성(сложение с суффиксацией): 단어 혹은 어간이 다른 단어와 결합할 때 접미사를 동반하는 것을 말한다.

명사: мореплаватель, мясорубка

형용사: тихоходный, инородный

부사: мимоходом

④ 제로 접미사화(제로접미사 결합, нулевая суффиксация)

кричать> крик, стучать> стук, синий> синь

형용사 파생 명사: сухой> сушь, тихий> тишь, интеллектуальный> интеллектуал, нейтральный> нейтрал

동사 파생 명사: поливать> полив, переходить> переход, балагурить> балагур, заикаться> заика

명사, 수사, 동사 파생 형용사: золот-о> золот-0-ой (비교: медь> мед-н-ый), пять> пят-0-ый (비교: тр(и)> тр-ет-ий), хворать> хвор-0-ый

(3) 후접사화(후접사결합, **постфиксация**)

спускать> спускаться, что> что-то

3·3·2. 합성(**сложение**)

기존의 둘 이상의 단어 혹은 어간을 결합시켜 새로운 하나의 단어를 만들어내는 것을 합성이라고하며, 새로이 만들어진 단어를 합성어 혹은 복합어(сложное слово)라 한다. 합성은 여러 언어에 존재하는 역사적으로 오래된 보편적인 조어방법이며, 오래 전에 만들어진 합성어 중에는 긴 시간이 흐름에 따라 합성어 요소들이 융합해 버려 이미 복합어가 아닌 단일어로 인식되기에 이른 것들이 있는데, 이것을 특히 융합복합어라 한다.

노어에서 복합어는 특히 명사와 형용사에서 많이 발생하는데, 노어 복합어의 분류는 두 요소의 품사에 따른 방법, 두 요소가 어떤 방식으로 결합하는가 하는 결합구조에 따른 방법, 두 요소의 통사적 관계가 어떻게 이루어져 있는가 하는 통사적 관계에 따른 방법이 있다.

(1) 결합 구조에 의한 분류

1. 두 개의 자립어로 구성된 것

женщина-врач, царь-плотник, долгоиграющий, телефон-автомат, город-герой

2. 두 개의 자립어 어간과 접미사로 구성된 것

лесопильный(лес- + пил'- + 접미사 -н-)

3. 하나의 어간과 하나의 자립어로 이루어진 것

водохранилище(어간 вод- + хранилище), картофелесажалка(어간 картофел'- + сажалка)

* 2와 3에서처럼 단어가 아니라 (자립어의) 어간이 복합어 앞부분의 구성요소로 올 때는 보통 연결모음 o 혹은 e (연자음 뒤에서는 e)가 앞 뒤 구성요소 사이에 삽입된다: пароход, пылесос, сталевар, рукопись

(2) 두 요소의 품사에 따른 분류

1. 두 개의 명사 어간이 결합한 것:

   железобетон, судомеханик, киножурнал

2. 명사 어간과 동사 어간이 결합한 것:

   ледокол, земледелие, экскурсовод

3. 형용사 어간과 명사 어간이 결합한 것:

   железнодорожник, красноармеец

4. 수사와 명사 어간이 결합한 것:

   семилетка, столетие

5. 인칭대명사 어간과 동사 어간이 결합한 것:

   самовар, самолёт

(3) 통사적 관계에 의한 분류

1. 병립복합어(сложные слова сочинительного типа): 앞의 복합요소와 뒤의 복합요소가 의미적으로 동등하게 이루어져 있는 복합어 северо-восток, лесостепь, русско-корейский
2. 종속복합어(сложные слова подчинительного типа): 앞의 복합요소가 뒤의 복합요소에 의해 의미적으로 제한을 받는 복합어 (예: водоснабжение, нефтепровод). 종속복합어는 앞의 요소는 뒤의 요소에 대해 목적어 관계, 정어적 관계, 부사적 관계 등을 나타낸다:

   목적어 관계: пылесос; сосать пыль, водоснабжение; снабдить водой, водобоязнь; бояться воды

   정어적 관계: босоножка (босые ноги), однотомный (один том)

   부사적 관계: быстроходный (ходить быстро)

3·3·3. 축약어

축약어(аббревиация)는 위의 조어분류에서 어휘통사적 방법이나 형태적 방법 어디에도 포함시키기가 어려운 점이 있다. 축약어는 10월 혁명이후 과학기술용어나 각종 기구, 기관의 출현으로 급격하게 증가하는 추세에 있다. 축약어는 5가지 유형으로 분류된다

1. 'партшкола'형: [형용사 + 명사]의 구조에서 형용사가 단축되어 명사와 한 단어로 결합한 것을 말한다.

   стенная газета> стенгазета, физическая культура> физкультура, медицинская сестра> медсестра

2. 'колхоз'형: 음절축소의 형태로서 각 단어의 첫 음절을 따서 한 단어로 결합한 것을 말한다.

   коллективное хозяйство> колхоз, Коммунистический Союз Молодёжи>комсомол, универсальный магазин> универмаг.

3. СССР형: 각 단어의 첫 글자만 따서 한 단어로 결합한 것을 말한다. (가)철자의 이름을 읽는 경우와, (나) 축약된 것을 하나의 음절로 읽는 경우가 있다.

   (가) Центральный Комитет> ЦК, Московский государственный университет> МГУ, Союз Советских Социалистических Республик> СССР

   (나) высшее учебное заведение> вуз, театр юного зрителя> ТЮЗ, Государственный универсальный магазин> ГУМ

4. рация형: 비교적 최근에 등장한 형태로서 한 단어의 어두부분과 어말부분으로 단축시키거나 두 단어에 있어서 앞 단어의 어두부분과 뒷 단어의 어말부분으로 단축시키는 것을 말한다.

   радиостанция> рация, парашют + акваланг> параланг

5. транс형: 구어체에서 많이 쓰이고 있는 형태로서 한 단어의 앞부분만으로 단축시키는 것을 말한다. трансформатор> транс, магнитофон> маг.

   транс형은 오랜시간이 지남에 따라 단축형이 아니라 하나의 보통 단어처럼 인식되기도 하며 (예: метрополитен> метро, кинематограф> кино) 구어에서는 단축형을 근간으로 접미사화(суффиксация)가 많이 발생한다.(예: телевизор> телик, в

елосипед> велик)

축약어의 문법체계와 의미체계는 그 자체로서도 상당히 까다로울 뿐만 아니라 문법카테고리가 고착되어 있지 않고, 특히 구어에서 계속 변화하고 있기 때문에 개별 어휘의 정확한 의미적, 문법적 용법은 축약어사전을 통해서 알 수 있다. 일반적으로 위의 3. (가)는 불변화축약어이고 나머지는 격변화한다.

4. 품사별 조어 방법

4·1. 동사

① 동사 파생(동사 파생 동사, внутриглагольное словообразование): 불완료상으로부터 완료상의 형성(완료상화: перфективация), 완료상으로부터 불완료상의 형성(불완료상화: имперфективация), 동작상(Aktionsarten; способ действия глагола)의 형성은 동사를 모어로하여 새로운 동사가 만들어진 것이다. 가장 많이 일어나는 유형은 기본 동사에 접두사를 결합하는 것이다: писать> подписать, ходить> уходить

② 명사 파생(명사 파생 동사, отсубстантивные глаголы)

②-1. 접미사화: гость> гостить, пятно> пятнать, зима> зимовать, сирота> сиротеть, злоба> злобствовать, лентяй> лентяйничать

②-2. 접두-접미사화: хлам> захламить, народ> обнародовать

③ 형용사, 수사, 부사 파생 동사

③-1. 접미사화: мудрый> мудрить, хромой> хромать, два/две> двоить, иначе> иначить

③-2. 접두-접미사화: прямо> выпрямить, полный> наполнить, серьёзный> посерьёзнеть, десять> удесятерить, иначе> переиначить

④ 대명사, 감탄사 파생 동사: что> чтокать, ох> охать

4·2. 대명사

① 접두사화: кое-кто, ни-что, не-кто

② 접미사화: кто-то, что-нибудь, кто-либо

4·3. 양상어, 삽입어

① 접미사화: буквально> буквально, вероятный> вероятно, видимый> видимо, несомненный> несомненно, слово> словом

② 접두사화: вероятно> невероятно, возможно> невозможно

③ 접합: на пример> например

④ 품사전환: кстати(부사, '때마침')> кстати(삽입어, '그래서')

⑤ 접두-굴절접미사화: первый> во-первых, третий> в-третьих

4·4. 부사

① 명사 파생

①-1. 굴절접미사화: бег> бегом, ночь> ночью, ощупь> ощупью

①-2. 접두-굴절접미사화: правда> вправду, встреча> навстречу, верх> кверх, вытяжка> навытяжку

② 형용사 파생: тихий> тихо, живый> живо, живьё> живьём, русский> по-русс ки, простой> попросту, холостой> вхолостую, третий> в-треьих

③ 수사 파생: три> трижды, пять> пятью, двое> вдвоём, двое> надвое

④ 동사 파생: стоять> стоймя, кувыркать> кувырком, насторожить> настороже, торопить> второпях

⑤ 부사 파생: темно> затемно, ныне> поныне, вне> вовне, долго> подолгу, нап расно> понапрасну, немного> понемногу

⑥ 접합: полутемно(< полу-темно), полулёжа(<полу-лёжа), мимоходом(< мимо-ход-ом), вполоборота(в-пол-о-борот-а), вполсилы(в-пол-сил-ы), втридорога (в-три-дорог-а)

4·5. 형용사

① 형용사 파생

①-1. 접미사화: синий> синеватый, негодый> негодящий

①-2. 접두사화: милый> премилый, океанский> заокеанский, революционный> деревolюционный

①-3. 접두-접미사화: шире> обширный

② 명사, 동사 파생

②-1. 접미사화: брат> братов, хлеб> хлебный, расплываться> расплывчатый, утешить> утешительный

②-2. 접두-접미사화: смысл> бессмысленный, двор> придворный, молва> безмолвный

②-3. 형동사의 품사전환: заспать> заспанный, варить> варёный, раненый, балованный, крытый, обтекаемый, ощутимый

③ 대명사, 수사, 부사 파생

двое> двойный, трое> троичный, троякий, тройственный, рано> ранний, сквозь> сквозной

④ 합성: русско-болгарский, цельнометиллический, односложный, травопольный

⑤ 접합: умалишённый(<ума лишённый), азотсодержащий(< азот содержащий)

4·6. 전치사

① 합성: из-за, из-под, по-за, по-над

② 접합: по мере, с целью, по причине

③ 품사전환: вдоль(부사)> вдоль(전치사), внутри(부사)> внутри(전치사), вокруг(부사)> вокруг(전치사), путь> путём

④ 접미사화: благодарить> благодаря, включать> включая

* 동사 파생 전치사에 대해서는 위와 같이 "동사 어간 + 접미사 я"로 이루어졌다는 주장과 부동사 현재형 благодаря, включая가 품사전환되었다는 견해가 있다.

4·7. 명사

① 명사 파생

①-1.접미사화

동기어에 종사하는 사람: рыба> рыбак, фокус> фокусник

여성인칭명사: студент> студентка, учитель> учительница

"-의 새끼"의 의미: зверь> зверёныш, тигр> тигрёнок

singulativa tantum: горох> горошина, пыль> пылинка

집합명사: аппарат> аппаратура, студент> студенчество

지소체 명사: брат> братец, книга> книжка

지대체 명사: дом> домина, рука> ручища

①-2. 접두사화: действие> бездействие, автор> соавтор

①-3. 접두-접미사화: река> заречье, сезон> межсезонье, работа> безработица, стакан> подстаканник

② 형용사 파생

②-1. 접미사화: хитрый> хитрость, старый> старик, чужий> чужак

②-2. 품사전환(전위): больной, рулевой, жаропонижающее

③ 수사 파생: двое> двойка, десять> десяток

④ 부사 파생: сообща> сообщник

⑤ 전치사 파생: перед> предок

⑥ 접속사 파생: почему> почемучка

⑦ 동사 파생: жить> житьё, шутить> шутник, ходить> ходок

⑧ 합성: молокозавод, домовладелец

⑨ 축약: МГУ, завкафедрой

4·8. 수사

① 접미사화: одиннадцатый> одиннадцать, двадцатый> двадцать, пять> пятеро

② 합성: пятьдесят(пять-десят), двести(две-сти)

③ 접두사화: сколько> нисколько, несколько

④ 후접사화: сколько-то, сколько-либо

5. 조어의 의미적 분류

위의 여러가지 조어 메카니즘 가운데 가장 중요한 것은 '형태적 방법'이다. 형태적 방법에 의한 조어는 의미적으로 3 가지로 분류한다: (1) 품사만 바뀌고 동기어의 어휘적 의미는 변하지 않는 '전환'(품사전환, транспозиция; transposition, конверсия) (2) 동기어에 접사의 의미가 더해지는 정도의, 피동기어의 의미가 동기어의 의미로부터 약간 바뀌는 '수정'(модификация; modification) (3) 동기어에 조어형태소(словообразовательная морфема)가 더해짐으로서 피동기어의 의미가 동기어의 의미와는 다른 새로운 의미를 가지게 되는 '변의'(변의, мутация; mutation). 통사적 역할(자질)만 바뀐다 하여 (1)을 '통사적 조어'(синтаксическое словообразование)라 하고 (2)와 (3)은 어휘적 의미까지도 바뀌므로 '어휘적 조어'(лексическое словообразование)라고도 한다.

5·1. 전 환(транспозиция)

전환은 노어에서 접미사를 통해 다양하게 일어나는데, 새로이 만들어진 단어가 전위에 해당된다면 동기어와 피동기어간에 기본적으로 동일한 의미의 문장전환이 이

루어져야 한다:

Он не может уехать отсюда, пока он не **завершил** эту работу.//

До **завершания** этой работы он не может уехать отсюда.

Она купила **платье из шёлка**.// Она купила **шёлковое платье**.

동사, 형용사로부터 추상명사의 형성과 명사, 동사로부터 관계형용사가 형성되는 대표적인 경우를 포함해서 7가지가 있다:

1. 동사> 추상명사; рисовать> рисование
2. 형용사> 추상명사; молчаливый> молчаливость
3. 명사> 관계형용사; комната> комнатный
4. 동사> 관계형용사; стирать> стиральный
5. 부사>관계형용사; здесь> здешний
6. 명사> 동사; партизан> партизанить
7. 형용사> 동사; нервный> нервничать, скромный> скромничать

5·1·1. 추상명사(**отвлечённые существительные**)의 형성

동기어가 동사인 피동기어 명사는 동사가 가진 모든 문법적 의미(자질), 이를테면 시제, 법(наклонение), 인칭, 태(Genus verbi) 등은 상실하게 된다. 다른 슬라브어, 이를테면 슬로바키아어 등에서는 동기어 동사의 상의 쌍이 피동기어 명사에서도 동일하게 구현되지만 노어에서 相은 동기어 동사가 완료상이든 불완료상이든 상관없이 피동기어(명사)에서는 이러한 구별이 없어진다. 즉, (остановить>) остановка는 완료상동사로부터 조어되었지만 불완료(останавливать)의 의미도 가능한 것이며,(заливать>) заливка은 불완료상으로부터 조어되었지만 완료상의 의미도 가질수 있게 된다. 몇몇 동사에서는 완료상과 불완료상으로부터 상이 형성되기도 하며 (예; опоздать> опоздание / опаздывать> опаздывание, опознать> опознание / опознавать> опознавание) 그 가운데는 상의 쌍이 의미적 차이를 일으키기도한다(예; забывание (<забывать) - 망각, 잊음.забытьё(<забыть) - 의식불명, 졸음)

통사적 지배(управление; government)는 그대로 유지되며(예; бояться чего> боязнь чего, руководить чем> руководство чем, сомневатьсявчём> сомнение в чём) 대격 목적어를 취하는 동사의 목적어는 피동기어 명사구문에서 아무런 의미차이를 일으키지 않고 예외없이 생격으로 전환된다(читать что> чтение чего, петь что> пение чего).

조어과정에서 통사적 지배관계가 바뀌는 경우는 피동기어 명사에 2차적인 의미가 부가되어 엄밀하게 말하자면 동일한 의미가 구현되는 것은 아니다 (интересоваться чем '-에 재미, 흥미를 가지다'>интерес к чему- '−에 대한 일시적인 관심, 이해관계', любить что ' -을 사랑하다'> любобь к чему '연정, 연애'). 이러한 부가적 의미는 항구적 의미의 구상성으로 발전하게 되는데, 즉 "동사> 추상명사> 구상명사"로 되는 노어의 전형적인 의미 발전과정을 구상명사의 의미적 측면에서 살펴보면 아래와 같다:

1. 동기어 동사가 나타내는 행위를 하는 집단을 지칭하는 것.

   예) командование(<командовать); (軍의)통수부, 지휘본부
   руководство (<руководить); (집합명사)간부, 지도급

2. 동기어 동사가 나타내는 행위의 목표물이나 결과물을 지칭하는 것.

   예) плетение(<плести;뜨다, 땋다, 엮다); 엮어서, 떠서 만든 공예품,
   вышивание(<вышивать; 수놓다); 자수물, перевод(<переводить); 번역물

3. 동기어 동사가 나타내는 행위를 하는 수단을 지칭하는 것.

   예) награждение(<наградить, награждать; 표창하다, 상주다); 포상 물, 상품.
   втирание(<втирать; 문질러 넣다); (문질러 바르는)연고.
   поднос(<подносить); 쟁반

4. 동기어 동사가 나타내는 행위가 일어나는 장소를 지칭하는 것.

   예) пересечение(<пересечься; 교차하다); 교차점, 교차로

동기어 동사로부터 그것의 행위를 지칭하는 추상명사를 형성하는 접미사로는 -nij-e (рисовать> рисование), -enij-e (увеличить> увеличение, -tj-e(-tij-e) (мыть> мытиё, открыть> открытие), -k-a (варить> варка, лакировать> лакировка), -stv-o (дежурить> дежурство), -b-a (стрелять> стрельба, бороться> борьба, -acij-a (орган

изовать> организация, регистрировать> регистрация) 등이다.

특히 주의할 점은 동사 형성접미사가 탈락되어 명사가 만들어진 형태의 조어관계이다. (выходить> выход, переводить> перевод, встречать> встреча, зажимать> зажим, перевозить> перевоз, взлететь> взлёт)

형용사로부터 추상명사의 형성은 성질형용사로부터만 형성된다. 주로 접미사 -ость를 붙여 형성하며(скромн-ый> скромность, рассудочн-ый> рассудочность, смел-ый> смелость), 이외에도 -ность (готов-ый> готовность), -изн-а(бел-ый> белизна, крут-ой> крутизна), -от-а(тёмн-ый> темнота, быстр-ый> быстрота), -ин-а(тих-ий> тишина,глуб-ок-ий>глубина),-иц-а(бессонный>бессонн-ица) 등이 있다.

특히 주의할 점은 접미사 -(и)ь-е는 형용사 형성접미사 -н-이 탈락된 형태로 조어된다는 점이다. (-и-е/ -ь-е; усерд-н-ый> усердие, здоров-ый> здоровье, малокров-н-ый> малокровие)

5·1·2. 관계형용사(**относительные прилагательные**)의 형성

명사나 동사로부터 관계형용사 형성접미사를 붙여 형용사를 만들어 그것이 전위의 단계에 있으려면 문장을 전환했을 때 동일한 의미가 구현되어야 한다:

платье из шёлка = шёлковое платье, мясная торговля = торговля мясом,

мебельное производство = производство мебели

명사나 동사로부터 파생된 피동기어 관계형용사는 '관계형용사 + 명사'의 구문에서 명사를 어떤 관계로 꾸미고 있느냐에 따라 의미적으로 다음과 같이 나누어 진다:

1. 대상의 재료; алюминиевая проволока, оловянный солдатик, кожанная сумка
2. 대상이 존재하는 장소; Московский университет, Московский Кремль
3. 대상이 발생하는 시간; январские морозы, зимние каникулы, нынешнее состояние
4. 대상의 목표 혹은 용도; детская книга, записная книжка
5. 행위를 나타내는 추상명사의 목적; мебельное производство, рыбная торг овля, лесной экспорт
6. 소유형용사일 경우 그것의 소유; отцов дом, сестрина книга

7. 집합명사일 경우 그것의 구성요소; ученическая бригада

8. 행위를 나타내는 추상명사의 행위주; детский смех, лунное затмение

9. 대상의 유래, 출처; медвежья шкура

10. 대상의 수량이나 정도; литровая бутылка, трёхэтажный дом

5·2. 수 정(модификация)

이미 언급되었듯이 '수정'이란 동기어의 어휘의미를 그대로 유지한 채 접사의 의미가 부가되는 것을 말하는데, 노어의 지소체명사/형용사, 지대체명사/형용사처럼 대상의 크기나 뉘앙스 등의 주관적 평가의 의미가 부가되는 것이 여기에 해당된다. 문법적 범주, 이를테면 동기어 명사의 성, 수, 격체계나 동기어 동사의 상체계등이 피동기어에서 바뀌는 것도 '수정'에 속한다.

5·2·1. 지소체명사

지소체명사는 매우 활발하게 쓰이는, 노어 조어론이나 의미론에서 매우 중요하게 취급되는 분야이지만 그것의 조어적 메카니즘과 의미적 분류를 일목요연하게 정리하기는 쉽지 않다. 지소체는 동기어의 어휘적 의미에다가 '주관적 평가'의 의미를 더해 주지만 통시적으로 볼 때, 이러한 평가의 의미를 상실하고 동기어와 동의적인 의미로 쓰이다가 나중에는 오히려 동기어를 몰아내고 지소체가 그 자리를 차지하게 되어, 자신은 어휘화(лексикализация)하고 동기어는 사멸되거나 잘 쓰이지 않는 경우도 많이 일어난다;

> сеть> сетка, печь> печка, *soln->солнце>(солнышко, солнопёк), *serd-o> сердце, дева> девушка, девочка, двор> дворец, полотно> полотенце, малец> мальчик, крыло> крыльцо

지소체명사는 통사적인 의미구현 양상에 따라 4 가지로 분류된다:

(1) 주관적, 감성적 평가의 의미는 부가하지 않고, 다만 지소의 의미만 나타내는 것

(2) 지소의 의미뿐만 아니라 주관적, 감성적 의미도 나타내는 것

(3) 동기어 명사의 크기에는 관여하지 않고, 다만 감성적 의미만 부가하는 것

(4) 지소형 접미사 -к- 혹은 -ц-는 화자의 의도에 의해서 조소적이거나 욕으로 쓰이기도 한다.

위의 (1), (2), (3), (4)는 형태적으로는 잘 구별되지 않고 문맥을 통해서 그 의미를 파악할 수 있는 것이지만 지소체 접미사의 종류에 따라 아래와 같이 분류할 수 있다;

<도표 5>

의미	접미사	남성	여성	중성
지소의 의미 및 약간의 긍정적인 뉘앙스	-к-	1 -ок/-ек -ик/-чик	2 -к-а/ -очк-а	3 -к-о -ик-о
	-ц-	4 -ец	5 -ц-а -иц-а	6 -ц-е/-ц-о -иц-е/-ец-о
지소의 의미는 없고 아주 좋은 뉘앙스	-ушк-	7 -ушек -ушк-а -ушк-о	8 -ушк-а	9 -ушк-о
	-ышк-	10 -ышек	11	12 -ышк-о
	-еньк-/-оньк-	13 -енёк	14 -еньк-а/ -оньк-а	15
약간의 부정적 뉘앙스	-ишк-	16 -ишк-а -ишк-о	17 -ишк-а	18 -ишк-о
	-óнк-	19	20 -óнк-а	21

1. глаз> глазок, глаз> глазик, чемодан> чемоданчик

2. книга> книжка, ваза> вазочка

3. облако> облачко, лицо> личико, плечо> плечико

4. народ> народец

5. книга> книжица

6. окно> оконце, слово> словцо, здание> зданьце, письмо> письм ецо

7. хлеб> хлебушек, дед> дедушка, сарай> сараюшко

8. изба> избушка, зима> зимушка

9. поле> полюшко

10. клин> клинышек

12. перо> пёрышко, гнездо> гнёздышко

13. муж> муженёк

14. ночь> ноченька, берёза> берёзонька

16. вор> воришка, сарай> сараишко

17. смерть> смертишка, работа> работишка

18. дело> делишко

20. комната> комнатёнка, собака> собачонка

위에서 언급된 지소체명사의 의미는 형태를 통하여 결정되는 것이 아니라 문맥/상황에 따라 같은 단어라 할지라도 달리 나타날 수 있으며, 특히 (4)의 용법은 문맥적 의미로서 분간해야 한다. 다만 감성적으로 중립적인 단어들, 이를테면 стол, лампа, книга, чемодан 등의 경우는 -к-, -ц-를 붙여 단지 지소의 의미만 더해주는 1단계 지소체명사가 만들어지고, 1단계 지소체명사로부터 다시 -к-를 붙여 크기는 관여하지 않고, 다만 감성적 의미만을 부가하는 2단계 지소체명사가 만들어지는 규칙적인 메카니즘을 나타낸다:

<도표 6>

0-단계	1-단계	2-단계
лист	листок	листочек
сестра	сестрица	сестричка
яма	ямка	ямочка
друг	дружок	дружочек
книга	книжка	книжёчка
вода	водица	водичка

5·2·2. 지소체 형용사

지소체형용사는 지소체명사만큼 그 사용이 활발한 것은 아니며 -оват-/-еват-, -еньк-/-оньк-, -енек-/-онек-, -охонк-/-ошенк- 등이 지소체형용사 형성접미사로 쓰인다.

-оват-/-еват-는 동기어 의미의 정도를 약화시키며, -еньк-/-оньк-는 -оват-/-еват-와는 반대로 동기어 의미의 정도를 강화시켜 주며 보통 호감을 주는 뉘앙스도 가진다.

-оват-/-еват- : слабый> слабоватый; 다소 약한, 상대적으로 약한, белый> беловатый; 조금 하얀, 하얀듯한, дорогой> дороговатый; 상대적으로 비싼, 약간 비싼 -еньк-/-оньк- : бледный> бледненький; 꽤 창백한, 꽤 파리한 тихий> тихонький; 꽤 조용한, тёмный> тёмненький; 매우 어두운, высокий> высоконький; 꽤 높은, лёгкий> лёгонький, узкий> узенький)

-енек-/-онек-는 감성적 의미는 더해 주지 않고 동기어의 의미를 강화시켜 주며 단어미형으로 술어적으로만 쓰이며 -охонк-/-ошенк-는 동기어 의미를 강화시킬 뿐만 아니라 강한 뉘앙스를 가져다 주며 주로 단어미형으로 술어적으로 쓰인다.

-енек-/-онек-: слабый> слабенек; 꽤 약한, строгий> строгонек; 꽤 엄격한 -охонк-/-ошенк-: лёгкий> легошенький/легохонький, полный> полнёшенький/ полнёхонький, близкий> близёхонький)

5·2·3. 여성인칭명사

남성을 나타내는 명사에 여성을 지칭하는 접미사를 붙여 여성인칭명사를 만드는 것도 어휘적 의미는 바뀌지 않고 문법적 의미(남성> 여성)만 바뀌는 것이므로 수정에 해당된다. 수정가운데 남성명사 모어로부터 여성명사를 형성하는 것을 가리켜 여성형성접사화(Motion)라 한다.

남성을 지칭하는 명사로부터 여성을 지칭하는 명사를 만드는데 생산적인 접미사는 -к-а, -иц-а, -щиц-а/ -чиц-а, -ь-а, -ш-а등이며, -их-а, -есс-а, -ын'-а/ -ин'-а 등은 비생산적이다. 방법적으로는 (1) 여성인칭명사를 만들 때 남성지칭명사에 여성지칭접미사를 부가시켜 만드는 '부가'(addition)와 (2) 동기어의 남성지칭접미사를 탈락시킨

다음에 여성지칭접미사로 '대체'(substitution)시키는 2가지 방법이 있다.

(1)의 예; студент> студентка, кондуктор> кондукторша

(2)의 예; нем-ец> нем-к-а, пев-ец> пев-иц-а

접미사의 용법은 규칙적인 양상을 보여주고 있다.

(1) -к-а 는 -анин, -ец, -ак, -ант/-ент, -ист 로 끝나는 남성명사에, 혹은 남성을 지칭하는 특별한 표지가 없는 단어에서 일어난다:

гражданин> гражданка, крестьянин> крестьянка, датчанин> датчанка

комсомолец> комсомолка, норвежец> норвежка

земляк> землячка, степняк> степнячка

аспирант> аспирантка, пациент> пациентка

очеркист> очеркистка

сосед> соседка, чех> чешка

(2) -ниц-а 는 -тель와 -ник로 끝나는 남성명사에서 일어난다:

учитель> учительница, писатель> писательница

изменник> изменница, работник> работница

(3) -иц-а 는 -ец/-лец 나 -ик 로 끝나는 남성명사에서 일어난다:

певец> певица, владелец> владелица

школьник> школьница, ученик> ученица

(4) -щиц-а/-чиц-а 는 남성명사가 -щик/-чик 로 끝나면 일어난다:

переписчик> переписчица, лётчик> лётчица, рисовальщик> рисовальщица, удильщик> удильщица

(2), (3), (4)를 종합해서 말하자면 -ик, -ник, -щик 로 -ик가 남성인칭명사에 들어 있으면 -иц-а 가 붙는다.

5·2·4. 집합명사(**собирательные имена существительные**)

노어에서 집합명사를 만드는 접미사로는 -ств-о, -в-а, -ьё, -ур-а, -ник, -няк, 0 접미사가 있다.

-ств-о: человек> человечество, офицер> офицерство, ученик> учениче ство

-в-а: лист> листва

-ьё: 명사동기어 кулак> кулачьё, мужик> мужичьё, офицер> офицерьё 형용사동기어 белый> бельё

-ур-а: аспирант> аспирантура, профессор> профессура

-ник: орех> орешник, ель> ельник, берёза> березник

-няк: ива> ивняк

- 0접미사: мелкий> мелочь, дикий> дичь, ветхий> ветошь

5·2·5. **singularia tantum (существительные единичные)**

노어에서 피동기어가 동기어의 수를 변경하는 경우는 드물다. pluralia tantum을 나타내는 접미사는 따로 없고 복수어미로서 구현되며, singularia tantum을 나타내는 접미사 -ин-а (혹은 -ин-к-а)를 붙여 지시물의 '낱개'를 나타낸다:

солома짚> соломинка지푸라기, пыль먼지> пылинка 하나의 작은 먼지, горох(집합)완두콩> горошина완두콩 낱개, картофель> картофелина한 개의 감자, холст마포> холстина마포 한 조각

5·2·6. 행위양식(동작상, **Aktionsarten: способ глагольного действия)**

동사의 완료상/불완료상 대응관계는 형태론의 주요한 분야이며 노어학에서 가장 연구를 많이 하는 분야 가운데 하나이다. 동기어 동사에 접두사나 접미사가 첨가되어 피동기어가 형성되었을 때 동기어의 어휘의미는 그대로 유지한 채 행위(=동사의 의미)를 시간적으로, 양적으로 혹은 행위의 강도면에서 변화시키는 것은 '수정'

에 해당된다. 동작상의 분류는 학자에 따라 차이를 보인다. 지구상에 나타나는 무한한 동작, 행위, 상태를 일정한 방식에 따라 목록화한다는 것은 단순하지 않은 일이기 때문이다. '동작상'의 개념을 처음으로 개진한 학자는 스웨덴의 슬라브어학자 S.Agrell(1908)로 알려져 있으나 А.А.Потебня는 이보다 20년 앞서 문법적 범주인 동사의 상과 의미적 범주인 동작상에 대한 엄밀한 구별을 주장한 바 있다. 러시아에서 В.В.Виноградов, А.В. Исаченко(Issatschenko), А.В.Бондарко, Ю.С. Маслов, Ю.Д.Апресян, А.М.Ломов 등이 많은 관심을 보였다.

행위의 양상을 나타내는 동작상은 ① 시간적인 양상 ② 행위의 결과성취 양상 ③ 행위의 강도에 관한 양상 ④ 행위의 시행 횟수에 관한 양상 ⑤ 행위의 양적인 양상으로 나뉜다. 이러한 행위 양상은 형태적인 변형없이도 이루어지지만 대부분은 접사를 통해 이루어지는데, 접사를 통한 동작상 가운데 수정에 해당되는 것을 열거하면 아래와 같다(동작상과 동사의 상에 관한 내용은 5.2.2.5. '동작상과 상'을 참조바람)

(1) 기동상(ingressive; начинательный способ действия): 접두사 за-, по-, вз-를 붙여 행위의 시작을 나타낸다.

за- : за-болеть/за-болевать(발병하다, 병에 걸리다), за-бегать(뛰기 시작하다), за-играть, за-петь, за-говорить

по- : по-ехать(출발하다), побежать(뛰기 시작하다), полюбить(좋아하게 되다), по-плыть

вс- : вс-кричать, вс-кипеть

(2) 제한상(ограничительный способ): 접두사 по-, про-, пере-를 통하여 시간적인 제한을 가한다. 단기상, 장기상이 있다.

(3) 단기상(delimitative; ограничительный способ действия): 행위의 수행과정에서 시간적으로 경계를 가지는 하나의 짧은 부분을 나타낸다.

по-стоять(잠시 서 있다), по-лежать(잠시 누워있다), по-жить(얼마동안 살다), по-плавать(얼마동안 헤엄치다), по-писать(얼마동안 쓰다), по-говорить(잠시 말하다) по-гулять

(4) 장기상(perdurative; длительно-ограничительный способ действия): 행위의

수행과정에서 시간적으로 경계를 가지는 하나의 긴 부분을 나타낸다.

про-работать всю ночь(밤새도록 일하다), про-бегать, про-спать, про-гулять, про-жить/ пере-сидеть, пере-ночевать

(5) 일회상(semelfactive; одноактный способ действия): 행위가 한번만 발생하는 것을 뜻하며 접미사 -ну-를 통해 표현된다.

мах-ну-ть(한번 손짓하다)(<махать), толк-ну-ть(<толкать), дрог-ну-ть(<дрогать), крик-ну-ть(<кричать), шаг-ну-ть(<шагать)

몇 개의 동사에서 일회상은 접두사 с- 로 만들어진다. 주로 동작동사에서 발생한다: с-ъездить(한 번 타고 갔다 오다), с-плавать(물 위를 한 번 왕복하다), с-летать(한 번 날아갔다 오다)

접미사 -ану-로 만들어진 일회상은 행위가 강하게 한 번 일어나는 것을 나타내며 이를 집중일회상(intensive-semelfactive)이라 한다: рез-ану-ть('힘차게 자르다', резать), толк-ану-ть(толкать), дерг-ану-ть'세게 뽑아내다', руб-ану-ть'힘차게 베다'

Их тут наши так трахануло, так чесанули ....

(6) 지소상(diminutive; уменьшительный способ): 행위가 짧은 시간 동안 약하게 수행됨을 나타내며, 동반접사 вз-ну-, при-ну-를 통해 표현된다.

вс-плак-ну-ть(잠시 약간 울먹이다), при-хвор-ну-ть(잠깐동안 가벼운 병에 걸리다), при-хлеб-ну-ть(조금씩 홀짝홀짝 마시다)

(7) 종동상(egressive; окончательный способ действия): 행위의 종료를 나타내며 접두사 от- 로 표현된다.

от-цвести/от-цветать(꽃이 다 피다, 꽃철이 지나가다), от-обедать(점심식사를 마치다)

(8) 종말상(finitive; финитивный способ): 행위가 완전히 수행되어 멈춘 상태를 나타내며, 동반접사 от-ся가 종말상을 나타낸다.

от-воевать-ся, от-летать-ся, от-работать-ся

* 종동상의 от-가 행위의 종료를, 종말상의 от-ся는 종료된 상태를 나타낸다.

(9) 누적상(cumulative; накопительный способ действия): 행위가 대상의 많은

양에 대해 이루어짐을 나타낸다.

на-рвать/на-рывать цветов(많은 꽃을 꺾다), на-есть(많은 양을 먹다), на-лета ть((곤충이)많이 날아오다)

* 자동사일 경우 주어가, 타동사일 경우 목적어가 많다는 뜻.
* 누적상의 на-가 많은 대상에 일어나는 행위를 나타내며 на-ся는 행위가 많은 대상에 일어난 상태를 나타낸다. 위의 от-와 от-ся의 관계와 동일하다.

(10) 강화상(evolutive; усилительный способ): 행위가 행위주에 집중되어 일어나는 것을 말하며, 동반접사 раз-ся로 표현된다.

раз-бушевать-ся, рас-кричать-ся, раз-гореть-ся, раз-гневать-ся, раз-махать-ся, раз-говорить-ся, раз-бегать-ся

(11) 결과상(resultative; результативный способ): 행위가 궁극적인 목표를 이룬 결과를 나타낸다. 완료상과 결과상을 엄격하게 구분할 수는 없다. A. Isatschenko는 написать, прочитать, выпить, сделать, сварить, разбудить와 같은 완료상 동사를 결과상으로 분류한다. 완료상에서 행위가 전체적으로 수행되는데 중점이 주어지는데 반해, 결과상은 행위가 완수된 결과를 나타낸다.

с-делать, вы-учить, из-жарить, по-стареть

(12) 완성상(completive; завершительный способ действия): 행위가 완료의 직전, 즉 완성단계에 와 있음을 나타낸다.

до-писать/до-писывать(끝까지 쓰다), до-есть/до-едать(끝까지 먹다), до-горет ь/до-горать(끝까지 타다, 다 타다), до-бить/до-бивать(끝까지 치다, 끝까지 깨뜨리다)

(13) 전이상(mutative; мутативный способ): 어떤 상태에서 다른 상태로 바뀌는 것을 말하며, 접미사 -ну-와 -е-가 전이상을 나타내며 모두 불완료상이다.(* 완료상인 (5)와 혼동하지 않도록 주의)

кис-ну-ть, гас-ну-ть, сохнуть, вянуть, мокнуть

бледн-е-ть, черн-е-ть, здоров-е-ть

(14) 반복상(iterative; многократный способ действия): 과거에 오랫동안 불규칙적으로 반복되었던 행위를 말하며, 불완료상 기본동사에 접미사 -ыва-(-ива-)

를 결합해서 나타낸다. 비칭적, 냉소적인 뜻의 표현적 의미를 띤다.

хаж-ива-л(хаживать), сиж-ива-л('앉아 있곤 했다', сиживать), говар-ива-л(говаривать), пе-ва-л(певать), едал(먹곤 했다), зна-ва-ть, чит-ыва-ть, дел-ыва-ть

(15) 전체상(total; тотально-объектный способ действия): 행위가 대상 전체에 대해 이루어짐을 나타낸다.

ис-писать/ис-писывать(가득 쓰다, 꽉 채워 쓰다), из-ранить(온통 상처투성이로 만들다)

(1) - (15)는 조어생산력을 가진, 빈번히 나타나는 것들이며, 아래의 (16) - (21)은 몇 개의 단어에 국한되어 나타나는, 수정에 해당되는 행위방식이다.

(16) 집중상, 다회집중상(intensive, intensive-iterative; осложненно-интенсивный способ, интенсивно-многократный, интенсивно-итеративный): 행위가 일정 시간 동안 집중해서 강화되어 일어나는 것을 말하며, 동반접사 вы-ыва-, от-ыва-, на-ыва-로 표현된다. 불완료상만 존재한다.

вы-пис-ыва-ть(집중해서 상세하게 그리다), вы-зван-ива-ть(종을 길게 똑똑히 울리다), от-пляс-ыва-ть(열중해서 춤추다), на-хлёст-ыва-ть(마구 때리다)

(17) 배분상(distributive; дистрибутивный, распределительный способ действия): 행위의 수행이 대상의 구성 멤버에 차례차례 이루어짐을 나타낸다.

по-запирать все двери(모든 문을 차례차례 닫다), по-открыть/по-открывать(차례차례 열다), по-вскакать(많은 사람이 잇달아 벌떡 일어나다), по-встать/по-вставать(많은 사람이 차례로 일어서다), пере-нумеровать(많은 사람에게 차례로 번호를 붙이다), пере-болеть(잇달아 병에 걸리다)

(18) 장기배분상(длительнодистрибутивный способ): 행위가 장기간에 걸쳐 여러 방면에서 일어나는 것을 말하며, 동반접사 раз-ыва-로 표현 된다. 불완료상만 존재한다.

рас-хаж-ива-ть(빈둥거리며 왔다갔다 하다), рас-пе-ва-ть(여러가지 노래를 부르며 시간을 보내다)

(19) 지소-반복상(diminutive-iterative; прерывисто-смягчительный способ дейс

твия): 행위에 조금 착수했다가 그만두는 동작이 불규칙적으로 반복되는 것을 말하며, 동반접사 по-ыва-로 표현된다. 불완료상만 존재한다.

по-чит-ыва-ть(때때로 조금씩 읽다), по-стук-ива-ть, по-гляд-ыва-ть(때때로 슬쩍 바라보다), по-кур-ива-ть(때때로 조금씩 담배 피우다), по-крик-ива-ть(때때로 큰소리를 지르다), по-молк-ива-ть(이따금 침묵을 지키다), по-лёж-ива-ть(가끔 눕곤 하다),

(20) 약화상(attenuative; смягчительный способ действия): 행위가 약화되어 대상의 일부분에만 일어나는 것을 말한다. (6), (20), (21)은 모두 행위가 약화되는 것을 나타내지만 그 양상과 한정 시간에 차이가 있다. при-открыть/при-открывать окно(창문을 조금만 열다), по-отвыкнуть(점차로 조금씩 어떤 습관이 없어지다), при-лечь(조금 눕다), под-выпить(약간 취하다), по-привыкнуть(조금씩 익숙해지다)

(21) 장기약화상(длительносмягчительный способ): 행위가 약화되어 상당 시간 동안 진행되는 것을 말하며, 동반접사 на-ыва-로 나타낸다. 불완료상만 존재한다.

на-игр-ыва-ть(저음으로 오래 연주하다), на-свист-ыва-ть(낮은 소리로 휘파람을 한참 불다), на-пе-ва-ть(낮은 소리로 오래 읊조리다)

5·3. 변의(мутация)

'수정'이 크기나 뉘앙스 등의 부차적 의미가 바뀌거나 성, 수, 인칭, 시제, 상 등의 문법적 의미가 바뀌는 것인데 반해, 문법적 범주의 단계를 넘어 동기어가 지시하는 의미, 즉 주의미 자체가 바뀌는 것을 '변의'라 한다.

5·3·1. 남성인칭명사

명사, 동사, 형용사에 접미사를 첨가하여 피동기어의 지시적 의미, 주의미 자체가 바뀌는 것을 말하는데, '동기어의 행위를 하는 사람', '동기어의 성질을 가진 사람',

'동기어의 구성원' 등을 가리킨다.

-тель: читать> читатель

-ец: комсомол> комсомолец, глупый> глупец, продавать> продавец

-ик: умный> умник, лесной> лесник

-ник: помощь> помощник, изменить> изменник(변절자)

-щик/чик: камень> каменщик, газета> газетчик(신문 판매원), крановый> крановщик, обмануть> обманщик

-льщик: чистить> чистильщик(청소부)

-ак: земля> земляк, дурной> дурак, резать> резак(재단사)

-анин/чанин: Киев> киевлянин, Англия> англичанин

-ун: горб> горбун, кричать> крикун, хохотать> хохотун(잘 웃는 사람)

-ич: Москва> москвич

-ист: очерк> очеркист, трактор> тракторист

5·3·2. 도구명사(Nomina instrumenti; существительные, обозначающие орудия действия)

행위를 나타내는 동사에 접미사를 붙여 그 행위를 수행하는 기구, 도구, 기계 등을 나타내는 것을 '도구명사'라고 한다. ① 5.3.1의 남성인칭명사를 만드는 접미사로서 도구명사를 만들거나 ② 도구명사형성 접미사 -л-을 첨가시켜 만든다.

(1) 5.3.1.의 남자인 인물을 나타내는 남성인칭 접미사는 '도구'도 나타낼 수 있어 서로 동음이의적 접미사(омонимический суффикс)를 이루고 있다.

-тель: истребить> истребитель(근절자, 박멸자//구축함)

-щик/-чик: счесть> счётчик, тралить> тральщик, бомбардировать> бомбардировщик

-льщик: прясть> самопрядильщик(믹서)

-к-а: тереть> тёрка(강판)

-ик: поднимать> подъёмный> подъёмник

(2) -л-접미사

-л-о/-л-а: грузить> грузило, мести> метла

-лк-а: черпать> черпалка, сеять> сеялка, качать> качалка

-льник: будить> будильник, кипятить> кипятильник

5·3·3. 장소명사(**nomina loci**)

동기어 명사, 형용사, 동사에 장소를 나타내는 접미사를 붙여 동기어가 발생하는 혹은 존재하는 장소를 지칭하는 것은 주의미가 바뀌는 것을 의미한다. 장소를 지칭하는 전형적인 접미사 -ищ-е,-лищ-е, -бищ-е 뿐만 아니라, 다른 의미, 이를테면 지소체나 여성인칭 등을 나타낼 수도 있는 동음이의적 접미사 -иц-а,-ниц-а, -лк-а, -ь-е, -ок/-ек 등도 있다:

-ищ-е: прибежать> прибежище

-лищ-е: хранить> хранилище

-бищ-е: класть> кладбище, лежать> лежбище

-иц-а: тёплый> теплица, больной> больница

-ниц-а: варить> варница (소금가마//제염소)

-лк-а: читать> читалка, курить> курилка

-ь-е: зимовать> зимовье, поволжье(< по Волге), побережье(< поберегу),
закавказье(< за Кавказом)

-ок/-ек: пригорок(< при горе), задворки(< за двором)

-0접미사: спальный> спальня, читальный> читальня, пекарный> пекарня

5·3·4. 성질형용사(**качественные прилагательные**)의 형성

관계형용사의 형성은 어휘적 의미가 그대로 유지되어 '전위'에 해당되는데 반해, 성질형용사의 형성은 동기어의 특성이 어휘적 의미가 되거나 동기어의 어휘적 의미에 새로운 의미를 부가시키므로 '변환'에 해당된다. 피동기어 성질형용사는 의미적으

로 다시 6 가지로 세분된다:

① 가능성/능력; победить> непобедимый, познавать> познаваемый, исполнить> исполнимый, ковать> ковкий, переносить> переносный, выдвигать> выдвижной

② 동기어가 실제로 발생할 것에 대한 예견; успокоить> успокоительный, привлекать> привлекательный, надоедать> надоедный

③ 동기어가 발생한 결과로 나타난 상태; устать> усталый, промёрзнуть> промёрзлый, красить> крашеный, чистить> чищеный, рвать> рваный

④ 경향/소질; дождливый(<дождь), задумчивый(<задумать)

⑤ 동기어와 유사하다는 것을 표현; ступенчатый(<ступень)

⑥ 전형적인 특징으로서 동기어의 존재; бородатый(<борода)

①에서 성질형용사 형성접미사 -ем-/-им-ый를 불완료상 타동사 피동형동사 현재형의 접미사 -ем-/-им-와 혼동해서는 않된다. 예). иссякать(자동사)>неиссякаемый, применить(완료상)> применимый. 또한 ① ② ③의 성질형용사 형성접미사 -н-/-ен-과 (주로 완료상) 타동사 피동형동사 과거형 접미사 -нн-/-енн-/-ённ-등의 장, 단어미와 혼동해서는 않된다. 다만 각각의 단어미형이 같을 수는 있다. 예) рвать(불완료상)> рваный,красить> крашеный (피동형동사 과거; крашенный, чистить> чищеный (피동형동사 과거; чищенный)

위의 의미분류를 접미사의 형태별로 정리해보면 -ем-/-им-은 가능성/능력(①), -к-, -н-은 ①과 ②를, -л-는 동기어가 발생한 결과로 나타난 상태(③), -лив-, -чив-는 동기어에 대한 경향(④), -чат-,-ат-, -ист, -оват-/-еват-는 동기어에 대한 유사성이나 전형적인 특징을 나타내며(⑤⑥) -аст-는 전형적인 특징(⑥)을 나타낸다.

-л-; спеть> спелый, отстать> отсталый

-лив-; говорить> говорливый, хвастаться> хвастливый, молчать> молчаливый, конфуз> конфузливый, сон> сонливый

-чив-; доверяться/довериться> доверчивый, вспылить> вспыльчивый,

разговориться> разговорчивый

-чат-; ⑤ ступень> ступенчатый, игла> игольчатый

⑥ узор> узорчатый, чешуя> чешуйчатый

-ат-; ⑤ кольцо> кольчатый, губка> губчатый

⑥ крыло> крылатый, горб> горбатый, рисунок> рисунчатый

-ист-; ⑤ бархат> бархатистый, змея> змеистый, дерево> деревянный> деревянистый, шёлк> шёлковый> шёлковистый

⑥ лес> лесистый, звезда> звездистый, мох> мшистый, болото> болотистый, плечо> плечистый, вода> водяной> водянистый, торф> торфяной> торфянистый

-оват-/-еват-; ⑤ мешок> мешковатый, шёголь> шёголеватый

⑥ жилка> жилковатый, кудри> кудреватый, ил> иловатый, сук> суковатый

-аст-; глаз> глазастый, голова> головастый, нога> ногастый

5·3·5. 동사의 변의

노어의 동사 접두사는 27개(24개 고유접두사, 4개의 차용접두사)가 있다.

고유접두사; в, вз/вс, воз/вос, вы, до, за, из, на, над, недо, низ/нис, о/ об, от, пере, по, под, пре, пред, при, про, раз/рас, с, у

차용접두사; де/ дез, дис, ре

27개의 접두사는 기저 동사(모어, 동기어, 기본동사)에 붙어 의미를 변화시키는데, 3가지로 나누어 볼 수 있다:

(1) 동기어의 주의미, 이차적 의미는 변화시키지 않고 단지 문법적 의미만 변화시키는 것으로, 예를 들면 불완료상으로부터 완료상의 형성이 여기에 해당된다: писать> написать

(2) 동기어의 주의미는 변화시키지 않고 단지 이차적 의미, 즉 시간적, 양적인 양상만 변화시키는 것으로 동작상의 형성이 여기에 해당된다: писать> пописать

(얼마 동안 쓰다)

(3) 동기어의 주의미가 바뀌는 것(변환): писать> подписать(서명하다), списать(베끼다)

기본동사에 접두사를 붙여 생기는 변환 가운데 가장 많이 일어나는 장소-방향의 의미와 분리-결합의 의미에 대해서 알아보자.

<장소-방향의 의미>

① 동사의 행위가 목적물로 방향이 설정되어져 있는 것: в-, до-, за-, на-, пере-, под-, при-, про-, с-

в-: влететь, вбежать, всосать

до-: доплыть, добросить

за-: забежать, закатить, загнать

на-: налететь, набежать

пере-: передвинуть, перебросить

под-: подбежать, подойти, подскочить

при-: привести, привалить, приставить

про-: протечь, просеять

про-: проскочить, пробежать

с-: смести, стащить

с-+-ся: съехаться, сойтись

② 동사의 행위가 목적물로부터 벗어나도록 설정되어져 있는 것: вы-, из-, от-, раз-, у-

из-: извлечь, изгнать

вы-: выбежать, выгнать

от-: отплыть, отскакать

раз-: разбросить, разбрызгать

раз(рас)+ся: разъехаться, разойтись

у-: убежать, утащить

③ 동사의 행위가 목적물의 주위(둘레)에 설정되어져 있는 것: о-/об-окопать, обе жать

④ 동사의 행위가 수직으로 설정되어져 있는 것: вз-, воз-, низ-, под-, с-

вз-, вс-, воз-, вос-: взлететь, вознести

низ-, нис-: низринуться, ниспасть

под-: подпрыгнуть, подбросить

с-: стечь, сбросить

<분리-결합의 의미>

① 동사의 행위가 목적물에 결합하는 것: на-, при-, с-

на-: наклеить, нашить

на-: налипнуть, насохнуть

при-: приклеить

с-: склеить, сбить

② 동사의 행위가 목적물로부터 분리, 분할하는 것: вы-, от-, пере-, про-, раз-/рас-, с-

вы-: вывинтить, выломать

от-: отвинтить, отрезать, отцепить

пере-: переломить

про-: прогрызть, пробить

с-: сдуть, смахнуть, смыть

③ 동사의 행위가 목적물에 첨가되는 것: до-, над-, при-

до-: досыпать, доплатить

над-: надстроить, надвязать

при-: прикинуть, приписать

④ 동사의 행위가 공동으로 수행되는 것: с-

со-: сосуществовать, сонаследовать

с-+-ся: сговориться

пере-+-ся: переписаться, перекликнуться

6. 조어의 형태음운적 현상

6·1. 형태음운론(morphonology, morphonemics: морфонология)

형태음운론은 프라하학파의 핵심 멤버였던 N. Trubetzkoy의 의해 제안된 언어학 용어이다. 형태음운론은 형태소와 음소의 관계, 즉 형태적으로 조건지워진 음소의 변이형들을 연구하고 이를 체계화하는 것을 말하며, 하나의 형태소 내부에서 발생하는 음소교체(phoneme alternation: чередования фонем)가 주된 연구 대상이 되고 있다. 어근 /voz-/에서 비롯된 형태 вожу, возишь, вывоз 등에서 음소 /o/는 /ʌ/, /ɔ/, /ə/로 위치적 교체가 나타나 있다. 또 рука> ручной에서는 음소 /к/ 자체가 교체되어 있다. 이러한 음소교체는 현대노어의 음운법칙으로 설명되지 못하고 노어사에 대한 지식을 통하여 설명될 수 있으며, 오늘날 노어학에서 활발하게 연구되고 있는 분야이다. 노어 형태음운론이 다루는 핵심적인 내용은 단어의 어미변화시 발생되는 음운적인 변화양상과(луг- луга/ город- города/ возить- вожу) 접사화 등 조어과정에서 발생하는 음운적 변화(рука- ручной)이다 (어미변화, 즉 활용과 곡용에서의 음의 교체에 대해서는 음운론, "7. 음의 교체" 참조). 음운연구의 기본단위를 음소, 형태연구의 기본단위를 형태소라고 하듯이 형태음운연구의 기본단위를 미국의 후기 Bloomfield학파에서는 형태음소(morphoneme; морфонема)라는 용어를 쓰고 있지만, 노어학에서는 음소와 형태소의 관계가 매우 복잡하고 직선적인 메카니즘을 나타내지 않으므로

이러한 용어는 잘 사용하지 않으며, 형태음운론적 핵심내용, 즉 음소교체 등은 음운론의 한 분야로 취급하고 있다.

노어에 발생하는 주요한 형태음운적 현상으로 다음과 같은 것을 들 수 있다:

① 음소의 소실(loss of phoneme) ② 음소의 첨가(addition of phoneme) ③ 자음전이(simple consonant change) ④ 동화(assimilation) ⑤ 이화(dissimilation) ⑥ 융합(synthesis) ⑦ 음절주음의 변화(change of syllabic vowel) ⑧ 강세이동(stress shift) ⑨ 모음전이(gradation)

6·2. 조어과정의 형태음운적 현상

조어과정, 즉 접사화(affixation)나 복합(compounding)에서 형태음운적 현상은 다양하게 나타난다. 조어과정에서 나타나는 주요한 형태음운적 현상은 ① 음소교체 ② 형소첨가 ③ 어간단축 ④ 접요사화의 4가지이다.

6·2·1. 음소교체(**чередование фонем**)

조어과정에서 발생하는 교체는 음운적 위치로 인해 발생하는 것이 아니라 통시적인 사항이며 모어 어간의 말음이 조어 접사와 접합하면서 발생하는 유형과 모어 어간 내부에서 발생하는 유형으로 나누어진다.

1. 접사(형태소)의 접합에서 모어 어간 끝자음의 교체 (чередование конечных согласных производящей основы на стыке со словообразовательным аффиксом)

1-1. 경/ 연자음 교체:

гитара> гитар'-ист, мама> мам'-ин, храбрый> храбр'-эц, белый> бел'-изна, школа> школ'-ный, красный> красн'-эть(краснеть)

1-2. 후설자음의 쉬음과의 교체: г/ж, к/ч, х/ш (ц/ч)

друг> друж-ище, песок> песоч-ница, воздух> воздуш-ный, заяц>заяч-ий, пере

ц> перч-ить, больница> больнич-ный

1-3. 쉬음의 후설자음과의 교체: ч/к, ж/г, ш/х

кричать> крик-0, бежать> бег-лый, визжать> визг-0, смешить> смех-0, пеший > пех-ота

1-4. 순음의 "순음 + л'"로의 교체: б/бл', п/пл', в/вл', ф/фл', м/мл' Киев> киевл'-ан ин, ловить> ловл'-а(ловля), купить> купл'-а(купля), долбить> долбл'-оный, гра фить> графл'-эние

1-5. 외래 차용어의 파생에서만 발생하는 특수한 교체: з/т, с/т', с'/т'

наркоз> наркот'-ический, хаос> хаот'-ический, дискуссия> дискут'-ировать, фл ексия> флект'-ивный

2. 모어 어간 내부의 교체

2-1. 조어과정에서 모어 어간의 완전모음(полногласные)/불완전모음(неполногла сные) 교체, 즉 "완전모음화(полногласие)"와 "유음전위(метатеза плавные)"의 교체

голова> обез-глав'-ить, голос> без-глас-ный, волосы> сед-о-влас-ный, берег> без-бреж-ный, дерево> древес-ный

2-2. 어간 모음의 교체: и/о, и/э, и/у, о/э, е/о

надзирать> надзор-0, сидеть> дом-о-с'эд-0, слышать> слух-0, засыхать> засух-а, лóд> л'эд-ник, горшок> горшэчник, шерсть> шорст-к-а

2-3. 모음삽입/모음탈락의 교체(모음과 0음과의 교체)

лгать> ложь, мстить> месть, песок> песчаный, Москва> московский, марка> марочный, мох> мшистый, весна> весенний, икра> икорный

6·2·2. 형소융합(**наложение морфов**)

어간의 말음과 접미사의 두음이 접합하면서 이 두 개의 음이 융합되는 경우가 있는데, 이를 형소융합이라 한다. Свердлов**ск** > свердлов**ск**ий, Ом**ск**> ом**ск**ий(омск-ск-ий)의 파생관계에서 접미사 -ск-는 모어 어간의 말음과 동일한 형태이기 때문에 모어 어간의 말음과 융합되어 있다 (비교: Ленинград> ленинградский, Воронеж> вор

онежский)

такс**и**> такс**ист**, регб**и**> регб**ист** (비교: машина> машинист, трактор> тракторист)
коричн**ев**ый> коричн**еват**ый (접미사 -еват-; корчинев-еват-ый) (비교: синий> син еватый)
физ**ика**> физ**ик** (접미사 -ик; физик-ик)

6·2·3. 모어 어간 절단(усечение производяшей основы)

(1) 동사어간 절단; выписа-ть> выпис-ка, стира-ть> стир-ка, жале-ть> жал-ость, украси-ть> украш-ение, таять(таjа-ть)> та-лый, намыва-ть> намыв-0-0
(2) 명사어간 절단(усечение основы имени существительного); эстоне-ц> эстон-ка, деревн-я(деревн'-а)> дерев-ушка, типография(типографиj-а)> типограф-ский, куниц-а> кун-ий, участие(участ'иj-э)> участ-ливый, ·соловей> солов-ушка, премия(премиj-а)> преми-альный, палец> бес-пал-0-ый
(3) 형용사어간 절단(усечение основы имени прилагательного); узк-ий> уз-ость, скудн-ый> скуд-ость, вечерн-ий> вечер-ка, русск-ий> обрусеть(об-рус'-эть), красив-ый> крас-ота, широк-ий> шир-ота

6·2·4. 접요사화(접요사 결합, интерфиксация)

모어 어간과 접사가 접합하면서 兩者를 연결하는 조어 형태소, 즉 접요사가 삽입되는 것을 접요사화라 한다. 이러한 연결 역할을 하는 접요사는 접두사나 접미사와 달리 아무런 의미를 갖지 않으며 단지 파생의 구조적 기능만 가지고 있어 합성에서의 연결모음과 유사한 기능을 한다. 연결모음도 하나의 접사로 간주하여 연결접사라고 하며 접요사의 일종으로 본다. 접요사를 광의로 해석해서 단어 중간에 들어오는 모든 접사를 접요사로 간주한다면 노어에는 다음과 같은 것이 있다:

(1) 조어 과정에서의 접요사

-о-, -е-; пар-о-ход, пол-е-вод, неб-о-скрёб, юг-о-запад, син-е-голубой

-и-; пят-и-дневка

-ов-; гэс-ов-ский, Толстой> толст-ов-ец(비교; Суворов> Суворов-ец)

-ев-; Метрострой> метростро-ев-ец(비교; Иваново> Иванов-ец)

-j-; кофе> кофе-j-ный(비교; сахар> сахар-ный)

-л-; суди-л-ище(비교; убеж-ище)

-в-; пе-в-ец

-н-; куда-н-ит(비교; гагарин-ит)

-лез-; конго-лез-ский, того-лез-ский(비교; ган-ский)

(2) 어형 변화에서의 접요사

-j-; брат> братья(брат'-j-а)

-ов'j-; сын> сыновья(сын-ов'j-а)

-ер-; мать> мат-ер-и

-он-; племя(плем'-а)> плем-ён-0(плем'-он)

-ат- (-ят-); дитя> дит-ят-и

어간 형성 모음 -а-, -и-, -е-, -о-; крич-а-ть(кричу), гор-е-ть(горю), кол-о-ть(колю), люб-и-ть(люблю)

조어론(СЛОВООБРАЗОВАНИЕ)

ОБЯЗАТЕЛЬНАЯ ЛИТЕРАТУРА

Белошапкова, В.А. (ред.) Современный русский язык, М. 2011

Виноградов В.В., Вопросы современного русского словообразования, - В кн. Виноградов В. В., Избра-нные труды. Исследования по русской грамматике, М.: Наука : 1975.

виноградов В.В., Словообразование в его отношении к грамматике и ле ксикологии(на материале русс-кого и родственных яз ыков), Там же, ..

Винокур Г.О., Заметки по русскому словообразованию, - В кн. Винокур Г. О. Избранные работы по русс-кому языку, М.: Учпедгиз: 1959.

Земская Е.А., О парадигматических отношениях в словообразовании, - В кн. Русский язык. Вопросы его истории и современного со стояния. Виноградовские чтения. I-VIII, М.: Наука : 1978.

Земская Е.А., Словообразование как деятельность. М. 1992

Лопатин В.В., Русская словообразовтельная морфемика. Проблемы и принципы описания, М.: Наука ,1977.

Основные понятия морфемики. Словообразование, - В Русская грамматика. Т. 1, М.:Наука : 1980.

Словообразование, - В кн. Современный русский язык. П од ред. В. А. Белошапковой. Изд. 2, М.: Высш. школа : 1989.

Тихонов А.Н., Основные понятия русского словообразования, - В кн. Словообразовательный словарь русс-кого языка. В двух томах. Изд. 2, М.: Русский язык : 1990.

Улуханов И.С., Словообразовательная семантика в русском языке и при нципы ее описания, М.: «Наука», 1977.

Улуханов И.С., Мотивация и производность (о возможности синхронно-ди ахронического описания языка), ВЯ No 2, 1992.

Townsend, C. E., Russian Word-formation. slavica 1980(1975)

ДОПОЛНИТЕЛЬНАЯ ЛИТЕРАТУРА

Арутюнова Н.Д., О значимых единицах языка, - В кн. Исследования по о бщей теории грамматики, М: Наука : 1968.

Белошпкова, В.А. (ред.) Современный русский язык, М. 2011

Виноградова В.Н., Стилистический аспект русского словообразования, М.: Наука, 1984.

Ермакова О.П., лексические значения производных слов в русском языке, М.: «Русский язык», 1984.

Земская Е.А., Словообразование как деятельность, М.: «Наука», 1992.

Курилович Е., Деривация лексическая и деривация синтаксическая, -В кн. Курилович Е. Очерки по лингвистике, М.: Изд. инос тр. лит.: 1962.

Лихтман Р.И., Трудные вопросы словообразования, Махач-Кала: 1991.

Милославский И.Г., Вопросы словообразовательного синтаксиса, М.: «Из д. МГУ», 1980.

Немченко В.Н., Свременный русский язык: Словообразование, М.: «Высш. ш кола», 1984.

Развитие современного рисского языка. 1972. Словообр азование. Членимость слова, М.: «Наука», 1975.

Русский язык и советское общество. Проспект (Институ т русского языка АН СССР), Алма-Ата: 1962.

Словообразование современного русского литературного языка. Русский язык и советское общество : социолого - ли нгвистическое исследование. Под ред. М. В. Панова, М.: «Наука», 1968.

Словообразование, - В кн. Краткая русская грамматика, М.: Русский язык : 1989.

Тихонов А.Н., Множественность словообразовательной структуры слова в русском языке, Русский язык вшколе No 4, 1970.

Тихонов А.Н., Синхрония и диахрония в словообразовании, - В кн. Актуальные проблемы русского словообразования. Вып. 1. Самарканд : 1972.

Улуханов И.С., Узуальные и окказиональные единицы словообразовательной системы. ВЯ No 1, 1984.

Улуханов И.С., О степенях словообразовательной мотивации, ВЯ No 5, 1992.

4 어휘론 및 어휘의미론

1. 어휘론의 대상

어휘론이란 한 언어의 어휘 구성 및 개별 어휘의 의미 구현 양상, 용법 등을 연구하는 언어학의 한 분야이다. 즉, 어휘론이란 단어를 기본 단위로 해서 총량적 어휘의 구조, 변화 양상, 개별 어휘의 의미, 기능, 구조 등을 분석하고 분류하는 것을 말한다. 노어학에서 말하는 어휘론은 서구의 그것과 다소 성격을 달리한다: 러시아의 어휘론은 기본적으로 명의론(名義論,onomasiology; ономасиология)과 어의론(語義論, semasiology; семасиология)으로 나누어지고, 어휘론의 대상으로는 이외에도역사어휘론(историческая лексикология), 비교어휘론(сопоставительная лексикология), 응용어휘론(прикладная лексикология)뿐만 아니라 구문론(phraseology; фразеология), 용어학(ter- minology; терминология), 고유명사학(onomastics; ономастика), 어원론(etymology; этимология) 등이 포함된다. 문체론이 어휘 위주로 다루어질 때 이를 어휘론에 포함시켜 어휘문체론(лексикологическая стилистика)이라 하며, 사전학(lexicogr- aphy; лексикография)도 어휘론의 일부로 취급하기도 한다.

명의론은 대상(외부 세계의 사물 또는 개념)과 그것에 대응되는 명명과의 관계, 혹은 명명(이름)과 그 의의(sense)와의 관계를 연구하는 것이다. 즉, 단어를 이름과 의미, 대상의 결합체로 보아, 이들의 상호 관계를 조사, 분석하는 것을 말하는데, 예를 들어 인간을 지칭하는 말에는 어떤 것이 있는지(미국인, 한국인, 여자, 거인, 파렴치범, 그러나 <우주인?>, <유인원?>, <인어공주?>) 등을 조사하고 그 상호 관계를 의미적으로 규명하는 것이다. 의미장(field of meaning)이론과 인지의미론 등이 명의론의 특징을 잘 나타내주고 있다.

명의론이 이름(name)과 대상, 이름과 그 개념(혹은 의의(sense), 사고)과의 관계를 규명하는 것이어서 연구의 중심이 명명(이름)에 주어지는 것이라면, 어의론은 단어

의 뜻에 주안점을 두고 의미와 대상, 의미와 명명의 관계를 파악하는 것이다. 의미론(semantics; семантика)이 어휘의미론과 통사의미론, 화용의미론, 형식의미론 등을 포괄하는 용어인데 반해, 어의론은 어휘 의미만을 취급하므로 오늘날 노어학에서도 어의론이라는 용어는 잘 사용하지 않고 어휘의미론(lexical semantics; лексическая семантика)라는 용어로 대체해서 사용하고 있다.

고유명사학은 명칭학이라고도 하는데, 지명이나 인명 등 고유명사의 유래나 변화 과정 등을 연구하는 것을 말한다. 고유명사학은 둘로 나누어져 사람에 관한 명칭들, 즉 이름, 성(姓), 부칭, 별명, 애칭 등을 연구하는 것을 인명학(anthroponymy; антропонимика), 도시, 산, 江 등의 지명을 연구하는 것을 지명학(toponymy; топонимика)이라 한다.

2. 노어 어휘론 연구사

러시아에서 어휘론은 로모노소프로부터 시작되었다. 로모노소프는 특히 노어의 문체적 차이에 관심이 높아 '3문체론'(теория трёх стилей)을 제창했고 어휘의 역사적 변화 성격을 규명하고자 했으며 그의 주장은 한 언어의 총량적 어휘 가운데 기본어휘는 자기자리를 내주지 않고 불변적으로 유지된다는 것이다. 19세기부터 20세기 초까지는 역사비교언어학에 관심이 높아 역사어휘론(историческая лексикология)과 어원론 연구가 활발히 이루어졌는데, 주요한 학자로는 А.Х.Востоков, И.И.Срезневский, Я.К.Грот 등을 꼽을 수 있고, 어휘의 지역적, 사회적 분화에 관해서도 В.И.Даль, А.И.Соболевский, И.А.Бодуэн де Куртенэ 등의 연구가 있었다. 어휘론에 가장 많은 연구 업적을 남긴 학자는 А.А.Потебня이다. 그는 단어가 형태적인 측면에서 뿐만 아니라 내용적인 측면(그에 의하면 단어의 내적 형태(внутренная форма слова))에서도 기본단위가 된다고 생각하였으며, 단어의 의미적 관계, 다의성, 변화 체계 등에 관한 새로운 견해를 내 놓았다. 1890년대 М.М.Покровский는 일반의미론의 기초를 마련했으며 어휘 의미 발전의 일반적인 법칙성을 피력했다.

소비에트시기에 어휘론 연구는 어휘의 사회언어학적 성격에 초점이 맞춰졌는데,

이러한 연구 조류의 대표적인 학자로는 Е.Д.Поливанов, Б.А.Ларин, Д.С.Лихачёв, В.М.Жирмунский, Н.Я.Марр, Ф.П.Филин 등을 꼽을 수 있다. 일반어휘론에 관한 잘 알려진 저서로는 어휘의 체계성을 다룬 О.С.Ахманова의 "Очерк по общей и русской лексикологии"(1957), К.С.Левковская의 "Теория слова, принципы её построения и аспекты изучения лексического материала"(1962)가 있고, 대학교재로 편찬된 Е.М. Галкина-Федорук/К.В.Горшкова/Н.М.Шанский의 "Современный русский язык" 1 (Лексикология, Фонетика, Словообразование)(1962), Н.М.Шанский의 "Лексикология современного русского языка(1964), В.А.Звегинцев의 "Семасиология"(1957), Д.Н.Шмелов의 "Очерк по семасиологии русского языка"(1964) 등이 노어 어휘론의 기본서로 취급되고 있다.

이러한 일반어휘론에 관한 저서 이외에 어휘론의 세부적인 분야에 대해서도 많은 학자들의 연구가 있었는데 분야별로 정리해 보면 다음과 같다:

① 단어의 어휘의미 규명; Виноградов, Звегинцев, Ахманова, Левковская, Шмелов, Степанов, Леонтьев, Апресян, Соболева

② 단어의 기호학적인 문제; Галкина-Федорук, Богуславский, Резников, Колшанский, Абрамян, Фомин, Смирницкий, Леонтьев

③ 다의어, 동음어 문제; Шмелов, Виноградов, Ахманова, Ожегов, Абаев

④ 동의어 문제; Шапиро, Григорьева, Шмелов, Александров

⑤ 단어 의미의 통시적 연구; 어원론- О.Н.Трубачев, 역사어휘론- Филин, Ю.С.Сорокин

1970-1980년대 노어 어휘론의 관심 분야는 어휘의 체계성(системность)에 관한 문제였다. 어휘의 체계성에 관해서는 이미 Л.В.Щерба의 "Опыт общей теории лексикографии"에서 노어의 총량적 어휘와 개별 어휘에 대한 체계적인 성격이 규명되어 있고, 노어의 어휘의미적 체계에 대해서는 Виноградов의 1953년의 논문 "Основные типы лексических значений слова"에서 시도된 바 있다. 그러나 최근에 전개되고 있는 어휘의 체계성에 관한 연구는 이러한 차원을 넘어 ① 총량적 어휘의 구성 및 단어간의 의미적 상호 작용에 대한 유형화 ② 어휘의 미시 체계(лексическая микросисте

ма), 어휘 부류(лексический класс), 어휘 계층(лексический слой)에 대한 연구 등이 이루어지고 있다. 특히 주목받고 있는 학자로는 어휘적 계열관계(парадигматика)를 정립한 А.А.Уфимцева, Ю.Н.Караулов, 어휘 의미를 명명(номинация)과 논항(референция)으로 구분하고 통사적인 특성과 결부시켜 이론화한 Ю.Д.Апресян, 諸 언어의 비교어휘론적 체계를 설정한 Будагов, В.Г.Гак 등을 꼽을 수 있다. 그러나 ②의 경우 Уфимцева, Шмелев, Кузнецова, Апресян, Лекомцев 등의 연구가 얼마간의 성공을 거두고 있지만 아직은 새로운 이론(모델)이 제시되어 논의되는 정도의 단계라 할 수 있다.

1970년대 이후에 언어정책적인 측면에서 노어 어휘를 러시아내의 다른 언어들과 비교 정리하기도 하고(Ю.Д.Дешериев, И.Ф.Протченко), 어휘론 연구의 방법론에 대한 관심도 높아졌다(М.Д.Степанова, Н.И.Толстой, Э.М.Медникова).

3. 어원론(etymology; этимология)

어원론이란 말의 뿌리를 찾아가는 연구 분야를 가리킨다. 즉 어형, 발음 등 단어의 형식과 의미 변화의 역사를 가능한 더 먼 과거로 거슬러 올라가서 얻을 수 있는 문헌상 또는 문헌이전의 가장 오래된 어형, 의미를 찾아내는 것을 가리킨다. 이와같이 말의 기원 및 파생 관계를 명확히 하는 것을 목적으로 하는 어원학은, 말의 형태와 의미를 대상으로 하는 점에 있어 어휘론의 한 분야이지만, 단어의 기원을 명확히 하는 과정에 있어서는 특정 언어의 역사적인 연구(historical linguistics; историческая лингвистика)와 비교언어학(comparative linguistics; сравнительная лингвистика)의 방법과 성과를 사용하며, 때로는 민족학과 역사, 고고학, 인류학의 성과도 사용한다.

우리는 단어의 음성과 의미가 시간이 흐름에 따라 변한다는 사실을 알고 있다. 18세기 초기의 어원론자들이 인식하지 못한 것은 그런 변화가 우연한 것이 아니라는 사실과 어원을 찾고 증명하는 방법들이 있다는 것이다. 그러나 오늘날 어떤 특정한 언어를 역사적으로 고찰한다는 것은 일반적으로 초기의 문자화된 문헌에만 국한되는 것은 아니다. 언어가 문자화되기 이전의 언어 발달 과정에 대한 사실을 발견하고

입증되지 않은 선사시대의 것을 연구하는 것도 매우 흥미로운 일인데, 가장 보편적인 연구 방법은 기원발생적으로 관련된 언어들을 서로 비교하는 것이다:

<도표 1>

노어	백러시아어	우크라이나어	불가리아어	체코어	독일어	불어	터키어	에스토니아어
изба	хата	хата	къща	chalupa	Hütte	isba	ой	talutare
правда	прауда	правда	истина	pravda	Wahrheit	ve'rite'	gopeo	oigus
алый	пусови	червоний	ален	červeny	rot	vermeil	al	punane
рубить	сячы	рубати	сека	sekat	hauen	fendre	кису	raiuma
домой	дохаты	додому	в къщи	domŭ	nach Hause	a la maison	our0	koju

이러한 각 언어의 단어들을 비교해 보면 각 언어의 유사 관계, 차용 관계를 파악할 수 있으며 과거의 문헌을 통해서 좀 더 명확한 친족 관계를 따질 수 있고 그 뿌리를 추정해 볼 수 있는 것이다. 이처럼 역사언어학은 '사실'과 '가설'에 근거를 두고 있다. '사실'은 어떤 언어들이 음운, 형태, 통사, 어휘 분야에서 서로 현저한 유사성을 보여 주기 때문에 그 유사성은 우연이나 차용에 의한 것이 될 수 없다는 것이다. '가설'은 그 언어들이 옛날에 동일한 언어였다는 것이다. 우리는 이 옛날의 동일한 언어를 공통조어(common language)라고 한다. 공통조어란 개념은 인도에 살았던 영국인 William Jones경이 근대 학문에 소개한 것이다. 윌리암경의 진술은 첫째, 언어가 연쇄적으로, 평행적으로 발달하는 것이 아니라 공통조어에서 다소 독립적으로 발달했다는 것이다. 둘째, 공통조어가 이미 존재하지 않을 수 있다는 것이다. 이러한 기록물(문헌)이 없는 공통조어에 대한 개념이 언어학자들로 하여금 기록물이 없는 그 이전 단계의 언어 형태를 비교연구의 방법으로 추적할 수 있도록 했다.

19세기 독일의 언어학자인 August Schleicher는 이러한 사고를 토대로 기원적인 관계를 나타내는데 가장 일반적인 어족수형도(語族樹形圖; family tree diagram)를 창안해 냈다:

<도표 2>

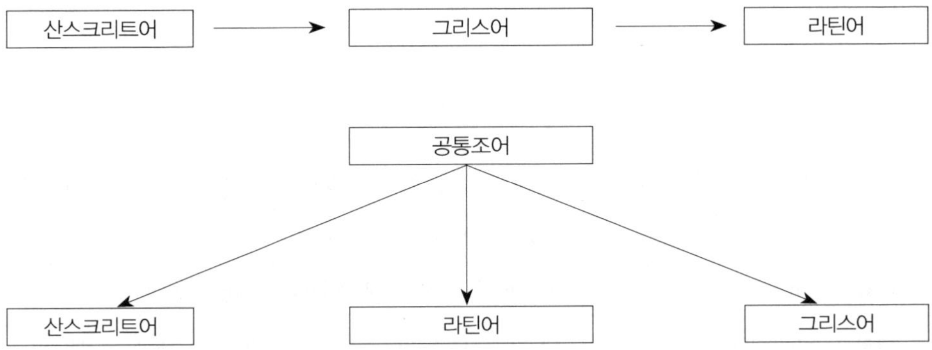

19세기 초에 유행한 언어 분류방법은 A.W.Schlegel이 1818년에 고안한 유형적 분류방법이다. Schlegel의 체계는 한 단어에 나타날 수 있는 유의적인 기본요소(형태소)의 수와 이것들이 겪을 수 있는 변형(modification)에 근거를 두고 있다. 즉 단어마다 기본적인 의미의 요소가 오직 하나밖에 없다면 그 언어는 고립어(isolative)이고, 기본적인 의미의 요소가 하나 이상이 있으나 이것들이 서로 분리되고 형태의 변화가 없으면 교착어(agglutinative)이며, 여러 유의적 요소가 있으나 이것들이 혼합되거나 다른 문맥에서 변형되면 그 언어는 굴절어(inflective)이다:

<도표 3>

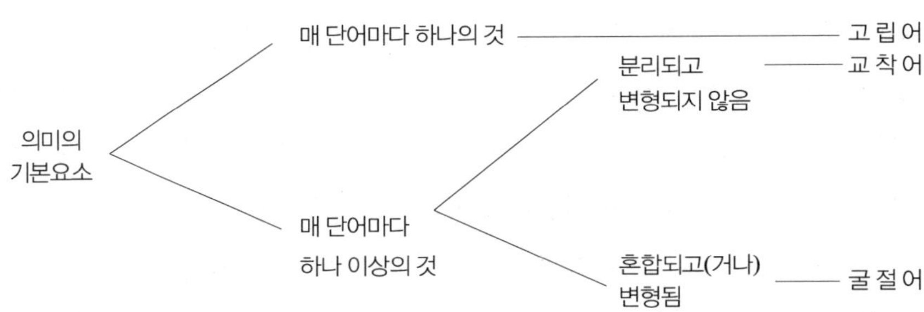

4. 어휘소(lexeme; лексема)

우리는 이미 음소, 형태소 등에 대해 학습했다. 어휘소란 그것이 구상적인 사물이든 추상적인 개념이든간에 하나의 대상을 지칭할 경우를 말한다. 단어 вода는 4개의 음소 /в/, /о/, /д/, /а/로, 2개의 형태소(вод[어근]-а[어미])로 이루어져 있으며 '물'이라는 대상을 가리키므로 하나의 어휘소이다. 그러나 단어 в(전치사)나 бы(소사)는 하나의 단어이기는 하지만 그 자체로는 의미를 구현할수 없으므로 어휘소는 될 수 없다. 또한 железная дорога는 두 단어이지만 '철도'라는 하나의 대상을 지칭하므로 하나의 어휘소이다. 동사 читать, читал, буду читать는 각각 하나의 어휘소이지만 단어의 형태는 달리 나타나 있다. 단어 салазка는 '손으로 끄는 작은 썰매'를 말하는데, 3개의 의소(сема)(①손으로 끄는 ②작은 ③썰매)를 갖지만 하나의 대상에 대한 표현이므로 하나의 어휘소이다. 이처럼 의미의 단위로는 형태소의 의미(дверь; двер-к-а), 단어의 의미 및 어휘소의 의미라는 세 종류가 있다. 관용구(фразеологизм)는 여러 단어로 이루어져 있지만 대부분 하나의 어휘소이다.

5. 어휘의미

어휘의미를 설명하기에 앞서 의미론(semantics; семантика)에 대해 간단히 설명하기로 하자. 의미론이 언어학의 일부로서 등장한 것은 19세기말부터이며 그것도 당초의 연구는 의미의 역사적 변화에 관한 것이었고, 의미를 어떻게 정의하는가에 많은 관심을 보였다. 그 후 Saussure의 영향으로 공시적 연구가 우선적으로 취급되게 되었고, 그 전형적인 표현이 의미장 이론(field theory of meaning)이다. 20세기 초까지 의미론은 어휘의미에 관한 것이었으며 20세기 중반에 들어와 Chomsky의 변형생성문법이 급속히 확대되면서 통사적인 성격으로 시정되어 왔고, 변형생성문법 이론 자체의 수정, 보완 과정에서 의미의 문제는 보다 더 중요한 위치를 차지하게 되었다. 이와는 달리 근간에는 문장의 의미표시들 사이에서 얻어지는 진리-함수적 관계로 의미를 분석하려는 시도가 이루어지고 있다. 이는 언어요소와 세계와의 관계에서 진

리 조건을 따지는 논리학적 의미론(logical semantics)인데, 이를 형식의미론(formal semantics) 또는 진리조건적 의미론(truth- conditional semantics)이라고도 한다. 가능세계 의미론(poss- ible world semantics)과 내포논리(intensional logic)를 적용하는 몬테규 문법(Montague grammar)은 이 유형중 가장 널리 알려져 있다. 오늘날 철학에서 널리 다루고 있는 분석철학(analytical philosophy)에서도 의미의 문제가 주로 다루어지고 있다.

이처럼 의미론의 영역은 매우 광범위한 것이고, 또 20세기에 들어와 새로이 등장한 이론들이 대부분 의미와 관계를 맺고 있어서 이들을 모두 설명할 수는 없는 일이다. 언어학에서 말하는 의미론은 크게 두가지로 나누어 볼 수 있다: 첫째, 단어 의미의 본질을 규명하는 것 (어휘의미론), 둘째, 문장 의미의 본질을 규명하는 것 (통사의미론). 어휘의미론은 단어 자체에 얽혀 있는 의미 문제를 연구하는 분야를 말한다. 단어 의미의 유형, 다른 단어와의 관계(동의어, 다의어, 동음어, 반의어), 의미 변화, 단어의 의미분석(의미장, 성분분석 등) 등을 주로 다룬다. 통사의미론이란 문장을 통하여 구현되는 의미 문제를 다루는 것을 말하는데, 오늘날에 와서는 특히 변형생성문법의 각종 통사 규칙에서 나타나는 의미 부문(semantic component)을 말하기도 한다.

5·1. 단어의 의미 (어휘의미)

한 단어의 의미는 양면성을 지니는 것이어서 특성에 따라 두 가지로 나누어 구별, 대응시킨다:

① 명시적 의미와 내연적 의미: '어머니'란 단어는 어떤 특정 대상을 지시하는 명시적 의미(외연적 의미; denotional meaning)와, '어머니'라는 단어가 암시하는 의미, 이를테면 '인자하다'든지 '모성애'라든지 '희생적이다'라든지 하는 뉘앙스를 가지게 되는데 이를 내포적 의미(connotative meaning)라 한다. 외연적 의미는 의미의 핵심을 이루는 부분이며 개인적 요소가 포함되어 있지 않다. 반면에 내포적 의미는 외연적 의미에 포함된 부수적 요소로서, 지시하는 대상이 가지는 향기나 색조, 모양 혹은 대상이 인간에게 불러 일으키는 '무섭다'든지 '아름답다'든지 하는 감정적인 것들이다. 따라서 내포적 의미는 특정 단어에 대한 개인의

경험에 기초하므로 사람에 따라 다를 수 있고 언어 집단에 따라 다를 수 있다.

② 의미의 기능과 내용: 의미 기능이란 언어(단어)가 가지고 있는 본질적인 여러 능력과 용법을 말한다. 단어의 기능적인 면에 대해서는 학자에 따라 다양한 견해가 있어 왔는데, B. Russell은 언어의 기능을 지시기능, 표현기능, 변조기능 셋으로 나누었다. 표현기능이 화자에 관한 것인데 반하여, 변조기능은 聽者가 말을 들음으로써 可否나 *好不好*의 반응을 불러일으키는 기능이다. Ogden과 Richards는 언어의 기호적 성격에 주목하여 의미의 기능을 대상에 대한 상징으로서의 언어 기능과 대화의 수단으로서의 기능, 즉 단어가 불러일으키는 감성적 기능으로 나누었다. 의미 내용이란 개개인의 의미 기능의 총화이다. '으악새'란 무엇이냐 할 때, 어린이, 어른, 식물학자는 으악새에 대한 지식의 정도가 다르고 대화는 자기 자신의 지식, 경험의 범위 내에서 가능하다. 그러나 의미 내용적인 면에서는 그러한 것의 총화로서 일정한 불변치를 형성하고 있는, 의미기능이 행해지기 위해서 바탕이 되는 기본이 있게 되는데, 그것이 바로 의미 내용이다.

③ 지시(reference)와 의의(sense): 지시는 언어 기호가 외부 실체를 가리키는 작용을 말하고, 의의는 개체의 개념(혹은 속성)을 나타낼 때 쓰인다.

의미를 파악하는 방법으로 지시의미론과 심리의미론으로 크게 나뉜다. 지시 의미론은 주어진 표현의 의미를 그 표현에 대응하는 대상(object)을 직접적으로 연계시켜 파악한다. 표현과 대상이 직접적으로 관련되어 이 둘 사이를 이어주는 중간 매개를 인정하지 않는 모든 이론은 지시의미론에 해당한다.

심리의미론(혹은 심리주의 의미론)에서 의미는 표현과 대상 사이에 인간의 마음(mind)속에 있는 개념(concept)을 통하여 연결되어 있다. 대표적인 심리의미론은 소쉬르의 기호이론(sign theory)과 오그덴-리차즈(Ogden & Richards)의 의미삼각형(semiotic triangle)이다.

소쉬르의 기호이론에서 언어기호는 기표(記標, signifier, significant)와 기의(記意, signified)로 구성되어 있다. 기표는 소리영상(sound image)이며 기의는 개념으로 이 둘은 심리적인 연상결합(associative bond)에 있다. 인간의 소리와 이 소리로서 인간

이 나타내려는 세계 속의 대응물은 개념적인 실체로 인지된다. 언어기호란 소리영상과 개념을 합한 양면성을 가진 전체를 말하며 심리적 실재물이다. 즉 소쉬르에 있어서 의미는 표현의 의미를 심리적 실체에 귀속시킨 심리적 실재물이다.

Ogden & Richards는 이것을 삼각관계로 보았다. Ogden & Richards의 의미삼각형에서 기호는 언어 표현(단어, 문장)이다. 대상(C, referent)은 표현의 의미적 대응물(object)로 경험세계 속의 대상들이다. 또 다른 요소인 지시(B, reference)는 개념(concept)이다. Ogden & Richards에 따르면 언어 기호 A와 대상 C는 직접적인 연계가 없으며 B, 즉 "Thought or Reference"를 통해서 성립된다. B(thought, reference, image, idea, conception, mental image)는 마음, 심리와 관계된 것이다. 단어(A)와 대상(C)과의 관계는 개념(B)에 의해 중재되어 있고 따라서 간접적이다. 대상(C)은 마음속의 사고(B)를 형성하며 이 사고가 기호(A)를 유발하며 따라서 B 부분 즉 인간의 정신, 사고가 매우 중요하게 상정되어 있다. 소쉬르의 기호이론을 Ogden & Richards의 의미삼각형으로 표현하면 기호는 A와 B를 합한 것이고 이 합한 것이 심리적 실체로 C와 연계되어 있다.

<도표>

의미삼각형(semiotic triangle)

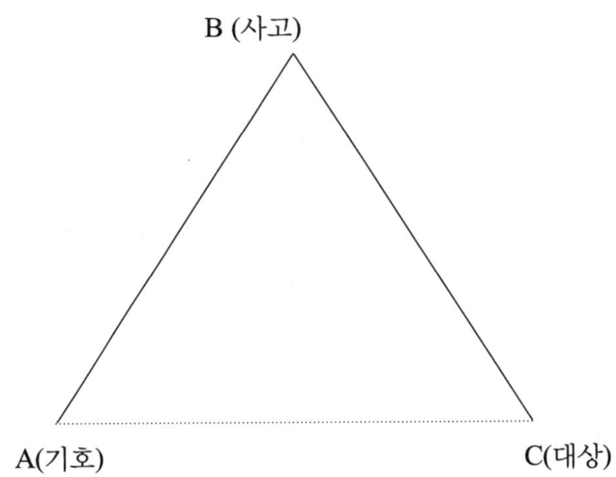

A: 기호, 언어기호, 언어표현, 명명, 단어

B: 지시, 사고, 개념, 심리영상

C: 지시물, 대응물, 대상, 사물, 실체

5·2. 의미의 유형

의미는 분류 기준에 따라 종류가 매우 다양하며, 그 가운데 주요한 것들을 살펴보면 다음과 같다:

① 분석 기준에 따라, 어휘적 의미(lexical meaning; лексическое значение)와 문법적 의미(grammatical meaning; грамматическоезначение)로 나누어진다. 어휘의미에 관해서는 이미 설명된 바 있으며, 문법적 의미란 한 단어의 문법범주를 표시하는 요소들의 특징을 일컫는 말이다.

단어 стол은 남성명사를 나타낸다든지, 그 격변화는 стол, стола, столу 가 된다든지, 문장에서 다른 단어와 어떻게 결합하는지 (ножка стола, Положи книгу на стол)하는 것들을 말한다. 어휘적 의미가 다른 단어와 관계없이 존재하는 개별적인(индивидуально)것인데 반하여 문법적 의미 는 범주에 속하는(категориально)것이다. 즉, 단어стол, дом, нож는 각각 다른 대상을 가리키며 고유의 어휘적 의미를 가진다. 그러나 이들은 공통적인 문법범주(①명사, ②남성, ③단수)를 보이며, 이러한 문법적 의미 를통해서 만 문장에 사용될 수 있는 것이다.

② 지시적 의미(referential meaning)와 변별적 의미(differential meaning), 감성적 의미(emotive meaning)로 나누어진다. 단어와 대상물 및 개념과의 지시적 관계에서 단어가 가지는 의미를 지시적 의미라고 하고, 변별적 의미란 미시언어학(microli- nguistics; микролингвистика)에서 문제가 되는 개념인데 '단어 A와 단어 B의 의미의 동일성 여부' 즉 의미의 차이 여부에 따라 결정되는 의미이다. 감성적 의미란 그 단어가 풍기는 감성적인 요소를 일컷는다. 모든 단어는 지시적 의미와 감성적 의미를 동시에 수반하기 때문에 구별이 쉬운 것은 아니지만 같은 단어라 할지라도 감성적 의미는 문맥에 따라 달리 나타난다.

③ 직접적 의미(прямое значение)와 비유적 의미(전이된 의미; переносное значение)로 나눈다. 직접적 의미란 단어의 기본이 되는 의미로서 대상, 행위, 속성 등을 나타내는 구체적인 의미인데 반해, 비유적 의미란 이러한 것들이 추상화된(отвлечённые), 전이된 의미를 말한다. 단어 мягкий는 мягкий воск에서는

직접적 의미로, магкий характер에서는 전이된 의미로, 단어 круг는 начертить круг에서는 직접적 의미로, круг друзей, круг интересов에서는 전이된 의미로 쓰여졌다. 전이된 의미는 오랜 시간이 지남에 따라 문맥에 따라 일시적으로 표현되는 차원을 넘어서 단어의 항구적 의미로 고착되는 경우가 많다. 단어 ручка, ножка, спинка는 원래 рука, нога, спина의지소형으로 각각 '작은 손', '(사람, 동물의) 작은 다리', '(신체의)등, 작은 등'이라는 의미였으나 전이된 의미(비유적 의미)인 '손잡이, 펜대', '(책상, 걸상의) 다리', '(옷, 가구의) 등, 등부분' 등이 자립적이고도 항구적인 의미, 즉 직접적 의미와 동등한 주의미가 되었다. 동사 идти의 원래 의미는 '(걸어서) 가다'이지만 Часы идут верно/ Платье вам идёт/ Дела идут плохо 등에서는 전이된 의미로 쓰이고 있으며 이미 항구적인 용법을 가진 주의미인 것이다.

④ 위의 5.1. '단어의 의미'에서 이미 설명된 외연적 의미와 내포적 의미가 있다.

⑤ 위의 ① - ④에서 언급된 각종 의미에 대한 정의를 주의미(일차적 의미 Hauptbedeutung; первичные значения)와 부차적 의미(이차적 의미, Nebenbedeutung; вторичные значения)로 구별한다.(Roman Jakobson이 제시) 즉 주의미란 단어의 핵심적이며 항구적인 의미로서 명시적, 외연적, 지시적, 직접적 의미가 해당되고, 부차적 의미란 단어의 일시적이고 상황적인 의미로서 파생적, 내포적, 감성적, 비유적(전이적), 문법적 의미가 해당된다.

5·3. 의미 전이

의미의 전이에 대해서는 위에서 간략히 살펴보았다. 전이된 의미가 상황에 따라서 일시적으로 쓰이는 것이 아니라 항구적인 용법으로 고착된 단어를 전이어(переносное слово)라 하는데, 노어에서 '전이'는 가장 활발하게 일어나는 의미 발전 경로이므로 상세하게 또 중요하게 다루어지고 있다.

의미가 전이되는 경로는 매우 복잡한 양상을 보여주고 있다.

하나의 주의미가 전이되는 계기에는 인접(隣接, contiguity)과 유사(類似, similar-

ity)의 두 가지가 있는데, 이것은 의미 변화의 가장 기본적인 요인이기도 하다. 유사란 한 사물과 다른 사물간에 형태나 성질이 비슷하다고 생각될 때 두 대상간에 일어나는, 의미전이의 가장 보편적인 현상이며 비유, 특히 은유에서 찾아 볼 수 있다. 하나의 대상에 존재하는 형태나 성질, 기능이 언어행위자 모두에게 보편적으로 지각되게 되면 이러한 전이된 의미도 하나의 어휘의미가 된다:

голова (사람의)머리> ①(기능)지혜, 사고 ②(형태)머리모양의 덩어리 ③(가축의)마리수 ④뛰어난 사람

нос (사람의)코> ①(새의)부리 ②(배의)船首

огонь 불> ①등불, 등 ②발사, 포화 ③열정, 정열

유사에 의한 의미전이는 위와 같은 명칭의 전이외에 동사에서도 활발히 일어난다. 동사 **идти**는 '(어느 곳으로)가다'의 의미지만 ①(눈, 비가)오다 ②(시간이)경과하다 ③(기계가)작동하다 ④(일이)진행되다 ⑤(-에)알맞다, 어울리다 등의 의미로 전이되어 쓰인다.

이러한 형태, 성질, 기능에 대한 유사와 더불어 공감각적 전이(synesthesia), 즉 감각적 전이도 의미전이의 중요한 부분을 차지하고 있다. 감각에는 인간의 외부에서 오는 경험론적 지표에 의한 것과 인간의 사고에 의해서 생기는 이성론적 지표에 의한 것으로 나누어 볼 수 있다. 경험론적 지표에 의한 의미전이란 지칭하는 대상이 가진 속성, 즉 형상, 색상, 명암, 향기, 맛, 소리 등이 하나의 의미로 표출된 것을 말한다:

형상- глазное **яблоко** (眼球), **гребень** горы(빗모양의 뾰족뾰족한 산), **ястребиный** нос(메부리코)

색상- **апельсиный** галстук(오렌지색 넥타이), **изумрудная** трава(에메랄드색 잔디)

맛- **сахарный** вкус хлеба(단, 달콤한 빵)

촉각- **пуховая** подушка(솜털 베개, 몽실몽실한 베개)

이성론적 지표에 의한 전이는 인간의 인식적인 메카니즘을 통한 것으로서 대상에 그러한 특징이 있다고 판단하여 다른 유사한 것에 적용시키는 것을 말한다. 따라서

경험론적 지표에 의한 전이는 항구적인데 반해, 이성론적 지표에 의한 전이는 주관적이고 상황적인 경우가 많다: **железная** воля(강인한 의지), **сердечный** человек(성의있는 사람)

또한 동일한 단어라 할지라도 이성론적 지표와 경험론적 지표 양자에 의해 전이가 발생할 수 있다. 단어 деревянный는 'деревянный дом(나무로 만든 집)'에서는 주의미로, 'деревянное мясо(딱딱한 고기)'에서는 경험론적 지표에 의한 전이가, 'деревянное лицо(무표정한 얼굴)'에서는 이성론적 지표에 의한 전이가 일어난 것이다. 은유와 환유는 이러한 의미전이가 발생하는 주요 방법이다.

하나의 사물과 다른 사물이 시간적, 공간적, 인과적으로 인접하여 있을 때, 인접에 의하여 의미전이가 발생할 수 있다. 우리말에서 '아침 먹었니?'라고 했을 때, 아침은 아침밥을 의미한다든지 노어의 завтрак(아침식사)이 '아침식사 시간'을 의미하는 것은 시간적 인접에 의한 전이이다. 환유, 제유, 단축 현상 등의 대부분은 인접에 의한 것이다.

5·4. 은유(metaphor; метафора)

사물, 행위, 속성을 나타내는 하나의 대상이 그것이 가진 (형상, 색상, 기능 등의) 여러가지 유사성을 근간으로 하여 의미가 전이되는 것을 말한다. 은유는 특정 작가의 문체적 양식에 따라 작가의 의도를 간접적이지만 좀 더 효과적으로 표현하기 위해 개별적으로 사용되는 경우와(ⓐ) 은유의 용법이 일반화 되어 폭 넓게 쓰이는 경우가 있는데(ⓑ), 전자는 통사론이나 문체론(стилистика), 수사학(риторика)에서 다루어지며 최근에는 화행론의 관점에서 은유를 설명하려는 시도가 있다:

ⓐ С.А.Есенин: костёр рябины красной, березовый язык рощи, ситец неба, зерна глаз

Б.Л.Пастернак: лабиринт лиры, кровавые слезы сентября, поросли (дождевых) капель, вокзал несгораемый ящик разлук и встреч, булки фонарей и пышки крыш.

ⓑ шляпка гвоздя(못의 대가리), рукав реки(강의 지류), чёрная зависть (음험한 증오심), железная воля(강인한 의지)

가장 많이 발생하는 은유적 의미는 인간의 형태나 속성을 사람이외의 대상에 부여시키는 擬人化(anthropomorphism; антропоморфизм)(ⓐ)와 사물의 형태나 속성에 사용하는 말을 인간에게 적용시키는 것이다(ⓑ).

ⓐ злой ветер, равнодушная природа, дыханье весны, река играет, поток бежит, вулкан проснулся

ⓑ холодный взгляд, железная воля, каменное сердце, золотой характер, груз пережитого, копна волос, клубок мыслей

은유적 의미는 특정 대상이 가진 특징을 물리적으로, 질적으로 비슷한 다른 것에 일반화하는 사람들의 능력의 문제이므로, 은유가 발생할 수 있는 조건은 대상의 특징을 사람들이 얼마만큼 쉽게 그리고 강하게 인식하는가 하는 것이다. 은유가 발생할 수 있는 유사성을 구분해서 말하자면 다음과 같다:

① 형상: головка лука(양파의 대가리), глазное яблоко(眼球), иголки сосны(소나무 잎사귀)

② 위치: нос лодки(船首), хвост поезда(열차의 後尾), шляпка гвоздя(못의 대가리)

③ 기능: дворник(문지기> 청소부), электрическое полотенце(손 건조기), сторож (파수꾼> 수위)

5·5. 환유(metonymy; метонимия)

환유란 어떤 대상이 연상에 의해 다른 의미로 쓰이는 것을 말한다. 은유가 유사성에 기초하는 것이라면 환유는 인접성을 바탕으로 한 연상작용에 의한 것이다. 환유에 의한 의미전이는 비교적 규칙적인 양상을 보여주어 다음과 같이 자세하게 분류할 수 있다:

① 재료로 그 제품을 의미: золото, хрусталь. У неё в ушах золото. На полках сплошной хрусталь

② 容器로 그 내용물을 의미: Он выпил весь стакан (целую рюмочку, всю бутылку)

③ 저자명으로 그 저작물을 의미: Я читал этого писателя. Он слушал Бориса Годунова.

④ '행위'를 나타내는 단어로 그것의 목적물, 용도를 의미 : вклейка страницы > Из книги выпала вклейка. издание книги > иллюстрированное издание

⑤ '행위'를 나타내는 단어로 그것의 결과물을 의미: сооружение памятника > монументальное сооружение, утолщение кости > твёрдое утолщение

⑥ '행위'를 나타내는 단어로 그것의 수단, 도구를 의미: замазка щелей > свежая замазка, крепление снастей > лыжные крепления, передача движения > велосипедная передача

⑦ '행위'를 나타내는 단어로 그것이 발생하는 장소를 의미: выход из дома > стоять у выхода, остановка движения > автобусная остановка

⑧ 식물명으로 그것의 열매를 의미: абрикос, груша, слива, малина, смородина (*яблоко > яблоня)

⑨ 동물명으로 그것의 모피, 고기를 의미: котик, норка, песец, лиса

⑩ 신체의 부분을 나타내는 말로 그것의 질병을 의미(특히 구어에서): сердце(심장병), желудок(위장병), голова прошла(두통이 없어졌다).

환유를 추상/구상성의 각도에서 보면 다음과 같이 분류할 수 있다:

① 구체물 대신에 추상물을 나타낸다. Кремль(모스크바의 城)>Кремль(러시아정부), сердце(심장)> сердце(애정, 동정)

② 추상물 대신에 구체물을 나타낸다. перевод(번역)>перевод(번역물, 번역본), представление(제출, 보고)> представление(보고서, 제출안건)

③ 행위가 일어나는 장소로서 그것의 구성원을 나타낸다. Весь завод об этом узнал (весь завод =все трудящиеся завода), весь город = все люди, живущие в городе

환유가운데 부분을 가지고 전체를 나타내거나 또 전체를 가지고 부분을 나타내는 것을 특히 제유(synecdoche; синекдоха)라고 한다: Андрей - умная голова(<умный человек)

5·6. 동의어(synonym; синоним)

동의어란 둘 이상의 단어가 서로 같거나 거의 비슷한 뜻을 가진 경우를 말한다. 한 언어에 동의관계(синонимия)에 있는 단어의 수가 많다는 것은 그만큼 미묘한 뉘앙스까지도 언어를 통해서 표현해 줄 수 있는 가능성이 높다는 것이다. 사람마다 대상에 대해 느끼는 감정과 선입견이 같지 않으며, 같은 사람의 경우에도 지식이 넓어짐에 따라 사물과 개념을 인식하는 양상이 달라지기 때문에 주의미뿐만 아니라 뉘앙스나 감성적, 연상적 의미 등의 부차적 의미를 표현해주는 많은 단어를 필요로 한다:

И.А. Гончаров; Белинский был образованнее всех своих товарищей (не **учене е**, а именно **образованнее**)

А.П. Чехов; Старику захотелось важных, серьёзных мыслей, хотелось ем у не просто **думать**, а **размышлять**

М. Горький; **Сияло** солнце, вздыхала степь, **блестела** трава в бриллиантах до ждя, и золотом **сверкала** река.

개인이나 사회의 인식의 다양성은 동의어 존재의 필연성을 조성한다. 동의어 연구는 어휘론에서 매우 중요하게 취급되는데 그 이유는 첫째, 단어들이 일상생활에서 늘 쓰이게 되면 비슷한 말들이라도 여러가지 측면에서 미세한 차이를 보이게 마련이다. 동의 관계에 있는 단어들은 각각 지시적 의미는 동일할지라도 부차적 의미는 차이가 나며, 이들은 살아남기 위해 서로 치열한 경쟁을 하게 되는데 시대적인 가치관에 좀 더 부합된 말이 보존되고 나머지는 소멸된다. 이러한 동의어들의 증가 및 소멸 현상을 역사적으로 추적하면 한 민족의 문화사를 어휘의 관점에서 조명해 낼 수

있는 것이다. 또 한 사람이 하나의 중심의미를 가지는 여러 개의 동의어 가운데 어떤 특정한 단어를 즐겨 쓴다고 할 때에, 그러한 단어들 속에서 연상 의미상의 특별한 경향을 발견한다면 그 사람의 성향을 어휘론의 관점에서 파악할 수 있는 것이다. 우리말에서 한글 고유어와 한자어의 경쟁이라든지 현대 노어에서 노어 고유어와 외래어의 경쟁은 그 좋은 예이다: 계집-여자, 소젖-우유-밀크, 긴머리-장발, удобство-комфорт, участник-партнёр, обслуживание-сервис, ограничение-лимит. 둘째, 동의어를 다국어간의(interlingual) 문제로 취급하면 번역의 문제에 중요한 기여를 할 수 있다. 오늘날 자연과학의 발달로 기계번역 등에 대한 관심이 높아지고 있으며 동의관계의 연구도 분류하고 목록화하는 차원을 넘어 생성모델을 창출하는 쪽으로 가고 있다. 한국어의 '뚱뚱하다'는 말은 노어에서 외관상 뚱뚱한 толстый, 몸집이 큰 полный, 무게가 많이 나가는 грузный로 대응 관계를 나타낸다. 셋째, 동의어는 반의어와 마찬가지로 거시언어학적으로 한 언어의 의미 체계를 연구하는데 중요한 역할을 수행하는데 특히 의미장이론(field theory of meaning)이나 의미분포이론(distributional view of meaning)에 밑받침이 되고 있다.

동의어는 기준에 따라 여러가지로 분류된다.

동일한 대상을 지시할 뿐만아니라 그 개념적인 의미까지도 같은 것을 완전 동의어(полный синоним), 동일한 대상을 가리키지만 부차적 의미에서 차이가 있는 부분동의어(неполный синоним, 혹은 의사동의어(квазисиноним))로 나누어진다. 완전한 동의관계(синонимия абсолютная)는 거의 존재하지 않으며, 고유어-차용어 동의어나 전문용어 동의어가 완전 동의어에 가깝다.

① 완전동의어: бросать-кидать, глядеть-смотреть, прекращаться-переставать, подлинник-оригинал, везде-всюду, одинаковый-тождественный, я зыкознание-лингвистика

② 부분동의어: нападение-агрессия(нападение의 의미영역이 агрессия보다 넓음), резать-кромсать, болеть-саднить, нести-тащить, высокий-рослый

동의어간의 관계에 따라 ①방언에서 오는 차이 ②문체적 특징에서 오는 차이, 즉

일상적/문어적/구어적인 격식의 차이 ③인지적 의미, 감성적 의미, 평가적 의미에서 오는 차이 등으로 나누어지는데 방언학이나 문체론, 의미론 등의 해당 분야에서 다루어지고 있다.

동의어간의 상호관계나 발생 양상에 따라 분류해 보면 아래와 같다:

<동의어간의 상호 관계에 의한 분류>

① 동일한 관계: 동의어간에 주의미, 부차적 의미가 같을 뿐만 아니라 문체적, 방언적, 사회언어학적인 차이도 보이지 않는 것, 이를테면 языкознание와 лингвистика의 관계.

② 상위어로서는 같은 뜻을 가지나 하위어로서는 서로 다른 대상을 지칭하는 것, 이를테면 жилище/ обиталище/ берлога/ логово는 모두 '집(дом)'을 의미하지만 구체적으로는 서로 다른 것을 지칭하고 있다.

дымка/ марево/ мгла/ туман

③ 문어, 구어 등의 문체에 따라 같은 대상이 다른 말로 표현된다. аплодисменты/ рукоплескания/ хлопки, напрасный/ тщетный/ бесполезный, из вещение/ уведомление/ повестка

④ 감성적(эмоциальный), 표현적 뉘앙스(экспрессивный оттенок)의 차이를 일으키는 동의관계는 주로 회화체에서 많이 구사된다. выгнать/ выставить/ вышибить/ вытурить, говорун/ болтун/ красновай, колкость/ шпилька

⑤ 동의관계에 있는 단어들은 언어활동에 적극적으로 사용되기도 하지만 거의 쓰이지 않는 의고어적인 것도 있다. 즉 아래의 왼쪽 단어들은 사용빈도수가 높지만 오른쪽 단어들은 빈도가 낮다: сражение/ битва/ баталия/ сеча, дорога/ стезя, шея/ выя, губы/ уста

⑥ 동의관계에 있는 단어들은 방언에 따라, 혹은 사회언어학적인 측면, 즉 표준어, 은어, 속어, 비어, 전문어에 따라 달리 나타난다. имущество/ добро/ пожитки/ скраб/ манатки, колыбель/ качалка/ люлька/ забыка, бить/ колотить/ колошмать/ тузить/ дубасить/ гвоздить/ утюжить, икриметание/ нерест

⑦ 강약, 정도에 있어서 차이가 나는 동의관계의 단어들, 이를테면 хороший/ отл

ичный/ прекрасный/ превосходный/ великолепный; большой/ огромный/ громадный; известный/ прославленный/ знаменитый

<동의어가 발생하는 원인에 따른 분류>

① 하나의 어휘의미가 둘 이상의 의미로 의미분화(расщепление)가 발생한 결과로 동의관계가 성립된 경우다. 단어 прослойка는 'тонкий слой, полоска между слоями чего-нибудь'의 의미이나, 10월혁명 이후에 새로운 의미 'общественная группа, часть общества организации, отличающаяся какими-либо особенностями'로 의미전이가 되어 다의화(полисемизация)되었다. 그 결과 단어 группа, слой와 동의관계가 이루 어졌다. 단어 перековаться는 원래의 의미 '(쇠를) 다시 불에 달구어 두드리다'가 전이되어 '(교육이나 수양의 결과로) 사고 방식이나 행동 양식을 바꾸다'의 의미로 발전되었다. 그 결과 단어 перевоспитаться, переделаться, преобразиться와 동의관계를 이룬다. участок는 (지리적인)지역, 구역을 의미하나, 의미가 전이되어 활동분야, 행동영역의 의미로 전이되어 기존의 сфера, область, отрасль와 동의관계를 이룬다.

② 한 단어의 여러가지 의미가 나름대로 발전함에 따라 결국 서로간의 연관성을 상실하고 동음이의어(омоним)의 단계에 도달하게 된다. 그 결과 새로운 의미는 기존 단어들과 동의관계를 맺게 된다. 단어 лавка(벤치)는 의미발전의 결과 동음이의어 '상점, 가게'의 의미를 갖게 되었으며 лавка - скамья, скамейка와 더불어 лавка - магазин, ларек, палатка로 동의관계를 맺게 되었다. 형용사 лихой는 고대노어에서 몇개의 의미를 가졌으나 점차적으로 두 개의 의미 '나쁜'(лихая година, лихая болезнь, лихое время)과 '용감한'(лихой рубака)의 의미로 쓰이고 있다. 즉 동음이의어가 되어 각각은 달리 동의관계를 맺고 있다.
лихой- злой, тяжкий, лихой- смелый, удалой, молодецкий

③ 외래어로부터 차용의 결과 기존의 고유어와 동의관계를 맺게 되는 경우가 있다. 단어 область - сфера, всеобщий - глобальный, увлечение - хобби의 동의관계는 차용에 의해 비롯된 것이다.

④ 새로운 단어의 조어과정에서 동의어가 발생하기도 한다. 즉 형태는 다르지만 동일한 의미의 접사가 첨가된다든지, 동일한 동기어 A로 부터 조어된 단어 B와 C가 원래 서로 다른 의미였으나 그 중 하나가 의미발전의 결과 B와 C가 동의관계를 이루게 된다. копание - копка, замораживание - заморозка, пилотирование - пилотаж, гранение - огранка

⑤ 반의관계에 있는 두 단어가운데 한 단어에 접두사 не- 가 붙어 동의 관계를 이룬다. 일반적으로 성질형용사와 부사는 접두사 не-로 동의 관계를 나타내지만, 다른 품사들, 이를테면 명사나 동사에서는 접두사 не-가 동의관계를 가져다 주지 않는다.

성질형용사: низкий/ высокий> низкий- невысокий, маленький/ большой> маленький - небольшой, шероховатый/ гладкий> шероховатый - негладкий

부사: редко/ часто> редко- нечасто

명사: враг/ друг> враг; недруг, болезнь/ здоровье> болезнь; нездровье, безпорядок/ порядок ; непорядок

5·7. 다의어(polysemy; полисемия)

다의어란 단의어(monosemy)와 대응된 개념으로서 하나의 단어가 둘 이상의 의미를 가지고 있는 것을 말한다. 통시적으로 특정 단어의 의미가 분화된 결과로써 원래 의미 이외에 여러 개의 파생의미가 병존하는 현상이다.

의미적 유사의 정도와 한계는 주관적인 것으로서 그 명확한 구분은 쉽지 않다. 특히 다의어와 의미 전이, 다의어와 동음어, 다의어와 동의어의 구별은 실제로는 어려울 때가 많으나, 이론상으로는 분명한 차이가 있다. 동의어와 다의어의 구분은, 동의어가 하나의 의미(대상)를 나타내는 여러개의 단어를 가리키는데 반해, 다의어는 하나의 명칭에 둘 이상의 의미가 결합되어 있으면서 이들은 어원적으로는 같은데서 시작되었으나 약간은 다른 뜻을 지니고 있는 것을 말한다:

<도표 4>

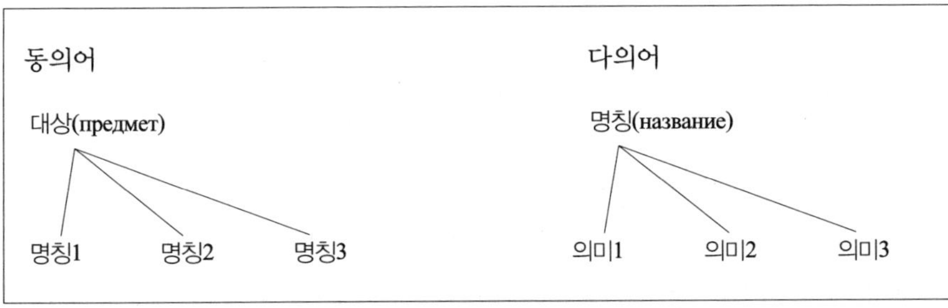

전이와 다의도 이론상으로는 분명한 차이가 있는데, 전자는 하나의 의소(sememe)와 그 변이의미(alloseme)들의 관계로서 어디까지나 이것은 하나의 의미이지 둘 이상의 다른 의미는 아니다. 하나의 주의미에 나타난 부차적 의미에 불과한 것이다. 이에 대하여 다의는 하나의 단어가 둘 이상의 다른 의미들을 가지고 있어야 한다. 그러나 이 경우에도 한 단어의 다른 의미들 간에는 어원적으로 하나의 의미에서 나누어져 나온 것을 확인할 수 있어야 한다. 그렇지 않고 전혀 다른 어원에서 비롯되었다거나 동일한 어원에서 비롯되었지만 의미 분화가 극심하게 이루어져 공시적으로는 도저히 추정할 수 없는 정도가 되어 있으면 이것은 둘 이상의 다른 단어, 즉 동음어(homonym; омоним)가 되고 만다. 즉 <도표 4>의 '의미1'과 '의미2' 사이에 밀접한 관계를 느낄 수 없게 되면 동음어가 된다. 다의어란 글자 그대로 여러 개의 의미, 즉 다의성(многозначность)을 가지는 것인데, 대부분의 단어는 단의어에서 시작하여 다의어로, 더 나아가서 동음어로 전개되는 단어도 있다. 하나의 의미가 그 적용 대상, 적용 범위를 넓혀 나가거나 위에서 학습한 다양한 의미전이 방법을 통하여 새로운 의미를 획득해 나가는데, 이론상 다의어란 하나의 의소가 바뀌는 것을 말한다: 단어(어휘소) тёс는 의소 ① 얇게(тонкие) ② 켠(вытесанные) ③ 널판지(доски)로 이루어져 있고, 단어 туя(어휘소)는 의소 ① 침엽수의(хвойное) ② 상록의(вечнозелёное) ③ 나무(дерево; 이것도 더 쪼개면 삼나무과의 관목(кустарник семейства кипарисовых))로 이루어져 있다. туя나 тёс의 ① - ③ 가운데 하나가 바뀌어 새로운 의미를 가져오는 것은 모두 다의어이다. 단 ③의 의미가 변하여 더 이상 원래의 의미 '널판지'나 '나무'와 연관성을 가지지 않게 되면 동음어가 될 수 있는 것이다.

다의어의 의미 구조를 도표로 표시하면 의미적 파생 관계에 따라 여러가지 유형이 나올 수 있는데, 크게 방사형, 사슬형, 방사/사슬형으로 나누어 진다:

<도표 5> 방사형

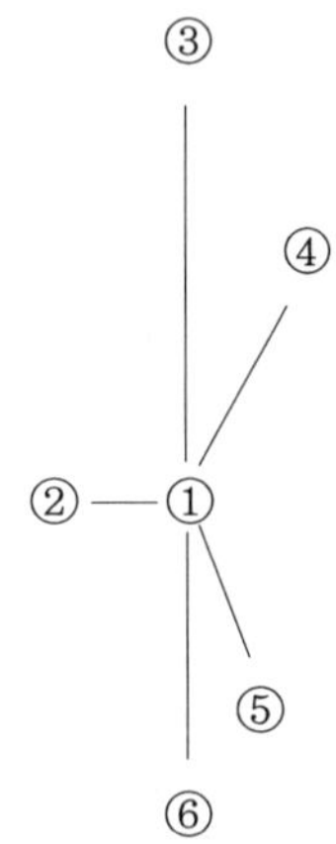

① круг의 기본 의미 ‘동그라미, 圓’

② ‘동그란 장소, 원형 장소’ Молодёжь танцует на кругу.

③ ‘원형의 물체’ Спасательный круг

④ ‘범위, 영역’ Круг дружбы, круг вопросов

⑤ ‘집단, 그룹’ Широкий круг знакомых

⑥ ‘사회계층’ В кругу учённых, специалистов

<도표 6> 사슬형

①—②—③—④

① ‘녹색의’ Зелёный свет, зелёный огонёк

② ‘덜 익은’ зелёные помидоры

③ '경험이 부족한' зелёный молодец

<도표 7> 방사-사슬형

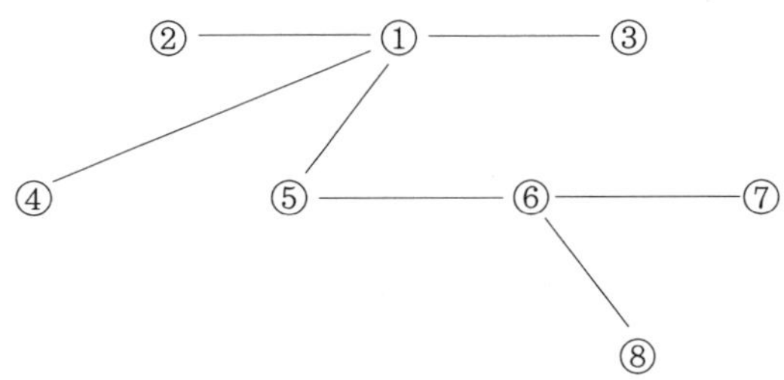

① '열기, 더위' обдало жаром

② '더운 곳' сидеть на самом жару '해가 쨍쨍 내리 쬐고 있는 곳에 앉아 있다'

③ '가열된 숯' загрести жар в печи

④ '더운 시기, 혹서기' после таких жаров

⑤ '체온' У ребёнка жар

⑥ '흥분' Бросить в жар и в холод '흥분과 추위로 몰아넣다'

⑦ '열정, 정열' Работать с жаром

⑧ '심한 꾸지람, 고함' задать жару '심한 꾸지람을 하다'

5·8. 동음어(homonym; омоним)

위에서 이미 동음어에 대해 어느정도 언급되었듯이 하나의 명칭에 두 개 이상의 의미가 결합된 것은 다의어 뿐만 아니라 동음어도 있다. 동음어란 동음이의어라고도 불리는데, 둘 이상의 다른 단어가 그 의미의 차이에도 불구하고 동일한 형태로 나타나는 것을 말한다.

이 세상의 모든 사물이나 개념에 대해 모두 명칭을 부여할 수 없으므로 단어의 다

의성이 언어를 위해서나 인간을 위해서 불가피한 것이지만 언어 생활에 상당한 혼란과 무리를 주는 것도 사실이다. 동음어, 특히 단음절어에서 많이 나타나는 동음어는 그 의미를 단어의 표기를 통해서가 아니라 문맥을 통해서 파악해야 하기때문에 의사소통을 하는데 많은 지장을 초래하게 되지만, 모든 언어에는 현실적으로 아주 많은 동음어가 쓰이고 있다. 수없이 많은 개념을 표현하기 위하여 주어져 있는 음운의 수나 음운결합의 구조가 일정하게 제한되어 있기 때문에 동음어의 발생은 필연적인 것이다. 동음어는 이론상으로는 동의어와 대립되는 입장에 있지만, 동의어가 거의 무한하고 유동적인 의미의 동질성을 연구 대상으로 하는데 반해 동음어는 일정한 음운과 그 형태의 동일성을 대상으로 하기 때문에 좀 더 객관적인 연구 결과를 얻을 수 있다.

일반언어학에서 발음이 같고 뜻이 다른 동음관계는 철자가 다른 동음어(homophone), 철자까지 같은 것은 동음어(homo- graph), 철자는 같지만 발음이 다른 동철이음어(heteron- ym) 등으로 구분한다. 서로 중복되는 요소를 포함하고 있어서 그 구분이 명확하지 않지만 다음처럼 도표로 나타낼 수 있다:

<도표 8>

(O: 두 단어가 서로 같은 것 X: 두 단어가 서로 다른 것)

	철자	발음	의미	
homophone	X	O	X	homonym
homograph	O	O	X	
	O	X	X	heteronym

노어학에서 동음어는 발음과 철자가 동일한 완전동음어(полный омоним), 철자는 같지만 여타 음성적 요소가 다른, 이를테면 강세나 억양이 다른 동철동음어(homograph; омограф), 철자는 다르지만 여러가지 음운현상, 이를테면 동화작용이나 묵음현상에 의해 같은 발음을 가지게 된 이철동음어(homophone ; омофон), 품사도 다르고 형태적 카테고리도 달리하지만 그 변화 형태 가운데 하나가 다른 단어의 형태와 같은 형태동음어(омоформа)로 나누어진다.(제 1장 '강세의 기능' 참조 바람)

① 완전동음어: лук(양파)/ лук(활), коса(땋아 늘어뜨린 머리)/ коса(낫)/ коса(길게 뻗힌 여울), брак(결함, 흠)/ брак(결혼), свет(빛)/ свет(세계, 세상), мир(평화)/ мир(세계)

② 동철동음어: за́мок(城)/ замо́к(자물쇠), п а́рить(찌다, 삶다)/ пар и́ть(날다), а́тлас(지도책)/ атла́с(직물, 원단), му́ка(고통)/ мука́(밀가루)

③ 이철동음어: косный(비스듬한)/ костный(뼈의), лук/ луг(초원), пруд(연못)/ прут(나뭇가지), везти(물건을 운반하다)/ вести(사람을 이끌다), код(신호, 코드)/ кот(숫고양이), рог(뿔피리)/ рок(운명)/ рок(락음악), бал(무도회)/ балл(기압, 지진의 단위)

④ 형태동음어: строиться(미정형)/ строится(3인칭 단수 현재), три(수사)/ три(동사 тереть의 명령형), печь(동사 '굽다')/ печь(명사 '난로'), знать(동사 '알다')/ знать(명사 '귀족')/ знать(삽입어 '아마도, 어쩌면'), пасть(동사 '떨어지다')/ пасть(명사 '짐승의 입'), простой(형용사 '간단한')/ простой(명사 '정박'), корма(명사 '선미')/ корма(명사 корм'사료, 꼴'의 복수 주격), стре́лки('바늘, 시계침' 복수 주격)/ стрелки́(стрелок의 복수 주격), кру́жки(кружка의 복수 주격)/ кружки́(кружок의 복수 주격)

위의 4가지 동음어 유형가운데 가장 문제가 되는 것은 완전동음어이다. 동음어 연구에 보이는 학자들의 관심은 주로 완전동음어의 발생 원인, 동음충돌(homonymic clash) 등 그 진행과정, 그리고 다의어와 완전동음어와의 경계설정 등이다. 동음어는 발생 원인에 따라 4 가지로 나누어진다.

① 음운적인 원인: 통시적인 요인으로서 원래는 동음어가 아니던 두 단어가 음운변화를 겪으면서 동음관계에 놓이게 되는 것을 말한다. 고대노어에서 лук(양파)는 лоукъ, лук(활) 은 лѫкъ로 다른 형태였지만 оу> У로, ѫ> у로 되면서 동음어가 되었다. 고대노어에서 мир(세계)는 мир, мир(평화)는 мiр였지만 i>и 로 되면서 동음어가 되었다. ①에 의한 발생은 그 수가 많지 않다.

② 노어에서 동음어의 대부분은 차용어가 유입되면서 발생한다. (a) 고유어와 차용어간에 혹은 (b) 차용어끼리도 동음어가 발생하는데 명사에서 뿐만 아니라

동사에서도 발생한다.

ⓐ 고유어 клуб(연기, 먼지가 가득함; клубиться, клубок, клубень)- 영어차용어 клуб(클럽), 고유어 брак(결혼)- 독어차용어 брак(부족), 고유어 бор(침엽수)- 독어차용어 бор(송곳[<Bohrer], 화학원소 붕소[<Bor]) ⓑ 영어차용어 рейд (기습) - 화란어차용어 рейд (정박지) , 터키어차용어 балка(골짜기)- 독어차용어 балка(들보), 라틴어차용어 фокус(초점)- 독어차용어 фокус(요술), 영어차용어 рейс(왕복로)- 포르투갈어차용어 рейс(화폐), нота(音符)- нота(외교문서), мотив(멜로디)- мотив(동기), планировать(땅을 고르게 하다)- планировать(설계하다)- планировать(공중활주하다)

③ 원래 다른 단어였으나 조어과정에서 동음어가 되는 경우도 많이 발생하는데, 특히 접사조어에서 여러개의 뜻을 가진 접두사나 접미사가 첨가되므로서 전혀 다른 의미를 파생시키게 된다.(자세한 내용은 조어론 참조)

ⓐ 접두사; заставить; 강요하다/ 물건을 세워 놓다, пережить; -보다 오래살다/ 참다, 겪다/ 얼마간 거주하다 растворить; 활짝 열다/ 용해시키다, 녹이다, задуть; 바람이 불기 시작하다/ 불을 끄다

ⓑ 접미사; счётчик; 계산직원, 출납직원/ 계기, 카운터 глушитель; 소음기/ 억압자, 방해자

④ 한 단어의 의미 발전 과정에서 다의성(полисемия, многозначность)을 넘어서서 동음어로까지 의미 분화가 이루어진 경우다. вид; 모습>(문법)相/ / худой; 나쁜, 불량한> 여윈, 초췌한/ / болтать; 마구 흔들다> 마구 지껄이다/ / живот; 배, 복부> 삶, 생명

어느 정도까지가 다의어이고 어디서부터가 동음어인가, 즉 위의 ④는 학자에 따라 의견이 분분한데, 예를 들어 судить(판단, 평가하다> 재판, 판결하다)를 С.И. Ожегов는 다의어로, В.В. Виноградов는 동음어로 취급하고 있다. башмак(단화, 짧은 장화/ 브레이크, 제동장치), нырок (潛水/ 물오리), стянуть (한데 묶다, 집결하다/ 끌어내리다)의 경우 Ожегов 사전에는 동음어로 기술되어 있으나 Малый академический словарь는 다의어로 취급되고 있다. 다의어와 동음어의 경계 설정과 동음 충돌에 대해서는 노어 어휘론의 전문 도서를 참고하기 바란다.

5·9. 반의어(antonym; антоним)

두 단어의 의미가 반대이면 그 의미 관계를 반의관계(antonymy; антонимия)라 하고, 반의관계에 있는 단어를 반의어라고 한다. 인간의 사고 체계는 이 세상에 존재하는 온갖 사물, 개념들을 둘로 나누어 카테고리화하는 2분법적 사고를 우선적으로 한다. 무질서한 것으로 보이는 자연 현상이나 사물을 대립적인 2개의 개념으로 나누어 파악하게 되면 훨씬 강하게 그리고 쉽게 인식할 수 있기 때문이다.

반의관계는 단어가 가지고 있는 여러가지 의미 특질 가운데 어느 한 특질에 의해 성립한다. '할아버지'와 '할머니'는 사람이며 늙은이라는 공통점을 가지고 있으며 性別로만 대립된다. 즉 반의관계에 있는 두 단어는 그 크기가 같아야 하고 어느 한가지 의미특질만이 대립관계를 이루고 나머지 의미자질은 모두 공통적인 경우를 말하는 것이다. '젊은이'와 '늙은이'는 나이가 반대되고 '할아버지'와 '할머니'는 性이 반대되어 반의어들이지만, '젊은이'와 '할머니'는 의미자질이 두개나 달라 (나이와 性이 다름) 반의관계가 성립되지 않는다.

반의어를 분류하는 방법으로는 논리학적 방법, Ogden의 방법, Leech의 방법 등이 있으나 다음 3 가지로 요약할 수 있다:

① 상보적 반의(complementary antonymy, комплементарная антонимия)로서 하나의 의미 특질이 존재하느냐 하지 않느냐에 따른 반의관계를 말한다. 이 상보성(complementarity, комплементарность)은 어느 한 쪽의 부정이 나머지 한 쪽의 긍정을 뜻하게 된다:

наличие/ отсутствие, движение/ покой, живой/ мёртвый, здоровый/ больной, влажный/ сухой, зрячий/ слепой, попасть/ промахнуть, присутствовать/ отсутствовать, спать/ бодрствовать

② 단계적 반의관계(gradable, graded antonymy, контрарная антонимия)로서, 두 반의어 사이에 양적인 중간 상태를 표현할 수 있으며 비교급, 최상급의 용법이 가능하다. 성질형용사나 부사가 전형적인 경우이지만 동사나 명사도 가능하다:

большой/ маленький, высокий/ низкий, глубокий/ мелкий, длинный/ короткий, толстый/ тонкий, горячий/ холодный, тяжёлый/ лёгкий, часто/ редко, быстр

о/ медленно, светло/ темно, увеличиваться/ уменьшаться, расти/ падать, прибавить/ убавить, жара/ мороз, тепло/ холод

③ 상관적 반의(relational antonymy)로서 한 가지의 일을 반대의 관점에서 표현하는 것을 말한다. 상관적 대립은 관계되는 두 실체를 떼어서는 생각할 수 없는 관계이다:

войти/ выйти, влететь/ вылететь, включить/ выключить, заснуть/ просну ться, зацвести/ отцвести, женатый/ холостой, верх/ низ, учитель/ ученик, муж/ жена.

한 단어의 의미 체계가 다의 구조나 동음 구조의 차원을 넘어, 한 단어의 내부적 의미구조가 반의관계로 까지 발전하는 경우가 있는데, 이를 '단어내적 반의'(enantiosemy, внутрисловная антонимия, энантиосемия)라고 한다: бесценный; 비할데 없이 비싼/ 매우 값싼, блаженный; 몹시 행복한/ 우매한, 몹시 불행한, просмотреть; 관찰하다, 주시하다/ 못보고 빠뜨리다, прослушать; 경청하다/ 잘못 듣다. 단어내적 반의는 통시적인 의미 발전 과정에서 나타나기도 하지만(лихой; 부정적인 의미로 '심한', '무모한', '나쁜' > 좋은 의미로 '용감한', пресловутый; 고명한, 저명한 > 악명 높은, 유명무실한) 문학 작품이나 구어에서 풍자적으로 쓰이던 것이 보편화되기도 한다.

우리는 지금까지 동의어와 반의어 연구의 중요성을 인식론적 측면에서 주로 언급했는데, 우언법(迂言法, periphrasis; перифраза, перифразирование)의 구사에서 중요한 수단이 되고 있다. 우언법이란 한마디로 혹은 직접적으로 표현할 수 있는 것을 여러 말로 혹은 간접적으로 표현하는 방법을 말하는데(예: 해야한다> 하지 않을 수 없다), 완곡하게 의사를 전달하고 싶거나(완곡법: euphemism; эвфемизм) 언어적인 금기어(禁忌語, taboo word, табуизм)를 내용적으로 표현할 때 사용한다.

Водители должны соблюдать правила дорожного движения - Водители не должны нарушать правила дорожного движения.

5·10. 동원어(paronym; пароним)

동원어란 원래 단어의 구조나 발음이 비슷하지만 의미가 다른 단어를 일컷는 말이었으나, 1960 - 1970년 러시아 언어학에서는 어원, 어간을 같이하는 단어로서 동일한 품사를 가지는 단어를 일컷는 용어로 사용되고 있다:

надеть/ одеть, представить/ предоставить, болотный/ болотистый, глубинный/ глубокий, плата/ выплата/ оплата/ заплата, экономный/ экономический/ экономичный, согласование/ согласованность

대부분의 동원어는 동일한 어간에 상이한 접두사나 접미사를 붙여 조어된 단어에서 나타나는 현상이므로 조어론에서, 형태는 다르지만 의미가 같은 단어는 동의어에서 취급되고(человеческий/ человечный, дальний/ далёкий), 문학의 문체론(стилистика), 시학(поэтика)에서 취급하고 있다. 인접에 의한 유추(аналогия по смежности)에서 생긴 '동원적 견인'(паронимическая аттракция)은 서로 근접한 위치에 있는 단어의 영향에 의해서 인칭, 격, 수 따위가 파격적인 변화를 일으키는 현상을 말하는데 상징주의 문학에서 소리의 상징적인 효과를 위해 구사된다. '동음법'(paronomasia; парономазия)이라하여 문학 작품에서 의미가 다르지만 발음이 비슷한 단어를 써서 특별한 효과를 내는 용법을 말하는데 운율을 맞추거나 익살맞게 하거나 이중의 뜻을 지니게 한다:

А.С. Грибоедов; **Служить** бы рад - **Прислуживаться** тошно

Б.Л. Пастернак; Листьям в **августе** с **астомой** в каждом **атоме**

Н.Ф. Погодин; Глаза у него...... не **смотрели**, а **высматривали**. Не **глаза,** а **гляделки.**

F.Schiller; Kummert sich mehr um den **Krug**, als den **Krieg**

5·11. 하위관계(하의관계, hyponymy: гипонимия)

하위어(hyponym; гипоним)와 상위어(hyperonym: гипероним)

지금까지 앞에서 논의한 반의어, 동음어, 동의어들은 동위 관계에 있는 단어들간의 문제였는데 비해, 상하 관계에 따라 상위어(superordinate)와 하위어(subordinate)로 나뉜다. 이러한 단어의 상하관계를 하의관계(hyponymy; гипонимия)라 하며 하위어는 하의어라고도 한다. 하위어는 그 위에 여러 층위에 걸쳐 상위어를 가질 수 있다.

<도표 9>

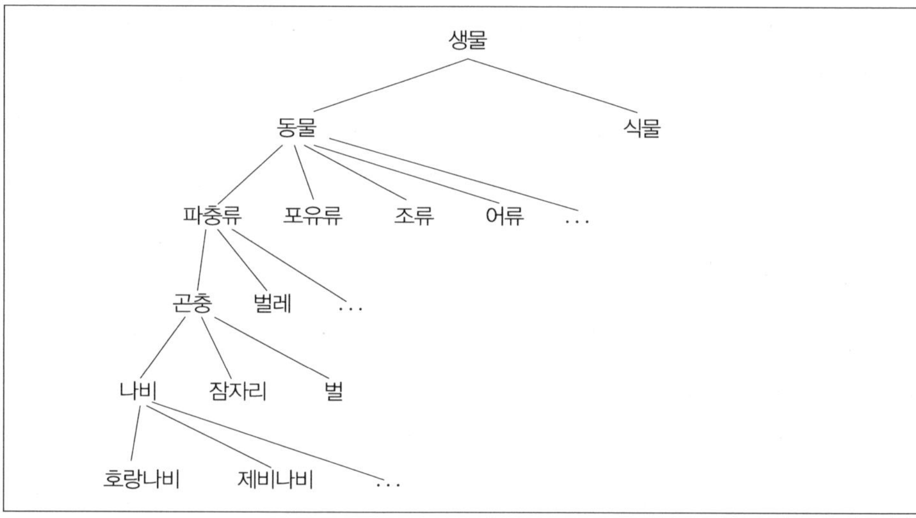

6. 어휘의미 분석

의미론(semantics; семантика)은 체계적으로 구성된 언어학의 한 분야는 아니며 의미론을 이루는 각 분야의 연구 방법도 서로 다르다. 의미론의 분야는 아래와 같이 크게 4가지로 나뉘는데 여기서는 어휘의미론에 대해서만 살펴보기로 한다:

어휘의미론(lexical semantics: лексическая семантика)

통사의미론(syntactic semantics: синтаксическая семантика)

형식의미론 (formal semantics: формальная семантика)

화용의미론(pragmatic semantics: прагматическая семантика)

우리는 형태론에서 문법범주에 대한 것을 살펴보았다. 어휘의미론에서 한 단어를 구성하는 특징, 즉 속성들은 그 자체들이 각각 의미범주가 된다.

6·1. 의미장(semantic field: семантическое поле)이론

우리는 위의 하위관계에서 상위어는 하위어를 포괄하는 개념이라는 것을 알게 되었다. 의미장이란 이러한 상위어의 개념과 같은 것이다. 서로 의미적 관계를 가지는 어휘의 집단은 모자이크무늬를 이루는 여러 조각처럼 한데 모여서 하나의 특수한 장을 형성한다. 이 단어들을 개념적 친족(conceptual relatives)이라고 하며 개념적 친족 어휘의 내적 관계를 개념장(conceptual field), 외적인 구체적인 기호로의 구현을 어휘장(lexical field)이라고 한다. 개념장과 어휘장은 엄격한 의미에서 똑 같은 것은 아니며, 또한 같은 개념장일지라도 어휘장은 언어에 따라 달리 표현될 수 있다. 의미장은 보다 작은 장들이 모여서 큰 장을 이루고 큰 장들의 집합은 보다 더 큰 의미장을 이루어, 결국 어휘장들의 집합은 한 언어의 어휘 총체가 된다.

어휘장의 구조 분석은 보통 의미 관계가 성립되는 단어간의 계열 관계(paradigmatic relation: парадигматическая реляция)에 바탕을 둔 Trier의 방법과 단어간의 통합 관계(syntagmatic relation: синтагматическая реляция)에 의한 Porzig의 방법이 있다.

Trier는 어휘장과 개념장을 동일시하며 하나의 개념장은 여러 영역들로 이루어져 있으며 개념장은 계층적 성격을 띠게 되는데, 이 계층 관계는 어휘 구조가 서로 하의 관계(hypo- nymy)에 있음을 나타낸다. 예를들어 동물은 파충류, 포유류, 조류 등으로 이루어져 있고 포유류는 애완동물, 가축, 야생동물 등으로, 가축은 소, 닭, 돼지 등으로, 소는 황소, 젖소, 송아지 등으로 이루어져 있다. 이러한 하의관계가 보여주는 특징은 하위어는 상위어를 함의한다는 것과, 하위에 속할수록 실체에 대한 구체성을 띠고 상위에 있을수록 추상적인 속성에 대한 의미를 나타낸다. 즉 상위어는 그것을 구성하는 하위어들의 공통적 특징, 공통적 특성을 나타내는 것이며 따라서 좀 더 추

상화된 개념이라고 할 수 있다. 이러한 계층 관계는 성분분석(componential analysis)을 통해 파악되며, 장과 이것을 만드는 구성요소들은 상호의존 관계에 있다. 구성 요소, 즉 개개의 단어들은 장이라는 전체적인 틀속에서 인접된 단어들과 구별되며 정확한 의미를 가진다. 주로 사물과 개념을 나타내는 단어를 분석 대상으로 하지만, 동사에 대해서도 적용시킬 수 있다. 동작동사 (глаголы движения) 는 передвигаться, идти, ехать, бежать, приходить, убегать, проезжать, отплывать 등이 있는데 상위어는 передвигаться(이동하다)이고 하위어는 идти, бежать, лететь, плыть 등이며 идти는 다시 идти와 ходить로, ходить는 다시 приходить, входить, выходить 등으로 더 나뉘어 질 수 있다:

<도표 10>

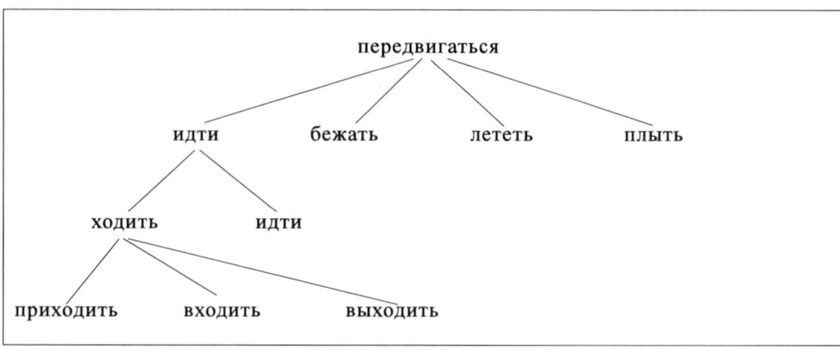

장이론의 입장에서 보면 단어 의미의 변화는 어휘장의 구조 변화를 의미한다. 어휘장의 구조 변화는 하나의 장에 이전에 다른 장에 속해 있던 단어로 대치되거나 하나의 장에서 의미관계의 내적 구조에 변화가 일어나는 경우인데, 보통 의미의 특수화 혹은 보편화 현상, 외래어 차용 등에 의해 내적 구조에 변화가 일어난다.

Trier의 장이론에서 문제가 되는 것은 개념장이라는 것의 정밀한 설정이다. 이러한 개념장의 설정은 택소노미적인 분류 체계와는 다른 것이며 인간이 대상(단어)과 어떤 관계를 맺고 있는가에 달려 있기 때문이다. 또한 일상 담화에서 단어들의 의미 범위는 자연과학 용어에서 나타나는 바와 같이 명확하게 경계가 설정되어 있는 것이 아니라 서로 포섭되어 공통의 의미 범위가 생기기도 한다.

Porzig는 Trier의 개념장을 보완하여 단어 상호간의 통합 관계를 바탕으로 하여 특정 단어와 결합 가능한 다른 단어의 집단이 곧 어휘장을 이룬다고 본다. 가장 기본적인 접근법으로서 명사와 동사의 통합 관계를 밝히고 있다. отказать와 помощь, дать와 совет 사이의 의미 관계는 연어(collocation)적 성격을 띠고 있어서 짝을 이루는 한 단어는 다른 단어의 의미를 포용하고 있다고 본다. 마찬가지로 столовая комната, больной человек 등에서 столовая나 больной라는 단어속에는 의미적으로 комната 나 человек를 포용하고 있다. 연어적이라 함은 두 단어간의 결합에 선택제한(selection restriction)이 있음을 뜻하며, 구문은 서로 선택 제한을 준수하면서 결합되는데 구문의 두 구성요소 사이에는 어떤 관계가 있다. 이 관계를 Porzig는 본질적 의미관계(wesentliche Bedeutungsbeziehungen)라고 불렀다. 이러한 관계로는 부분/ 전체(палец/ рука), 행위/ 도구(видеть/ глаза), 행위자/ 행위(собака/ лаять), 대상/ 대상의 특징(зуб/ острый), 용기/ 내용물(хлев/ скот)등이 있다. Trier의 장이론이 평면적이라면 Porzig의 이론은 복합적이라고 할 수 있다. лошадь(말)은 жеребенок(망아지), ржать(말이 소리내다), подковать(말에 편자를 박다), конюшня(마굿간), конюх(마부), копыто(말발굽), запрягать(말을 마차에 매다), всадник(말 탄 사람) 등과 관계를 맺고 있다. 가축(животноводство)에 관한 어휘장을 Porzig의 이론에 따라 만들어 보면 아래와 같은 것이 된다:

<도표 11>

животное집승	лошадь말	корова소	овца양	свинья돼지	куры닭
самец숫컷	жеребец	бык	баран	хряк	петух
самка암컷	кобыла	корова	овца	свиноматка	курица
детёныш새끼	жеребенок	теленок	ягненок	поросенок	цыпленок
помещение우리	конюшня	коровник	овчарня	свинарник	курятник
животновод축산가, 양육가	конюх	коровница пастух	пастух чабан	свинарь	птичница
мясо고기	конина	говядина	баранина	свинина	курятина

7. 의미 변화

한 단어의 여러 측면, 즉 음성, 형태, 의미는 고정되어 있지 않고 시간과 장소에 따라 변화한다. 20세기 초까지만 해도 음운, 형태, 의미변화의 원인과 과정 그리고 그 결과를 파악하는 것이 언어학의 가장 중요한 과제였으며 언어의 시간에 따른 변화양상을 기술하는 언어발달사와 장소에 따른 변화양상을 기술하는 방언학이 활발히 연구되었다.

의미는 어떤 언어에서나 그 변화가 가장 활발하지만 음운적, 형태적, 통사적 변화가 공식이나 모델로 설명되는 것과는 달리 의미변화는 그 양상이 매우 다양하여 메카니즘을 설정하기 어렵다. 단어의 의미변화를 체계적으로 설명하려는 노력은 현재로서는 실제로 생기는 변화를 분류하여 그 메카니즘을 밝히는 것에 그치며, 크게 3가지 관점에서 이루어졌다. 첫째는 의미변화를 유발하는 원인을 규명하는 것이고, 둘째는 그 변화의 실제 과정에 대한 의미변화의 유형, 즉 의미변화의 메카니즘을 밝히는 것이고, 셋째는 의미변화의 결과가 한 언어에서 혹은 같은 어족의 다른 언어에서 어떻게 나타나는가를 살펴보는 것이다.

7·1. 의미변화의 원인

언어는 인간의 다른 부문, 즉 문화나 제도, 관습, 기술보다 오히려 더 보수적이어서 이러한 것들이 시대에 맞추어 변할지라도 그런 것을 지칭하던 이름, 곧 언어는 바뀌지 않고 계속 사용하게 된다. 의미변화의 원인으로는 (1) 역사적 원인 (2) 언어적 원인 (3) 심리적 원인 (4) 사회적 원인이 있다.

(1) 역사적 원인

기술이나 습관이 달라짐에 따라 지시물이 실제적으로 변화하는 것이다. 즉 대상(지시물)은 변모하였는데 단어는 언어의 보수성 때문에 옛 것을 그대로 유지함으로써 자연히 의미변화가 초래되는 경우를 가리킨다. корабль은 "돛단배" "작은 배"를 지칭했으나 기술의 발달로 "대형 선박", "기선"을 뜻하게 되었고 오늘날에는 "우주선"을

지칭하기도 한다. стакан은 원래 "판(板)으로 만든 잔"을 가리켰으나 기술의 발달로 오늘날에는 재료에 관계없이 "컵"을 지칭한다. горшок는 горн(화로)의 지소형으로 "작은 화로"를 지칭했지만 오늘날 "항아리", "화분"을 지칭한다.

단어는 그대로 유지되나 지시물이 변한 것과 지시물은 그대로 유지되나 명칭이 바뀐 것, 그리고 지시물에 대한 사람들의 지식, 태도의 변화로 의미변화가 발생되는 3가지 경우로 나뉘어 진다.

(2) 언어적 원인

음운의 변화는 단어의 형태를 바꾸게 되고 그것은 또 의미변화를 동반하게 된다. 또한 항상 인접하여 쓰이는 두 단어는 서로 영향을 주고 받아 의미변화를 일으키게 된다. 이처럼 습관적인 단어 결합에 의해 한 쪽 의미가 다른 쪽에 전이, 감염되는 현상을 '전염'이라 한다. 긍정적인 의미를 지닌 단어 абсолютно가 주로 否定 소사 не와 결합하여 쓰임으로서 그 영향을 받아 абсолютно도 否定적인 의미를 가지게 되었다. 구어에서 абсолютно만으로도 "전혀 -가 아니다"라는 의미가 된 것이다. 또 통사적 구성에서 일부를 생략하되 생략된 부분의 의미가 나머지 부분에 전이되는 '생략'도 나머지 부분 단어의 의미변화를 유발한다.

(3) 심리적 원인

의미론자 S. Ullmann에 의하면 의미변화는 종종 화자의 심리 상태나 심리 구조의 어떤 영속적인 특질에 있다고 한다. 심리적 원인으로는 감정적 요인과 금기어 두 가지가 있다. 어떤 사실의 언급을 참신하고 다채롭게 표현하기 위하여 다른 분야에서 유사한 이미지의 단어를 끌어내 온다. 이러한 은유나 직유는 의미변화를 초래하게 된다. 노어에서 "뚱뚱하다", "살이 찌다"의 표현이 점차 부정적인 뉘앙스를 지니게 됨에 따라

Она стала толстой.라는 표현 대신에 참신한 의미를 지닌 Она поправилась.를 쓴다. 이 결과 поправиться는 새로운 의미를 가지게 되었다. 의미변화를 일으키는 원인으로서의 심리현상의 다른 하나는 금기(禁忌, taboo, табу)와 관련된다. 한 사회에서 금기어가 생기면 해당 금기어는 의미영역이 축소되고 그 대체 단어는 의미영역이 확

대된다. 우리말의 '동무'는 원래 광범위하게 쓰이던 단어인데 북한에서 특수한 호칭으로 쓰는 바람에 이 단어 쓰기를 꺼려하게 되었고 따라서 그 의미영역도 축소되었다. 그 대신 '동무'와 동의어로 이전에는 일반적으로 쓰지 않았던 '친구'라는 단어의 의미 영역이 확대되었다. 단어 беременный는 중립적인 의미였으나 사람에 대해 쓰는 것을 점차 꺼려하게 되었고, Она в положении.와 같은 표현이 선호됨으로써 положение의 의미변화가 유발되었다.

(4) 사회적 원인

불란서 언어학자 A. Meillet는 '언어는 한 집단의 말이 다른 집단에 차용될 때에 단어 의미가 변한다'고 하였다. 사회적 원인은 일반적으로 쓰이던 단어가 어떤 특수 사회집단에서 사용됨으로서 그 의미가 특수화하는 "의미의 특수화"와, 반대로 특수한 집단에서 쓰이던 단어가 일반 사회에서 널리 쓰이게 되면서 그 의미도 확대되는 "의미의 일반화"가 있다.

Ullmann은 위의 4가지 이외에 "외국어의 영향"과 "새로운 명명(命名)"을 의미변화의 원인으로 더 들고 있으나 전자는 사회적 원인에 포함시킬 수 있고 후자는 언어적 원인과 심리적 원인에 관계된다. 이러한 의미변화의 여러 원인들은 대개 복합적으로 작용하므로 구체적인 단어의 실례에서는 어떤 하나의 원인에 의하여 발생한 것이라고 말하기 어려운 경우가 많다.

7·2. 의미변화를 촉진하는 요인

1. 불연속(discontinous)성: 언어는 한 세대에서 다음 세대로 넘어갈 때 변화를 겪게 된다. 신세대는 새로운 뉘앙스의 참신한 단어나 기존 단어에 새로운 부차적 의미를 가미해서 구사하게 되며 이것이 의미변화를 촉진한다.
2. 의미의 모호성(vagueness): 단어가 포괄적인 의미를 갖거나 지시하는 대상이 분명한 경계를 가지지 않을 때 의미변화를 일으킬 가능성이 높다. пиво는 원래 마시는 것에 대한 포괄적인 개념이었으나 오늘날에는 구체적인 "맥주"를 지칭

한다. 중세 국어 “사랑”은 “생각(思)”, “그리움(戀)”, “사랑(愛)” 등의 의미를 지니고 있어서 개념적 본질이 모호하였는데 “사랑(愛)”의 의미가 되어 그 모호성이 없어졌다.

3. 유연성(有緣性, motivation)의 상실: 어떤 단어가 본래의 의미를 찾아내기 힘들 정도로 변하면, 의미도 따라서 변하게 된다. ведро는 원래 “물을 담는 용기”, “물통”을 지칭했으나 이 단어의 어원 вода와 관계가 멀어져 (즉 유연성이 상실되어) “통”, “양동이”의 뜻이 되었다. 외래어가 고유어에 완전히 동화되면 그 어원이 외국어라는 유연성이 상실되어 원래 있었던 표현성(expressiveness)이 상실된다.
4. 다의성(polysemy): 다의성은 적용상의 전이(轉移), 사회 환경의 특수화, 비유적 표현 등에 의하여 발생하는데, 기존 단어에 새로운 의소가 분화됨으로써 그 단어의 총체적 의미도 변하게 된다. (‘다의어’ 참조)
5. 중의적 문맥(ambiguous context): 단어는 완전히 동질적으로 사용되지 않는다. 단어는 문맥이나 화자에 따라 의미가 달라진다. 이처럼 문맥에 따라 중의적으로 구사되는 의미로 인해 원래 뜻을 변화시킬 수 있다.
6. 의미변화를 촉진하는 요인 가운데 가장 핵심적인 것은 어휘 구조(structure of vocabulary)가 복잡하기 때문이다. 동의어, 동음어, 다의어 등이 서로 생존 경쟁을 벌이면서 의미 변화는 자연히 수반되는 것이다. 고대노어에서 “생각하다” 라는 의미의 단어 помышляти, размышляти, думати는 서로 의미 차이가 없었으나 현재는 약간의 의미적 차이를 가지는 의미변화를 나타내며, 19세기 초까지 단어 особый와 отдельный는 의미적 차이가 없었으나 오늘날에는 그 의미가 달리 나타나고 있다.

7·3. 의미변화의 유형

의미변화는 의미변이(semantic shift)가 수행되는 방향에 따라 크게 4 가지로 분류된다. 즉 어휘의미는 ① 확대(extension) ② 축소(narrowing) ③ 비유적 사용(figurative use) ④ 존속(subreption)으로 나뉜다.

(1) 확대

한 단어의 의미가 시간이 지남에 따라 그 영역이 확장되는 것을 말한다. 우리말의 '무기'는 원래 군사용어로 각종 화기의 총칭이었으나 오늘날 그 의미영역이 확장되어 '수단', '방법'의 의미를 지닌다(예: 비장의 무기) 영어 'salary'는 라틴어 'salarium'에서 왔는데 salarium은 원래 군인들의 봉급을 소금으로 지급하는 데서 '군인에게 봉급으로 지급되는 소금'의 뜻이었다. 이것이 의미확대되어 '군인의 봉급'의 뜻으로, 오늘날에는 더욱 더 확대되어 '봉급'의 뜻이 되었다. 의미확대의 대표적인 유형은 이처럼 특수한 의미가 일반적인 의미로 되는 것이다.

(2) 축소

축소는 확대와 반대되는 개념으로 한 단어가 가리키는 여러 의미가 축소되거나 일반적인 의미가 특수화되는 것이다. A. Meillet는 불어 saoul(=soûl)을 예로 들었는데, 원래 ' -으로 가득찬'의 뜻이었던 것이 오늘날에는 ' -으로 가득찬'> '-가 술로 가득찬' > '술로 취한'의 뜻으로 좁게 쓰인다. 영어 pill은 원래 '알약'의 뜻으로 쓰였으나 오늘날에는 '피임약'의 뜻으로 의미축소되었다. 노어 пиво(= пи + во)는 원래 '마시는 것, 음료'의 일반적인 뜻으로 쓰였으나 오늘날에는 '맥주'의 의미로 축소되어 쓰인다.

(3) 비유적 용법

단어들은 은유, 제유, 환유 등의 비유적 표현에 의해 새로운 의미를 가진다. 의미축소, 의미확대는 무의식적이고도 점진적으로 단어의 의미가 변해가는데 반해 비유에 의한 의미전이는 의식적으로 구사되는 것이다. 이러한 의미변화는 두 가지 원리, 즉 유사(similarity)와 인접(contiguity)을 근간으로 해서 일어나며 언어에 따라 그 양상은 다르다. 노어의 경우 관계형용사의 성질화에서 보듯이 비유적 용법에 의한 의미전이는 매우 활발한 편이다: сладкий; 물엿의> 단, 달콤한 мост; 다리> 다리를 놓음, 중개

(4) 존속

단어는 그대로 유지되었지만 그 의미는 바뀐 경우, 즉 기호 표현(signifier)은 그대로 존속되지만 기호 내용(signified)만이 변한 것이다. 영어의 mother, father는 원래 인

구어 조어에서는 사회계급상의 특별한 지위를 가리켰지만 오늘날은 육체적인 혈육인 부모를 의미한다. 중세국어에서 '예쁘다'는 '불쌍하다'의 뜻이었으나 현대에는 '아름답고 귀엽다'의 의미로 되었다. матрёшка는 원래 "시골 아낙네"의 뜻이었지만 점차 그것을 본 떠 만든 인형을 지칭하게 되었다. 오늘날에는 '시골 아낙네'의 뜻은 상실하고 '農婦인형'의 뜻으로만 사용된다.

8. 노어의 어휘구성

한 언어의 총량적 어휘(словарный состав)에 대해서 현대언어학은 많은 관심을 가지지 않지만 노어학에서는 사회언어학적 관점에서 총량적 어휘의 분석에 큰 비중을 두고 있다. 한 나라의 언어라고 해서 완전히 동질적인 언어는 없으며 언어는 여러 가지 요인에 의해 계속적으로 분화(differentiation; дифференция)를 하며, 이러한 언어의 특성을 가장 잘 보여주는 것이 지역별 방언과 사회 계층별 방언이다. 언어학파에 따라서는 언어의 보편성을 강조하고 보편적 규칙을 수립하는 일을 중요시하여 한 언어 내의 차이는 도외시하고 그 언어의 동질적인 체계만을 분석 대상으로 한다. 그러나 노어학에서는 보두엥 드 꾸르뜨네 이후 전통적으로 방언학에, 그리고 소비에트정부가 들어선 이후에는 각 민족의 통합화를 위한 사회언어학에 상당한 비중을 두고 있으며, 현대노어학에서도 언어 보편성은 단지 언어의 일부 특징에 지나지 않는 것으로 보고 언어의 문체적, 기능적 분화에 대해 더 많은 연구를 하고 있다.

한 언어의 어휘는 여러 관점에서 분류된다:

① 문체적 측면에서 문어(книжный язык)와 구어(разговорная речь), 시어, 일상어(общенародная, общеупотребительная лексика)
② 방언학적 측면에서 표준어(русский литературный язык)와 지역방언(regional dialect; территориальные диалекты)
③ 사회언어학적 관점에서 표준어와 사회방언(social diale- ct; жаргоны) 즉 비어,

경어, 속어, 은어, 전문어(профессионализмы), 연령별/ 성별/ 직업별 언어

④ 기원에 따라 고유어(исконная лексика)와 차용어(заимствованная лексика)

⑤ 어휘의 사용빈도와 나이에 따라 고어(историзмы), 의고어(архаизмы), 현대어(современный язык), 신조어(неологизмы)

⑥ 총량적 어휘의 사용영역에 따른 어휘의미적 분류(лексико-семантические группировки слов), 주제별 분류(тематические группы слов)

<도표 12> 노어의 어휘구성

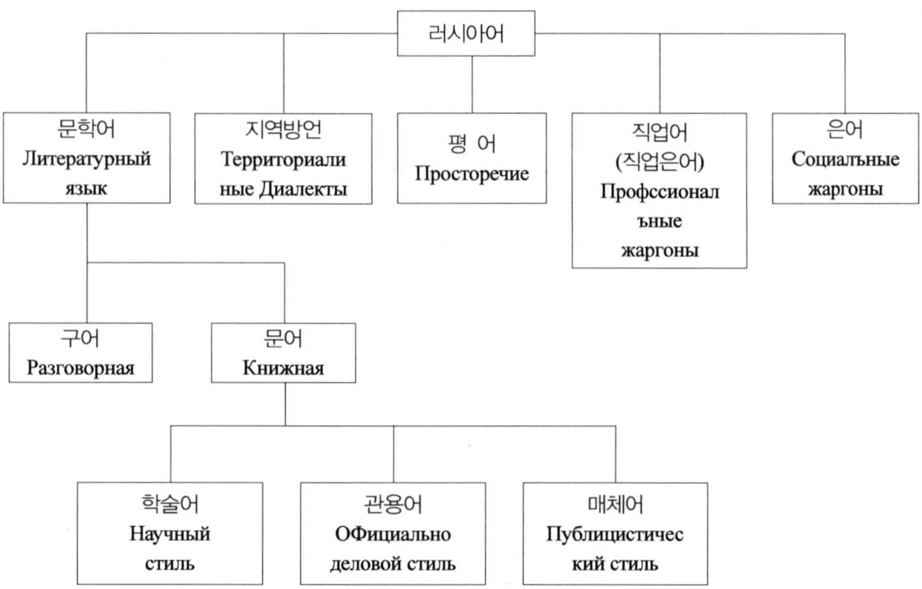

8·1. 고유어와 차용어

8·1·1. 고유어

고유어는 약 3500년 전까지의 인구어 조어, 약 2500여 년 전까지의 발트-슬라브어, 그리고 약 1500년 전까지의 원조슬라브어에서 유래된 어휘를 말한다. 고유어는 일상

어휘의 약 1/ 4 - 1/ 3 정도를 차지하며 현대노어 어휘의 핵심을 이룬다. 이러한 어휘는 다른 슬라브어 뿐만 아니라 인구어의 다른 어파와도 유래를 같이 하는 것이어서 어휘대응을 나타낸다.

(노어 два, 라틴어 duo, 영어 two, 불어 deux; 노어 три, 라틴어 tres, 영어 three, 불어 trois, 독일어 drei; 노어 мать, 라틴어 mater, 독일어 Mutter, 영어 mother; 노어 брат, 산스크리트어 bhrata, 라틴어 frater, 독일어 Bruder, 영어 brother)

원조인구어 어휘: вода, волос, горло, мясо, берег, жар, утро, берёза, бояться, любить, знать, течь, писать, дать, иметь, новый, большой

원조 발트-슬라브어 어휘: голова, рука, баба, железо, корова, ель, лететь, шутить, друг, ровный, твёрдый, ясный, кресло, деревня, час, оружие

원조슬라브어 어휘: голос, грудь, звено, шея, свадьба, человек, река, холод, сосна, бить, играть, махать, горе, мелкий, дорога, окно

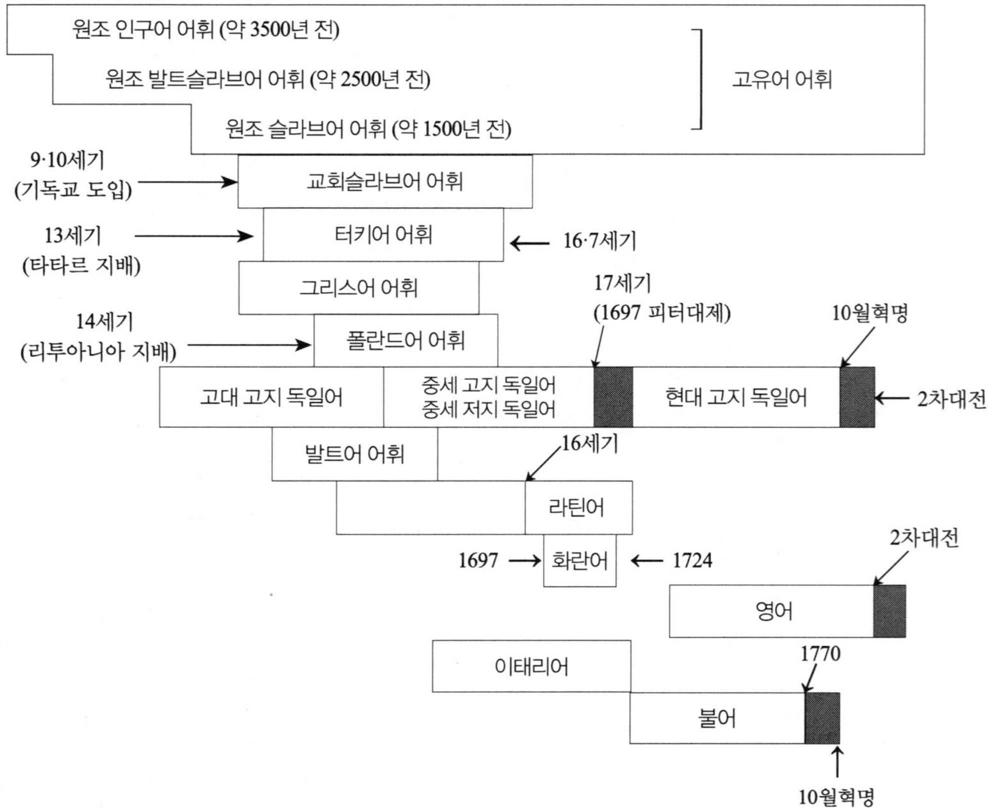

<도표 13> 노어의 고유어 및 외래어 차용관계

8·1·2. 차용어

노어에 있어서 차용어는 교회슬라브어 어휘를 제외하면 전체 어휘의 약 10% 정도로 알려져 있다.

(1) 교회슬라브어 어휘(старославянизмы)

남슬라브어의 하나인 교회슬라브어는 러시아에 기독교의 전래와 더불어 10세기 후반부터 유입되어 17세기까지 고대노어와 함께 사용되었다. 교회슬라브어는 우리말에 있어서 한자와 같이, 노어와 공존하며 문어의 역할을 수행하다가 18세기 이후 많은 교회슬라브어적 어휘는 노어에 동화되었다(예: время, страна, единство, работа, начальник). 교회슬라브어적 어휘는 현대 노어 전체 어휘에서 차지하는 비율이 높은 편이며 몇 가지 음운적, 형태적 현상을 제외하고 노어와 동일한 단어 형태를 보이므로 차용어로 취급하지 않는 학자가 많다. 현대노어에 가장 많이 나타나는 주제는 종교와 학술 분야이다; 종교용어: креститель, пророк, 학술어: предложение, существительное, сознание, истина, совесть.

현대노어에 공존하는 동일한 어원의 노어 단어와 교회슬라브적 단어는 대부분 약간의 의미적 차이를 나타낸다(왼쪽이 교회슬라브어 어휘); хранить(유지하다, 지키다): хоронить(묻다, 매장하다), вращать(돌리다, 회전시키다): ворочать(방향을 잡다, 조종하다), прах(먼지, 유골): порох(화약)

교회슬라브어 어휘의 음운적 특징은 통시적 관점에서 볼 때 동슬라브어와 남슬라브어의 차이에서 비롯된 것이며 兩者의 주요한 차이점은 다음과 같다(왼 쪽이 교회슬라브어적 요소):

① 노어의 완전음화(полногласие)와 교회슬라브어의 유음전위(метатеза плавных):

노어: -оро-, -оло-, -ере-, -ело-

교회슬라브어: -ра-, -ла-, -ре-, -ле-

град/ город, врата/ ворота, глава/ голова, глас/ голос, пред/ перед, плен/ полон

② 노어 두음절 ро-, ло-, 교회슬라브어 ра-, ла-

разный/ розница, равный/ ровный, ладья/ лодка

③ 노어 음소교체 д-ж, т-ч, 교회슬라브어 음소교체 д-жд, т-щ

вед-ать; не-веж-а/ не-вежд-а, свет; свеч-а/ о-свещ-е-ние, хотеть; хочу(노어적), клеветать; клевещу(교회슬라브어적), воротить; ворочу(노어적), возвратить; возвращу(교회슬라브어적)

④ 경자음 앞 강세음절의 e는, 노어 철자체계에서 ё, 교회슬라브어에서 e로 표기:

небо(하늘)/ нёбо(입천정, 구개), перст/ напёрсток

교회슬라브어 e; жезл, крест, жертва, мерзкий, дерзкий, исчез, современный, вселенная

⑤ 어두에서 노어의 o는 교회슬라브어에서 e로 나타남:

един-ый, един-ица, един-ство/ один, один-ок, один-очество

(2) 독일어 차용어

노어는 독일어와 오랫동안 언어 관계를 맺어 왔는데 시기별로 3기로 나뉜다. 노어 차용관계에서 독일어는 특히 피터대제 시기를 중심으로 한 17-18세기와, 학교에서 불어 교육이 폐지되었던 10월혁명(1917) 이후 2차대전 이전까지의 기간에 중심적인 수여어의 역할을 했다.

① 공통슬라브어의 고대고지독일어로부터의 차용: дума, холм, скот, чужой, виноград, клей, труба

② 피터대제 이전 16/ 17세기 폴란드어를 중개로 한 중세고지독일어, 중세저지독일어의 차용: граф, мастер, рама, солдат, стул, фронт, шляпа

③ 피터대제 이후 2차대전 이전까지의 차용: абзац, абсолютный, бетон, галстук, группа, курс, лампа, миллион, плакат, реализировать, футляр, центр, штаб, юрист

(3) 불어 차용어

불어는 다른 서구 언어보다는 늦은 17세기에 노어와 차용관계가 시작되었으며 특히 1770년 경부터 1차대전까지의 시기에는 노어 차용관계에서 중심적인 수여어의 역할을 수행했다. 18세기 러시아에서 불어는 상당한 위세를 가졌으며 19세기 학교에서

불어교육이 시행되면서 일상생활에서도 많은 불어차용어가 구사되었다. 주로 문화, 예술, 정치, 군사용어이며, 생활용어는 상류 사회에서 많이 쓰이다가 오늘날까지 명맥을 이어오는 것들이다.

생활용어: этаж, салон, гардероб, буфет, пальто, вальс

예술: фойе, партер, ансамбль

정치, 사회: аристократ, режим, революция, конституция, социализм,пролетарий

군사: барикада, патруль, авангард, батальон

(4) 화란어 차용어

화란어로부터의 차용은 피터대제 시기에 국한되며 조선, 항해분야에 300여 단어 정도 차용되었다: адмирал, блок, борт, команда, номер, люк, номер, флаг, шторм

(5) 이태리어 차용어

이태리어는 1757-58에 페테르부르크와 모스크바에 이태리 오페라 극장이 설립되면서 예술분야에 20여 단어 정도 차용되었다: банк(은행), бумага, газета, касса, соло, фавор

(6) 영어 차용어

피터대제가 반년동안 영국에 머물렀지만 영어차용어는 많지 않았으며, 19세기 서구로부터 많은 단어가 유입되었지만 영어차용어는 독일어나 불어에 비해 상당히 적은 편이었다. 2차대전 이후 영어차용어는 급격히 증가하여 1970년대는 전체 차용어의 1/4정도가, 1980년대 이후는 1/2정도가 영어로부터 차용된 것이다. 19세기 영어 차용어가 대부분 조선/해양업과 스포츠에 관한 것이었지만 오늘날에는 문화, 예술, 레저에 관한 것이 50% 정도 차지하며 스포츠용어 약 10%, 기술, 자연과학, 의학용어 약 20% 정도이다. 1990년대 이후에는 경제용어도 많이 차용되고 있다.

2차대전 이전의 영어 차용어: бокс, вокзал, катер, спорт, чек, чемпион, экспорт, юмор, портер

2차대전 이후의 영어 차용어

기술, 자연과학, 의학용어: компьютер, нейлон, ноу-хау, прессинг, резистор, лазер, транслятор

스포츠용어: тренинг, финиш, спейсбол, виндсерфинг, ралли, грогии

음악, 영화, 의상: мюзикл, поп, рок-музыка, бикини, дизайн, минискёрт, продюсер, хэппи-енд, слайд

문화, 레저: хобби, гемблинг, уйк-енд, секс, сексапил, фристайл, дискомфорт, панел, имиджинизм, стресс, хэппенинг, шоу

(7) 폴란드어 차용어

14세기부터 러시아의 서부지역이 폴란드의 지배를 받게 되면서 폴란드어와 언어관계가 있었지만 차용어의 수는 많지 않아 현대노어에 약 180개 정도 존재한다. 노어에 존재하는 서구 차용어, 특히 독일어차용어가 폴란드 지배시기에 폴란드어를 통해 노어에 유입되어 폴란드어는 직접 차용보다는 매개언어로서의 역할이 컸다.

школа(<szkola< Schule), шпик(<szpik), штурм(<szturm< Stu- rm), танец(<taniec< Tanz), маляр< malarz, водка< wodka, замок< zamek, брак< brak, рынок< rynek, цех< cech

(8) 터키어 차용어

터키어로부터 차용은 주로 타타르 지배 때 이루어졌지만, 그 이전과 이후에도 남부 변방의 여러 민족들을 통해 차용관계가 없었던 것은 아니다. 노어 어휘의 상당 부분이 터키어차용어이지만 문헌을 통한 확실한 증명이 어려워 아직 그 정확한 숫자는 밝혀지지 않고 있다. треязычный를 Leskien은 터키어 차용어로 보지만 V. Kiparsky는 아닌 것으로 보는 바와 같이 또한 학자에 따라 견해 차이가 심하고 남부방언에는 터키어차용어의 수가 훨씬 더 많은 것으로 알려져 있다.

타타르지배(1240) 이전의 차용어: атаман, богатырь, жемчуг, книга, лошадь, товар, стакан

타타르지배 때의 차용어: алый, арбуз, атлас, деньга(деньги), жесть, каурый, кирпич, кулак, сарай, нефть, товарищ, туман, хозяин, чемодан, ям

타타르지배 이후의 차용어: карандаш, камыш, курень, тайга, халат, чай, чугун

(9) 핀-우그르어(Finno-Ugric) 차용어

W.Veenker에 의하면 노어에 약 1300 개의 핀-우그르어 차용어가 있다고 하나, 실제로 그 숫자는 더 많은 것으로 알려져 있다. 주로 어업이나 사냥에 관한 단어들이다.

корюшка, морж, пельмени, сайда, тундра, тюлень, хата

8·2. 사어(史語, историзмы), 의고어(擬古語, архаизмы), 신조어 (неологизмы)

8·2·1. 사어

史語(역사어)는 지시하는 대상이 더 이상 존재하지 않아 실생활에 사용되지 않는 어휘, 혹은 역사적으로 있었던 특정한 현상이나 사건을 지칭하는 단어를 말한다. 고대 러시아에 봉건제도하에 농민을 뜻하는 смерб, 고대 러시아의 병사를 나타내는 кметь, 야생 벌의 양봉을 뜻하는 бортничать, 이반 4세의 친위대를 일컫는 опричнина 등은 모두 사어이다. 이러한 사어가 문학 작품이나 역사물에 기술된다 하더라도 역시 사어로 취급한다.

8·2·2. 고어

고어(의고어, archaism; архаизмы)는 동의관계에 있는 단어와의 경쟁에서 밀려 잘 사용되지 않는 어휘를 말한다. 영어학에서는 고어를 archaism> obsolecence> obsoletion 의 순서로, 상대적으로 시간이 오래 된 것을 가리킨다. личва는 счёт와, льзя는 можно와, отроковица는 девочка-подросток와의 경쟁에 뒤져 의고적인 것이 되었다. 이러한 경쟁관계를 통하여 시대적인 가치관을 파악할 수 있다하여 의고어를 유래에 따라 분류한다:

① 고유어 의고어: око, околоток, опочивальня, ратай, тать, чертог

② 교회슬라브어 의고어: брег, вежды, глагол, град, ланиты, обесную, понеже, с

тезя, уста, чресла

③ 차용어 의고어: виктория, вояж, граммофон, паупер, фортеция

고어는 위의 예에서 보는 바와 같은 어휘적 의고어(собственно лек сические архаизмы)에만 국한된 것이 아니고 한 단어의 여러 의미 가운데 특정한 의미만 의고적으로 된 의미적 의고어(семантические архаизмы), 한 단어의 발음에서 경쟁에 밀린 음성적 의고어(фонетич еские архаизмы), 문법적, 조어적 형태에서 경쟁에 밀린 문법적 의고어, 조어적 의고어 (грамматические архаизмы, лексико-словообраз овательные архаизмы)가 있다:(앞의 단어가 의고어)

① 어휘적 의고어: зане- так как, аэроплан- самолёт, вояж- путешествие, чужестранец- иностранец, ответствовать- отвечать

② 조어적 의고어: рыбарь- рыбак, пастырь- пастух, воитель- воин, доверенность- доверие, дружество- дружба, невический- нервный, соседственный- соседний, покорствовать- покоряться, бессильность- бессилие, старец- старик, чтец- читатель

③ 문법적 의고어: капать; каплю каплешь- капаю, капаешь, мудрыя- мудрой

④ 의미적 의고어: вокзал(유흥장, 오락시설의 의미), наблюдать(준수하다, 이행하다의 의미), убежать(피하다, 회피하다의 의미) гость(外商(иноземный купец)의 의미)

⑤ 음성적 의고어: покал- бокал, кошемар- кошмар, табатерка- табакерка, гистория- история, пиит- поэт, клоб- клуб

8·2·3. 신조어

신조어(neologism; неологизмы)는 종래에 존재하지 않던 사물, 사태, 개념을 표현하기 위해 새로이 만들어진 단어를 말하며 신조어가 만들어지는 방법은 3가지가 있다: ① 파생이나 접사화, 합성 등 조어(word formation: словообразование)를 통한 방법 ② 외래어 차용 ③ 기존 단어에 새로운 어휘소가 발생하는 의미적 신조어.

조어적 방법에 의한 신조어는 접사화와 합성(복합)에 의한 것이 가장 많다. 현대 노어에서는 특히 접두어 анти-, био-, де-, дис-, интер-, микро-, макро-, мини-, мульти-, суб-, супер-, сверх-, ультра-, авто-, теле-, электро- 를 통해 많은 단어가 만들어지고 있다 (суперинтенсивный, автоконтроль, теледеятель, электрометод, микрофотокопия). 오늘날 급격히 증가하고 있는 자연과학, 기술에 관한 용어는 국제적으로 공용되는 추세에 있으며 형질적으로 친족관계에 있는 언어간에 공용되는 단어를 국제어(internationalism: интернационализмы)라 한다. (노어 культура, 영어; culture, 독일어; Kultura/ 노어 спорт, 영어; sport, 불어; sport, 독일어; Sport)

러시아는 20세기에 들어와 국수주의적인 입장을 취했기 때문에 차용어의 수는 많지 않았다. 특히 2차대전 이후에는 기존 차용어까지도 노어로 바꾸려는 시도를 했다 (예; голькипер> вратарь) 1960년대에 들어와서야 기술, 자연과학 용어의 국제화 추세에 따라 많은 차용어가 유입되었으며 이러한 용어는 희랍어나 라틴어 어원으로서 큰 저항없이 사용되었다. 1980년대 뻬레스뜨로이까 정책이 나온 이후에는 기술, 학술용어 뿐만 아니라 상업, 문화, 예술, 레저 분야의 차용어가 서구의 제 언어, 특히 영어로부터 들어와 젊은 세대에 많이 유통되고 있다.

의미적 신조어(семантические неологизмы)는 기존 단어에 새로운 어휘소가 생기는 것으로, 양적으로 볼 때 활발하게 일어나는 신조 수단은 아니다. 의소의 의미적 영역을 다른 분야에 까지 넓혀나가는 의미적 확장(расширение значения)과는 다르며 의미적 파생(семантическая деривация)에 해당된다. (약을 싸는) 캡슐을 지칭하는 капсула는 1970년대에 '우주의 매우 높은 곳을 사람이 날 수 있도록 밀폐된 작은 방'의 뜻으로 의미적 신조되었다. дискриминация는 판별, 식별의 의미로 쓰이지만 의미적으로 새로이 신조되어 '인종차별, 차별대우' 의미의 새로운 어휘소가 생겼다.

8·3. 어휘의 문체적 분류

8·3·1. 일상어(**общенародная лексика, общеупотребительная лексика**)

일상어란 일상 생활에서 많이 쓰이는 어휘를 말하며 문체적으로 중립적이어서 긍정적이나 부정적인 뉘앙스를 띄지 않는다. 이러한 어휘는 문어로 쓰일 때나 구어로 쓰일 때나 차이가 없으며 표현적(expressive; экспрессивный)이지도 않다. 또한 사회적, 지역적, 계층적인 한계를 가지지 않으며 의미적인 측면에서 볼 때, 부차적 의미는 거의 없고 주의미만 있으므로 문맥에 따라 의미가 달라지지 않고 안정적이다. 문체적, 기능적, 표현적으로 중립적이라는 기준에서 볼 때, 노어 전체 어휘의 약 75%가 일상어에 해당되며 구체적으로 다음과 같은 부류의 어휘가 일상어를 이룬다:

- 일상 생활과 밀접한 관계를 가지는 각종 대상: стол, дом, новость,радость, машина, растение
- 시간, 장소의 개념: год, место, здесь, где, вчера, тогда
- 색상, 크기, 모양 등의 성질적 의미를 지니는 형용사, 부사: высокий, твёрдый, глубокий, новый, хороший, железный, голубой, красный, холодно
- 대부분의 동사: говорить, ходить, делать, смеяться, любить, строить, дать, есть, обедать, смотреть, происходить
- 수사 전체: один, два, первый, тысячный
- 거의 대부분의 대명사: он, наш, тот, который, свой
- 소사, 접속사, 대부분의 전치사: в, на, у, о, по, перед, если, потому что, бы, не

8·3·2. 문어적 어휘(**книжная лексика, письменная речь**)

문어는 문체적인 의미를 띠며 광고문과 같은 경우에는 감성적 의미(emotive meaning, эмотиональная окраска)를 띠기도 한다. 여러 가지 장르가 문어에 포함될

수 있는데, 대표적인 것으로 학술논문, 법률, 상용문(商用文), 신문, 잡지, 방송 등 매스컴에서 쓰이는 문체를 꼽을 수 있다. 문어는 언어 규범에 충실하고, 구어와 상대적인 개념이다. 문어적 어휘는 문어에서 주로 구사되는 어휘를 말하며 전체 어휘의 상당 부분을 차지하며 문체적으로 중립적인 어휘와 비교해서 대비시키기도 한다: (앞의 단어가 문어적 어휘, 뒤의 단어가 중립적 어휘)

аналогичный/ сходный, похожий, гипотеза/ предположение, аргументировать/ доказывать, дифференцировать/ различать, разграничивать, безмолвие/ тишина, абсолютно/ совсем, совершенно

전문어휘(professionalism; специализированная лексика)란 일상생활에서는 잘 쓰이지 않는 학문, 기술, 자연과학, 사회과학 분야의 어휘를 말하며, 표현적, 문체적 의미는 가지지 않고, Гужва에 의하면 이러한 어휘는 지칭하는 대상(개념)이 정확하며 부차적 의미를 가지지 않는다: синхронный, фаза, инверсия, импульс, буржуа, бракосочетание

이러한 전문어휘는 시간이 지남에 따라 점차 일상 생활에도 많이 쓰여져 일상어로 되는 경우가 있는데 이러한 것을 탈용어화(детерминологизация)라 한다. 현대 노어에는 탈용어화된 어휘(детерминологизированная лексика)가 많다:

старт, лимит, травма, контакт, потенциал, размагнититься

추상적 의미를 가지는 대부분의 단어, 즉 추상어(отвлечённая лексика)는 문어적 어휘이다. 파생모어는 일상어적 어휘지만 피동기어 추상명사는 일상 생활에는 잘 쓰이지 않는 문어적 어휘인 경우가 많다:

абстракция, идентичность(일상어 тождество), физический(일상어 вещественный, материальный), фикцировать, корреспондировать(корреспондент는 일상어), интенсифицировать(интенсивный는일상어), бытие(быть는 일상어)

8·3·3. 구어적 어휘(**разговорная лексика**)

구어(разговорная речь)는 문어와 여러 가지 면에서 서로 다르다. 구어에서 구사되는 어휘나 형태, 발음 등이 문어와 다르더라도 노어의 경우에는 비문법적, 혹은 비규범적으로 간주하지 않는다. 구어를 규범에서 이탈된 것으로 보지 않고 러시아 문학어의 구어적 형태, 즉 러시아 문학어의 한 부분으로 간주하고 있다. 현대 노어의 규범에는 "현대 러시아 문학어 규범(нормы современного русского литературного языка)"이라는 개념과 더불어 "성문화된 규범(кодифицированная норма)"이라는 개념을 사용해 규범을 유동적인 영역과 고정적인 영역으로 나누고 있는데, 구어는 성문화된 규범에는 저촉되더라도 러시아어 문학어 규범에는 어긋나지 않는 것으로 정의하고 있다. Земская는 구어의 이러한 규범을 "성문화되지 않은 규범(некодифицированная норма)"이라고 한다. 구어에서 선호되어 자주 구사되는 구어적 어휘는 비공식적이고 격의없는 느낌을 주며 일상어나 문어에 비해 대부분 감성적 의미를 띈다:

긍정적인 뉘앙스: бабуся(бабушка), дочурка(дочь), размолвка(ссора), болтунишка(수다쟁이, 구어, 긍정적 뉘앙스/ 문어; болтун 수다쟁이, 경멸적 뉘앙스)

부정적인 뉘앙스: шушукаться, директорша(여자 아나운서, 구어, 문어; женщина-диктор), смешничать(희롱하다, 구어/ 문어; насмехаться)

구어적 어휘는 의미적 측면에서 다음과 같이 4개의 경우로 나뉜다:

- 해당되는 문체중립적 단어가 없는 경우, 즉 똑같은 의미의 문어적, 일상어적 어휘가 존재하지 않는 경우: огорошить(어리둥절케 하다), ахать(놀라서 아소리를 내다), баловник(개구쟁이), плакаться(한탄하다, 하소연하다)
- 한 단어의 여러 의미 가운데 특정한 의소만 구어적인 경우: гулять с кем(-와 성관계를 갖다), строить гримассы(-에 대하여 상을 찌푸리다)
- 특정한 조어적 수단에 대해서 구어적 성격을 띄는 경우: дикторша, маршрутка
- 구어적 어휘는 문어적, 일상적 어휘와 공존하며 단지 감성적 의미를 나타내는 경우: лицо- физиономия- харя

구어는 어휘적 측면에서 뿐만 아니라 음성, 통사, 조어 부문에서도 표준 노어와 많은 차이를 보이는데, 구어의 가장 큰 특징은 융합(синкретизм)과 분절성(расчлененность)이다. 주요한 차이점은 다음과 같다:

(1) 통사

1. 한 문장 내에서 부문장이 접속사없이 하나의 문장 성분으로 기능한다. 이 때 동사도 술부(предикативная части речи)로서 뿐만 아니라 주부(номинативная части речи)로서 기능을 맡는다(참고: 표준 노어에서 명사류는 주부로, 동사는 술부로 그 기능이 대비된다):

주어; Улицу поливает/ не приезжала? (비교; Поливалка не приезжала?)
Телеграммы разносит/ нам чужую телеграмму принесла? (비교; разносчица телеграмм)

술어; Этот стол/ крышка открывается? (비교: Крыша этого стола открывается?)

보어; Посмотри там гриб растёт.

정어; Газета тут лежала не видели где?

상황어; Он бежал **спотыкался** всё время. (спотку́ться: 걸려 넘어지다)

2. 표준노어에서는 문미에 발화의 핵심이 주어지는데 반해, 구어에서는 문두에 발화의 핵심이 주어지고 억양 중심이 오는, 표현적 문체가 선호된다:

Белую дай мне рубашку.
Печальные я не люблю песни.
Картошки купи когда выйдёшь.
Иван звонил Вам сегодня. (표준노어; Вам сегодня звонил Иван.)

3. 특히 어순에 있어 많은 차이를 보이고 있다(괄호안은 표준노어의 문장):

① Очень он утром шумел сильно.(Он утром шумел очень сильно)
Чёрного не забудь купить хлеба.(Не забудь купить чёрного леба)

② Книги я рада что нашла.(Я рада, что книги нашла)
Поезд обидно что опаздывает.(Обидно, что поезд опаздывает.)
Ирина тебе нравится как пишет? (Тебе нравится как Ирина пишет?)

③ Ты рад/ гости когда приезжают? (Ты рад, когда гости приезжают?)
Он задержится если/ мы опоздаем. (Если он задержится, мы опоздаем)
Все устали/ жарко потому что.(Все устали, потому что жарко)

(2) 음성학

① 하나의 음소에 대해 나타나는 이음(allophone)의 수가 표준노어에 비해 훨씬 많다. 예를 들어 표준노어에서 음의 중화가 발생하지 않는 <у>(/u/)는, 구어에서는 경자음 뒤에서 [ъ], 연자음 뒤에서 [и]로 실현된다: отпуск- [отпъск], тюль панчик- [тил'панчик]

② 모음연속(зияние) 현상: 음성학, 3.2.2. "모음의 특징과 분류"에서 설명되었듯이, 표준노어에서 모음이 연속적으로 배열되는 것은 비전형적이다. 그러나 구어에서는 모음이 연속적으로 오는 경우가 빈번히 나타난다: будет- [буит], ходит- [хоит], бегать- [беат'], бродить- [броит']

③ 음성학 5.1. "음절"에서 이미 설명되었듯이, 표준노어에서 유음은 성절음이 아니다. 그러나 구어에서 유음은 음절을 이룰 수 있는, 소위 말하는 성절적 유음(слоговые плавные)으로 많이 나타난다.

④ 표준 노어에 비전형적인 것으로, 무성음과 유성음이 연속해서 온다.

⑤ 억양 구조가 문장 끝까지 지속되지 않고 발화의 마지막 단계에서 끊어진다.

⑥ 발화 과정에서 억양 중심이 2군데 존재한다.

⑦ 표준 노어에는 모음의 장단이 존재하지 않으나 구어에는 모음을 길게 발음하는 초분절적(suprasegmental) 수단이 많이 구사된다.

(3) 형태론

① 표준 노어에 비해 명사, 형용사, 전치사의 사용은 적고 대명사, 부사, 소사는 훨씬 많이 사용된다. 구어에는 특히 수동 구문, 분사 구문(능동, 피동, 현재, 과거 분사, 부동사 현재, 과거), 동명사(gerund)는 거의 사용되지 않는다.

② 융합(syncretism; синкретизм)이 활발하여 명사 주격이 특히 많이 사용되며(명사 주격 선호 경향) 명사 생격은 표준 노어에 비해 훨씬 적게 사용된다: У вас

по какому контрольная? - Алгебра.(표준 노어: У вас по какому предмету контрольная работа? - По алгебре.)

③ 활용, 곡용이 표준 노어에 비해 규칙적이다. 불규칙 변화, 특수 변화보다는 가장 대표적인 어미 변화 패러다임에 따른다.

копать- копаю, копаешь

капать- капаю, капаешь (표준 노어 каплю, каплешь, капля)

④ 분석적 구조로의 경향이 표준 노어에 비해 강하다.

분석적 형용사(불변화 형용사): У вас конверты **авиа** есть?

почта **экспресс**(표준 노어; экспресс-почта)

돌발형 동사(동사 돌발형): Она **жик** и готово.(그녀는 빨리 빨리 헤치운다.)

Я поскорее дверью **хлоп**.

(4) 조어론

① 단축형 축약어의 선호(조어론, "3.3.3. 축약어" 참조): трансформатор> транс, бадминтон> бад, синхронный перевод> синхрон, маршрутное такси> маршрутка, преподаватель> препод, доктор> док(дока), шизофреник> шизик

형용사 파생 명사도 단축형과 유사한 0-접미사화가 많이 일어난다: примитивный> примитив

② 조어 체계에서 표준 노어보다는 규칙성, 생산성을 더 강하게 띈다. 형용사는 주로 접미사 -н-, -ов-, -ск-를 통해, 동사는 주로 -и-ть를 통해서, 명사는 주로 -к-а, 남성인칭명사는 -ник, -щик로 조어된다.

③ 조어 의미적으로 볼 때, 형용사 파생 추상명사 -ость, -ота는 구상적인 의미로 사용된다. 지소체 명사는 가까운 사이에서 상냥한 표현으로 구사된다: Чайку? Кофейку? Табачку? Водчики? Закусочки?

(5) 의미론

① 구체성(тенденция к конкретности выражения смысла)

문어; У меня этот стол очень вместительный

구어; У меня этот стол/ я очень много туда убираю/ книги/ бумаги всякие.

② 단축성(тенденция к редуцированию смысла)

문어; Я совсем измоталась из-за многочисленных дел, связанных с защитой диссертации.

Она мало пишет из-за обстоятельств, связанных с дочерью Машкой.

구어; Я совсем измоталась с этой защитой.

Из-за Машки она мало пишет.

③ 연상적 의미(тенденция к ассоциативному развитию текста)

В августе неделю стояла ужасная жара.(может вызвать мысль о тех научных и деях, которые развивались на конференции, проходившей в среднеазиатском городе в жару.)

8·3·4. 은어(jargon: жаргон, жаргонная лексика), 속어(argot: арго н, аргонная лексика)

특정 직업이나 그룹에서 쓰는 특수한 단어를 일컫는다. jargon과 argot는 사회언어학에서는 엄격히 구별하지만, 일반적으로 jargon은 사회적으로 특정한 계층이나 직업에만 국한되어 쓰이는 단어를 말하고(예: 직업적 은어(профессиональные жаргоны)) argot는 일반인에게 내용을 은폐하기 위해 특정 집단에서 쓰는 단어를 말한다.

брюхо "배"- 비행사 은어 "비행기 동체", маскироваться "위장, 가장하다"- 군대 은어 "게으름 피우다", хвост "꼬리"- 대학생 은어 "쪽지 시험", плавать "헤엄치다"- 대학생 은어 "(시험에서)헤매다"

8·3·5. 평어(просторечие)

평어란 일반 민간인들이 사용하는 언어를 가리킨다. 은어나 속어가 특정한 집단에서 쓰이는 말이고 방언이 특정한 지역에서 쓰이는 말을 가리키는데 반해, 평어란 일반 민중들이 사용하는, 러시아 문학어 규범이라는 측면에서 볼 때 규범에서 이탈된 요소들을 많이 내포하고 있는 언어를 가리킨다. 러시아 평어의 특징을 살펴보자:

(1) 음성학

① 연자음 앞에 위치한 자음의 약화: конфеты, конверт, черес пять минут, кирпич

② 단어 капризный, принцесса 등에서 р의 경음화, 즉 капрызный, прынцесса로 발음

③ 연속되는 모음 사이에 й[j] 나 в[v]의 삽입: шпиён(шпион), пиянино(пианино), какаво(какао), радиво(радио)

④ 연속되는 자음 사이에 모음 삽입: жизинь(жизнь), рубель(рубль)

⑤ 동사 활용형에서 역행동화: боисся(боишься), нрависся(нравишься)

⑥ 자음의 이화작용: дилектор(директор), колидор(коридор), транвай(трамвай)

(2) 형태론

① 동사 활용에서 어간의 동질화(выравнивание): хочу, хочешь, хочет, хочем, хочете, хочут/ пеку, пекёшь, пекём

② 중성 명사의 여성, 혹은 남성 변화: съем всю повидлу/ Какой яблок кислый!

③ 한 단어의 격변화에서 혼화 현상: у сестре(у сестры), у маме(у мамы), к сестры(к сестре), к мамы(к маме)

④ 복수 생격에서 어미탈락형이 어미 -ов로 대체: моного делов, нет местов, пришёл от соседев

⑤ 불변 외래명사의 격변화 현상: без пальта, кина не будет, ехали метром

(3) 통사론

① 명사적 술어로서 형용사(형동사) 장어미형: Я на это не согласная(не согласна)/ Ты мне нужный, не уходи/ Обед уже сготовленный

② 부동사 -мши 의 술어적 용법: Он выпимши/ Так не спамши и поехал.

③ “у + 생격” 구문의 여격 구문화: Мне живот болит (у меня)/ Ей сегодня неприятность случилась (у неё)

④ 수사의 불변화현상: Время - без десять три/ Я с двенадцать лет работаю.

(4) 어휘론

① 가족을 지칭하는 어휘를, 모르는 사람에 대한 호칭어로 사용: па паша, мамаша, дочка, сестренка, браток

Папаша, садитесь/ Дочка, помоги мне улицу перейти

② 정중한 표현으로서 지소형 접미사 결합 명사의 사용: Чайку не желаете?/ Вам височки прямые или косые?/

③ 의미의 대용 현상: отдыхать(спать대신에), выражаться(ругаться대신에), кушать(есть대신에)

④ 감성적 어휘의 선호 현상: наяривать, шпарить, откалывать, чесатьДождь шпарит/ Смотри, как он Барыню шпарит/ Он с утра до вечера на гитаре шпарит/ Она по-английски здорово шпарит

8·4. 방언적 어휘(диалектная лексика, диалектизмы)

지역적인 장애로 인하여 처음에는 동일하였던 언어가 음운, 어휘, 문법 등의 차이를 지니게 된 것을 방언이라 한다. 방언학(dialectology: диалектология)도 방언음운론, 방언어휘론, 방언형태론 등으로 나뉘며, 이러한 언어적 특징이 차이를 일으키는 두 지역을 가르는 분계선을 등어선(isogloss)이라 한다. 방언학의 주요 관심사는 어떤 언어적 특질이 서로 다른 두 지역의 경계를 나타내는 등어선을 찾아 내는 것과 그 언어 분화의 양상을 파악하는 데 있다. 어떤 지역을 방언의 발음, 음소, 어휘, 문법, 의미, 통사 등의 차이에 의해 몇 개의 방언권으로 나눌 수 있는데 매스컴과 이동통신 수단의 발달로 전 세계적으로 방언의 차이가 줄어들고 있다.

국가 크기에 비해 러시아어에서 방언의 차이는 크지 않다. 사회주의가 지향하는 평등의 범주에서 언어의 지역별 격차를 해소하는 것도 주요 과제였으며 동서간에는 긴 거리에도 불구하고 방언이 거의 없으며 고대 도시가 많이 있는 서부 지역에서 북부방언, 중부방언, 남부방언 3개로 나뉜다:

8·4·1. 노어 방언의 구분

1. 북부방언(севернорусские диалекты):

① оканье: 강세음절에서 뿐만 아니라 비강세음절에서도 o와 a를 구별해서 발음한다. 러시아 문학어에서 강세음절 앞의 o가 [a]로 발음되는데 반해 북부에서는 [o]로 발음된다. вода, пошёл, молоко

② г를 к에 가깝게 발음.

③ 동사의 활용형에서 [j]의 탈락: знаэшь(знаешь) 혹은 знаашь, знашь로 발음. знаэт(знает), знаэм(знаем)

④ 동사 활용형에서 어말의 т를 문학어에서와 같이 경자음으로 발음: знает, говорят

⑤ 복수 여격형으로 복수 조격형을 대용: пошли за грибам да за ягодам (за грибами, за ягодами)

⑥ цоканье: 일부 북부지방에서 ц와 ч의 구별이 엄격하지 않으며 서로 혼용되고 있다. цасы(часы), курича(курица)

2. 남부방언(южнорусские диалекты):

① аканье: 비강세음절에서 o와 a는 구별되지 않고 문학어와 같이 발음된다. вада(вода), въдавоз(водовоз), сады(сады), съдавод(садовод)

② г를 x나 희랍어의 γ(gamma)처럼 발음: γоры(горы), ноγу(ногу)

③ 북부, 중부와는 달리 동사 활용형에서 어말 т가 약화: идёть(идёт), поють(поют)

이외에 남부지방의 일부에 나타나는 방언으로 다음과 같은 것이 있다:

④ 일부 남부지방에서 к가 약화되어 발음된다: бочкя(бочка), Танькя(Танька)

⑤ 일부 남부지방에서 연자음 뒤의 e를 я로 발음하는 яканье현상이 있다. нясу(несу), бяда(беда), вядро(ведро)

⑥ дело, место, сообщение와 같은 몇 개의 중성명사는 여성명사처럼 쓰인다. такая дела, не твоя эта места, прямая сообщения

3. 중부방언(среднерусские диалекты): 중부지방은 방언학적 관점에서 볼 때, 북

부방언과 남부방언의 중간적 위치에 있다. 항목에 따라 북부방언과 일치하기도 하고 남부방언과 일치하기도 한다.

① иканье: 강세음절 앞의 음절에서 연자음 뒤의 e와 a(я)를 и로 발음. питух(петух), питак(пятак)

② 장음의 연자음 щ나 сщ, сч를 ш로 발음: шука(щука), шастье(счастье), расшелина(расщелина)

③ 남부 방언과 같이 аканье현상

④ 북부 방언과 같이 г를 파열음으로, т를 경자음으로 발음

8·4·2. 방언지도

<도표 14> 노어 방언 지도

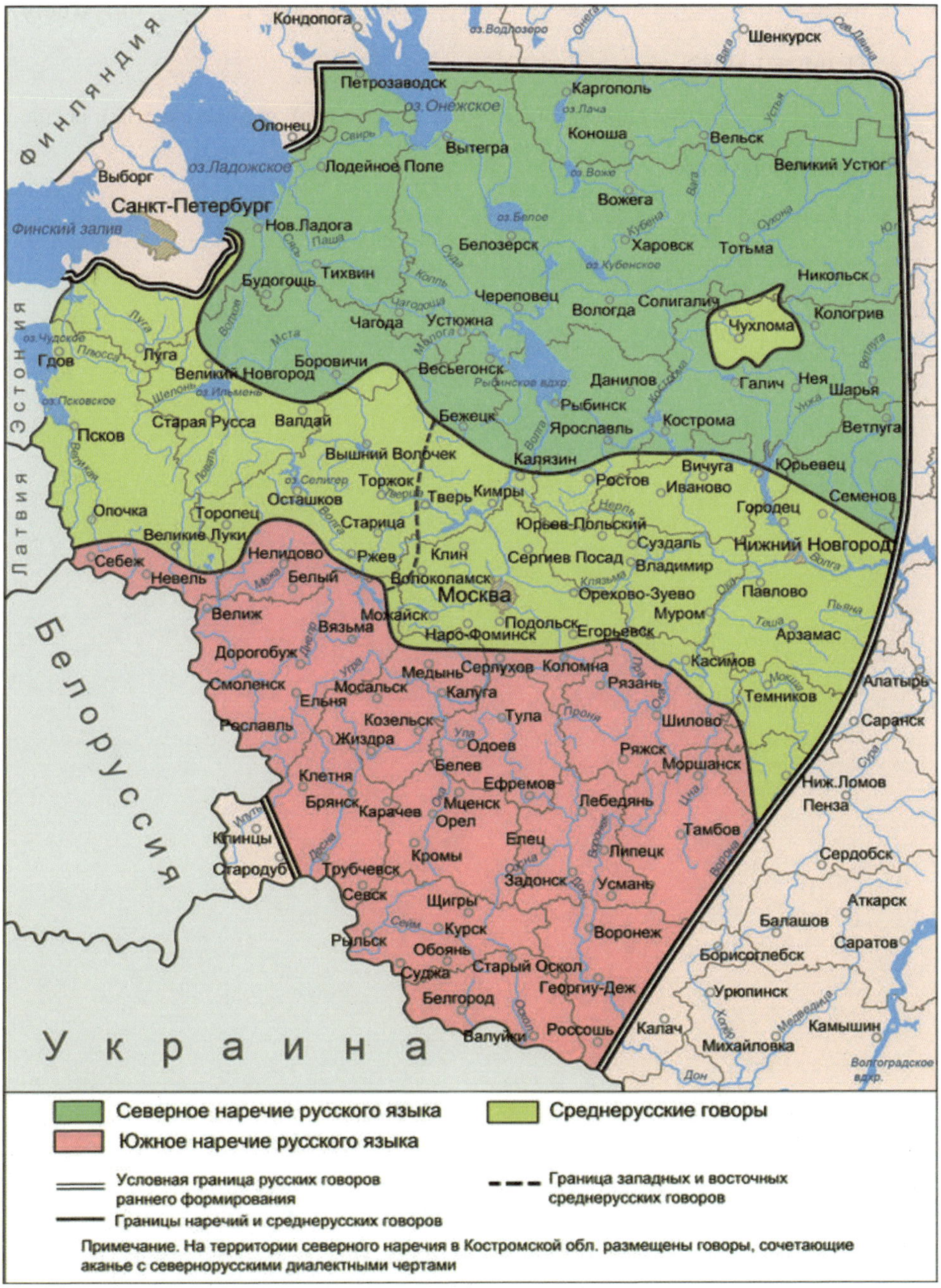

8·4·3. 방언의 종류

(1) 어휘적 방언(лексические диалектизмы):

동일한 대상에 대해 다른 형태의 단어로 지칭하는 것을 말하며, 특정 민족이 어떤 대상에 대하여 전통적으로 사용해 오던 단어가 많은데 이러한 것을 민속어(этнографизм)라 한다 (예: панёва- Рязань, Тамбов지방의 전통 의상, 치마)

<도표 15>

러시아 문학어	방언	
	북부방언	남부방언
петух 수닭 утка 오리 говорить 말하다 пояс 허리	петух утка баить гашник	кочет качка гутарить пояс

(2) 음성적 방언(фонетические диалектизмы):

동일한 단어에 대해 발음을 달리 하는 것을 말한다. яканье, цоканье, чоканье, оканье 등이 대표적인 음성적 방언에 해당된다.

яканье: нясу(несу), мяло(мело)

цоканье: пецка(печка), цясы(часы), целовек(человек)

чоканье: курича(курица), немчи(немцы)

(3) 조어적 방언(словообразовательные диалектизмы)

남부방언 люжба(любовь), ковец(кузнец), курета(курица), близу(близко)

(4) 형태적 방언(грамматические диалектизмы)

북부방언 в погребу(в погребе), в клубу(в клубе), в столу(в столе)

남부방언 вся поле(всё поле), такая дело(такое дело)

(5) 의미적 방언(семантические диалектизмы)

погода- 남서부방언: "좋은 시간", 북부방언: "악천후"

어휘론(ЛЕКСИКОЛОГИЯ).   어휘의미론(СЕМАНТИКА)

ОБЯЗАТЕЛЬНАЯ ЛИТЕРАТУРА

Белошапкова, В.А. (ред.) Современный русский язык, М. 2011

Виноградов В.В., Лексикология и лексикография. Избранные тр уды, М.:«Наука», 1977

Денисов П.Н., Лексика русского языка и принципы ее описания. Изд. 2, М.: «Русский языю», 1993.

Калинин А.В., Лексика русского языка. Изд 2., М.: «МГУ», 1971.

Кузнецова Э.В. Лексикология русского языка. М., 1982

Новиков Л.А., Семантика русского языка, М.: «Высшая школа», 1982.

Ожегов С.И., Лексикология. Лексикография. Культура речи, М.: «Высшая школа», 1974.

Санников В.З., Слово в грамматике и словаре. Сборник статей, М.: «Наука», 1984.

Степанов Ю.С., Семиотика, М.: «Наука», 1971.

Тихнов А.Н., Современный русский язык, лесикология. М. 1991

Фомина М.И., Современный русский язык. Лексикология. М., 1990

Шанский Н.М., Лексикология современного русского языка. Изд.2, М.: «Просвещение», 1972.

Шанский Н.М., Фразеология современного русского языка. Изд. 3, М.: «Высшая школа», 1985.

Шмелев Д.Н., Современный русский язык. Лексика, М.: «Просвещение»,1977.

ДОПОЛНИТЕЛЬНАЯ ЛИТЕРАТУРА

Апресян Ю.Д., Лексическая семантика. Синонимические средства языка, М.: «Наука», 1974.

Даниленко В.П., Русская терминология, М.: «Наука», 1977.

Крысин Л.П., Иноязычные слова в современном русском языке, М.: «Наука», 1968.

Ларин Б.А., Из истории слов и словарей. Очерки по лексикологии и лексикографии, Л.:«Изд. ЛГУ»,1963.

Лексика современного русского литературного языка. Русский язык и советское общество. Социолого-лингвистическое исследование, М.: «Наука», 1968.

Мельчук И.А., Опыт теории лингвистических моделей «Смысл ⇔ Текст». Семантика. Синтаксис, М.:«Наука», 1974.

Новое в русской лексике. Словарные материалы. Вып. 1-7, М.:«Рысский язык», 1980-1987.

Развитие лексики современного русского языка, М.: «Наука», 1965.

Реформатский А.А., Что такое термин и терминология, М.: «Наука», 1959.

Способы номинации в современном русском языке, М.: «Наука», 1982.

Степанов Ю.С., В трехмерном пространстве языка : Семантические пробл емы лингвистики, Философии, искусства, М.: «Наука», 1985.

Шведова Н.Ю., Лексическая классификация русского глагола, - В кн. Славянское языкознание.IX Между-народный съезд славистов. Доклады советской делегации: «М.», 1983.

노어 방언학(РУССКАЯ ДИАЛЕКТОЛОГИЯ)

ОБЯЗАТЕЛЬНАЯ ЛИТЕРАТУРА

Аванесов Р.И., Описательная диалектология и история языка, - В кн. Славянское языкознание. Доклады советской делегации.V Международный съезд славистов(София, сентябрь. 1963), М.:Наука:1963.

Аванесов Р.И., О двух аспектах предмета диалектологии, - В кн. Общес лавянский лингвистический

атлас. Материалы и исследования, М.: Наука: 1965.

Атлас русских народых говоров центральных областей к востоку от Москвы(Под ред. Р. И.Аванесова), М.: «Изд. АН СССР», 1957. Вступительные статьи.

Бромлей С.В., Буратова Л.Н., Об эталоне сопоставительного описания русских говоров, ВЯ No 2, 1975.

Вопросы теории лингвистической географии, М.: «Наука», 1962.

Гольдин В.Е., Парадигмы диалектологического знания и проблемы языковой личности, - В кн. Русский

язык и современность. Проблемы и перспективы развития русистики. Всесоюзная научная конференция. М., 20-23 мая 1991 г. Доклады. Ч. 1, М.: 1991.

Захарова К.Ф., Орлова В.Г., Диалектное членение русского языка, М.: «Просвещение», 1970.

Мораховская О.Н., Типология диалектных различий лексико-семантическ ого уровня, - В кн.Общеславяскийлингвистический атлас. Материалы и исследования. 1983, М.: Наука:1988.

Русская диалектология. Под ред. Р. И. Аванесова и В. Г. Орловой. Изд. 2, М.: «Нау-ка», 1965.

Сороколетов Ф.Н., Кузнецов О. Д., Очерки по русской диалектной лекси кографии, Л.: «Наука», 1987.

ДОПОЛНИТЕЛЬНАЯ ЛИТЕРАТУРА

Аванесов Р.И., вопросы фонетической системы русских говоров и литер атурного языка, - В кн. Реформа-тский А. А. Из истории отечественной фонологии, М.: Наука: 1970.

Аванесов Р.И., Очерки русской диалектологии. Ч. 1, М.: «Учпедгиз», 1949.

Аванесов Р.И., Русская литературная и диалектная фонетика, М.: «Просв ещение», 1974.

Баранникова Л.И., Русские народные говоры в советский период. (К проблемы соотношение

языка идиалекта), Саратов: «Изд. Сарат. ун-та», 1967.

Блинова О.И., Русская диалектология. лексика. Учебное пособие, Томск: «Изд. ?У», 1984.

Бромлей С.В., Булатова Л. Н., Очерки морфологии русских говоров, М.: «Наука», 1972.

Г**оршкова К.В.,** Историческая диалектология русского языка, М.: «Просве щение», 1982.

Диалектологический атлас русского языка. Вып. I. Фонетика, М.: «Наука», 1986. Вып.II. Морфология. М.: «Гл. упр. геодезии и картографии», 1989.

Ивашко Л.А., Очерки русской диалектной фразеологии, Л.: «Изд. ЛГУ», 1981.

Коготкова Т.С., Русская диалектная лексикология: Состояние и перспе ктивы, М.: «Наука», 1979.

Кузьмина И.Б., Синтаксис русских говоров в лингвогеографическом асп екте, М.: «Наука», 1993.

Кузьмина И.Б., Немченко Е. В., Синтаксис причастных форм в русских говорах, М.: «Наука», 1971.

Оссовецкий И.А., Лексика современных русских народных говоров, М.: «Наука», 1982.

Пауфошима Р.Ф., фонетика слова и фразы в себернорусских говорах, М.: «Наука», 1983.

Русская диалектология. Под ред. П. С. Кузнецова, М.: «Просвещение», 1973.

Федоров А.И., Сибирская диалектная фразеология, Новосибирск: «Наука», 1980.

문체론(СТИЛИСТИКА РУССКОГО СКОГО). 노어 구어(РУССРАЗГОВОРНАЯ РЕЧЬ)

ОБЯЗАТЕЛЬНАЯ ЛИТЕРАТУРА

Бахтин М.М., Эстетика словесного творчества, М.: «Искусство», 1986.

Виноградов В.В., Стилистика. Теория поэтической речи. Поэтика, М.: «Изд. АН СССР», 1963.

Виноградов В.В., О теории художественной речи, М.: «Высш. школа», 1971.

Виноградов В.В., Избранные труды: Язык и стиль русских писателей, М: «Наука», 1990.

Виноградов В.В., О языке художественной прозы. Избранные труды, М.: «Наука», 1980.

Винокур Г.О., Филологические исследования: лингвистика и поэтика, М.: «Наука», 1990.

Винокур Т.Г., Закономерности стилистического использования языковых единиц, М.: «Наука», 1980.

Гаспаров М.Л., Современный русский стих. Метрика и ритмика, М.: «Наука», 1974.

Григорьев В.П., Поэтика слова, М.: «Наука», 1979.

Жирмунский В.М., Теория литературы. Поэтика. Стилистика, М.: «Наука», 1977.

Земская Е.А., Китайгородская М. В., Ширяев Е. Н., Русская разговорная речь: Общие вопросы. Слово-образование. Синтаксис, М.: «Наука», 1981.

Ковтунова И.И., Поэтический синтаксис, М.: «Наука», 1986.

Одинцов В.В., Стилистика текста, М.: «Наука», 1980.

Сиротинина О.Б., Современная разговорная речь и ее особенности, М.: «Просвещение», 1974.
Русская разговорная речь. Эстетика. Морфология. Лек сика. Жест, М.: «Наука», 1983.
Теория метафоры, М.: «Прогресс», 1990.

Тынянов Ю., Проблема стихотворного языка, М.: «Сов. писатель», 1965.

Шведова Н.Ю., Очерки по синтаксису русской разговорной речи, М.: «Наука», 1960.

Шмелев Д.Н., Слово и образ, М.: «Наука», 1964.

Шмелев Д.Н., Русский язык в его функциональных разновидностях, М.: «Наука», 1977.

Якобсон Р.О., Работы по поэтике, М.: «Прогресс», 1987.

ДОПОЛНИТЕЛЬНАЯ ЛИТЕРАТУРА

Виноградов В.В., Язык Пушкина. Пушкин и история русского литературн ого языка, М.-Л.: «Academia»,1935.

Виноградов В.В., Стиль Пушкина, М.: «Гослитиздат», 1941.

Виноградова В.Н., Стилистический аспект русского словообразования, М.: «Наука», 1984.

Гинзбург Л.Я., О лирике. Изд. 2, Л.: «Сов. писатель», 1974.

Кожевникова Н.А., Словоупотребление в русском поэзии начала XX века, М.: «Наука», 1986.

Ларин Б.А., Эстетика слова и язык писателя. Избранные статьи, Л.: «Изд. худож. лит», 1974.

Лотман Ю.М., Анализ поэтического текста. Структура стиха, Л.: «Просвещение», 1972.

Мандельштам О., Слово и культура. О поэзии, М.: «Сов. писатель», 1987.

Новое в зарубежной лингвистике. Вып. IX. Лингвостилис тика, М.: «Прогресс», 1980.

Общая риторика, М.: «Прогресс», 1986.

Очерки истории языка русской поэзии XX в. Т. I, М.: «Наука», 1990.

Петрищева Е.Ф., Стилистически окрашенная лексика русского яаыка, М.: «Наука», 1984.

Потебня А.А., Эстетика и поэтика, М.: «Искусство», 1976.

Русский язык и советское общество. Проспект (Институт русского языка АН СССР). (раздел «Стилистика»), Алма-Ата: 1962.

Скребнев Ю.М., Очерк теории стилистики, Горький: «Изд. ГГПИ», 1975.

Степанов Ю.С., В трехмерном пространстве язика. Семиотические проблемы лингвистики, философии, искусства, М.: «Наука», 1985.

5 통사론

1. 노어 통사론 연구사

문장에 대한 연구, 즉 통사론은 노어학에서 연구가 많이 이루어지지 않은 분야이다. 시기적으로도 매우 늦은 현대 러시아 문학어에 들어와서야 시작되었는데, 현대 노어의 통사연구는 대략 4 시기로 나누어진다:

제 1기는 А.А.Шахматов의 "노어 통사론(Синтаксис русского языка)(Л. 1925)"이 나오기 이전의 시기를 말한다. 이 시기는 포르투나토프류의, 문법 연구의 형식주의적 경향이 강해 통사 연구도 형식주의적 접근 방법을 보이고 있는데, А.М.Пешковский의 "노어 통사(Русский синтаксис)(1914, 1920)", М.Н.Петерсон의 "노어통사 개론(Очерк синтаксиса русского языка) (1923)", Н.Н.Дурново의 "노어문법 복습과정(Повторительный курс грамматики русского языка)(1929)" 등이 있다. 이러한 통사 전문 서적은 아직 구문의 형태를 분류하고 분석하는 정도이며, 문장 자체를 연구의 대상으로 하고 있지 않다.

제 2기는 А.А.Шахматов의 "노어 통사론"에서부터 시작되었다. 통사 연구의 형식주의적 접근 방법을 멀리하고, 문장을 구문의 일종으로 보는 기존 견해를 반박했다. 문장이란 사고를 표현할 수 있는 단어 또는 어결합을 말하며, 비교적 완결되고 단독으로 발화될 수 있는 것이라면 반드시 주부, 술부라는 문장 성분이 필요하다고는 생각하지 않는다. 문장을 사고가 표현되고 담화가 이루어지는 좀 더 복잡한 개념으로 파악하고 있는 샤흐마토프의 통사 연구 방향은 이후의 통사 연구에 많은 영향을 미쳤는데, 예를 들자면 А.М.Пешковский의 "학문적으로 조명한 노어 통사론(Русский синтаксис в научном посвещении)"은 샤흐마토프의 책이 나온 후 3/4 정도가 수정되었다.

제 3기는 "아카데미 문법" 1, 2권이 출판된 이후부터 구조주의적 언어 연구가 시작된 1950년대 말까지를 말한다. 이미 여러 차례 언급되었다시피 방대한 언어 자료를

수집, 정리하고 있는 아카데미문법은 통사론에서도 규범을 설정해주고 있다. 이 책에서 В.В.Виноградов에 의해 제기된 통사 연구의 방향, 이를테면 술어성(предикативность)이나 지배(управление), 일치(согласование), 계열적/연립적(цепная и параллельная) 문장 관계 등에 대해 상세히 설명하고 있다. 이 시기는 다양한 통사 개념과 통사 규준이 정립된 시기라 할 수 있다.

제 4기는 문장에 대한 구조적 접근 방법이 유행하기 시작한 50년대 말부터이다. 노어 통사 연구에 구조주의 연구 방법을 적용하고 있는 Т.П.Ломтев의 "노어 통사 기초(Основы синтаксиса русского языка)(1958)"가 나온 이후 О.С.Ахманова, С.К.Шаумян, И.И.Ревзин, Ю.Д.Апресян 등의 다양한 연구가 이어졌다. 1970년판 아카데미 문법은 구조적 분석 방법을 통해 문장, 특히 단문을 상세히 설명하고 있다. Шаумян의 '연산적 생성모델(аппликативная порождающая модель)', Апресян의 동사의 격지배 유형을 통한 통사의미 규명, И.А.Мельчук의 의존문법에 의한 노어 통사 연구 등은 독창성을 가진 것으로 주목받고 있다.

2. 노어 통사론 기초

2·1. 노어 문장의 종류

2·1·1. 구조에 의한 분류

문장은 구조에 따라 단문(простое предложение)과 복문(сложное предложение)으로 나뉘어진다. 복문이란 두 개 이상의 단문으로 이루어져 있고, 단문은 서로간에 의미상, 구조상의 관계를 맺고 있다. 병렬복문(сложносочинённое предложение)은 и나 а에 의해 연결된다. 무접속사복문(бессоюзное сложное предложение)은 접속사 없이도 열거, 대치, 원인과 결과, 조건, 앞 단문의 설명, 보충 등을 나타낸다. 종속복문(сложноподчинённое предложение)은 두 개의 단문 중에서 한 쪽, 즉 종속문(подчинённое предложение)이 다른 한 쪽, 즉 주문(подчиняющее предложение)에 종속되어 있고, 접속사 또는 관계사에 의해 주문과 결합되어 있는 것이다.

<도표 1> 문장의 구조에 의한 분류

종류	형식	예문
단문 Простые предложения	독립된 문장 1개로 이루어짐	Дверь отворилась. 문이 열렸다. Она вошла. 그녀가 들어왔다.
복문 Сложные предложения	병렬복문	(연결) Дверь отворилась, и она вошла. 문이 열리고, 그녀가 들어왔다. (대치) Правда - хорошо, а счастие - лучше. 진리도 좋지만 행복은 더 좋다. (분리) То градом побило хлеб, то корова поги бла. 우박 때문에 곡물이 피해를 입기도 하고, 소가 죽기도 했다.
	무접속사복문	Воздух светлеет, яснеет небо, белеют тучи. 밖이 밝아지고 하늘도 맑아지고 먹구름도 물러가는구나. Печален я; со мной друга нет... 나는 참 마음이 아프다; 나와 함께할 친구가 없다는게......
	종속복문	아래 "종속문의 분류" 참조

<도표 2> 종속문의 분류

종류	예문
주어	Кто не имеет огня в груди, пусть идёт в свой привычный угол. 마음속에 정열이 없는 자는 자신의 매너리즘에 빠지게 내버려 두라. Мне казалось, что он болен. 그가 아프다는 생각이 들었다.
술어	Я тот, кого никто не любит. 나는 어느 누구에게도 사랑을 못 받는 사람이다. Каков привет, таков и ответ. 가는 말이 고와야 오는 말이 곱다.
보어	Я думал, что он не придёт. 나는 그가 오지 않으리라고 생각했다. Пожелаем, чтобы не меркнул луч правды. 진리의 빛이 꺼지지 않기를 기원합니다. Я не знал, куда девать руки. 나는 손을 어디 두어야 할지 몰랐다. Ты виноват уж тем, что хочется мне кушать тебя.(늑대가 양에게 하는 말)내가 너를 잡아 먹고 싶은 기분이 드는 것은 네 탓이야.
정어	Слепой, который сидит на скамейке. 벤치에 앉아있는 장님 То место, где когда-то я жил. 언젠가 내가 살았던 그 곳 Такой же щеголь, каким он был. 여느 때와 다름없는 멋장이
정어	Такой шум, что из-за него ничего не слышно. 다른 소리는 들리지 않게 만드는 소음

상황어 장소 시간 양태, 정도 비교 목적 이유 조건 양보 결과 부가	Где некогда всё было пусто, теперь роща разрослась. 예전에 황량했던 곳이 지금은 산림이 무성해졌다. Когда я пришёл к отцу, он сидел глубоко в кресле. 내가 아버지께로 갔을 때 아버지는 안락의자에 깊숙히 앉아 계셨다. Он так трудился, что пот катился с него градом. 그는 너무 열심히 일해서 땀이 비오듯 했다. Воздух дрожал, как дрожит вода. 물이 떠는 것처럼 공기가 떨었다. Чем скорее, тем лучше. 빠를수록 좋다. Для того чтобы они поняли нашу правду скорее, мы должны идти вперёд. 그들에게 속히 우리의 진실을 입증하기 위해 우리가 먼저 가야 한다. Я нанялся к нему в подмастерья, так как жить было нечем. 나는 먹고 살게 없어서 그의 조수로 일하게 되었다. Если завтра будет такая же погода, то я поеду в город. 만일 내일 그런 날씨라면, 나는 시내에 갈 것이다. Пусть он ошибся, но эту ошибку можно исправить. 그가 잘못을 저질렀다 할지라도, 이런 잘못은 고칠 수 있다. В степи было тихо, пасмурно, несмотря на то, что солнце поднялось. 해가 떠올랐음에도 불구하고 숲속은 고요하고 음산했다. Снег всё становился белее и ярче, так что ломило глаза. 눈이 점점 더 하얘지고 빛이 나서 눈이 아팠다. Отец умер, что сильно огорчило сына. 아버지가 죽었다는 사실이 아들을 무척 슬프게 했다.

2·1·2. 내용(목적)에 의한 분류

문장은 그 목적이나 내용에 따라 평서문(повествовательное предложение), 의문문(вопросительное предложение), 명령문(побудительное предложение)으로 분류되고, 각각 긍정(утверждение)과 부정(отрицание)이 있다. 긍정문은 보통 마침표(точка)를, 의문문에는 물음표(вопросительный знак)를 찍는다. 이들 문장이 특별히 강한 어조로 표현될 때는 감탄문(восклицательное предложение)이 되며, 감탄문에는 느낌표(восклицательный знак)를 찍는다. 명령문도 보통의 어조로 표현될 때는 느낌표를 찍지 않는다. 평서문은 정보를 전달한다. 의문문은 어떤 특정한 것에 관한 정보가 결여되어 있어 그 정보를 요구하는 것이고, 명령문은 누군가에게 무엇을 하도록 지시한다. 감탄문은 화자의 감정을 나타낸다.

<도표 3> 문장의 목적에 따른 분류

종류	예 문
평서문 Повествовательные предложения	Утро было прекрасное. 아침에는 날씨가 참 좋았다. Сияло солнце. 태양이 빛났다. Ветра не было. 바람이 없었다.
의문 문 Вопросительные предложения	Когда он будет дома? 그는 언제쯤 집에 있을까? Вы понимаете по-русски? 당신은 노어를 알아듣습니까?
명령문 Побудительные предложения	Откройте окно. 창문을 여십시요. Давайте выпьем. 자, 마십시다. Пусть он уйдёт. 그 사람 가게 내버려둬.
감탄문 Восклицательные предложения	Какое утро! 참 좋은 아침이다! Солнце сияет! 태양이 빛난다. Ты спишь?! 너 자고 있니?! Встань же скорее! 빨리 좀 일어나!

2·1·3. 술어에 의한 분류(단문의 종류)

단문은 주어와 술어의 성격에 따라 인칭문, 부정인칭문, 보편인칭문, 명명문, 무인칭문, 미정형문으로 나뉜다.

1. 인칭문(**личное предложение**): 인칭문이란 주어가 되는 사람 또는 사물이 확실하게 나타나 있는 문장을 말한다. 술어는 인칭, 수, 성에 있어서 주어와 일치한다. 구어에서 확실히 알고 있는 주어가 생략되는 경우도 역시 인칭문이다(예: **Читаю книгу. Можете? Понимаешь?**). 명령형에서는 1인칭, 2인칭의 주어는 보통 생략된다.
2. 부정인칭문(不定人稱文, **неопределённо-личное предложение**): 부정인 칭문이란 행위의 주체가 명확하지 않은 경우, 주어를 생략하고 술어는 현재, 미래에서는 3인칭 복수, 과거에서는 복수형을 취한다.

   У него деньги дорогой украли (그는 길에서 돈을 도둑맞았다)의 경우 주어가 나타나 있지만 행위만을 문제시하므로 부정인칭문으로 간주한다. 부정인칭문은

수동의 의미나 공고문, 광고에 많이 쓰인다 : Опустили меня (나는 해고당했다). Просят не курить(흡연을 삼가해 주시기 바랍니다).

3. 보편인칭문(обобщённо-личное предложение): 보편인칭문은 동사가 지칭하는 행위가 누구에게나 적용될 수 있는 보편적 사실을 나타낸다(형태론의 '상의 의미' 참조). 보편인칭문은 주로 보편적 사실, 속담, 격언, 진리 등을 나타낼 때 사용된다.

   ① 가장 전형적인 보편인칭문은 2인칭 단수 현재 또는 미래로 나타낸다:

   Есть много слов, которые произносишь по привычке, не думая о том, что скрыто под ним. (숨겨진 의미는 생각치 않고 습관적으로 내뱉고 있는 말이 많이 있다)

   Скажешь - не воротишь. (한번 말한 것은 이미 돌이킬 수 없다)

   ② 동사의 명령형으로도 보편인칭문이 표현된다:

   Хвали рожь с стогу, а барина в гробу. (호밀은 거두고 나서, 주인은 죽은 다음에 칭찬하라)

   Семь раз отмерь, один раз отрежь. (일곱번 생각하고 한번 행하라)

4. 명명문(номинативное предложение): 명명문은 주어로만 이루어진 문장을 말한다. 따라서 시제는 현재이며, 존재의 긍정을 나타낸다. 과거나 부정이 되면 이미 명명문이 아니다.

<도표 4> 단문의 종류

종류	예문
인칭문 Личные предложения	А счастье было так близко....... Но судьба моя уж ре шена. 행복은 그처럼 가까이 있었다......하지만 나의 운명은 이미 정해졌다. Вы должны оставить меня. 날 내버려 두세요.
부정인칭문 Неопределённые предл.	Говорят, что можно долететь до Луны. 달까지 비행할 수 있다고들 한다. В газетах много пишут об искусственном спутнике. 신문에 인공위성에 대한 기사가 많이 실렸다.
보편인칭문 Обобщённо-личные предл.	Без труда не вынешь и рыбку из пруда. 노력하지 않고는 연못의 물고기도 꺼낼 수 없다. В лес дров не возят. 장작을 숲으로는 나르지 않는다.

명명문 Номинативные предл.	Весна. 봄이다. Вот и птицы. 저기 새들 좀 봐. Вид необыкновенный! Красота! 정말 멋진 광경이야! 아름다워!
무인칭문 Безличные предл.	아래 참조
미정형문 Инфинитивные предл.	아래 참조

2·1·4. 무인칭문(безличное предложение)

무인칭문이란 주어가 없고, 술어가 무인칭동사 또는 술어적 부사로 표현되는 것을 말한다. 무인칭문의 술어는 현재, 미래에서는 3인칭 단수, 과거에서는 중성, 단수의 형태를 취한다.

<도표 5> 무인칭문의 의미적 분류

술어 형태	의미	예문
재귀대명사 -ся가 없는 동사	자연 현상	Светает.날이 밝아온다. Рассвело. 먼동이 텄다. Морозит. 추위에 얼어 붙는다. Пахнет гарью. 탄 냄새가 난다.
	육체적, 심리적 상태	Его взорвало. 그는 몹시 화가 났다. Ему везёт. 그는 운이 좋다. Меня звонит. 내게 전화가 왔다. Меня тошнит. 구역질이 난다.
	유무, 과부족	Не достаёт терпения. 참을성이 부족하다. Не хватит денег. 돈이 부족하다.
	상태	Так было, так и будет. 예나 이제나 변함이 없다. Я надеялся, но вышло иначе. 기대를 했지만 결과는 그렇게 되지 않았다.
	당위, 의무	Вам не следует так поступать. 그렇게 행동할 필요는 없다. Эту книгу стоит прочесть. 이 책은 끝까지 읽어볼만한 가치가 있다.

-ся가 있는 동사	자연 현상	Смеркается. 날이 어둑어둑해진다. Начало смеркаться. 어두워지기 시작했다.
	육체적, 심리적상태	Здесь весело живётся. 여기서는 즐거운 생활을 하고 있다. Мне не спится(не поётся). 나는 잠이 오지 않는다 (노래부를 마음이 없다).
	원망, 가능, 필연, 당위	Мне хочется спать. 나는 자고 싶다. Мне пришилось заплатить за него. 나는 그를 대신해서 돈을 지불해야 했다.
술어적 부사		Холодно. 춥다. Мне тяжело. 내겐 힘든 일이다. Тяжело дышать. 숨쉬기가 힘들다.
	필요, 가능, 의무	Надо(можно) купить словарь. 사전을 사야 한다 (살 수 있다). Надо особого работника. 특별한 일군이 필요하다.
	(명사적)	Лень пойти. 가기 싫다. Пора спать. 잘 시간이다.
		Незачем с ним говорить. 그와 이야기를 나눌 필요가 없다. Мне некогда было читать. 나는 읽을 시간이 없다.
수, 양의 표현	수량	На улице много народу. 거리에 많은 사람들이 있다. Дров было только на неделю. 일주일 분량의 장작이 있었다.
존재부정		Нет времени. 시간이 없다. Ни души кругом. 주위에는 아무도 없다.
대명사,부사 +есть (было,будет) +미정형		Защитить его было кому. 누군가 그를 보호했었어야 했는데. Нам было о ком заботиться. 우리는 누군가를 보살폈어야 했는데.
피동형동사 (중성단어미)		О нём было забыто. 그에 대해 잊혀졌다. Решено послать его. 그를 파견하기로 했다.

무인칭문 가운데 다음과 같은 점은 특히 주의를 요한다:

① 자연 현상을 나타내는 경우: 자연 현상을 나타내는 동사는 인칭문이 되기도 하지만 무인칭문으로도 쓰인다. Небо темнеет(하늘이 어두워졌다), Сено пахнет(건초가 냄새난다), Волна разбила лодку(파도가 쳐서 보트를 부수었다) 등은 모두 주어가 있는 인칭문이지만, Снегом занесло дорогу(길이 눈으로 막혔다), В долине уже темнеет(계곡은 벌써 어두워지기 시작한다), Пахнет сеном(건초 냄새가 난다), Волной разбило лодку(파도로 보트가 부서졌다)라고 하면 무인칭문이다. 이와같은 자연현상에 관한 무인칭문의 용법은 이러한 자연발생적인 일들이 신의 뜻에 의한 것이어서 그 이름조차 거명하는 것을 두려워 했던 고대인의 신앙에서 비롯되었다는 주장과, 인구어 개별언어의 자연현상에 대한 표현은 색다른 범주를 이루고 있는데(예를 들어 영어나 독일어의 경우는 가주어로서 나타낸다: It is cold. Es ist kalt. Мне холодно.), 노어의 경우는 행위의 주체가 막연하기 때문에 주어를 표시하지 않는 형태로 되었다는 주장, 그리고 고대에 노어가 많은 언어 관계를 가졌던 핀란드-헝가리어파의 영향(finno-ugric substrat)이라는 주장이 있다.

② 심리적, 육체적 상태를 나타내는 경우: 화자의 의지와 관계없이 발생한 신체적, 심리적 상태는 무인칭문으로 나타낸다.

무인칭동사의 예: Щёку разнесло. (볼이 부었다) Саднит в горле. (목이 아프다) Меня лихорадило. (나는 열이 났다) Меня подмывает (подмывало) идти в театр . (나는 극장에 가고 싶어 견딜 수가 없다) Меня угораздило жениться. (나는 마가 끼어 결혼했다)

인칭동사의 무인칭적 용법: Голову тянет вниз. ((졸려서) 머리가 아래로 끄덕거린다), Глаза режит. (눈이 쑤신다)<глаза는 대격>, Мне сердце колет. (나는 심장이 쿡쿡 찌르듯이 아프다) <сердце는 대격> У меня шумит в ушах. (내 귀가 윙윙거린다)

③ 무인칭문이 인칭문이 되는 경우: 술어적 부사는 미정형의 뒤에 올 수가 있다: Жить трудно. (살기 힘들다) 이 경우 무인칭문에서는 미정형과 술어적 부사를 이어서, 휴지(пауза)없이 읽는다. Жить - трудно. (산다는 것은 어려운 일이다)

에서 미정형 жить가 선행해서 трудно와의 사이에 휴지가 있는 경우에는 жить가 주어, трудно는 술어가 되며, 휴지를 가지느냐 가지지 않느냐에 따라 인칭문이 되기도 하고 무인칭문이 되기도 하며 문장 의미가 달라진다.

2·1·5. 미정형문

노어 동사의 미정형(infinitive: инфинитив)은 보어(목적어)를 취하며 상, 태에 따라 다른 형태를 갖는 동사적인 성격과, 다른 한편으로는 주어나 보어가 될 수 있는 명사의 성질을 동시에 갖기 때문에 그 용법은 다양하다. 미정형문(инфинитивное предложение)이란 하나의 성분만으로 이루어진 문장을 말하는데, 문장 가운데 다른 성분에 종속되지 않는 미정형에 의해서 표현되는 문장을 말한다: Нам ехать.(미정형문) Нам надо ехать.(무인칭문) 미정형문으로 표현되는 행위는 미래에 수행되어야 할 필요한 행위, 불가피한 행위 또는 희망하는 행위이다. 즉 미정형문은 아래 표에서 보듯이 명령, 당위, 조건, 의문, 원망 등을 나타낼 수 있다.

<도표 6> 미정형문

	의미	예문
бы없이	의무, 필요/당위/원망/필연/불가능/명령	Что нам делать? 우리는 무엇을 해야 할 것인가? Пей чай, Ефим, скоро ехать! 예핌, 차 마셔, 빨리 가야해! Не поехать ли мне к нему? 그에게 가지 않아야 합니까? Ещё одну минуту видеть её, проститься. 일분이라도 더 그녀를 보고서 작별을 고할 수 있다면! Что суждено, того не миновать. 운명지워진 것은 피할 수 없다. Молчать! 잠자코 있어! Не шуметь! 떠들지 마!
	조건	Лес сечь - не жалеть плеч. 삼림을 베었으면 등짐지는 것을 불평마라. Если встать в полдень спиной к солнцу, то впереди будет север. 한낮에 해를 등지고 서면, 앞쪽이 북쪽이 된다. Казнить - так казнить. 벌을 주려면 따끔하게 주라.

бы와 함께	원망	Улететь бы вольною птицей от всех вас! 당신들 모두에게서 자유로운 새가 되어 날아가고 싶다. Только бы уснуть. 잠들기만 하면 좋으련만. Кабы только не просыпаться. 잠을 깨지 않았으면...
	권고	Тебе бы поговорить с ним. 너는 그와 얘기를 나눠 봐야 할텐데.
	경향, 성벽 위구, 경고 (не와 같이) 가능	Ему бы только болтать о пустяках. 그는 잡담만 하는 성향이 있다. Не простудиться бы вам. 감기들지 않도록 조심하세요. Как бы отделаться от него, не обидев его? 그를 화나게 하지 않고 그를 벗어날 수 있을까?
명명문적 용법	놀람, 의혹	Куда ты? - Домой. - Уходить с именин. 너 어디가니? - 집에 가. - 명명일인데 집으로 가다니!
	비난,유감	Такие ботинки бросать. Бога побоялся бы. 그런 구두를 버리다니 신이 두렵다.
	항의, 분노	Оскорбить так старого человека, заслуженного офицера! 노인을 그렇게 욕보이다니 잘난 장교이시군!
무인칭 술어적 용법		Ничего не видать. 아무 것도 보이지 않는다. (= Ничего не видно.) Голосов не слыхать.목소리가 들리지 않는다. (= Голосов не слышно.)

2·2. 문장의 성분(члены предложения)

문장을 구성 요소의 측면에서 살펴보면, 우선 크게 주어(подлежащее)와 술어(сказуемое)로 나눌 수 있다. 주어란 술어를 기능적으로 지배하는 것이며, 술어란 그 주어에게 지배당하는 것이다. 노어의 가장 보편적인 문장은 '주어 + 술어'의 구조를 하고 있는데, 주어와 술어를 가리켜 문장의 주성분(главные члены предложения)이라 한다. 영어에서는 문장 성분을 말할 때, 주어, 술부 동사(predicate verb), 목적어(직접목적어, 간접목적어), 보어, 수식어(modifier)의 5가지 요소로 말하는데, 노어 통사론에서는 구조주의 문법의 입장에서 주어와 술어, 그리고 목적어와 보어의 구별을 인

정하지 않고 양자를 합쳐서 보어라 한다. 문장의 주성분인 주어와 술어를 꾸며주는 보어(дополнение), 정어(определение), 상황어(обстоятельство)를 문장의 이차 성분(второстепенные члены)이라 한다. 이러한 고전적인 문장 성분의 개념에 의한 문장 분석은 N. Chomsky나 Шаумян 등의 현대 통사론에 기초가 되고 있다.

Неожиданно пошёл сильный снег.
(상황어) (술어) (정어) (주어)
На улице быстро смеркалось.
(상황어) (상황어) (술어)

2·2·1. 주성분(главные члены): 주어와 술어

(1) 주어(подлежащее)

주어는 문법적 주어(grammatical subject; грамматическая субъект)와 의미적 주어(sense-subject; семантический субъект)의 2 종류로 나뉜다. 문법적 주어는 바로 "подлежащее"에 해당되는 개념으로 행위의 주체를 가리킨다:

Девочка весела.// **Олень** бежит.// **бегущий** олень.

의미적 주어는 문법적 표지와는 관계없이 한 문장에서 진술의 주제가 되는 부분을 말한다:

Отец волнуется.// **Отец** взволнован.// **Отец** вспыльчив.// **Отец** был в волнении.// Отец был охвачен волнением.// **Отца** охватило волнение.// **Отцу** волноваться.// **У отца** волнение.// **Отцу** стало весело.// **Отцу** знобит.// **Для отца** наступило волнение.// Волнение **отца** передалось дочери.// **Отца** не было дома.

<도표 7> 주어의 종류

	예문
명사	Уж лёг в ущелье. 모기가 계곡에 깔려 있었다. Сокол пал с неба. 매가 하늘에서 떨어졌다.
명사적 대명사	Я видел небо. Ты не увидишь его так близко! 나는 하늘을 보았어. 넌 하늘을 그처럼 가까이서 볼 수 없을거야!

명사적 형용사, 형동사	Сытый голодного не разумеет. 배부른 사람은 굶주린 사람을 생각지 않는다. Присутствующие говорили о разных предметах. 참석자들은 서로 다른 논제를 가지고 이야기를 나누었다.
미정형	Бороться за светлое будущее - наш долг. 밝은 미래를 위해 투쟁하는 것은 우리의 의무이다.
수사	Пять не делиться на два без остатка. 5를 2로 나누면 나머지가 남는다.
수사와 결합구	Пришли пять друзей. 친구 다섯명이 왔다.
이외의 품사	Твой «завтра» мне надоели. 너의 «내일»은 나를 진저리나게 했다. Вдалеке грянуло громкое «ура». 저 멀리에서 천둥이 치는 듯한 만세소리가 울려 퍼졌다.

(2) 술어(сказуемое)

술어에 대한 용어는 전통적으로 "сказуемое"를 사용했으나 최근에는 노어학에서도 서구 언어학의 용어 "предикат"를 쓰기도 한다. 그러나 предикат는 сказуемое보다 좀 더 포괄적인 개념이다. 술어는 단일술어(простое сказуемое)와 합성술어(непростое, составное сказуемое)로 나뉜다: 단일술어; Он **учитель**.// Он **был** в школе. 합성술어; Он **был учитель**.// Он **считается техником**.

합성술어는 술어의 문법적 의미를 나타내는 요소와 어휘적 의미를 나타내는 두 요소로 이루어져 있다. Он был учитель.에서 был은 문법적 의미를, учитель는 어휘적 의미를 나타낸다.

<도표 8> 술어의 종류

품사	형태	예문
동 사	단일형	Я читаю. 나는 읽고 있다.(직설법) Читайте. 읽으십시요.(명령법) Вы читали бы. 당신이 읽어보았으면 합니다. (가정법)
	단일형(미정형)	Он как захохочет, да - целовать. 그는 갑자기 웃음을 터트리더니 키스했다. Его цель была накопить капитал. 그의 목적은 자금비축이었다.

	복합형	개시, 계속, 종료를 나타냄	Она перестала петь, начала играть на рояле. 그녀는 노래부르기를 멈추고 피아노를 연주하기 시작 했다.
		조동사와 함께	Она умеет играть на рояле. 그녀는 피아노를 연주할 줄 안다. Она хочет петь. 그녀는 노래하고 싶어한다.
명 사	주격 조격 생격 전치사와 함께		Человек - кузнец своему счастью. 인간은 스스로 행복을 만드는 대장장이다. Я снова посудником на пароходе. 나는 다시기선의 설걷이하는 사람이다. Он был мягкого сердца. 그는 마음씨가 부드럽다. Мы против войны. 우리는 전쟁을 반대한다.
형용사	단어미 (특수형) 장어미주격 장어미조격 비교급		Она недурна собой. 그녀는 아주 매혹적이다. Он шутить горазд. 그는 농담을 잘 한다. Я рад видеть вас. 만나서 반갑습니다. Она хорошая, добрая. 그녀는 착하고 좋은 사람이다. Тогда она была молодой, красивой. 그 당시 그녀는 젊고 예뻤다. Вы моложе меня. 당신은 저보다 젊습니다.
대명사	주격 사격		Я не ты. 나는 네가 아냐. Она моя. 그녀는 내 여자야. Она будет твоей. 그녀는 너의 여자가 될 거야. Он вне себя. 그는 어쩔 줄 몰라한다.
수 사	주격 사격		Дважды два - четыре. 2곱하기 2는 4. Он был лет шести. 그는 여섯 살가량이었다.
부 사			Она замужем. 그녀는 시집을 갔다.
형동사	단어미 장어미 주격 장어미 조격		Окно открыто. 창문이 열려 있다. Солдат лежит убитый. 병사가 살해되어 쓰러져 있다. Лопата стоит воткнутой в снег. 삽이 눈에 꽂혀 있다.
간투사			Я хлоп его по роже. 나는 그의 얼굴을 퍽 때렸다.

2·2·2. 이차적 성분(**второстепенные члены**): 보어, 정어, 상황어

(1) 보어(дополнение)

<도표 9> 보어의 종류

종류	예문
동사직접보어(대격) 동사직접보어(생격)	читать книгу 책을 읽다 изучать историю 역사를 연구하다 (부정생격) Я не знал никаких радостей. 나는 그 어떤 기쁨도 몰랐다.
동사사격보어(생격) 동사사격보어(여격) 동사사격보어(조격)	бояться простуды 감기를 무서워하다 достигнуть цели 목표를 달성하다 содействовать развитию 발전을 꾀하다 дать сыну книгу 아들에게 책을 주다 руководить кружком 서클을 이끌다 заниматься торговлей 장사하다
동사사격보어(전치사)	взяться за работу 일을 시작하다 тосковать по родине 향수에 젖다
동사보어(미정형)	Они договорились заниматься каждый день. 그들은 매일 공부하기로 약속했다. Прошу вас зайти ко мне. 저희 집에 들리세요.
형용사의 보어	Мы горды своей родиной. 우리는 우리의 고향을 자랑스러워한다 человек, чуждый зависти. 질투심과는 거리가 먼 사람
부사의 보어	Он говорит лучше меня.그는 나보다 더 말을 잘한다.
명사의 보어	постройка дома 주택 건축 борьба за счастье 행복추구
술어적부사 (대격) 술어적부사 (생격)	Надо книгу. 책이 필요하다. Жаль девочку. 그녀가 가엾다. (부정)Не надо книги. 책이 필요없다. Не видно ничего. 아무 것도 보이지 않는다.

(2) 정어(определение)

<도표 10> 정어의 종류

종류		예문
일치정어		бедные люди 가난한 사람들 (два бедных человека 두 명의 가난한 사람)
불일치정어	전치사 없는 사격	изба лесника 산지기의 가옥 человек высокого роста 키가 큰 사람 прогулка парочками 짝을 지어 가는 산책
	전치사 있는 사격	офицер из солдат 사병출신 장교 человек без способностей. 아무런 소질이 없는 사람
	형용사비교급	Нет студента старше его. 그 보다 나이가 많은 학생은 없다.
	부사	яйцо всмятку 반숙란
	미정형	решение жениться 결혼 결정
부가어		женщина-врач 여의사 газета «Правда» «쁘라브다»지 Его сын Пётр - студент. 그의 아들 뾰뜨르는 학생이다.

(3) 상황어(обстоятельство)

<도표 11> 상황어의 의미

종류	예문
양태, 정도 방법 장소 시간 정도 원인 목적 조건	горячо любить 열렬히 사랑하다 Очень холодно. 매우 춥다. идти пешком 걸어 가다 говорить шутя 농담으로 말하다 жить за городом 교외에 살다 ехать в Москву 모스끄바에 가다 Днём тепло. 낮에는 따뜻하다 Через час он ушёл. 한 시간후에 그는 떠났다. Я читал весь день. 나는 하루 종일 책을 읽었다. отступить на шаг 한발짝 물러나다 плакать с горя 슬퍼서 울다 кричать от боли 아파서 고함을 지르다 выйти на воздух освежиться 밖으로 나가서 기분전환을 하다 В случае нападения запирайте ворота. 공격해 올 경우에는 문을 걸어 잠구시오.

2·2·3. 동위성분과 독립성분

한 문장에서 각각의 성분이 동일한 통사적 기능을 하고, 그것들이 그 문장의 다른 성분에 대해서 동일한 관계에 있을 때, 이러한 성분을 동위성분(однородные члены)이라 한다. 통사적 기능을 같이 하는 동위성분 상호간의 관계, 이를테면 열거, 대치 등은 억양에 의해서 표현된다. 동위성분은 문법적으로 같은 형태를 취하는 것이 보통이지만(문장 Она была

мила и проста에서 мила와 проста는 같은 형용사 단어미 여성 주격형), 다른 형태가 동위성분을 이룰 수도 있다. 문장 Он был лет сорока, худощав и широких плеч에서는 형용사 단어미와 명사, 수사의 생격이 동위성분(동위술어)이 되어 있다. 동위성분에는 주어, 술어, 정어, 보어, 상황어의 5 종류가 있을 수 있다.

한 문장 내에서 이차성분, 즉 정어, 보어, 상황어가 의미적으로나 억양상 다른 성분으로 분리되어 있을 때 이것을 독립성분(обособленные члены)이라 한다. ① Запылённый и усталый отец приехал(먼지투성이로 피곤에 지친 아버지께서 도착하셨다)에서 запылённый와 усталый는 보통의 정어이다. ② Раздался выстрел, который разбудил тишину леса(숲의 정적을 깨트리는 총성이 울려 퍼졌다) 에서 который 이하는 정어적 종속문이다. 그러나 문장이 전환되어 ① Приехал отец, **запылённый и усталый** ② Раздался выстрел, **разбудивший тишину леса** 에서 밑줄친 부분은 독립성분이 된다. 독립성분은 콤마로 구분하며, 그 위치는 관계하는 단어의 앞이나 뒤에 온다.

(1) 동위성분(однородные члены)

<도표 12> 동위성분의 종류

종류	예문
주어	1. Зала и гостиница были темны. 홀과 여관이 어두웠다. Были слышны визг, лай и вой. 고함소리, 개짖는 소리, 짜지는 소리가 들렸다. 2. я или Володя 나 혹은 발로자 не я, а Володя 내가 아니라 발로자 3. Были и лето и осень дождливы. 여름에도 가을에도 비가 많이 내렸다.

	То он, то жена всегда дома. 그든, 아내든 항상 집에 있다. С зимой холодной нужда, голод настаёт. 추운 겨울때마다 가난과 굶주림이 찾아온다.
술어	1.Я простился и пошёл домой. 나는 이별을 하고 집으로 돌아왔다. 2. Она была мила и проста. 그녀는 사랑스럽고 순박하다. 3. Он был лет сорока, росту среднего, худощав и широких плеч. 그는 마흔살쯤 되었고,중간 정도의 키에, 여위면서도 어깨가 넓었다.
정어	На полке корейские и русские книги. 책꽂이에 한국 책과 러시아책이 있다. По всюду светились то близкие, то далёкие огни. 온통 어디에서 나, 어떤 때는 가까이, 어떤 때는 멀리서 불빛이 비치고 있었다. Вошёл человек лет трицати пяти, смуглый, черноволосый, в усах, в бороде. 35세 가량의, 얼굴빛이 거무스름하고, 까만 머리에, 콧수염과 구레나룻을 기른 사람이 들어왔다.
보어	Я люблю Чехова и Горького. 나는 체홉과 고리끼를 좋아한다. Он был доволен и собой, и обедом, и природой. 그는 자기 자신도, 식사도, 자연도 만족스러웠다.
상황어	Его речь лилась тяжело, но свободно. 그의 말은 무거운 감이 있었지만 아무런 막힘없이 흘러 나왔다. Она бегала то в сад, то в дом. 그녀는 정원으로 달려가기도 하고, 집으로 달려가기도 했다. Я ночи не сплю с досады, от злости. 나는 울화가 치밀고 증오심이 생겨 밤에 잠을 못 잔다.

(2) 독립성분(обособленные члены)

<도표 13> 독립성분의 종류

종류		예문
정어	일치	Наконец приехал отец, запылённый и усталый. 마침내 아버지께서 도착하셨는데, 먼지투성이가 된 지친 몸이었다. Ещё час тому назад сильный и злой, сейчас он слабо стонал. 불과 한 시간 전만 해도 힘이 넘치고 표독스럽던 그가 지금은 힘없이 신음하고 있다.
	불일치	Сидел извозчик, бородатый, без шапки и с разбитой губ ой. 한 마부가 앉아 있었는데, 그는 턱수염이 덥수룩하고, 모자를 쓰지 않았으며, 입술이 부르터 있었다.

부가어		Его вторая жена, красавица, умница, вышла за него, когд а уже он был стар. 미인이고 똑똑한 여자인 그의 두번째 부인이 그에게 시집온 것은 이미 그가 늙었을 때였다.
상황어	부동사	Вставая на рассвете, она спускалася в кухню. 새벽에 일어나자마자 그녀는 부엌으로 내려 갔다. Отдохнув, он собрался уходить. 쉬고 나서 그는 떠날 채비를 했다.
	명사사격,부사	Речка внизу, под горою бежит. 아래쪽, 산 밑에 작은 강이 흘러간다.
кроме, вместе 등과 결합		Нет ничего, кроме льда и снега. 얼음과 눈 외에는 아무것도 없다. Все, кроме жены, считали его виноватым во всём. 부인을 제외한 모든 사람들이 그에게 모든 죄가 있다고 생각했다.

2·3. 구(словосочетание)

구(句, phrase: словосочетание)란 두 개 이상의 자립어(знаменательное слово)로 상호 연립적인 관계에 있는 것을 말한다. 구는 단어보다 큰 단위이지만, 주어와 술어의 형태를 지니지 않는 점에서 '절'(clause; параграф)보다는 단순한 형태의 어결합이며 절을 구성할 수 있는 요소이다. 일반 언어학에서 구와 절을 구분해서 사용하는데 반해, 노어학에서는 구와 절을 엄격히 구별하지 않는다. 노어학에서는 구와, 단어의 임의적인 연계를 뜻하는 어결합(сочетание слов)을 구별해서 취급하고 있다. 구는 중심어가 종속어를 지배하는 양상에 따라 일치(agreement: согласование), 지배(government: управление), 부가(adjunction: примыкание)의 3가지로 나뉜다.

2·3·1. 구의 형태

구는 그것을 구성하는 단어의 상호 연립적 관계의 성격에 따라 3가지 유형으로 나뉘어진다:

① 종속관계(subordinate; подчинительные отношения): 구를 구성하는 단어는 중심어(стержневой компонент, главный компонент)와 그것에 예속된 종속어(зависимый компонент, подчиненный компонент)로 이루어져 있다. 종속어는 중심어를 수식하는 역할을 하며 따라서 중심어의 의미를 좀 더 구체화한다; дом отца, новый стол, читает книгу

② 병렬관계(coordinate; сочинительные отношения): 구를 구성하는 단어들이 서로 동일한 성분으로 동등한 관계를 가지는 것을 말한다; отец и мать, дочь или сын, читает и пишет

③ 주술관계(nexus; нексус, 혹은 predicative; предикативные): 구를 구성하는 단어들이 주어와 술어 관계에 있는 것을 말한다. 주술관계는 이미 구의 범주를 벗어나 문장으로 간주해야 한다는 견해가 우세하다; он читает/ отец спит/ я болен.

2·3·2. 종속관계

이 가운데 가장 중요한 것은 종속관계이다. 구를 구성하는 단어는 중심어(стержневой компонент, главный компонент)와 그것에 예속된 종속어(зависимый компонент, подчиненный компонент)로 이루어져 있으며, 중심어가 종속어를 지배하는 양상에 따라 일치, 지배, 부가로 분류된다. 1970년대까지는 일치, 지배, 부가의 개념 정의 및 구의 일치, 지배, 부가로의 분류가 통사론 연구의 중심 과제였다.

또한 구는 중심어와 종속어의 구조적, 의미적 관계에 따라 4개의 유형으로 나누어진다.

① 목적관계(объективные отношения): 행위나 상태를 나타내는 중심어와 행위나 상태의 대상이 되는 종속어로 이루어져 있다.

занятия спортом, читать книгу, гордиться успехами, осуждать преступника, думать о будущем, приветливый со всеми, готовый к борьбе, благодарный за подарок, решить уехать

② 한정적(정어적) 관계(определительные отношения, атрибутивные отношени

я): 대상을 지칭하는 중심어와 그것을 수식하는 종속어로 이루어져 있다.

чистая скатерть, новый дом, наши соседи, дом отца, тетрадь для заметок, брюки в полоску, желание учиться

③ 상황적 관계(обстоятельственные отношения): 행위를 지칭하는 중심어(동사)와 시간, 장소, 원인, 조건 등 그것의 다양한 양상을 나타내는 종속어로 이루어져 있다.

пришёл вовремя, уехал из города, не поехал из-за болезни, сказать по ошибке, работать ночью, бежит быстро

④ 행위주 관계(субъективные отношения): 행위를 지치하는 중심어와 그것의 주체를 나타내는 종속어로 이루어진 구를 말한다.

любовь матери, помощь друга, ответ студент, моя работа

위의 4가지 이외에도 종속어가 중심어에 일정한 문법 표지를 요구하는 상호적 관계(комплективные отношения), 구를 이루는 두 단어가 동일한 문법 자질로서 대상과 그것의 성격을 나타내는 말로 이루어져 있는 동격관계(apposition; аппозитивные отношения)가 있다:

상호적 관계: три розы, много людей, начал работать

동격 관계: студентка Наташа, инженер-геолог, газета <<Правда>>, город Москва, певунья-дочь, попрыгунья-стрекоза

(1) 일치(agreement; согласование)

종속어의 문법적 관계를 중심어에 맞게 설정하는 것을 '일치'라 한다. 일치에 저촉을 받는 것은 주로 한정적 관계이다:

большие дома,	в старом парке,	за обеденным столом
남성 복수 주격	남성 단수 전치격	남성 단수 조격

일치는 어휘적 의미는 나타내지 못하고 단지 문법적 의미만 나타낸다. 즉 한 단어가 어떤 다른 단어에 관계되어 있는지를 나타내며, 종속어와 중심어가 인접해 있지

않더라도 '일치'라는 문법표시(грамматическая показатель)를 통해 구문 관계를 파악할 수 있다:

> **Синтаксические отношения** слова, **присутствующие** в любом словосочетании, нужно анализировать, чтобы точно сказать, в какую форму должно быть поставлено **любое** по своему лексическому значению **зависимое слово**.

(2) 지배(government; управление)

중심어가 요구하는 바에 따라 종속어의 문법표시가 정해지는 것을 가리켜 지배라 한다. 일치가 중심어의 어휘적 의미와는 무관한데 반해, 지배는 중심어의 문법적 표시뿐만 아니라 어휘적 의미에도 좌우된다: читать книгу에서는 동사의 보어(목적어)가 대격이지만, управлять машиной, бояться оскорбления에서는 동사의 어휘의미에 의해(지배, 관리의 의미는 조격을, 공포, 회피의 의미는 생격을 요구) 보어는 각각 조격과 생격이다.

일치가 주로 [정어 + 피정어(관형어 + 체언)]의 체언(명사)이 중심어가 되는데 반해, 지배는 주로 동사가 중심어가 된다. 지배 관계에서 종속어는 연립적 종속(последовательное подчинение, цепное подчинение)과 계열적 종속(параллельное подчинение, соподчинение)으로 나뉜다:

рассказ человека из города на Волге는 3개의 구로 이루어진복합구(словосочетание)이며 이들은 순차적으로 종속되어 있어 연립적 종속을 나타낸다: рассказ человека > человека изгорода > городанаВолге.

рассказ человека из города наВолге.

계열적 종속은 중심어에 둘 이상의 종속어가 동등하게 종속되어 있는 것을 말한다. рассказать товарищу о Волге.에서 товарищу와 о Волге는 모두 중심어 рассказать에 걸려 있다:

рассказать товарищу о Волге.
читать газеты и журналы.

중심어가 종속어를 지배하는 정도에 따라 강지배(сильное управление)와 약지배(слабое управление)로 구분한다. 강지배란 중심어의 어휘적, 문법적인 특성에 의해 종속어의 문법적 표지가 결정되는 것을 말하며, 약지배에서는 종속어의 중심어에 대한 의존 관계가 약해서 종속어의 문법적 표지가 중심어에 의해 영향을 받지 않는다. 구문 дать девушке книгу에서 девушка와 книга의 격은 дать에 의해 여격과 대격으로 할당되었으며, положить книгу на стол에서 книга와 стол은 положить에 의해 대격으로 할당되었다. масса людей에서 люди는 масса의 어휘의미에 의해 복수 생격이 할당되었고, сильнее медведя에서 медведь는 비교를 나타내는 문법적 의미에 따라 단수 생격이 할당되었다. 이처럼 중심어의 특성에 의해 종속어의 문법적 관계, 특히 격이 할당되는 것을 강지배라 한다. 그러나 идти лесом, идти по лесу, идти через лес에서 종속어 лес의 문법적 표지는 идти에 의해 결정된 것이 아니다. 또한 спать под одеялом, крыша дома에서 종속어 под одеялом이나 дом의 문법적 표지인 조격과 생격도 중심어 спать, крыша에 의해 결정된 것이 아니며, 따라서 모두 약지배를 이루고 있다.

강지배는 ① "동사 + 명사" 동사구문과 ② 그것이 명사구문화된 "명사 + 명사" 구문 ③ 중심어의 동사 접두어와 종속어의 전치사가 상호 밀접한 관계를 맺고 있는 구문이 주종을 이룬다:

① преодолеть трудности, поручить инспектору, обладеть знаниями, говорить о делах, написать брату, услышать от отца
② преодоление трудностей, поручение инспектору, обладение знаниями, разговор о делах
③ **вы**йти **из** комнаты, **въ**ехать **в** ворота, **на**ступить **на** мозоль, **пере**шагнуть **через** канаву.

강지배가 중심어와 종속어간에 논리적, 문법적 일체를 이루며 종속어가 행위(중심어)의 핵심적 내용인데 반해, 약지배에서 종속어는 중심어의 여러 가지 상황적 요소, 즉 형상, 장소, 시간, 목적, 원인 등을 나타낸다:

강지배: мыть руки, полный злобы, положение о пенсиях, принадлежать к инте ллигенции

약지배: работать год, ум ребёнка, идти по дороге, прогулка к реке

현대 노어의 전치사 구문 선호 경향으로 인해 전치사구의 분류, 즉 전치구를 지배나 부가로 볼 수 있어 그 분류가 모호해지고 있다. 이런 점을 해결하고자 지배를, 중심어가 종속어의 격을 직접적으로 요구하는 직접지배와 중심어가 특정 전치사를 요구하는 간접지배(혹은 전치사지배)로 나눈다. 위의 강지배와 약지배를 직접지배와 간접지배로 다시 분류해 보면 다음과 같다:

직접지배: мыть туки, полный злобы, работать год, ум ребёнка

간접지배: положение о пенсиях, принадлежать к интеллигенции, идти по дороге, прогулка к реке

(3) 부가(adjunction: примыкание)

부가란 종속어가 종속 관계를 나타내는 특별한 문법적 표시없이 중심어에 종속되어 있는 것을 말한다: быстро идти, очень хорошо, читать стоя. 부가는 불변화어 부가(примыкание неизменяемых слов)와 변화어 부가(примыкание словоформ изменяемых слов)로 나뉜다.

노어의 경우 부사, 동사 미정형, 부동사, 형용사 비교형, 불변화 명사, 불변화 형용사 등은 불변화어 부가이며, 영어의 경우는 형용사도 불변화어 부가에 속한다; the green tree, the large room, ехать медленнее, просить прочитать, повод поговорить, яйца всмятку. 변화어 부가란 원래 격변화하는 종속어가 중심어에 일치나 지배 관계를 맺지 않고 부가되어 있는 것을 말한다: роман <Мать>, товарищ Иванов, капитан Иванов, идти группой, уйти с утра, кепка блином, куплеты на память

약지배와 부가의 엄밀한 구분이 어려워지고 있다. 그 원인은 노어 통사 구조에서 전치격을 포함한 개별 단어의 격형태가 의미적으로 볼 때 점차 부사화되고 있기 때문이다:

говорить **с акцентом** (액센트있게 말하다, 원어민과 같이 강세와 억양을 넣어 말하다)

говорить **в нос** (콧소리로 말하다)

Он уже **на ногах**. (그는 벌써 일어나 있다, 그는 벌써 서서 걸어 다닌다)

특히 "명사 + 전치사 + 명사"로 이루어진 구문에서는 종속어의 중심어에 대한 관계가 거의 없으며 종속어의 문법 형태는 중심어 명사에 의해 지배받는다기보다는 단지 중심어에 부가되어 있다고 볼 수 있다. 의미적으로도 중심어의 지배는 거의 없고 양자가 상호 혼합되어 있다:

дом с мезонином, дама с собачкой, горе от ума, битва в пути, драма на охоте, свет в окне, окна на восток

"아카데미 문법"은 이러한 구문을 약지배나 부가와 구별하여 "именное примыкание" 혹은 "предложное падежное примыкание"라는 용어로 표현하고 있다. 현대 노어에 진행되는 이러한 약지배가 부가로 되는 경향 및 문법적 (종속)관계가 아니라 논리적 관계로 중심어와 종속어를 구별해야 하는 경우가 많아지고 있어, Г.А.Золотова는 일치, 지배, 부가로 구분하는 전통적인 방법을 더 이상 유효하지 않은 것으로 주장하고 있다. Золотова에 의하면 종속관계(синтактическая зависимость)는 종속(подчинение)과 병합(соединение)으로 나뉜다. 강지배와 일치가 종속에 해당되며, 문법적 관계가 아니라 논리적 관계로 표현되는 병합에는 조합(сложение)과 부가가 속한다. 용어 '조합'은 위에서 설명된 약지배에 해당되는 개념이다:

<도표 14> 통사관계

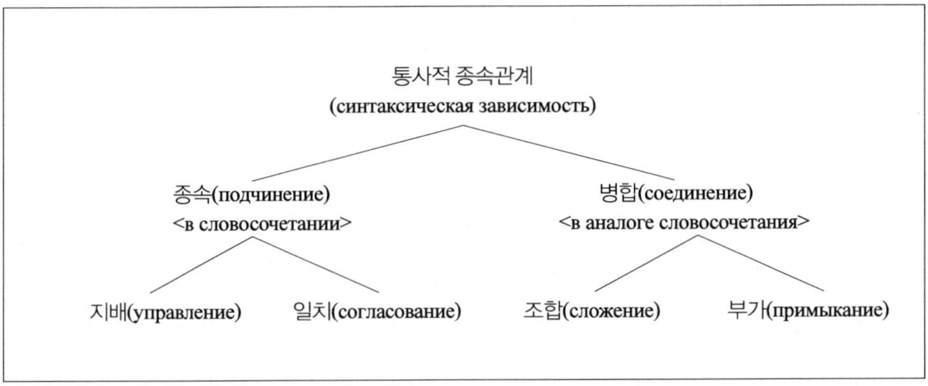

3. 어순

어순(word order: порядок слов)이란 단어, 즉 문장 성분을 주어진 언어 규칙에 따라 순서대로 배열하는 것을 말한다. 이것은 주어, 술어, 보어와 같은 문장 성분의 배열 뿐만 아니라, 명사구나 동사구 내의 배열에도 적용된다. 이러한 어순은 각 언어에 따라 달리 나타난다. 현대 영어나 중국어처럼 굴절형이 거의 없는 언어에서는 어순에 의해 한 문장 내의 단어들 간의 통사적 관계, 즉 문장 성분이 표시된다. 반면에 굴절형이 잘 보존되어 있는 노어의 경우에는 한 문장 내의 통사적 관계를 표시하는데 있어서 어순에 별로 의존하지 않고 굴절어미에 의존한다. 이를테면 영어 <The dog bit the man>과 <The man bit the dog>는 대조적 의미를 나타낸다. 그러나 노어 Собака укусила человека.는 주어, 술어, 보어에 각각 굴절어미가 있으므로 어순을 어떻게 바꾸든 '개가 사람을 물었다"라는 의미는 바뀌지 않는다. 노어와 같은 종합적 구조의 굴절어에서는 문장의 주의미는 그대로 둔 채, 자유로운 어순 체계를 이용하여 여러 가지 부차적 의미를 가미시키거나, 억양을 달리 만들어 특정 문장 성분을 강조할 수 있다.

이러한 다양한 양상으로 나타나는 개별 언어의 어순에 적용되는 보편적인 원칙으로는 인접의 원칙, 서열의 원칙 등이 있다. 인접의 원칙이란 한 문장 안에서 술어와

더 밀접한 관계를 가지는 구문이 그렇지 않은 구문보다 술어에 더 인접해 있다는 것이다. 다시 말하자면 한 문장 안에서 의존적인 요소는 통제하는 요소에 인접해 있어야 한다. 따라서 술어동사가 주어와 보어 혹은 상황어를 통제하므로 이러한 요소들은 동사에 인접해 있어야 하며, 수식어(종속어)는 주요어(중심어)에 인접해 있어야 한다. 서열(sequence)의 원칙이란 주어는 동사의 앞에, 목적어는 동사의 뒤에 위치해야 하며, 수식어가 주요어(중심어)에 선행해야 한다는 원칙이다.

보편적으로 사용되는 일반적인 어순을 평순(прямой порядок)이라 하고, 반대의 순서를 역순(обратный порядок)이라 한다. 의미적으로 효과를 얻기 위해 혹은 특정 작가의 스타일상 어순을 바꾸는 것을 도치(инверсия)라 한다.

3·1. 주어와 술어의 어순

<도표 15> 평순(보통의 어순)

형태		예문
주어+술어	имя 및 피동형동사 술어	Мой отец - врач. 나의 아버지는 의사이다. Она молода.그녀는 젊다. Работать - наш долг.일하는 것은 우리의 의무다. Он стал профессором. 그는 교수가 되었다. Город был освобождён. 도시는 해방되었다.
	단순동사 술어	Птицы летают. 새들이 날고 있다.
	복합동사 술어	Она начала работать. 그녀는 일하기 시작했다.
술어+주어	술어에 걸리는 이차 성분이 문두에 올 때	В комнате стоят кровати. 방에 침대가 놓여 있다. Перед нами поставлена важная задача. 우리에게 중대한 과제가 주어졌다.
	존재, 도래, 경과를 나타내는 동사	Наступает весна. 봄이 오고 있다. Прошло два часа. 두 시간이 지났다. Была хорошая погода. 좋은 날씨였다.
	виден, слышен, заметен 등	Слышен гул мотора. 모터가 윙윙거리는 소리가 들린다.
	구어나 설화적 문체	Жили-были когда-то срарик да старуха. 옛날 옛적에 할아버지와 할머니가 살았다. Был он хороший человек. 그는 좋은 사람이었다. Был тогда Нейман весел, краснощёк и речист. 그 당시에 녜이만은 쾌활하고, 볼이 볼그레했으며, 화술도 좋았다.

<도표 16> 도치

주어의 강조	Отвечать должен Петров. 대답을 해야하는 사람은 뻬뜨로프다. Весь уезд дразнит доктора; дразнил и я. 郡民전체가 의사를 조롱했다; 나 또한.
텍스트에서 처음으로 나오는 주어	Вошёл какой-то незнакомец. 한 낯선 사람이 들어왔다.
동사술어의 강조 (미정형의 강조)	Вывели лошадей. Не понравились они мне. 사람들이 말을 몰고 나왔다. 그런데 말들이 내 마음에는 들지 않았다. Поймёте тише, задыхаюсь я. 좀 더 천천히 갑시다. 숨이 차서요. Заснуть он не мог, как ни старался. 그는 아무리 애를 써도 잠이 들지않았다.
명사술어의 강조	Хорошая сторона - Сибирь! 좋은 쪽은 시베리아야! Это гадость так поступать. 그런 행동은 추악한 짓이다. Изумительный наш народ! 우리 국민은 정말 경탄할만하다. Кончена моя жизнь. 나의 생은 끝이 났다. Прекрасный юноша был мой брат. 나의 형은 훌륭한 젊은이였다. Он профессором скоро будет. 그는 곧 교수가 될 것이다. Она окружена была искателями. 그녀는 구혼자들에 의해 둘러 싸여져 있었다. Главною заботою её была кухня и обед. 그녀의 큰 걱정거리는 음식을 만들고 식사를 대접하는 것이었다.

위의 표에 나타난 주어와 술어의 어순 관계의 특징을 살펴보자:

1. 보통 주어는 술어에 선행한다.
2. 주어와 술어가 공히 명사 주격인 문장은 보통 선행하는 것이 주어이다:

   Мой брат - учитель. (나의 형은 선생님이다)

   Учитель - мой брат. (선생님은 나의 형이다)

3. 주어 또는 술어가 미정형인 경우도 주어는 술어에 선행한다. 술어가 명사 주격인 경우로서 도치되면 주어와 술어의 혼동을 피하기 위해 보통 소사 это를 연사적으로 쓴다:

   Поехать на Север - мая давнишняя мечта. (북으로 가는 것이 나의 오랜 꿈이다)

   Моя мечта - поехать на Север. (나의 꿈은 북으로 가는 것이다)

   Это моя мечта - поехать на Север. (북으로 가는 것이 나의 꿈이다).

4. 노어 어순에 있어서 특히 주의할 점은 "술어 + 주어"로 된 어순이 평순이고, "주어 + 술어"로 된 어순이 도치가 되는 문장이 있다. 이러한 문장은 "주어 + 술어"로 도치되면 술어가 강조된다.

① 존재, 도래, 경과의 의미를 가진 동사(예: быть, наступать, прийти, пройти 등)나 동작동사(왕래발착동사)가 술어이고, 그것에 걸리는 이차 성분이 없는 경우:

Прошло два часа.

Идёт он.

Было много людей.

Есть проблема.

② 자연현상을 나타내는 동사가 술어이고 그것에 걸리는 이차성분이 없는 경우:

Светит солнце.

Идёт дождь.

Выпал снег.

Было холодно.

Дует ветер.

③ 형용사 단어미 виден, слышен, заметен이 술어로 단순히 존재의 의미를 나타낼 경우:

Гул мотора уже хорошо **слышен**. (모터의 울림이 이미 잘 들린다)

Видно облако. (구름이 있다) <존재의 의미>

3·2. 정어, 보어, 상황어의 어순

<도표 17> 정어

종류	형태		예문
일치 정어	정형	피정어의 앞	Было жаркое лето. 무더운 여름이었다. На стене висит красивый ковёр. 벽에 아름다운 양탄자가 걸려 있다.
		부정대명사의 뒤	(что-то, что-нибудь, кто-то, кто-нибудь의 뒤) Начинается что-то новое, ужасное. 무언가 새롭고 무시무시한 일이 시작되고 있다.

		소유대명사	Моя новая книга. 나의 새 책 Все мои новые книги. 나의 모든 새 책
	도치		아래 참조
불일치정어	정형	피정어의 뒤	Напротив был виден дом с красной крышей. 맞은 편에 지붕이 빨간 집이 보인다.
	도치		Однажды обедал с нами Мортон, значительного ума француз. 언젠가 상당히 똑똑한 프랑스인인 모르똥씨가 우리와 식사를 함께 했었다.

정어는 보통 피정어의 앞에 온다. 하나의 피정어에 대해서 여러 개의 정어가 걸리는 경우는 "형용사적 대명사(물주대명사(소유대명사), 不定대명사, 定대명사, 지시대명사 등) + 형용사(성질형용사, 관계형용사) + 피정어"의 순서로 배열된다. 이러한 정형적인 어순, 즉 평순에 어긋나게 단어를 배열하여 문장의 특정 단어를 강조하는 용법이 자주 쓰이는데, 그 주요한 유형을 살펴보면 아래와 같다:

① 피정어로부터 분리되어 문두에 나오는 경우

Красные, голубые, жёлтые поднимаются к небу скалистые вершины.

Нелепый ты человек!

② 형용사에 의한 정어가 대명사에 의한 정어의 앞에 나오는 경우

Пепельные её, непокрытые волосы завязаны на затылке ......

③ 드물게 나타나지만 피정어로부터 분리되어서 문미에 오는 경우

Есть штучка шёлковых кружев чёрных отличная.

④ 피정어의 바로 다음에 오는 경우로서

④-1 정어가 술어인 명사에 걸리고, 정어가 강조될 때

Бал вещь хорошая.

Такой человек есть лицо трагическое.

④-2 정어가 문장의 한 성분을 반복하는 단어에 걸릴 때

Мой отец, человек ещё молодой и очень красивый, женился на ней по расчёту ......

④-3 구강세를 받는 정어가 불가결한 것, 또는 독립정어로 될 수 없을 때

Вошёл молодой офицер с лицом смуглым и отменно некрасивым.

Отроду не встречал я счастливца столь блистательного.

④-4 장중한 문체나 수사적 표현으로 물주대명사를 피정어의 뒤에 후치시키는 경우: 일반적인 문체에서 물주대명사가 후치되더라도 문학작품이나 구어에서 널리 나타나는 현상이므로 도치라고는 할 수 없다. 또 19세기 말까지의 문학작품, 특히 운문에서는 정어가 뒤에 와도 의미적인 변화는 없고 다만 운율적인 효과를 얻기 위한 것이다.

Мама, мама. Я помню **руки твои** с того мгновения .....

일치정어와 불일치정어가 같이 올 경우, 일치정어가 피정어의 앞에 오면 불일치정어도 의미적인 변화를 주지 않고, 즉 의미적으로 강조하지 않고 앞에 온다:

Худенькая, невысокого роста женщина внесла поднос ...
(마르고, 키가 작은 여자가 쟁반을 들고 들어왔다)

일치정어가 피정어의 앞에 오고, 불일치정어가 뒤에 오게 되면 불일치정어는 피정어와 일치정어 전체를 꾸민다:

Худенькая женщина невысокого роста (키가 작은, 마른 여자)

<도표 18> 보어

종류	형태		예문
동사의 보어	정형	술어+직접 보어	Он пишет письмо. 그는 편지를 쓰고 있다. Неожиданное зрелище его поразило. 예기치 못했던 광경이 그를 깜짝 놀라게 했다.
		술어+사격보어	Засуха вредит посевам. 가뭄으로 인해 파종해논 종자들이 피해를 입었다.
		직접보어+사격 보어	Она рассказала всё маме и сестре. 그녀는 엄마와 언니에게 모든 걸 죄다 말했다. Дайте мне книгу. 제게 책을 주십시요. Она протянула ему руку. 그녀는 그에게 손을 내밀었다.
	도치	술어의 앞	Я книгу взял, а не тетрадь. 나는 책은 받았지만 공책은 못 받았다. Книгу взял я. 책을 내가 받았다.
		문두	С тобой я буду откровенна. 나는 너와는 아무런 숨길게 없다.

명사, 형용사의 보어	보통 피수식어 바로 다음에	Защита отечества 조국 수호 Ближайшая к городу деревня 도시에서 가장 가까운 곳에 있는 마을

주어 및 직접보어가 -ь로 끝나는 여성명사, 또는 불활동체 남성명사, 불활동체 중성명사인 경우는 주어와 보어를 도치하는 것은 행위의 주체와 행위의 대상이 바뀌게 되므로 불가능하다:

Бытие определяет сознание. (존재는 의식을 결정한다)

Сознание определяет бытие. (의식은 존재를 결정한다)

Мать любит дочь. (어머니는 딸을 사랑한다)

Дочь любит мать. (딸은 어머니를 사랑한다)

<도표 19> 상황어

종류	형태		예문
양태	정형	상황+술어	Я его хорошо знаю. 나는 그를 잘 안다. Они весело разговаривали между собой. 그들은 서로 즐겁게 이야기를 나누었다.
	도치	술어+상황	Он действительно играл хорошо. 그는 정말 잘했다.
		문두	Плохо провели они ночь, совсем не спали. 그들은 하룻밤을 잘못 보냈다. 한 잠도 못 잤다.
장소	정형	문두 (상황+술+주)	Из земли поднялись белые пары. 땅에서 하얀 김이 올라왔다. С запада шла туча. 서쪽에서 흘러 왔다.
	장소에 관한 정보를 명확히 함	상황+주+술	На лестнице он неожиданно встретил секретаря партбюро. 그는 계단에서 우연히 정당사무실의 비서를 만났다.
	장소의 강조	주+술+상황	Когда он явился в Смоленск - жена уже была в Москве. 그가 스몰렌스크에 나타났을 때 부인은 이미 모스끄바에 와 있었다.

시간	정형	문두	Вчера я был в театре. 어제 나는 극장에 갔었다. В 1817 г. я познакомился с ним. 1817년에 나는 그와 알게 되었다.
	시간에 관한 정보를 명확히 함	문미	Я познакомился с ним в 1817 г. 내가 그와 알게 된 건 1817년이었다. Так сидели мы долго. 우리는 그대로 오래동안 앉아 있었다.

4. 문장의 기능적 분절

4·1. 기능적 분절이란?

문장의 기능적 분절(functional sentence perspective, thematic-rhematic articulation, topic-comment articulation, actual division of the sentence: функциональная перспектива предложения, актуальное членение предложения)이란 프라그학파로부터 시작된 통사 이론으로서, 문장의 형성은 의미적 요인, 통사적 요인 이외에도 그 문장이 발생하는 담화 양상에서 문장을 구성하는 요소들이 가지고 있는 정보량에 의해 결정된다는 이론이다. 즉 문장의 구성요소가 담화에서 가지는 정보량이 문장 형성에 작용하는 과정을 다루는 것이 기능적 분절의 주요 관심사이다. 기능적 분절(актуальное членение)의 수단으로는 어순(порядок слов)과 구강세 설정(억양, постановка фразового ударения), 연립적 분절(синтагматическое членение)이 있다.

4·2. 억양과 어순

기능적 분절의 수단인 억양과 어순은 특정 문장 성분을 강조하는데 있어서 상호 일치할 수도 있고 어긋날 수도 있다. 이러한 것은 대화(устный)체의 억양과 문서(письменный)체의 어순과의 관계에서 특히 잘 나타나고 있다. 대화체에서 억양과 어순을 통해 강조되는 문장 성분이, 문서체에서는 억양이 존재하지 않으므로 단어 배열, 즉 어순으로 실현된다. 어순에 있어서 일반적으로 정보량이 작은 것이 문두에서 '주

제'(theme: тема)로 작용하고 정보량이 큰 것, 즉 새로운 정보(new information)는 문장의 뒤에서 '평언'(rheme: рема)으로 기능하는 것이다. '평언'(рема)이라는 용어는 '발화핵심'(ядро высказывание), '신정보'(новое), '심리적 술어'(психологический предикат)로, '주제'(тема)라는 용어는 '구정보'(данное), '심리적 주어'(психологический субъект)라고도 한다. 이러한 정보상의 어순 원칙은 영어처럼 문법적으로 어순이 고착된 언어에서의 어순 변화에 관하여 많은 통사 규칙을 설명해 줄 수 있다. 노어에서는, 정보 구조가 대화체에서는 어순과 구강세에 의해, 문서체에서는 어순에 의해서만 외형화된다. 억양과 어순의 관계를 문장 "Сейчас я пойду домой"를 통해 살펴보자:

① /**Сейчас**/ я пойду домой.

첫 단어에 억양(구강세)이 오고 나머지 부분과는 휴지(пауза)로 분 리되어, 문장은 2개의 연립요소(syntagm: синтагма)로 분할되어 있다. Сейчас, 즉 시간적 상황이 강조되어 있으며 신정보, 즉 평언이 된다. 이러한 문장요소의 어순에 의한 분절은

①-1. Я пойду домой/ **сейчас**.로서 문미의 сейчас가 부각된다.

② Сейчас /**я**/ пойду домой.

두번째 단어, 즉 주어 **я**에 구강세가 있고 나머지 부분과는 휴지(пауза)로 분리되어, **я**가 강조되어 있다. 즉 평언은 **я**이고 문장의 나머지 сейчас пойду домой는 주제이다. 어순으로 정리하면 ②-1. Сейчаспойду домой /**я**.로서 **я**가 부각된다.

③ Сейчас я /**пойду**/ домой.

세번째 단어, 즉 술어에 구강세가 있어 강조되고, 문장의 나머지 부분은 휴지로 분리되어 있다. 이를 어순으로 정리하면 ③-1. Сейчас я домой - **пойду**.로서 пойду가 문미에 있어 관심사가 되고 있다.

④ Сейчас я пойду /**домой**.

네번째 단어, 즉 방향을 나타내는 상황어에 구강세가 있어 강조되며 평언을 이루고, 문장의 나머지 부분은 화제이다. 방향을 나타내는 상황어는 술어 뒤에 위치하는 것이 평순이므로 이 문장의 경우 домой가 문미에 오는 것은 домой가 강조되거나 신

정보를 뜻하는 것이 아니라 보통의 문장이다. домой를 부각시키려면 도치시켜 ④-1. **Домой** сейчас я пойду.가 되어야 하며, 이렇게 되면 домой가 평언, сейчас я пойду 화제이다.

대화체에는 억양과 어순이 모두 다 존재하는데, 대화체의 억양과 어순에서 유의할 점은 억양을 통해 강조된 문장 성분이 반드시 어순을 통한 평언이 되는 것은 아니라는 것이다. 예를 들어 ①에서 **Я** пойду домой **сейчас**.로 되어 억양중심, 즉 구강세도 сейчас에 주어지고 어순에 있어서도 сейчас가 문미에 위치하게 되면, 억양에 의해 강조되는 것과 문장의 어순에 의한 기능적 분절이 일치하여 평언이 강조되어 있다. 그러나 **Сейчас** я пойду домой.에서 Сейчас는 억양으로 강조되어 있긴 하지만 반드시 평언은 아니다. 다시 말하자면 대화체에서 발화의 핵심인 평언에 구강세가 있어 강조되는 것이 보통이지만 화제를 이루는 문장 성분도 구강세를 통해 강조될 수 있다는 것이다. 위의 ①과 ①-1, ②와 ②-1, ③과 ③-1, ④와 ④-1은 어순이 달리 표현되어 있는데 이처럼 대화체에서 기능적 분절의 원칙이 무시되고 구강세가 주어진 것을 표현적 문체라 하고, 기능적 분절의 원칙이 준수되어 있어 구강세가 평언의 마지막 단어(문장의 마지막 단어)에 놓여 있는 것을 중립적 문체라 한다.

보통의 어순, 즉 중립적 문체에서는 화제가 문장의 앞에, 평언은 문장의 뒤에 위치하며, 평언의 억양중심은 문장의 끝에 온다. 문장 **Чёрные тучи зловещи**.(먹구름은 불길하다)에서는 평언에 억양중심이 있어 중립적 문체이지만, 도치되어 **Зловещи** чёрные тучи.로 억양중심이 문장의 마지막에 있지 않으면 표현적 문체가 된다. 단어의 의미가 명제적 의미(지시적 의미)와 표현적 의미로 나누어지는 것과 마찬가지로 문장의 의미도 단지 정보만 전달하는 '명제적 의미(proposition, propositional meaning; пропозиция)'와 여러 가지 뉘앙스를 준다거나 특정 문장성분을 강조하는 등의 표현적 의미(expressiveness, expr- essive meaning: экспрессивность, экспрессивное значение)를 가진다. 이러한 관점에서 문장의 기능적 분절은 중립적(нейтральный) 분절과 표현적(экспрессивный) 분절로 양분된다. 중립적 분절이란 명제적 의미만 전달하는 보통의 문장을 말하고, 표현적 분절이란 어순을 변형시키거나 억양을 통해 문장의미에 표현적 의미를 더해주는 것을 말한다. 중립적 분절에는 화제가 평언에

선행하고 구강세는 평언의 마지막에 위치하는 성분(단어)에 온다:

Он / читает **книгу**.

Он придёт / **поздно**.

표현적 분절의 가장 전형적인 경우는 평언이 문두에 위치하고 구강세보다 더 강한 고강세(усиленное ударение, эмфатическое ударение)가 오며, 화제는 문미에 위치하는 것이다:

Поздно / он придёт. (< 중립적 분절: Он придёт / поздно.)

Ранняя / была весна в этом году. (< 중립적 분절: Весна в этом году была ранняя.)

이러한 내용을 결론적으로 정리해 보면, 억양중심이 문미에 오는 경우는 문장의 뒷 부분이 평언이 되는 중립적 문체이고, 억양중심이 문두에 있으면 그 단어가 강조되며 화제/평언으로 분절할 수 없는 표현적 문체가 된다:

Меня **наградили**.: 중립적 문체, 화제; меня 평언; наградили

Меня наградили.: 표현적 문체, 분절되지 않음

Наградили **меня**.: 중립적 문체, 화제; наградили 평언; меня

Наградили меня.: 표현적 문체, 분절되지 않음

3.1.장 '주어, 술어' 3.2. '보어, 정어, 상황어'의 어순에서 도표로 표시된 평순(보통어순)은 중립적 분절에 해당되고, 역순과 도치는 표현적 분절에 해당된다. 한 언어의 통사체계에서 관용적으로 유형화된 통사상의 기준에서 일탈한 표현 방법을 선택했을 경우에는 기준형보다 한층 많은 표현성(표현적 의미)이 실현된다.

4·3. 화제와 평언

기능적 분절에 의하면 문장은 정보 전달의 측면에서 발화의 출발점(**исходный пункт высказывания**)으로서 한 문장에서 담화가 무엇에 대한 것인지를 나타내는, 화자와 청자간에 이미 알고 있는 요소와, 발화의 핵심이 되는 새로운 정보라는 두 가지

요소로 구성되어 있다. 이미 설명되었듯이 전자를 화제, 후자를 평언이라 한다. Он известный человек.에서 화제는 он, 평언은 известный человек이다. 화제나 평언은 한 단어가 될 수도 있고, 여러 문장 성분이 될 수도 있다: Этот сотрудник/ развил весьма оригинальную идею. (Этот сотрудник는 화제, развил весьма оригинальную идею는 평언). 화제와 평언이 어디서 분할되는가는 위의 ① - ④에서 보듯이 억양과 어순으로 파악될 수 있는데, 억양이라는 요소는 도외시하고 어순만을 가지고 문장의 기능적 분절을 좀 더 상세히 알아보자:

문장이 어떤 의문문에 대한 대답인가를 상정해보면 평언의 분할을 쉽게 도출할 수 있다;

Вчера я гулял в лесу.은 의문문 Что я делал вчера? 에 대한 대답이므로 평언은 гулял в лесу이다. Я гулял в лесу вчера.는 Когда я гулял в лесу? 에 대한 대답이므로 вчера가 평언이다.

질문과 답변으로 이루어진 대화체에서 답변은 주로 불완전문으로 구성되는데, 불완전문의 답변 내용이 평언이 된다;

Где ты собираешься отдыхать этим летом?// На Волге.

Что ты собираешься делать вечером?// Работать.

이미 알고 있는 구정보는 생략되고 신정보 На Волге와 Работать, 즉 평언만 나타나 있다. 이를 완전문으로 보충하면 Этим летом я собираюсь отдыхать/ на Волге와 Вечером я собираюсь/ работать가 되어, Этим летом я собираюсь отдыхать 와 Вечером я собираюсь 는 각각 화제이고 на Волге와 работать는 평언이다.

노어 어순에 있어서 "술어 + 주어"로 된 어순이 평순인 문장, 즉 ① 존재, 도래, 경과의 의미를 가진 동사(예: быть, наступать, прийти, пройти 등)나 왕래발착동사(동작동사)가 술어이고, 그것에 걸리는 이차성분이 없는 경우(Прошло два часа. Было много людей. Идёт он.) ② 자연현상을 나타내는 동사가 술어로 올 경우(Светит солнце. Стало очень холодно. Пошёл снег.)가 있다. 이러한 문장은 기능적 분절의 측면에서 볼 때 평언으로만 이루어져 있으며, 비분절적(нерасчлененный)이다. 그

이유를 문장 Пошёл снег를 예로 들어 설명해 보면, 그것의 가상 의문문 Что произошло? (혹은 Что было? Что случилось?) 의 대답으로 Пошёл. 이나 Снег. 가 될 수 없고 Пошёл снег.가 되어야 한다.

3.1.장 '주어와 술어'에서 살펴보았듯이 노어 문장 구조에서 일반적으로 주부(= 주어와 주어에 걸리는 성분들)가 술부(술어와 술어에 걸리는 문장 성분)에 선행한다. 문장의 앞 부분은 이미 알고 있는 구정보, 즉 화제이고 문장의 뒷 부분은 발화의 핵심, 즉 평언이 오므로 주부가 화제, 술부가 평언이 된다:

Яблони в нашем саду / плодоносят уже два года.

Наша кошка / очень любит спать на подоконнике.

Эта статья в газете / заставила многих серьёзно задуматься.

그러나 화제와 평언이 일률적으로 주부와 술부로 분할되는 것은 결코 아니다. 문장이 도치되어 있으면 술부가 화제, 주부가 평언이 되며 또 문장의 이차성분이 평언이 될 수도 있다:

Плодоносят в нашем саду пока / только яблони. (주어가 평언)

Он собирался снова приехать к нам / только через год. (이차성분이 평언)

노어에서는 문장을 자유롭게 배열할 수 있으므로 문장의미는 동일하지만 어순을 통해 문장의 각 성분을 평언으로 만들 수가 있다:

Он поехал в Москву / поступать в университет. (< Зачем он поехал в Москву?)

Поехал в Москву поступать в университет / он. (< Кто поехал в Москву поступать в университет?)

Поступать он поехал в Москву / в университет. (< Куда он поехал в Москву поступать?)

문장의 기능적 분절에 대한 상세한 내용은 제 2권, <문장의 기능적 분절이론의 측면에서 노어 문장>에서 다루기로 하자.

통사론(СИНТАКСИС)

ОБЯЗАТЕЛЬНАЯ ЛИТЕРАТУРА

Арутюнова Н.Д., Предложение и его смысл. Логико-семантические пробле мы, М.:«Наука», 1976.

Белошапкова, В.А. (ред.) Современный русский язык, М. 2011

Валгина, Н.С. Синтаксис современного русского языка, М. 1991

Вулыгина Т.В., К построению типологии предикатов в русском языке. се мантические типы предикатов, М.:«Наука», 1982.

Виноградов В.В., Из истории изучения русского синтаксиса, М.: «Изд. МГУ», 1958.

Грамматика русского языка. Т.2, ч.1., М.: «Наука», 1954. (Введение)

Золотова Г.А., Коммуникативные аспекты русского синтаксиса, М.: «Наука», 1982

Ковтунова И.И., Современный русский язык. Порядок слов и актуальное членение предложения, М.: «Просвещение», 1976.

Ломтев Т.П., Общее и русское языкознание. Избранные работы, М.: «Наука», 1976.(раздел II, ч.2«Синтаксис»)

Общее языкознание. Внутренняя структура языка, М.: «Наука», 1972.(раздел «Синтаксис»)

Падучева Е.В., Высказывание и его соотнесенность с действительностью, М.: «Наука», 1985.

Пешковский А.И., Русский синтаксис в научном освещении. Изд. 7, М.: «Учпедгиз», 1956.

Поспелов Н.С., Мысли о русской грамматике. Избранные труды., М.: «Наука», 1990. (раздел II. Вопросы синтаксиса русского языка)

Потебня А.А., Из записок по русской грамматике. Т. I-II, М.: «Учпедгиз», 1958.

Русская грамматика. Т. II, М.: «Наука», 1980.

Синтаксис, - В кн. Современный русский язык. Под ред. В. А. Белошапковой. Изд. 2, М.:Высшая школа: 1989.

Фортунатов Ф.Ф., Избранные труды. Т.I-II, М.: «Учпедгиз»,1956-1957.(особенно статья: О преподавании грамматики русского язы ка в средней школе)

Шахматов А.А., Синтаксис русского языка. Изд. 2, Л.: «Учпедгиз», 1941.

Шведова Н.Ю., О Соотношении грамматической и семантической структур ы предложения, - В кн. Словянское языкознание. VII Международный съезд славистов. Доклады советской делегаци и, М.:Наука: 1973.

Шмелев Д.Н., Синтаксическая членимость высказывания в современном русском языке, М.: «Наука», 1976.

ДОПОЛНИТЕЛЬНАЯ ЛИТЕРАТУРА

Акимова Г.Н., Новое в синтаксисе современного русского языка, М.: «Высшая школа», 1990.

Апресян Ю.Д., Лексическая семантика. Синонимические средства языка, М.: «Наука», 1974.

Арутюнова И.Д., Ширяев Е.Н., Русское предложение. Бытийный тип: (структура и значение), М.: «Русский язык», 1983.

Вогородицкий В.А., Общий курс русской грамматики, М.-Л, 1935.

Богуславский И.М., Исследования по синтаксической семантике. Сферы действия логических слов, М.:«Наука», 1985.

Г**ак В.Г.,** Высказывание и ситуация, - В кн. Проблемы структурной лингв истики. 1972, М.: Наука: 1973.

Дейк Т.А., ван., Язык. Познание. Коммуникация, М.: «Прогресс», 1989.

Звегинцев В.А., Предложение и его отношение к языку и речи, М.: «Изд. МГУ», 1976.

Золотова Г.А., Синтаксический словарь. Репертуар элементарных единиц русского языка, М.: «Наука»,1988.

Золотова Г.А., Очерк функционального синтаксиса русского языка, М.: «Наука», 1973.

Карцевский С.О., Бессоюзие и подчинение в русском языке, ВЯ No 2, 1961.

Кручинина И.Н., Структура и функции сочинительной связи в русском языке, М.: «Наука», 1988.

Крючков С.Е., Максимов Л. Ю., Современный русский язык. Синтаксис сложного предложения. Изд. 2, М.:«Просвещение», 1977.

Курилович Е., Основные структуры языка: словосочетание и предложение, - В кн. Курилович Е. Очерки по лингвистике, М.: Изд. иностр. лит.: 1962.

Ляпон М.В., Смысловая структура сложного предложения и текст. К типо логии внутритекстовых отношений, М.: «Наука», 1986.

Мельчук И.А., Опыт теории лингвистических моделей «Смысл ⇔ Текст». Семантика. Синтаксис, М.: «Нау-ка», 1974.

Москальская О.И., Проблемы системного описания синтаксиса. (На материале немецкого языка). Изд. 2,М.: «Высшая школа», 1981.

Новое в зарубежной лингвистике. Вып. XI. Современные синтаксические теории в американской лингвистике, М.: «Прогресс», 1982.

Новое в зарубежной лингвистике. Вып. XVI. Лингвис тическая прагматика, М.: «Прогресс», 1985.

Новое в зарубежной лингвистике. Вып. XVII. Теория речевых актов, М.: «Прогресс»,1986.

Падучева Е.В., О семантике синтаксиса. (Материалы к трансформационно й грамматике русского языка), М.: «Наука», 1974.

Петерсон М.Н., Очерк синтаксиса русского языка, М.-Пг.: «Госиздат», 1923.

Подчинительные связи слов и словосочетания. Предложение, - В кн. Краткая русская грамматика, М.: Русский я зык: 1989.

Прияткина А.Ф., Русский язык: Синтаксис осложненного предложения, М.: «Высшая школа», 1990.

Развитие синтаксиса современного русского языка, М.: «Наука», 1966.

Распопов И.П., Очерки по теории синтаксиса, Воронеж: «Изд. ВУ», 1973.

Русский язык, - В кн. Языки народов СССР. Т.I. Индоевро пейские языки, М.: Наука:1966.(раздел «Синтаксис»)

Семантические типы предикатов., М.: <Наука>, 1982. (глава 1. «К построению типологии предикатов в русском языке»)

Синтаксис, - В кн. Морфология и синтаксис современного русского литературного языка.

Русский язык и советское общество. Социолого-лингвист ическое исследование, М.: Наука:1968.

Санников В.З., Русские сочинительные конструкции: Семантика. Прагматика. Синтаксис, М.: «Наука»,1989.

Сиротинина О.В., Лекции по синтаксису русского языка, М.:«Высш. школа»,1980.

Скобликова Е.С., Очерки по теории словосочетания и предложения, Куйбышев: «Изд. СГУ», 1990.

Степанов Ю.С., Имена. Предикаты . Предложения, М.: «Наука», 1981.

Теньер Л., Основы структурного синтаксиса, М.: «Прогресс», 1988.

Черемисина М.И., Колосова Т.А., Очерки по теории сложного предложения, Новосибирск: «Наука», 1987.

Ширяев Е.Н., Бессоюзное сложное предложение в современном русском я зыке, М.: «Наука», 1986.

Ширяев Е.Н., "В поисках путей исследования логикограмматических типов предложения", Язык-система. Язык-текст. Язык-способность. М. 227-301

Шувалова С.А., Смысловые отношения в сложном предложении и способы их выражения, М.: «Изд. МГУ»,1990.